Meinhardt/Ranft (Hg.)

Die Sozialstruktur und Sozialtopographie vorindustrieller Städte

Hallische Beiträge zur Geschichte des Mittelalters und der Frühen Neuzeit
Band 1

Herausgegeben von
Andreas Ranft und Monika Neugebauer-Wölk

Die Sozialstruktur und Sozialtopographie vorindustrieller Städte

Beiträge eines Workshops am Institut für Geschichte der Martin-Luther-Universität Halle-Wittenberg am 27. und 28. Januar 2000

Herausgegeben von
Matthias Meinhardt und Andreas Ranft

THEORIA CUM PRAXI
Akademie Verlag

Die Veröffentlichung erfolgt mit Unterstützung der Vereinigung der Freunde und Förderer der Martin-Luther-Universität Halle-Wittenberg.

ISBN 3-05-003836-5

Das eingesetzte Papier ist alterungsbeständig nach DIN/ISO 9706.

Einbandgestaltung: nach einem Entwurf von BARLO FOTOGRAFIK (Tobias Schneider), Berlin
Satz und Reproduktion: Oldenbourg:digital, Kirchheim
Druck und Bindung: Druckhaus „Thomas Müntzer“, Bad Langensalza

Gedruckt in Deutschland

Vorwort zur Reihe

Für die historische Forschung sind Wort, Schrift und materielle Kultur, deren Bild und Abbild nicht allein Quelle und Beleg. Sie sind im wissenschaftlichen Zugriff zugleich Element der Ergebnis- bzw. Erkenntnissicherung, sie sind Darstellungsmittel und auf diese Weise schließlich Medium wissenschaftlichen Austausches. So ist historische Forschung von Anfang bis Ende in diesen Wort-Bild-Zusammenhang gestellt. Die mit dem vorliegenden Band neu eingerichtete Reihe *Hallische Beiträge zur Geschichte des Mittelalters und der Frühen Neuzeit* greift diesen Zusammenhang insofern auf, als sie der historischen Forschung am Institut für Geschichte der Martin-Luther-Universität Halle-Wittenberg und den mit ihr kooperierenden Einrichtungen einen unmittelbar zugänglichen Ort der Darstellung und des wissenschaftlichen Austausches bietet. Sie spiegelt damit zugleich die Vielfalt der Themen und Fragestellungen, denen am Institut in Mittelalter und Frühneuzeit nachgegangen wird und verweist zurück auf den Ort gemeinsamer wissenschaftlicher Arbeit.

Es versteht sich von selbst, daß ein solches Unternehmen nicht allein von Ideen und geistiger Arbeit leben kann. Die beiden Herausgeber haben daher der Gesellschaft der Freunde und Förderer der Martin-Luther-Universität Halle-Wittenberg dafür zu danken, daß sie den Auftakt unserer Reihe in Zeiten angespannter Forschungsetats mit einer Anschubfinanzierung unterstützt und damit überhaupt erst ermöglicht hat.

Monika Neugebauer-Wölk und Andreas Ranft

Inhalt

III. Schluß

Anhang

Zur Einführung

Matthias Meinhardt und Andreas Ranft, Halle (Saale)

Die Publikation eines Workshops zur Sozialstruktur und Sozialtopographie vorindustrieller Städte mag auf den ersten Blick jene verwundern, die fragen, ob nicht derart an gesellschaftlichen Strukturen interessierte Forschungsansätze und Fragestellungen seit der ‚anthropologischen' oder ‚kulturhistorischen Wende' in der Geschichtswissenschaft, also dem Umschwung weg von den Strukturen hin zu den Kulturen und dem Individuellen, ausgedient haben.[1] Immerhin hat eine im Fach so gewichtige Stimme wie Hans-Werner Goetz gemeint, daß die Beschäftigung mit der ‚Kultur' längst jene mit der ‚Gesellschaft' abgelöst habe.[2]

Warum also dennoch ein Workshop zu einem strukturhistorischen Themenfeld? Ausgangspunkt war der Gedanke, daß die Geschichtswissenschaft sich sowohl mit Gesellschaften und größeren sozialen Einheiten überhaupt als auch mit kleineren Gruppen, Individuen und der Individualität zu befassen hat, also das gesamte Feld des Sozialen in den Blick zu nehmen hat,[3] wobei Fragestellungen moderner Kulturgeschichte oder historischer Anthropologie dabei in einem komplementären Verhältnis zu strukturorientierten Ansätzen stehen.[4] Menschen waren immer zugleich in Ordnungs- und Sozialformen, in strukturelle Gegebenheiten eingebunden wie auch in kulturelle Zusammenhänge und Diskurse, gemeinsam bildeten sie die Grundlage und den Raum der subjektiven Wahrnehmungen und Vorstellungen, des Agierens und des Reagierens. Eine Negierung struktureller Aspekte der Geschichte wäre folglich ebenso eine wenig sinnvolle Verkürzung des historischen Forschungsfeldes, wie man sie lediglich unter anderen Vorzeichen[5] der strukturorientierten Geschichtswissenschaft immer wieder vorgeworfen hat.[6] Freilich wird man in der Forschungspraxis mal eher den

---

1 Den Gang der Forschung im Überblick skizziert *G. G. Iggers*, Geschichtswissenschaft im 20. Jahrhundert. Ein kritischer Überblick im internationalen Zusammenhang, Göttingen 1993.

2 *H.-W. Goetz*, Einführung: Mediävistische Kulturwissenschaft als Herausforderung und Aufgabe, in: Das Mittelalter. Zeitschrift des Mediävistenverbandes 5/1 (2000), S. 10; gleichwohl begreift er Kulturgeschichte als integrativen Ansatz, in dem gesellschaftshistorische Ansätze durchaus ihren Platz finden können (s. ebd.).

3 Für den Blick auf das ‚soziale Ganze' bei gleichzeitiger Integration jüngerer Ansätze und Fragestellungen plädiert auch *M. Borgolte*, Das soziale Ganze als Thema deutscher Mittelalterforschung vor und nach der Wende, in: Francia 22/1 (1995), S. 155–171. Die Erforschung des ‚sozialen Ganzen' meint jedoch kein Streben nach einer totalen Erfassung aller Geschichtlichkeit.

4 Dieses komplementäre Verhältnis betont ausdrücklich auch *O. G. Oexle*, Soziale Gruppen in der Ständegesellschaft: Lebensformen des Mittelalters und ihre historischen Wirkungen, in: *Ders./A. von Hülsen-Esch (Hrsg.)*, Die Repräsentation der Gruppen. Texte – Bilder – Objekte (Veröffentlichungen des Max-Planck-Instituts für Geschichte 141), Göttingen 1998, S. 9–44, hier bes. S. 12; allerdings favorisiert Oexle einen gruppengeschichtlichen Ansatz, vgl. ebd.

5 Vgl. hier die treffenden Bemerkungen von *H. U. Wehler*, Das Duell zwischen Sozialgeschichte und Kulturgeschichte: Die deutsche Kontroverse im Kontext der westlichen Historiographie, in: Francia 28/3 (2001), S. 103–110, hier bes. S. 108 f.

6 So z. B. *R. van Dülmen*, Historische Anthropologie. Entwicklung – Probleme – Aufgaben, Köln/Weimar/Wien 2000, S. 8.

Strukturfragen, mal eher kulturellen Phänomenen nachspüren, was angesichts der Notwendigkeit zur Arbeitsteilung einleuchtend und zweckmäßig erscheinen sollte.

Die Geschichte sozialer Strukturen vorindustrieller Städte hat in den letzten Jahren durch die angesprochenen Tendenzen in der historischen Forschung nicht gerade im Zentrum der wissenschaftlichen Aufmerksamkeit gestanden. Gleichwohl gibt es eine ganze Reihe erst in jüngerer Zeit abgeschlossener oder derzeit noch laufender Projekte über die Sozialstruktur und Sozialtopographie vorindustrieller Städte,[7] die es wert schienen, ungeachtet aktueller Forschungskonjunkturen einmal gebündelt vorgestellt zu werden. Sie gaben den Anstoß zu dem hier dokumentierten Workshop des Jahres 2000. Den Forscherinnen und Forschern sollte ein Podium zur Präsentation und Diskussion ihrer End- und Zwischenergebnisse geboten werden. Interdisziplinarität sollte dabei nicht nur ein Schlagwort, sondern ein realisierter Diskussionszusammenhang sein, den herzustellen dann auch tatsächlich gelang. Neben Historikern verschiedener Teilgebiete und Epochenspezialisierungen beteiligten sich u. a. auch Kunsthistoriker, Archäologen, Geographen und Juristen. Daß sich nicht nur Interessenten aus dem Bereich der universitären Forschung, sondern zudem viele Praktiker aus der Bau- und Bodendenkmalpflege einfanden, verdeutlicht, daß man sich aus dieser Richtung der Stadtgeschichtsforschung einen erheblichen Gegenwartsnutzen erhofft, und dies insbesondere in Hinblick auf die Bewältigung aktueller denkmalpflegerischer Probleme. Doch schon in einem frühen Planungsstadium entstand der Gedanke, nicht nur aktuelle Projekte ins Programm aufzunehmen. Angesichts der Aufgeregtheiten um einen „Richtungswechsel" in der Geschichtsforschung sollte auch die Gelegenheit genutzt werden, eine kritische Zwischenbilanz für die sozialstrukturelle und sozialtopographische Stadtgeschichtsforschung zu ziehen.

Es schien uns schon allein deshalb sinnvoll, nicht nur nach Stand und Perspektiven zu fragen, sondern auch Rückschau zu halten, weil sich Ansätze, Begriffsverständnisse, das Quellen- und Methodenbewußtsein und schließlich auch Zielsetzungen und Funktionen strukturgeschichtlicher Studien über vorindustrielle Städte in den letzten Jahrzehnten zum Teil erheblich gewandelt haben. Deutlich wurde auch, daß aktuelle Ansätze zumeist weitaus differenzierter, quellen- und methodenbewußter zu Werke gehen, als dies in den 1970er und teilweise noch in den 1980er Jahren der Fall war. Über die Grenzen der Aussagereichweiten ist man sich heute in der Regel deutlicher im klaren als früher, einstige Erwartungshaltungen gewannen im Filter der Forschungsrealität ihr rechtes Maß.

Die gegenüber einer Tagung etwas offenere, weniger ‚formalisierte' Veranstaltungsform des Workshops wurde nicht nur gewählt, um dem Werkstattcharakter, also dem Bericht aus laufenden Projekten, Rechnung zu tragen, sondern auch, um Studenten am Institut leichter an Themen und Methoden der Forschung heranführen zu können. Inzwischen arbeitet eine ganze Reihe der am Kolloquium teilnehmenden Studierenden am Projekt einer neuen Stadt-

---

[7] Einige dieser Arbeiten konnten im vorliegenden Band berücksichtigt werden, weitere sind in der Bibliographie am Schluß dieses Buches aufgeführt. Derzeit laufen neben den auf dem Workshop durch Referate vorgestellten Projekten u. a. Forschungen über Rostock an den Universitäten Rostock (Holger Sasnowski) und Münster (Julia Hamelmann); aus stadtarchäologischer Sicht versucht Oliver Specht mit einer Dissertation, mehr über die Sozialtopographie von Halle (Saale) in Erfahrung zu bringen. Bei Prof. Gilomen in Zürich arbeitet Aracely Uzeda gegenwärtig über die Sozialtopographie Zürichs 1450–1470.

geschichte für Halle, die im Jubiläumsjahr 2006 erscheinen soll und methodisch von unserem Kolloquium stark profitiert.

Für den vorliegenden Band wurde die Gliederung des Workshops in zwei Teile übernommen. Am Anfang steht zunächst ein bilanzierender Überblick über Ansätze, Erfolge und grundsätzliche Probleme der Sozialstrukturforschung. Für diesen Beitrag ließ sich schwerlich ein geeigneterer Referent finden als Jürgen Ellermeyer, einem der ‚Pioniere' dieser Forschungsrichtung. Da sein Beitrag das Spätmittelalter in das Zentrum der Betrachtung rückt, nahmen wir Stefan Krolls Anregung, seinen Vortrag für den Druck etwas zu modifizieren, gern auf. Hatte er auf dem Workshop noch in einem ersten Teil über die Sozialtopographie Stralsunds und anschließend auf dieser Basis über methodische und technische Möglichkeiten des Forschungsansatzes mit Blick auf die Frühe Neuzeit referiert, skizziert er nun Aufgaben und Perspektiven der frühneuzeitlichen Sozialstrukturforschung und widmet sich stärker konzeptionellen Aspekten. So finden die Ausführungen Jürgen Ellermeyers eine hervorragende Ergänzung.[8] Den Versuch, die Perspektiven der modernen Residenzenforschung, die in letzter Zeit stärker auf das Phänomen des Hofes und weniger auf die Residenzstadt geschaut hat, mit denen der städtischen Sozialgeschichte zu verbinden, unternimmt Matthias Meinhardt am Beispiel Dresdens.[9] Dabei geht es vor allem um die Auswirkungen der wettinischen Residenzbildung auf die Quantität und Struktur der Stadtbevölkerung des 15. und 16. Jahrhunderts. Sozial stärker fokussiert arbeiten Christoph Heiermann und Stephan Selzer und greifen damit den in den letzten Jahren insbesondere in der Mediävistik sehr in den Vordergrund gerückten Ansatz gruppenbezogener Forschung auf.[10] Christoph Heiermann beleuchtet in seinem Beitrag die Zusammenschlüsse städtischer Eliten im Raum um den spätmittelalterlichen Bodensee. In diesen Organisationen kann man das Bestreben erkennen, Exklusivität zu schaffen oder zu wahren und mithin soziale Strukturen organisatorisch zu verfestigen. Angeregt durch Ansätze moderner Kulturgeschichte, fragt Stephan Selzer nach sichtbaren Zeichen sozialer Zuordnung. Dabei lotet er aus, inwieweit auch öffentlich demonstrierter Konsum soziale Strukturen reflektiert und sich für die Erfor-

---

[8] Wer die nun vernachlässigten Aspekte des Vortrages von Kroll sucht, sei auf folgende Publikationen hingewiesen: *S. Kroll/G. Pápay*, Die Anwendung der multimedialen GIS-Technologie auf die Geschichtswissenschaft am Beispiel der Sozialtopographie Stralsunds 1706/07, in: *Asmus, I./Porada, H. T./ Schleinert, D. (Hrsg.)*, Geographische und historische Beiträge zur Landeskunde Pommerns. Eginhard Wegner zum 80. Geburtstag, Schwerin 1998, S. 189–194; dies., Wohnen und Wirtschaften in Stralsund um 1700. Ein Historische Stadtinformationssystem, in: Krüger, K./Pápay, G./Kroll, S. (Hrsg.), Stadtgeschichte und Historische Informationssysteme. Der Ostseeraum im 17. und 18. Jahrhundert. Beiträge des wissenschaftlichen Kolloquiums in Rostock vom 21. und 22. März 2002 in Rostock, Münster 2003, S. 90–135.

[9] Jüngst hat sich auch die Residenzen-Kommission der Akademie der Wissenschaften zu Göttingen ebenfalls dieses Problemfeldes angenommen und zum Thema eines Symposiums gemacht. Es fand 2004 in Halle an der Saale unter dem Titel „Der Hof und die Stadt/La Cour et la Ville" statt. S. hierzu die Mitteilungen der Residenzen-Kommission der Akademie der Wissenschaften zu Göttingen 13/1 (2003), S. 11–15.

[10] Vgl. hierzu nur *Oexle*, Soziale Gruppen (wie Anm. 4); *ders.*, Soziale Gruppen in der europäischen Geschichte, in: MPG-Spiegel 3/88, S. 24–29; *B. Jussen*, Erforschung des Mittelalters als Erforschung von Gruppen. Über einen Perspektivenwechsel in der deutschen Mediävistik, in: Sozialwissenschaftliche Informationen 21 (1992), S. 202–209.

schung städtischer Gesellschaften heranziehen läßt, insbesondere dann, wenn für bestimmte soziale Gruppen eher qualitative als quantitative Quellen betrachtet werden können, wie dies im Gebiet der spätmittelalterlichen Hansestädte des Ostseeraumes für bestimmte soziale Gruppen der Fall ist

Mit der sozialtopographischen Forschung im zweiten Teil erfährt unser Thema gleichsam seine Erweiterung um die Dimension des Raumes. Nun wird nach gesellschaftlichen Strukturen im städtischen Raum, nach den Wechselbeziehungen zwischen dem sozialen und topographischen Gefüge gefragt. Damit weiten sich die Erkenntnischancen, es wachsen jedoch auch die methodischen und quellenbedingten Probleme. Wieder steht am Anfang ein Überblick, der den Weg der Forschung kritisch reflektiert und Perspektiven aufzeigt. Hierfür konnte mit Dietrich Denecke ein Kollege gewonnen werden, der selbst an der Entwicklung der sozialtopographischen Forschung in Deutschland maßgeblich mitgewirkt hat. Im Anschluß an diesen Beitrag werden verschiedene Fallstudien mit unterschiedlichen Zeitstellungen präsentiert. Aktuelle Resultate über das sozialräumliche Gefüge im mittelalterlichen Lübeck stellt Rolf Hammel-Kiesow vor. Seine Ausführungen stehen im Kontext langjähriger Untersuchungen zur städtischen Sozial- und Baugeschichte in dieser norddeutschen Hansestadt, die durch ihre Breite und Detailschärfe eindrucksvoll die Vorzüge des Forschens mit dem sprichwörtlichen ‚langen Atem‘ vorführen. Da Hammel-Kiesows Vortrag auf dem Workshop leider ausfallen mußte, ist es um so erfreulicher, daß seine Studie nun mit dem vorliegenden Band der Öffentlichkeit zugänglich gemacht werden kann. Mit den Beiträgen von Helge Steenweg, der wichtige Ergebnisse seiner Forschungen über Göttingen um 1400 vorstellt, und von Karsten Igel, der eine Untersuchung über Greifswald im 14. und 15. Jahrhundert kürzlich erfolgreich abgeschlossen hat, wird das Feld der mediävistischen Forschung erweitert. Neben Lübeck, das in seiner Bedeutung und Größe gewiß im norddeutschen Kontext einen Sonderfall darstellte, geraten auf diese Weise zwei kleinere, in manchem möglicherweise repräsentativere Städte in das Betrachtungsspektrum und runden es ab. In die Frühe Neuzeit gehören die Beiträge von Monika Lücke, die sich mit der Vermögenstopographie der Residenz- und Universitätsstadt Wittenberg im 16. Jahrhundert befaßt, und von Marc Kühlborn, der sich mit Möglichkeiten und Problemen der Stadtarchäologie für die Sozialtopographieforschung am Beispiel Lüneburgs auseinandersetzt.

Bereits während des Workshops wurde mehrfach bemerkt, daß eine übersichtliche und umfassende Spezialbibliographie zur Sozialstruktur und Sozialtopographie vorindustrieller Städte bislang fehlt. Daher schien es sinnvoll, dieser Publikation im Anhang eine Auswahlbibliographie beizugeben, die diese Lücke gewiß nicht schließen kann, aber doch bei der Einarbeitung in die Materie bis auf weiteres dienlich sein sollte.

Die große Resonanz, die der Workshop unter den Teilnehmern fand und die vielen Fragen nach dem ‚Wann‘ einer Publikation der Beiträge, hat uns ermutigt, den vorliegenden Band zusammenzustellen. Freilich kann er nur einen Teil des Workshops, eben die Ausführungen der Referenten, wiedergeben. Die intensiven Diskussionen während der Sitzungen und in den Pausen bleiben ein Vorsprung der Teilnehmer.

Die Autoren haben sich nicht gescheut, die Ergebnisse der lebhaften Diskussionen bei der Verschriftlichung Ihrer Vorträge einzuarbeiten, wobei einige Manuskripte die Herausgeber noch im selben Jahr erreichten, in anderen wurde darüber hinaus noch der Forschungsstand bis 2002 berücksichtigt.

Liste der Teilnehmer[11]

Baudisch, Susanne, Dresden
Bertemes, François, Halle (Saale)
Beutmann, Jens, Lichtenstein (Sachsen)
Böttcher, Christina, Halle (Saale)
Brauer, Jens, Halle (Saale)
Braun, Frank, Wismar
Denecke, Dietrich, Göttingen
Deutschländer, Gerrit, Halle (Saale)
Ellermeyer, Jürgen, Hamburg
Findeisen, Peter, Halle (Saale)
Freitag, Werner, Halle (Saale)
Geffarth, Renko, Halle (Saale)
Haelbig, Irene, Halle (Saale)
Heiermann, Christoph, Dresden
Helten, Leonhard, Halle (Saale)
Hemker, Christiane, Dresden
Hense, Ansgar, Dresden
Hertner, Peter, Halle (Saale)
Höh, Marc von der, Köln
Igel, Karsten, Münster
Kajatin, Claudia, Greifswald
Keller, Eberhard, Halle (Saale)
Kenzler, Hauke, Dresden/Heuersdorf
Kroll, Stefan, Rostock
Krüger, Klaus, Jena
Kühlborn, Marc, Lüneburg
Lück, Heiner, Halle (Saale)
Lücke, Monika, Halle (Saale)
Meinhardt, Matthias, Halle (Saale)
Meumann, Markus, Halle (Saale)
Müller, Susan, Halle (Saale)
Petter, Andreas, Halle (Saale)
Rau, Marcus, Bamberg
Ranft, Andreas, Halle (Saale)
Richter, Karl, München
Ring, Edgar, Lüneburg
Ronnefeldt, Christian, Bamberg
Sahle, Patrick, Köln

---

11 Verzeichnet sind nur die offiziell gemeldeten Teilnehmer des Workshops mit den damaligen Herkunftsorten.

Sasnowski, Holger, Rostock
Schröder, Olaf, Halle (Saale)
Schulz, Caroline, Halle (Saale)
Schwarzberg, Heiner, Halle (Saale)
Seibt, Joachim, Halle (Saale)
Seng, Eva-Maria, Halle (Saale)
Selzer, Stephan, Halle (Saale)
Specht, Oliver, Halle (Saale)
Spieß, Karl-Heinz, Greifswald
Steenweg, Helge, Kassel
Stock, Michael, Halle (Saale)
Suckow, Dirk, Halle (Saale)
Vollmuth-Lindenthal, Michael, Halle (Saale)
Wagner-Kyora, Georg, Halle (Saale)
Wojmicz, Joanna, Dresden/Chemnitz
Woydowski, Sybill, Halle (Saale)
Zeischka, Annette, Lobstädt
Zöllner, Walter, Halle (Saale)
Zuther, Margret, Halle (Saale)

I. Die Erforschung sozialer Strukturen und Gruppen

Zur Sozialstruktur spätmittelalterlicher Städte

Ein Rückblick auf Ansätze, Erfolge und Probleme der Forschung in Deutschland[1]

Jürgen Ellermeyer, Hamburg

1. Ansätze – Beobachtungen und Thesen

Veröffentlichungen zur Sozialstruktur mittelalterlicher Städte, die wichtige ‚Vorläufer' in der Hochphase der Industrialisierung in Deutschland Ende des 19. Jahrhunderts[2] und vereinzelt in der Weimarer Zeit[3] hatten, brachten – trotz weitgehend traditioneller Ansätze – spürbar Neues noch vor 1968: mit den Reichenau-Vorträgen der Mediävisten 1963/64 „zur gesellschaftlichen Struktur der mittelalterlichen Städte in Europa",[4] dann dem Arbeitskreis für südwestdeutsche Stadtgeschichtsforschung sowie mit Einzelarbeiten zu Hansestädten in der DDR.[5]

---

1 Die eher als Diskussionsanstoß denn als systematisch-umfänglicher Überblick gedachte Form des Vortrages ist weitgehend beibehalten worden.

2 *K. Bücher*, Die Bevölkerung von Frankfurt am Main im 14. und 15. Jahrhundert. Socialstatistische Studien, Tübingen 1886; *K. Lamprecht*, Zur Sozialstatistik der deutschen Stadt im Mittelalter, in: Archiv für sociale Gesetzgebung und Statistik 1 (1888), S. 485–532. Daß ich im folgenden viele beachtliche Arbeiten nicht nenne, wohl aber von meinen kaum eine auslasse, möge man verstehen, wenn ein seit zwei Jahrzehnten aus dieser Forschung Zurückgezogener noch einmal zur Verdeutlichung eines Ansatzes eingeladen wird – wofür ich sehr zu danken habe (s. auch Anm. 64).

3 *H. Jecht*, Studien zur gesellschaftlichen Struktur mittelalterlicher Städte, in: Vierteljahrschrift für Sozial- und Wirtschaftsgeschichte 19 (1926), S. 48–85.

4 Darunter mit besonderer Wirkung für Arbeiten über Norddeutschland: *A. v. Brandt*, Die gesellschaftliche Struktur des spätmittelalterlichen Lübeck, in: Untersuchungen zur gesellschaftlichen Struktur der mittelalterlichen Städte in Europa (Vorträge und Forschungen 11), hrsg. vom Konstanzer Arbeitskreis für mittelalterliche Geschichte, Sigmaringen ²1974, S. 215–239.

5 Patriziat und andere Führungsschichten in den südwestdeutschen Städten. Protokoll über die 3. Arbeitstagung des Arbeitskreises für südwestdeutsche Stadtgeschichtsforschung. 13.–15. November 1965, maschinenschriftliche Vervielfältigung, Tübingen 1965; *E. Maschke/J. Sydow (Hrsg.)*, Gesellschaftliche Unterschichten in den südwestdeutschen Städten. Protokoll über die 5. Arbeitstagung des Arbeitskreises für südwestdeutsche Stadtgeschichtsforschung. Schwäbisch Hall 11.–13. November 1966 (Veröffentlichungen der Kommission für geschichtliche Landeskunde in Baden-Württemberg B/41), Stuttgart 1967; *E. Maschke/J. Sydow (Hrsg.)*, Städtische Mittelschichten. Protokoll der 8. Arbeitstagung des Arbeitskreises für südwestdeutsche Stadtgeschichtsforschung. Biberach 14.–16. November 1969 (Veröffentlichungen der Kommission für geschichtliche Landeskunde in Baden-Württemberg B/69), Stuttgart 1972; von den Arbeiten zu den Hansestädten in der DDR sei hier genannt: *K. Fritze*, Die Bevölkerungsstruktur Rostocks, Stralsunds und Wismars am Anfang des 15. Jahrhunderts. Versuch einer sozialstatistischen Analyse, in: Greifswald-Stralsunder Jahrbuch 4 (1964), S. 15–28.

Erich Maschke formulierte 1973 (nach seinen empirischen, schichtmonographischen Arbeiten) methodisch lange wirksam „Die Schichtung der mittelalterlichen Stadtbevölkerung Deutschlands als Problem der Forschung“.[6] Im selben Jahr erschienen für Trier und Braunschweig unterschiedlichen Zeiten gewidmete Dissertationen,[7] die den Begriff der Sozialstruktur schon im Titel führten.

Eingehende Studien zu einzelnen Städten wurden seitdem in erklecklicher Zahl vorgelegt, mehr oder weniger beeinflußt durch die weltanschaulich mitgeprägte Diskussion über die Anwendbarkeit sozialwissenschaftlicher Begriffe auf vormoderne Gesellschaften. Darin hatte es Sozialgeschichte in Deutschland zunächst nicht leicht. Skepsis gab es auch bei jüngeren Historikerinnen und Historikern. Diese zeigte sich etwa in dem 1982 in Berlin angesetzten Expertengespräch über „Soziale Schichtung und soziale Mobilität in der Gesellschaft Alteuropas. Methodische und theoretische Probleme“.[8] Dort wurde der kritische Austausch, an dem ich mich zuvor in gewissem Eingehen auf Ehbrecht[9] und Mitterauer[10] 1977 und 1980 beteiligt hatte,[11] keineswegs so geführt, geschweige beendet, daß es nun für weitergreifende Forschungsprojekte eine rundum gesicherte Basis gegeben hätte.

Aber es war nicht nur viel in Frage gestellt, an konkreten Fällen der Befund zum Beispiel verallgemeinert oder ein langer Katalog nötiger Schritte skizziert worden. So hatten inzwischen Geographen[12] und Archäologen, nicht nur im Großprojekt Lübeck,[13] über sozialtopo-

---

[6] *E. Maschke*, Die Schichtung der mittelalterlichen Stadtbevölkerung Deutschlands als Problem der Forschung, in: Mélanges en l'honneur de Fernand Braudel. 2. Méthodologie de l'histoire et des sciences humaines, Toulouse 1973, S. 367–379.

[7] *W. Laufer*, Die Sozialstruktur der Stadt Trier in der frühen Neuzeit (Rheinisches Archiv 86), Bonn 1973; *J. Bohmbach*, Die Sozialstruktur Braunschweigs um 1400 (Braunschweiger Werkstücke 49/A; Veröffentlichungen aus dem Stadtarchiv und der Stadtbibliothek 10), Braunschweig 1973.

[8] *I. Mieck (Hrsg.)*, Soziale Schichtung und soziale Mobilität in der Gesellschaft Alteuropas. Protokoll eines internationalen Expertengesprächs im Hause der Historischen Kommission zu Berlin. 1.–2. Nov. 1982, Berlin 1984, darin vor allem, als Einführung in die Problemstellung, *I. Bátori*, Soziale Schichtung und soziale Mobilität in der Gesellschaft Alteuropas. Methodische und theoretische Probleme, S. 8-28.

[9] *W. Ehbrecht*, Zu Ordnung und Selbstverständnis städtischer Gesellschaft im späten Mittelalter, in: Blätter für deutsche Landesgeschichte 110 (1974), S. 83–103.

[10] Neben anderen Arbeiten des Autors *M. Mitterauer*, Probleme der Stratifikation in mittelalterlichen Gesellschaftssystemen, in: *J. Kocka (Hrsg.)*, Theorien in der Praxis des Historikers (Geschichte und Gesellschaft, Sonderheft 3), Göttingen 1977, S. 13–43.

[11] *J. Ellermeyer*, Sozialgruppen, Selbstverständnis, Vermögen und städtische Verordnungen. Ein Diskussionsbeitrag zur Erforschung spätmittelalterlicher Stadtgesellschaft, in: Blätter für deutsche Landesgeschichte 113 (1977), S. 203–275; *ders.*, „Schichtung“ und „Sozialstruktur“ in spätmittelalterlichen Städten. Zur Verwendbarkeit sozialwissenschaftlicher Kategorien in historischer Forschung, in: Geschichte und Gesellschaft 6 (1980), S. 125–149.

[12] So trat *D. Denecke* allein 1980 mit zwei einschlägigen Aufsätzen und diesem hervor: Sozialtopographie und sozialräumliche Gliederung der spätmittelalterlichen Stadt. Problemstellungen, Methoden und Betrachtungsweisen der historischen Wirtschafts- und Sozialgeographie, in: *J. Fleckenstein/K. Stackmann (Hrsg.)*, Über Bürger, Stadt und städtische Literatur. Bericht über Kolloquien der Kommission zur Erforschung der Kultur des Spätmittelalters 1975–1977 (Abhandlungen der Akademie der Wissenschaften in Göttingen, phil.-hist. Kl., 3. Folge 121), Göttingen 1980, S. 161–202.

[13] Als einen Meilenstein in den dabei entstandenen Lübecker Schriften zur Archäologie und Kultur-

graphische Fragestellungen Anstöße aufgenommen und neue zur Zusammenarbeit mit Historikern gegeben. Da, besonders in Lübeck, auch noch Hausforschung dank erhaltenen Bestandes vorangetrieben werden konnte, ist in dieser Interdisziplinarität überhaupt der größte Fortschritt bemerkbar – jedenfalls für das Mittelalter mit seiner enger begrenzten Quellenlage.

Die jüngere Entwicklung, mit stärkerer Forschungsinitiative in der Frühen Neuzeit, kennen Teilnehmer dieser Tagung aus eigenem Tun, deshalb hier nur einige Hinweise auf die Umbruchsituation in den 1970ern.

Zum methodisch diskutierten und langfristig gleichsam flächig ausgebreiteten Ansatz „Sozialstruktur der Stadt in der Vormoderne" ist es aus verschiedenen Anlässen[14] gekommen, darunter folgenden:

1. Unzufriedenheit über die vorherrschende Beschreibung der städtischen Gesellschaft nach Urkunden und Chroniken sowie der damit lange verbundenen Konzentration auf herausragende Personen, Normatives und Spektakuläres, wie beispielsweise Rechtsstreitigkeiten oder Kriegsverläufe;
2. Unzufriedenheit über zunehmend quantifizierende Auswertungen, wenn da aus problematischer Quellenlage allzu präzise (Stellen nach dem Komma etc.) Daten oder weitreichende Schlüsse gezogen, schließlich Menschen überhaupt in Zahlen verbannt wurden;
3. die langsam ernstere Auseinandersetzung mit marxistisch orientierter Geschichtsforschung: sei es im kritisch sympathisierenden Anschluß[15] oder in dem Bemühen, gegenhalten und korrigieren zu wollen;

---

geschichte s. den Bd. 10 mit der weiterverarbeiteten Dissertation des Historikers *R. Hammel*, Hauseigentum im spätmittelalterlichen Lübeck. Methoden zur sozial- und wirtschaftsgeschichtlichen Auswertung der Lübecker Oberstadtbuchregesten, Bonn 1987, S. 85–300, hier vor allem S. 129ff. Auch in weitgehend zerbombten und danach nicht begünstigten Städten wie Magdeburg und neuerdings Dresden war und ist auf Zusammenarbeit von Historikern und Archäologen zu setzen (s. *M. Meinhardt*, Die Erforschung der Geschichte Dresdens von den Anfängen bis zum Ende des 16. Jahrhunderts. Forschungsgeschichte, Literaturbericht und Bibliographie, in: Arbeits- und Forschungsberichte zur sächsischen Bodendenkmalpflege 39 (1997), S. 79–142).

14 Zum grundsätzlichen Interesse an der Sozialstruktur vorindustrieller Städte sind – ohne Anspruch auf Vollzähligkeit – folgende Motive und Tendenzen bemerkbar. Zunächst gibt es ein primär vergangenheitsorientiertes Interesse. Dabei geht es einmal um den historischen Vergleich mit älteren oder ländlichen Arbeits-, Siedlungs- und Herrschaftsweisen, zum anderen um die Suche nach Strukturen zum Verständnis geistiger Bewegungen und sozioökonomischen Geschehens, allgemeiner auch um Alternativen menschlicher Verhaltensweisen, Kontraste, Varianten sozialer Systeme. Außerdem gilt einigen die Retrospektive als Weg, für die Zukunft (gegen alle Skepsis) zu lernen (Bodenrecht, Bürgerengagement), manche suchen nach „Handwerksgeist", „Unternehmerkräften" oder der „Natur des Pauperismus". Im grundsätzlicheren Ausgang von Gegenwart kann es darum gehen, Ungleichheiten nicht nur in Verteilungen, sondern auch im zwischenmenschlichen Verhalten, den Chancen auf Lebenserhaltung, Selbstbestimmung und -entwicklung sowie zwischen Anspruch, Möglich- und Wirklichkeit zu beachten. Damit wird der Schutz vor Irreführung durch falsche historische Argumente, eine bessere Einschätzung gegenwärtiger sozialer Kräfteverhältnisse und das Erkennen, nötigenfalls auch die Veränderung von Menschenwerk erhofft. S. hierzu *J. Ellermeyer*, Vorindustrielle Städte als Forschungsaufgabe. Warum lassen sich Kenntnisse über Sozialstruktur und Unterschichten noch verbessern?, in: Die Alte Stadt 7 (1980), S. 276–296, hier 282f.

15 So *Bohmbach* (wie Anm. 7).

4. Unbehagen über Erstlingsansätze und -ergebnisse: so bei mir selbst, der ich Sozialstruktur nicht schon in meiner universitären ‚Schule' bei Rolf Sprandel und meinen Mitdoktoranden, sondern für einen Vortrag ausgerechnet vor dem Geschichts- und Heimatverein in Stade erst nach meiner Dissertation definierte,[16] oder der ich weitere Gesichtspunkte und Vorgehensweisen erst später explizierte, nachdem ich doch gemeint hatte, auf der massenhaften (nach dem Maßstab der damals fast revolutionären Randlochkarte), doch qualitativ eher schmalen Hauptbasis von Erbe- und Rentenverkäufen einen wichtigen Beitrag zur Erforschung der Sozialstruktur einer hansischen Landstadt leisten zu können;
5. Unbehagen über die allgemein wechselhafte Verwendung der von isoliert oder auch in einer Arbeitsgruppe Forschenden wenig bedachten Begriffe; so stehen meine Sozial*gruppen* in der Dissertation über Stade im 14. Jahrhundert in Tabellen für so Disparates wie Ober- und Mittelschichten, für Landbewohner und Auswärtige sowie geistliche und weltliche Institutionen.[17] Solch bedenkliches Vorgehen geschah im Streben nach Vergleichbarkeit mit den Hamburger Arbeiten zum städtischen Rentenmarkt, die mit diesem Sozialraster vorangegangen waren. Immerhin hatte dieses Hamburger Projekt (mit vier Arbeiten über Hamburg und je einer für drei weitere Städte) in der intensiven Beschäftigung mit lediglich einer Quellengruppe einen gewissen Durchbruch gebracht.[18] Und über die intensive Berücksichtigung einer zweiten Quellenhauptgruppe, der Liegenschaftsveräußerungen, konnte die Ermittlung sozialstruktureller Befunde – so im Sonderfall der Preisüberlieferung für Stade – deutlich weitergetrieben werden. Aber Kritik mußte kommen, nicht nur weil die gewünschte Konzentration auf den Kraftakt – der es vor Einführung der EDV eben noch war – von vielleicht alternativen Ansätzen oder weiterer Umschau hatte absehen lassen, sondern auch, weil der Leiter dieses Projekts in einer ‚weiterführenden Zusammenfassung' Schlußfolgerungen für die städtische Sozialstruktur und deren Entwicklung zog,[19] zu denen die Einzelarbeiten in einigen wesentlichen Punkten keinen Grund boten. Vielleicht weniger ernst zu nehmen war eine Abwehrreaktion auf so etwas wie eine Schule, wie sie sich besonders auf einer Tagung des Hansischen Ge-

---

[16] *J. Ellermeyer*, Zur Ermittlung städtischer Sozialstrukturen im Spätmittelalter. Ergebnisse, Fragen und Vorschläge am Beispiel Stade, in: Stader Jahrbuch 1974, S. 83–103, hier 86.

[17] *J. Ellermeyer*, Stade 1300–1399. Liegenschaften und Renten in Stadt und Land. Untersuchungen zur Wirtschafts- und Sozialstruktur einer hansischen Landstadt im Spätmittelalter, Stade 1975.

[18] Zu Hamburg: *K. Richter*, Untersuchungen zur Hamburger Wirtschafts- und Sozialgeschichte um 1300. Unter besonderer Berücksichtigung der städtischen Rentengeschäfte 1291–1330 (Beiträge zur Geschichte Hamburgs 6), Hamburg 1971; *P. Gabrielsson*, Struktur und Funktion der Hamburger Rentengeschäfte in der Zeit von 1471 bis 1490. Ein Beitrag zur Wirtschafts- und Sozialgeschichte der nordwestdeutschen Stadt (Beiträge zur Geschichte Hamburgs 7), Hamburg 1971; *H.-P. Baum*, Hochkonjunktur und Wirtschaftskrise im spätmittelalterlichen Hamburg. Hamburger Rentengeschäfte 1371–1410 (Beiträge zur Geschichte Hamburgs 11), Hamburg 1976; zu Lübeck: *H. Haberland*, Der Lübecker Renten- und Immobilienmarkt in der Zeit von 1285–1315. Ein Beitrag zur Sozial- und Wirtschaftspolitik der Hansestadt (Veröffentlichungen zur Geschichte der Hansestadt Lübeck B/1), Lübeck 1974; zu Braunschweig: *Bohmbach* (wie Anm. 7); zu Kolberg: *P. Tepp*, Untersuchungen zur Sozial- und Wirtschaftsgeschichte der Hanse- und Salzstadt Kolberg im Spätmittelalter. Strukturwandel und soziale Mobilität, Hamburg 1980 (s. *Hammel* (wie Anm. 13)).

[19] *R. Sprandel* in *H.-P. Baum/R. Sprandel*, Zur Wirtschaftsentwicklung im spätmittelalterlichen Hamburg, in: Vierteljahrschrift für Sozial- und Wirtschaftsgeschichte 59 (1972), S. 473–488.

schichtsvereins zeigte.[20] Aber es hat eine ganze Weile gedauert, bis mit Arbeiten verbindenden methodischen Ansatzes und einer bevorzugten Materialgrundlage, nämlich Steuerquellen, so um Kersten Krüger für die Frühe Neuzeit, wieder ein weitergreifendes Gruppenprojekt hervortrat.

Wenn also – in der Rückschau – Sünden einzugestehen sind, heißt das auch, daß es jetzt nicht darum geht, aufzurechnen, wer wann wie präzis war, sondern um Verständigung über Ziele, Offenlegung von Interessen, Einengen von Problemen und geeignete Wege zu besseren Ergebnissen.

Der neuerliche Aufbruch war mit hohen Zielen und großen Hoffnungen verbunden:
1. der Wirklichkeit oder den Wirklichkeiten (Alltag/Alltagen) sozialer Gruppen und Schichten oder Klassen nahezukommen;
2. über die zeitgenössischen Selbsteinschätzungen oder die Fremdeinschätzungen der Berichterstatter und Meinungsbildenden hinauszugelangen – mit der ‚Unparteilichkeit', der Nachtragsweisheit und den elaborierten Mitteln der Jüngeren und Fortgeschrittenen;
3. das statische Bild „der mittelalterlichen Stadt" zu ersetzen durch genauere Einblicke; Muster und Grenzen von Mobilität, in Polarisierungen Ursachen von Auseinandersetzungen zu erkennen;
4. einen nüchternen und überprüfbaren Beitrag zur Frühgeschichte der heute verstädterten Gesellschaft und speziell zu den Anfängen des Bürgertums liefern zu können, für das 16. Jahrhundert dann in Auseinandersetzung mit dem Konzept der Frühbürgerlichen Revolution.

Zu wählende Ansätze konnten nicht einfach richtig, sondern eher nützlich sein: nützlich für unterschiedliche Interessen, die in zwei Hauptrichtungen gehen mochten. Entweder dahin, die spätmittelalterlich-frühneuzeitlichen mit den jüngeren, gar gegenwärtigen Stadt-Bürgertum-Verhältnissen zu kontrastieren, also das Andersartige hervorzuheben – wofür es gute Gründe gibt, in einer holzschnittartigen „Großen Dichotomie" zwischen Traditionalem und Modernem, aber auch Verluste und Gefahren; oder man wollte die Entwicklung gesellschaftlicher Grundverhältnisse, den sozialen Wandel so verfolgen, daß man freikam von der Fixierung auf langwährende Zustände und seltene Revolutionen, damit man schrittweise auch verdeckt wirksame Kräfte in Widersprüchen, Spannungen und Konflikten weniger spektakulärer, aber für die agierenden und betroffenen Zeitgenossen doch spürbarer Stärke offenlegen könne.

Den besseren Einblick in Lebensbedingungen und Handeln möglichst vieler Menschen und damit in die Entwicklung der vormodernen Städte in politischer, wirtschaftlicher und stadträumlicher Hinsicht versprach man sich in steigendem Maße von Untersuchungen der Sozialstruktur.

Manche mochten das anders nennen, etwa traditionell von sozialer Ordnung, sozialer Gliederung oder von Sozialgefüge sprechen.[21] Hier bleibt in jedem Einzelfall zu prüfen, wie-

---

[20] 1978 wurde ein Vorschlag in der Mitgliederversammlung, künftig dem Pfingsttreffen ein Generalthema zu geben, u. a. mit Sorge vor Dominanz durch eine „Schule" abschlägig beschieden.

[21] Der Begriff Sozialstruktur war in die deutsche Mediävistik schon in den 1960ern eingeführt worden (*B.-U. Hergemöller*, Art. „Sozialstruktur", in: Lexikon des Mittelalters, Bd. VII, München 1995, Sp. 2072–2074), dabei in der Stadtgeschichtsforschung sowohl auf eher ‚bürgerlich' modernisierender,

weit durch Begriffswahl bestimmte Ergebnisrichtungen vorgegeben und wichtige Fragen und Befunde zurückgedrängt werden.

Wenn man diese Gefahr sah, konnte man nicht das Heil, aber einen umfassenderen Ansatz suchen in der ausdrücklichen Definition von Sozialstruktur. Ich habe mich 1974, bald mit anderen, für die des polnischen Soziologen Stanislaw Ossowski[22] entschieden und halte sie bis heute für hilfreich: Demnach sei Sozialstruktur ein „System der zwischenmenschlichen Abhängigkeiten, Distanzen und Hierarchien sowohl in nichtorganisierter als organisierter Form", in dem die Abhängigkeiten sowohl aus Machtverhältnissen wie auch aus Funktionsverteilungen entstehen.[23]

Es sollte einleuchten, daß ein so bestimmtes System Sozialstruktur mehr ist als nur die nachträgliche Schichtung von Bevölkerung nach bestimmten Merkmalen, geschweige denn die Addition von Bevölkerungsteilen als „Zusammensetzung". Deshalb hat man verschiedene Fragestellungen zu kombinieren. Gleichwohl dienen die anzuwendenden Erfassungsschemata einer so definierten Sozialstruktur auch der Darstellung von und als Schichtung, und dies sowohl mit dem Gradationsschema (vor allem Vermögen als etwas Meßbarem) als auch mit einem funktionellen Schema (nach Tätigkeiten im Wirtschaftsleben oder unterschiedlichen Einkommensquellen) sowie einem mehrfach dichotomisierenden Schema (XY hat – oder hat eben nicht – Bürgerrecht, Ratsfähigkeit u. a.).

In der Multidimensionalität von Schichtung sind subjektive und objektive Merkmale überprüfbar aufzunehmen, sowohl zeitgenössisch Bekanntes als Gewolltes, Geduldetes oder Erlittenes wie auch erst von Historikern Ermitteltes. Die verschiedenen Dimensionen müssen dann in ihrer Wirkungs- oder Vermittlungsrichtung verknüpft werden: in Hinblick auf die Stellung im Produktionsprozeß (in der Stadt vor allem: Beruf), nach den Einkommensmöglichkeiten, der tatsächlichen Vermögensschichtung mit ihrer Wirkung auf die Skala sozialen Ansehens – alle drei im Einfluß auf die Verteilung der politischen Macht, welche wiederum zurückwirkt auf die Chancen von Vermögensgewinn.

Sozialstruktur wird also zum Wirkungszusammenhang vielfältiger sozialer Felder, die Bevölkerungsteilungen hervorrufen, in denen diese wirksam, die aber auch von ihnen erst hergestellt werden. Dabei werden Menschen noch als Akteure erkennbar bleiben.[24]

---

als auch auf marxistisch orientierter Seite – aber nicht immer mit größerer Eindringtiefe in „gesellschaftliche Verhältnisse".

22 *S. Ossowski*, Die Klassenstruktur im sozialen Bewußtsein (Soziologische Texte 11), Neuwied/Berlin ²1972 (polnisch 1957).

23 Ebd., S. 24.

24 Siehe A. Lüdtkes Plädoyer für Alltagsgeschichte: „5. Von Subjekten und Agenten zu historischen Akteuren und gesellschaftlichen Kräftefeldern: [...] Individuen zugleich immer auch Objekte [.../...] Akteure agieren, sie handeln – nicht nur aus freien Stücken, aber auch nicht als pure Marionetten. Sie erkunden und nutzen Handlungschancen und Spielräume, schaffen sie aber auch selbst. Den Akteuren entspricht die Figur vom Kräftefeld sozialer Beziehungen und kultureller Produktionen. Die Metapher vom Feld vermeidet die übliche Reduktion auf zweipolige oder lineare (oder auch hierarchische) Muster [...] verweist das Feld auf die Möglichkeiten anderer Felder. Dritte, vierte Wege [...]" (*A. Lüdtke*, Alltagsgeschichte, Mikro-Historie, historische Anthropologie, in: *H.-J. Goertz (Hrsg.)*, Geschichte. Ein Grundkurs, Reinbek 1998, S. 557–578, Zitat: S. 565 f.). Eine „‚Feldtheorie' der Sozialstruktur" fand sich schon bei *F. Fürstenberg*, ‚Sozialstruktur' als Schlüsselbegriff der Gesellschaftsanalyse, in: Kölner Zeitschrift für Soziologie und Sozialpsychologie 18 (1966),

Am Ende ist die Sozialstruktur zu bestimmen als ‚die' Struktur der Gesellschaft und nicht als deren sachlicher Teil neben anderen (Politik, Wirtschaft usw.). Nur Teil bleibt sie allerdings, insofern Strukturen nicht die Gesamtheit der Realität darstellen können. Sie richtet sich auf Art und Ausmaß der Beziehungen, in denen Personenmehrzahlen in der Gesellschaftsform Stadt zusammenleben (am Ende auch mit durchgehenden oder nebeneinander stehenden sozialen Gruppen verdichtet zu Schichten); einer Stadt, die wiederum in Verweisungs- und Abgrenzungsverhältnissen zu weiterreichenden Systemen steht – aber wie die Menschen: in wandelbarer Form.

Das alles hat also eine Zeitdimension, erweist sich im Prozeß. Auch hier zeigt sich, daß Sozialstruktur mehr ist als das, was vielbemühte statische Grafiken von Schichtung, zumal in einem Zeitschnitt von Vermögensverteilung oder Statusaufbau, etwa als Pyramide oder Zwiebel,[25] ausdrücken können.

Dies wiederhole ich, weil es scheint, als habe von Überlegungen der mir nahen Art eher nur das eine gewisse Wirkung erlangt, was in positivistischer Tradition an leicht zugänglichen Quellen noch einmal erwies, daß das neben Berufen bevorzugte Schichtungskriterium Vermögen in sensiblen Bereichen bereits für die Zeitgenossen bis in formalisierte Normen hin wichtig war. Nicht, daß die Fortschritte in der Forschung, die sich um Merkmalserfassung auf breiter Quellenbasis bemüht hat, gering zu achten wären.[26] Aber ich meine, daß ein umfassender Sozialstrukturansatz nicht deshalb zur entbehrlichen Theorie geschlagen werden muß, weil im Einzelfall erwünschte Quellen fehlen. Mindestens hilft er, Phantasie mit Gründen zu entwickeln und Aufmerksamkeit zu schärfen.

Im übrigen vermeidet ein Vorgehen nach dem Ansatz von Ossowski die Schwächen der Strukturansätze, die der in die Jahre gekommenen Sozialgeschichte für das 19./20. Jahrhundert vorgehalten werden – vor allem eine strukturfunktionalistische Verkürzung und Anonymisierung der Individuen – und der man deshalb eine „praxeologische Wende" empfiehlt. Was man dazu von der theoretischen Neufassung des Strukturbegriffs fordert, nämlich eine „relationale" Anlage der Kategorien Struktur und Handeln, so daß sich Strukturen „nirgend-

---

S. 439–453, hier 450ff., als anregend (*Ellermeyer*, Verwendbarkeit (wie Anm. 11), S. 135f.); Fürstenbergs Überlegungen wurden dann auch berücksichtigt bei *W. Sachse*, Göttingen im 18. und 19. Jahrhundert. Zur Bevölkerungs- und Sozialstruktur einer deutschen Universitätsstadt, Göttingen 1987, S. 132 u.ö. Ohne Sozialstruktur als Ganzes anzugehen (wozu ihm die Quellen nicht reichen) verfolgt Heinrich Rüthing in der Teilhabe von Personen, Familien und Gruppen an „sozialen Handlungsfeldern" die Frage sozialer Ungleichheit: *H. Rüthing*, Höxter um 1500. Analyse einer Stadtgesellschaft, Paderborn ²1986, S. 13ff. Das Konzept des sozialen Handlungsfeldes bleibt wichtig in einem Plädoyer für die innovative Erweiterung der Sozialgeschichte: *T. Welskopp*, Die Sozialgeschichte der Väter. Grenzen und Perspektiven der Historischen Sozialwissenschaft, in: Geschichte und Gesellschaft 24 (1998), S. 173–198, bes. 182.

25 S. *Ellermeyer*, Forschungsaufgabe (wie Anm. 14), S. 278 mit Abb. 1. Vgl. die acht Abbildungen bei *Bátori* (wie Anm. 8), S. 23–28.

26 So haben noch für das Mittelalter u. a. *Rüthing* (wie Anm. 24), *Hammel* (wie Anm. 13) und *Steenweg* (*H. Steenweg*, Göttingen um 1400. Sozialstruktur und Sozialtopographie einer mittelalterlichen Stadt, Bielefeld 1994), dann gerade für die Frühe Neuzeit etwa *Sachse* (wie Anm. 24) und schließlich *Krolls* Arbeiten – und weitere bei ihm angesprochene – deutlich über die Ansätze der 1970er Jahre hinausgeführt.

wo anders manifestieren als in den zeitgenössischen Interaktionszusammenhängen",[27] das mag man von ‚unserem' Ansatz für die vorindustriellen Städte schon eröffnet sehen. Noch einmal: Schichtung taucht nicht erst als eine von Historikern vollzogene, gar interessenneutrale Darstellung auf, sondern bereits als in den Gesellschaften gewollter und erlittener Prozeß. Schichtung ist mehr als eine „Sozialmetapher", Schichtung ist politische Macht,[28] die man mit individuellem Aufstieg, durch Einzelmobilität, nicht prinzipiell in Frage stellt.

Scharfes Abgrenzen der Schichten konnte das Streben in schützende Sozialformen[29] verstärken; in gleiche Richtung, zur Verstärkung der Sozialformen, aber im Interesse der jeweils im Kleinen Führenden, mag gerade bei größerer Durchlässigkeit von Schichten das Organisieren von (nun aber) regulierenden Sozialformen wirken. Schließlich mögen auch die in der Stadt überhaupt Herrschenden durch Fördern von Gruppen- oder Kleinverbandsbildung eine sie etwa bedrohende bewußtere Schichtung entschärfen wollen. Also ist die Ermittlung des Verhältnisses von Schichtung und Sozialformen eine spannende Aufgabe.

Hier aber bleibt erst festzuhalten, daß man mit der Behauptung von Sozialstruktur als System[30] nicht nur nach außen und innen gezogene Abgrenzungen, sondern auch Verweisungen auf die „Umwelt" (und ihre Systeme), nämlich Entsprechungen und Einwirkungen, be-

---

[27] *Welskopp* (wie Anm. 24), bes. S. 179ff., 183, 186, 189f., 194.

[28] *Ellermeyer*, Forschungsaufgabe (wie Anm. 14), S. 286: „Schichtung als Prozeß [...]"; Schichtung wird von Interessenten vollzogen (so aufgegriffen von *J. Kocka*, Weder Stand noch Klasse. Unterschichten um 1800, Bonn 1990, S. 253, Anm. 1): mit zusammenhaltenden Kräften und mit Widersprüchen; Zusammenhalt wird durch schichtspezifische Kommunikationssysteme für ‚Oben' gefördert, bedingt auch für die ‚Mitte', dagegen für ‚Unten' eher behindert. Vgl. *Welskopp* (wie Anm. 24), S. 181f., 190, 194, der Gesellschaft verstanden wissen will als konkrete „Vergesellschaftung".

[29] Zu „Sozialformen – Gesellschaften und Korporationen" s. den Überblick bei *E. Isenmann*, Die deutsche Stadt im Spätmittelalter 1250–1500. Stadtgestalt, Recht, Stadtregiment, Kirche, Gesellschaft, Wirtschaft, Stuttgart 1988, S. 291–340.

[30] Zur Stadt als System – in Anlehnung an *N. Luhmann* und *G. Theuerkauf* – s. *Ellermeyer*, Verwendbarkeit (wie Anm. 11), S. 132f. und *ders.*, Forschungsaufgabe (wie Anm. 14), S. 283ff. Unter einem sozialen System wird traditionell verstanden die Summe der Teile und ihrer Beziehungen, bewertet nach der Fähigkeit, Aufgaben der Bestandssicherung zu erfüllen; nach Luhmann sei es ein Sinnzusammenhang „faktischer Handlungen" oder Verhaltensweisen. Damit sind Annahmen über Grenzbestimmungen, Problemlösungen und die Triebkräfte für den Wandel sozialer Systeme zu verknüpfen. Dann erscheint Stadt als System vierfach in hellerem Licht:

1. in Entsprechungen und Einwirken zwischen Innen und Außen (Stadt – Land/Reich/Kirche) und zwischen Teilsystemen (z. B. Wirtschaft und rechtlich organisierte Herrschaft, Handel und Handwerk);
2. mit systemwichtigen Strukturen, in denen Verhaltenserwartungen zeitlich, sachlich und sozial verbindlich gemacht werden sollen (zeitlich: durch Normen; sachlich: durch Rollen mit Garantie für Möglichkeit von Selbstdarstellungen; sozial: durch Institutionen, die die Verhaltenserwartungen möglichst Vieler ‚konsensfähig' machen);
3. in Selektivität des Handelns, das als systemrational zu verstehen ist;
4. mit Widersprüchen, die aus Abgrenzungen systemverändernd oder auflösend folgen mögen.

Luhmann sieht den Wert der funktionalen Methode in der Bestimmung der abstrahierten „Probleme", von denen aus verschiedene Handlungsmöglichkeiten und soziale Tatbestände in Zusammenhang zu bringen sind. Eine Rangordnung gesellschaftlicher Phänomene herauszuarbeiten, hebt nach Eric Hobsbawm gerade die marxistische Geschichtswissenschaft unter den struktural-funktionalistischen Gesellschaftstheorien hervor.

achten soll. Das meint u. a. die vielfältigen Stadt-Land-Beziehungen, kann aber auch heißen, die Bürgertumsdiskussion der Marxisten in der DDR in den 1970ern (Klasse-Schicht- und Klasse-Hauptklasse-Nebenklasse-Problematik) wenigstens daraufhin zu überprüfen, wieweit stadtinterne Trennlinien mit Rücksicht auf die Trennlinien in der stadtübergreifenden Gesellschaft zu bestimmen sind.[31]

Sozialstruktur kennzeichnen schließlich systemsetzende Werturteile. Sie mögen unter den eher nach außen gewendeten, harmonisierenden „zentralen bürgerlichen Lebenswerten“[32] schon mitgedacht sein. Stadtspezifisch kann so etwas dazugehören wie „Lüneburg, das ist das Salz“ oder „Hamburg, das ist der Hafen“, allgemeiner auch der Grundsatz „wer etwas zu verlieren hat, wird politisch verantwortlicher handeln“[33] oder – berufsständisch auf die Spitze getrieben – „nur Vermögen aus kaufmännischer Arbeit qualifiziert zur politischen Führung“.[34]

Damit rühren wir an den Bereich, der heute noch in der Forschung und in der Gesellschaft mehr Licht vertrüge. Da man explizite Normierungen, organisierte Formen der zwischenmenschlichen Abhängigkeiten, Distanzen und Hierarchien eher nur in sehr empfindlichen Zweifelsfällen und nach schärferen Auseinandersetzungen durchsetzt, gilt es gerade mit Blick auf chronikalisch wenig auffällige Zustände, auf den Alltag, die *nicht*organisierten Formen deutlicher bloßzulegen. Hierbei lasse man hervortreten neben den Distanzen und Hierarchien mehr noch die Abhängigkeiten, und unter diesen gegenüber den rechtlichen zunächst eher die ökonomischen (aus denen herrschaftliche werden konnten) und schließlich bei den nichtorganisierten Formen ökonomischer Abhängigkeit nicht mehr so sehr die schon bekannteren aus der Funktionsteilung, sondern die sich aus den Machtverhältnissen ergebenden. Dabei ist Macht nicht nur mit Eigentum und Innehaben von Stellen gegeben, deshalb immer wieder prozessual, in Abläufen zu bestimmen.[35]

Wenn nun dieser erste Teil meiner Bemerkungen – Ansätze der Forschung – so ausführlich behandelt wurde, daß für die beiden anderen – Erfolge und Probleme – relativ wenig Raum bleibt, dann deshalb, weil es ja für unser Forschungsthema nicht nur einen Ansatzpunkt, sondern mehrere Vor- und Abläufe gab. Außerdem werden Erfolge durch die Beiträge anderer Tagungsteilnehmer unmittelbarer deutlich. Und schließlich lassen sich die Probleme auch deshalb so kurz benennen, weil sich aus den Ansätzen dauerhaft Problematisches schon ableiten läßt.

---

[31] Zusammenfassende Bemerkung bei *Ellermeyer*, Forschungsaufgabe (wie Anm. 14), S. 285.

[32] Vgl. *R. Sprandel*, Mentalitäten und Systeme. Neue Zugänge zur mittelalterlichen Geschichte, Stuttgart 1972, S. 113 und 160ff.

[33] Dieser Grundsatz führte beispielsweise in Hamburg (1720) zu der Praxis, politische Bürgerrechte nur vermögenden Hauseigentümern zu gewähren; vgl. hierzu *N. A. Westphalen*, Hamburgs Verfassung und Verwaltung in ihrer allmählichen Entwicklung bis auf die neueste Zeit dargestellt, Teil 1, Hamburg [2]1846, S. 106; *Ellermeyer*, Forschungsaufgabe (wie Anm. 14), S. 281; Hauseigentümer hatten in Hamburgs politischer Verfassung deutliche Vorteile, und dies bis 1918! S. hierzu *J. Ellermeyer*, Wohnen in Hamburg um 1800. Eine Skizze ökonomisch-politischer Bedingungen, in: Siedlungsforschung. Archäologie – Geschichte – Geographie 5 (1987), S. 131–162, hier 144–147.

[34] So in einer gefälschten Lübecker Ratswahlordnung vom Ende des 13. Jahrhunderts zu finden, vgl. dazu *Ellermeyer*, Sozialgruppen (wie Anm. 11), S. 241f.; *Hammel* (wie Anm. 13), S. 130.

[35] *Ellermeyer*, Verwendbarkeit (wie Anm. 11), S. 137ff.

2. Bisherige Erfolge

Erfolge in der Erforschung der Sozialstruktur spätmittelalterlich-frühneuzeitlicher Städte seit den 1960er Jahren sind offensichtlich, aber bei verschiedenen Maßstäben und Bezugspunkten unterschiedlich einzuschätzen. Sie werden hier – aus der begrenzten Sicht des Vortragenden – nur kurz angesprochen. Dabei sollen kaum Autoren oder Einzelarbeiten genannt werden, obwohl es auch gerade Tagungsteilnehmer verdienten. Manche Beobachtung und Behauptung mag beschönigend klingen. Vor Erfolgen stehen Bedingungen und davon bleiben manche als Problem. Auf sie ist erst im nächsten Schritt, dem letzten, zurückzukommen. Erfolge sind vor allem in folgenden Punkten zu sehen:

1. Auseinandersetzungen über die Fragwürdigkeit der Anwendung von Begriffen und Ansätzen der Sozialwissenschaften haben das Bewußtsein für die Notwendigkeit von Vorklärungen und Transparenz im Vorgehen der Geschichtsforschung geschärft. Es wird in stärkerem Maße auf mit Begriffen verbundene politische Vorstellungen und logische Implikationen geachtet.
2. Ein nach einem Erkenntnisziel formulierter ‚Katalog' von Aufgaben zur Erfassung von Sozialstruktur hat um so eher zu Praxis, zum Erproben der Fragestellungen und Zugriffe geführt, je mehr Klarheit über die nötigen Quellen[36] und die Möglichkeiten ihrer Auswertung geschaffen wurde.
3. Mit anspruchsvollen Fragen hat man sich der Vielfalt bislang eher vernachlässigter und anders genutzter Quellen einerseits und den mit Quelleneigenart und Überlieferung verbundenen Problemen andererseits phantasievoll und beharrlicher zugewandt, damit selbst indirekte Wege beschritten werden können und Vorsicht vor schnellen Schlüssen walte.
4. Die früher nur in Ausnahmefällen (in der Sozialstatistik schon vor 1900) betriebene Auswertung zahlenhaltiger Quellengruppen,[37] aber auch die Massenauswertung eher qualifizierender Quellen hat mit der EDV seit den 1970er Jahren über das fragwürdig „Exemplarische" hinausgehende Aussagemöglichkeiten prinzipiell enorm verbessert.
5. So etwas wie Schichtenstruktur ist an sich kein rotes Tuch mehr bei der Arbeit über die Geschichte der spätmittelalterlichen und frühneuzeitlichen Stadt.[38] Es wird eher als früher eingesehen, daß es sinnvoll sein kann, durch eine Zuordnung in Schichten Menschen im Zusammenhang zu sehen, selbst wenn sie in den sozialen Auseinandersetzun-

---

[36] So wieder einmal gründlich *Rüthing* (wie Anm. 24), S. 22–38; s. auch *Kroll* in diesem Band (für Einsicht in das Manuskript habe ich zu danken), dem es auch sicher erscheint, daß die für sein erweitertes „Sozialkapital"-Konzept nötigen Quellen eher nur für die Frühe Neuzeit, kaum zum Mittelalter zu finden sind.

[37] *E. Weyrauch* zählt zu den Pionieren der neueren Auswertung speziell von Steuerbüchern (1976) und hat sich dann auch der Anwendung der Systemtheorie *N. Luhmanns* (1978) und grundsätzlicher Schichtungsanalyse gewidmet, vgl. *E. Weyrauch,* Über soziale Schichtung, in: *I. Bátori (Hrsg.),* Städtische Gesellschaft und Reformation (Spätmittelalter und frühe Neuzeit. Tübinger Beiträge zur Geschichtsforschung 12), Stuttgart 1980, S. 5–57; vgl. auch *Rüthing* (wie Anm. 24), S. 454.

[38] Natürlich sind kritische Haltungen oder Begrenzen der Nutzenserwartungen ernst zu nehmen, wie sie etwa im „Expertengespräch" von 1982 (s. Anm. 8), bei *Rüthing* 1986 (wie Anm. 24), *Sachse* (wie Anm. 24) und *Isenmann* (wie Anm. 29), deutlich werden.

gen kein Gefühl einer Gemeinsamkeit auf Grund einer gesellschaftlichen Stellung zeigten und in dieser Formierung niemals als politisch handlungsfähige Gruppe aufgetreten sind.[39]

6. Die Beschäftigung mit Sozialstruktur und Schichtung, wie sie den Zeitgenossen kaum möglich war, hat wiederum der Betrachtung von Sozialformen (Familie und Haushalt, Bruderschaften, Gilden, Zünfte usw.), deren Existenz zunächst gegen eine Suche nach Schichten eingewandt wurde, neuerliche Intensität verliehen, wenn nicht gar erst dazu herausgefordert.[40] Dies gilt um so mehr, als eine ernstzunehmende Schichtenanalyse mit Blick auf Sozialstruktur diese bekannten historischen Organisationsformen nicht negiert. Darüber hinaus konnte für die Frühe Neuzeit (mit entwickelteren Gesellschaftsstrukturen und entsprechender Quellenlage) auch Zusammenhalt eher informeller Art oder geringerer Öffentlichkeit (Patenschaften u. a.) sichtbar gemacht werden.[41]
7. Da Ermittlungen von Sozialstrukturen einmal ein hohes Maß an verallgemeinerbaren Fragen, Zugriffen und Aussagen enthalten, zum anderen mit modernen Mitteln größere Datenmengen nutzbar machen, sind Vergleiche im Raum, zwischen Stadttypen und für Perioden einer Stadt nicht nur auf eine solidere Grundlage gestellt, sondern haben zu weiteren Vergleichen angeregt.
8. Arbeiten über kleinere Städte (wie sie von einzeln Forschenden noch am ehesten zu leisten sind) vermögen wegen ihrer relativ größeren Eindringtiefe und manchmal glücklicheren Quellenlage Daten und Aussagen zu liefern, die ‚nebenher' solche zu großen Städten, die (vielleicht noch) nicht in hinreichender Zahl erhoben oder getroffen worden sind, ins rechte Licht rücken oder neu überdenken lassen.
9. Während Sozialstrukturen einiger Städte durch neuere Arbeiten Einzelner inzwischen deutlicher erforscht wurden, ließen sich für andere Städte – Spätmittelalter und Frühe Neuzeit zusammengenommen – durch mehrere Ansätze, auch von verschiedenen Disziplinen kommend, genauere Kenntnisse gewinnen. Sie fanden z.T. schon Eingang in Gesamtdarstellungen der jeweiligen Stadtgeschichte. Zu den so von mehreren Seiten und Autoren besser erforschten Städten gehören u. a. Lübeck, Hamburg, Köln, Stade, Stralsund, Göttingen und Trier.
10. Sozialstrukturuntersuchungen einzelner Städte sind zu verläßlicheren Grundlagen oder Rahmen für biographische, ereignisbetonte und alltagsgeschichtliche Darstellungen geworden. In ihren gelungeneren Ausführungen lassen sie weder die einzelnen Menschen in Zahlen und deren Ableitungen oder als bloße Merkmalsträger untergehen, noch Vorgänge mechanisch ablaufen.

---

39 Das war ein Ausschließungsgrund gewesen etwa für *H. L. Reimann*, Unruhe und Aufruhr im mittelalterlichen Braunschweig, Braunschweig 1962, S. 119 (s. *Ellermeyer*, Verwendbarkeit (wie Anm. 11), S. 126f.).

40 Selbst noch einmal beispielgebend *E. Maschke*, Soziale Gruppen in der deutschen Stadt des späten Mittelalters, in: *Fleckenstein/Stackmann* (wie Anm. 12), S. 127–145. und *ders.*, Die Familie in der deutschen Stadt des späten Mittelalters, Heidelberg 1980; weitere Arbeiten (*Mitterauer* und Jüngeres) bei *Isenmann* (wie Anm. 29).

41 Siehe *S. Kroll* in diesem Band. Für mittelalterliche Verhältnisse noch nicht voll ausgeschöpft sind die Angaben von Gewährleistenden und Bürgen bei Immobilien- und Realkreditgeschäften.

11. Der Wert und Ertrag der Forschungen und Diskussionen über die Sozialstruktur hat sich in der lange erwarteten Gesamtdarstellung der Geschichte der spätmittelalterlichen Stadt in Deutschland gezeigt, die Eberhard Isenmann 1988 publizierte.[42] Dabei erwies sich als günstig, daß dieser Autor nicht in die frühe Auseinandersetzung um die sinnvolle Art von Sozialstrukturuntersuchungen verwickelt war.

3. Probleme und Aufgaben

Auch die Bemerkungen zu den Problemen und Aufgaben können hier nur knapp ausfallen. Zunächst folgende:

1. Ungeachtet inzwischen stärkeren Problembewußtseins wird mit dem Begriff Sozialstruktur nicht immer hilfreich verfahren: Die einen nehmen ihn im kühnen Singular in Titel und Überschriften, ohne daraus Aufgaben abzuleiten, deren Erfüllung man am Anspruch prüfen könnte;[43] andere wählen den Plural „Soziale Strukturen" – was Vorsicht oder Unverbindlichkeit anzeigen kann; Bescheidenere oder sehr Methoden- und Quellenbewußte sprechen von „Aspekten" der sozialen Struktur oder forschen „zur Sozialstruktur".[44] Der Begriff wurde auch, jeweils das Gleiche meinend, als bessere Alternative zur „sozialen Differenzierung" und „sozialen Schichtung" angeführt. An den Arbeitsergebnissen müßte der Wert des jeweiligen ‚Etiketts' abgelesen werden. Generell könnte gelten: Wenn man Sozialstruktur für sich und die Leser nicht definiert, kann man alles mögliche machen oder auslassen und auf diese Weise den Eindruck „bunter Vielfalt" in der Gesellschaft vermitteln,[45] aber kaum regelhafte Zusammenhänge und Abläufe aufdecken.

---

[42] S. Anm. 29.

[43] Die Reihe der zu nennenden Arbeiten ist zu lang, als daß ihnen hier – zumal gegenüber meinem Pauschalurteil mit nötigen differenzierenden Bemerkungen – gerecht zu werden gelingen könnte. Ich vertraue auf mündige Leser.

[44] So auch *M. Meinhardt* (in diesem Band) bei seiner Suche nach spezifischen Anordnungen sozialer Ungleichheiten in einem sozialen System mit besonderem Blick auf Bezüge zum Prozeß der Residenzwerdung Dresdens im 15. und 16. Jahrhundert und dabei Konzentration auf die Kriterien Vermögen und Beruf. Der auswählende Ansatz kann ein (hierarchisches, geschichtetes) Ganzes implizieren. Ohne Bezug auf die Diskussion um Sozialstruktur/Schichtung in Deutschland, aber mit geschärftem Blick schon durch die älteren Beiträge in den ‚Annales', hatte *E. François*, Koblenz im 18. Jahrhundert. Zur Sozial- und Bevölkerungsstruktur einer deutschen Residenzstadt, Göttingen 1982, – in Ermangelung von Steuerquellen – zwar ‚nur' „drei globale Ansätze" für „die sozialen Strukturen", nämlich Berufsgliederung, Hausbesitz und Alphabetisierung und Schulbesuch gewählt, aber doch mit der Zielsetzung, „nicht einfach [...] zu beschreiben und zu zählen, sondern darüber hinaus zu versuchen, die innere Logik und das Funktionieren einer städtischen Gesellschaftsformation erkennbar werden zu lassen" (ebd., S. 15).

[45] Ein Beispiel: „Die bürgerliche Gesellschaft in den Hansestädten bietet dem Betrachter ein buntes, vielfältiges Bild, das sich trotz einiger übereinstimmender Züge bei genauerem Zusehen von Stadt zu Stadt wandelt. Jede große oder kleinere Stadt bildete eben einen eigenen unverwechselbaren Organismus." (*K. Militzer*, Die Sozialgliederung in den Städten, in: *J. Bracker/V. Henn/R. Postel (Hrsg.)*, Die Hanse. Lebenswirklichkeit und Mythos, Hamburg 1989, S. 304–325, hier 325).

2. Schichtfixierung auf das Vermögen[46] läßt weiterhin Vorstellungen von mehr oder weniger „(un)ausgeglichener" oder gar „verbesserter" Sozialstruktur, also weniger eine Systembeschreibung von Interaktionszusammenhängen, denn vielmehr politische Wertungen eines isolierten Aspekts aufkommen.[47] Natürlich ist das Vermögen prinzipiell und vermittelnd, als „Kommunikationsmedium", nicht unwichtig.
3. Schichtung nach Verarbeitung aller möglichen prosopographischen Daten überhaupt bezeichnen oder in einem Modell vorstellen zu können, ist auch wieder ernstzunehmend in Frage gestellt worden.[48] Dem ist vielleicht entgegenzuhalten, daß die (von Rüthing) alternativ gewählte „additive Verzeichnung der Statusmerkmale"[49] wohl bei einer kleineren Stadt und für einen kurzen Zeitraum hinreichend erhellend wirkt.[50] Aber wenigstens für örtlich und zeitlich vergleichende und auf konkrete Ereignisse (etwa Unruhen) bezogene Aussagen macht die Suche nach Schichten weiterhin Sinn.
4. Verhältniszahlen wie der „Rentenumsatzquotient" wurden früher als aufklärend über einen Aspekt des Verhaltens und der Lage von Menschen eingeführt, aber natürlich kritisiert, wenn sie zu schematischen oder allzu weiten Schlußfolgerungen dienten. Heute ist im einzelnen zu fragen, wie die dank EDV noch leichter zu bildenden Indizes[51] oder auch die graphisch zu präsentierenden Merkmalsverteilungen in ihrem Aussagewert auf Menschen bezogen zu sehen sind.
5. Jemand, der sich erfolgreich an der quantitativen Seite der Sozialstruktur abgemüht hatte, erwartete auf der qualitativen Seite noch das Interessantere, namentlich für die Oberschicht.[52] Und tatsächlich finden wir seit den 1970ern eine neuerliche Hinwendung zu Elite, Oberschicht und Patriziat, dies zwar auf moderne Weise,[53] aber vielleicht auch im Vorzug vor der durch die Quellenlage schon zur Kärrneraufgabe gedrückten Beschäfti-

---

46 *Ellermeyer*, Verwendbarkeit (wie Anm. 11), S. 39–41. *Rüthing* (wie Anm. 24) ist das Kriterium Vermögen zwar wichtig, aber er sieht und konstruiert keine Schichten.

47 „Eine relativ unausgewogene Sozialstruktur [...]" findet sich in Übernahme aus älterer Literatur noch bei *Isenmann* (wie Anm. 29), S. 267 mit Anm. 49; „ausgeglichener" oder im 15. Jahrhundert „verschlechtert" sehen wir sie bei *Militzer* (wie Anm. 45), S. 309.

48 *Rüthing* (wie Anm. 24), in Skepsis gegen Ansätze von *Weyrauch* (wie Anm. 37) und mir, hält sich aus der Sozialstrukturdiskussion heraus, indem er ‚unterhalb' des Begriffs bleibt, aber alle ihm erreichbaren Personendaten verarbeitet (s. u. Anm. 64).

49 In Kenntnis der Verortung von mehrseitig charakterisierten Akteuren in einem „sozialen Raum" als sozialstatistische Gruppen („Klassen") bei *P. Bourdieu* (Ökonomisches Kapital, kulturelles Kapital, soziales Kapital, in: *R. Kreckel (Hrsg.)*, Soziale Ungleichheiten (Soziale Welt, Sonderbd. 2), Göttingen 1983, S. 183–198) geht *Kroll* (in diesem Band) einen eigenständigen Weg, indem er – ohne die traditionell im Vordergrund stehende vertikale Perspektive der sozialen Ungleichheit zu vergessen – die horizontale Perspektive der sozialen Beziehungen einnimmt. Anregungen von *P. Bourdieu,* Zur Soziologie der symbolischen Formen, Frankfurt a. M. 1970 (darin: Klassenstellung und Klassenlagen), hatte schon *Isenmann* (wie Anm. 29), S. 251, aufgenommen.

50 Er betrachtet Höxter 1482–1517 und geht von 2000–2500 Menschen aus. Trotz dieser Einschränkung ist Rüthing natürlich mehr als ein genau arbeitender, anregender und bahnbrechender ‚Außenseiter'.

51 S. z. B. den aus der Soziologie gezogenen „multiplen Sozialindex" bei Sachse (wie Anm. 24), S. 139.

52 *Laufer* (wie Anm. 7), S. 57.

53 So auch bemerkt von *Kroll* (in diesem Band), mit Verweis u. a. auf *W. Reinhard (Hrsg.)*, Augsburger Eliten des 16. Jahrhunderts. Prosopographie wirtschaftlicher und politischer Führungsgruppen 1500–1620, Berlin 1996.

gung mit Unterschichten.[54] Immerhin hat die Sicht auf Sozialstruktur im komplexeren Sinne als nur vertikale Schichtung verschiedenartige Randgruppen stärker in den Blick geraten lassen.[55] Die Abgrenzung der Mittelschicht(en), der ständig untergehenden und immer wieder auftauchenden, wird sich – ‚wie im Leben' – weiterhin schwierig gestalten.[56] Über Handwerk und speziell dessen Gesellen sind wir zunehmend besser unterrichtet.[57] Von Mieteinkünften abhängige Hauseigentümer als (in der Frühen Neuzeit wichtiger werdender) Teil der Mittelschichten sind noch genauer in den Blick zu nehmen.[58]

6. Spannend bleibt, wieweit mit den Konzepten „Verflechtung" und „Kommunikatives System" die bisherigen Möglichkeiten der Kenntnisse stadtgesellschaftlicher Strukturierung deutlich erweitert werden.[59]
7. Die inzwischen aus verschiedenen Wurzeln sehr entwickelte Sozialtopographie mag um so ertragreicher werden, als sie neben der räumlichen Verteilung sozialer Merkmale in Momentaufnahmen auch die mittel- und langfristig raumgestaltenden Wirkungen sozialstruktureller Interessen- und Kräfteverhältnisse verdeutlicht. Wohnen als Aspekt der Sozialstruktur ist mit Gewinn, teils angeregt von realienbezogener Volkskunde, immer mehr entdeckt worden.[60] Da könnte es gut tun, schon alte Fragen des Hauseigentums nicht nur

---

[54] Zum Umgang mit Unterschichten in der Forschung selbst noch nach Maschkes bahnbrechender Arbeit s., wohl leider nicht gänzlich überholt, *Ellermeyer*, Forschungsaufgabe (wie Anm. 14), S. 287 ff.

[55] Nach *F. Graus*, Randgruppen der städtischen Gesellschaft im Spätmittelalter, in: Zeitschrift für historische Forschung 8 (1981), S. 385–437, dann wieder der südwestdeutsche Arbeitskreis für Stadtgeschichtsforschung vorantreibend: *B. Kirchgässner/F. Reuter (Hrsg.)*, Städtische Randgruppen und Minderheiten. Arbeitstagung des südwestdeutschen Arbeitskreises für Stadtgeschichtsforschung in Worms, 16.–18. Nov. 1984, Sigmaringen 1986; *B.-U. Hergemöller (Hrsg.)*, Randgruppen der spätmittelalterlichen Gesellschaft. Ein Hand- und Studienbuch, Warendorf ^{2}1994, insbesondere mit seinem weitgespannten Überblick über Wege und Ziele der Forschung (S. 1-55).

[56] *Laufer* (wie Anm. 7), S. 40, sah allerdings schon 1973 Fortschritte gerade in der Ermittlung der Armutsgrenze als Ergebnis der neuen Schichtungsforschung.

[57] Arbeiten von *W. Reininghaus*, *K. Schulz* und *H. Bräuer*.

[58] Ansatzpunkte in meinen Arbeiten zu Grundeigentum und Wohnen in Hamburg, s. Anm. 33 und 61.

[59] *Bátori* (wie Anm. 8), S. 9, führte bereits 1982/84 damit Anschaulichkeit fördernde Modelle an: *W. Reinhard*, Freunde und Kreaturen. „Verflechtung" als Konzept zur Erforschung historischer Führungsgruppen. Römische Oligarchie um 1600, München 1979; *K. D. Bechtold*, Zunftbürgerschaft und Patriziat. Studien zur Sozialgeschichte der Stadt Konstanz im 14. und 15. Jahrhundert, Sigmaringen 1981. *Reinhards* Anregungen sind mehrfach aufgenommen worden. Wahrnehmung der Verflechtung von einem Einzelfall ausgehend: *J. Ellermeyer*, Der Hamburger Bürgermeister Henning Büring. Beobachtungen zum Zusammenhang von Fachkenntnissen, Interessen und Politik, in: Hansische Geschichtsblätter 115 (1997), S. 133–159, hier 151 ff.; J. Sarnowsky ermittelt (auch ohne den hier gemeinten Konzept-Bezug deutlich:) enge wirtschaftliche und politische Zusammenarbeit zwischen Familien des Patriziats und plädiert für eine „hansische Familienforschung" (*J. Sarnowsky,* Das Thorner Patriziat und der Fernhandel, in: *N. Jörn/D. Kattinger/H. Wernicke (Hrsg.),* „Kopet uns werk by tyden". Beiträge zur hansischen und preußischen Geschichte. Festschrift für W. Stark zum 75. Geburtstag, Schwerin 1999, S. 223–231). S. jetzt *Kroll* (in diesem Band) mit dem „Netzwerk sozialer Verflechtung".

[60] So auch von *S. Kroll*, Stadtgesellschaft und Krieg. Sozialstruktur, Bevölkerung und Wirtschaft in Stralsund und Stade 1700 bis 1715 (Göttinger Beiträge zur Wirtschafts- und Sozialgeschichte 18), Göttingen 1997, S. 230 ff. Wieweit Segregation in mittelalterlichen Städten vorlag bzw. betrieben wurde (z. B. *Rüthing* (wie Anm. 24), S. 390 ff.) oder in komplexer Grundstücksnutzung eher nicht

statistisch weiterzubehandeln, sondern auf Interessenten und Abhängige mit ihren wirtschaftlichen und politischen Möglichkeiten genauer zu schauen. Grundeigentum ist als Bedingung und Folge bestimmten sozialen Handelns zu verstehen.[61]

Ein besonderes Problem ergibt sich darüber hinaus aus dem Spannungsfeld von Theorie, Praxis und der zur Verfügung stehenden Zeit. Eine Teilhabe historisch Arbeitender an der Diskussion und den Fortschritten der Sozialwissenschaften oder auch ‚nur' der verschiedenen geschichtswissenschaftlichen Richtungen erfordert – zumal seitdem zur Sozialgeschichte der 1970er Jahre Alltags-, neuere Kultur- und Mikrogeschichte (teils konkurrierend) hinzugekommen sind – neben dem Aufwand für Vertrautheit mit den Quellen und den Bemühungen um wirksame Vermittlung der Ergebnisse ein großes Maß an ‚Grundsatzlektüre' und darin an Verständnis für mitunter hoch abstrahierende Aussagen. Dabei stellen die Forschung diskutierende Beiträge oft höhere Ansprüche als die gleich praxisorientierten innovativen Arbeiten. Sollten die Aufnahme- und Mithalteschwierigkeiten nur ein Problem sein für diejenigen, die sich nicht universitär und ständig mit bestimmten Fragen befassen können? Wenn es nämlich vor allem für Doktoranden keine besondere Hürde, sondern eine annehmbare Herausforderung zu sein scheint, so kann man sich über die inzwischen entwikkelte Vielfalt methodischer Ansätze ja auch freuen und auf den jeweils gewählten oder eigenen Weg gespannt sein. Wenn aber die in der Regel erwartete Auseinandersetzung mit theoriebezogenen Ansätzen allzu flott erfolgt,[62] sind dann die hohen Ansprüche selbst mit Schuld

---

(Beobachtung mit weltanschaulicher These bei *R. Hammel-Kiesow*, lt. Kurzfassung seines Referats zu dieser Tagung; s., mit Rückverweisen, *A. Ranft*, Lübeck um 1250 – eine Stadt im „take off", in: *W. Hartmann (Hrsg.)*, Europas Städte zwischen Zwang und Freiheit. Die europäische Stadt um die Mitte des 13. Jahrhunderts (Schriftenreihe der Europakolloquien im alten Reichstag, Sonderbd.), Regensburg 1995, S. 169–88, hier 185), wird weiter in Einzelfällen, d.h. unterschiedlich, zu klären sein.

61 *J. Ellermeyer*, Grundeigentum, Arbeits- und Wohnverhältnisse. Bemerkungen zur Sozialgeschichte spätmittelalterlich-frühneuzeitlicher Städte, in: Lübecker Schriften zur Archäologie und Kulturgeschichte 4 (1980), S. 71–95, hier 71. Am Beispiel Hamburg war weiter zu fragen: Wie konnten Grundeigner politische Entscheidungen beeinflussen (grundsätzlich als Erbgesessene, im einzelnen als Vermögendere, als auf Grundeigentum in besonderem Maße angewiesene Mittelschichtsangehörige und als solche in bestimmten Stadtteilen bzw. mit bestimmtem Alter ihrer Liegenschaften), und zwar hinsichtlich Hafenerweiterung, Stadtausbau und Wohnfreiheit – nämlich in sozialstrukturell aufschlußreichen Argumentationsverknüpfungen traditionellen Hafengebieten den Vorrang sichern, Lebensmöglichkeiten in der Vorstadt begrenzen, Juden ganz oder als Nachbarn fernhalten wollen (s. *J. Ellermeyer*, Zu Handel, Hafen und Grundeigentum Hamburgs im 17. und 18. Jahrhundert, in: *Ders./R. Postel (Hrsg.)*, Stadt und Hafen. Hamburger Beiträge zur Geschichte von Handel und Schiffahrt, Hamburg 1986, S. 58–79; *ders.*, Wohnen (wie Anm. 33); *ders.*, Die Armenanstalt und die Wohnungsnot Ende des 18. Jahrhunderts. Mit Schwung in die Krise (1788–1795), in: *E. Braun/F. Kopitzsch (Hrsg.)*, Zwangsläufig oder abwendbar? 200 Jahre Hamburgische Allgemeine Armenanstalt, Hamburg 1990, S. 46–96; *ders.*, Schranken der Freien Reichsstadt. Gegen Grundeigentum und Wohnungswahl der Hamburger Juden bis ins Zeitalter der Aufklärung, in: *P. Freimark/A. Herzig (Hrsg.)*, Die Hamburger Juden in der Emanzipationsphase 1780–1870, Hamburg 1989, S. 174–213; *ders.*, Hanseatische Liberalität und Wohnrecht der Hamburger Juden um 1800. Appellant Levin Salomon Fürst vor dem Reichskammergericht, in: *S. Urbanski/C. Lamschus/J. Ellermeyer (Hrsg.)*, Recht und Alltag im Hanseraum. Gerhard Theuerkauf zum 60. Geburtstag, Lüneburg 1993, S. 71–124).

62 So gelangt *M. Pundt*, Metz und Trier. Vergleichende Studien zu den städtischen Führungsgruppen

daran, daß ihnen sogar bei sonst in Bewältigung und Vermittlung des Materials gelungenen Arbeiten ausgewichen wird? Was muß sich ändern, damit in vertretbaren Zeiträumen sowohl Teilhabe an der Methodenentwicklung, als auch stofflich-inhaltlich weitgesteckte Ziele erreichbar bleiben?

Außerdem sind in Hinblick auf die Quellen mindestens zwei weitere Problemfelder auszumachen. Das erste ergibt sich aus der Überlieferungssituation. Je anspruchsvoller die Definition von Sozialstruktur und so der Forschungsaufgaben, desto mehr sind verschiedenartige Quellen vonnöten, und diese müssen dann möglichst viele Menschen erfassen. Interessant ist der Austausch darüber, wie sich die Mängel (z. B. Lücken) direkter Überlieferung eingrenzen lassen. Wenn weiterreichende Aussagen nicht aus Zeitreihen, sondern nur über Zeitschnitte gezogen werden können, bleibt immer die Frage nach der relativen Bedeutung der ausgewählten oder überhaupt nur verfügbaren Zeitausschnitte (Normal- oder Krisenjahr? usw.). Das zweite Problemfeld resultiert aus der Quantität der zu verarbeitenden Quellen. Quellenmassen der größeren Städte mögen eher nur durch Teamarbeit zu bewältigen sein. Daß dann besondere Umsicht vor Verfestigung des Zugriffsrasters und vor aufwendiger Materialverarbeitung walten muß, ist anfangs bei den Schwierigkeiten der Hamburger ‚Rentenschule' angedeutet worden. Bei Einzel- und gerade insgesamt verdienstvollen ‚Großwerken' erfolgt gelegentlich Auswertung zu Unter- oder Randthemen mit direktem Quellenbezug, als ob es da noch keine Spezialarbeiten gegeben habe.[63]

Auch die Frage nach der inhaltlichen Reichweite muß hier angesprochen werden. Bedenkt man die von der Quellenlage gezogenen Grenzen und sieht prinzipiell in methodisch Ermitteltem mit gewissem Modellanspruch bei aller Entsprechung und damit Bedeutung in vergangener Realität auch die für Gegenwartsinteressen angestrebte oder sich ergebende nützliche Abstraktion,[64] so sollte der Grad von Annäherung an Wirklichkeit der Stadtgesell-

---

vom 12. bis zum 14. Jahrhundert, Mainz 1998, in ihren Betrachtungen „Zur Verwendbarkeit und Aussagekraft soziologischer Termini in der stadtgeschichtlichen Forschung" (S. 33–39) über „Schichtungs- und Klassentheorien", „das Schichtungsmodell" (beides S. 34) oder „die Schichtungstheorie" (S. 36 Anm. 82) u. a. hinaus durch ‚Umschreibung' eines Zitates von J. Kocka (Dank für die Ehre!), um dann – Kommentar und den gebotenen übergeordneten Sozialstrukturansatz nicht beachtend – ‚meinen' Schichtbegriff zur „Leerformel" zu erklären (S. 36), sich schließlich noch u. a. auf *Reimann* (s. Anm. 39) berufend, „daß soziale Schichtung kein Strukturelement der mittelalterlichen Gesellschaft war" (S. 37, Anm. 84).

63 Beispiele aus der Frühen Neuzeit, Hamburg, mit Blick auf die Wohnungsnot, die Betroffenen und das Handeln oder Unterlassen der Politiker: *T. Stieve*, Der Kampf um die Reform in Hamburg 1789–1842, Hamburg 1993 (bes. S. 94 ff.); *B. Schmidt*, Hamburg im Zeitalter der Französischen Revolution und Napoleons (1789–1813), Hamburg 1998, S. 87 ff.

64 Zu *Rüthings* (wie Anm. 24) , S. 453–455, begründeter Zurückhaltung vor Modellbildung mit Blick auf *Weyrauchs* (wie Anm. 37) und meine Empfehlungen sei noch einmal festgehalten, daß es mir nicht um ein bestimmtes Modell oder „die" Schichtungstheorie (so Pundt ‚gegen mich', s. o. Anm. 62) ging, sondern um einen solchen Anstoß, daß künftig (mich eingeschlossen, s. o.) wichtige methodische Überlegungen zu unserem weiterhin lohnenden Thema nicht erst *post festum* erfolgen. Diesen Anstoß sah ich (und sehe ihn immer noch) in der Aufnahme einer in der Soziologie quasi zeitlos entwickelten Definition von Sozialstruktur als System und machte mich zu dieser Sozialstruktur – von der ich annehme, daß sie in ‚gewisser' Weise auch existierte – auf den Weg, den ich dann selbst nicht deutlicher fand und verfolgte, weil ich meine Berufstätigkeit 1983 ins historische Museum ver-

schaft nicht überschätzt und mit zu großer Gewißheit verallgemeinert werden – wie nicht in der Sicht gleichsam ‚von unten' auf die Bevölkerung einer Stadt mit ihrer ‚Verteilung' von Merkmalen und der ‚von oben' auf die Stadt als System, so auch nicht in dem, was in einer über Schichtung hinausweisenden Sozialstruktur ans Licht kommt. Zur Vorsicht einerseits, doch mit einiger Mühe zu weiteren Ergebnissen andererseits, führt immer noch ein genauerer Blick auf den ‚sozialen Raum' und die ‚soziale Zeit': auf konkrete, bis in Einzelleben aufzuspürende Stadt-Städte- und Stadt-Land-Beziehungen;[65] auf soweit überschaubare Zeiträume, daß Bedingungen und Folgen von Handeln und Unterlassen in bemerkenswerten Ereigniskomplexen deutlicher erscheinen (z.B. einer von Grundeigentümern im 17. und 18. Jahrhundert verhinderten Hafenerweiterung[66] oder einer mit Kaufmannsbetriebsamkeit um 1800 verbundenen Wohnungsnot[67]) und daß gegenüber unseren rückwärtsgewandten die natürlich begrenzteren, aber auch alternativen Perspektiven von Zeitgenossen, schließlich auch Beziehungsabläufe im Zusammenhang mit Konjunkturen und politischen Entscheidungen dichter beschreibbar werden.

Schließlich bleibt das Problem der Vermittlung der Forschung. Hier nur zwei Punkte:

Die Wirksamkeit etlicher guter Arbeiten bleibt auf die Fachwelt und auf lokalhistorisch außerordentlich Interessierte begrenzt. Nicht, daß zu wenig gedruckt würde: es geht um Lesbarkeit bzw. Anschaulichkeit. Sie leiden bei Dissertationen an den – unter jetzigen Konjunkturen noch verschärften – Mehrfachanforderungen hinsichtlich methodischen und inhaltlichen Neulandes. Hinzu kommt berechtigter Stolz der Autoren auf die Fülle ihrer Ergebnisse, die heute mit Computerhilfe auszubreiten ist. Die dabei aufgewandte Energie kann z.T. der gedanklichen Verbindung der Ermittlungsbefunde vorenthalten sein – zum Schaden des Blicks auf Gesellschaftsmodelle, auf die Logik der Erfahrung und die Menschen mit ihren Lebensgeschichten. Sollte man nicht erst mit einer Überarbeitung des akademisch akzeptierten Werkes an die Öffentlichkeit gehen?

Bleiben Verbreitung und Aufnahme lokalhistorischer Arbeiten begrenzt, so wird Vermittlung in Zusammenfassungen um so wichtiger. Aber noch haben neuere kritische Darstellungsweisen der Sozialstruktur sich nicht hinlänglich bis in Überblicke höheren Anspruchs durchgesetzt. Bei Boockmanns städtebaulich-museal-archivalischem Ansatz mit Stadtgang-Perspektive von dinglicher Anschaulichkeit ist das nicht verwunderlich.[68] Aber bedenklich

---

lagerte. Natürlich wäre es erfreulich, wenn ein paar Gedanken nicht in der Sammlung einstaubten, sondern Jüngeren zu weiteren Einsichten dienlich wären.

65 *R. Kiessling*, Die Stadt und ihr Land. Umlandpolitik, Bürgerbesitz und Wirtschaftsgefüge in Ostschwaben vom 14. bis ins 16. Jahrhundert, Köln u. a. 1989.

66 *Ellermeyer*, Handel (wie Anm. 61), S. 60ff.

67 *Ellermeyer*, Handel (wie Anm. 61); *ders.*, Wohnen (wie Anm. 33); *ders.*, Armenanstalt (wie Anm. 61).

68 *H. Boockmann*, Die Stadt im späten Mittelalter, München ³1994 (Forschungsstand im wesentlichen 1985). Es ist dies kein gut illustrierter Textband, sondern die „Worte sollen die Bilder erschließen und einen Zusammenhang von Bild zu Bild herstellen" (S. 7). Darin liegt tatsächlich eine besondere Leistung. Für unsere Fragestellungen: Die bekannten Sozialformen beherrschen das Bild (Zünfte und Brüderschaften, S. 294: „Die Bevölkerung der spätmittelalterlichen Städte war gegliedert."), die „Kämpfe um die Macht und um die Verfassung" werden ziemlich differenziert zusammengefaßt (S. 163f.) und beim Blick auf „Die Mächtigen und die Reichen" (S. 305f.) kommt eine „Sozialschicht" in den Blick. Aber dieser Abschnitt endet „nur mit einem weiteren Zeugnis dafür, daß sich

wird es, wenn etwa in der 1998 nach neun Jahren verbesserten Auflage des Textbandes zur Hamburger Hanse-Ausstellung trotz prinzipieller Akzeptanz der „moderne[n] Methode der Sozialwissenschaften“ und neben einigen Vorsichtsklauseln wenig glückliche Formulierungen beibehalten werden, die u. a. wieder Sozialstruktur auf Vermögensverteilung reduzieren und dabei allzu kühn-präzise Städtevergleiche weitertransportieren.[69] Ähnliches gilt für den Beitrag desselben Autors im Textband zur Magdeburger Ausstellung „Hanse – Städte – Bünde“ von 1996.[70]

Wenn es denn in unserem föderalen System eine verbindende Zielsetzung der Mittelverwendung geben könnte und nicht stattdessen vieles aus einzelstädtischem Interesse oder universitätsörtlicher Initiative erwüchse: Worauf käme es für unser Forschungsfeld vorrangig an? Soll man eher noch viele Arbeiten zu kleineren Städten fördern? Immerhin haben dort die meisten Menschen gelebt, gab es eine große Vielfalt von Typen und Entwicklungen, lassen sich eindringliche Ergebnisse vorweisen (s. Göttingen, Höxter u. a.) und haben dort bei verbliebenem Kommunalbewußtsein vielleicht am ehesten politisch-pädagogische Wirkung. Andererseits könnte Konzentration der Kräfte auf die Erforschung der wenigen großen Städte der Vormoderne aus politisch noch überörtlich wirksamen Mythen herausführen und wegen der Prägewirkung der Zentren für allgemeinere Epochen- und Entwicklungsfragen wichtig sein. Oder sollten gerade die Stadtvergleiche in Raum, Typ und Zeit verstärkt fortgeführt werden? Das hieße aber engere Auswahl der Hauptfragen. Welche sollen es sein?

[Manuskriptabschluß: Januar 2002.]

---

die Wirklichkeit der spätmittelalterlichen Städte den sozialgeschichtlichen Ordnungsbedürfnissen späterer Betrachter entzieht“.

69 *Militzer* (wie Anm. 45) in der 2., verb. Aufl., Lübeck 1998.

70 *K. Militzer*, Ratsverfassungen und soziale Schichtungen, in: *M. Puhle (Hrsg.)*, Hanse – Städte – Bünde. Die sächsischen Städte zwischen Elbe und Weser um 1500, Bd. 1, Magdeburg 1996, S. 152–162, bes. 157 ff.

Aufgaben und Perspektiven der Forschung zur Sozialstruktur frühneuzeitlicher Städte

Stefan Kroll, Rostock

I.

Die am Ende der 1970er und zu Beginn der 1980er Jahre intensiv geführte Diskussion um Theorien und Methoden bei der Analyse der Sozialstruktur frühneuzeitlicher Städte hat auf die deutschsprachige Forschung befruchtend gewirkt und zahlreiche Fallstudien zu einzelnen Städten entstehen lassen.[1] Verschiedene an der damaligen Debatte maßgeblich beteiligte Autoren, namentlich Jürgen Ellermeyer, Ingrid Bátori und Erdmann Weyrauch, haben nachdrücklich auf die Vielseitigkeit und die Problematik städtischer Sozialstrukturen in der frühen Neuzeit hingewiesen.[2] So müsse beispielsweise der Begriff der Sozialstruktur notwendigerweise auch den sozialen Wandel einbeziehen, um nicht der Gefahr einer rein statischen Betrachtung zu erliegen. Das soziale System ‚Stadt' dürfe nicht isoliert von seinem räumlichen, herrschaftlichen und ökonomischen Umfeld betrachtet werden. Thematisiert wurde auch die Frage, inwieweit soziologische Kategorien zur Beschreibung vergangener Gesellschaften Anwendung finden dürften und welche Rolle der Selbst- und Fremdeinschätzung der Stadtbewohner zuzumessen sei.[3] Deutlich hervorgehoben wurde auch, daß ‚Sozialstruktur' nicht mit sozialer Schichtung gleichgesetzt werden dürfe, da soziale Strukturen neben ihrer vertikalen stets auch eine quer dazu verlaufende horizontale Dimension besäßen.[4]

Überblickt man die empirische Forschung der vergangenen 15 bis 20 Jahre, so fällt auf, daß der letzte Hinweis relativ wenig Beachtung gefunden hat. Mit Vorliebe haben sich Auto-

---

1 Den ausführlichsten Überblick zu Neuerscheinungen auf dem Gebiet der Stadtgeschichte bietet die in mehrjährigen Abständen erfolgende Berichterstattung durch das Institut für vergleichende Städtegeschichte, zuletzt durch *W. Ehbrecht u. a.*, Neue Veröffentlichungen zur vergleichenden historischen Städteforschung 1993–1996, in: Blätter für deutsche Landesgeschichte 132 (1996), S. 271–665. Vgl. außerdem die vom Deutschen Institut für Urbanistik in Berlin herausgegebene, halbjährlich in den *Informationen zur modernen Stadtgeschichte* erscheinende Bibliographie, die allerdings stärker das 18.–20. Jahrhundert berücksichtigt.

2 *J. Ellermeyer*, Vorindustrielle Städte als Forschungsaufgabe. Warum lassen sich Kenntnisse über Sozialstruktur und Unterschichten noch verbessern?, in: Die alte Stadt 7 (1980), S. 276–296; *I. Bátori*, Soziale Schichtung und soziale Mobilität in der Gesellschaft Alteuropas: Methodische und theoretische Probleme, in: *I. Mieck (Hrsg.)*, Soziale Schichtung und soziale Mobilität in der Gesellschaft Alteuropas. Protokoll eines internationalen Expertengesprächs der Historischen Kommission zu Berlin 1982, Berlin 1984, S. 8–28; *E. Weyrauch*, Über Soziale Schichtung, in: *I. Bátori (Hrsg.)*, Städtische Gesellschaft und Reformation, Stuttgart 1980, S. 5–57.

3 *J. Ellermeyer*, ‚Schichtung' und ‚Sozialstruktur' in spätmittelalterlichen Städten. Zur Verwendbarkeit sozialwissenschaftlicher Kategorien in historischer Forschung, in: Geschichte und Gesellschaft 6 (1980), S. 125–149.

4 *J. Ellermeyer*, Sozialgruppen, Selbstverständnis, Vermögen und städtische Verordnungen, in: Blätter für deutsche Landesgeschichte 113 (1977), S. 203–275, hier S. 213; *Bátori* (wie Anm. 2), S. 9.

ren von Städtemonographien mit der vertikalen Dimension von Sozialstruktur beschäftigt.[5] Dabei entstanden zahlreiche, z.T. sehr differenzierte Modelle der Analyse sozialer Schichten,[6] in anderen Fällen wurde dagegen auf eine Auseinandersetzung und inhaltliche Klärung des Sozialstruktur-Begriffs verzichtet[7] oder doch wieder soziale Schichtung mit sozialer Struktur gleichgesetzt.[8] Als eine Hauptschwierigkeit stellte sich die geeignete Zusammenführung einzelner Kriterien zu einer gesamtgesellschaftlichen Schichtung heraus.[9] Demgegenüber wurde der auf das Netzwerk sozialer Verflechtung abzielenden horizontalen Dimension der städtischen Sozialstruktur bisher nur wenig Aufmerksamkeit geschenkt.[10] Zwar liegen einige bemerkenswerte Ergebnisse zu einzelnen Gruppen der städtischen Gesellschaft – vornehmlich den politischen und den ökonomischen Eliten – vor,[11] eine konsequente Umsetzung, die alle Bevölkerungsgruppen einschließt, ist jedoch bis heute selten.[12]

---

5 Aufgrund der Fülle an erschienener Literatur wäre ein spezieller Forschungsbericht, der an dieser Stelle nicht zu leisten ist, sehr wünschenswert. Hilfreich sind häufig die einleitenden Kapitel neuerer Monographien, so z.B. jüngst bei *M. Manke*, Rostock zwischen Revolution und Biedermeier – Alltag und Sozialstruktur (Rostocker Studien zur Regionalgeschichte 1), Rostock 2000, S. 25ff.

6 Genannt seien an dieser Stelle nur *E. François*, Koblenz im 18. Jahrhundert. Zur Sozial- und Bevölkerungsstruktur einer deutschen Residenzstadt, Göttingen 1982; *H. Schultz*, Probleme sozialökonomischer Klassifikation, in: *M. Thaller (Hrsg.)*, Datenbanken und Datenverwaltungssysteme als Werkzeuge historischer Forschung (Historisch-sozialwissenschaftliche Forschungen 20), St. Katharinen 1986, S. 179–185; *H. Rüthing*, Höxter um 1500. Analyse einer Stadtgesellschaft (Studien und Quellen zur westfälischen Geschichte 22), Paderborn ²1986; *C. Müller*, Karlsruhe im 18. Jahrhundert. Zur Genese und sozialen Schichtung einer residenzstädtischen Bevölkerung (Forschungen und Quellen zur Stadtgeschichte 1), Karlsruhe 1992.

7 *R. Straubel*, Frankfurt (Oder) und Potsdam am Ende des Alten Reiches: Studien zur städtischen Wirtschafts- und Sozialstruktur (Quellen und Studien zur Geschichte und Kultur Brandenburg-Preußens und des Alten Reiches 2), Potsdam 1995.

8 Z.B. von *R. Postel*, Sozialstruktur und kommunales Bewußtsein in frühneuzeitlichen Städten, in: *S. Urbanski/C. Lamschus/J. Ellermeyer (Hrsg.)*, Recht und Alltag im Hanseraum. Gerhard Theuerkauf zum 60. Geburtstag (De sulte 4), Lüneburg 1993, S. 345–358. Dies gilt im übrigen auch für das einschlägige Kapitel in der Überblicksdarstellung von *K. Gerteis*, Die deutschen Städte in der Frühen Neuzeit. Zur Vorgeschichte der ‚bürgerlichen Welt', Darmstadt 1986, S. 163–175.

9 Beachtenswerte Versuche bei *B. Sachse*, Soziale Differenzierung und regionale Verteilung der Bevölkerung Göttingens im 18. Jahrhundert, Hildesheim 1978 und *W. Sachse*, Göttingen im 18. und 19. Jahrhundert. Zur Bevölkerungs- und Sozialstruktur einer deutschen Universitätsstadt (Studien zur Geschichte der Stadt Göttingen 15), Göttingen 1987.

10 Vgl. dazu den Bericht über den Forschungsstand bei *S. Teuscher*, Bekannte – Klienten – Verwandte. Soziabilität und Politik in der Stadt Bern um 1500 (Norm und Struktur 9), Köln/Weimar/Wien 1998, S. 2–10. Anders als im deutschsprachigen Raum ist in den USA und in Westeuropa bereits eine große Anzahl von Studien zum Netzwerk sozialer Beziehungen in der frühneuzeitlichen Stadt erschienen. Vgl. hierzu auch den älteren Überblick bei *R. Jütte*, Das Stadtviertel als Problem und Gegenstand der frühneuzeitlichen Stadtgeschichtsforschung, in: Blätter für deutsche Landesgeschichte 127 (1991), S. 235–269.

11 Hier sind insbesondere die von Wolfgang Reinhard betriebenen bzw. initiierten Studien, vornehmlich zu süddeutschen Städten, hervorzuheben: *W. Reinhard*, Freunde und Kreaturen. „Verflechtung" als Konzept zur Erforschung historischer Führungsgruppen. Römische Oligarchien um 1600 (Schriften der Philosophischen Fakultäten der Universität Augsburg 14), München 1979; *W. Reinhard*, Oligarchische Verflechtung und Konfession in oberdeutschen Städten, in: *A. Maczak (Hrsg.)*, Klientel-

An dieser Stelle möchte der vorliegende Beitrag anknüpfen und Anregungen für zukünftige Forschungen zur städtischen Sozialstruktur bieten, die wesentlich stärker als bisher die sozialen Beziehungen ins Blickfeld nehmen sollten.[13] Damit soll zugleich der Weg geebnet werden für einen dichteren Anschluß an die kulturgeschichtlich erweiterte Sozialgeschichte, die stärker die Erfahrungen und Handlungsspielräume einzelner betont.[14] Die beiden zentralen Fragestellungen dieses Beitrags lauten daher: 1. Welche Möglichkeiten bestanden für den einzelnen Stadtbewohner/die einzelne Stadtbewohnerin, die Risiken sozialer Ungleichheit (vor allem in rechtlicher und ökonomischer Hinsicht) für sich zu minimieren und gleichzeitig seine/ihre persönlichen Lebenschancen zu optimieren? 2. Welche Strategien wurden dabei angewandt?

Im Mittelpunkt steht dabei das neu zu formulierende Konzept des ‚Sozialkapitals‘, das sich an das umfassende Theoriemodell Pierre Bourdieus anlehnt. Es wird zunächst ausführlich vorgestellt und anschließend anhand von konkreten Quellenbeispielen überprüft.

II.

Bei der Suche nach geeigneten Modellen, die einen Lösungsansatz für das in den Gesellschaftswissenschaften als zentral erkannte Problem der Vermittlung von Struktur und Handeln anbieten können, hat in den vergangenen Jahren das Theoriegebäude des französischen Sozialwissenschaftlers Pierre Bourdieu zunehmend Interesse gefunden.[15] Auch wenn im Mittelpunkt seines Werkes eindeutig die Klassenstruktur moderner Gesellschaften steht, erscheinen zumindest Teile seines theoretischen Ansatzes auch für andere Gesellschaftsformen und Epochen operationalisierbar, denn Ziel Bourdieus ist in erster Linie eine theoretisch und methodisch fundierte empirische Analyse, nicht aber eine sozialwissenschaftlich

---

systeme im Europa der Frühen Neuzeit (Schriften des Historischen Kollegs, Kolloquium 9), München 1988, S. 47–62; *K. Sieh-Burens*, Konfession und Politik im 16. Jahrhundert: zur sozialen Verflechtung der Augsburger Bürgermeister und Stadtpfleger 1518–1618 (Schriften der Philosophischen Fakultäten der Universität Augsburg 26), München 1986; *P. Steuer*, Die Außenverflechtung der Augsburger Oligarchie von 1500–1620. Studien zur sozialen Verflechtung der politischen Führungsschicht der Reichsstadt Augsburg (Materialien zur Geschichte des Bayerischen Schwabens 10), Augsburg 1988; *B. Rajkay*, Verflechtung und Entflechtung: sozialer Wandel in einer bikonfessionellen Stadt, Oettingen 1560–1806 (Materialien zur Geschichte des Bayerischen Schwabens 25), Augsburg 1999.

12 Eine gewichtige Ausnahme stellt die Arbeit von Teuscher über die Stadt Bern am Beginn der Neuzeit dar, *Teuscher* (wie Anm. 10). Vgl. außerdem: *Rajkay* (wie Anm. 11).

13 Dieses Plädoyer zielt indes keineswegs darauf ab, die Bedeutung struktureller Ungleichheiten in frühneuzeitlichen städtischen Gesellschaften zu minimieren. Der Idealfall ist die Kombination und gleichrangige Anwendung beider Ansätze.

14 Vgl. dazu u. a. *T. Mergel/T. Welskopp*, Geschichtswissenschaft und Gesellschaftstheorie, in: *T. Mergel/T. Welskopp (Hrsg.)*, Geschichte zwischen Kultur und Gesellschaft. Beiträge zur Theoriedebatte, München 1997, S. 9–35, hier S. 24.

15 *S. Reichardt*, Bourdieu für Historiker? Ein kultursoziologisches Angebot an die Sozialgeschichte, in: *T. Mergel/T. Welskopp (Hrsg.)*, Geschichte zwischen Kultur und Gesellschaft. Beiträge zur Theoriedebatte, München 1997, S. 71–93.

abgesicherte ‚kritische Theorie‘ moderner Gesellschaften.[16] Für die Analyse sozialer Strukturen in der Vormoderne kommt dabei insbesondere seine Klassentheorie in Betracht. In ihr spielt der Begriff des ‚Kapitals‘ eine zentrale Rolle. Bourdieu unterscheidet zwischen vier verschiedenen Kapitalsorten, die den Akteuren als Verfügungsgewalt über spezifische Ressourcen zur Verfügung stehen: Neben dem ‚ökonomischen‘ sind in seinem Modell noch das ‚kulturelle‘, das ‚symbolische‘ und das ‚soziale Kapital‘ enthalten. Alle vier Sorten von ‚Kapital‘ gelten als gemeinsame, grundsätzlich untereinander konvertierbare ‚Währungen‘, deren Entstehung und Entwicklung jeweils von Arbeit abhängig ist.[17] In Bourdieus Modell werden sie innerhalb eines ‚sozialen Raumes‘ untersucht. Als Maßstäbe gelten dabei ihr quantitativer Umfang, ihre qualitative Zusammensetzung und der zeitliche Verlauf ihrer Aneignung. Der Standort eines Akteurs/einer Akteurin im ‚sozialen Raum‘ ergibt sich aus der Addition der einzelnen Kapitalsorten. Durch die Einfügung einer zeitlich-biographischen Dimension werden sowohl vergangene Erfahrungen als auch Zukunftshoffnungen in das Modell einbezogen. Die unterschiedliche Ausstattung der Akteure mit den verschiedenen Formen des Kapitals führt zur Konstituierung sozialstatistischer Gruppen, die bei Bourdieu ‚Klassen‘ genannt werden.

Wie definieren sich nun die einzelnen Formen des Kapitals? ‚Ökonomisches Kapital‘ erwirbt der Akteur/die Akteurin in Form von Geld, hier folgt Bourdieu der klassischen Kapitaltheorie. ‚Kulturelles Kapital‘ meint den Besitz von Bildung, Wissen und Geschmack. Dazu können sowohl der Besitz von wertvollen Kunstgegenständen und die Fähigkeit zu ästhetischen Urteilen als auch akademische Titel und die Mitgliedschaft in elitären Gremien zählen. ‚Symbolisches Kapital‘ bezeichnet den Kredit an legitimer gesellschaftlicher Wertschätzung, z. B. in Form von Ehre und Sozialprestige.[18] ‚Soziales Kapital‘ definiert Bourdieu selbst wie folgt: „Das Sozialkapital ist die Gesamtheit der aktuellen und potentiellen Ressourcen, die mit dem Besitz eines dauerhaften Netzes von mehr oder weniger institutionalisierten Beziehungen gegenseitigen Kennens oder Anerkennens verbunden sind. [...] Das Gesamtkapital, das die einzelnen Gruppenmitglieder besitzen, dient ihnen allen gemeinsam als Sicherheit und verleiht ihnen – im weitesten Sinne des Wortes – Kreditwürdigkeit.“[19]

Bezugnehmend auf Bourdieu hat Martin Dinges auf der Basis seines empirischen Quellenmaterials zur Geschichte der Armut im Bordeaux des 16. und 17. Jahrhunderts einen eigenständigen ‚Sozialkapital‘-Begriff für die frühneuzeitliche Stadt geprägt, um damit Selbsthilfestrategien von Stadtbewohnern zu untersuchen, denen ein Absinken in Bedürftigkeit drohte. Er versteht darunter „Strukturen und Beziehungen – unterhalb von Kampf-

---

16 *H.-U. Wehler*, Die Herausforderung der Kulturgeschichte, München 1998, S. 15–44, hier S. 17.

17 Das Modell kann an dieser Stelle nur verkürzt vorgestellt werden und folgt hier *Reichardt* (wie Anm. 15), S. 75–80 sowie *Wehler* (wie Anm. 16), S. 26–29. Ausführlich: *P. Bourdieu*, Ökonomisches Kapital, kulturelles Kapital, soziales Kapital, in: *R. Kreckel (Hrsg.)*, Soziale Ungleichheiten (Soziale Welt, Sonderbd. 2), Göttingen 1983, S. 183–198.

18 U. a. an das Konzept von Bourdieu angelehnt ist die Studie von *A. Grießinger*, Das symbolische Kapital der Ehre. Streikbewegungen und kollektives Bewußtsein deutscher Handwerksgesellen im 18. Jahrhundert, Frankfurt a. M./Berlin/Wien 1981.

19 *Bourdieu* (wie Anm. 17), S. 190 f.

formen – [...], die es vorübergehend gestatten, jenseits der kurzfristigen ökonomischen Rationalität marktförmige Beziehungen zu überleben, ohne in die Abhängigkeit von Sozialhilfeinstitutionen zu geraten. Strukturen und Beziehungen, in denen Sozialkapital angesammelt wird, sind Haushalte, Familie, Verwandtschaft, Patenschaft, Freundeskreis, Arbeits- und Mietverhältnisse. Ihr hier interessierendes Charakteristikum ist, daß sie auf langfristige Gegenseitigkeit angelegt sind. Diese verschafft sozialen Kredit, weil der Gebende unterstellen kann, bei Gelegenheit eine Gegenleistung zu erhalten."[20]

Die von Dinges gewählte Begriffsdefinition sollte – in modifizierter Form – auch für eine auf die gesamte städtische Gesellschaft bezogene Analyse der sozialen Verflechtung anwendbar sein. Dazu ist zunächst eine definitorische Erweiterung des Anwendungsbereichs von ‚Sozialkapital' notwendig:

Der Erwerb von ‚Sozialkapital' dient dem Stadtbewohner/der Stadtbewohnerin allgemein zur Vorbeugung, Abmilderung oder Überwindung langfristig-struktureller (Altersarmut, Witwen- und Waisenschaft u.a.) und kurzfristig-alltäglicher Problemfälle (z.B. Verdienstausfall aufgrund von Krankheit, drohendes Hungern während einer Teuerung), deren Folgen häufig sozial ungleich sind oder ausfallen. Die Ansammlung und die Verausgabung von ‚Sozialkapital' kann für den einzelnen/die einzelne je nach Problemlage in unterschiedlichen sozialen Netzwerken erfolgen.[21] Diese Netzwerke, die sich gegenseitig überschneiden können, sind in ihrem Aufbau heterogen. Zu den sozialen Strukturen und Beziehungen, in denen ‚Sozialkapital' angesammelt werden kann, sind neben Haushalten, Familie, Verwandtschaft, Patenschaft, Freundeskreis, Arbeits- und Mietverhältnissen auch Nachbarschaft, Klientelsysteme,[22] Ämter bzw. Zünfte, Bruderschaften und andere Korporationen zu zählen, soweit sie gleichfalls auf dem Prinzip der Gegenseitigkeit aufbauen.[23] ‚Sozialkapital' ist wie im Modell Bourdieus frei konvertierbar mit anderen Sorten von ‚Kapital'.

Die Begrenzung des Konzepts auf den Erwerb und Einsatz von ‚Sozialkapital' zur Lösung lebensweltlicher Problemfälle ist notwendig, da die Berücksichtigung sämtlicher Formen sozialer Beziehungen eine Handhabung unmöglich machen würde.[24] Von lebens-

---

20 *M. Dinges*, Frühneuzeitliche Armenfürsorge als Sozialdisziplinierung? Probleme mit einem Konzept, in: Geschichte und Gesellschaft 17 (1991), S. 5–29. Dinges hat dieses Konzept bereits in seiner Dissertation ausführlich vorgestellt: *M. Dinges*, Stadtarmut in Bordeaux 1525–1675: Alltag, Politik, Mentalitäten (Pariser historische Studien 26), Bonn 1988, insbesondere S. 114–126.

21 Das hier skizzierte Konzept orientiert sich an der Umsetzung des soziologischen Modells „problemorientierter Unterstützungs-Netzwerke" bei *R. Jütte*, Arme, Bettler, Beutelschneider. Eine Sozialgeschichte der Armut in der Frühen Neuzeit, Weimar 2000, S. 106–110.

22 Klientelistische Beziehungen bestehen zwischen einem Patron mit höherem und einem Klienten mit niedrigerem gesellschaftlichen Status. Während der Patron vor allem Kredite und Ratschläge zur Verfügung stellt, erbringt der Klient Arbeitsleistungen, beschafft Informationen, setzt sich für politische Anliegen des Patrons ein und fördert dessen Prestige (nach Bourdieu: „symbolisches Kapital"). *Teuscher* (wie Anm. 10), S. 135f.

23 Ausgeschlossen sind damit öffentliche Sozialeinrichtungen, die einseitig von Bedürftigen wahrgenommen wurden.

24 Auf die Notwendigkeit einer thematischen Eingrenzung weist auch *Teuscher* (wie Anm. 10), S. 13f. hin.

weltlichen Problemfällen lassen sich – um nur einige aufzuzählen – folgende Fragestellungen ableiten: Wie konnten kurzfristige Notsituationen überbrückt werden, die z.B. durch Krankheit,[25] Arbeitslosigkeit, Brandschäden oder Teuerung verursacht wurden? Welche Handlungsoptionen besaß ein Ehepaar, um seinen Kindern angesichts einer höchst ungewissen eigenen Lebenserwartung eine gesicherte Zukunft in Aussicht zu stellen? Wie gelang die Etablierung einer jungen Familie in einer fremden Stadt? Welche Strategien verfolgten Frauen und Männer, die das Nachlassen ihrer Arbeitskraft verspürten, um sich vor drohender Altersarmut zu schützen? Durch die Berücksichtigung der sozialen Beziehungen von Personen mit unterschiedlichem gesellschaftlichen Status (Klientelsystem) wird klar, daß die vertikale Dimension auch bei dieser Form der Sozialstrukturanalyse nicht vollständig ausgeblendet ist. Die Einbeziehung institutioneller Strukturen in das Konzept ist erforderlich, da die auf gegenseitige Unterstützung angelegten Korporationen – anders als in Bordeaux – im Alten Reich für große Teile der städtischen Bevölkerung einen wichtigen Stützpfeiler ihrer sozialen Sicherheit darstellten.

Grundsätzlich kann davon ausgegangen werden, daß Angehörige der Mittel- und Unterschichten sich stärker um die ‚Anhäufung‘ von ‚Sozialkapital‘ bemühten als reiche Kaufleute und Ratsherren, die in der Regel über wesentlich mehr ‚ökonomisches‘, ‚kulturelles‘ und ‚symbolisches Kapital‘ verfügten, um ihre Sorgen und Nöte zu mindern. Dennoch dürfte sich das Konzept des ‚Sozialkapitals‘ prinzipiell auch auf die städtischen Eliten anwenden lassen.

Wichtig erscheint der Hinweis auf die qualitative Unterscheidung von ‚Sozialkapital‘ und ‚ökonomischem Kapital‘. Während bei ersterem Leistung und Gegenleistung flexibel aufeinander bezogen sind und vor allem Sicherheit vermitteln sollen, ist letzteres fest verzinslich und auf den individuellen Gewinn/Ertrag ausgerichtet.

Die Erweiterung des ‚Sozialkapital‘-Konzepts muß einhergehen mit der Einbeziehung zusätzlicher Quellengruppen. Als aussichtsreich ist neben der von Dinges bevorzugten Analyse von Testamenten insbesondere die Berücksichtigung von Nachlaßinventaren, Kirchenbüchern,[26] Leichenpredigten,[27] Rechnungsbüchern aller Art, Schuld- und Rentebüchern, Ehe- und Lehrverträgen, Gerichtsakten, Neubürgerlisten, Lehrlingseinschreibebüchern[28]

---

25 Mit dem Begriff ‚Sozialkapital‘ im Sinne Bourdieus operiert auch Annemarie Kinzelbach bei ihrer Analyse der Bewältigung von Krankheiten in frühneuzeitlichen Städten. Vgl. *A. Kinzelbach*, Gesundbleiben, Krankwerden, Armsein in der frühneuzeitlichen Gesellschaft. Gesunde und Kranke in den Reichsstädten Überlingen und Ulm, 1500–1700 (Medizin, Geschichte und Gesellschaft 8), Stuttgart 1995, insbesondere S. 301–305. Trotz lückenhafter Quellenlage kommt sie zu differenzierten und überzeugenden Ergebnissen. Danach bewahrten die einzelnen Kranken häufig ihr Netzwerk sozialer Beziehungen vor einer Abhängigkeit von obrigkeitlicher Fürsorge. ‚Soziales Kapital‘ eröffnete ihnen die Möglichkeit, psychischen Beistand, heilkundigen Rat, finanzielle Hilfe und Krankenpflege zu erhalten. Ebd., S. 397.

26 Hier sind neben der Bereitstellung von Basisinformationen zur verwandtschaftlichen Verflechtung vor allem Angaben über Trauzeugen und Taufpaten relevant.

27 Innerhalb von Leichenpredigten interessieren vor allem die Personalia-Teile, die häufig Hinweise auf Verwandte, Paten, Freunde und andere wichtige Kontaktpersonen enthalten.

28 Sowohl für die Erlangung des Bürgerrechts als auch die Aufnahme in die Lehre mußten häufig Bürgen gestellt werden.

und privater Korrespondenz anzusehen.[29] Eine ganz entscheidende methodische Voraussetzung für die erfolgversprechende Untersuchung sozialer Beziehungen in einer Stadt ist das Vorhandensein einer prosopographischen Datensammlung, in der im Idealfall für jeden einzelnen Stadtbewohner Informationen zu möglichst vielen Einzelmerkmalen zusammengetragen werden. Dazu sollten u. a. zählen: Angaben über das Datum von Geburt bzw. Taufe, Heirat(en) und Tod, Lage der Wohnung und Umzüge, berufliche Tätigkeit, Einkommens- und Vermögensverhältnisse, Mitgliedschaften in Korporationen, Gewährung und Aufnahme von Krediten, ausgeübte Ämter, Taufpaten der eigenen Kinder und eigene Patenschaften sowie die Übernahme von Bürgschaften. Diese personenbezogenen Grunddaten, aus denen Kurzbiographien zusammengestellt werden sollten, versetzen den Forscher/die Forscherin überhaupt erst in die Lage, die vielen kleinen Einzelinformationen richtig bewerten zu können. Dafür nur ein Beispiel: Nur wer über die Wohnstandorte und die verwandtschaftlichen Verflechtungen in einer Stadt umfassend informiert ist, kann erkennen, ob es sich bei den in den Taufregistern eingetragenen Paten um Nachbarn oder Verwandte handelt. Fehlen derartige Grundinformationen, so reduziert sich in aller Regel das zur Auswertung verfügbare Quellenmaterial ganz erheblich, was zugleich Rückwirkungen auf die Repräsentativität der ermittelten Beziehungsstrukturen hat.[30]

Damit ist ein weiteres wichtiges Problem angesprochen. Es wird keine frühneuzeitliche Stadt geben, für die die Quellenüberlieferung so günstig ist, daß eine flächendeckende, rein quantitative Auswertung der Beziehungsgeflechte Sinn ergeben würde. Andererseits ist es auch nicht erstrebenswert, eine große Menge individueller sozialer Netzwerke zu rekonstruieren und anschließend zusammenhangslos aneinanderzureihen. Vielmehr sollte es darum gehen, anhand konkreter Fragestellungen typische Systeme, Handlungsstrategien und Verhaltensweisen herauszuarbeiten. Daraus sollten in einem weiteren Schritt Formen und Qualitäten von persönlichen Beziehungsgeflechten abgeleitet werden. Konkret könnte dies etwa bedeuten, die verschiedenen Handlungsmuster von Neubürgern beim Aufbau eines tragfähigen sozialen Netzwerks auszuleuchten. Die Komplexität sozialer Netze läßt eine Begrenzung des untersuchten Zeitraums und der Größe der Stadt notwendig erscheinen. Insbesondere kleinere und mittelgroße Städte mit dichter Quellenüberlieferung bieten sich hier an.[31]

---

[29] Die Aufzählung ist sicherlich nicht vollständig. Entscheidend ist letztlich die konkrete Quellenlage im Einzelfall. Sicher scheint, daß es nur wenige mittelalterliche Städte geben wird, die sich auf diese Weise untersuchen lassen.

[30] Zu neueren Ansätzen der Forschung zur frühneuzeitlichen städtischen Sozialtopographie, welche die Möglichkeiten moderner Informations- und Kommunikationstechnologien nutzen, vgl. *S. Kroll/G. Pápay,* Die Anwendung der multimedialen GIS-Technologie auf die Geschichtswissenschaft am Beispiel der Sozialtopographie Stralsunds 1706/07, in: *I. Asmus/H. T. Porada/D. Schleinert (Hrsg.),* Geographische und historische Beiträge zur Landeskunde Pommerns. Eginhard Wegner zum 80. Geburtstag, Schwerin 1998, S. 189–194; *G. Pápay,* Neue Perspektiven für die stadtgeschichtliche Forschung beim Einsatz raumbezogener historischer Stadtinformationssysteme am Beispiel des Informationssystems „Sozialtopographie Stralsunds 1706/07", in: *W. Buchholz/S. Kroll (Hrsg.),* Quantität und Struktur. Festschrift für Kersten Krüger zum 60. Geburtstag, Rostock 1999, S. 301–322.

[31] Wohl am intensivsten ist bisher die süddeutsche Kleinstadt Oettingen untersucht worden. Vgl. neben *Rajkay* (wie Anm. 11) *P. Ostenrieder,* Wohnen und Wirtschaften in Oettingen 1600–1800. Untersuchungen zur Sozialtopographie und Wirtschaftsstruktur einer bikonfessionellen Residenzstadt

III.

Im folgenden soll das vorgestellte Konzept anhand konkreter Quellenbeispiele veranschaulicht werden. Diese stammen aus den beiden zu Beginn des 18. Jahrhunderts unter schwedischer Herrschaft stehenden norddeutschen Hafenstädten Stralsund und Stade, deren Sozialstruktur der Verfasser in einer größeren Arbeit analysiert und verglichen hat, ohne dabei allerdings das Netzwerk sozialer Beziehungen in den Mittelpunkt gerückt zu haben.[32] Für beide Städte liegen für den Zeitraum 1700 bis 1715 jeweils umfangreiche prosopographische Datensammlungen vor, so daß anhand von Kurzbiographien das individuelle politische, ökonomische und soziale Umfeld der untersuchten Person ausgeleuchtet werden kann.[33] Die Beispiele sind so ausgewählt, daß möglichst viele Kategorien persönlicher Beziehungen, in denen ‚Sozialkapital' angesammelt werden konnte, Berücksichtigung finden.

Ein bedeutendes Problem, das junge, ökonomisch wenig abgesicherte Ehepaare, die von außerhalb in die Stadt kamen, beim Aufbau eines tragfähigen sozialen Netzes beschäftigte, war die sichere Versorgung ihrer Kinder für den – keinesfalls seltenen – Fall eines eigenen frühen Todes. Zu den wichtigsten vorbeugenden Strategien gehörte hier die Auswahl der Taufpaten. Im Falle Stades läßt sich nachweisen, daß neben Verwandten vorzugsweise Nachbarn oder wohlhabende Bürger ausgewählt wurden. Aus den zahlreichen Einzelfällen seien zwei exemplarisch herausgegriffen.[34] Der aus einem Dorf unweit Stades gebürtige Mälzer und Branntweinbrenner Bruno Ölckers war am 1. Oktober 1700 Stader Bürger geworden. Zwei Wochen später heiratete er die ebenfalls aus der ländlichen Umgebung der Stadt stammende Anne Bube. Bis etwa 1709 bewohnte das Ehepaar eine Mietwohnung in der Bungenstraße, anschließend bezog es ein eigenes Wohnhaus auf der gegenüberliegenden Straßenseite. Zwischen Juli 1701 und März 1708 bekamen Bruno Ölckers und seine Frau vier Söhne und eine Tochter. 22 der 28 Taufpaten, die im Kirchenbuch von St. Nicolai eingetragen sind, können zweifelsfrei als Bewohner der Bungenstraße identifiziert werden, ohne daß verwandtschaftliche oder berufsbedingte Beziehungen erkennbar wären. In diesem Fall kann davon ausgegangen werden, daß die Einbindung in die Nachbarschaft ein entscheidendes Motiv für die Patenwahl war.

Anders waren die Verhältnisse bei dem aus Preußen gebürtigen Schuhflicker Adam Jasche, der bereits 1697 als Schustergeselle in Stade nachzuweisen ist und am 22. April 1704, zehn Tage nach seiner Bürgerrechtsgewinnung, die Tochter eines Bauern aus Bevern heiratete. Beide wohnten zunächst in einer Kellerwohnung am Fischmarkt und zogen 1707 in

---

(Materialien zur Geschichte des Bayerischen Schwaben 19), Augsburg 1993; *H. Meier*, Welfare and Health of Children and Adolescents in Early Modern England and Southern Germany. Case Studies of Bampton (Oxfordshire) and Oettingen (Southern Germany) in the Seventeenth and Eighteenth Centuries, D. Phil. Thesis, Oxford 1995.

32 *S. Kroll*, Stadtgesellschaft und Krieg. Sozialstruktur, Bevölkerung und Wirtschaft in Stralsund und Stade 1700 bis 1715 (Göttinger Beiträge zur Wirtschafts- und Sozialgeschichte 18), Göttingen 1997. Dort auch ausführlichere Nachweise zu den hier verwendeten Quellen.

33 Für Stralsund liegen Angaben zu ca. 3.000, für Stade zu ca. 1.500 Personen vor. Aufgrund der Quellenlage beschränken sich beide Sammlungen auf die steuerpflichtigen bürgerlichen Haushaltungsvorstände. Verheiratete Frauen lassen sich in der Regel über ihren Ehemann erfassen.

34 *Kroll* (wie Anm. 32), S. 442f.

einen anderen Wohnkeller in der Sattelmacherstraße. Zwischen Februar 1705 und September 1711 kamen drei Mädchen und ein Junge zur Welt. Unter den 18 Paten waren nur zwei direkte Nachbarn. Dafür war aber die politische und wirtschaftliche Elite der Stadt durch zahlreiche Ratsherren und Kaufleute um so zahlreicher vertreten. Die Wahl von sozial deutlich höher gestellten Taufpaten ist angesichts der wenig gesicherten wirtschaftlichen Lage der Familie[35] durchaus nachvollziehbar und dürfte gleichfalls Teil einer Vorsorgestrategie zum Schutz der neugeborenen Kinder gewesen sein. Gerade im Falle des Schuhflickers Jasche wird die Unsicherheit der Lebensperspektive in der frühen Neuzeit überdeutlich: die gesamte Familie fiel im August 1712 innerhalb weniger Tage dem Ausbruch einer Seuche zum Opfer, die in Stade fast 20% der Bevölkerung das Leben kostete.[36] Für Angehörige der Oberschicht diente dagegen die Übernahme einer Patenschaft offenbar in erster Linie zum Erwerb von ‚symbolischem Kapital': der Ratsherr und Tabakhändler Joachim von der Aa ließ sich zwischen 1700 und 1712 insgesamt 61mal als Pate in die Stader Kirchenbücher einschreiben.[37]

Neben Taufpaten kamen auch Nachbarn, Freunde und Verwandte für die Übernahme einer Vormundschaft über unmündige Waisenkinder in Betracht. In der Stralsunder Waisengerichtsordnung von 1593 wird detailliert beschrieben, wie die Versorgung zu erfolgen hatte.[38] Für den Fall, daß beide Elternteile gleichzeitig verstarben, bestand in erster Linie für die nächsten Verwandten und ersatzweise für die direkten Nachbarn die Pflicht zur Anzeige der Todesfälle. Der Rat wählte anschließend aus der Gruppe der Verwandten, Nachbarn und Freunde die vier „tüchtigsten und nähesten" Personen aus und bestimmte sie zu Vormündern. Nur im Notfall sollten Mitglieder des Rates diese Funktion übernehmen. Auf dem Gebiet der Waisenbetreuung wurde also die private Beteiligung am städtischen Fürsorgesystem durch eine Ratsverordnung offiziell verfügt. Quellenbeispiele aus dem frühen 18. Jahrhundert belegen, daß Verwandte, Freunde und Nachbarn durch eine in der Regel mit zusätzlichem persönlichen Engagement (Aufnahme in den eigenen Haushalt, Berücksichtigung in Testamenten) verbundene sachgemäße Verwaltung des Nachlasses maßgeblich dazu beitrugen, unmündige Waisen vor Armut und Bedürftigkeit zu schützen.[39]

Auch der Abschluß von Lehrverträgen gehörte zu den Strategien, mit denen Eltern die Zukunft ihrer Kinder abzusichern versuchten und bei denen ‚Sozialkapital' eine Rolle spielte. Am 25. Dezember 1671 unterzeichneten die beiden Stralsunder Malermeister Johann Malchow und Hans Caspar Mauß einen Vertrag über die Ausbildung von Malchows Sohn Johann Martin.[40] Über die Bestimmungen der Amtsstatuten hinausgehend, einigten sie sich darauf, daß Johann Martin Malchow nach vollendeter Lehre noch ein weiteres Jahr als Geselle bei Mauß zu arbeiten hatte. Im Gegenzug sagte der Lehrherr seinem angehenden Lehrjungen nicht nur wie üblich eine fachkundige Ausbildung zu, sondern stellte ihm zusätzlich

---

35 Diese Einschätzung ergibt sich aufgrund der geringen Beträge, mit denen Jasche in den Jahren 1706 bis 1712 regelmäßig zur städtischen Kopfschatzsteuer beitrug.

36 Vgl. *S. Kroll*, Die Pest in Stade 1712 und ihre Opfer, in: Stader Jahrbuch N. F. 80 (1990), S. 47–67.

37 Zu diesem Zusammenhang vgl. auch *Rajkay* (wie Anm. 11), S. 19.

38 *Kroll* (wie Anm. 32), S. 290f.

39 Ebd., S. 291.

40 Stadtarchiv Stralsund, Rep. 3, Nr. 5965.

„für seine geleistete treue Dienste, ein rühmliches Ehrenkleidt, auch sonst was daneben dem Gesellen zu felliges und gehöriges Drinck=Geldt“ in Aussicht. Als Berufskollege im gleichen Stralsunder Amt der Maler verfügte Malchow gegenüber Mauß offenbar über ‚Sozialkapital‘, das er dazu nutzte, um seinem Sohn einen möglichst guten Start in die Berufslaufbahn zu ermöglichen. Weiteres ‚Sozialkapital‘ setzte er ein, um zwei (leider nicht näher zu identifizierende) Stralsunder Bürger dazu zu bewegen, als Bürgen für etwaige Veruntreuungen und Nachlässigkeiten seines Sohnes geradezustehen. Im Gegenzug konnte Mauß für ein zusätzliches Jahr auf die Arbeit eines von ihm ausgebildeten Gesellen setzen.

Gegen Verdienstausfälle aufgrund von vorübergehender Arbeitslosigkeit, Unfällen oder Krankheit bot insbesondere die Mitgliedschaft in Ämtern, Kompanien und Gesellenverbänden einen wichtigen Schutz.[41] Die Gemeinschaft der Mitglieder half nicht nur häufig mit einem Darlehen, sondern übernahm auch die Pflege von Kranken, sofern keine Verwandten zur Verfügung standen. Das Stralsunder Amt der Schneider unterhielt seit dem späten 16. Jahrhundert im Johannis-Kloster eine eigene Krankenstube.[42] Hier wurden arbeitsunfähige, kranke Gesellen auf Kosten des Amtes versorgt. Im Kassenbuch der Kleinschmiede (Schlosser) findet sich der Hinweis auf die zeitweise Beschäftigung und Besoldung einer „Krankenwärterschen“.[43] 1710 zahlten die Kleinschmiede ihrem Ältermann Rosenberg, dem es an Arbeit mangelte, einen Vorschuß von einem Reichstaler aus der Lade (Amtskasse). Das Rechnungsbuch der Leineweber weist zu Beginn des 18. Jahrhunderts wiederholt Zahlungen an kranke Amtsbrüder aus. Im April 1710 erhielten drei Kranke eine wöchentliche Unterstützung von jeweils acht Schillingen lübisch.[44]

Angesichts dieser konkreten Beispiele funktionierender korporativer Fürsorge darf jedoch nicht übersehen werden, daß keineswegs jedes Mitglied auf Hilfe durch das Amt bzw. die Gesellenbruderschaft rechnen konnte. Beispielsweise war die Unterstützungsleistung bei Krankheiten auf Fälle vorübergehender Erwerbsunfähigkeit begrenzt. Außerdem wurde verlangt, daß die Anspruch erhebende Person die z.T. sehr rigiden Verhaltensmaßregeln der Gemeinschaft strikt einhielt. Schließlich war die tatsächliche Leistungsfähigkeit der einzelnen Fürsorgeeinrichtung in hohem Maße von der finanziellen Ausstattung der Lade abhängig. In schwach besetzten Ämtern kamen oftmals nur geringe Beträge zusammen, die schnell erschöpft waren, wenn mehrere Unterstützungsfälle zugleich auftraten. Mehr noch als für die Laden der Meister galten die genannten Vorbehalte für die Kassen der Gesellen.

So weigerten sich die Raschmacher-Gesellen 1710, den neu in die Stadt gekommenen Hans Hinrich Sommer in ihre Reihen aufzunehmen.[45] Sie warfen ihm vor, „nicht ordentlich auf sein Handwerk“ zu arbeiten. Offenbar hatte er also gegen bestehende Amtsstatuten oder

---

41 Vgl. dazu die allerdings hauptsächlich auf normativem Quellenmaterial basierende Arbeit von *S. Fröhlich*, Die soziale Sicherung bei Zünften und Gesellenverbänden, Berlin 1976.

42 *H. Ewe*, Kostbarkeiten in Klostermauern. Zur Geschichte, Restaurierung und Nutzung des Franziskaner-Klosters Sankt Johannis zu Stralsund, Rostock 1990, S. 21.

43 Stadtarchiv Stralsund, Rep. 16, Nr. 777.

44 Stadtarchiv Stralsund, Rep. 16, Nr. 194. Die Leineweber besaßen neben der „großen Büchse“ und der „Schild-Büchse“ eine eigene Krankenbüchse, aus der bei Bedarf auch die Gesellen unterstützt wurden.

45 Stadtarchiv Stralsund, Rep. 3, Nr. 4718.

andere Bräuche/Gewohnheiten verstoßen. Folgerichtig gewährten sie Sommer auch keine Unterstützung aus ihrer Lade, als dieser im September des gleichen Jahres erkrankte.

Nicht besser erging es Ende 1713 Bartholomaeus Levenbarg, einem gleichfalls erkrankten Raschmacher-Gesellen, der nach eigenen Angaben zwar 24 Jahre lang in die Lade eingezahlt hatte, dem seine Gesellenbrüder aber vorhielten, unerlaubterweise für die Artillerie gearbeitet und damit gegen die Statuten verstoßen zu haben.[46] Levenbarg klagte, daß er bereits 1711, während einer halbjährigen Krankheit, keinerlei Unterstützung aus der Lade erhalten hätte. Die Folge sei gewesen, daß er und seine Frau sich für viel Geld von einem Feldscher hätten behandeln lassen müssen.

Ein von den strengen Normen abweichendes Verhalten, das vielfach aus wirtschaftlichen Gründen – und damit aus Mangel an ‚ökonomischem Kapital' – nicht zu umgehen war, konnte also leicht zum Ausschluß aus dem Fürsorgesystem führen. Ebenso erging es chronisch Kranken und dauerhaft Arbeitsunfähigen. Es überrascht daher nicht, daß die betroffenen Stadtbewohner andere Wege der Selbsthilfe beschritten. Der altersschwache, über lange Zeit kränkelnde Stralsunder Bortenmacher Paul Schröder ließ sich zehn Jahre lang von einer alten Frau „warten".[47] Die private Hilfestellung bewahrte mit Sicherheit den nur noch sehr eingeschränkt erwerbsfähigen Handwerker[48] davor, zu einem Fall für die öffentliche Armenfürsorge zu werden. Aus dem Protokoll, das 1710 anläßlich der Eröffnung seines Nachlasses abgefaßt wurde, geht hervor, daß Schröder seiner treuen Pflegerin noch zu Lebzeiten zehn Reichstaler und einen Teil seines Handwerksgeräts versprochen hatte.

Aus Nachlaßprotokollen erfährt man häufig sehr viel über das soziale Beziehungsnetz des Verstorbenen. Beispielsweise sind in der Regel eigene und ausstehende Schulden Fremder aufgeführt, so daß sich ein Überblick über kreditgestützte Geschäftsverbindungen gewinnen läßt – bei wem kaufte ein Schmied sein Eisen und wer gewährte ihm Kredit? Beigefügt sind gelegentlich auch wichtige vertragliche Abmachungen, die z.B. die Übergabe eines Betriebs an einen Nachfolger regelten. Der Stralsunder Bäcker Arendt Stappenbeck vereinbarte im September 1710 anläßlich der Verlobung seiner Tochter mit seinem Gesellen Jacob Heinrich die Übergabe des Wohn- und Backhauses für September 1711. Im Gegenzug sollte Stappenbeck 200 Gulden erhalten, um sich damit als Prövner ins Kloster einkaufen zu können.[49]

Wie bei Stappenbeck diente auch der Ehevertrag, den der Stader Kleinschmied Johann Eckhoff 1688 im Namen seiner Tochter mit dem zukünftigen Schwiegersohn Daniel Marckmann abschloß, der Vorbeugung altersbedingter Erwerbsunfähigkeit.[50] Marckmann erhielt Wohnhaus und Gerätschaft, hatte dem „alten, abgehenden" Eckhoff dafür aber das Wohnrecht auf Lebenszeit einzuräumen und dessen nicht unerhebliche Schulden zu übernehmen.

---

46 Ebd.

47 Stadtarchiv Stralsund, Rep. 3, Nr. 5331.

48 In einem Steuerregister von 1708 wurde er als ein alter Mann aufgeführt, der nur noch über eine „geringe Nahrung" verfügte. Stadtarchiv Stralsund, Rep. 33, Nr. 1314.

49 Stadtarchiv Stralsund, Rep. 3, Nr. 5344. Als Prövner erkaufte man sich auf Lebenszeit außer der freien Wohnung eine regelmäßige, zumeist wöchentlich in Geldform gewährte Unterstützung. Je nach Höhe des Einkaufgeldes variierte der Umfang der Leistungen, die den Prövnern zustanden.

50 Stadtarchiv Stade, A. St., F. 95, Nr. 36a.

Außerdem mußte er seinem zukünftigen Schwiegervater ausreichende Ernährung und Kleidung zusichern. Offensichtlich entschied sich der alte Kleinschmied einige Jahre später jedoch anders: von 1695 bis zu seinem Tod im Januar 1713 ist er als Bewohner des Johannis-Klosters und als Empfänger von Armenunterstützung nachzuweisen.

Stets besonders wichtig war für die Menschen in der frühen Neuzeit ein ehrenvolles Begräbnis, das sich jedoch insbesondere Arme nicht immer leisten konnten. Hier bietet das Totenregister der Stralsunder Kirchengemeinde St. Marien interessante Einblicke, denn es enthält Angaben über diejenigen, die für die entstehenden Kosten aufkamen.[51] Eine vollständige oder teilweise Begräbnisfinanzierung durch ihre Nachbarn erhielten 1710 u.a. der Bäcker Jarchow, der Rademacher Gronow und der Messerschmied Tabbert, die allesamt als „sehr arm" bezeichnet wurden. Mindestens genau so häufig sorgten „Freunde" des oder der Verstorbenen für ein standesgemäßes Begräbnis. Vertraut man den Eintragungen des Kirchenschreibers, dann waren diese Fälle zusammengenommen allerdings weitaus seltener als der Erlaß der entstehenden Kosten durch den Rat oder die Kirchengemeinde![52] Offensichtlich gab es hier niemanden, der dem bzw. der Toten zu einem würdigen Abschied aus der irdischen Welt verhelfen konnte oder wollte, obwohl es auch in Stralsund zumindest eine Begräbnisbruderschaft (mit dem Namen „Brüder der Einigkeit") gab, die auch Nichtmitglieder zu Grabe trug.[53] Nicht jeder verfügte in ausreichendem Maße über ‚Sozialkapital', so daß die obrigkeitliche Fürsorge zumindest in Stralsund für viele Arme bis über den Tod hinaus von maßgeblicher Bedeutung blieb.

Ein letztes konkretes Beispiel, das nochmals die Vorzüge prosopographischer Forschung verdeutlicht, ist wiederum dem Thema Bewältigung von Altersarmut gewidmet. Der Stader Essigbrauer und -händler Johann Tietjens war vor dem großen Stadtbrand von 1659 Stader Bürger geworden und besaß bis zu seinem Tod 1713 ein ansehnliches Haus in der Bungenstraße. Zwischen 1664 und 1677 verdreifachte sich sein zu versteuerndes Nahrungsvermögen. Die Übernahme verschiedener Ehrenämter begleitete in diesen Jahren seinen wirtschaftlichen Erfolg: 1675 wurde er zum Kirchspieljuraten von St. Nicolai gewählt, und vier Jahre später gelangte er in den 40er Ausschuß (in Stade die Vertretung der Bürgerschaft gegenüber dem Rat). Noch im gleichen Jahr 1679 wurde er Mitglied der Kaufleute- und Schifferbrüderschaft, deren Ältermannschaft er schließlich von 1698 an übernahm. Der Essigbrauer war durch drei Ehen mit mehreren angesehenen und wohlhabenden Stader Handwerkerfamilien verbunden. Bis zum Jahre 1700 ist Johann Tietjens regelmäßig anhand der städtischen Kämmereiregister als einer der führenden Stader Essigexporteure nachzuweisen. Anschließend gab der alte Mann seinen Beruf auf, was in den Folgejahren zu einer zunehmenden Verschlechterung seiner wirtschaftlichen Lage führte. Dies läßt sich anhand verschiedener Steuerregister deutlich ablesen. Bewegte er sich als Kollektenzahler 1703 noch im Mittelfeld aller Steuerpflichtigen, so wurde Tietjens bei den Kopfsteuererhebungen der Jahre 1704 bis 1712 mehrfach heruntergestuft. Bereits im April 1705 belastete er sein

[51] Stadtarchiv Stralsund, Rep. 28, Nr. 619.

[52] Es kam auch vor, daß der Rat den Sarg stellte.

[53] Allerdings mußte dafür noch zu Lebzeiten eine Geldsumme einbezahlt werden. *Kroll* (wie Anm. 32), S. 268f.

Wohnhaus mit drei Hypotheken über insgesamt 700 Mark lübisch.[54] Schließlich wurde er im Februar 1712 ganz von der Liste der Steuerpflichtigen gesetzt. Seit dem 3. August 1712 erhielt der einstmals wohlhabende Essigbrauer und Bürgervertreter Tietjens, der kurz darauf in der Bürgerrolle von 1713 als „alter, armer, abgegangener Bürger" bezeichnet wurde,[55] eine wöchentliche Unterstützung von acht Schillingen durch die Stadtarmenrechnung.[56] Auch gewährten ihm die Antonii-,[57] die Rosenkranz-Gotteshülf-[58] und die Kaufleute- und Schifferbrüderschaft[59] 1712/13 Almosen. Trotz seiner großen Armut erhielt Johann Tietjens allerdings am 31. August 1713 ein ehrenvolles Begräbnis in der Kirche St. Nicolai. Nachdem auch seine Witwe im September 1715 gestorben war, wurde das Konkursverfahren über den Nachlaß eröffnet.[60] Insgesamt waren mindestens 1.350 Mark lübisch an Schulden aufgelaufen; das Wohnhaus ging in den Besitz der Kirche St. Nicolai über.

Der Fall des Johann Tietjens ist nicht zuletzt deshalb bemerkenswert, weil sich an ihm auch die Bedeutung von ‚Sozialkapital' messen läßt. Wie geschildert, liehen die Kaufleute- und Schifferbrüderschaft und der Gotteskasten St. Nicolai Tietjens noch 1705 namhafte Beträge. Zu dieser Zeit war er bereits nicht mehr berufstätig; eine Verbesserung seiner schlechten finanziellen Lage war kaum mehr zu erwarten. Offensichtlich konnte sich der unverschuldet in Armut geratene, alte Bürger hier auf sein über Jahrzehnte angesammeltes ‚Sozialkapital' verlassen. Auf der anderen Seite ist es um so erstaunlicher, daß Tietjens schließlich 1712 Almosenempfänger wurde, obwohl er mindestens zwei Söhne hatte, die zur gleichen Zeit Stader Bürger waren und über erheblichen Wohlstand verfügten.[61]

Obwohl es sich nicht mehr ergründen läßt, weshalb in diesem besonders gut überlieferten Einzelfall – trotz des Vorhandenseins einer nachweislich zahlungsfähigen Verwandtschaft – die öffentliche Armenfürsorge für den Unterhalt des bedürftigen alten Ehepaares aufkam, deutet einiges darauf hin, daß die städtische Armenkasse und die Brüderschaften in Stade keineswegs nur in dringenden Notfällen einsprangen, sondern wichtiger Bestandteil der sozialen Absicherung waren. In jedem Fall blieb Johann Tietjens ungeachtet seiner zunehmenden Bedürftigkeit ein ehrenhafter, gesellschaftlich geachteter Mann. Dies läßt sich nicht zuletzt an der Tatsache ablesen, daß er bis kurz vor seinem Tod als Ältermann der Kaufleute- und Schifferbrüderschaft amtierte.

Die vorgestellten Quellenbeispiele konnten nur andeutungsweise die Möglichkeiten aufzeigen, die eine an konkreten Fragestellungen orientierte Analyse verschiedener Soziabili-

---

54 Unter den Gläubigern waren sowohl die Kaufleute- und Schifferbrüderschaft als auch der Gotteskasten St. Nicolai vertreten, deren Vorsteher Tietjens lange Jahre gewesen war. Stadtarchiv Stade, SR 2, Nr. 790–792.

55 Stadtarchiv Stade, M., F. 60, Nr. 10.

56 Stadtarchiv Stade, A. St., F. 106–109, Nr. 1g.

57 Stadtarchiv Stade, Abt. IV-1, F. 4, Nr. 7.

58 Stadtarchiv Stade, Abt. IV-3, F. 4, Nr. 43

59 Stadtarchiv Stade, Abt. IV-2, F. 5, Nr. 15–16.

60 Stadtarchiv Stade, K., F. 90, Nr. 1.

61 Hinrich Tietjens war seit 1689 Brauer und Essigbrauer in Stade und zahlte 1712 eine Kopfsteuer in durchschnittlicher Höhe. Sein 1676 geborener Bruder Peter Tietjens wurde 1703 Bürger und Mitglied im Stader Goldschmiede-Amt. 1712 zählte er zu dem am höchsten besteuerten Viertel der rund 600 Stader Kopfsteuerzahler. Er stieg anschließend in die politische Elite der Stadt auf und starb 1752 als Ratsherr.

tätsformen für die Erforschung städtischer Sozialstrukturen in der frühen Neuzeit bietet. Die endgültige Tragfähigkeit des vorgestellten ‚Sozialkapital'-Konzepts muß sich erst noch erweisen. Dazu sind umfassend angelegte Fallstudien notwendig, die gleichwohl auch die insbesondere durch Einkommen, Vermögen, politische Partizipation und Sozialprestige zum Ausdruck kommenden sozialen Unterschiede innerhalb städtischer Gesellschaften nicht aus dem Auge verlieren dürfen.

Stadtgesellschaft und Residenzbildung

Aspekte der quantitativen Entwicklung und sozialen Struktur Dresdens im Residenzbildungsprozeß des 15. und 16. Jahrhunderts

Matthias Meinhardt, Halle (Saale)

1. Ausgangslage und Vorüberlegungen[1]

Im Mai 1577 besuchte der Großherzog Franz von Toskana Dresden. Nach den Aufzeichnungen des Kursächsischen Geheimen Rates Dr. Andreas Paul hat sich der Fürst überaus angetan von der besuchten Stadt gezeigt. Paul notierte, daß dem Fürsten „*[...] die Gelegenheit dieses Ortts, sonderlich das Sloß, Zeughauß und der Garten, so umb die Stadt herumb gehet, uberaus wol gefallen, wie ehr sich dan ausdrucklich vernemen lies, das ehr ihn Teutschlandt etlich viel Ihar hero keinen Tagk mit grosserem Lust zubracht, als eben diesen auff den ehr solche Gelegenheit gesehen [...].*"[2] Selbst wenn man hier ein gewisses Maß an diplomatischer Urteilsmilde veranschlagt, wird doch deutlich, daß dem Besucher vor allen die residenzspezifische Architektur Dresdens beeindruckte. Die repräsentative und funktionale Bautätigkeit des wettinischen Fürstenhauses hatte bereits in der zweiten Hälfte des 16. Jahrhunderts so sehr die bürgerlichen Elemente des Stadtbildes überstrahlt, daß diese kaum mehr erwähnenswert schienen.

Und in der Tat hatten die Wettiner die Stadt in den vorangegangenen Jahrzehnten deutlich verändert. Doch architektonische Neuerungen waren nur der äußerlich sichtbare Teil eines sehr viel umfassenderen Wandels, den man vor allem im 15. und 16. Jahrhundert beobachten kann. Ursache dieses Wandels war der Ausbau Dresdens zur Residenzstadt der Wettiner, dem ein längerer, von Brüchen und Schüben geprägter Prozeß der Verengung wettinischer Reiseherrschaft auf einige wenige Stationen vorausgegangen war. Begleitet wurde die Verringerung der höfischen Mobilität von einer zunehmenden Institutionalisierung fürstlicher Herrschaft. Durch die Residenzfunktion wurde Dresden zu einem politischen Zentrum des Alten Reiches. Weit weniger offensichtlich als das äußere Stadtbild, aber darum nicht minder tiefgreifend, veränderten sich auch die sozialen und wirtschaftlichen Strukturen, wuchs die kulturelle Bedeutung der Stadt.

[1] Der vorliegende Text basiert im wesentlichen auf dem Vortragsmanuskript für den mit diesem Band dokumentierten Workshop. Allerdings wurde er dem fortgeschrittenen Stand der Forschungen angepaßt, um Anmerkungen erweitert und um einige Aspekte ergänzt, die ich mit weiteren Vorträgen in Halle, Jena und Rudolstadt vorstellen konnte. Den Kollegen, mit denen ich bei diesen Gelegenheiten meine Überlegungen und Beobachtungen diskutieren durfte, danke ich für Kritik und Anregungen.

[2] *T. Distel*, Urteil des Grossherzogs von Toskana über Dresden (1577), in: Zeitschrift für Museologie und Antiquitätenkunde 7/1 (1884), S. 4.

Liest man die Literatur zur Dresdner Stadtgeschichte und zur sächsischen Landesgeschichte,[3] so erscheint die Residenzbildung in Dresden meist jedoch weniger als ein Prozeß, sondern als ein konkret zu datierendes Ereignis: Mit der Leipziger Teilung[4] der Wettiner in die albertinische und die ernestinische Linie 1485 sei Dresden „ständige" Residenz der Albertiner geworden.[5] Nicht selten wird dabei die Residenzbildung zugleich als Folge eines konkreten fürstlichen Willensaktes dargestellt. So liest man beispielsweise bei Reiner Gross: *„Albrecht zog von Torgau in das auch von ihm bevorzugte Schloß Dresden und erkor die Stadt zu seinem ständigen Aufenthaltsort in jenem mit der Leipziger Teilung begründeten albertinischen Herzogtum Sachsen. Am 4. Dezember 1485 nahm er die Erbhuldigung entgegen. Mit dieser Entscheidung begann nach 1485 eine außerordentliche, ja rasante Entwicklung der Stadt".*[6] Was man allerdings unter einer „ständigen", zuweilen auch als „dauerhaft" oder „fest" charakterisierten Residenz zu verstehen hat, bleibt nicht selten unklar.[7] Und prüft man einmal näher die Anwesenheit wettinischer Höfe, so beschleicht einen doch bald Unbehagen über solch eine gleichermaßen enge wie scheinbar exakte Datierung der Residenzbildung in Dresden. Herzog Albrecht hielt sich jedenfalls nach der Leipziger Teilung nur sehr selten in Dresden auf,[8] und auch seine Nachfolger nutzten häufig und zum Teil über längere Zeit andere Residenzen, die sie nicht selten mit erheblichem Aufwand ausstatten ließen. Als Beispiele sei hier nur auf Torgau, Augustusburg und den Jagdsitz Moritzburg verwiesen.[9]

---

[3] Eine kommentierte Zusammenstellung bietet *M. Meinhardt*, Die Erforschung der Geschichte Dresdens von den Anfängen bis zum Ende des 16. Jahrhunderts. Forschungsgeschichte, Literaturbericht und Bibliographie, in: Arbeits- und Forschungsberichte zur sächsischen Bodendenkmalpflege 39 (1997), S. 79–142.

[4] Hierzu immer noch grundlegend: *K. Hänsch*, Die wettinische Hauptteilung von 1485 und die aus ihr folgenden Streitigkeiten bis 1491, Diss. Leipzig 1909. S. aber auch knappere Übersichten: *K. Blaschke*, Die Leipziger Teilung der wettinischen Länder von 1485, in: Sächsische Heimatblätter 31 (1985), S. 277–280; *ders.*, Geschichte Sachsens im Mittelalter, Berlin 1990, S. 294–298; *R. Kötzschke/H. Kretzschmar*, Sächsische Geschichte, Augsburg 1995 (Neuausgabe), S. 147 f.; *R. Gross*, Geschichte Sachsens, Leipzig/Berlin 2001, S. 31 ff.

[5] Diese Darstellungsweise zieht sich von der älteren Literatur zur Dresdner Stadtgeschichte bis in jüngste Publikationen. Vgl. beispielsweise *O. Richter*, Verfassungs- und Verwaltungsgeschichte der Stadt Dresden, Bd. 1: Verfassungsgeschichte, Dresden 1885, S. 187; *H. Butte*, Geschichte Dresdens bis zur Reformationszeit (Mitteldeutsche Forschungen 54), Köln/Graz 1967, S. 121 ff.; *W. May*, Architektur und Städtebau in Dresden während der zweiten Hälfte des 16. Jahrhunderts, in: Dresdner Hefte 9 (1986), S. 54; *K. Kliemann*, Dresden: Die Ausgrabungen am Schloß und am Kanzleihaus 1994–1996, in: Archäologie aktuell im Freistaat Sachsen 4 (1996), S. 307; *F. Stimmel* u. a., Art. „Leipziger Teilung", in: *Dies.*, Stadtlexikon Dresden, Dresden 1998, S. 253; *R. Gross*, Dresden im 15. Jahrhundert, in: Dresdner Hefte 65 (2001), S. 79–82, hier bes. S. 82. Etwas vorsichtiger jedoch schon: *K. Blaschke,* Die Umlandbeziehungen Dresdens als Residenzstadt, in: Stadt-Land-Beziehungen und Zentralität als Problem der historischen Raumforschung. Forschungsberichte des Ausschusses „Historische Raumforschung" der Akademie für Raumforschung und Landesplanung (Veröffentlichungen der Akademie für Raumforschung und Landesplanung 88/11), Hannover 1974, S. 140 f.

[6] *Gross*, Dresden (wie Anm. 5), S. 82.

[7] Zum Begriffsverständnis im vorliegendem Beitrag s. Anm. 16.

[8] *Butte*, Geschichte Dresdens (wie Anm. 5), S. 121.

[9] Vgl. dazu *S. Hoppe*, Die funktionale und räumliche Struktur des frühen Schloßbaus in Mitteldeutschland. Untersucht an Beispielen landesherrlicher Bauten der Zeit zwischen 1470 und 1570 (Veröffent-

Stellt man die vorliegenden Arbeiten über Dresden einmal auf den Prüfstand, so erkennt man doch etwas überrascht, daß die vermeintlich sichere Datierung des Beginns der Residenzbildung in Dresden auf das Jahr 1485 eher eine lange tradierte Konvention als das Ergebnis gründlichen Forschens darstellt. Die Entwicklung der Stadt zur Residenz ist eigentlich nur in Hinblick auf die Kunst- und Baugeschichte[10] sowie einige kulturhistorische Felder[11] näher untersucht. Hilfreich sind freilich auch die Studien von Brigitte Streich zu Itinerar und Hoforganisation der Wettiner bis zum ausgehenden 15. Jahrhundert,[12] doch die innere Entwicklung der Stadt wird dort nur am Rande berührt. Die Frühphase der Residenzbildung im Dresden des 15. und 16. Jahrhunderts bleibt auch nach diesen Studien ein Desiderat der Forschung.[13] Und die Resultate der vorliegenden Arbeiten lassen sich außerdem

---

lichung der Abteilung Architekturgeschichte des Kunsthistorischen Instituts der Universität Köln 62), Köln 1996, S. 131ff., 293ff.; *M. Lewy*, Schloß Hartenfels bei Torgau, Diss. Dresden, Berlin 1908; *P. Findeisen/H. Magirius (u. a.)*, Die Denkmale der Stadt Torgau (Die Denkmale im Bezirk Leipzig), Leipzig 1976; *H.-G. Hartmann*, Moritzburg. Schloß und Umgebung in Geschichte und Gegenwart, 2. Auflage, Weimar 1990. Die Mobilität des Hofes blieb auch im 16. Jahrhundert beachtlich. Leider fehlt bislang eine systematische Studie über die Reisebewegungen der wettinischen Höfe des 16. Jahrhunderts.

10 Genannt seien hier nur einige wichtige Übersichtsarbeiten und Inventare: Das Dresdner Schloß. Monument sächsischer Geschichte und Kultur, hrsg. von den Staatlichen Kunstsammlungen Dresden, 3. Auflage, Dresden 1992; *C. Gurlitt*, Das Königliche Schloß zu Dresden und seine Erbauer. Ein Beitrag zur Geschichte der Renaissance in Sachsen, in: Mittheilungen des Königlich Sächsischen Alterthumsvereins 28 (1878), S. 1–58; *ders.*, Beschreibende Darstellung der älteren Bau- und Kunstdenkmäler des Königreiches Sachsen, Heft 21–23: Stadt Dresden, Dresden 1900–1901; *U. Heckner*, Im Dienst von Fürsten und Reformation. Fassadenmalerei an den Schlössern in Dresden und Neuburg an der Donau im 16. Jahrhundert (Kunstwissenschaftliche Studien 64), München/Berlin 1995; *F. Löffler*, Das Alte Dresden. Geschichte seiner Bauten, 14. Auflage, Leipzig 1999; *B. Werner*, Das kurfürstliche Schloß zu Dresden im 16. Jahrhundert, Diss. Leipzig 1970; *E. Papke*, Festung Dresden. Aus der Geschichte der Dresdner Stadtbefestigung, Dresden 1997. Wenn damit auch zur Bau- und Kunstgeschichte recht gründliche Studien und informative Übersichtswerke vorliegen, bedeutet dies jedoch nicht, daß auf diesem Gebiet alle Fragen hinreichend beantwortet wären.

11 Zuletzt hierzu: *H. Watanabe-O'Kelly*, Court Culture in Dresden. From Renaissance to Baroque, Basingstoke/New York 2002.

12 *B. Streich*, Zwischen Reiseherrschaft und Residenzbildung: Der wettinische Hof im späten Mittelalter (Mitteldeutsche Forschungen 101), Köln/Wien 1989; *dies.*, Die Itinerare der Markgrafen von Meißen – Tendenzen der Residenzbildung, in: Blätter für deutsche Landesgeschichte 125 (1989), S. 159–188; *dies.*, Vom Liber computacionum zum Küchenbuch. Das Residenzproblem im Spiegel der wettinischen Rechnungen, in: *P. Johanek (Hrsg.)*, Vorträge und Forschungen zur Residenzenfrage (Residenzenforschung 1), Sigmaringen 1990, S. 121–146; *dies.*, Frauenhof und Frauenzimmer, in: *J. Hirschbiegel/W. Paravicini (Hrsg.)*, Das Frauenzimmer. Die Frau bei Hofe in Spätmittelalter und Früher Neuzeit (Residenzenforschung 11), Stuttgart 2000, S. 247–262; noch unter ihrem Mädchennamen: *B. Knoke*, Wettinische Residenzen im Spätmittelalter, in: Jahrbuch der Coburger Landesstiftung 31 (1986), S. 371–380.

13 Etwas besser sieht die Lage für das 17. und 18. Jahrhundert aus. Allerdings dominieren auch hier bau- und kunsthistorische Zugänge. Sozial-, wirtschafts- und kulturgeschichtliche Aspekte beleuchten hingegen *Blaschke*, Umlandbeziehungen (wie Anm. 5); *S. Hoyer*, Bürgerkultur einer Residenzstadt – Dresden im 18. Jahrhundert, in: *W. Rausch (Hrsg.)*, Städtische Kultur in der Barockzeit (Beiträge zur Geschichte der Städte Mitteleuropas 6), Linz/Donau 1982, S. 105–116; *M. Meinhardt*,

kaum – wie noch zu zeigen sein wird – zur Stützung der gewohnten Datierungskonvention heranziehen.

Zu den wesentlichen Fragen, die dringend einer näheren Behandlung bedürfen, zählt jene nach den Auswirkungen der Residenzbildung auf die Stadtgesellschaft. Zwar liegen einige ältere Arbeiten zur Bevölkerungsgeschichte Dresdens vor, doch sind diese Beiträge meist sehr knapp gehalten und stellen nur selten Zusammenhänge zwischen Residenzfunktion und Bevölkerungsentwicklung her.[14] Dieser Befund gab den Anstoß zu einer Dissertation über die Bevölkerungsgeschichte Dresdens im 15. und 16. Jahrhundert.[15] Die Residenzbildung in Dresden als Prozeß städtischer Sozialgeschichte in den Blick zu nehmen, sie als Katalysator sozialen und ökonomischen Wandels zu beschreiben und damit den frühneuzeitlichen urbanen Sondertyp der Residenzstadt[16] gewissermaßen in seiner Entstehung und Frühphase zu

---

Alltag im Schatten des Hofes. Facetten bürgerlicher Alltagskultur im Dresden des 18. Jahrhunderts, in: George Bähr. Die Frauenkirche und das bürgerliche Bauen in Dresden, hrsg. von den Staatlichen Kunstsammlungen Dresden und dem Landesamt für Denkmalpflege Sachsen, Dresden 2000, S. 126–130.

14 Die wichtigsten, sich aber teilweise inhaltlich wiederholenden Beiträge hierzu sind: *J. Falke*, Ohne Titel [lt. Register: Statistische Nachrichten aus Dresden aus dem 16. und 17. Jahrhundert], in: Archiv für sächsische Geschichte 9 (1871), S. 330–332; *O. Richter*, Zur Bevölkerungs- und Vermögensstatistik Dresdens im 15. Jahrhundert, in: Neues Archiv für sächsische Geschichte 2 (1881), S. 273–289; *ders.*, Verfassungs- und Verwaltungsgeschichte (wie Anm. 5), Bd. 1, S. 185 ff.; *ders.*, Verfassungs- und Verwaltungsgeschichte (wie Anm. 5), Bd. 2/2: Verwaltungsgeschichte, Dresden 1891, S. 64 ff.; *ders./H. Ermisch*, Zur Einwohnerstatistik Dresdens im 15. Jahrhundert, in: Neues Archiv für sächsische Geschichte 12 (1891), S. 168–170; Arbeiten zur Bevölkerungsgeschichte sächsischer Städte unter Berücksichtigung Dresdens: *H. Ermisch*, Zur Statistik der sächsischen Städte im Jahre 1474, in: Neues Archiv für sächsische Geschichte 11 (1890), S. 145–153; *K. Blaschke*, Zur Statistik der sächsischen Städte im 16. Jahrhundert, in: *H. Kretzschmar (Hrsg.)*, Vom Mittelalter zur Neuzeit. Zum 65. Geburtstag von Heinrich Sproemberg, Berlin 1956, S. 133–143; *ders.*, Bevölkerungsgeschichte von Sachsen bis zur industriellen Revolution, Weimar 1967. Näheres zur Residenzproblematik findet man jedoch in keinem dieser Beiträge. Etwas aufschlußreicher, wenngleich zeitlich sehr eingeengt: *R. Hennig*, Verfassung, Wirtschaft und Sozial-Ökonomik der Landeshauptstadt Dresden unter der Regierung des Kurfürsten August von Sachsen, Offenbach 1936, S. 87 ff.

15 *M. Meinhardt*, Dresden im Wandel. Raum und Bevölkerung der Stadt im Residenzbildungsprozeß des 15. und 16. Jahrhunderts, Diss. Halle-Wittenberg 2004.

16 Die moderne Forschung hat sich bislang nicht auf ein einheitliches Verständnis der Begriffe Residenz und Residenzstadt einigen können. Zur Definitionsproblematik s. *K.-H. Ahrens*, Residenz und Herrschaft. Studien zu Herrschaftsorganisation, Herrschaftspraxis und Residenzbildung der Markgrafen von Brandenburg im späten Mittelalter (Europäische Hochschulschriften 427), Frankfurt a. M. u. a. 1990, S. 13 ff.; *P. Moraw*, Was war eine Residenz im deutschen Spätmittelalter?, in: Zeitschrift für historische Forschung 18 (1991), S. 461–468; *K. Neitmann*, Was ist eine Residenz? Methodische Überlegungen zur Erforschung der spätmittelalterlichen Residenzbildung, in: *P. Johanek (Hrsg.)*, Vorträge und Forschungen zur Residenzenfrage (Residenzenforschung 1), Sigmaringen 1990, S. 11–42; *H. Patze/G. Streich*, Die landesherrlichen Residenzen im spätmittelalterlichen Deutschen Reich, in: Blätter für deutsche Landesgeschichte 118 (1982), S. 205–220, hier S. 209 f.; *M. Scholz*, Residenz, Hof und Verwaltung der Erzbischöfe von Magdeburg in Halle in der ersten Hälfte des 16. Jahrhunderts (Residenzenforschung 7), Sigmaringen 1998, S. 24 ff.; *V. Hirsch*, Nochmals: Was war eine Residenz im späten Mittelalter?, in: Mitteilungen der Residenzen-Kommission der Akademie der Wissenschaften zu Göttingen 13/1 (2003), S. 16–22. Im vorliegenden Beitrag wird zwischen

beobachten, war zunächst das zentrale Anliegen des Projektes. Als sozialer und wirtschaftlicher Transformationsprozeß läßt sich die Residenzbildung in Dresden zugleich auf makrohistorischer Ebene, auf der Ebene sozialer Gruppen und auf der individualgeschichtlichen Ebene fassen. Es hat sich aber darüber hinaus im Untersuchungsgang alsbald als sinnvoll erwiesen, neben den sozialen und ökonomischen Wandlungen auch die topographischen zu berücksichtigen. Mit der Stadttopographie erschließt man nämlich nicht nur ein weiteres zentrales Untersuchungsfeld über die Folgen von Residenzbildung, es lassen sich damit auch vielfältige und für die weitere Stadtentwicklung prägende Beziehungen zwischen den drei Bereichen erkennen und einige Veränderungen einleuchtender erklären.

Mit diesen Studien über Dresden vermag man jedoch nicht nur dazu beizutragen, eine Lücke in der Erforschung der Dresdner Geschichte zu schließen, ein solches Unternehmen kann darüber hinaus der Stadt- und Residenzenforschung allgemeiner dienlich sein. Denn sofern sich die Studien zur städtischen Bevölkerungsgeschichte überhaupt mit Residenzen befaßt haben, wandten sie ihren Blick meist weit entwickelten oder erst sehr viel später mit der Residenzfunktion versehenen Städten zu. Die Mehrzahl dieser Arbeiten behandelt das 17. und 18. Jahrhundert, nicht die Zeit vor 1600.[17] Und zieht man die Arbeiten heran, in denen die spätmittelalterliche Residenzbildung genauer ausgeleuchtet wird, so bemerkt man, daß sie oft nur von der Entwicklung des Hofes, den Landesbehörden oder der architektonischen und künstlerischen Gestaltung der Residenz handeln, die Bevölkerung der Residenzstadt und das Verhältnis zwischen Stadt und Hof hingegen weitgehend aus der Betrachtung ausblenden.[18]

---

der Residenz und der Residenzstadt unterschieden: Als Residenz soll die räumliche Unterbringung eines Fürstenhofes, seiner Versorgungseinrichtungen und herrschaftlichen Institutionen angesprochen werden. In der Regel handelt es sich hierbei um eine Burg oder ein Schloß samt Neben- und Ergänzungsgebäuden. Als Residenzstadt soll hingegen ein Ort urbaner Qualität gelten, an dem sich fürstliche Höfe häufiger und über längere Zeit aufhielten, sich territoriale und höfische Einrichtungen konzentrierten, diese an dem Standort auch dann verblieben, wenn Fürst und Gefolge den Ort zeitweilig verließen und dessen soziale sowie ökonomische Struktur deutlich durch die Anwesenheit des Hofes und territorialer Herrschaftseinrichtungen geprägt wird. Eine Residenzstadt ist nach dieser Definition folglich nicht automatisch jeder, vielleicht nur kurzzeitige Aufenthaltsort eines Fürstenhofes auf seinen Reisen. Ausführlicher hierzu und zu typologischen Fragen: *Meinhardt*, Dresden im Wandel (wie Anm. 15).

17 S. hierzu die Arbeiten über Residenzstädte in der Bibliographie am Ende des vorliegenden Bandes. Zur Forschungslage vgl. außerdem: *M. Meinhardt/A. Ranft*, Das Verhältnis von Stadt und Residenz im mitteldeutschen Raum, in: Sachsen und Anhalt 24 (2003), S. 391–405.

18 Hierfür charakteristisch sind die Arbeiten von *Streich* (wie Anm. 12), aber auch *Ahrens*, Residenz und Herrschaft (wie Anm. 16); *K. Amann*, Die landesherrliche Residenzstadt Passau im spätmittelalterlichen deutschen Reich (Residenzenforschung 3), Sigmaringen 1992; *D. Kerber*, Herrschaftsmittelpunkte im Erzstift Trier. Hof und Residenz im späten Mittelalter (Residenzenforschung 4), Sigmaringen 1995; *J. Kolb*, Heidelberg. Die Entstehung einer landesherrlichen Residenz im 14. Jahrhundert (Residenzenforschung 8), Sigmaringen 1999. Zwar wird dort z.T. auch auf die Stadt als Ort der Hofhaltung eingegangen, doch Fragen der Bevölkerungsgeschichte dabei kaum berührt. In der Studie von Scholz über Halle wird die Notwendigkeit, die Bevölkerungsentwicklung während der Residenzbildung und das Verhältnis von Stadt- und Hofgesellschaft näher zu beleuchten, zwar gesehen, dann aber doch nicht über einige wenige sozialtopographische Beobachtungen auf schmaler Quellenbasis hinausgegangen, vgl. *Scholz*, Residenz, Hof und Verwaltung (wie Anm. 16), S. 24, 279–286.

Im folgenden läßt sich freilich nicht das gesamte Programm der Untersuchungen über Dresden entfalten. Lediglich vier Untersuchungsfelder müssen hier genügen, um die Residenzbildung in Dresden auf den drei verschiedenen Ebenen des Sozialen als stadtgeschichtlichen Transformationsprozeß vorzuführen. Eingebettet in einige Bemerkungen zur allgemeinen Entwicklung der Stadt im ausgehenden Mittelalter, soll in einem ersten Schritt die quantitative Entwicklung der Dresdner Bevölkerung nachgezeichnet werden. Ebenfalls aus makrohistorischer Perspektive, doch schon etwas stärker sozial fokussiert, wird ein Abschnitt über die Entwicklung der Neubürgeraufnahmen in Dresden folgen. Konjunkturen des Bürgerrechtserwerbes, die soziale Struktur der Neubürger und die Integration von Stadt- und Hofgesellschaft stehen dabei im Zentrum der Betrachtungen. Bereits auf der Ebene sozialer Gruppen angelangt, wird sich ein Blick auf die Struktur und Entwicklung des Dresdner Innungswesens anfügen. Und schließlich soll auch die individualhistorische Ebene berücksichtigt werden, indem ein residenzspezifischer Karriereverlauf vorgeführt wird.

Es werden mit der Behandlung der Neubürger und der Entwicklung des Innungswesens, aber auch mit Fragen sozialer Mobilität, verschiedene Aspekte der Sozialstrukturforschung in den Blick genommen. Jürgen Ellermeyer hat angesichts terminologischer und konzeptioneller Uneinigkeit in der Forschung angemahnt, daß jeder, der über soziale Strukturen spricht, offen zu legen hat, was er hierunter versteht.[19] Dieser berechtigten Forderung soll hier zumindest knapp entsprochen werden: In den hier vorgestellten Untersuchungen wird die Sozialstruktur als die spezifische Anordnung sozialer Ungleichheiten innerhalb eines sozialen Systems begriffen, wobei als soziale Ungleichheiten alle Merkmale gelten, die Auswirkungen auf die gesellschaftliche Position und die Handlungsspielräume eines Individuums haben. Dabei können verschiedene Formen der Ungleichheit eine unterschiedlich hohe Bedeutung für den sozialen Status und die Handlungsspielräume einer Person haben. Obwohl sich die Bedeutung einzelner Faktoren mit der Zeit verändern kann, lassen sich die einzelnen Gesichtspunkte gewichten. Ihre Auswahl kann also mit der sozialen Relevanz begründet werden. Einige der wichtigsten Ungleichheiten, wie die Form der Erwerbstätigkeit, die Höhe von Vermögen und Einkommen, das Maß politischer Partizipation oder die soziale Herkunft und Vernetzung hat die Forschung bereits mehrfach benannt, untersucht und in ihrer grundsätzlichen Bedeutung bestätigt.[20] Aus der gewählten Definition des Begriffes Sozi-

---

Zum Forschungsstand auch hier ausführlicher: *Meinhardt/Ranft*, Das Verhältnis (wie Anm. 17), S. 392.

[19] *J. Ellermeyer*, Sozialgruppen, Selbstverständnis, Vermögen und städtische Verordnungen. Ein Diskussionsbeitrag zur Erforschung spätmittelalterlicher Stadtgesellschaft, in: Blätter für deutsche Landesgeschichte 113 (1977), S. 212; *ders.*, „Schichtung" und „Sozialstruktur" in spätmittelalterlichen Städten. Zur Verwendbarkeit sozialwissenschaftlicher Kategorien in historischer Forschung, in: Geschichte und Gesellschaft 6 (1980), S. 136. Seine eigene Definition findet sich ebenfalls dort, im vorliegenden Band hat er sie erneut vorgebracht.

[20] In das Konzept der sozialen Ungleichheit führen weiter ein: *B. Giesen/H. Haferkamp (Hrsg.)*, Soziologie der sozialen Ungleichheit, Opladen 1987; *R. Geißler*, Zur Problematik des Begriffs der sozialen Schicht, in: *Ders. (Hrsg.)*, Soziale Schichtung und Lebenschancen in der Bundesrepublik Deutschland, Stuttgart 1987, S. 5–24; *S. Hradil*, Schicht, Schichtung und Mobilität, in: *H. Korte/B. Schäfers (Hrsg.)*, Einführung in die Hauptbegriffe der Soziologie, 3. Auflage, Opladen 1995, S. 145–164, hier bes. S. 146–149; *R. Kreckel (Hrsg.)*, Soziale Ungleichheiten, Göttingen 1983; *H.-U. Wehler*, Vor-

alstruktur wird deutlich, warum hier nur von Aspekten sozialer Struktur gesprochen werden kann: die Totalität der sozialen Ungleichheiten läßt sich angesichts der Begrenztheit der Quellen und des überhaupt möglichen Forschungsaufwandes nicht erschöpfend untersuchen. Es handelt sich daher bei der Beschränkung auf – allerdings gewichtige – Aspekte der sozialen Struktur nicht um Bescheidenheit, sondern um eine präzisere und zugleich realistischere Benennung dessen, was man wissenschaftlich überhaupt betreiben kann.[21] Und noch etwas sei hier angemerkt. Unter der sozialen Struktur einer Stadtgesellschaft ist im folgenden nicht synonym die soziale Schichtung zu verstehen. Jede Gesellschaft ist sowohl nach vertikalen als auch horizontalen Merkmalen strukturiert, während der Schichtungsbegriff stets eine vertikale Strukturierung impliziert. Somit ist der Begriff der Sozialstruktur umfassender als der Schichtungsbegriff, der überdies das Problem aufwirft, plausible Schichten und zwischen diesen Grenzverläufe definieren zu müssen, was anhand vormoderner Quellen kaum überzeugend gelingt.[22]

2. Stadtentwicklung und Bevölkerungsgröße

Dresden entstand wahrscheinlich im 12. Jahrhundert. Erstmals erwähnt wurde es jedoch erst 1206, die erste Bezeichnung als *civitas* findet sich 1216.[23] Wie die Itinerarforschung zeigen

---

überlegungen zur historischen Analyse sozialer Ungleichheit, in: *Ders. (Hrsg.)*, Klassen in der europäischen Sozialgeschichte, Göttingen 1979, S. 9–32.

21 Die Unmöglichkeit, soziale Strukturen vollständig zu erfassen, betonte bereits *E. Weyrauch*, Zur sozialen und wirtschaftlichen Situation Kitzingens im 16. Jahrhundert, in: *I. Bátori/E. Weyrauch u. a.*, Die bürgerliche Elite der Stadt Kitzingen. Studien zur Sozial- und Wirtschaftsgeschichte einer landesherrlichen Stadt im 16. Jahrhundert (Spätmittelalter und Frühe Neuzeit. Tübinger Beiträge zur Geschichtsforschung 11), Stuttgart 1982, S. 27–91, hier S. 27–37. Wenn *Ellermeyer* (in diesem Band) bei einer solch weiten Definition der Sozialstruktur eine gewisse Beliebigkeit fürchtet, verweist er durchaus mit Recht auf eine mögliche Gefahr, unterschätzt allerdings auch die m. E. gewichtigeren Chancen einer solchen Definition, die durch ihre Offenheit für sehr unterschiedliche Überlieferungssituationen taugt und in Grenzen individuelle Schwerpunktsetzungen erlaubt. Dadurch kann die Forschung ein breites Spektrum von Faktoren aufzeigen, die für soziale Strukturbildung relevant sind. Dies allein ist schon ein erstrebenswertes Ziel. Die Entscheidung darüber, welche Faktoren untersuchbar und für die Strukturbildung von Bedeutung sind, wird man den jeweils Forschenden überlassen können, ihre Begründung abwarten müssen und gegebenenfalls die Wahl anfechten dürfen.

22 Die konzeptionellen und methodischen Überlegungen, die den Untersuchungen über Dresden zugrunde liegen, können hier leider nur knapp angesprochen werden. Für eine ausführlichere Darlegung dieser Gedanken und eine genauere Betrachtungen der Forschung sei hier verwiesen auf *Meinhardt*, Dresden im Wandel (wie Anm. 15).

23 Urkunden des Hochstifts Meißen 962–1356 (Codex Diplomaticus Saxoniae Regiae [künftig zitiert als: CDSR] II/1), hrsg. von *E. G. Gersdorf*, Leipzig 1864, No. 74, S. 70–71; Urkunden der Markgrafen von Meißen und Landgrafen von Thüringen 1196–1234 (CDSR I/A/3), hrsg. von *O. Posse*, No. 217, S. 162f. Zur überaus umstrittenen Entstehungsgeschichte Dresdens s. den Überblick mit weiterführender Literatur bei *Meinhardt*, Die Erforschung (wie Anm. 3), S. 109–112 u. S. 131f. Seither erschien: *R. Spehr/H. Boswank*, Dresden. Stadtgründung im Dunkel der Geschichte, Dresden 2000, s. hierzu auch die kritische Rezension von *K. Blaschke* in: Neues Archiv für sächsische Geschichte 71 (2000), S. 384–386; s. außerdem *K. Blaschke*, Die Entstehung der Stadt Dresden, in:

konnte,[24] nutzten wettinische Landesherren bereits seit dem 13. Jahrhundert die Dresdner Burg als Aufenthaltsort neben anderen befestigten Bauten ihres Herrschaftsgebietes. Phasenweise zählte Dresden zur Gruppe der von den Wettinern auf ihren herrschaftlichen Reisen besonders häufig aufgesuchten Städte. Allerdings lassen sich auch immer wieder längere Zeitabschnitte ausmachen, in denen Dresden weit hinter andere Orte zurückfiel. In der zweiten Hälfte des 15. Jahrhunderts läßt sich dann aber eine zunehmende Verstetigung fassen. Immer häufiger machten wettinische Herrscher in Dresden Station, immer länger wurde die Verweildauer ihrer Höfe. Andere Orte wurden seltener, manche kaum mehr angelaufen, so daß man von einer zunehmenden Verengung der Reiseherrschaft auf einige wenige Orte sprechen kann, unter denen Dresden ein besonderes Gewicht zufiel. So weilten die Höfe während der gemeinsamen Herrschaft Kurfürst Ernsts und Herzog Albrechts sehr oft in dieser Elbstadt. Ebenso hat sich auch Herzog Georg, und dies schon als Statthalter seines Vaters ab 1488, überwiegend für Dresden entschieden. Gleiches gilt dann auch für seine Herrschaftsnachfolger im Verlauf des 16. Jahrhunderts.[25]

Architektonisch fand dies noch im 15. Jahrhundert seinen Niederschlag im Ausbau der Burg zu einer geschlossenen Vierflügelanlage, durch den die fortifikatorische Funktion bereits zugunsten von Ansprüchen des Wohnkomforts und repräsentativen Überlegungen in den Hintergrund gerückt wurde. Kunsthistorische Forschungen datieren diese Baumaßnahmen in die Zeit zwischen ca. 1468 und 1480.[26] Wesentlich deutlicher kann man jedoch die Umgestaltung von Schloß und Stadt, die den gestiegenen Erfordernissen einer wenn auch nicht permanenten, so doch häufigen Anwesenheit des Hofes folgte, im 16. Jahrhundert greifen. Nur wenige, besonders bedeutende Aspekte seien hier erwähnt. Herzog Georg, mehr aber noch sein Nachfolger Moritz, später auch die Kurfürsten August und Christian I., ließen das Schloß erheblich erweitern und aufwendig ausgestalten.[27] Diese Fürsten waren es

---

Dresdner Hefte 65 (2001), S. 3–12; *J. Oexle*, Die Stadtwerdung Dresdens aus Sicht der Archäologie, in: Ebd., S. 13–21; *P. Hiptmair/M. Kroker/H. Olbrich*, Zwischen Wallsstraße und Altmarkt. Archäologie eines Altstadtquartiers in Dresden (Veröffentlichungen des Landesamtes für Archäologie mit Landesmuseum für Vorgeschichte 34), Dresden 2002, bes. S. 20ff.

24 Vgl. zum folgenden *Knoke*, Wettinische Residenzen (wie Anm. 12), hier bes. S. 373; *Streich*, Zwischen Reiseherrschaft (wie Anm. 12), S. 247ff.; *Streich*, Itinerare (wie Anm. 12).

25 *Butte*, Geschichte Dresdens (wie Anm. 5), S. 175.

26 Vgl. *S. Delang/N. Oelsner*, Das Dresdner Schloß im späten Mittelalter, in: Das Dresdner Schloß. Monument sächsischer Geschichte und Kultur, hrsg. von den Staatlichen Kunstsammlungen Dresden, 3. Auflage, Dresden 1992 , S. 53–56, hier bes. S. 54f.

27 Vgl. hierzu *B. Gonschor*, Gewölbestukkaturen des 16. Jahrhunderts im Dresdner Schloß, in: Sächsische Heimatblätter 22/1 (1976), S. 15–24; *Gurlitt*, Schloß (wie Anm. 10); *ders.*, Beschreibende Darstellung 22 (wie Anm. 10), S. 336ff.; *U. Heckner*, Im Dienst (wie Anm. 10), S. 15ff., 139ff., 165ff.; *Löffler*, Das Alte Dresden (wie Anm. 10); *H. Magirius*, Das Renaissanceschloß in Dresden als Herrschaftsarchitektur der albertinischen Wettiner, in: Dresdner Hefte 38 (1994), S. 20–31; *S. Delang*, Das Renaissanceschloß, in: Das Dresdner Schloß. Monument sächsischer Geschichte und Kultur, hrsg. von den Staatlichen Kunstsammlungen Dresden, 3. Auflage, Dresden 1992, S. 68–73; *A. Kiesewetter*, Der Totentanz, in: Ebd., S. 66f.; *H. Magirius*, Das Georgentor, in: Ebd., S. 62–65; *ders.*, Die bildkünstlerische Ausgestaltung der Fassaden des Schlosses, in: Ebd., S. 74–77; *ders.*, Die Hofkapelle, in: Ebd., S. 78–84; *N. Oelsner*, Der Riesensaal, in: Ebd., S. 86–89; *Werner*, Das kurfürstliche Schloß (wie Anm. 10).

auch, die in mehreren Schritten die mittelalterliche Stadtbefestigung beseitigten und durch eine frühmoderne Festungsanlage ersetzen ließen (mit Unterbrechungen 1519–91).[28] Dabei wurde der Befestigungsring im Nordosten der Stadt weit ausgedehnt und der innerstädtische Raum um eine Neustadt erweitert.[29] In dieser Neustadt entstand 1559–63 ein großes Zeughaus mit dem Hofkeller in seinen unterirdischen Räumen, außerdem der kurfürstliche Wagenhof (1573) und ein Kufenhaus (1589).[30] Unweit des Schlosses errichtete man einen weiträumigen Baukomplex, bestehend aus einem Kanzleihaus (1565–67), einem großen, neuen Stallgebäude mit Gästelogis (1586–91), daran angeschlossen wurde eine Rennbahn und der sogenannte Lange Gang, der das Bauensemble nach Norden begrenzte und zugleich als Verbindungsstück zwischen Stall und Schloß diente (s. Abb. 1).[31]

Im 16. Jahrhundert wurden außerdem in Dresden bestehende repräsentative und kulturelle Einrichtungen der sächsischen Hofhaltung ausgebaut, andere gar erst gegründet oder von anderen Orten in die Stadt verbracht, wie z.B. die Silber-, Rüst-, Kunst- und Schatzkammer, die Hofbibliothek sowie die kursächsische Kantorei.[32]

---

[28] Einen guten Überblick hierüber verschafft *Papke*, Festung Dresden (wie Anm. 10), S. 20ff.

[29] Um Verwechselungen auszuschließen, sei hier erwähnt, daß mit dem Begriff ‚Neustadt' nicht der rechtselbische Stadtteil gemeint ist, der noch heute diesen Namen trägt. Die rechtselbische Neustadt hieß ursprünglich Altendresden und wurde erst nach einem verheerenden Stadtbrand 1685 und dem daraufhin erfolgten Wiederaufbau als barocke Stadtanlage mit der Bezeichnung Neustadt belegt.

[30] Vgl. *Gurlitt*, Beschreibende Darstellung 22 (wie Anm. 10), S. 418ff.; *J. Herrmann*, Das Hauptzeughaus zur Zeit der Kurfürsten, in: Dresdner Hefte 9 (1986), S. 41–49; *Löffler*, Das Alte Dresden (wie Anm. 10), S. 40, 62, 493; Stadtmuseum Dresden, K. 1. 18, gedruckt in: *O. Richter (Hrsg.)*, Atlas zur Geschichte Dresdens. Pläne und Ansichten der Stadt aus den Jahren 1521 bis 1898 auf 40 Lichtdrucktafeln, mit einem Abriß der geschichtlichen Ortskunde, Dresden 1898, Taf. 4 b). Über den Hofkeller heißt es in einem von Daniel Wintzenberger verfaßten Städtelob aus dem Jahr 1591: *„Im Zeughaus der Keller mit Wein, / Auch wol versorgt, gewesen sein"*, gedruckt in: *B. G. Weinart*, Topographische Geschichte der Stadt Dresden, (zuerst in 8 Heften, Dresden 1777–81, dann als Reprint) Leipzig 1987, S. 29–46, hier S. 34.

[31] Vgl. *Löffler*, Das Alte Dresden (wie Anm. 10), S. 42ff., 63, 65f.; *Gurlitt*, Beschreibende Darstellung 22 (wie Anm. 10), S. 405ff.; *F. A. Ô Byrn*, Aus dem kursächsischen Marstall, in: Mittheilungen des Königlich Sächsischen Alterthumsvereins 25 (1875), S. 20–43.

[32] Vgl. *K. Assmann*, Die Anfänge der Sächsischen Landesbibliothek Dresden, in: *Ders. (Hrsg.)*, Sächsische Landesbibliothek Dresden 1556–1956. Festschrift zum 400jährigen Bestehen, Leipzig 1956, S. 15–25; *I. Becker-Glauch*, Die Bedeutung der Musik für die Dresdner Hoffeste bis in die Zeit Augusts des Starken, (zuerst Diss. Heidelberg 1944, dann) Kassel u. a. 1951; *T. Beutel*, Electorale Saxonicum [...] cedretum [...] Chur-Fürstlicher Sächsischer stats grünender hoher Cedern-Wald [...] oder kurtze Vorstellung der [...] hohen Regal-Wercke, Dresden 1671; *M. Fürstenau*, Die Stiftungsurkunde der Kgl. Kapelle. Nebst einem Verzeichnis bei derselben angestellt gewesenen Kapellmeister, Vicekapellmeister, Musikmeister und Musikdirektoren in chronolog. Ordnung, Dresden 1848; *ders.*, Beiträge zur Geschichte der kgl. Sächsischen Musikalischen Kapelle, Dresden 1849; *ders.*, Die Cantoreiordnung Kurfürst Augusts von Sachsen vom Jahre 1555, in: Mittheilungen des Königlich Sächsischen Vereins für Erforschung und Erhaltung vaterländischer Geschichts- und Kunstdenkmale 17 (1867), S. 51–67; *V. Hantzsch*, Beiträge zur älteren Geschichte der kurfürstlichen Kunstkammer in Dresden, in: Neues Archiv für sächsische Geschichte 23 (1902), S. 220–296; *W. Huschke*, Die Anfänge der Hofkapellen in Weimar und Dresden. Vergleichende Betrachtungen zu regionalen musikalischen Traditionen, in: Sächsische Heimatblätter 28/6 (1982), S. 264–266; *J. Menzhausen*, Dresdner Kunstkammer und Grünes Gewölbe, Leipzig 1977; *ders.*, Elector Augustus's Kunstkammer: an Ana-

Auch die Konzentration territorialherrschaftlicher Organe auf Dresden ist im 16. weitaus deutlicher als im 15. Jahrhundert zu beobachten. Zu nennen wären hier vor allem die albertinische Landesregierung, die Kanzlei, die Rentkammer, das Appelationsgericht, die sächsische Münze und nach der Reformation dann auch das kursächsische Konsistorium.[33]

Räumliches Wachstum bescherte der Stadt nicht nur die Ausdehnung des Mauerringes. Erhebliche Zuwächse konnte Dresden auch sonst im Verlauf des 16. Jahrhunderts verzeichnen. Schon die Reformation hatte mit der Übereignung ehemals kirchlichen Besitzes in und außerhalb der Stadt einige Gewinne gebracht, erwähnt seien hier nur die umfangreichen Güter des Wirtschaftshofes in Leubnitz, der bis zur Reformation dem Kloster Altzella unterstand.[34] Weit übertroffen wurde dies noch durch die auf einen Befehl des Kurfürsten Moritz hin erfolgte Zwangsinkorporation der bis dahin eigenständigen Stadt Altendresden 1549/50, die in unmittelbarer Nachbarschaft am rechtselbischen Ufer lag.[35]

Die Ausdehnung der Stadt und des städtischen Herrschaftsbereiches war nicht nur dem gestiegenen Raumbedarf für fürstliche Großbauten geschuldet. Zum Teil waren sie schlicht

---

lysis of the Inventory of 1587, in: *O. Impey/A. MacGregor (Hrsg.)*, The Origins of Museums. The Cabinet of Curiosities in Sixteenth- and Seventeenth-Century Europe, Oxford 1985, S. 69–75; *ders.*, Kurfürst August als Sammler, in: Dresdner Hefte 9 (1986), S. 26–28; *ders.*, Die Kunstkammer des Kurfürsten, in: Dresdner Hefte 9 (1986), S. 29–32; *ders.*, Zur kurfürstlichen Kunstkammer, in: Das Dresdner Schloß. Monument sächsischer Geschichte und Kultur, hrsg. von den Staatlichen Kunstsammlungen Dresden, 3. Auflage, Dresden 1992, S. 84f.; *K. Nitschke*, Die „Liberey" des Kurfürsten als Keimzelle der Sächsischen Landesbibliothek, in: Dresdner Hefte 9 (1986), S. 50–53; *F. A. Ô Byrn*, Die Hof-Silberkammer und die Hof-Kellerei zu Dresden, Dresden 1880; *D. Schaal*, Die Rüstkammer des Kurfürsten, in: Dresdner Hefte 9 (1986), S. 33–40; *H. Schnoor*, Dresden. Vierhundert Jahre deutsche Musikkultur, Dresden 1948; *W. Stieda*, Die Anfänge der kurfürstlichen Kantorei von 1548, in: Neues Archiv für sächsische Geschichte 42 (1921), S. 261–269.

33 Einen guten Überblick hierüber bietet *T. Klein*, Kursachsen, in: *K. G. A. Jeserich/H. Pohl/G.-C. von Unruh (Hrsg.)*, Deutsche Verwaltungsgeschichte, Bd. 1: Vom Spätmittelalter bis zum Ende des Reiches, Stuttgart 1983, S. 803ff.; außerdem weiterführend: *H. Hofmann*, Hofrat und landesherrliche Kanzlei im meißnisch-albertinischen Sachsen vom 13. Jahrhundert bis 1547/48, Diss. Leipzig 1920; *W. Goerlitz*, Staat und Stände unter den Herzögen Albrecht und Georg 1485–1539 (Aus den Schriften der Sächsischen Kommission für Geschichte 32), Leipzig 1928; *W. Ohnesorge*, Die Verwaltungsreform unter Christian I. Ein Beitrag zur Geschichte der zentralen Behördenbildung im albertinischen Kursachsen, in: Neues Archiv für sächsische Geschichte 63 (1942), S. 26–80; *K. Blaschke*, Das kursächsische Appelationsgericht 1529–1835 und sein Archiv, in: Zeitschrift der Savigny-Stiftung für Rechtsgeschichte, Germanistische Abteilung 84 (1967), S. 329–354; *ders.*, Kanzleiwesen und Territorialstaatsbildung im wettinischen Herrschaftsbereich bis 1485, in: Archiv für Diplomatik 30 (1984), S. 283–302; *U. Schirmer*, Untersuchungen zur Herrschaftspraxis der Kurfürsten und Herzöge von Sachsen. Institutionen und Funktionseliten (1485–1513), in: *J. Rogge/ders. (Hrsg.)*, Hochadelige Herrschaft im mitteldeutschen Raum (1200 bis 1600). Formen – Legitimation – Repräsentation (Quellen und Forschungen zur sächsischen Geschichte 23), Leipzig/Stuttgart 2002, S. 305–378.

34 Die Übereignungsurkunde ist gedruckt bei *A. Weck*, Der Chur-Fürstlichen Sächsischen weitberuffenen Residentz- und Haupt-Vestung Dresden Beschreib- und Vorstellung [...], Nürnberg 1680, einzelne Exemplare bereits Nürnberg 1679, S. 477–480, zu Leubnitz s. dort S. 479f.; vgl. außerdem *Richter*, Verfassungs- und Verwaltungsgeschichte (wie Anm. 5), Bd. 2/2, S. 42; *Meinhardt*, Dresden im Wandel (wie Anm. 15).

35 *Weck*, Der Chur-Fürstlichen (wie Anm. 34), S. 477–480, hier bes. S. 478; dazu ausführlicher: *Meinhardt*, Dresden im Wandel (wie Anm. 15).

eine Kompensation für die Belastungen, die der Residenzbau und die Hofhaltung den Dresdnern auferlegte.[36] Ein dritter wesentlicher Grund ist im Anwachsen der Bevölkerung zu suchen. Zwar ist die Größe der Dresdner Bevölkerung im 15. und 16. Jahrhundert nur zu schätzen, doch die ungefähren Größenordnungen, die sich so ermitteln lassen, sprechen eine deutliche Sprache.

Ausgangspunkt für die Bevölkerungsschätzung sind für das 15. Jahrhundert die städtischen Geschoßregister, für die folgenden Jahrzehnte dann Verzeichnisse über Erhebungen von Türken- und Landsteuern sowie Vermögensschätzungsregister. Aus diesen Quellen läßt sich die Zahl der Haushalte oder zumindest die Zahl der bewohnten Häuser in der Stadt ermitteln. Diese Werte können dann mit einer ebenfalls aus der Dresdner Überlieferung zu gewinnenden durchschnittlichen Mitgliederzahl eines Haushaltes bzw. mit der durchschnittlichen Bewohnerzahl eines Hauses multipliziert werden.[37] Die Resultate dieser Schätzungen sind in Graphik 1 dargestellt. Ergänzt wurden sie um einen Wert aus dem frühen 17. Jahrhundert, der auf einer Kopfzählung beruht und damit von allen der genaueste sein dürfte. Ausgespart bleiben in der Darstellung die Vorstädte und die Bevölkerung Altendresdens. Die Überlieferung ist für diese Gebiete sehr viel ungünstiger als für das Areal innerhalb der Stadtmauern. Jedoch hat eine intensive Untersuchung des Materials gezeigt, daß sich dort im wesentlichen die gleichen Entwicklungen erkennen lassen, die für das Gebiet der inneren Stadt beobachtet werden können, so daß die Resultate hier nicht im einzelnen vorgeführt werden müssen.[38]

Die wichtigsten Entwicklungslinien sind rasch skizziert: Von einem Niveau von fast 3.550 Personen am Ende des 14. Jahrhunderts sinkt die Bevölkerung innerhalb der Befestigungsanlagen im ersten Drittel des 15. Jahrhunderts deutlich, erreicht dann recht sprunghaft den höchsten Jahrhundertsstand 1431 mit nahezu 3.750 Personen. Danach fallen die Werte erneut stark ab. Ab 1440 ist dann ein durchgehender Anstieg zu beobachten, der jedoch nach 1489 jäh abreißt. Zu Beginn des 16. Jahrhunderts befindet sich die Bevölkerungszahl auf einem Tiefstand; sie wächst dann allerdings – zunächst sprunghaft, später abflachend – fast ungebrochen bis zum Beginn des 17. Jahrhunderts. Zwischen 1501 und 1603 ist nahezu von einer Verdreifachung der Bevölkerung auszugehen. Die Notwendigkeit zur Ausdehnung des Stadtgebietes wird vor diesem Hintergrund verständlicher.

Die Bevölkerungsverluste in der ersten Hälfte des 15. Jahrhunderts sind nicht sonderlich ungewöhnlich. Die Ursachen sind mit Epidemien, Kriegen und den Versorgungsschwierigkeiten mittelalterlicher Wirtschaft rasch benannt. Auch die in der ersten Hälfte des 15. Jahrhunderts einsetzende Erholung ist keine Überraschung. Beide Entwicklungen fügen sich in eine Tendenz, die in dieser Zeit vielerorts nachzuweisen ist.[39] Der markante Einbruch nach

---

36 Offen ausgesprochen wurde dies, als der Dresdner Rat sich erfolgreich darum bemühte, den Wirtschaftshof Leubnitz mit seinem ausgedehnten Grundbesitz vom Landesherren übereignet zu bekommen. Vgl. wie vorige Anm.

37 Der methodisch komplizierte Ermittlungsgang sowie die ausführlichen Nachweise hierzu sind detailliert dargelegt bei *Meinhardt*, Dresden im Wandel (wie Anm. 15). Beides hier auszubreiten, würde den Rahmen rasch sprengen.

38 S. auch hierzu ausführlicher *Meinhardt*, Dresden im Wandel (wie Anm. 15).

39 Für zahlreiche Städte Sachsens und der Oberlausitz vgl. *Blaschke*, Bevölkerungsgeschichte (wie Anm. 14).

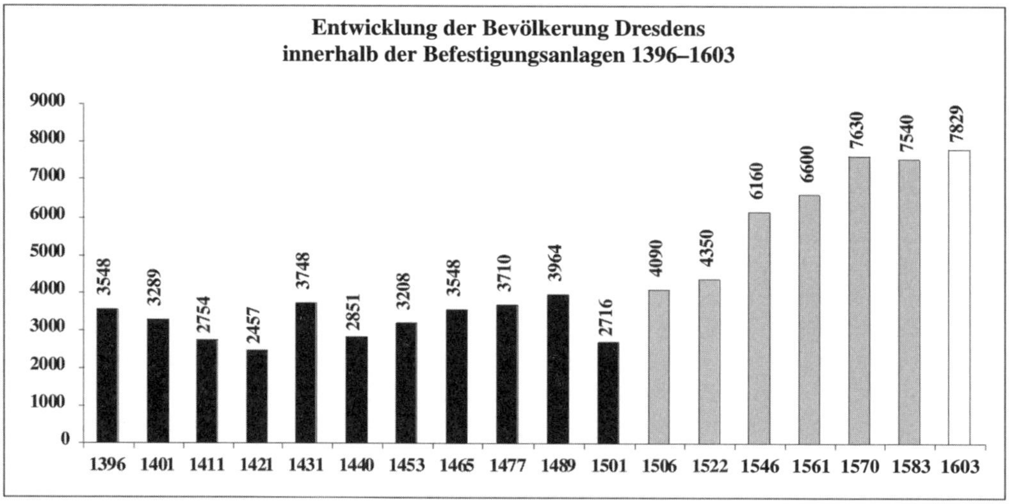

Graphik 1
Basis der Schätzungen 1396–1501 (schwarze Säulen): Zahl der Haushalte nach den Geschoßregistern, Multiplikator: 5,4.
Basis der Schätzungen 1506–1583 (graue Säulen): Zahl der bewohnten Häuser, Multiplikator: 10.
Basis für den Wert 1603 (weiße Säule): Kopfzählung des Jahres 1603.
Quellengrundlage: StArchD, RA: A. XV. b. 1 ff.; G. VII. 50. b; G. VII. 51. p; G. VII. 52. g; G. VII. 52. h; SächsHStAD, Landsteuerregister Nr. 291; Loc. 9835/8; *Richter*, Zur Bevölkerungs- und Vermögensstatistik (wie Anm. 14), Tabelle I.

1489 ist mit einer lokalen Katastrophe hinreichend zu erklären. Ein Stadtbrand im Jahr 1491 vernichtete weite Teile der Stadt, seine Bewältigung nahm Jahre in Anspruch.[40] Gegen alle übrigen negativen Faktoren zeigte sich die Bevölkerungsentwicklung überaus resistent. Bevölkerungsverluste durch Pest und anderer Epidemien konnten offenbar ebenso kompensiert werden, wie die Opfer kriegerischer Auseinandersetzungen, die Dresden z.B. während des Schmalkaldischen Krieges zu beklagen hatte.[41] In den ersten Jahrzehnten des 16. Jahrhun-

---

[40] Zu diesem Stadtbrand: *Weck*, Der Chur-Fürstlichen (wie Anm. 34), S. 519; *Richter*, Verfassungs- und Verwaltungsgeschichte (wie Anm. 5), Bd. 1, S. 187; *O. Richter*, Geschichte der Stadt Dresden, 1. Teil: Dresden im Mittelalter, Dresden 1900, S. 87 ff.

[41] Hier ausführlicher, mit detaillierterer Diskussion der einzelnen Entwicklungen: *Meinhardt*, Dresden im Wandel (wie Anm. 15). Zu den Epidemien in Dresden s. aber auch: Stadtarchiv Dresden (künftig zitiert als StArchD), RA: A. XXII. 88, Bl. 122; ebd., Hs. Hist. Dresden 22 m; Urkundenbuch der Städte Dresden und Pirna (CDSR 2/5), hrsg. von *K. F. von Posern-Klett*, Leipzig 1875, Nr. 315, S. 234; Nr. 369, S. 268; *Weck*, Der Chur-Fürstlichen (wie Anm. 34), S. 548 f.; *Richter*, Verfassungs- und Verwaltungsgeschichte (wie Anm. 5), Bd. 2/1, S. 177 ff. Zu den militärischen Konflikten in dieser Zeit weiterführend: *H. Ermisch*, Dresden und die Hussitenkriege, in: Mitteilungen des Vereins für Geschichte Dresdens 28 (1920), S. 41–90; *H. M. Neubert*, Ohne Titel [lt. Register: Heerfahrten Dresdner Bürger im 15. Jahrhundert], in: Archiv für sächsische Geschichte NF 5 (1879), S. 180–190;

derts paßt dies durchaus noch in überregional zu beobachtende Tendenzen, aus dem Rahmen fällt dann aber, daß der Bevölkerungsanstieg in der zweiten Hälfte des 16. Jahrhunderts nicht endet, sondern sich fast bruchlos und zum Teil sogar mit deutlichem Schub fortsetzt. Für viele andere deutsche Städte war die zweite Hälfte des 16. Jahrhunderts bereits von Einbrüchen, zumindest aber von einer starken Abflachung der Zuwächse geprägt.[42]

Für den hiesigen Zusammenhang besonders wichtig ist nun, daß der Bevölkerungsanstieg nicht erst mit der Leipziger Teilung einsetzte, sondern die Entwicklung schon vorher positiv verlief. Die Herrschaftsteilung von 1485 – so bedeutend sie auch für das Fürstenhaus und die weitere Geschichte Sachsens war – markiert für die Demographie der Stadt keinen besonderen Einschnitt. Nach der Bewältigung der Brandkatastrophe von 1491 setzte sich eine Entwicklung fort, die sich bereits ab 1440 verfolgen läßt. Allerdings bewegen sich die Werte im 15. Jahrhundert lange noch auf einem Niveau, das bereits um 1400 einmal erreicht worden war. Eine ganz neue Qualität gewann der Bevölkerungsstand erst im Verlauf des 16. Jahrhunderts, und hier insbesondere ab der Jahrhundertmitte. Und wie zuvor aufgezeigt, stellte das Jahr 1485 auch für die Entwicklung des Residenzbaues und die Konzentration herrschaftlich-kultureller Einrichtungen der Wettiner in Dresden keinen auffälligen Wendepunkt dar. Wichtige Phasen höfischer Bautätigkeit lassen sich vielmehr bereits in den 1460er und 1470er Jahren und dann erst wieder deutlich später, nämlich ab den 1520er Jahren beobachten. Ganz ähnlich wie die demographische Entwicklung erhielt auch der Residenzbau ab der Mitte des 16. Jahrhunderts noch einmal gesteigerten Auftrieb. Die Bevölkerungsentwicklung und die Residenzbildung lassen somit deutlich Parallelen erkennen, das Jahr 1485 scheint aber in seiner Bedeutung für Dresden bislang überschätzt worden zu sein.

3. Sozio-ökonomischer Wandel im Spiegel der Neubürgeraufnahme

Nicht nur die Betrachtung der stadträumlichen und demographischen Entwicklungen des 15. und 16. Jahrhunderts offenbart einen sehr dynamischen Wachstumsprozeß, auch die Aufnahme neuer Mitglieder in die Bürgergemeinde fügt sich in dieses Bild.

Allerdings lassen Neubürgerverzeichnisse keine exakten Migrationsforschungen zu.[43] Nicht alle Menschen, die in die Stadt kamen, erwarben das Bürgerrecht, nicht alle, die das Bürgerrecht erlangten, sind neu zugezogen. So befanden sich unter den Neubürgern viele Bürgerssöhne, aber auch Personen von außerhalb, die erst nachdem sie einige Zeit in Dresden gelebt hatten, diesen Rechtsakt vollzogen. Außerdem lassen sich für eine stimmige Migrationsbilanz wichtige Faktoren in den Neubürgerlisten gar nicht erkennen, so werden beispielsweise Frauen und Kinder nur selten erwähnt, auch Abwanderungen lassen sich

---

A. Hecker, Dresden im Schmalkaldischen Kriege (1547), in: Dresdner Geschichtsblätter 18/1 (1909), S. 1–11; *ders.*, Die Stimmung der Dresdner Bürger im Schmalkaldischen Kriege 1546–47, in: Dresdner Geschichtsblätter 19/4 (1910), S. 105–124.

42 Vgl. hierzu *H. Schilling*, Die Stadt in der Frühen Neuzeit (Enzyklopädie Deutscher Geschichte 24), München 1993, S. 10ff.

43 Zur modernen Neubürgerforschung weiterführend: *R. C. Schwinges (Hrsg.)*, Neubürger im späten Mittelalter. Migration und Austausch in der Städtelandschaft des Alten Reiches (1250–1550) (Zeitschrift für Historische Forschung, Beiheft 30), Berlin 2002.

nicht hinreichend genau ermitteln. Dennoch sind die Neubürgerverzeichnisse als Quelle überaus wertvoll. Sie zeigen zunächst einmal immerhin, wann und für wen es in besonderer Weise notwendig oder attraktiv war, das Bürgerrecht zu erlangen, sie lassen sich also als Indikator für die Konjunktur der Nachfrage nach dem Bürgerrecht und für das soziale Profil der Neubürger nutzen. Darüber hinaus gewähren die Bürgerrechtserwerbungen einen Blick auf die Integration von Stadtbürgertum und Hofgesellschaft. Hof und Stadt standen sich zunächst als zwei voneinander getrennte Sphären gegenüber, doch mit dem Erwerb des Bürgerrechtes wurden Hofangehörige zu einem integralen Element der Bürgerschaft, blieben aber zugleich Teil des Hofes, wodurch sich Hof und Stadt allmählich rechtlich und sozial verzahnten.

Die Bürgeraufnahmen wurden in Dresden zunächst nur in den Kämmereirechnungen vermerkt, doch sind diese leider nicht vollständig erhalten, so daß sich aus ihnen kein durchgehend zuverlässiges Bild gewinnen läßt. Vollständig sind aus dem 15. Jahrhundert jedoch immerhin die Bürgeraufnahmen der Jahre 1437–1455 durch ein separates Verzeichnis überliefert,[44] das komplementär zu den Kämmereibüchern angelegt wurde. Noch erheblich besser ist die Überlieferung für das 16. Jahrhundert. Ab 1533 sind eigens für den Akt des Bürgerrechtserwerbes Bücher geführt worden, so daß die Jahre 1533–1599 lückenlos überliefert sind.[45] Insgesamt können so für Dresden mehr als 5.200 Bürgerrechtsaufnahmen analysiert werden. Die Graphiken 2–4 präsentieren die quantitative Entwicklung für die Jahre 1437–55, 1533–52 und 1580–99, also eine Auswahl von drei annähernd gleich großen Zeiträumen, die zusammen einen guten Überblick über die Gesamtentwicklung vermitteln.[46]

Für die Reihe des 15. Jahrhunderts liegt der Mittelwert nur wenig über 21. In der Mitte des 16. Jahrhunderts ist das Niveau bereits deutlich gestiegen. Es legen im Schnitt rund 31 Personen pro Jahr den bürgerlichen Eid ab. In den folgenden Jahrzehnten schwoll der Bürgerrechtserwerb in Dresden noch sehr viel stärker an. Ende des 16. Jahrhunderts sind es gar im Schnitt fast 100 Personen, um die sich die bürgerliche Schwurgemeinschaft jährlich erweiterte. Man erkennt also auch anhand der Neubürgererwerbe deutlich einen sozialen Wandel vom 15. zum 16. Jahrhundert in Dresden. Und wieder lassen sich besonders markante Ausprägungen vor allem in der zweiten Hälfte des 16. Jahrhunderts ausmachen.

Für ungefähr die Hälfte der Neubürger kann man die berufliche Betätigung näher erkennen, wobei die Quote im 15. Jahrhundert zunächst niedriger liegt und mit Zunahme der Bürgerrechtserwerbe nach und nach ansteigt. Der Beruf ist damit nach dem Namen und der Herkunft das wichtigste zeitgenössische soziale Merkmal zur Kennzeichnung einer Person in den Quellen.[47]

---

[44] Vgl. StArchD, RA: A. XV. b. 71, ediert von *G. H. Müller,* Familiengeschichtliche Quellen des Dresdener Ratsarchives, in: Kultur und Leben 2 (1925), S. 84–95, hier S. 88–95.

[45] Vgl. StArchD, RA: C. XIX. 1. u. 2.

[46] Ausführlicher, unter Ausnutzung des Gesamtmaterials auch hier *Meinhardt*, Dresden im Wandel (wie Anm. 15).

[47] Für ausführlichere Untersuchungen der Berufsstruktur s. *Meinhardt*, Dresden im Wandel (wie Anm. 15).

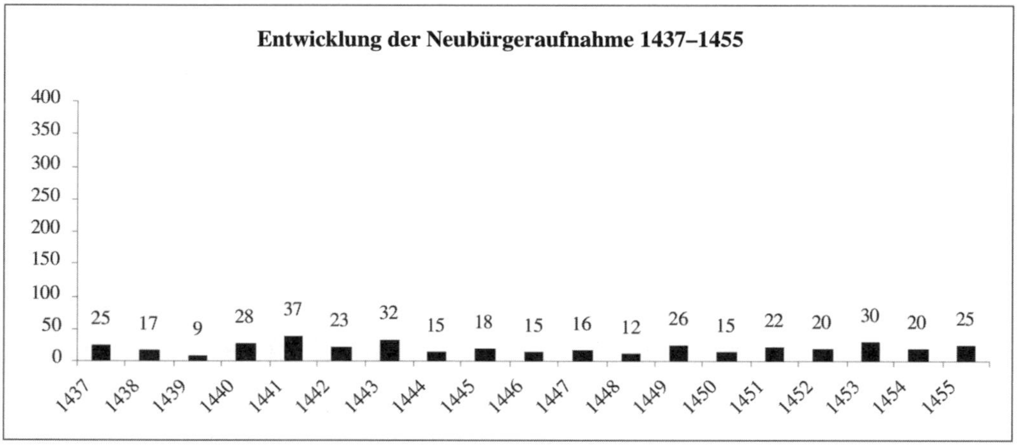

Graphik 2
Quelle: Eigene Erstellung nach StArchD, RA: A. XV. b. 71, ediert von *Müller,* Familiengeschichtliche Quellen (wie Anm. 44), hier S. 88–95.
Arithmetisches Mittel: ~21,3; Arithmetisches Mittel ohne Extremwerte: ~21,1.

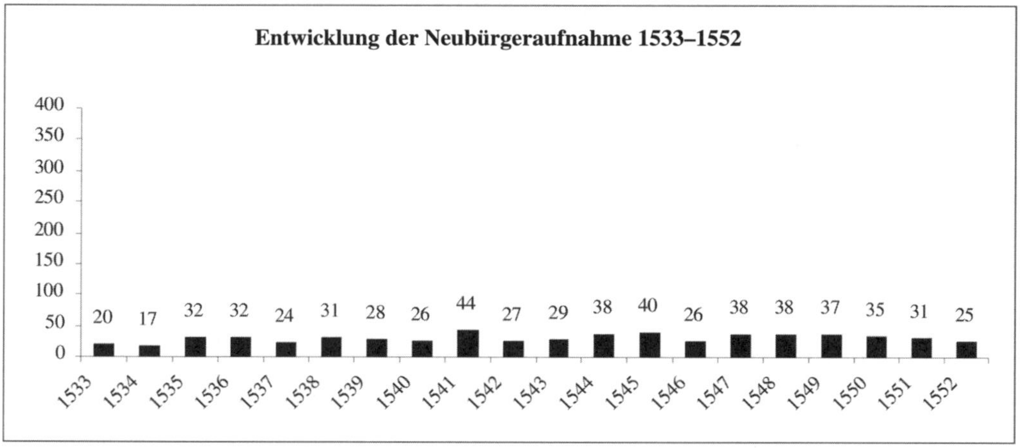

Graphik 3
Quelle: Eigene Erstellung nach StArchD, RA: C. XIX. 1.
Arithmetisches Mittel: ~30,9; Arithmetisches Mittel ohne Extremwerte: ~30,9.

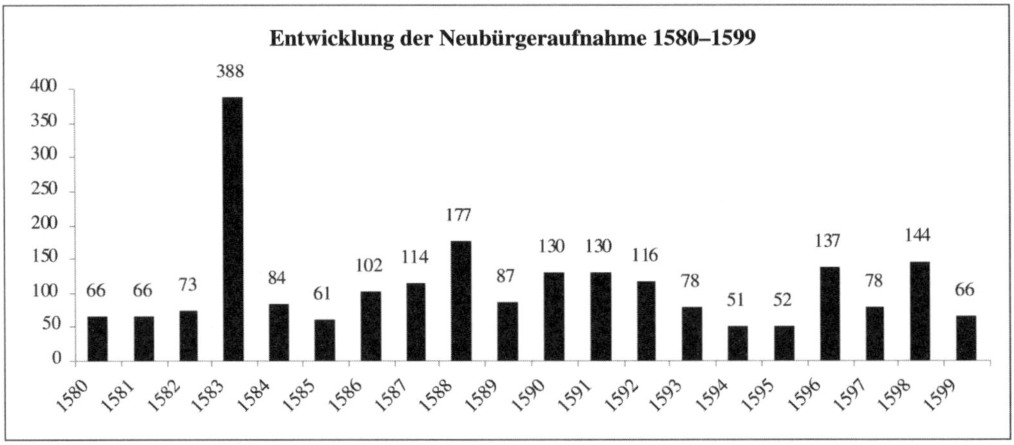

Graphik 4
Quelle: Eigene Erstellung nach StArchD, RA: C. XIX. 2.
Arithmetisches Mittel: 110; Arithmetisches Mittel ohne Extremwerte: 97,8.

Die Zahl der Fälle und das Spektrum der Erwerbsarten ist bei weitem zu hoch, um die Berufe der Neubürger hier im einzelnen vorzustellen, eine Zusammenfassung nach Arbeitsbereichen dadurch notwendig.[48] Die Tabelle 1 zeigt die Berufsstruktur der Dresdner Neubürger in den Jahren 1437–1455 und 1533–1599.[49]

Zwischen 1437 und 1455 stellten die Berufe aus dem Textilbereich mit über 21% die größte Gruppe, relativ dicht gefolgt von Berufen aus dem Ernährungsbereich und dem Tierhäute verarbeitenden Bereich. An vierter Stelle folgten mit etwas Abstand die Metallberufe. Die Sparte Transport, Verkehr und Kommunikation, die u. a. Fuhrleute, Schiffer und Boten zusammenfaßt, macht mit 7% noch eine recht kleine Gruppe aus. Dies gilt noch stärker für Berufe des Bereiches Bau und Kunst. Berufe des gehobenen Bedarfes oder Bildungsberufe spielen noch keine wichtige Rolle. Auch eher einfache Berufe, wie Handarbeiter oder Tagelöhner, kommen kaum in den Neubürgerlisten vor.

Deutlich anders sieht die Situation im 16. Jahrhundert aus. Zunächst einmal müssen sehr viel mehr Arbeitsbereiche definiert werden, um überhaupt das deutlich verbreiterte Berufsspektrum der Neubürger abbilden zu können. Hinter dieser Entwicklung steht ein dynamischer Prozeß von Diversifizierung und Spezialisierung der Erwerbstätigkeiten. Wie in Tabelle 1 zu sehen, lagen auch im 16. Jahrhundert der Ernährungs- und der Textilbereich weiterhin an der Spitze, allerdings nun in umgekehrter Reihung. Der Metallbereich besetzt nach wie vor den vierten Rang. Doch besonders Berufe des Transport-, Verkehrs- und Kommunikationswesens haben sich weit vorgeschoben. Hierzu trugen vor allem große Zu-

[48] Zur Bildung und Begründung dieser Arbeitsbereiche s. ebenfalls *Meinhardt*, Dresden im Wandel (wie Anm. 15).

[49] Als Gesamtheit liegt hier die Zahl der Neubürgeraufnahmen zugrunde, bei denen eine bestimmte Erwerbstätigkeit aus den Quellen zu ersehen ist, nicht die Summe aller Neubürgeraufnahmen.

Tabelle 1

Rang-position	Rangliste der Arbeitsbereiche 1437–1455	Rangliste der Arbeitsbereiche 1533–1599
1	Textilien (21,1%)	Ernährung (14,7%)
2	Ernährung (19,3%)	Textilien (13,4%)
3	Leder, Felle, Pelze (17,5%)	Transport, Verkehr und Kommunikation (10,7%)
4	Metall (14,0%)	Metall (9,8%)
5	Holz und Horn (10,5%)	Bau und Kunst (9,7%)
6	Transport, Verkehr, Kommunikation (7,0%)	Leder, Felle, Pelze (8,2%)
7	Bau und Kunst (5,3%)	Arbeiter (7,2%)
8	Medizin und Hygiene (3,5%)	Bildung, Verwaltung, Jurisdiktion, Dienstleute (5,9%)
9	Siedeberufe (1,8%)	Holz und Horn (5,6%)
10		Militärische und polizeiliche Dienste (5,1%)
11		Musik, Tanz, Gaukelei (2,3%)
12		Medizin und Hygiene (2,1%)
13		Handel (1,6%)
14		Keramik und Glas (1,4%)
15		Papier (1,0%)
16		Geistlichkeit (1,0%)
17		Siedeberufe (0,3%)

Quelle: Eigene Erstellung nach StArchD, RA: A. XV. b. 71; C. XIX. 1 u. 2; *Müller*, Familiengeschichtliche Quellen (wie Anm. 44), hier S. 88–95.

wächse an Kutschern, Fuhrleuten und Boten bei. Die stark entfaltete Bautätigkeit des Hofes in Dresden, der Anstieg der Bevölkerung und die gestiegenen Versorgungserfordernisse sind hier wichtige Ursachen, der enorm wachsende Anteil der Boten läßt sich vor allem auf den hohen Kommunikationsbedarf des Hofes und der Landesbehörden zurückführen. Hier hat nicht zuletzt die kurfürstliche Kanzlei entscheidende Impulse gegeben. Auch die Berufe der Sparte Bau und Kunst liegen nun mit relativ hohen prozentualen Anteilen mit vorn. Auch hier haben die herzoglichen bzw. kurfürstlichen Großbauten, die Stadterweiterung um die Frauenkirche, aber wohl auch ein gewachsener Ausstattungsbedarf der Bürger befördernd gewirkt. Die Gruppe der Tierhäute verarbeitenden Berufe und der Sektor Holz und Horn haben in Relation zu anderen Bereichen hingegen an Bedeutung verloren. Die Gruppe der Arbeiter, die sich vor allem aus Tagelöhnern rekrutiert, hat unter den Neubürgern erhebliche Anteile gewonnen. Dies bedeutet zum einen, daß der längerfristige Bedarf an einfachen Arbeitskräften deutlich gestiegen sein muß, zum anderen müssen gleichzeitig die Verdienstchancen in diesem Bereich hoch genug gewesen sein, um die nicht unerheblichen finanziellen Hürden überwinden zu können, die mit dem Bürgerrechtserwerb verbunden waren. Sehr typisch für eine Stadt im Prozeß der Residenzbildung ist die Zunahme der Bildungs- und Verwaltungsberufe, von Künstlern sowie derjenigen, die im militärischen und polizeilichen Bereich dienten. Viele der hier zusammengefaßten Berufe lassen sich mit den Neubürgerlisten des 16. Jahrhunderts erstmals in Dresden nachweisen. Allerdings konnten diese Berufsgruppen quantitativ nie den handwerklich-gewerblichen Sektor überflügeln. Eher selten ist der Bürgerrechtserwerb durch Händler und Kaufleute. Angesichts der expandierenden Bevölkerungszahlen und der Anwesenheit des Hofes als Großkonsument mag dies zunächst verwundern. Verschiedene Beobachtungen sind hier für eine Erklärung zu berücksichtigen. Zunächst einmal lag ohnehin nur ein Teil des Warenumsatzes in Händen von Händlern, da viele Handwerker sich neben der Produktion zugleich als Ein- und Verkäufer bestimmter Waren betätigten. So kontrollierten Fleischer einen großen Teil des lokalen Viehhandels, zusammen mit den Schustern und Gerbern betätigten sie sich zudem als Fellhändler.[50] Ferner gelang es den Dresdner Kaufleuten und Händlern offenbar besser als den Angehörigen anderer Berufszweige, sich vor zuwandernder Konkurrenz zu schützen.[51] Und schließlich liegt eine wesentliche Erklärung in den Versorgungsstrukturen des Hofes. Dieser befriedigte seine Nachfrage auch im 16. Jahrhundert keineswegs überwiegend oder gar ausschließlich über die lokalen Händlermärkte Dresdens, sondern vor allem über die Abgaben aus den verschiedenen Herrschaftsgebieten, die meist über die Ämter zusammengezogen und nach Dresden gebracht wurden. Darüber hinaus reichender Bedarf wurde zu einem erheblichen Teil durch hofeigene Produzenten (Hofschneider, Hoftischler, Hofsattler, Hofbüttner etc.) bereitgestellt oder über Einkäufer des Hofes auf verschiedenen Märkten und Messen gedeckt. Somit war das Betätigungsfeld der Händler trotz der Anwesenheit des Hofes sehr viel enger, als man vielleicht zunächst erwarten würde.[52]

Es erweist sich, daß die Untersuchung der Berufsstruktur der Neubürger auch als Indikator einer zunehmenden soziale Integration von Stadt und Hof im Dresden des 16. Jahrhunderts gelten kann. Im 15. Jahrhundert sahen sich nur sehr wenige Angehörige des Hofes veranlaßt, das Dresdner Bürgerrecht zu erwerben. Dies läßt sich gewiß aus dem Charakter von Hof und Herrschaft erklären. Solange die Höfe noch überaus mobil waren, von Ort zu Ort zogen, man nicht sicher sein konnte, welche Rolle Dresden auf längere Sicht im Itinerar spielen würde, hatte es für die meisten Bediensteten der Fürsten wenig Sinn, sich rechtlich und sozial an diese Stadt zu binden. Sicher gab es Fälle, in denen dies dennoch geschah, so erwarben z. B. einige in der Dresdner Gegend arbeitende fürstliche Förster und Jäger das Bürgerrecht, hier und dort auch Hofhandwerker oder einmal ein Schloßkoch.[53] Sie waren jedoch Ausnahmen. Erst im 16. Jahrhundert begannen sich solche Fälle zu häufen, und erst im weiteren Verlauf dieses Jahrhunderts stieg ihr Anteil dann so stark an, daß man von einer eindeutig residenzspezifischen Prägung der Bürgergemeinde durch die Hofhaltung und lan-

---

50 Nicht selten führte die so entstandene Konkurrenz zwischen Fleischern, Schustern und Gerbern zu scharfen Konflikten, vgl. nur StArchD, RA: C. XXIV. 274. b. Bl. 63 a–70 a, hier Bl. 65 a. Einen Streit aus dem 15. Jahrhundert beschreibt Flemming auf Basis einer leider verlorenen Quellengrundlage, s. *M. Flemming*, Die Dresdner Innungen von ihrer Entstehung bis zum Ausgang des 17. Jahrhunderts (Mitteilungen des Vereins für Geschichte Dresdens 12–14), Dresden 1896, S. 41.

51 S. hierzu *Meinhardt*, Dresden im Wandel (wie Anm. 15).

52 Zu den Hofhandwerkern s. nur die Beispiele bei StArchD, RA: C. XIX. 1, 12 a, 47 a, 55 a, 69 b, 91 a; C. XIX. 2, Bl. 28 a, 37 b, 56 b. Zur Versorgungsstruktur des Hofes s. außerdem *Streich*, Reiseherrschaft (wie Anm. 12), S. 325 ff., 503.

53 StArchD, RA: A. XV. b. 71; *Müller,* Familiengeschichtliche Quellen (wie Anm. 44), S. 92, 94.

desherrlichen Behörden sprechen kann.[54] Die residenzspezifische Prägung zeigt sich zum einen unmittelbar durch Berufsangaben, die eine Beschäftigung des Neubürgers bei Hofe oder in einer Landesbehörde anzeigen. Die Vorsilbe „Hof-“ (wie etwa in dem Wort „Hofschneider“), die Attribute „kurf.“, „kurf. sächs.“ und „meines“ oder „unseres gnädigen Herren“ sind hier die häufigsten Kennzeichnungen.[55] Darüber hinaus ist sie mittelbar erkennbar durch die markante Zunahme von Tätigkeiten, die man sich ohne die Hofwirtschaft oder die Entfaltung höfischer Kultur in Dresden nur schwer in diesem Ausmaß vorstellen kann. Hierzu zählt beispielsweise die gehäufte Nennung von Kunst- und Luxushandwerkern, aber auch von Musikern, Tänzern und Gauklern.[56]

Noch häufiger als berufliche Tätigkeiten werden in den Neubürgerverzeichnissen Herkunftsangaben vermerkt. Von fast 65% der hier untersuchten Neubürger läßt sich die Herkunft bestimmen. Betrachtet man diejenigen, die nicht aus Dresden oder Altendresden stammten, so zeigt sich, daß ortsfremde Neubürger zum größten Teil aus der Region stammten, ein großer Teil sogar aus den unmittelbar benachbarten Dörfern und Städten. Wettinische Herrschaftsgebiete bestimmen das Bild. Mit weiten Abstand folgen Nachbarterritorien, vor allem die Lausitzen, Brandenburg, bereits seltener auch anhaltische, schlesische und böhmische Orte. Franken, Bayern, Hessen, das Rheinland und welfische Territorien im Nordwesten des Reiches spielten ebenfalls eine Rolle, aber auch sie nur eine nachgeordnete. Die Bürgergemeinde ergänzte und erweiterte sich also primär aus der eigenen Umgebung, erst dann aus Nachbarregionen und nur zu einem geringen Teil aus der Ferne. Daran änderte auch der Ausbau von Residenz und Hofhaltung nichts Grundsätzliches. Allerdings erhöhte sich insbesondere in der zweiten Hälfte des 16. Jahrhunderts der Anteil von Bürgern aus weiter entfernt gelegenen Orten, so lassen sich etwa Italiener, Franzosen, Dänen, Flamen, Engländer, Österreicher und Spanier vor allem in diesen Jahrzehnten ausmachen. Die soziale Zusammensetzung der Bürgergemeinde dominierten die aus der Ferne zugewanderten Menschen jedoch zu keiner Zeit. Und noch etwas fällt auf: Viele der Neubürger stammen aus Dörfern und sehr kleinen, oft stark agrarisch geprägten Städten. Die Neubürgerlisten lassen somit eine Transformation von Landbevölkerung in bürgerlich-städtische beobachten.[57] Nicht selten waren es Erwerbstätigkeiten am Hof oder zumindest die Hoffnung auf eine Verbesserung der Lebenschancen in einer expandierenden Residenzstadt, welche die Menschen nach Dresden führte. So wird man formulieren dürfen, daß sich am Beispiel dieser Stadt Residenzbildung als ein wichtiger Faktor frühneuzeitlicher Urbanisierung erweist.[58]

---

54 Auch hierzu noch einmal *Meinhardt*, Dresden im Wandel (wie Anm. 15).

55 Die Schreib- und Abkürzungsformen variieren stark. Vgl. hier nur StArchD, RA: C. XIX. 2, Bl. 19 a, 27 b, 36 a, 38 a, 40 b, 42 a.

56 Eine Auswahl von Belegen mag hier genügen: StArchD, RA: C. XIX. 1, Bl. 88 a; 116 b; 121 a; 125 a f.; 129 b; 156 b; 172 b f.; Bl. 174 a; 175 a; 181 b; StArchD, RA: C. XIX. 2, Bl. 1 a; 5 a.; 16 b; 26 b f.; 65 a; 69 a. Weitere Nachweise bei *Meinhardt*, Dresden im Wandel (wie Anm. 15).

57 StArchD, RA: C. XIX. 1 u. 2; für weiterführende Analysen s. *Meinhardt*, Dresden im Wandel (wie Anm. 15).

58 Zur Debatte um die frühneuzeitliche Urbanisierung s. *J. de Vries*, European Urbanization 1500–1800, London 1984; *P. M. Hohenberg/L. H. Lees*, The Making of Urban Europe. 1000–1950, Cambridge 1985; *Schilling*, Die Stadt (wie Anm. 42), S. 56ff.

4. Veränderung des Innungswesens

In den letzten Jahren hat sich vor allem die mediävistische Forschung verstärkt den sozialen Gruppen zugewandt. Gruppenbindungen werden heute geradezu als das charakteristischste soziale Strukturmerkmal des Mittelalters, mit Abstrichen sogar der Vormoderne insgesamt betrachtet.[59] Und in der Tat zeigen wesentliche Zeugnisse des Mittelalters und der Frühen Neuzeit den Menschen eingebunden in Gruppenzusammenhänge. Hierzu zählen ebenso solche, in die man hineingeboren wird, allen voran der Familienverband, aber auch herrschaftlich organisierte Gruppen. Von großer Bedeutung waren darüber hinaus genossenschaftlich gebildete Gruppen. Gerade in der städtischen Lebenswelt spielten diese eine herausgehobene Rolle. Zu den wichtigsten zählten hierbei wiederum die Innungen und Zünfte, die nicht nur ökonomische Prozesse regelten und überwachten, sondern auch das soziale, politische und religiöse Leben ganz wesentlich mitprägten. So feierte man in der Innungsgemeinschaft ebenso Feste, wie man in Kriegen und bei Angriffen auf die Stadt an der Seite seiner Genossen focht; verstarb ein Innungsmitglied oder einer seiner Angehörigen, sorgte die Gemeinschaft für eine standesgemäße und würdige Beerdigung.

Die Innungs- oder Zunftstruktur vorindustrieller Städte weist bei näherer Betrachtung stets durch unterschiedliche Standortbedingungen, Nachfragestrukturen und Gewerbetraditionen mehr oder minder individuelle Züge auf. Auch Zahl und Größe der Innungen und Zünfte – und damit auch der Grad gesellschaftlicher Organisation – konnte von Stadt zu Stadt stark variieren. Stieg die Zahl der Innungen und veränderte sich ihre Struktur, so läßt sich dies als Indikator eines Strukturwandels deuten. Nachdem bereits gezeigt werden konnte, daß sich die topographische Struktur, die Bevölkerungsgröße und die Entwicklung der Neubürgeraufnahme durch die Residenzbildung in Dresden deutlich veränderte, liegt es nahe, nun auch zu prüfen, inwieweit die Innungen als wesentliches Element der städtischen Gruppenkultur des 15. und 16. Jahrhunderts von diesem Prozeß erfaßt wurden.

Die Überlieferung für die Dresdner Innungen vor 1400 ist sehr sporadisch. Mit dem 15. Jahrhundert lassen sich jedoch zunehmend mehr gesicherte Aussagen treffen. Wichtigste Quellen hierfür sind zum einen die Innungsordnungen und sonstigen Innungsunterlagen sowie ein durchaus beachtlicher Korpus von Stadtbüchern, in denen sich immer wieder Hinweise auf das Innungswesen finden lassen.[60]

---

[59] Vgl. hierzu nur *O. G. Oexle*, Soziale Gruppen in der europäischen Geschichte, in: MPG-Spiegel 3/88 (1988), S. 24–29; *B. Jussen*, Erforschung des Mittelalters als Erforschung von Gruppen. Über einen Perspektivenwechsel in der deutschen Mediävistik, in: Sozialwissenschaftliche Informationen 21 (1992), S. 202–209; *O. G. Oexle*, Soziale Gruppen in der Ständegesellschaft: Lebensformen des Mittelalters und ihre historischen Wirkungen, in: *Ders./A. von Hülsen-Esch (Hrsg.)*, Die Repräsentation der Gruppen. Texte – Bilder – Objekte (Veröffentlichungen des Max-Planck-Instituts für Geschichte 141), Göttingen 1998, S. 8–44; weiterführend aber auch weitere Beiträge im selben Band. Zum Verhältnis von Individuum und Gruppe s. nun auch: *S. Selzer/U.-C. Ewert (Hrsg.)*, Menschenbilder – Menschenbildner. Individuum und Gruppe im Blick des Historikers (Hallische Beiträge zur Geschichte des Mittelalters und der Frühen Neuzeit 2), Berlin 2002.

[60] Eine umfassende Auswertung bietet nun *Meinhardt*, Dresden im Wandel (wie Anm. 15). Die wichtigsten Quellen sind hier: StArchD, Innungsarchiv (künftig IA): Bäcker-Dep. 9, Nr. 4; Barbiere-Dep. 1; Barbiere-Dep. 2; Barbiere-Dep. 3; Schneider-Dep. 1; Schneider-Dep. 2; Schneider-Dep. 64, S. 1–11; Schneider-Dep. 65; Schlosser-Dep. 1; Schuhmacher-Dep. 1; Steinmetzen-Dep. 80 a; Tisch-

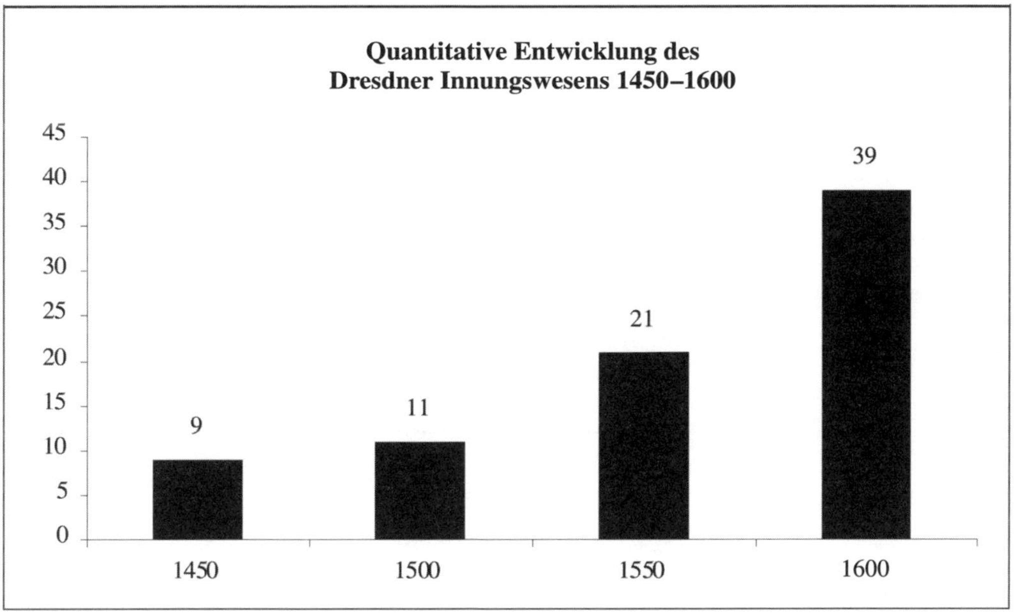

Graphik 5
Quelle: Eigene Erstellung. Quellengrundlage: Wie Anm. 60.

In der Mitte des 15. Jahrhunderts lassen sich neun Innungen sicher nachweisen. Setzt man von 1450 bis 1600 alle 50 Jahre einen Stichzeitpunkt, so zeigt das Innungswesens die in Graphik 5 dargestellte quantitative Entwicklung.

Zwischen 1450 und 1500 weist das Dresdner Innungswesen nur geringfügige Veränderungen auf. Lediglich zwei Innungen traten neben jene, die schon 1450 existierten. Doch in den folgenden Jahrzehnten bis 1550 kam es dann fast zu einer Verdoppelung der Innungen auf insgesamt 21, bis 1600 läßt sich dann sogar ein weiteres Anwachsen auf 39 Innungen verzeichnen. Die Zahl der Innungen hat sich damit zwischen 1500 und 1600 insgesamt fast vervierfacht. Obwohl im 17. Jahrhundert noch weitere Innungen entstanden, wurde die außerordentliche Zuwachsrate des 16. Jahrhunderts nicht mehr annähernd erreicht.[61]

---

ler-Dep. 1; Töpfer-Dep. 15; Töpfer-Dep. 13; StArchD, RA: A. XV. b. 1 ff.; C. XXIV. 199. a; C. XXIV. 216. c, Vol. I; C. XXIV. 274. b; A. XXII. 86, ediert in *E. Boer*, Das älteste Stadtbuch von Dresden 1404–1436 (Quellen und Forschungen zur sächsischen Geschichte 1), Dresden 1963; A. XXII. 88; A. XXII. 89; A. XXII. 90; A. XXII. 91; A. XXII. 92; Urkundenbuch der Städte Dresden und Pirna (CDSR 2/5), hrsg. von *K. F. von Posern-Klett*, Leipzig 1875. Sieht man von speziellen Einzeluntersuchungen ab, repräsentierte den bisherigen Forschungsstand zum Dresdner Innungswesen bisher: *Flemming*, Dresdner Innungen (wie Anm. 50), S. 22 ff. und 133 ff. Zum Forschungsstand s. *Meinhardt*, Die Erforschung (wie Anm. 3), S. 117 f., 136.

61 Zur weiteren quantitativen Entwicklung der Innungen im 17. Jahrhundert s. *Flemming*, Dresdner Innungen (wie Anm. 50), S. 98 ff. und 135.

Tabelle 2: Entwicklung der Innungszahl, gegliedert nach Sektoren

Sektoren	1450	1500	1550	1600	Zuwachs 1450–1600
Bau und Kunst	–	1	1	3	+ 3
Ernährung	3	3	3	3	+ 0
Holz und Horn	1	1	2	4	+ 3
Keramik und Glas	–	–	1	1	+ 1
Leder, Felle, Pelze	2	2	4	9	+ 7
Medizin und Hygiene	–	–	–	1	+ 1
Metall	1	1	3	8	+ 7
Papier	–	–	–	1	+ 1
Siedeberufe	–	–	–	1	+ 1
Textilien	2	3	7	8	+ 6
Summe	9	11	21	39	+30

Quelle: Eigene Erstellung. Quellengrundlage: Wie Anm 60.

Gruppiert man die Dresdner Innungen nach verschiedenen Arbeitssektoren, zeigt sich, daß insbesondere drei Bereiche einen Zuwachs an eigenständigen Innungen verzeichneten (s. Tabelle 2). An vorderster Stelle sind hier die Metallhandwerke sowie jene Gewerke zu nennen, die Tierhäute aufbereiteten und verarbeiteten. Dann folgen die Handwerke des Textilbereiches. Weniger stark, aber immer noch deutlich, erhöhte sich die Zahl der Innungen der Bau- und Kunsthandwerke sowie der Holzverarbeitung. Von 1450 bis 1600 unverändert blieb nur die Zahl der Handwerke des Ernährungssektors.

Fragt man nach den Ursachen für die Vermehrung der Innungen sowie den damit steigenden Grad sozio-ökonomischer Organisation und manifestierter Strukturierung, so kann man der Neuentstehung oder Neuansiedlung von Berufen nur eine nachgeordnete Rolle beimessen. Viele Handwerke, die erst im 16. Jahrhundert eine Innung gründeten, lassen sich durch einzelne Meister schon früher in Dresden nachweisen, so z.B. die Maler oder Zimmerleute.[62] Vielmehr sind hier drei andere Ursachen herauszustellen, die allerdings eng miteinander verzahnt waren.

Die erste Ursache lag im rapiden Bevölkerungswachstum, durch das für viele Berufe quantitativ erst die personelle Voraussetzung für eine Innung entstand, sich zugleich aber auch der Druck erhöhte, Kontrollorgane, kollektive Sicherungssysteme und Instrumente gegen unerwünschte Konkurrenz zu schaffen. Hier können die Barbiere oder die in einer Innung gemeinsam organisierten Maler, Bildhauer und Bildschnitzer als Beispiele dienen.[63]

---

62 *Müller*, Familiengeschichtliche Quellen (wie Anm. 44), S. 92–94; *Flemming*, Dresdner Innungen (wie Anm. 50), S. 81, 91 f.

63 Vgl. StArchD, RA: C. XXIV. 274. b, Bl. 198 a, 215 b f., 268 a f.

Andere Berufsgruppen gründeten wiederum – wie beispielsweise die Seifensieder – erst auf Anstoß des Landesherren eine Innung.[64] Doch der zunehmende Einfluß des Fürstenhofes auf das Innungswesen wird nicht nur in der Initiierung von Innungsgründungen deutlich. Zuweilen setzte man mit Hilfe des Fürsten auch Innungsgründungen durch, die der Stadtrat vehement – aber letztlich erfolglos – abgelehnt hatte und hebelte so die städtische Führung aus. Die vom Dresdner Rat und den Schustern lange bekämpfte Trennung der Gerber von den Schustern ist hier das am besten bezeugte Beispiel. Bis zur Mitte des 16. Jahrhunderts gehörten die Gerber der Innung der Schuster an. Doch sich laufend verstärkende Streitigkeiten führten dazu, daß Kurfürst Moritz den Gerbern 1551 die Gründung einer eigenen Innung gestattete, die sich kurz darauf wiederum in eine Vereinigung der Lohgerber und eine der Weißgerber teilte.[65] Wie in diesem Fall, griffen die Landesherren meist dann in die bestehenden Innungsstrukturen ein, wenn Konflikte zu befrieden waren. Hier drückt sich aber nicht nur fürstliche Fürsorge aus, sondern das Interesse, Beeinträchtigungen der Versorgung des Hofes und des Residenzortes durch Zankereien der Handwerker und Gewerbetreibenden zu vermeiden. Landesherrliche Initiativen zur Innungsgründung werden verständlicher, wenn man sich vor Augen führt, daß innungsorganisierte Wirtschaftsbereiche leichter zu kontrollieren und zu steuern, dort einheitliche Qualitätsstandards einfacher zu etablieren waren. Zugleich ließen sich Innungen auch ganz allgemein in die Überwachung von Gesetzen und Normen sowie in die Strafverfolgung einbinden. Dies erweist sich beispielsweise in der Verpflichtung der Barbiere, grundsätzlich alle von den Innungsmitgliedern behandelten Stichwunden dem Gericht anzuzeigen, oder in der Pflicht der Goldschmiedeinnung, sich aktiv an der Bekämpfung des Handels mit Hehlerware zu beteiligen.[66]

Als dritte wesentliche Ursache für die Vermehrung der Innungen muß eine fortschreitende handwerkliche Arbeitsteilung und Spezialisierung angeführt werden. In besonderer Weise verdeutlichen dies die Schmiedehandwerke. Gab es 1450 nur eine Innung für Schmiedeberufe, so lassen sich im Jahre 1600 sechs nachweisen, nämlich neben jener der Grobschmiede, eine für Goldschmiede, eine für die Gruppe der Schlosser, Sporer, Nagelschmiede, Büchsen- und Uhrmacher, je eine weitere für Langmesserschmiede, Kupferschmiede und Zirkelschmiede.[67]

Hingegen ohne Einfluß auf Quantität und Struktur des Innungswesens blieb die Inkorporation Altendresdens, da dort keine Innung bestanden hatte, die nicht eine Entsprechung in der Nachbarstadt gefunden hätte. Die Organisationen der rechtselbischen Stadt konnten somit einfach aufgelöst und ihre Mitglieder in die äquivalente Innung auf der anderen Elbseite aufgenommen werden.[68]

---

64 Die Innung zählte zum Kreis der Landinnungen, d.h. in ihr waren die Handwerker verschiedener Städte des Territoriums zusammengefaßt, vgl. StArchD, RA: C. XXIV. 274. b, Bl. 348 a ff.

65 Vgl. StArchD, RA: C. XXIV. 216. c, Vol. I, Bl. 41a-43 b; C. XXIV. 274. b, Bl. 57 a-72 a, 73a-79 a, 334 a-344 b; *Flemming*, Dresdner Innungen (wie Anm. 50), S. 74ff.

66 Vgl. StArchD, RA: C. XXIV. 274. b, Bl. 141 b, 214 a.

67 *Meinhardt*, Dresden im Wandel (wie Anm. 15) (mit ausführlichen Quellenbelegen); s. aber auch *Flemming*, Dresdner Innungen (wie Anm. 50), bes. S. 133ff.

68 *Weck*, Der Chur-Fürstlichen (wie Anm. 34), S. 477–480; *Flemming*, Dresdner Innungen (wie Anm 50), S. 300f.; freilich vollzog sich dies nicht immer reibungslos, s. dazu und zum Themenkomplex generell nun auch *Meinhardt*, Dresden im Wandel (wie Anm. 15).

5. Neue Karrierechancen: Das Individuum in der Residenzbildung

Nun wird man mit Recht fragen dürfen, ob sich Residenzbildung als Prozeß städtischer Sozialgeschichte nur auf der makrohistorischen Ebene und auf der Ebene sozialer Gruppen beobachten läßt und wo denn in solch einem Prozeß „der einzelne Mensch" bleibt.[69] Für Dresden erlaubt die Überlieferung, das Objektiv auch auf einen individualhistorischen Fokus zu stellen. Gewissermaßen nebenbei fördern auf quantitative und prosopographische Analysen gerichtete Materialaufnahmen, die den bisherigen Beobachtungen und Überlegungen zugrunde liegen, auch immer wieder überdurchschnittlich gut überlieferte Einzelfälle zu Tage, die mit den Instrumenten historischer Biographik beschrieben und analysiert werden können. Verbunden ist damit zum einen das Ziel, das Individuum und das Individuelle in der Untersuchung nicht ganz aus dem Auge zu verlieren; zum anderen ermöglicht die Betrachtung von Biographien eine Detailschärfe, die mit anderen Instrumenten kaum zu erreichen ist. Es lassen sich Veränderungen sozialer Positionen im Lebenslauf erkennen, die nur im Langzeitschnitt, nicht aber in Momentaufnahmen sichtbar werden.

Ein Fall soll hier zum Schluß kurz vorgestellt werden. An ihm läßt sich vieles am Individuum konkretisieren, was bereits in den vorangegangenen Abschnitten zu erkennen war. Darüber hinaus offenbart ein Einzelfall aber auch immer gänzlich Singuläres, das zu keinem Muster paßt, sich nicht verallgemeinern läßt, aber dennoch von Bedeutung bleibt, schon allein, weil es Facetten des Möglichen zeigt.

Der Lebenslauf, der hier kurz behandelt werden soll, ist der Michael Brunners.[70] Brunner wurde 1542 in einem böhmischen Dorf im Amt Schlackenwert als Sohn eines Bauern geboren. Bis zu seinem 10. Lebensjahr hütete er – nach eigenen Angaben – auf dem väterlichen Hof die Gänse, Kühe und Pferde. Mit 11 Jahren wurde er zur schulischen Ausbildung in den Haushalt des Schlackenwerter Stadtschreibers Hans Vogel gegeben. Nach einiger Zeit ver-

---

[69] Das Verschwinden des Individuums aus dem Blickfeld der Historiker war oft ein wesentlicher Aspekt in der Kritik, die an sozial- und strukturgeschichtlichen Forschungsansätzen geübt wurde, vgl. hier nur *R. van Dülmen*, Historische Anthropologie. Entwicklung – Probleme – Aufgaben, Köln/Weimar/Wien 2000, S. 8. Seit einigen Jahren erleben individualhistorische Ansätze jedoch geradezu eine Renaissence. Die verstärkte Beachtung des Individuums und des Individuellen dokumentieren z.B. *Gisela Wilbertz/Jürgen Scheffler (Hrsg)*, Biographieforschung und Stadtgeschichte. Lemgo in der Spätphase der Hexenverfolgung (Studien zur Regionalgeschichte 13/Beiträge zur Geschichte der Stadt Lemgo 5), Bielefeld 2000; *Richard van Dülmen (Hrsg.)*, Entdeckung des Ich. Die Geschichte der Individualisierung vom Mittelalter bis zur Gegenwart. Köln/Weimar/Wien 2001; *Selzer/Ewert*, Menschenbilder (wie Anm. 59). Etwas aus dem Blick gerät zuweilen, daß schon die heute nicht selten als Antipode neuerer, oft unter kulturhistorischer Flagge segelnder Ansätze gedeutete Sozialgeschichte der 1970er und 1980er Jahre durchaus versucht hat, individualhistorische Konzepte zu realisieren. Vgl. beispielsweise *A. Gestrich/P. Knoch/H. Merkel (Hrsg.)*, Biographie – sozialgeschichtlich. Sieben Beiträge, Göttingen 1988.

[70] Über Brunners Leben informiert vor allem seine autobiographische Chronik, vgl. StArchD, Hs. Hist. Dresden 22 m; nicht ganz vollständig und mit einigen Unzulänglichkeiten ediert von *R. Kade*, Eine Dresdner Familienchronik 1542–1597, in: Mitteilungen des Vereins für Geschichte Dresdens 9 (1889), S. 82–101. Eine modernen Ansprüchen genügende Neuedition dieser Quelle befindet sich gegenwärtig in Vorbereitung. Ausführlicher und unter Berücksichtigung weiterer Quellen zu Brunner s. auch *Meinhardt*, Dresden im Wandel (wie Anm. 15).

mittelte dieser den nunmehr 14jährigen Jungen an seinen Sohn Isaac Vogel, der als Küchenschreiber am Dresdner Hof beschäftigt war. Nach dem Tod Isaac Vogels 1561 wurde Brunner zwar noch einige Zeit bei Hof geduldet, mußte dann aber seine Sachen packen und sich woanders ein Auskommen verschaffen. Erfolglos bewarb er sich an verschiedenen Nachbarhöfen. Eine neue Anstellung fand er dann als Einkäufer österreichischer Adeliger, in deren Diensten er Ungarn und Österreich bereiste. 1568 gelang es ihm, durch alte Beziehungen nach Sachsen eine Anstellung als Speiser und Küchendiener am Dresdner Hof zugesprochen zu bekommen. Bald darauf heiratete er die Tochter eines kurfürstlichen Zeltmachers aus Torgau und gründet mit ihr eine Familie. 1586 ernannte ihn Kurfürst Christian I. zu seinem Hauskellerer, also zu einem leitenden Beamten, der vor allem für die Versorgung des Hofes mit Getränken zu sorgen hatte. Erst nach dieser Beförderung legte Brunner sich ein eigenes Haus in Dresden zu und erwarb das Bürgerrecht. Für seinen Sohn organisierte er eine Schulausbildung an der angesehenen Fürstenschule in Meißen, seine Tochter verheiratete er mit einem kurfürstlichen Kammerbediensteten, der wiederum seinerseits aus dem Handwerkermilieu Dresdens stammte. Brunner starb vermutlich 1597, vielleicht auch etwas später. Begraben wurde er auf dem Kirchhof der spätgotischen Frauenkirche, der zu dieser Zeit als sozial herausgehobener Begräbnisplatz gelten muß.

Mit Michael Brunners Lebenslauf hat man eine fulminante Karriere vor sich, einen Aufstieg, der aus einer bäuerlichen Familie in ein hohes Amt bei Hofe führte, aus einem böhmischen Bauerndorf in die sächsische Residenzstadt, was sich gut in die Beobachtungen aus der Neubürgeranalyse fügt; darüber hinaus kann man sehen, daß sich der Zugang in die Hofgesellschaft über Patronage eröffnete. Flankiert wurde der soziale Aufstieg durch die Heirat einer Bürgerstochter aus dem Umfeld wettinischer Hofhaltung; sodann zeigt Brunner die bereits erwähnte Verschränkung von höfischer und städtisch-bürgerlicher Existenz durch die Tätigkeit bei Hofe in Verbindung mit dem Bürgerrechtserwerb, dem Hauskauf in Dresden und der Verheiratung der Tochter innerhalb desselben Mischmilieus.

Brunners sozialer Aufstieg war übrigens kein Einzelfall. Andere Fälle zeigen, daß für viele Personen, mal aus bürgerlichem, mal aus ursprünglich agrarischem Milieu, sich gerade im Dresden des 16. Jahrhunderts Chancen für beachtliche Karrieren boten, die meist im Konnex zum Prozeß der Residenzbildung standen. In Dresden weiteten sich offensichtlich durch die Residenzbildung die Kanäle sozialen Aufstiegs ganz erheblich, wirkte die Residenzbildung als Katalysator sozialen Wandels.[71]

6. Resümee

Wie deutlich wurde, war Residenzbildung in Dresden nicht nur ein politik-, verwaltungs- und verfassungsgeschichtlicher Prozeß. Sie stellt sich auch nicht allein als ein Wandel höfischer Strukturen und Kulturen dar, wie es die aktuellen Tendenzen der Residenzenforschung gegenwärtig meinen lassen könnten. Auch ist Residenzbildung nicht auf seine kunsthistori-

---

[71] Für weitere Beispiele s. *Meinhardt*, Dresden im Wandel (wie Anm. 15); *ders.*, Magister Sebastian Leonhart (1544–1610). Bildungs- und Karriereweg eines wettinischen Fürstenlehrers und Hofbibliothekars, in: Vierteljahrschrift für Sozial- und Wirtschaftsgeschichte 90 (2003), S. 44–75.

schen Innovationen und Entwicklungen zu verengen, Residenzbildung war vielmehr auch ein bedeutender stadtgeschichtlicher Transformationsprozeß, der sich sowohl topographisch als auch sozialgeschichtlich aufzeigen läßt, und dies zugleich auf der makrohistorischen Ebene, der Ebene sozialer Gruppen und auf einer individualhistorischen Ebene.

Dabei erweist sich Residenzbildung als wichtiger Motor vorindustrieller Urbanisierung, wobei hier mit Urbanisierung sowohl der Ausgriff der Stadt auf ursprünglich agrarischen Raum als auch ‚Verstädterung' und ‚Verbürgerlichung' von Landbevölkerung gemeint ist.

Betrachtet man schließlich die räumliche, bauliche und sozio-ökonomische Entwicklung Dresdens, so wird deutlich, daß die Leipziger Teilung – ungeachtet ihrer großen Bedeutung für die Dynastie der Wettiner und die weitere Entwicklung Sachsens – als residenzbildender Faktor bislang weit überschätzt wurde. Residenzbildung in Dresden läßt sich auch nicht sinnvoll als ein auf 1485 zu verengendes Ereignis darstellen, sondern treffender als ein sich über Jahrzehnte erstreckender Prozeß. An dessen Ende hatte sich Dresden von einer nur regional bedeutenden bürgerlichen Landstadt zu einer für das gesamte alte Reich wichtigen kurfürstlichen Residenz und Festung gewandelt, in der aus der Hof- und der Stadtgesellschaft eine soziale Sonderform, nämlich die der Residenzstadtgesellschaft, geworden war.

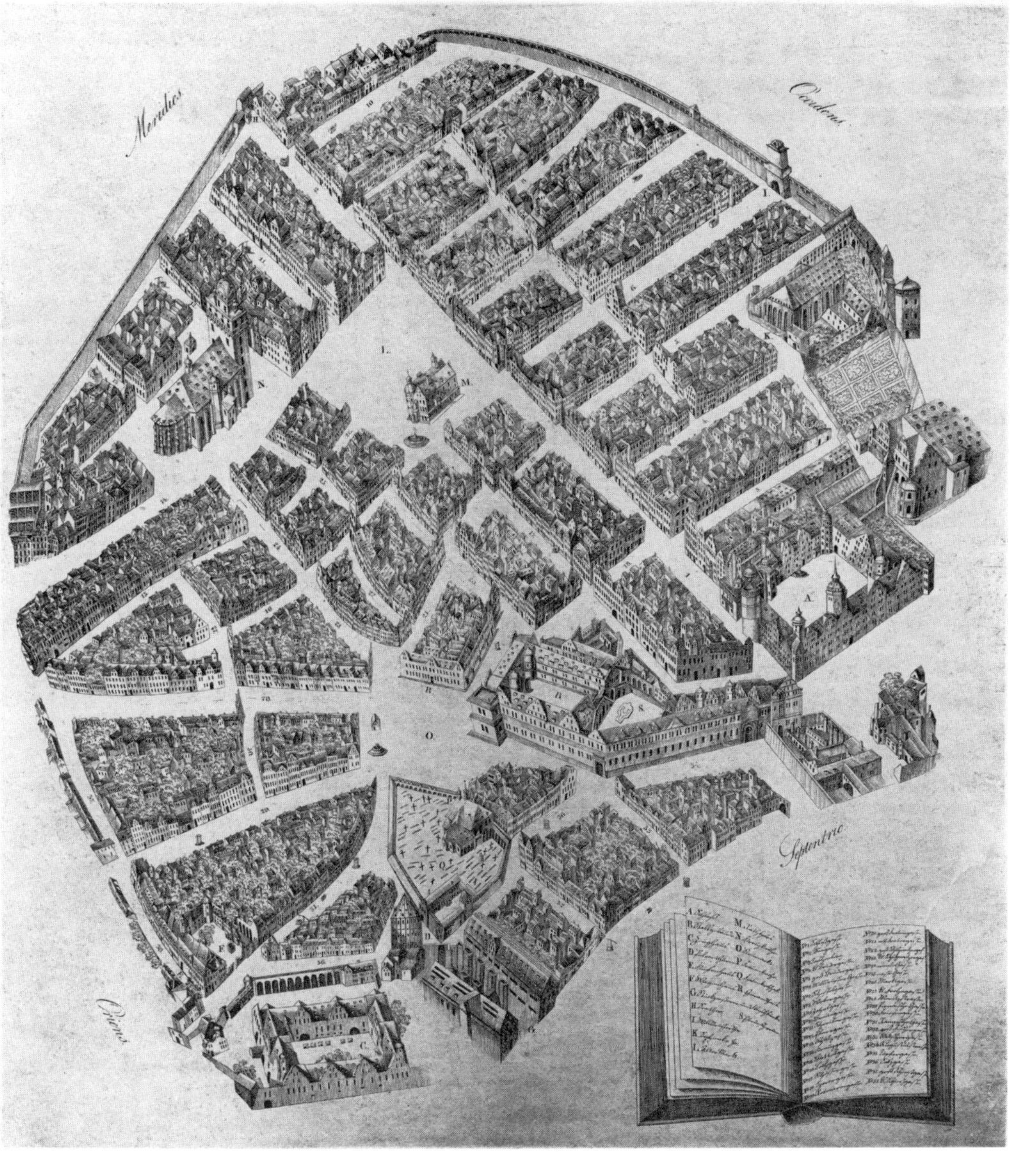

Abb. 1: Das linkselbische Dresden im Jahr 1634 innerhalb der Befestigungen nach einem Gemälde von Andreas Vogel. Der Blick verläuft von Nordosten nach Südwesten.

Abbildungsnachweis:
O. Richter (Hrsg.), Atlas zur Geschichte der Stadt Dresden. Pläne und Ansichten der Stadt aus den Jahren 1521–1898. Mit einem Abriß der geschichtlichen Ortskunde von Dresden, Dresden 1898, Tafel 6 b).

Die Spitze der Sozialstruktur: Organisation städtischer Eliten im Bodenseeraum des späten Mittelalters

Christoph Heiermann, Dresden

Die Organisationen des städtischen Patriziats im ausgehenden Mittelalter haben trotz zahlreicher Einzelstudien bislang ein Dasein am Rande gefristet. Sie stellen heute noch fast unbekanntes Terrain dar, obgleich sie in fast jeder Stadt des Reiches Bestand hatten und zum Teil auch heute noch haben.[1] Im Unterschied zu den Ritter- und Turniergesellschaften des Adels im Reich, die durch die Arbeiten von Andreas Ranft und Holger Kruse eingehende Untersuchungen erfahren haben,[2] fehlt eine vergleichbare systematische Zusammenstellung der Gesellschaften der städtischen Geschlechter völlig. Die sozialhistorische Forschung im Gefolge Erich Maschkes schuf mit der Stratifizierung der Stadtbewohner in soziale Schichten – Oberschicht, Mittelschicht, Unterschicht – keine Abhilfe, da sie Fragen nach der Funktion von Gruppierungen innerhalb dieser Schichten nicht beantwortet.[3] Sie wirft zudem weitere Fragen nach der Trennschärfe dieser Einteilung, nach der weiteren Differenzierung innerhalb der Schichtung auf. Einer Systematisierung stehen nicht zuletzt auch die von Stadt zu Stadt unterschiedlichen Verhältnisse entgegen, die kaum Generalisierungen erlauben; von der zum Teil schlechten Materiallage ganz zu schweigen.

Unser bisheriger Kenntnisstand ist allzuoft von der Sichtweise der Forschungen des 19. Jahrhunderts geprägt. Hier wird häufig der Eindruck von kompakten ‚patrizischen' Gruppen erweckt, die als Kontrapunkte zu städtischen Handwerkerzünften auftreten, mit denen sie um die Herrschaft in der Stadt stritten. Dabei folgten sie oft zeitgenössischen Darstellungen des 16. Jahrhunderts, die ihrerseits eher idealtypische Zustände schildern.[4] Ihre Funktion innerhalb der „Substruktur in der bruderschaftlichen Untergliederung großer Teile

---

1 Hier stehen in erster Linie die zahlreichen Gesellschaften in der Schweiz, die dort auch heute großen Stellenwert besitzen. Vgl. etwa zur Zürcher *Constaffel*: *A. Knöpfli*, Sechseläuten, Die Constaffel ist die Gesellschaft, in: Berner Zeitung vom 19. 4. 1997, S. 11. Auch in Deutschland scheint man sich der wichtigen Funktion der städtischen Gesellschaften zu erinnern; in Konstanz wurde die Ende des 18. Jahrhunderts verschwundene Gesellschaft *Zur Katz* im Jahr 1997 wiederbelebt.

2 *A. Ranft*, Adelsgesellschaften. Gruppenbildung und Genossenschaft im spätmittelalterlichen Reich, Sigmaringen 1994; *H. Kruse u. a. (Hrsg.)*, Ritterorden und Adelsgesellschaften im spätmittelalterlichen Deutschland – Ein systematisches Verzeichnis (Kieler Werkstücke, Reihe D: Beiträge zur europäischen Geschichte des späten Mittelalters 1), Frankfurt a. M./Bern/New York 1991.

3 *M. Borgolte*, Sozialgeschichte des Mittelalters. Eine Forschungsbilanz nach der deutschen Einheit (Historische Zeitschrift Beih. NF 22), München 1996, S. 257ff. und S. 273f.

4 Dafür beispielhaft: *P. Ruppert*, Die Konstanzer Gesellschaft z. Katze und ihre Wappenrollen, in: *Ders.*, Konstanzer Beiträge zur badischen Geschichte. Altes und Neues, Konstanz 1888, S. 21–28. Er folgt in weiten Teilen den Ausführungen des Konstanzer Patriziers *Christoph Schulthaiß* in dessen achtbändiger Stadtchronik, den Collectaneen, aus der Mitte des 16. Jahrhunderts. Stadtarchiv Konstanz (StaK) AI 8.

der Stadtbevölkerung in Gilden und Zünfte",[5] um mit Otto Gerhard Oexle zu sprechen, verschwindet hinter eher folkloristischen Vorstellungen von Trinkstuben, auf denen fröhliche Zecher in Abgrenzung zum zünftischen Volk den gehobenen Lebensstil pflegten.

Nicht schuldlos an diesem Zustand ist der Begriff des ‚Patriziats' selbst.[6] Er suggeriert ein Bild festgefügter Verhältnisse innerhalb der städtischen ‚oberen Zehntausend', die je nach Blickwinkel als korrupte Oligarchie oder als wahre Vertreter städtischer Freiheiten im ausgehenden Mittelalter erscheinen. Dabei wird der Tatsache nur wenig Rechnung getragen, daß die Begrifflichkeit eine Schöpfung aus der Zeit der Renaissance ist, mit deren Hilfe, beginnend im 16. Jahrhundert, elitäre Ansprüche einer zu Macht und Ansehen gelangten städtischen Gruppierung programmatisch umschrieben werden sollten. Folgt man diesem Begriff, so läuft man auch Gefahr, sich den Vorstellungen dieser Gruppen anzuschließen. Es ist allerdings zu fragen, ob es die Zustände tatsächlich erlaubten, von ‚dem Patriziat' schlechthin zu sprechen. Da der Begriff des Patriziats mit einer gewissen Ungenauigkeit einhergeht, werde ich im folgenden der Einfachheit halber die hier im Mittelpunkt stehenden Gruppen als die ‚Geschlechter' bezeichnen, da dieser Begriff noch am häufigsten in Quellen Verwendung findet. Der Begriff des ‚Patriziats' ist hingegen in den Akten der städtischen Verwaltung, Chroniken und Protokollbüchern der Gesellschaften selbst noch im 16. Jahrhundert so gut wie unbekannt.[7]

Wie entstanden sie?

Am Anfang unserer Überlegungen soll nicht die Betrachtung der fertig ausgebildeten Organisationen der Geschlechter stehen, sondern die Frage nach ihrem Zustandekommen. Allerdings ist für kaum eine der hier im Mittelpunkt stehenden Gesellschaften aus den Reichsstädten des oberschwäbischen und alemannischen Raumes ein verläßliches Gründungsdatum überliefert.

Lediglich für die Zürcher Gesellschaft *Zum Rüden* läßt sich die Entstehung unmittelbar nach dem Bürger-Aufstand des Jahres 1336 festmachen.[8] Dabei handelte es sich eigentlich um eine Zwangsmaßnahme. Unter dem neuen starken Mann Ritter Rudolf Brun, der mit dem von ihm geführten Aufstand die bislang herrschenden Adelsfraktionen gestürzt hatte, fand eine Strukturierung der Stadtbevölkerung in Zünfte unter politischen Gesichtspunkten statt. Auch für die mit Zürich eng verbundene Bischofsstadt Konstanz liegt es nahe, den Ursprung der dortigen Gesellschaft *Zur Katz* im Gefolge eines Bürgeraufstandes im Jahr 1342 zu suchen, nur wenige Jahre nach den Vorkommnissen in Zürich. Damals hatten zünftische Bürger und Mitglieder der Kaufmannschaft ohne Erfolg versucht, die Ratsherrschaft der

---

5 *O. G. Oexle*, Friede durch Verschwörung, in: *J. Fried (Hrsg.)*, Träger und Instrumentarien des Friedens im hohen und späten Mittelalter, Sigmaringen 1996, S. 136.

6 *H. Lieberich*, Stichwort „Patriziat", in: Handwörterbuch zur deutschen Rechtsgeschichte 3, Berlin 1984, Sp. 1551–1558.

7 In den untersuchten Quellen – städtische Akten, Chroniken, Protokollbücher der *Katz* – benutzt lediglich die Familienchronik des Jakob Schulthaiß um 1551 den Begriff des Patriziats. StaK AI 17.

8 *H. Erb*, Der Rüden: Gesellschaft der Constaffel in Zürich. Ein Beitrag zur Kulturgeschichte des alten Zürich (Mitteilungen der antiquarischen Gesellschaft in Zürich 33/11), Zürich 1939.

Geschlechter zu stürzen, und aus den folgenden Jahren sind die ersten Zunftbriefe überliefert.[9] Die Antwort der Geschlechter auf die zünftischen Autonomiebestrebungen war eine eigene Organisation, die aber erst in den fünfziger Jahren des 14. Jahrhunderts quellenmäßig nachweisbar ist.

Die Gesellschaft *Zum Esel* in Ravensburg und die *Sünfzengesellschaft* in Lindau erscheinen ebenfalls in dieser Zeit erstmalig in den Quellen.[10] Im Jahr 1368 wird die *Großzunft* in Memmingen genannt.[11] Für Rottweil ist eine Satzung für die *Herrenstube* erst im Jahr 1442 überliefert[12] – was jedoch nicht bedeutet, daß die Gesellschaft nicht bereits in den Jahren davor bestand.

Das Auftreten all dieser Gesellschaften städtischer Geschlechter fand somit in einem relativ schmalen Zeitkorridor von ca. 30 Jahren im 14. Jahrhundert statt und stand unter dem Zwang einschneidender sozialer Umwälzungen, die den bislang unangefochten agierenden Geschlechtern eine eigene politische Organisation aufzwangen. Aber die Gleichung, nach der die Geschlechtergesellschaft einer Stadt stets auch die politische Repräsentanz ist, geht nicht immer auf. Die Exklusivität der erwähnten Memminger *Großzunft* begann im Verlauf des 15. Jahrhunderts aufzuweichen, nachdem der städtische Rat immer mehr zünftischen Bürgern Einlaß gestattete. Die *Großzunft* versuchte diesen Prozeß sogar mit juristischen Mitteln aufzuhalten, doch letztlich vergeblich. Um die angestammte Sonderstellung dennoch aufrechtzuerhalten, gründeten die Geschlechter eine exklusive Gesellschaft *Zum Goldenen Löwen*, in die keine zünftischen Bürger aufgenommen wurden.[13]

Außerhalb der hier gesetzten räumlichen Grenzen findet sich ein ähnliches Bild in der Reichsstadt Augsburg.[14] In der dortigen *Herrentrinkstube* verkehrten zünftische Bürger und Geschlechter gleichermaßen. Die Verbindung wurde hier durch die gemeinsame Ratsfähigkeit gestiftet. Zusätzlich jedoch trafen sich die Geschlechter in ihrer exklusiven Gesellschaft *Von Herren*, zu der Zünfter keinen Zutritt hatten. Anders als in Memmingen war die Initiative zur Gründung der Gesellschaft *Von Herren* nicht von den Geschlechtern selbst ausgegangen. Sie war vielmehr vom städtischen Magistrat verfügt worden, nachdem sich Geschlechterfamilien geweigert hatten, anläßlich der Errichtung der Zunftverfassung im Jahre 1368 eine eigene Zunft zu gründen. Die Geschlechtergesellschaft war, wenn man so will, eine Zwangskorporation, die obendrein in der Zunftverfassung der Stadt keine eigenständige Rolle spielte – sie war tatsächlich nur geselligen Zuschnitts.

---

9 *F. Horsch*, Die Konstanzer Zünfte in der Zeit der Zunftbewegung bis 1430, unter besonderer Berücksichtigung des Zunftbuches und der Zunftbriefe (Konstanzer Geschichts- und Rechtsquellen 23), Sigmaringen 1978, S. 104–109.

10 Ihre Gründung wird für die Zeit um 1350 angenommen. Vgl. *P. Eitel*, Die Oberschwäbischen Reichsstädte zur Zeit der Zunftherrschaft. Untersuchungen zu ihrer politischen und sozialen Struktur unter besonderer Berücksichtigung der Städte Lindau, Memmingen, Ravensburg und Überlingen, Stuttgart 1970, S. 39.

11 *R. Eirich*, Memmingens Wirtschaft und Patriziat von 1347–1551. Eine wirtschafts- und sozialgeschichtliche Untersuchung über das Memminger Patriziat während der Zunftverfassung, Weißenhorn 1971, S. 47f.

12 *R. Elben*, Das Patriziat der Reichsstadt Rottweil. Von den Anfängen bis 1550, Stuttgart 1964, S. 51.

13 *Eirich* (wie Anm. 11), S. 47ff., bes. S. 53.

14 *J. Rogge*, Für den gemeinen Nutzen: politisches Handeln und Politikverständnis von Rat und Bürgerschaft in Augsburg im Spätmittelalter (Studia Augustana 6), Tübingen 1996, S. 185f.

Um nur ein weiteres Beispiel für die große Variationsbreite der hier anzusprechenden Phänomene zu geben, sei auf die bischöfliche Stadt Basel hingewiesen.[15] Hier treffen wir auf mehrere Geschlechter-Gruppen, die in ‚Stuben' organisiert waren. Innerhalb der sogenannten *Oberen Stube* bildeten die ritterlichen Geschlechter und die *burgenses* je eine Untergruppe, die jede ihr eigenes Versammlungshaus hatte: Die Ritter im Haus *Zur Mücke*, die Bürger im Haus *Zum Brunnen*. Zu diesen gesellte sich in späterer Zeit die *Niedere Stube*, die sich *Zum Seufzen* nannte. Knut Schulz hat diese Fraktionierung auf die Herkunft des städtischen Patriziats teils aus der bischöflichen Ministerialität, teils aus der reichen Kaufmannschaft hergeleitet[16] und ähnlich Philipp Dollinger zwischen einem „patriciat noble et patriciat bourgeois"[17] unterschieden. Die Übertragung dieser Erklärung auf alle rheinischen Bischofsstädte ist zumindest im Fall der bischöflichen Stadt Konstanz nicht gelungen. In der neuerdings vorliegenden detaillierten Studie von Harald Derschka wird deutlich vorgeführt, daß zwischen der Ministerialität des Hochstifts Konstanz und den Geschlechtern der Stadt keine direkte Verbindung hergestellt werden kann.[18] Wir nähern uns damit der Frage nach der personellen Zusammensetzung der Geschlechtergesellschaften.

Wer gehörte dazu, wer durfte hinein?

Zumindest für die Gesellschaften des Bodenseeraumes kann für die Zeit bis zum ausgehenden 15. Jahrhundert eine weitgehende Öffnung für neue Mitglieder konstatiert werden. Die noch vorliegenden Gesellschaftssatzungen der Gesellschaft *Zum Esel* in Ravensburg,[19] des *Sünfzen* in Lindau,[20] der Memminger Gesellschaft *Zum Goldenen Löwen*[21] und der Konstanzer Gesellschaft *Zur Katz*[22] aus dem 14. bzw. 15. Jahrhundert legten fest, daß jeder aufgenommen werden könne, er sei „edel oder unedel".

---

15 Hierzu *K. Schulz*, Stadtadel und Bürgertum vornehmlich in oberdeutschen Städten im 15. Jahrhundert, in: *R. Elze/G. Fasoli (Hrsg.)*, Stadtadel und Bürgertum in italienischen und deutschen Städten des Mittelalters (Schriften des Italienisch-Deutschen Historischen Instituts in Trient 2, 14. Studienwoche), Berlin 1991, S. 164.

16 *K. Schulz*, Patriziergesellschaften und Zünfte in den mittel- und oberdeutschen Bischofsstädten, in: *B. Schwineköper (Hrsg.)*, Gilden und Zünfte. Kaufmännische und gewerbliche Genossenschaften im frühen und hohen Mittelalter, Sigmaringen 1985, S. 313ff.

17 *P. Dollinger*, Patriciat noble et patriciat bourgeois à Strasbourg au XIVe siècle, in: *Ders.*, Pages d'histoire. France et Allemagne médiévales, Alsace, Paris 1977, S. 203–228.

18 *H. R. Derschka*, Die Ministerialen des Hochstiftes Konstanz (Vorträge und Forschungen/Konstanzer Arbeitskreis für mittelalterliche Geschichte, Sonderbd. 45), Stuttgart 1999.

19 *A. Dreher*, Das Patriziat der Reichsstadt Ravensburg. Von den Anfängen bis zum Beginn des 19. Jahrhunderts, Stuttgart 1966, S. 127–133.

20 *A. O. Stolze*, Der Sünfzen zu Lindau. Das Patriziat einer schwäbischen Reichsstadt, hrsg. von *O. Zeller*, Lindau/Konstanz 1956, S. 216–220.

21 *H. U. Frhr. v. Ruepprecht*, Die Memminger Patrizier, in: Memminger Geschichtsblätter (1981/82), S. 17.

22 *C. Heiermann*, Die Gesellschaft „Zur Katz" in Konstanz. Ein Beitrag zur Erforschung der Geschlechtergesellschaften in Spätmittelalter und früher Neuzeit, Stuttgart 1999, S. 198–206.

Die Zugehörigkeit zu Zunft oder Geschlechtern war zu dieser Zeit noch keineswegs festgeschrieben, und es gibt Hinweise darauf, daß mitunter bei den Zeitgenossen selbst Unklarheit darüber herrschte, wer nun welcher Gruppe zuzurechnen war. In Konstanz wechselten noch zu Beginn des 15. Jahrhunderts Bürger zwischen Geschlechtern und Zünften hin und her, und selbst innerhalb einzelner Familien verliefen die Grenzen der Zugehörigkeit.[23] Unter diesen Verhältnissen verbietet es sich eigentlich von ‚Geschlechterfamilien' zu reden, da die Mitgliedschaft sich nach der Einzelperson richtete. Keineswegs folgte die gesamte Familie dem männlichen Familienvorstand, wie man annehmen möchte – übrigens noch bis ins 16. Jahrhundert hinein. Der 1584 verstorbene langjährige Konstanzer Ratsherr und Bürgermeister Christoph Schulthaiß, über vierzig Jahre hinweg Mitgeselle der *Katz*, beschreibt die Aufnahmekriterien für neue Mitglieder mit den Worten: „Es habend die Geschlechter die Ihenigen [diejenigen], so sich zu in gefrundet, ouch Ir herkummen und wesen also geschaffen gewesen, das sy die selbigen haben mügen liden, zu inen in ir gesellschaft uffgenommen."[24] Angesichts dieser Unwägbarkeit wundert es nicht, wenn die Satzungen der genannten Gesellschaften keine Aufnahmekriterien enthalten – man wählte sich diejenigen aus, die in die Gesellschaften ‚paßten'. Noch in der ersten Hälfte des 15. Jahrhunderts war die Handhabung so flexibel, daß der Urgroßvater des genannten Christoph Schulthaiß, Hans, um 1432 in die Gesellschaft *Zur Katz* einheiraten konnte, ohne daß er die Zunft der Metzger und Kramer, der er bislang angehört hatte, verlassen durfte – dies hatte ihm der städtische Magistrat verboten.[25]

Im 16. Jahrhundert nahm die Exklusivität der Gesellschaften markant zu, man schloß sich Zunftbürgern gegenüber weitgehend ab, legte im 17. Jahrhundert sogar Wert auf den Nachweis adeliger Abkunft. Zunftbürger konnten zwar die Tochter eines Geschlechters heiraten, Zutritt in die Gesellschaft verschaffte ihnen dies jedoch nicht mehr.[26] Es kam bereits im ausgehenden 15. Jahrhundert zu einer tiefgreifenden Neuorientierung des Selbstverständnisses, auf das ich unten noch eingehen werde. Zunächst möchte ich kurz die Form der Organisation ansprechen.

Die Organisation

Die Mitglieder der Gesellschaften waren einander durch gegenseitig geleisteten Eid verbunden. Somit können die Organisationen der Geschlechter als ‚geschworene Einungen', als *coniurationes*, angesprochen werden, die paritätisch und nicht hierarchisch gegliedert

---

23 Man gewinnt den Eindruck, als seien die Familien auf Nummer Sicher gegangen, indem sie in jede Fraktion im Stadtrat einen Vertreter entsandten.

24 *C. Schulthaiß*, Collectaneen IV, fol. 146 1/2.

25 *P. F. Kramml*, Kaiser Friedrich III. und die Reichsstadt Konstanz (1440–1493). Die Bodenseemetropole am Ausgang des Mittelalters (Konstanzer Geschichts- und Rechtsquellen 29), Sigmaringen 1985, S. 342.

26 Der Konstanzer Tuchhändler Peter Kintzer heiratete 1542 in die bekannte Patrizierfamilie Hürus ein und wurde ihr Handelspartner. Jedoch konnte er nicht der Gesellschaft *Zur Katz* beitreten, zu der die Hürus gehörten. Vgl. *A. Brückner*, Das Geschäftsbuch des Konstanzer Tuchhändlers Peter Kintzer. Eine Untersuchung zur Handelsgeschichte im Bodenseeraum im 16. Jahrhundert, in: Schriften des Vereins für die Geschichte des Bodensees und seiner Umgebung 109 (1991), S. 21–91.

waren.[27] Die drei *Christaffel* oder *Gustaffel*, wie man die Vorsteher nannte, wurden alle zwölf Monate neu gewählt, um keiner Dominanz einzelner Gesellen Vorschub zu leisten. Sämtliche Beschlüsse waren auf Basis einer Mehrheitsabstimmung zu fassen, so daß Entscheidungen nur durch eine Vollversammlung gefällt werden konnten. Bei der Bestrafung von Regelverstößen innerhalb der Gesellschaft konnten die *Christaffel* ebenfalls nicht eigenmächtig handeln. Vielmehr mußten sie weitere vier Gesellen zur Beratung hinzuziehen, bevor ein Urteil gefällt werden konnte. Oberstes Gebot war die Wahrung des Rechtsfriedens zwischen den Gesellen, denn *frundschaft und gemeinsamy* standen an erster Stelle der Werteskala der Gesellschaften.

Bei der Ahndung von Vergehen innerhalb der Einungen gerät man in die Grauzone des rechtlichen Eigenlebens, die der städtischen Obrigkeit immer suspekt erschienen – von der *coniuratio* war der Weg nicht weit zur *conspiratio*. Die Gesellschaftssatzungen der Städte Ravensburg, Lindau, Memmingen und Konstanz sahen daher eindeutig vor, daß man sich der Gerichtsbarkeit des städtischen Rates unterstellte. Man wollte offenbar keinen Verdacht einer rechtlichen Sonderstellung aufkommen lassen. Dies galt aber nur für schwere Verbrechen *umb flissend wundan*, also wenn Blut geflossen war. Für andere Fälle hielten die Satzungen eine umfangreiche Aufzählung möglicher Vergehen mit einem entsprechenden Strafkatalog bereit, so daß man sich des Eindrucks nicht erwehren kann, daß doch so viele Probleme wie möglich in den eigenen Reihen abgehandelt werden sollten – *by guoter gesellen truw*. Der Konstanzer Rat mußte dennoch wiederholt Messerstechereien und lästerliche Flüche bestrafen, die auf der Stube der Geschlechter vorgefallen waren. In der Rate der Delinquenz trennte die ‚ehrbaren Geschlechter' nichts von ihren Zeitgenossen.[28]

Vorderhand unterschieden sich die Mitglieder der Geschlechtergesellschaften von den Zunftbürgern dadurch, daß sie keinem Handwerk nachgingen, sondern von Handel und Geldgeschäften verschiedenster Art lebten. Im oberschwäbischen und alemannischen Raum begegnet einem daher auch mitunter die Bezeichnung ‚Müßiggänger' für diesen Personenkreis. In Ravensburg und Konstanz schworen sie beim jährlichen Bürgereid auf die Satzung der Stadt eine spezielle Eidesformel: Den Müßiggänger-Eid, der sie direkt an die Direktiven des Bürgermeisters band, ohne die Zwischeninstanz eines Zunftmeisters.[29] Dieser spezielle Eid stellte sicher, daß sich die Geschlechter nicht außerhalb der städtischen Instanzen bewegten. Diesen Sachverhalt gilt es nun genauer ins Auge zu fassen.

---

[27] *O. G. Oexle*, Die mittelalterlichen Gilden: ihre Selbstdeutung und ihr Beitrag zur Formung sozialer Strukturen, in: *A. Zimmermann*, Soziale Ordnung im Selbstverständnis des Mittelalters, Halbbd. 1, Berlin/New York 1979, S. 204 ff.

[28] Die früheste Mitteilung zur Existenz der Trinkstube der Geschlechter ‚verdanken' wir einem Mord unter den Gesellen im Jahr 1363. Vgl. die Chronik des Johannes Stetter, in: *P. Ruppert*, Das alte Konstanz in Schrift und Stift. Die Chroniken der Stadt Konstanz, Konstanz 1891, hier S. 69.

[29] Die entsprechende Passage im Konstanzer Stadtrecht lautet: „[...] das ir denn zuo ainem burgermeister und den raeten kerind und allen unfriden helfind nider drucken und nider leggen ane geverd." Zitiert nach *O. Feger*, Vom Richtebrief zum Roten Buch. Die ältere Konstanzer Ratsgesetzgebung (Konstanzer Geschichts- und Rechtsquellen 7), Konstanz 1956, S. 153; *Eitel* (wie Anm. 10), S. 44 ff.

Der Aktionsraum

Aus dem bislang Gesagten läßt sich ableiten, daß die Gesellschaften der Geschlechter städtische Korporationen waren. Ihre Gesellen besaßen das städtische Bürgerrecht und hatten das aktive wie das passive Wahlrecht. Aus ihren Reihen rekrutierte sich eine stattliche Anzahl bedeutender Ratsherren, Bürgermeister und anderer wichtiger Funktionsträger.[30] Bei genauerer Betrachtung erweist sich dies jedoch als Verallgemeinerung.

Eine Abgleichung der Mitgliederlisten der Konstanzer *Katz* mit den städtischen Steuerverzeichnissen hat ergeben, daß zu verschiedenen Zeiten zwischen 19% und 24% der Gesellen entweder als sogenannte *usburger* außerhalb der Stadt wohnten, oder keine Konstanzer Bürger waren. Es wäre eine dringend erforderliche Forschungsaufgabe, durch Detailuntersuchungen für eine größere Anzahl von Städten aus verschiedenen Teilen des Reichs für Vergleichsdaten und verläßliche statistische Grundlagen zu sorgen, hat doch diese Tatsache Konsequenzen für unser Verständnis vom Charakter des städtischen Rechtsraums und seiner Bewohner.

Diese Gesellen galten als *usgesellen* der Gesellschaft *Zur Katz* und bezahlten einen reduzierten Mitgliederbeitrag, oft nur die Hälfte des regulären Geldes. Der Stubenknecht der Gesellschaft wurde aufgefordert, den Beitrag nicht nur von den Stadtbürgern einzuziehen, sondern auch von den ‚Fremden', wie es in einem Rechnungsbuch heißt.[31] Darunter befanden sich nicht nur Mitglieder des niederen Adels, sondern auch Angehörige der städtischen Kaufmannschaft, die im Konstanzer Umland Landsitze erworben hatten. Der Magistrat versuchte, diese Personen durch steuerliche Vorteile an die Stadt zu binden, indem er sie aus der progressiven Besitzsteuer entließ und individuelle Sätze aushandelte, die *gesatzte Steuer.*

Aus dieser Lage entstanden aber auch Situationen, in denen sich die Interessen von Mitgliedern der Gesellschaft und der städtischen Obrigkeit gegenüberstanden. In Konstanz ging dies soweit, daß der Rat der Stadt mit bewaffneter Macht gegen den *Katz*-Gesellen Jakob von Ulm auf dessen Burg Marbach am westlichen Bodensee vorging, weil er benachbarte Dorfbewohner, die das Konstanzer Bürgerrecht besaßen, bedroht hatte. Von Ulm und sein Sohn wurden gefangen gesetzt. Noch drastischer ist das Beispiel des wohlhabenden Ulrich Muntprat, der während des Krieges zwischen Eidgenossen und dem Schwäbischen Bund im Jahr 1499 auf seiten der Schweizer stand, da er Bürger der thurgauischen Stadt Wil war. Sein Sohn Hans kämpfte gar in der für die Schwaben verheerenden Schlacht in der Nähe von Konstanz im Aufgebot der Stadt Wil auf der Seite der Schweizer. Dessen ungeachtet ist Ulrich Muntprat noch in den Jahren 1502 und 1509 als ein *usgeselle* der Konstanzer Gesellschaft nachweisbar. Dabei sind hier diejenigen Vertreter der Geschlechter nicht berücksichtigt, die es vorzogen, sich von den politischen Händeln ihrer Heimatstädte fernzuhalten; auch sie fallen aus dem überkommenen Schema.

Für unseren Zusammenhang bedeutet dieser Sachverhalt, daß die Gesellschaften der Geschlechter nicht auf den städtischen Rechts- und Interessenkreis beschränkt bleiben mußten.

---

[30] Diese Position findet sich auch in der einschlägigen Literatur. Vgl. *E. Isenmann*, Die deutsche Stadt im Spätmittelalter 1250–1500. Stadtgestalt, Recht, Stadtregiment, Kirche, Gesellschaft, Wirtschaft, Stuttgart 1988, S. 274.

[31] StaK DI 11, S. 182/183 Zwischenblatt.

Man bekommt einen Eindruck von dem ausgreifenden Einflußbereich der Geschlechter am Beispiel der oberschwäbischen und alemannischen Gesellschaften, deren Mitglieder in großer Zahl Betreiber oder Teilhaber verschiedener Handelsgesellschaften waren und sich in den Kontoren in Italien, Spanien, den Niederlanden und England betätigten. Ein Blick in die Liste der Gesellschafter der *Magna Societas Allemanorum*, wie die Große Ravensburger Handelsgesellschaft in Spanien genannt wurde, kommt der Lektüre eines Who's who der Ravensburger Gesellschaft *Zum Esel* und der Konstanzer *Katz* gleich.[32] In den überregionalen Netzwerken der Geschäftswelt bildeten die Gesellschaften der Geschlechter wichtige Knotenpunkte, denen die wichtige Aufgabe der Interessenvertretung oblag. Nicht ohne Grund sind die Satzungen der Geschlechtergesellschaften in Ravensburg, Memmingen, Lindau und Konstanz streckenweise wortgleich. Gesellschaften des politischen und merkantilen Handelns waren zwei Seiten einer Münze.

In denselben Problemkreis fällt die Überschneidung zwischen Geschlechtergesellschaften auf der einen und Ritter- und Turniergesellschaften des lokalen Adels auf der anderen Seite. Hierzu liegen nur wenige verläßliche Daten vor. Gebhard Dacher, ein Konstanzer Chronist des 15. Jahrhunderts, berichtet von der Teilnahme Konstanzer Geschlechter an einem großen Stechen in Schaffhausen im Jahr 1436. Der Chronist des Konstanzer Konzils 1414 bis 1418, Ulrich Richental, zählte unter „ritter, knecht und edel dienstlüt uß Swaben“ – eine Umschreibung der Gesellschaft *Mit St. Jörgenschild* –, die in die Stadt einritten, interessanterweise auch Angehörige der Konstanzer Familien von Roggwil und Schwarz.[33] Der oben bereits zitierte Gewährsmann Christoph Schulthaiß behauptet, daß auch Mitglieder der Familie Harzer aus Konstanz Aufnahme in die Rittergesellschaft gefunden hätten. Wenn sich für einige der Genannten die gleichzeitige Mitgliedschaft in der Gesellschaft *Zur Katz* belegen läßt, so ist ebenso auffällig, daß für keine dieser Familien bislang der Nachweis niederadeliger Abkunft gelungen ist. Die Gesellschaft bildete einen Schnittpunkt zwischen niederem Adel und städtischer Gesellschaft, in dem es einzelnen gelingen konnte, beiden Seiten zuzugehören.

Frauen in der Gesellschaft

Wenn ich weiter oben bereits erwähnte, daß nicht alle Mitglieder das Bürgerrecht hielten, bedeutet dies zugleich, daß nicht alle Mitglieder der Gesellschaft an den politischen Funktionen der Gruppe partizipierten. Dies gilt auch für die Frauen in den Reihen der Gesellschaft. In Konstanz findet sich vom Beginn des 16. bis zum ersten Drittel des 17. Jahrhunderts ein Frauenanteil von 22% bis 36%. Vergleichszahlen mit anderen Städten sind kaum vorhanden; in der Zürcher *Constaffel* lag der Anteil um das Jahr 1530 bei 26%.[34]

Die Tatsache an sich ist erstaunlich, da Frauen mit keinem Wort in der Satzung auftauchen. Lediglich ein Rechtsspruch von König Sigismund aus dem Jahr 1430 gibt uns einen

---

32 *A. Schulte*, Die Geschichte der Großen Ravensburger Handelsgesellschaft. 1380–1530, Bd. I, Stuttgart/Berlin 1923.

33 StaK Ae 44; *U. Richental*, Das Conzilium, Druck 1536, S. 199.

34 *Erb* (wie Anm. 8), S. 11, Anm. 3.

Hinweis auf ihre Mitgliedschaft, in dem er erlaubt, daß „weyb oder man“ von den Geschlechtern mit den Zunftbürgern oder der ‚Gemeinde‘ freundschaftlich verkehren durften.[35] Ihre Anwesenheit in den Listen der Geschlechtergesellschaft kann nicht pauschal mit Einheirat oder Witwenschaft erklärt werden, obgleich dies die häufigsten Gründe waren. Es finden sich unter ihnen auch unverheiratete Frauen mit eigenem versteuertem Besitz. Zwar stammen diese Frauen aus Familien, die bereits seit längerem in der Gesellschaft vertreten waren. Bemerkenswert ist ihre Anwesenheit dort dennoch, da wir nicht wissen, wie sie hineingelangten. Es gab keinen Automatismus in der Mitgliedschaft, wie wir aus den Satzungen ersehen können. Demnach liegt es nahe, anzunehmen, daß die Frauen, wie die Männer auch, einer Aufnahmeprozedur unterworfen waren. Ebenso ist nicht ersichtlich, ob und wie sie Einfluß in der Gesellschaft geltend machen konnten.

In diesem Zusammenhang ist es von Interesse, daß die von den weiblichen Mitgliedern versteuerten Vermögen eine erhebliche Bandbreite aufwiesen. Im Jahr 1531 belief sich das versteuerte Vermögen der Barbara Blarer auf ganze 300 lb hl während im gleichen Jahr die Witwe Margret Mäslin 1400 lb hl liegendes und 27 695 lb hl fahrendes Vermögen ihr Eigen nannte. Die Dominanz der Fahrhabe macht deutlich, daß sich ihr Vermögen in Handelsgütern und wohl auch Kapitalanlagen konzentrierte – eine für Kaufleute typische Verteilung. Im Jahr 1548 war Margret die reichste Bürgerin der Stadt, sie hatte ihren Besitz auf 1900 lb hl liegend und 35 697 lb hl fahrend vergrößert. Es ist nicht vorstellbar, daß eine Frau wie Margret Mäslin in der Gruppe der Geschlechter ohne Einfluß gewesen sein kann. Aber auch die zu beobachtenden geringen Vermögen verdienen Beachtung, stehen sie doch in Widerspruch zur weit verbreiteten Ansicht, daß große Vermögen ein Kriterium für die Aufnahme in die Gesellschaft der Geschlechter waren. Vor allem bei Frauen mit eigenem Haushalt findet sich diese geringe Ausstattung, selbst wenn sie, wie die oben erwähnte Barbara Blarer, aus einer der eminenten Familien der Stadt stammten. Auch unter den männlichen Gesellen sind geringe Vermögen nicht unbekannt, wenn auch viel seltener.

Wofür hielten sie sich?

Ich komme zu einem weiteren wichtigen Punkt, nämlich der Frage nach dem Selbstverständnis der Gesellen. Es ist offensichtlich, daß sich noch im 15. Jahrhundert Adel und Nicht-Adel ohne Probleme und Ehrverluste zusammentun konnten. Ebenso wurden zünftische Aufsteiger, wie der aus Meersburg stammende Hans Bader, genannt Lanz, in diese Kreise aufgenommen, selbst wenn sie wie Lanz dem Beruf des Baders nachgegangen waren.[36] Bei einer derartigen sozialen Gemengelage ist es schwierig zu definieren, womit denn nun die Abgrenzung gegenüber der zünftischen Bürgerschaft geleistet wurde. Merkmale wie Ratsfähigkeit, Reichtum oder Exklusivität fallen aus, da sie sich auch auf Handwerkerzünfte und ihre Mitglieder anwenden lassen, bzw. für viele der Geschlechter keine Gültigkeit hatten.

---

35 Abgedruckt bei *Ruppert* (wie Anm. 28), S. 366.

36 *U. Diekenmann*, Hans Lanz von Liebenfels ein mittelalterlicher Emporkömmling, in: Thurgauische Beiträge zur vaterländischen Geschichte 50 (1910), S. 34–48.

Ein treffenderes Kriterium scheint mir der Ehrbegriff zu sein, der von Jörg Rogge unlängst als Erklärungsmuster für gesellschaftliche Konflikte in Städten des Mittelalters herangezogen worden ist.[37] Ein Mitglied der Geschlechter hatte offenbar ein größeres ‚Kapital an Ehre‘ als der Zunftmeister, selbst wenn dieser ihm an Wohlhabenheit und politischer Handlungsfähigkeit nicht nachstand. Dieser Unterschied konnte sich in Dünkel ausdrücken, etwa wenn ein Angehöriger der Memminger Geschlechter sich weigerte, einem hohen Besuch zur Begrüßung vor die Stadt entgegenzureiten, mit dem Argument, er habe kein Pferd, um dann anzufügen, man solle ihm einen Zunftmeister satteln, auf dem wolle er gern hinausreiten.[38] In Konstanz beschwerten sich noch zu Beginn des 17. Jahrhunderts die zünftischen Stadträte darüber, daß sie und ihre Frauen von den Geschlechtern verachtet würden.[39] Immer wieder kam es im Konstanzer Rat zu kleinlichem Gezänk über die Frage, ob Abgeordnete der Geschlechter im Ratssaal automatisch in der ersten Reihe sitzen dürften, auch wenn sie erst neu hinzugewählt worden waren. Und dies wohlgemerkt zu einer Zeit, in der die einstmals freie Reichsstadt längst unter österreichischer Herrschaft stand und die Geschlechter nurmehr ein Schatten ihrer Selbst waren.

Adelige Bürger – Bürgerlicher Adel

Bereits im ausgehenden 15. Jahrhundert ließ sich der ‚Ehrvorsprung‘ nicht mehr mit der bloßen Zugehörigkeit zur Geschlechtergesellschaft begründen. Es kann vielmehr beobachtet werden, wie sich die Geschlechter eine adelige Ehrenhaftigkeit aneigneten, die sich allerdings markant von der herkömmlichen unterschied. Die bürgerlichen Attribute Arbeit und Bildung zeichnen diese Auffassung von Adel aus. Auf ebenso kurze wie eindrückliche Weise beschreibt der von Kaiser Friedrich III. zum Ritter geschlagene Konstanzer Kaufmann Konrad Grünenberg diese Auffassung.[40] In dem Vorwort des von ihm im Jahr 1483 geschaffenen Wappenbuchs stellt er die Frage, wie es denn komme, daß überhaupt zwischen ‚Edel‘ und ‚Unedel‘ unterschieden werde, wo doch Gott alle Menschen gleich geschaffen habe.[41] Die Antwort ist eindeutig: Tugend adelt den Menschen und unterscheidet ihn von den Tugendlosen. Adel kann demnach erworben werden und hat mit dem Adel qua Geburt nichts gemein. Auch der Bruder des oben zitierten Christoph Schulthaiß, Jakob, hebt in der von ihm um 1551 verfaßten Familienchronik die *virtus* und die *opes* als Merkmale des Patriziats hervor.[42] Mit diesen Ansichten konnten sich offenbar auch die Vertreter des lokalen Nieder-

---

37 *J. Rogge*, Ehrverletzungen und Entehrung in politischen Konflikten in spätmittelalterlichen Städten, in: *K. Schreiner/G. Schwerhoff (Hrsg.)*, Verletzte Ehre: Ehrkonflikte in Gesellschaften des Mittelalters und der frühen Neuzeit (Norm und Struktur 5), Köln/Weimar/Wien 1995, S. 110–143.

38 *Eitel* (wie Anm. 10), S. 98.

39 StaK U 7103, fol. 5.

40 *Kramml* (wie Anm. 25), S. 323 ff.

41 Des Conrad Grünenberg, Ritters und Burgers zu Costenz, Wappenbuch. Vollbracht am nünden Tag des Abrellen do man zalt tusend vierhundert drü und achtzig jar, hrsg. von *R. S. Alcántara* und *A. M. Hildebrandt*, Görlitz 1875.

42 Dazu *E. Hillenbrand*, Die Chronik der Konstanzer Patrizierfamilie Schulthaiß, in: *K. Elm u. a.*, Lan-

adels identifizieren. So finden sich Mitglieder der ehemaligen habsburgischen Ministerialen von Landenberg[43] in der Konstanzer Gesellschaft ebenso wie die wohl aus dem Elsaß stammenden von Schönau[44] oder die Allgäuer Ministerialen von Sürgenstein, die zur Ministerialität des Klosters St. Gallen gehört hatten.[45] Nicht nur hatten diese Familien des niederen Adels den Weg in die Stadt angetreten; ihre Angehörigen hatten auch typisch bürgerliche Formen des Gelderwerbs aufgenommen: Alle sind auch als Teilhaber der Ravensburger Handelsgesellschaft nachweisbar, wo sie zum Teil erhebliche Summen in den internationalen Handel investierten.[46] Es ließen sich weitere Überschneidungen der scheinbar klar voneinander getrennten Stände aufführen.

Dies betrifft natürlich auch die Kleriker in den Gesellschaften der Geschlechter; gerade diese sind allerdings in dem von mir näher untersuchten Konstanzer Beispiel nicht direkt nachzuweisen. In jedem Falle verschloß sich die Gesellschaft nicht den Geistlichen. Wer Aufnahme begehrte, es seien „gaistlich oder weltlich herren", dessen Wunsch wurde von den Gesellen geprüft. So ist die Zulassung mehrerer Geistlicher aus dem Konstanzer Domkapitel und dem Kapitel des Bistums Chur nachzuweisen.[47] Allerdings fehlt es an direkten Erwähnungen in den Mitgliederlisten der Gesellschaft.

Die hier angerissenen Untersuchungsergebnisse werfen einige Fragen nach unserem bisherigen Bild von der mittelalterlichen Stadt auf. Dies betrifft in erster Linie das traditionelle Verständnis von der ständisch geprägten Gesellschaft. Ein nicht zu unterschätzendes Problem stellt sich in meinen Augen in der klaren Abgrenzung zwischen Bürger und Adel noch im 15. Jahrhundert, jedoch auch zwischen ‚zünftischen' und ‚patrizischen' Bürgern. Klare Trennlinien sind offenbar erst das Resultat einer relativ späten Entwicklung, die im fortgeschrittenen 15. Jahrhundert Form gewann. Auch die Verschränkung von inner- und außerstädtischen Personenkreisen, eben von Niederadel und städtischen Geschlechtern, verdient eine eingehendere Würdigung, als ich sie an dieser Stelle habe bieten können.

---

desgeschichte und Geistesgeschichte. Festschrift für Otto Herding zum 65. Geburtstag, Stuttgart 1977, S. 352.

43 *E. Diener*, Haus Landenberg im Mittelalter. Mit besonderer Berücksichtigung des 14. Jahrhunderts, Zürich 1898.

44 *W. H. Frese*, Die Herren von Schönau. Ein Beitrag zur Geschichte des oberrheinischen Adels. Freiburg/München 1975; *F. M. Huggenberg*, Die Herren von Schönau und die Hürus, in: Schriften des Vereins für die Geschichte des Bodensees und seiner Umgebung 75 (1957), S. 81–116.

45 *L. Zenetti*, Die Sürgen. Geschichte der Freiherren von Syrgenstain (Schwäbische Genealogie. Schriftenreihe des historischen Vereins für Schwaben 1), Augsburg 1965.

46 Vgl. die Aufstellung bei *Schulte* (wie Anm. 32). Zum Teil finden sich die investierten Beträge in Nachlässen wieder. Eine systematische Untersuchung dazu fehlt noch.

47 Die Brüder des bekannten Protonotars Marquard Brisacher, Heinrich und Berthold, gelangten als Chorherren mit der Protektion Friedrichs III. in die Gesellschaft, sind dort aber namentlich nie registriert worden. Vgl. *Kramml* (wie Anm. 25), S. 296f.

Geheimer Schoß und sichtbare Statussymbole – Konsum als Zeichen sozialer Zuordnung in spätmittelalterlichen Städten des Hanseraums

Eine Problemskizze

Stephan Selzer, Halle (Saale)

Ausgangspunkte

Ob der Ratsherr Hinrik Lange eine schwarze Kasse geführt hat, läßt sich nicht mehr feststellen. Daß er in den Verdacht geraten war, öffentliche Mittel in dunkle Kanäle umgeleitet zu haben, wissen wir aus seinen eigenen Aufzeichnungen. Es war im Jahre 1455, als die in Lüneburg neu an die Macht gelangten Politiker sich das Loch in den städtischen Kassen[1] nur damit zu erklären vermochten, daß die alten Politiker auf Kosten der Allgemeinheit gelebt haben müßten. In seinem Haus interniert und wie seine Parteifreunde energisch zur Offenlegung seiner Vermögensverhältnisse gedrängt, reagierte Hinrik Lange jedoch nicht reuig, sondern unwirsch. Die ihm abgeforderte Erklärung über sein privates und geschäftliches Vermögen kommentierte er noch in der Rückschau entrüstet mit dem Satz: „Unde is wol unghehored dingh, dat wy en mosten vnse gudere so berekenen vnde in schrift geuen, dat ze scholden weten malkes rikedom vnde armoed".[2] Doch Langes empörte Zurückweisung einer Forderung nach dem ‚gläsernen Politiker' und das Bestehen auf der Geheimhaltung seiner Vermögensverhältnisse waren keineswegs die Reaktionen eines ertappten Sünders, sondern immer dann gängige Argumentationsfiguren, wenn in spätmittelalterlichen Städten über Steuerfragen beraten wurde. Denn jeder Kaufmann sah es für seine Kreditfähigkeit als schädlich an, wenn andere Einblick in seine Vermögensverhältnisse nehmen konnten.[3] Aus dieser Denkfigur resultierte die penible Geheimhaltung kaufmännischer Rechnungsbücher ebenso, wie sie in der städtischen Steuerpraxis zur geheimen Steuerzahlung aufgrund der

---

[1] Zum städtischen Kassenwesen Lüneburgs s. *A. Ranft*, Der Basishaushalt der Stadt Lüneburg in der Mitte des 15. Jahrhunderts. Zur Struktur der städtischen Finanzen im Spätmittelalter (Veröffentlichungen des Max-Planck-Instituts für Geschichte 84), Göttingen 1987.

[2] Die Chroniken der deutschen Städte vom 14. bis ins 16. Jahrhundert (künftig: ChddtSt), hrsg. von der Historischen Kommission bei der Bayerischen Akademie der Wissenschaften, 37 Bde., Leipzig u. a. 1862–1968, hier Bd. 36, S. 158, 208. Zu den Hintergründen s. *U. J. Diederichs*, Der Aufruhr von 1454 bis 1456 in der Stadt Lüneburg. Eine prosopographische Untersuchung, Diss. Kiel 1981, S. 322, mit weiterer Literatur.

[3] Z.B. *J. Hartwig*, Der Lübecker Schoß bis zur Reformationszeit (Staats- und sozialwissenschafliche Forschungen 21/6), Leipzig 1902, S. 151; *R. Prange*, Die bremische Kaufmannschaft des 16. und 17. Jahrhunderts in sozialgeschichtlicher Betrachtung (Veröffentlichungen aus dem Staatsarchiv der Freien Hansestadt Bremen 31), Bremen 1963, S. 15.

Selbsteinschätzung des Vermögens führte. So kam es gerade in den Hansestädten zu Steuerlisten, die alle Forscherhoffnungen enttäuschen, weil hinter allen oder zumindest hinter den Namen der städtischen Oberschicht nicht der so heißbegehrte Steuerbetrag, sondern beispielsweise ein einfaches *iuravit* steht.[4] Denn eben durch das Schwören und damit die Gefahr, sich eines Meineides schuldig zu machen, wollte man sicherstellen, daß der selbst errechnete und oft mittels Trichter und Tuch verdeckt in eine Truhe eingeworfene Steuerbetrag der angemessene war.[5] Wobei die geheime Schoßzahlung nicht nur die kaufmännische Kreditwürdigkeit zu sichern half, sondern nebenbei den zumindest nicht unerfreulichen Nebeneffekt besaß, murrenden Neidern keinerlei Anhaltspunkte für den Reichtum der Oberschicht zu liefern.[6]

Doch noch einmal zurück zu Hinrik Lange. Denn daß man ihn, den einst mächtigen Politiker und vermögenden Bürger, zwar nicht an seiner Vermögenshöhe, aber eben doch als das erkennen sollte, was er war, hätte auch er wohl kaum geleugnet. Doch woran erkannte man ein Mitglied der städtischen Oberschicht, wenn nicht an seiner Steuerleistung? Für eine erste Antwort wechseln wir Ort und Zeit, bleiben aber in einer Situation des politischen Konflikts. In Braunschweig nämlich beschrieb ein Chronist, zwar ganz auf seiten der alten Ordnung, aber dadurch die Ereignisse um so deutlicher wertend, die Aufrührer des Jahres 1487 und ihre Motive, die er allein in der Sucht nach persönlichen Vorteilen zu finden meinte. Sie wollten reich sein und wie Herren leben und blieben dabei doch Knechte, brachte der Chronist seine Einschätzung auf den Punkt, und zählte auch auf, was diesen nach oben gespülten Personen denn als typisch für ein Herrenleben galt: Geld besitzen, in großen Häusern leben, große Pferde reiten, auch im Alltag in Festtagskleidung erscheinen (was einige aus dieser neuen Elite dann auch wirklich taten) und Einbecker Bier trinken.[7]

---

4 *H. Reincke*, Bevölkerungsprobleme der Hansestädte, [zuerst in: Hansische Geschichtsblätter 70 (1951), S. 1–33, dann] in: *C. Haase (Hrsg.)*, Die Stadt des Mittelalters, Bd. 3: Wirtschaft und Gesellschaft (Wege der Forschung 245), Darmstadt 1973, S. 256–302, hier S. 293. Reincke war allerdings um einiges über das Ziel hinausgeschossen, als er apodiktisch feststellte, daß im Norden ausschließlich die geheime Steuerzahlung aufgrund der Selbsteinschätzung galt. Widersprochen hat ihm aufgrund der Rostocker Schoßlisten etwa *J. Schildhauer*, Die Sozialstruktur der Hansestadt Rostock von 1378–1569, in: *G. Heitz/M. Unger (Hrsg.)*, Hansische Studien. Heinrich Sproemberg zum 70. Geburtstag (Forschungen zur mittelalterlichen Geschichte 8), Berlin 1961, S. 341–353, hier S. 347f.

5 Eine Schilderung etwa in Scriptores Rerum Prussicarum (künftig: SRP), Die Geschichtsquellen der preußischen Vorzeit bis zum Untergange der Ordensherrschaft, 5 Bde., hrsg. von *T. Hirsch/M. Toeppen/E. Strehlke*, Leipzig 1861–1874, hier Bd. 4, S. 699. Eine Arbeit über das Ritual der Schoßzahlung fehlt für den Bereich der Hansestädte. Einige Hinweise finden sich in der allgemeinen Literatur zum Steuerwesen. Siehe etwa für Lübeck *Hartwig* (wie Anm. 3), bes. S. 169f.

6 Hier weiterführend *J. Ellermeyer*, Sozialgruppen, Selbstverständnis, Vermögen und städtische Verordnungen, in: Blätter für deutsche Landesgeschichte 113 (1977), S. 203–275.

7 Die Paraphrase des Schichtspiels, in: ChddtSt (wie Anm. 2), Bd. 35/1, S. 66f. Dem Anführer der Aufständischen, Ludeke Hollant, wirft die Chronistik zudem vor, er sei wie ein Kurfürst daher stolziert, habe sein Haus prunkend renoviert und Messinggeschirr präsentiert; seine Töchter hätten Klarett getrunken und luxuriöse Kleidung getragen: *R. v. Liliencron*, Die historischen Volkslieder der Deutschen 2, S. 216–221, Nr. 165, bes. Vers 22–34; Das Schichtspiel, in: ChddtSt (wie Anm. 2), Bd. 16, S. 121f.

Dieser Katalog ist nicht vollständig. Auf die Frage, woran und wodurch man in einer mittelalterlichen Stadt des Hanseraums einen reichen Kaufmann oder einen mächtigen Ratsherrn identifizieren konnte, läßt sich noch anders antworten.[8] Denn sozialer Rang konnte sichtbar werden durch die Kleidung, die man trug,[9] durch das Steinhaus, in dem man wohnte,[10] am Wappen, das die Lübecker Oberschicht schon um 1300 führte, als die Mehrheit der übrigen Bevölkerung noch nicht einmal einen festen Familiennamen besaß,[11] an den Fresken aus höfischen Erzählungen, vor denen man feierte,[12] am importierten Hausrat, von dem man aß und aus dem man trank,[13] am Besitz von Glasbechern[14] oder wertvollen Bisamäpfeln.[15] Und erkennen ließen sich Mitglieder der Elite zudem an der Gegend, in der ihre Stammsitze lagen, an den Familien ihrer Frauen,[16] an der Mitgliedschaft in exklusiven

---

8 Zu diesem Ansatz s. *W. Blockmanns/A. Janse (Hrsg.)*, Showing Status. Representation of Social Positions in the Late Middle Ages (Medieval Texts and Cultures of Northern Europe 2), Turnhout 1999, darin bes. *R. van Uytven*, Showing off One's Rank in the Middle Ages, S. 19–34. Eine ähnliche Fragestellung verfolgt an oberdeutschen Beispielen *U. Dirlmeier*, Merkmale des sozialen Aufstiegs und der Zuordnung zur Führungsschicht in süddeutschen Städten des Spätmittelalters, in: *H.-P. Brecht (Hrsg.)*, Pforzheim im Mittelalter. Studien zur Geschichte einer landesherrlichen Stadt (Pforzheimer Geschichtsblätter 6), Sigmaringen 1983, S. 77–106; *ders.*, Merkmale des sozialen Aufstiegs und der Zuordnung zur Führungsschicht in süddeutschen Städten des Spätmittelalters, in: *A. Guarducci (Hrsg.)*, Gerarchie economiche e gerarchie sociali secoli XII–XVII (Datini, Serie II, 12), Florenz 1990, S. 171–215. Zum Problem s. auch *U. M. Zahnd*, Spätmittelalterliche Bürgertestamente als Quellen zu Realienkunde und Sozialgeschichte, in: Mitteilungen des Instituts für Österreichische Geschichtsforschung 96 (1988), S. 55–78, hier S. 72f.

9 Dazu ausführlich unten nach Anm. 37.

10 Zum Zusammenhang von Wohnen und sozialer Stellung siehe den Überblick bei *U. Dirlmeier (Hrsg.)*, Geschichte des Wohnens, Bd. 2: 500–1800. Hausen, Wohnen, Residieren, Stuttgart 1998, S. 245–255. Besonders eindrücklich *P. Burke*, Glänzende Fassaden. Demonstrativer Konsum im Italien des siebzehnten Jahrhunderts, in: *Ders.*, Städtische Kultur in Italien zwischen Hochrenaissance und Barock, Frankfurt 1996, S. 141–164.

11 Die Formulierung nach *E. Schubert*, Einführung in die Grundprobleme der deutschen Geschichte im Spätmittelalter, Darmstadt 1992, S. 112.

12 Z.B. *T. Brockow*, Mittelalterliche Wand- und Deckenmalereien in Lübecker Bürgerhäusern, in: *M. Eickhölter/R. Hammel-Kiesow (Hrsg.)*, Ausstattungen Lübecker Wohnhäuser. Raumnutzungen, Malereien und Bücher im Spätmittelalter und in der frühen Neuzeit (Häuser und Höfe in Lübeck 4), Neumünster 1993, S. 41–152; *ders.*, Spätmittelalterliche Wand- und Deckenmalereien in Bürgerhäusern der Ostseestädte Lübeck, Wismar, Rostock, Stralsund und Greifswald. Ein Beitrag zur Erfassung und Auswertung von Quellen der Kunst- und Kulturgeschichte in norddeutschen Hansestädten (Studien zur Geschichtsforschung des Mittelalters 14), Hamburg 2001.

13 Z.B. *E. Grohne*, Fremder Import unter altbremischen Hausrat, in: Bremisches Jahrbuch 33 (1991), S. 446–483.

14 Z.B. *U. Pietsch*, Des Bürgers Stolz. Historische Gläser in Lübeck, in: *G. Gerkens/A. Graßmann (Hrsg.)*, Lust und Last des Trinkens in Lübeck. Beiträge zu dem Phänomen vom Mittelalter bis zum 19. Jahrhundert, Lübeck 1996, S. 102–107.

15 *R.-E. Mohrmann*, Zwischen Amulett und Talisman. Bisamäpfel als Standeszeichen?, in: *G. Blaschitz u. a. (Hrsg.)*, Symbole des Alltags. Alltag der Symbole. Festschrift für Harry Kühnel zum 65. Geburtstag, Graz 1992, S. 497–516.

16 Zur Sozialtopographie und zum Konnubium siehe die in Anm. 20 genannten Arbeiten zur Sozialstruktur von Hansestädten.

Gesellschaften[17] oder etwa auch (und bisher kaum beachtet) an ihren Gesten und an ihrer Sprache, so daß etwa 1582 ein durchreisender Schwabe beobachten konnte, daß in Rostock die Bürger der Stadt anders als die Bewohner der Fischerstraße sprachen und diese sich wiederum in ihrer Sprache von den Hafenbewohnern von Warnemünde unterschieden.[18]

Damit sind erste Ausgangspunkte für die folgenden Überlegungen erreicht: Während eine penible Diskretion in finanziellen Dingen dazu führte, daß für einen zeitgenössischen Beobachter die exakte finanzielle Potenz seines Gegenübers immer vage bleiben mußte, wurde im Alltag ständig eine Fülle von Zeichen vorgewiesen, an denen die soziale Identität abgelesen werden sollte.

Forschungsstrategien

Der Historiker, der nach der Sozialstruktur mittelalterlicher Städte forscht, ist es allerdings gewohnt, die Menschen nach ihrer exakten Vermögenshöhe zu taxieren, denn für ihn haben sich die geheimen Archive geöffnet,[19] so daß es ihm möglich ist, die Stufen des Vermögens zu bestimmen und soziale Schichten zu bilden.[20] Wann sich der dafür zentrale Begriff der

---

17 S. unten bei Anm. 180.

18 *G. de Smet*, N. Chytraeus' Nomenclator Latino-Saxonicus. Ein Beitrag zur niederdeutschen Wortgeographie des ausgehenden 16. Jahrhunderts, in: Zeitschrift für Mundartforschung 26 (1958), S. 173–185, hier S. 175f. Sozial signifikante Sprachunterschiede gab es gerade in den Gebieten der Ostsiedlung. So fand sich z.B. in Reval eine dreifache Stufung. Die Unterschichten verwandten die estnische Sprache, während Mittelschichtenangehörige bereits etwas Niederdeutsch und Mitglieder der Oberschicht allgemein hansisches Niederdeutsch sprachen: *P. Johansen/H. von zur Mühlen*, Deutsch und Undeutsch im mittelalterlichen und frühneuzeitlichen Reval (Ostmitteleuropa in Vergangenheit und Gegenwart 15), Köln/Wien 1973, S. 375–377.

19 Denn auch der Ertrag des Schosses war geheim, weil keine öffentliche Rechnungslegung erfolgte, die daher von Oppositionsbewegungen in mittelalterlichen Städten immer wieder gefordert wurde; vgl. z.B. *Hartwig* (wie Anm. 3), S. 195f.

20 Aus den zahlreichen Schichtenanalysen für Städte des Hanseraums siehe beispielsweise *Diederichs* (wie Anm. 2); *Schildhauer* (wie Anm. 4); *Johansen/von zur Mühlen* (wie Anm. 18); *A. von Brandt*, Die gesellschaftliche Struktur des spätmittelalterlichen Lübecks, [zuerst 1966, dann] in: *Ders.*, Lübeck, Hanse, Nordeuropa. Gedächtnisschrift für Ahasver von Brandt, hrsg. von *K. Friedland/R. Sprandel*, Köln/Wien 1979, S. 209–232; *A. Czacharowski*, Forschungen über die sozialen Schichten in den Städten des Deutschen Ordenslandes im 13. und 14. Jahrhundert, in: *B. Diestelkamp (Hrsg.)*, Beiträge zum spätmittelalterlichen Städtewesen (Städteforschung A/12), Köln/Wien 1982, S. 119–129; *O. Mörke*, Rat und Bürger in der Reformation. Soziale Gruppen und kirchlicher Wandel in den welfischen Hansestädten Lüneburg, Braunschweig und Göttingen (Veröffentlichungen des Instituts für historische Landesforschung der Universität Göttingen 19), Hildesheim 1983; *R. Hammel[-Kiesow]*, Hauseigentum im spätmittelalterlichen Lübeck. Methoden zur sozial- und wirtschaftsgeschichtlichen Auswertung der Lübecker Oberstadtbuchregesten, in: Lübecker Schriften zur Archäologie und Kulturgeschichte 10 (1987), S. 85–300, hier S. 129–145; *R. Czaja*, Socjotopografia Miasta Elbląga w Średniowieczu, Toruń 1992; *ders.*, Patrycjat. Starego Miasta Torunia i Starego Miasta Ebląga w średniowieczu, in: *J. Staszewskiego (Hrsg.)*, Elity mieszczańskie i szlacheckie Prus Królewskich i Kujaw w XIV–XVIII wieku. Zbiór studiów, Toruń 1995, S. 13–50. Ein Überblick findet sich bei *R. Sprandel*, Neue Forschungen über Vermögensverhältnisse in hansischen Städten, in:

,sozialen Schicht' in der deutschen Stadtgeschichtsforschung des Mittelalters durchgesetzt hat, läßt sich zeitlich recht genau fassen. Es ist Erich Maschke gewesen, der seit Ende der 1950er Jahre dieses Forschungsparadigma in mehreren Aufsätzen formuliert und durch von ihm initiierte Sammelbände verbreitet hat.[21]Dabei hatte Maschke seine Arbeiten auch in produktiver Auseinandersetzung mit Forschungen aus der DDR verfaßt, wo versucht worden war, spätmittelalterliche Stadtgesellschaften in Klassen zu gliedern.[22] Daß er dabei den Begriff der ,Schicht' demjenigen der ,Klasse' entgegensetzte, überrascht nicht, wenn man diesen von seinem historischen Ort herleitet.[23] Reflektiert oder unreflektiert stehen nämlich Maschkes Forschungen zu städtischen Schichten in der Tradition derjenigen Überlegungen, die Max Weber zur Prägung des Begriffs der ,ständischen Lage' formuliert hat.[24] Weber definierte einen Stand im Gegensatz zu der auch bei ihm rein ökonomisch verstandenen Klasse als eine Formation, die durch spezifische Formen des Lebensstils gekennzeichnet und positiv oder negativ privilegiert sei, was sich insbesondere an der sozialen Wertschätzung zeigte, die sie sich im Begriff der Ehre abbilde. Weber zielte also auf ein Faktorenbündel zur Beschreibung von sozialen Ungleichheiten, weil er die soziale Lage eben stets durch mehrere und nicht ausschließlich durch den ökonomischen Faktor bestimmt sah. Dieser Ansatz ist freilich bei der historischen Anwendung der Schichtungsanalyse nicht immer ausreichend berücksichtigt worden,[25] so daß nicht selten das, was als ein mehrdimensionales Modell angelegt war, zu einer eindimensionalen Schichtungsanalyse nach Vermögen geriet.[26] Bei

---

W. Ehbrecht (Hrsg.), Voraussetzungen und Methoden geschichtlicher Städteforschung (Städteforschung A/7), Köln/Wien 1979, S. 129–138.

21 Die Arbeiten finden sich zusammengestellt in *E. Maschke*, Städte und Menschen. Beiträge zur Geschichte der Stadt, der Wirtschaft und Gesellschaft 1959–1977 (Vierteljahrschrift für Sozial- und Wirtschaftsgeschichte, Beih. 68), Wiesbaden 1980; *ders./J. Sydow (Hrsg.)*, Gesellschaftliche Unterschichten in den südwestdeutschen Städten (Veröffentlichungen der Kommission für geschichtliche Landeskunde in Baden-Württemberg B/41), Stuttgart 1967, S. 1-74; *ders./J. Sydow (Hrsg.)*, Städtische Mittelschichten. Protokoll der 8. Arbeitstagung des Arbeitskreises für südwestdeutsche Stadtgeschichtsforschung. Biberach 14.-16. November 1969, Stuttgart 1972.

22 *E. Maschke*, Begegnungen mit Geschichte, in: *Ders.*, Städte und Menschen (wie Anm. 21), S. VII–XIX, hier S. XIV; *ders.*, Deutsche Stadtgeschichte auf der Grundlage des historischen Materialismus, zuerst in: Esslinger Studien 12/13 (1966/67), S. 124–141, auch in: *Ders.*, Städte und Menschen (wie Anm. 21), S. 475–492, bes. S. 479–481, 491. Diese Diskussion, in die sich von westdeutscher Seite zudem noch der Lübecker Stadtarchivar A. von Brandt eingeschaltet hatte, kann man mit M. Borgolte als eine der produktivsten Debatten deutsch-deutscher Sozialgeschichtsforschung bezeichnen: *M. Borgolte*, Sozialgeschichte des Mittelalters. Eine Forschungsbilanz nach der Wende (Historische Zeitschrift, Beih. NF 22), München 1996, S. 66–75, 249–277.

23 Vgl. *H. L. Krämer*, Soziale Schichtung. Einführung in die moderne Theoriediskussion, Frankfurt a. M. u. a. 1983.

24 *M. Weber*, Wirtschaft und Gesellschaft. Grundriß der verstehenden Soziologie, Tübingen [5]1972, S. 531–540. Vgl. *Krämer* (wie Anm. 23), S. 16–19, 42–51.

25 So bereits vor mehr als zwanzig Jahren *M. Mitterauer*, Probleme der Stratifikation in mittelalterlichen Gesellschaftssystemen, in: *J. Kocka (Hrsg.)*, Theorien in der Praxis des Historikers. Forschungsbeispiele und ihre Diskussion (Geschichte und Gesellschaft, Sonderheft 3), Göttingen 1977, S. 13–54, hier S. 15f. Vgl. auch *W. Ehbrecht*, Zu Ordnung und Selbstverständnis städtischer Gesellschaft im späten Mittelalter, in: Blätter für deutsche Landesgeschichte 110 (1974), S. 83–103.

26 Vgl. *Mitterauer* (wie Anm. 25), S. 29f.

Maschke war das noch anders gewesen, denn wiederholt hingewiesen hatte er auf Kleidung, Schmuck oder auch die Zulassung zum Tanz als Ausdruck einer sozialen Schichtung nach Ehre.[27] Doch gerieten diese Kategorien, die für die mittelalterlichen Stadtbewohner zweifellos erfahrungsnah waren, in den Arbeiten solcher Sozialhistoriker aus dem Blick, die ausschließlich sozialstatistischen Auswertungen vertrauten.[28] Erst mit einem allgemeinen Perspektivenwechsel in den Geisteswissenschaften, der seit den 1980er Jahren auch auf die Mittelalterforschung einzuwirken begann, geriet dergleichen immer deutlicher ins Blickfeld der Mediävisten, doch dies geschieht vor allem im Zuge eines wachsenden Interesses an Alltagsgeschichte und materieller Kultur[29] sowie durch die Formulierung des Konzepts

---

[27] *E. Maschke*, Die Schichtung der mittelalterlichen Stadtbevölkerung Deutschlands als Problem der Forschung, zuerst in: Méthodologie de l'Histoire et des sciences humaines. Mélanges en l'Honneur de Fernand Braudel, Toulouse 1973, S. 367–379, dann in: *Ders.*, Städte und Menschen (wie Anm. 21), S. 156–169, hier S. 164; *ders.*, Mittelschichten in deutschen Städten des Mittelalters, in: ebd., S. 275–305, hier S. 278; *ders.*, Die Unterschichten der mittelalterlichen Städte Deutschlands, in: ebd., S. 306–379, hier S. 357 f. Freilich betrachtete auch Maschke ‚Schichten' als objektive Realitäten der Vergangenheit und übersah, daß Klassen, Stände und Schichten nur gedachte Wirklichkeit sind, weil es sich bei diesen Begriffen um Deutungen von Gesellschaft handelt, sei es um Deutungen der zeitgenössischen Akteure, sei es um Deutungen der Historiker; vgl. *O. G. Oexle*, ‚Die Statik ist ein Grundzug des mittelalterlichen Bewußtseins'. Die Wahrnehmung sozialen Wandels im Denken des Mittelalters und das Problem der Deutung, in: *J. Miethke/K. Schreiner (Hrsg.)*, Sozialer Wandel im Mittelalter. Wahrnehmungsformen, Erklärungsmuster, Regelungsmechanismen, Sigmaringen 1994, S. 45–70; *ders.*, Soziale Gruppen in der Ständegesellschaft des Mittelalters und ihre historischen Wirkungen, in: *Ders./A. von Huelsen-Esch (Hrsg.)*, Die Repräsentation der Gruppen. Texte, Bilder, Objekte (Veröffentlichungen des Max-Planck-Instituts für Geschichte 141), Göttingen 1998, S. 9-44.

[28] Man lese etwa die im selben Band abgedruckte Diskussion zum Aufsatz von *Mitterauer* (wie Anm. 25), in der vorgebracht wurde, daß das Selbstverständnis der Zeitgenossen als irrelevant zu betrachten sei. Heute wird man hingegen Vorstellungen, Bilder und das Sprechen über die soziale Ordnung wesentlich ernster nehmen müssen; vgl. *P. Burke*, The Language of Orders in Early Modern Europe, in: *M. L. Bush (Hrsg.)*, Social Orders and Social Classes in Europe since 1500. Studies in Social Stratification, London/New York 1992, S. 1-12.

[29] Aus der reichen Literatur zum mittelalterlichen Alltag sowie zur Sachkultur und ihrer sozialen Deutung siehe beispielsweise *H. Kühnel (Hrsg.)*, Alltag im Spätmittelalter, Graz u. a. 1984; *I. Tschipke*, Lebensformen in der spätmittelalterlichen Stadt (Braunschweig, Hildesheim, Göttingen, Hameln und Duderstadt) (Schriftenreihe des Landschaftsverbandes Südniedersachsen 3), Hannover 1993; *H. Hundsbichler/G. Jaritz/T. Kühtreibe (Hrsg.)*, Die Vielfalt der Dinge. Neue Wege zur Analyse mittelalterlicher Sachkultur. Internationaler Kongreß Krems an der Donau 4. bis 7. Oktober 1994. Gedenkschrift in memoriam Harry Kühnel (Forschungen des Instituts für Realienkunde des Mittelalters und der frühen Neuzeit. Diskussionen und Materialien 3), Wien 1998; *R. Jütte*, Daily Life in Late Medieval and Early Modern Germany. In Search of Material Culture and Daily Life in Germany, in: *R. W. Scribner/S. Ogilvie (Hrsg.)*, Germany. A Social and Economic History 1: 1450–1630, London 1996, S. 327–353; *F. Opll*, Leben im mittelalterlichen Wien, Wien u. a. 1998. Gewinnbringende Anregungen lieferte zudem die Mittelalterarchäologie, deren Diskussionen etwa zusammenfaßt: *H. Steuer*, Mittelalterarchäologie und Sozialgeschichte. Fragestellungen, Ergebnisse und Zukunftsaufgaben, in: *G. P. Fehring/W. Sage (Hrsg.)*, Mittelalterarchäologie in Zentraleuropa. Zum Wandel der Aufgaben und Zielsetzungen (Zeitschrift für Archäologie des Mittelalters, Beiheft 9), Köln 1995, S. 87–104; *S. Felgenhauer-Schmiedt*, Die Sachkultur des Mittelalters im Lichte der archäologischen Funde (Europäische Hochschulschriften 38/42), Berlin u. a. 1993.

einer historischen Kulturwissenschaft. Seitdem werden zeitgenössische Vorstellungen über soziale Ordnungen sowie die soziale Praxis und damit auch die Statussymbole ernster genommen.[30] Zwar ist inzwischen wiederholt darauf verwiesen worden, daß sich beide Forschungskonzepte, analytische Deskription der Sozialstruktur aus der Vogelschauperspektive und Beschreibung der erlebten sozialen Realität der Zeitgenossen, komplementär zueinander verhalten.[31] Doch für die Untersuchung der Sozialstruktur spätmittelalterlicher Städte steht der Nachweis noch aus, daß sozialstatistische Analyse in der Tradition der historischen Sozialwissenschaften und eine Annäherung an die sozialen Ordnungsvorstellungen und die sozialen Praktiken der Zeitgenossen, um die sich eine historische Kulturwissenschaft bemühen sollte, sich ergänzen können und damit helfen, vergangene Realitäten angemessener zu beschreiben.

Inwieweit ein solches Vorhaben gelingen kann, soll hier am Beispiel des Konsums für spätmittelalterliche Städte des Hanseraums überprüft werden. Um die Beobachtungen zu strukturieren und für die Frage der Sozialstruktur fruchtbar zu machen, ist es von Vorteil, daß für das hier interessierende Problem ein Theorieangebot des französischen Soziologen Pierre Bourdieu existiert, das aber unter deutschen Historikern um einige Jahre zu spät rezipiert wurde, um die theoriefreudige Diskussion der 1970er Jahre noch zu befruchten.[32] Der Soziologe Bourdieu besaß dabei einen entscheidenden Vorteil, denn er konnte Lebende interviewen, während die Historiker einen Hinrik Lange oder einen Ludeke Hollant nicht mehr nach den Gründen für ihre Entscheidungen fragen können. Was allerdings moderne Konsumenten als ihre Beweggründe angeben, hätten vielleicht auch Lange und Hollant vorgebracht: Nach ihrem Geschmack hätten sie sich entschieden. Doch genauso wie Pierre Bourdieu es seinen Probanden nachgerufen hat,[33] so müssen auch die Mediävisten ihren Helden entgegenhalten, daß der Geschmack nicht frei ist. Denn dem Geschmack folgen, heißt solche Güter ästhetisch oder nützlich finden, die unserer Herkunft, Bildung und sozialen Rolle entsprechen. So kommt bei Bourdieu das, wofür er den Begriff des ‚Präferenzraums der Konsumenten' geprägt hat, mit dem durch Vermögen und Bildungskapital determinierten ‚Sozialraum' zur Deckung. Was man trinkt, welchen Sport man ausübt, wohin

---

[30] Jüngste Überblicke bei *U. Meyer*, Mittelalterliche Geschichte, in: *C. Cornelißen (Hrsg.)*, Geschichtswissenschaften. Eine Einführung, Frankfurt a.M. 2000, S. 69–82; *H.-W. Goetz*, Moderne Mediävistik. Stand und Perspektiven der Mittelalterforschung, Darmstadt 1999, bes. S. 229–242.

[31] *Oexle*, Gruppen (wie Anm. 27), S. 12.

[32] *P. Bourdieu*, Zur Soziologie der symbolischen Formen, Frankfurt a.M. 1970, hier bes. S. 42–74 der Aufsatz ‚Klassenstellung und Klassenlage'; *ders.*, Sozialer Raum und ‚Klassen', in: *Ders.*, Sozialer Raum und ‚Klassen'. Leçon sur la leçon, Frankfurt a.M. 1985, S. 7-46; *ders.*, Die feinen Unterschiede. Kritik der gesellschaftlichen Urteilskraft, Frankfurt a.M. [8]1996. Zu diesem Konzept und seiner Rezeption siehe *M. Schwingel*, Pierre Bourdieu zur Einführung, Hamburg 1995, bes. S. 99–120; *S. Marinova*, Kultur und Macht. Die Rezeption Pierre Bourdieus in der deutschen Soziologie (Edition Wissenschaft, Reihe Sozialwissenschaften 75), Marburg 1997; *M. Dinges*, Historische Anthropologie und Gesellschaftsgeschichte. Mit dem Lebensstilkonzept zu einer Alltagskulturgeschichte der frühen Neuzeit, in: Zeitschrift für historische Forschung (1997), S. 179–214.

[33] Ähnlich auch *H.-J. Teuteberg*, Homo edens. Reflexionen zu einer neuen Kulturgeschichte des Essens, in: Historische Zeitschrift 265 (1997), S. 1-28, hier S. 8-10.

man in den Urlaub reist, ist daher immer auch ein Zeichen, durch das man seine soziale Identität darzustellen versucht.[34]

Freilich kann der von Bourdieu aufgespannte theoretische Rahmen hier nicht wirklich ausgefüllt werden. Vielmehr soll es nur darum gehen, auf einer mittleren Deutungsebene die von Bourdieu beschriebenen Mechanismen, die den Konsum[35] zum Mittel sozialer Zuordnung machen können, für Forschungen zur spätmittelalterlichen Stadtgesellschaft fruchtbar werden zu lassen. Das Feld solcher Güter, an denen Reichtum und Macht sichtbar werden konnten, ist freilich weit, so daß es sich empfiehlt, schrittweise vorzugehen. Ausgewählt für eine genauere Betrachtung wurden zwei exemplarische Felder des Konsums, die Kleidung und die Nahrung, die als besonders signifikant für Unterschiede der Lebensstile gelten. Bourdieu konnte die französische Gesellschaft der 1970er Jahre gestützt auf eine umfangreiche Enquete beschreiben. Der Mediävist wird ihn um diese Quellenlage nur beneiden können. In der hier untersuchten Region, den spätmittelalterlichen Städten des Hanseraums, mangelt es an seriellen Quellen. Inventare etwa fehlen vor dem 16. Jahrhundert, Haushaltsrechnungen sind wesentlich seltener vorhanden als in Oberdeutschland, zumal in Nürnberg.[36] Weil es somit kaum möglich sein wird, den Stellenwert einzelner Merkmale statistisch abzugrenzen, stütze ich mich auf Quellengruppen, die eher qualitative als quantitative Aussagen erlauben, dabei aber den Vorzug besitzen, nicht nur die Hierarchie der konsumierten Güter, sondern auch ihre Konsumptionsweise sichtbar werden zu lassen.[37]

---

34 Dabei ist die Stärke des Bourdieuschen Konzeptes gerade, daß in ihm die Ebenen der faktischen sozialstatistischen Lage, bei ihm als Raum der sozialen Position bezeichnet, und die alltäglichen symbolischen Unterscheidungen durch Verwendung von Statussymbolen und Distinktionsmerkmalen, für ihn der Raum der Lebensstile, aufeinander bezogen sind. Genauer gesagt, zwischen den objektiven sozialen Positionen und den symbolischen Formen der Lebensstile bestehen systematische Beziehungen. Freilich sind diese Beziehungen keine streng kausalen und absolut notwendigen, sondern es handelt sich vielmehr um Korrespondenzen.

35 Zum Konsum in historischer Perspektive siehe *C. Shammas*, The Pre-industrial Consumer in England and America, Oxford 1990; *C. Dyer*, Standards of Living in the Later Middle Ages, Cambridge 1989. Grundlegend für Deutschland ist *U. Dirlmeier/G. Fouquet*, Ernährung und Konsumgewohnheiten im spätmittelalterlichen Deutschland, in: Geschichte in Wissenschaft und Unterricht 44 (1993), S. 504–525, engl. Fassung unter dem Titel ‚Consumption and Demand‘, in: *Scribner/Ogilvie* (Anm. 29), S. 85–111.

36 Vgl. *U. Dirlmeier*, Alltag, materielle Kultur, Lebensgewohnheiten im Spiegel spätmittelalterlicher und frühneuzeitlicher Abrechnungen, in: *G. Jaritz (Hrsg.)*, Mensch und Objekt im Mittelalter und in der frühen Neuzeit. Leben, Alltag, Kultur. Internationaler Kongreß Krems an der Donau 27. bis 30. September 1988 (Sitzungsberichte der Österreichischen Akademie der Wissenschaften, Philosophisch-Historische Klasse 568/Veröffentlichungen des Instituts für Realienkunde des Mittelalters und der Frühen Neuzeit 13), Wien 1990, S. 157–180. Eine interessante Quelle aus Braunschweig bei *K. Rahn*, Der Haushalt der Braunschweiger Witwe Lucie Kubbeling im Spiegel einer Rechnung des Jahres 1520, in: Braunschweigisches Jahrbuch für Landesgeschichte 78 (1997), S. 129–147.

37 Ein ähnliches Verfahren eines „Zeichen-Inventars“ für stigmatisierende Symbole etwa bei *R. Jütte*, Stigma-Symbole. Kleidung als identitätsstiftendes Merkmal bei spätmittelalterlichen und frühneuzeitlichen Randgruppen (Juden, Dirnen, Aussätzige, Bettler), in: *Ders./N. Bulst (Hrsg.)*, Zwischen Sein und Schein. Kleidung und Identität in der ständischen Gesellschaft (Saeculum 44/1), Freiburg/München 1993, S. 65–89, hier S. 80–86.

Kleider machen Leute

Stellt man der Kleidung andere Konsumgüter gegenüber, so wird rasch deutlich, daß Hüte, Krawatten und Schuhe ihren Wert in aller Regel auch daraus beziehen, Status zu zeigen und Prestige zu verschaffen, und gerade nicht nur ihrem eigentlichen Zweck dienen, nämlich den Träger vor Wind und Wetter zu schützen. Kleidungsstücke besitzen für denjenigen, der nach Distinktion strebt, zudem den Vorteil, daß sie für den Wettlauf um immer verfeinerte Teilungen und Unterteilungen ein besonders geeignetes Gut sind.[38] Weil auch im Mittelalter städtische Chronisten die Zeichenqualität von Kleidung sehr genau betrachteten, kann der Historiker die bunten Stoffe nicht nur als Gegenstand von Rechnungen und Testamenten, sondern auch in der sozialen Praxis beobachten.[39] So zog sich beispielsweise in Stralsund im Jahre

---

[38] Vgl. allgemein *T. Veblen*, Theorie der feinen Leute. Eine ökonomische Untersuchung der Institutionen, München 1971, S. 127–142; *G. Simmel*, Zur Psychologie der Mode. Soziologische Studie (1895), in: *Ders.*, Schriften zur Soziologie. Eine Auswahl, hrsg. von *H.-J. Dahme/O. Rammstedt*, Frankfurt a. M. 1983, S. 131–139; *R. Barthes*, Die Sprache der Mode, Frankfurt 1985. Über mittelalterliche Kleidung als soziales Zeichen handeln *J. Zander-Seidel*, Ständische Kleidung in der mittelalterlichen und frühneuzeitlichen Stadt, in: *H. Appelt (Hrsg.)*, Terminologie und Typologie mittelalterlicher Sachgüter. Das Beispiel der Kleidung. Internationales Round-Table-Gespräch Krems an der Donau 6. Oktober 1986 (Sitzungsberichte der Österreichischen Akademie der Wissenschaften, Philosophisch-historische Klasse 511/Veröffentlichungen des Instituts für Mittelalterliche Realienkunde Österreichs 10), Wien 1988, S. 59–76; *Bulst/Jütte*, Sein und Schein (wie Anm. 37); *C. de Mérindol*, Signes de hiérarchie sociale à la fin du Moyen Age d'après les vêtements. Méthodes et recherches, in: *M. Pastoureau (Hrsg.)*, Le Vêtement. Histoire, archéologie et symbolique vestimentaires au Moyen Age (Cahiers du Léopard d'Or 1), Paris 1989, S. 181–223; *H. Kühnel*, Kleidung und Gesellschaft im Mittelalter, in: *ders. (Hrsg.)*, Bildwörterbuch der Kleidung und Rüstung, Stuttgart 1992, S. XXVI–LXIX; *V. Groebner*, Die Kleider des Körpers des Kaufmanns. Zum „Trachtenbuch" eines Augsburger Bürgers im 16. Jahrhundert, in: Zeitschrift für historische Forschung 25 (1998), S. 323–358. Zur Kleidung im Hanseraum s. *G. Jaacks*, Städtische Kleidung im Mittelalter, in: *J. Wittstock (Hrsg.)*, Aus dem Alltag der spätmittelalterlichen Stadt (Hefte des Focke-Museums 62), Bremen 1982, S. 219–232; *dies.*, Bekleidung in den Hansestädten, in: *J. Bracker (Hrsg.)*, Die Hanse. Lebenswirklichkeit und Mythos. Katalog der Ausstellung im Museum für Hamburgische Geschichte, 2 Bde., Lübeck 1989, hier Bd. 1, S. 402–405; *dies.*, „In ehrbarlicher Kleidung sich bezeigen [...]". Die Kleidung des Lübecker Kaufmanns, in: *G. Gerkens/A. Graßmann (Hrsg.)*, Der Lübecker Kaufmann. Aspekte seiner Lebens- und Arbeitswelt vom Mittelalter bis zum 19. Jahrhundert, Lübeck 1993, S. 107–112.

[39] Nennungen von Kleidungsstücken in hansestädtischen Testamenten studieren etwa *J. Schildhauer*, Hansestädtischer Alltag. Untersuchungen auf der Grundlage der Stralsunder Bürgertestamente vom Anfang des 14. bis zum Ausgang des 16. Jahrhunderts (Abhandlungen zur Handels- und Sozialgeschichte 28), Weimar 1992, S. 25, 73–75; *J. Gladen*, Testamente – Spiegel spätmittelalterlichen Lebens und Wirkens, in: *M. Puhle (Hrsg.)*, Hanse – Städte – Bünde. Die sächsischen Städte zwischen Elbe und Weser um 1500, Bd. 1 (Magdeburger Museumsschriften 4), Magdeburg 1996, S. 518–524; *S. Mosler-Christoph*, Die materielle Kultur in den Lüneburger Testamenten 1323 bis 1500, Diss. Göttingen 1998. Neue Erkenntnisse für die soziale Zuordnung von Kleidung und Sachkultur allgemein darf man sich von einer quantitativen Analyse der Lübecker Testamente erhoffen; vgl. *G. Meyer*, Milieu und Memoria. Schichtspezifisches Stiftungsverhalten in Lübecker Testamenten aus dem 2. Viertel des 15. Jahrhunderts, in: Zeitschrift des Vereins für Lübeckische Geschichte und Altertumskunde 78 (1998), S. 115–141.

1386 eine Gruppe von Patriziersöhnen Schnabelschuhe an und zudem neuartige Kleider über, die kaum die Lenden bedeckten und sich durch lange Ärmel auszeichneten.[40] Der Chronist bezeichnete diese Jugendgruppe als „jeckener". Das vom Beobachter als neu und anstößig empfundene Kleidungsteil schuf offenbar Identität, und vielleicht war dieses Modestück von den Jugendlichen ganz bewußt als Zeichen ihrer Gruppenkultur und damit in Abgrenzung zur Elterngeneration gewählt worden.[41] Ein weiteres Zeugnis läßt sich anschließen: Als 1416 der alte Lübecker Rat aus der Verbannung zurückkehrte und in die Stadt einzog,[42] wurde interessanterweise die Kleidung der Frauen zum Mittel einer Demonstration des sozialen Vorrangs der alten Elite. Die Rückkehrerinnen und ihre Töchter trugen seitdem, wie der Chronist Albert Kranz später schreibt, „zum zeugnis ihrer vermehrten Hochheit vnnd erlangte ehre einen sonderlichen in die höhe auffgewundenen vnnd obenzugespitzte Schleyer von andern vnterscheiden [...] wollen dadurch von höherm Geschlecht gehalten sein vnnd achten andere geringer weder sich."[43] Unwillkürlich denkt man bei der Beschreibung dieses Kopfputzes an die These des Soziologen Thorstein Veblen, der meinte, daß prestigeträchtige Kleidungsstücke vor allem die Untauglichkeit, in ihnen praktisch zu arbeiten, zur Schau stellen müßten, weil dadurch evident werde, daß ihre Träger von vulgärer körperlicher Arbeit dispensiert seien.[44] Woher diese Lübecker Frauenhauben stammten und was sie gekostet hatten, läßt sich nicht mehr feststellen. Doch auch andernorts wurden Frauen danach unterschieden, was sie auf dem Kopf trugen. Am Kopfschmuck ließ sich etwa seit 1505 in Elbing der gesellschaftliche Rang einer Braut ablesen. Denn Patriziertöchtern vorbehalten war das Tragen einer Brautkrone.[45]

An diesen ersten Beispielen zeigt sich bereits, daß auch in den spätmittelalterlichen Städten des Hanseraums die Kleidung eingesetzt wurde, um sozialen Status zu demonstrieren. Dies war ein allgemein akzeptierter Grundsatz. Wenn Ehefrauen angemessene Kleidung forderten, wurde dergleichen daher auch von scharf rechnenden männlichen Haushaltsvorständen nicht als Auswuchs weiblicher Eitelkeit empfunden, sondern durchaus als soziale

---

40 Es handelte sich sicherlich um eine aus der höfischen Männermode stammende kurze Jacke, die Schecke; vgl. *Jaacks*, Städtische Kleidung (wie Anm. 38), S. 222.

41 Johann Berckmanns Stralsundische Chronik und die noch vorhandenen Auszüge aus alten verloren gegangenen Stralsundischen Chroniken nebst einem Anhange, urkundliche Beiträge zur Kirchen- und Schulgeschichte Stralsunds enthaltend, hrsg. von *G. C. F. Mohnike/E. H. Zober* (Stralsundische Chroniken 1), Stralsund 1833, S. 164: „de [die Konstabler] hadden korte kledere euenst den lenden vnd lange mowen wente vp de vohte vnd lange schenuelde scho [...]".

42 *S. Dünnebeil*, Die Lübecker Zirkel-Gesellschaft. Formen der Selbstdarstellung einer städtischen Oberschicht (Veröffentlichungen zur Geschichte der Hansestadt Lübeck B/27), Lübeck 1996, S. 79.

43 *Albert Krantz*, Wandalia oder: Beschreibung wendischer Geschichte, Lübeck 1600, Buch 10, Kap. 12, S. 349f.; danach auch *C. F. Wehrmann*, Das Lübeckische Patriziat, insbesondere dessen Entstehung und Verhältnis zum Adel, in: Hansische Geschichtsblätter 2 (1872), S. 91–135, hier S. 116f.; *W. Brehmer*, Das häusliche Leben in Lübeck zu Ende des 15. Jahrhunderts, in: Hansische Geschichtsblätter 5 (1886), S. 3–32, hier S. 16; *M. E. Schlichting*, Religiöse und gesellschaftliche Anschauungen in den Hansestädten des späten Mittelalters, Kiel 1935, S. 131.

44 *Veblen* (wie Anm. 38), S. 129, passim.

45 *B. Quassowski*, Obrigkeitliche Wohlfahrtspflege in den Hansestädten des Deutschordenslandes (Braunsberg, Elbing, Königsberg, Kulm und Thorn) bis 1525, in: Zeitschrift des Westpreußischen Geschichtsvereins 59 (1919), S. 1–68; 60 (1920), S. 27–66; 61 (1921), S. 103–148, hier S. 134.

Notwendigkeit akzeptiert. So bedauerte es der Kaufmann Siverd Veckinchusen zutiefst, als die finanzielle Klemme, in die sein Handelsgeschäft geraten war, dazu führte, daß er seine Frau nicht mit neuen Kleidungsstücken ausstatten konnte.[46] So einfühlsam gegenüber weiblichen Wünschen war er freilich vor allem deshalb, weil er die soziale Tatsache akzeptierte, daß sein Vermögen und sein Rang durch die Kleidung seiner Frau öffentlich sichtbar wurden. Das war eine soziale Logik, die auch bei Mittelschichten bis in die Testamente durchschlug, wenn etwa 1426 in Elbing ein Erblasser seiner Frau zusprach: „[...] ein par nuwer kleyder nicht daz beste uach nicht czu geringe, suder als is vnder hantwerkes luten eyne gewonheit ist [...]“.[47]

Dieser Befund läßt sich aber auch umkehren. Denn immer dann, wenn sozialer Status und Kleidungskonsum besonders deutlich auseinanderklafften, die Statusinkonsistenz mithin besonders offenkundig wurde, finden sich Stimmen mittelalterlicher Zeitgenossen, die einen bedrohlichen Zustand erreicht sahen, weil sich moralische und soziale Grundkoordinaten verschoben zu haben schienen. Die Danziger etwa beschwerten sich 1440 in ihren Klageartikeln gegen die englischen Kaufleute auch darüber, daß von diesen Fremden lose Weiber ausgehalten würden, „die do gehen hoher gekleidet, dan ein ander erbar frau“.[48] Doch selbstverständlich entsprach immer dort, wo mehr Geld als Prestige vorhanden war, der Wert der Kleidung gerade nicht der sozialen Stellung. Voll von derartigen Fällen ist die Biographie des Stralsunder Bürgermeisters Bartholomäus Sastrow. So bemerkte der Hanseat etwa die kostbare Kleidung einer Konkubine eines Ritters des Johanniterordens, die „mit seiten Kleidern, goldene Hauben, goldene Ringe, Jopen mit Martern gefudert“ ausstaffiert war. Auch römischen Prostituierten begegnete er, die „in Sammit, Dammasch vnnd andern golt und seiten Gewant“ geschmückt waren.[49] Derartige mißbilligende Einschätzungen finden sich natürlich nicht nur bei bürgerlichen Beobachtern, sondern auch dann, wenn städtische Oberschichten ihrerseits von adligen Zuschauern taxiert wurden. Aufsehen unter den adligen Rittern des Deutschen Ordens erregte 1451 in Preußen das Auftreten des vom Königshof zurückgekehrten Thorner Ratsherrn Georg von Berge. Er „treibet grossen hoffart in der stat Thorun, her helt sich als ein furste mit vorspannen, struszfedern, weisse steffeln, rote cleider mit hermmeln gefuttert“, meldete man dem Hochmeister.[50]

Solche Momente, in denen Weltbild und Realität nicht mehr korrespondierten, wurden im Mittelalter häufig zur Stunde der herbeigeeilten oder herbeigerufenen, jedenfalls regulieren-

---

46 Hildebrand Veckinchusen, Briefwechsel eines deutschen Kaufmanns im 15. Jahrhundert, hrsg. von *W. Stieda*, Leipzig 1921, S. XLIX; 42–44, Nr. 33, hier S. 44, danach *Schlichting* (wie Anm. 43), S. 130. Vgl. *F. Irsigler*, Der Alltag einer hansischen Kaufmannsfamilie im Spiegel der Veckinchusen-Briefe, in: Hansische Geschichtsblätter 103 (1985), S. 75–99, hier bes. S. 87.

47 Hier zitiert nach *Czaja*, Patrycjat (wie Anm. 20), S. 37 in Anm. 96, nach dem ungedruckten Erbschichtungsbuch.

48 *M. Toeppen (Hrsg.)*, Akten der Ständetage Preußens unter der Herrschaft des Deutschen Ordens, 5 Bände, ND (der Ausgabe 1876–1886) Aalen 1973–1974, hier Bd. 2, S. 140f., Nr. 87.

49 Bartholomaei Sastrowen Herkommen, Geburt und Lauff seines gantzen Lebens, hrsg. von *G. C. F. Mohnike*, 3 Bde., Greifswald 1823/1824, hier Bd. 1, S. 286f., 346. Die Autobiographie wurde ausgewertet von *U. Brosthaus*, Bürgerleben im 16. Jahrhundert. Die Autographie des Stralsunder Bürgermeisters Bartholomäus Sastrow als kulturgeschichtliche Quelle (Forschungen und Quellen zur Kirchen- und Kulturgeschichte Ostdeutschlands 11), Köln/Wien 1973, hier S. 79–82 zur Kleidung.

50 *Toeppen*, Akten (wie Anm. 48), Bd. 3, S. 378, Nr. 160.

den Obrigkeit. In städtischen Luxus- und Kleiderordnungen, einer für die Frage der Konsumgeschichte so faszinierenden wie schwierig zu deutenden Quellengruppe, schlagen sich solche Konstellationen nieder.[51] Doch waren die Gruppen, von denen die spätmittelalterlichen Städte regiert wurden, nicht nur eine unparteiische Obrigkeit, sondern oft auch selbst Teilnehmer im Wettbewerb um symbolische Auszeichnungen. Es ist daher zur fragen, ob ihre Normierungen des Konsums nicht zuweilen auch durch den Wunsch motiviert waren, sich den Wettbewerb um Distinktionen dadurch zu erleichtern, daß konkurrierende Gruppen vom Genuß sichtbarer Vorrechte ausgeschlossen wurden. Denn daß Gruppen an der Macht auf sichtbare Zeichen ihres Vorranges viel Wert legten, zeigt sich immer wieder. So weiß man, daß sich sowohl Bremer wie Lübecker Ratsherren spätestens seit dem 14. Jahrhundert auf ein kaiserliches Privileg beriefen, das ihnen das Recht zusprach, „gold und bunt“ zu tragen. Ein Kleidervorrecht, das in Analogie zur ritterlich-höfischen Welt formuliert war.[52] In einem königlichen Privileg ließen sich auch die Danziger Bürgermeister 1457 das Recht erteilen, fortan Goldschmuck an ihrer Kleidung tragen zu dürfen;[53] was sie auch taten, denn noch in der Kleiderordnung von 1540 ließen ihre Nachfolger dieses Vorrecht an den Anfang des Textes stellen.[54]

---

51 *L. C. Eisenbart*, Kleiderordnungen der deutschen Städte zwischen 1350 und 1700. Ein Beitrag zur Kulturgeschichte des deutschen Bürgertums, Göttingen 1962; *N. Bulst*, Zum Problem städtischer und territorialer Kleider-, Aufwands- und Luxusordnungen in Deutschland (13. bis Mitte 16. Jahrhundert) im Spiegel von ‚Sozialdisziplinierung‘ und der Herausbildung des modernen Staates, in: *A. Gouron/A. Rigaudiere (Hrsg.)*, Renaissance du pouvoir législatif et genèse de l’état, Montpellier 1988, S. 28–57; *ders.*, Kleidung als sozialer Konfliktstoff. Probleme kleidergesetzlicher Normierung im sozialen Gefüge, in: *Ders./Jütte* (wie Anm. 37), S. 32–46; *G. Schwerhoff*, „... die groisse oeverswenckliche costlicheyt zo messigen“. Bürgerliche Einheit und ständische Differenzierung in Kölner Aufwandsordnungen (14.–17. Jahrhundert), in: Rheinische Vierteljahrsblätter 54 (1990), S. 95–122; *R. Driever*, Obrigkeitliche Normierung sozialer Wirklichkeit. Die städtischen Statuten des 14. und 15. Jahrhunderts in Südniedersachsen und Nordhessen (Göttinger Forschungen zur Landesgeschichte 2), Bielefeld 2000. Eine Untersuchung in vergleichender europäischer Perspektive wäre wünschenswert. Siehe etwa zu Italien *D. O. Hughes*, Sumptuary Laws and Social Relations in Renaissance Italy, in: *J. Bossy (Hrsg.)*, Disputes and Settlements. Law and Human Relations in the West, Cambridge 1983, S. 69–99; *ders.*, Distinguishing Signs: Ear Rings, Jews and Franciscan Rhetoric in the Italian Renaissance City, in: Past and Present 112 (1986), S. 3-59; *J. A. Brundage*, Sumptuary Laws and Prostitution in Late Medieval Italy, in: Journal of Medieval History 13 (1987), S. 343–355.

52 Vgl. *Schlichting* (wie Anm. 43), S. 88f., 158f.; *Wehrmann* (wie Anm. 43), S. 118f. In einer verunechteten Lübecker Urkunde vom 10. Okt. 1366 heißt es: *„huiusmodi eciam consules ex singulari priuilegio imperatoris auro, vario, sindone et aliis insignibus militaribus uti possunt et utuntur“*, Codex diplomaticus Lubecensis. Lübeckisches Urkundenbuch (künftig: LUB), hrsg. vom Verein für Lübeckische Geschichte und Altertumskunde, Bd. 3–9, Lübeck 1871–1891, hier Bd. 3, S. 631–640, Nr. 595, das Zitat hier S. 634. Zu Bremen s. *D. W. Poeck*, „Vrigheid do ik ju openbar“. Geschichtsbilder in Hansestädten, in: *Ders./T. Hill (Hrsg.)*, Gemeinschaft und Geschichtsbilder im Hanseraum (Kieler Werkstücke E/1), Frankfurt a. M. u. a. 2000, S. 45–60, hier S. 51, mit weiterer Literatur.

53 *P. Simson*, Geschichte der Stadt Danzig. Bd. 1: Von den Anfängen bis 1517, Danzig 1913, S. 248. Die Urkunde ist gedruckt ebd., Bd. 4, S. 120, Nr. 142. Vgl. *J. Zdrenka*, Die Danziger Burggrafen 1457–1792/93 (Sonderschriften des Vereins für Familienforschung in Ost- und Westpreussen 64), Hamburg 1989, S. 118–120.

54 *O. Günther*, Danziger Hochzeits- und Kleiderordnungen, in: Zeitschrift des Westpreußischen Geschichtsvereins 42 (1900), S. 182–228, hier S. 209f.

Wie bei allen normativen Quellen bereitet indessen die Beantwortung der Frage erhebliche Schwierigkeiten, ob diese Ordnungen nur beschreiben, wie es eigentlich sein sollte, oder abbilden, wie es tatsächlich war.[55] Sicher ist dabei nur, daß dort, wo solchen Kleiderordnungen auch Geltung verschafft wurde, die damit rechtlich fixierten und kontrollierten Konsumgüter eine ungleich höhere Zeichenqualität besitzen mußten.[56] Dies ist bereits mehrfach für stigmatisierende Symbole, mit denen etwa Juden und Prostituierten eine soziale Außenseiterrolle angeheftet wurde, herausgearbeitet worden.[57] Doch konnte derselbe Mechanismus auch dazu führen, daß Symbole der Elite entstanden. Auch dafür sind Beispiele vorhanden. So verbot 1521 in Preußen eine Landesordnung den Handwerkern das Tragen von Baretten aus Marderfell. Dadurch zum eindeutigen Zeichen des sozialen Vorrangs geworden, wurden diese Mützen zum Anlaß einer Supplik beim Hochmeister, in der die Handwerker darum baten, diesen Kopfschmuck tragen zu dürfen.[58] Interessant ist die Bestimmung, die daraufhin von der Ständeversammlung und damit zweifellos nicht gegen den Willen der städtischen Oberschicht festgelegt wurde. Im Rezeß festgeschrieben wurde nämlich, daß fortan „ein jeder nach seinem vermogenn die gemeine gewonliche cleidung macht sol habenn zu tragenn unnd sich anschneiden zu lassen.“[59] Eine Lösung, die man so deuten kann, daß es den städtischen Eliten möglich erschien, im freien Spiel der nur auf Reichtum gestützten Kräfte die gewünschte Distinktion zu erreichen.

Damit ist zumindest angedeutet, welche Aspekte bei einer Interpretation von Luxusbestimmungen meines Erachtens stärker in den Blick gerückt werden sollten. Doch seien diese normativen Quellen hier ausschließlich dazu verwandt, um in Ansätzen zu systematisieren, welche der grundlegenden Möglichkeiten durch Kleidung eine distinktive Wirkung zu erzielen, nämlich Stoff, Farbe, Schnitt und Schmuck, besonders häufig normiert wurden und daher wohl für die soziale Zuordnung besonders wichtig waren.[60] Reine Quantität war kaum

---

55 Zu diesem Problem s. *U. Dirlmeier*, Obrigkeit und Untertan in den oberdeutschen Städten des Spätmittelalters. Zum Problem der Interpretation städtischer Verordnungen und Erlasse, in: *W. Paravicini/K. F. Werner (Hrsg.)*, Histoire comparée de l'administration (IVe-XVIIIe siècles). Actes du XIVe Colloque Historique Franco-Allemand, Tours, 27 mars-1er avril 1977 (Francia, Beih. 9), Zürich 1980, S. 437–449; *E. Isenmann*, Normes and Values in the European City 1300–1800, in: *P. Blickle (Hrsg.)*, Resistance, Representation and Community (The Origins of the Modern State E), Oxford 1997, S. 185–215; Disziplinierung im Alltag des Mittelalters und der frühen Neuzeit. Internationaler Kongreß Krems an der Donau 8. bis 11. Oktober 1996, hrsg. vom Institut für Realienkunde des Mittelalters und der Frühen Neuzeit (Veröffentlichungen des Instituts für mittelalterliche Realienkunde Österreichs 17/Veröffentlichungen der Österreichischen Akademie der Wissenschaften, Philosophisch-Historische Klasse, Sitzungsberichte 669), Wien 1999.

56 Dazu aus soziologischer Sicht *G. Wiswede*, Soziologie des Verbraucherverhaltens, Stuttgart 1972, S. 158f.

57 Vgl. *Jütte* (wie Anm. 37), mit der älteren Literatur.

58 *Toeppen*, Akten (wie Anm. 48), Bd. 5, S. 679f., Nr. 263; 699f., Nr. 271. Vgl. *Quassowski* (wie Anm. 45), S. 128f.

59 *Toeppen*, Akten (wie Anm. 48), Bd. 5, S. 704, Nr. 272. Vgl. *Quassowski* (wie Anm. 45), S. 128f.

60 Für eine Analyse verwandt wurden folgende Luxusordnungen: *F. Techen (Hrsg.)*, Die Bürgersprachen der Stadt Wismar (Hansische Geschichtsquellen N.F. 3), Leipzig 1906; *G. v. d. Ropp (Hrsg.)*, Göttinger Statuten. Akten zur Geschichte der Verwaltung und des Gildewesens der Stadt Göttingen bis zum Ausgang des Mittelalters (Quellen und Darstellungen zur Geschichte Niedersachsens 25),

sichtbar zu machen. Von den 100 Paar Stiefeln, über die 1483 der Danziger Ratsherr Otto Angermünde in seinem Testament verfügen konnte, ließ sich natürlich jeweils nur ein Paar tragen.[61] Daß am Schnitt der Stoffe durchaus Unterschiede sichtbar werden konnten, belegt bereits das Beispiel der Stralsunder „Jeckner". Auch in Thorn richtete sich 1464 eine Verordnung der Obrigkeit gegen die als ausgesprochener Luxus betrachteten spitzen Schuhe.[62] Doch war offenbar der extravagante Schnitt der Kleidungsstücke auf Dauer wenig signifikant, war doch um 1500 die modische Silhouette kein trennscharfer Anhaltspunkt, um arm und reich zu scheiden.[63] Auch die Farbe scheint sozial wenig eindeutig gewesen zu sein,[64] so daß man den Status seines Trägers wohl am sichersten am Material der Kleidung erkennen konnte. Als Zeichen einer hohen sozialen Position galten nach Ausweis der Luxusordnungen besonders solche Produkte, die aus dem Westen, Osten und Süden in den Hanseraum importiert worden waren. Flandrische Wolltuche stachen gegenüber einheimischen Textilien hervor, denn sie waren eine Kostbarkeit, was schon in ihrer lateinischen Bezeichnung als „pannum pulchrum", Schöngewand, anklingt.[65] Ein Paar weiße Mechelnsche Hosen hielt der Elbinger Rat 1423 dann auch für angemessen, um sie einem herzoglichen Begleiter des Hochmeisters zu verehren.[66] Schon 1407 hatten die Diener von Großkomptur und Treßler

---

Hannover/Leipzig 1907; *H. Sievert*, Die Kieler Burspraken. Mittelalterliches Leben im Spiegel alter Kieler Polizeiordnungen (Mitteilungen der Gesellschaft für Kieler Stadtgeschichte 46), Kiel 1959; Hamburgische Burspraken 1346 bis 1594 mit Nachträgen bis 1699, bearb. von *J. Bolland* (Veröffentlichungen aus dem Staatsarchiv der Freien und Hansestadt Hamburg 6), Hamburg 1960. Die Lübekker Luxusordnungen sind vor allem in den Bänden des Lübecker Urkundenbuchs gedruckt und wurden zuletzt zusammengestellt von *U. Simon*, Stand, Vermögen, Standvermögen. Das gesellige Trinken vom Mittelalter bis zum Ende der Luxusordnungen, in: *Gerkens/Graßmann* (wie Anm. 38), S. 49–65, hier S. 52 Tabelle 1; vgl. *G. Neumann*, „...nicht mehr als 60 Pasteten". Die Luxusordnungen der Hansestadt Lübeck im 15. Jahrhundert, in: Damals 1977, S. 551–564.

61 *P. Simson*, Das Testament des Danziger Schöffen und Ratsherrn Otto Angermünde von 1492, in: Mitteilungen des Westpreußischen Geschichtsvereins 14 (1915), S. 42–48. Vgl. *H. Samsonowicz*, Untersuchungen über das Danziger Bürgerkapital in der zweiten Hälfte des 15. Jahrhunderts (Abhandlungen zur Handels- und Sozialgeschichte 8), Weimar 1969, S. 124–128.

62 *A. Voigt (Hrsg.)*, Thorner Denkwürdigkeiten von 1345–1547 (Mitteilungen des Coppernicus-Vereins für Wissenschaft und Kunst zu Thorn 13), Thorn 1904, S. 103.

63 Diese Beobachtung anhand der Bilderhandschrift des Hamburger Stadtrechts von 1497 und anderer Bildquellen bei *Jaacks*, Städtische Kleidung (wie Anm. 38), S. 230.

64 *M. Pastoureau*, Vogue et perception des couleurs dans l'Occident médiéval, in: *Ders.*, L'hermine et le sinople. Études d'héraldique médiévale, Paris 1982, S. 127–148. Über Produktion, Distribution und Konsumption von Farbstoffen im Mittelalter bereite ich eine größere Studie vor.

65 *Jaacks*, Städtische Kleidung (wie Anm. 38), S. 231. Zum hansischen Tuchhandel s. *H. Amman*, Deutschland und die Tuchindustrie Nordwesteuropas im Mittelalter, in: Hansische Geschichtsblätter 72 (1954), S. 1–63. Großhandelspreise finden sich in hansischen Handlungsbüchern, etwa in demjenigen des Großschäffers des deutschen Ordens: *C. Sattler (Hrsg.)*, Handelsrechnungen des Deutschen Ordens, Leipzig 1887; *F. Renken*, Der Handel der Königsberger Großschäfferei des Deutschen Ordens mit Flandern um 1400 (Abhandlungen zur Handels- und Seegeschichte 5), Weimar 1937.

66 *M. Toeppen (Hrsg.)*, Peter Himmelreichs und Michael Friedwalds des Löwentödters Elbingisch-Preußische Geschichten (Die preußischen Geschichtsschreiber des 16. und 17. Jahrhunderts 4/2), Leipzig 1881, S. 39. Vgl. *M. Toeppen*, Festmahle und Ehrungen den Hochmeistern von der Stadt

des Deutschen Ordens jeweils Hosen aus Dordrechter Tuch von der Stadt überreicht bekommen. Im selben Jahr leistete sich der Elbinger Rat vier Laken aus Ypern für seine Amtskleidung, die zusammen über 66 Mark preußisch kosteten.[67] Vielleicht kaufte man damals in Flandern nicht nur den Stoff ein, sondern bezog die Mode gleich mit. Ein Danziger Gesandter jedenfalls, der 1471 von der Mottlau an den Swin fuhr, bemerkte rasch, daß sein Rock in Brügge als seltsam altmodisch galt, woraufhin er seine Garderobe ändern ließ.[68]

An der Spitze der Materialhierarchie standen indessen Brokat, Damast, Atlas und andere Seidenstoffe, die 1387 in Preußen noch vollständig verboten wurden.[69] Schon 1350 hatte der Wismarer Rat das Tragen von Brokat untersagt.[70] Aus Italien importiert, waren solche Produkte selbst für Mittelschichten unerschwinglich.[71] Dennoch findet sich Seide gar nicht so selten unter den in Lübeck ausgegrabenen Textilfragmenten,[72] und gerade seine Kostbarkeit ließ manches Seidengewand aus dem Spätmittelalter auf uns kommen. Zahlreiche Beispiele für liturgische Gewänder, die aus solchen kostbaren Stoffen gefertigt sind, finden sich etwa im Paramentenschatz der Danziger Marienkirche.[73]

Zwar auch zu importieren, aber auf anderen Routen, waren skandinavische und russische Pelze. Ebenso wie Tuche wurden Pelze in einer Vielzahl von Sorten und Qualitäten angeboten. Erhebliche Wertabstufungen waren die Regel. Zobel brachte um 1410 einer hansischen Handelskompanie gut 27mal soviel ein wie Kaninchenfelle.[74] Auf Stifterbildern Lübecker Kaufleute, und nicht nur hier, sind es vor allem wertvolle Pelze, die gern ins Bild

---

Elbing gegeben, in: Zeitschrift des Westpreußischen Geschichtsvereins 39 (1899), S. 147–158, hier S. 148.

67 *M. Pelech (Hrsg.)*, Nowa księga rachunkowa starego miasta Elblaga 1404–1414. Novus liber rationum veteris civitatis Elbingensis (1404–1414), 2 Bde. (Towarzystwo Naukowe w Toruniu 72/73), Warschau/Posen/Thorn 1987–1989, hier Bd. 1, S. 92f. Diese und weitere Belege aus den Elbinger Rechnungen bereits bei *Toeppen*, Festmahle (wie Anm. 66), S. 151.

68 Hanserecesse (künftig: HR), Abteilung I: Die Recesse und andere Akten der Hansetage von 1256–1430, bearb. von *W. Junghans u. a.*, 8 Bde., Leipzig 1870–1897, hier Bd. 6, S. 489f., Nr. 531. Vgl. *Schlichting* (wie Anm. 43), S. 131.

69 *Toeppen*, Akten (wie Anm. 48), Bd. 1, S. 50, Nr. 31. Vgl. *Quassowski* (wie Anm. 45), S. 127.

70 *Techen*, Bürgersprachen (wie Anm. 60), S. 120.

71 Als ein Beispiel für Großhandelspreise s. *F. Rörig*, Das Einkaufsbüchlein der Nürnberg-Lübecker Mulichs auf der Frankfurter Fastenmesse des Jahres 1495, in: *Ders.*, Wirtschaftskräfte im Mittelalter. Abhandlungen zur Stadt- und Hansegeschichte, hrsg. von *P. Kaegbein*, Wien/Graz ²1971, S. 288–350, hier S. 328–337.

72 Vgl. *Jaacks*, Städtische Kleidung (wie Anm. 38), S. 231; *dies.*, In ehrbarlicher Kleidung (wie Anm. 38), S. 108, *dies.*, Seidenes Bekleidungswerk aus den Lübecker Altstadtgrabungen, in: *D. Meier u. a. (Hrsg.)*, Beiträge zur Archäologie von Slawen und Deutschen (Lübecker Schriften zur Archäologie und Kulturgeschichte 23), Bonn 1993, S. 295–302.

73 *W. Mannowsky*, Der Danziger Paramentenschatz. Kirchliche Gewänder und Stickereien aus der Marienkirche, 4 Bde., Berlin 1931–1938; Aus dem Danziger Paramentenschatz und dem Schatz der Schwarzhäupter zu Riga. Katalog der Ausstellung des Germanischen Nationalmuseums in Nürnberg zur Eröffnung des Theodor-Heuss-Baues 1958, Nürnberg 1958.

74 *W. Stieda*, Hansisch-venetianische Handelsbeziehungen im 15. Jahrhundert, Rostock 1894, S. 102. Vgl. *M. P. Lesnikov*, Der hansische Pelzhandel zu Beginn des 15. Jahrhunderts, in: *Heitz/Unger* (wie Anm. 4), S. 219–272; *R. Delort*, Le commerce des fourrures en occident à la fin du Moyen Age: vers 1300–1450 (Bibliothèque des Écoles françaises d'Athènes et de Rome 236), Rom 1978.

gesetzt wurden, weil sie offenbar sozial besonders klassifizierend wirkten.[75] Die Lübecker Hierarchie der Beschränkung ordnete Zobel und Marder zusammen mit der Seide ganz oben ein.[76] Eine Schaube mit Zobel veranschlagte der Lübecker Hinrich Dunkelgud 1482 auf 30 bis 40 Mark lübsch.[77] Das Futter der Hoiken genannten Mäntel reichte von diesen Spitzenprodukten[78] über Grauwerk und Buntwerk hinab bis zu Kaninchen- und Lammfellen.[79]

Noch häufiger normiert als die Stoffe selbst wurden die Verzierungen der Gewänder, die offenbar besonders wichtige distinktive Zeichen waren.[80] Gold, Silber und Perlen als Besatz der Frauenkleidung wollte etwa der Göttinger Rat 1354 nicht mehr zulassen.[81] Völlig zu verbieten versuchte 1350 der Rat von Wismar die Borten an der Frauenkleidung. Die Verbrämungen wollte man zumindest beschränken.[82] Eine preußische Ordnung von 1388 untersagte Handwerkern und Dienstleuten außer einem extravaganten Schnitt der Kleidung vor allem Zierat, nämlich geschlitzte Röcke sowie Borten und Seidenwerk am Gewand. Der Wert des Silberschmuckes wurde für Dienstmägde auf eine halbe Mark preußisch begrenzt.[83] In Elbing richtete sich 1393 die Obrigkeit gegen Borten und klingende Gürtel, mit denen nach Meinung des Rates „sunderliche hoffart" getrieben wurde.[84] Extravagante Besatzformen der Adelsmode sind tatsächlich im Bild des Kaufmanns im Lübecker Totentanz und durch Textilfunde in der Lübecker Altstadt nachgewiesen.[85] Weil Perlen und anderes Geschmeide an die Frauenkleider genäht wurden, hießen diese Gewänder in Lübeck „besmydet rocke".[86] Solche Frauenröcke waren ein am Leib getragenes Vermögen. Die 60 Mark lübsch etwa, auf die eine Lübecker Luxusordnung von 1467 den Wert eines perlenbestickten Frauenkleides beschränken wollte, entsprachen dem jährlichen Lohn des Schreibers derselben Verordnung oder dem Preis von 12 Tonnen Butter.[87]

---

75 *Jaacks*, In erbarlicher Kleidung (wie Anm. 38), S. 108.

76 In der Luxusordnung vom 20. XII. 1454, gedruckt im LUB 9 (wie Anm. 52), S. 210–220, Nr. 208, hier S. 211 f.

77 *W. Mantels*, Aus dem Memorial oder Geheim-Buche des Lübecker Krämers Hinrich Dunkelgud von 1479 bis 1517, Lübeck 1866, S. 12. Dies entsprach ungefähr den Kosten des Festessens zu seiner Hochzeit drei Jahre zuvor.

78 Zobel und Marder wurden z.B. in einer preußischen Ordnung 1445 für Handwerker verboten: *Toeppen*, Akten (wie Anm. 48), Bd. 2, S. 671, Nr. 410, § 37.

79 Hamburger Burspraken (wie Anm. 60), S. 69 f., Nr. 30, §§ 1–2.

80 So nach oberdeutschen Quellen auch *Groebner* (wie Anm. 38), S. 347 f.

81 *Von der Ropp* (wie Anm. 60), S. 45 f., § 2.

82 *Techen*, Bürgersprachen (wie Anm. 60), S. 119 f.

83 *Toeppen*, Akten (wie Anm. 48), Bd. 1, S. 54, Nr. 33. Danach auch *Quassowski* (wie Anm. 45), S. 127.

84 *Toeppen*, Himmelreich Chronik (wie Anm. 66), S. 30. Vgl. *Quassowski* (wie Anm. 45), S. 128.

85 *Jaacks*, In erbarlicher Kleidung (wie Anm. 38), S. 108.

86 *Brehmer* (wie Anm. 43), S. 15; *Wehrmann* (wie Anm. 43), S. 124.

87 LUB 11 (wie Anm. 52), S. 316–331, Nr. 311, hier S. 317. Die Vergleichszahlen nach *Neumann* (wie Anm. 60), S. 553.

Das Brot der Armen und das Brot der Reichen

„Der Mensch ist, was er ißt." Diese gern zitierte Sentenz Ludwig Feuerbachs[88] fängt zwei zentrale Tatbestände ein. Sie verweist darauf, daß Essen und Trinken die Speisenden in ihrer sozialen Gebundenheit und Stufung charakterisieren können, und ruft ins Gedächtnis, daß Mahlzeiten nicht bloße Nahrungsaufnahmen, sondern soziale Handlungen sind.[89] Freilich muß bei der Beschreibung von Nahrungsmitteln als soziale Zeichen wesentlich stärker als bei der Kleidung zwischen dem internen privaten Verbrauch und dem externen öffentlichen Konsum unterschieden werden. Während die Kleidung beim Verlassen des Hauses der Sichtbarkeit und damit der sozialen Bewertung ausgesetzt war, blieb die alltägliche Nahrungsaufnahme auf den häuslichen Bereich beschränkt. Dort jedoch, wo Essen und Trinken in den außerhäuslichen Bereich gerieten, zeigt sich schnell, daß hier dieselben Mechanismen der sozialen Distinktion wirksam wurden wie bei der Kleidung.[90]

Für offizielle Festessen des städtischen Rates oder exklusiver städtischer Gesellschaften, die einer aus dem Strom des Alltags herausgehobenen Festkultur angehören, ist die Quellenlage recht günstig, wobei für unsere Frage nach der Hierarchie von Nahrungsmitteln weniger bedeutsam ist, daß auch für die Oberschicht diese Genüsse nicht mit dem alltäglichen Dauerkonsum gleichzusetzen sind.[91] Im Jahre 1500 besorgten die Lübecker Zirkelbrüder zu ihrem Gelage 12 Schinken, ein Viertel eines Ochsens, 90 Hühner, ein Stück Wild, 900 Eier, Butter und Käse, dazu große Mengen Importgewürze, Ingwer, Pfeffer, Safran, Nelken, Zimt, Zucker, Rosinen. Zum Dessert genoß man verschiedene Sorten Konfekt. Als Getränke wurden Einbecker und Hamburger Bier sowie Wein serviert.[92] Dieses Beispiel läßt uns solche

---

[88] Vgl. *Teuteberg*, Homo (wie Anm. 33), S. 1-3.

[89] So etwa *E. Weyrauch*, Mahl-Zeiten. Beobachtungen zur sozialen Kultur des Essens in der Ständegesellschaft, in: *A. E. Imhof (Hrsg.)*, Leib und Leben in der Geschichte der Neuzeit (Berliner Historische Studien 9), Berlin 1983, S. 103–118, hier S. 108. Vgl. zudem *J. Goody*, Cooking, Cuisine and Class. A Study in Comparative Sociology, Cambridge 1982.

[90] Eine Ernährungsgeschichte der Region fehlt. Bester Überblick bei *G. Wiegelmann/R.-E. Mohrmann (Hrsg.)*, Nahrung und Tischkultur im Hanseraum (Beiträge zur Volkskultur in Nordwestdeutschland 91), Münster 1996. Vgl. noch *Dirlmeier/Fouquet* (wie Anm. 35); *H. J. Teuteberg (Hrsg.)*, European Food History. A Research Review, Leicester/London/New York 1992; *A. Wierlacher/G. Neumann/H. J. Teuteberg*, Kulturthema Essen. Ansichten und Problemfelder, Berlin 1993; *M. Montanari*, Der Hunger und der Überfluß. Kulturgeschichte der Ernährung in Europa, München 1993; *L. Kolmer/C. Rohr (Hrsg.)*, Mahl und Repräsentation. Der Kult ums Essen, Paderborn 2000. Grundlegend ist weiterhin *W. Abel*, Strukturen und Krisen der spätmittelalterlichen Wirtschaft (Quellen und Forschungen zur Agrargeschichte 32), Stuttgart/New York 1980; *ders.*, Stufen der Ernährung, Göttingen 1981, S. 7–31. Über den Hanseraum handeln *J. M. van Winter*, Ernährung im spätmittelalterlichen Hanseraum, in: *Wittstock* (wie Anm. 38), S. 175–181; *dies.*, Ernährung und Kochkunst im Hanseraum, in: *Bracker* (wie Anm. 38), Bd. 1, S. 406–408.

[91] Dazu grundlegend *G. Fouquet*, Das Festmahl in den oberdeutschen Städten des Spätmittelalters. Zu Form, Funktion und Bedeutung öffentlichen Konsums, in: Archiv für Kulturgeschichte 72 (1992), S. 83–123; *ders*, Nahrungskonsum und Öffentlichkeit im späten Mittelalter. Beobachtungen zum Bierverbrauch der Lübecker Oberschichten, in: Zeitschrift der Gesellschaft für Schleswig-Holsteinische Geschichte 124 (1999), S. 31–49.

[92] *G. Deecke*, Historische Nachrichten von dem lübeckischen Patriziat, in: Jahrbücher des Vereins für mecklenburgische Geschichte und Altertumskunde 10 (1845), S. 50–96, hier S. 86.

Nahrungsgüter kennenlernen, deren Positionen in der Hierarchie der Speisen eingeschätzt werden sollen. Blickt man zunächst auf den Umfang der Mahlzeit, so fallen Reichhaltigkeit und Variationsbreite dieser oberschichtspezifischen Ernährung sofort auf. Die Bruderschaft der Kommendisten am Lübecker Heiliggeist-Hospital mußte sich 1520 bei ihrem jährlichen Festessen mit nur einem Grapenbraten und Lübecker Bier begnügen, konnte sich freilich immerhin auch Butter, Eier, Rosinen und Pfeffer leisten.[93] Deutlicher noch läßt sich das Außerordentliche der lukullischen Genüsse der Lübecker Zirkelbrüder im Kontrast zur gleichzeitigen Verpflegung in Hospitälern erkennen.[94] Grundnahrung etwa im Braunschweiger Hospital St. Jodoci waren Dünnbier, Brot und Grütze. Bereits eine seltene Zukost waren Schweinefleisch und Heringsrationen. Milch, Eier und Butter kamen nur an Festtagen auf den Tisch.[95] Besser versorgt waren dagegen die Insassen im Lüneburger Heiligengeisthospital, wo 1483 immerhin für 150 Personen wöchentlich 13 Käse und alle 14 Tage eine große Tonne Butter angekauft wurden.[96] Im Wismarer Hospital zum Heiligen Geist waren Roggenbrot und Grütze die Grundnahrungsmittel. Am Sonntag, Dienstag und Donnerstag gab es zusätzlich Rind-, Hammel- oder Schweinefleisch, an den Fastentagen Dorsch und Hering.[97]

Diese erste Musterung der verbrauchten Nahrungsmittel macht bereits deutlich, daß sich die soziale Ungleichheit der Dinge erneut wiederfindet. Die untere Grenze der Nahrungs-

---

[93] *E. Hach*, Aus dem Rechnungsbuche des Hl. Geist Hospitals, in: Zeitschrift des Vereins für Lübeckische Geschichte und Altertumskunde 9 (1908), S. 35–146; 205–208, hier S. 121. Zum Braunschweiger Kalandsmahl s. *K. Rahn*, Religiöse Bruderschaften in der spätmittelalterlichen Stadt Braunschweig (Braunschweiger Werkstücke 91), Hannover 1994, S. 125f.

[94] Zu Verpflegungsordnungen von Spitälern s. allgemein *S. Reicke*, Das deutsche Spital und sein Recht im Mittelalter 2: Das deutsche Spitalrecht (Kirchenrechtliche Abhandlungen 113/114), Stuttgart 1932, S. 206–212. Die Rechnungsquellen, die in den im folgenden genannten Studien für besitz- und wirtschaftsgeschichtliche Untersuchungen benutzt wurden, harren noch der Auswertung unter konsumgeschichtlichen Gesichtspunkten: *E. Zechlin*, Lüneburgs Hospitäler im Mittelalter (Forschungen zur Geschichte Niedersachsens 1/6), Hannover/Leipzig 1907; *F. Techen*, Das Haus zum Heiligen Geiste zu Wismar, in: Jahrbücher des Vereins für mecklenburgische Geschichte und Altertumskunde 91 (1927), S. 153–249; *R. Kleiminger*, Das Heiligengeisthospital von Wismar in sieben Jahrhunderten. Ein Beitrag zur Wirtschaftsgeschichte der Stadt, ihrer Höfe und Dörfer (Abhandlungen zur Handels- und Sozialgeschichte 4), Weimar 1962; *K. Wellschmied*, Die Hospitäler der Stadt Göttingen. Ihre Entwicklung, Verwaltung und Wirtschaft von den Anfängen bis zum Beginn des 19. Jahrhunderts, Göttingen 1963; *W. Berger*, Das St.-Georgs-Hospital zu Hamburg. Die Wirtschaftsführung eines mittelalterlichen Großhaushalts (Beiträge zur Geschichte Hamburgs 8), Hamburg 1972; *H. Schulz*, Studien zur Wirtschafts- und Sozialgeschichte des Heilig-Geist-Hospitals zu Lübeck, Diss. Göttingen 1993. Zu den Erkenntnismöglichkeiten von Hospitalrechnungen für die Konsumgeschichte s. für die frühe Neuzeit *B. Krug-Richter*, Zwischen Hafergrütze und Hirsebrei? Regionale, soziale und funktionale Differenzierungen in der frühneuzeitlichen Hospitalverpflegung Nordwestdeutschlands, in: *Wiegelmann/Mohrmann* (wie Anm. 90), S. 179–210.

[95] *H. Gleitz*, Das Hospital St. Jodoci zu Braunschweig. Ein Beitrag zur Geschichte des Wohlfahrtswesens der Stadt Braunschweig, in: Niedersächsisches Jahrbuch für Landesgeschichte 17 (1940), S. 37–83, hier S. 56f.

[96] *Zechlin* (wie Anm. 94), S. 54.

[97] *Kleiminger* (wie Anm. 94), S. 35–41.

mittelhierarchie wurde durch die monotone Abfolge von Brot, Mus und Brei gebildet. Sie galten als standestypische Nahrung der Unterschichten.[98] Den Bauern zeichneten städtische Satiren in der Spottfigur des Rübenfressers,[99] denn sozial signifikant waren besonders die Fleischrationen. Die Spannweite reichte von keinem Fleisch zu billigem Suppenfleisch und weiter hinauf über Braten und Geflügel zum Wildbret.[100] Bei der Hospitalverpflegung waren zusätzliche Fleischtage oder größere Fleischrationen der entscheidende Unterschied zwischen Armen- und Herrenpfründnern.[101] Nahrungsluxus war es daher, als im Februar 1511 der Danziger Ratsherr Reinhold Feldstete fünf Fleischgänge in unterschiedlichen Varianten servieren ließ, zu denen zudem zahlreiche und verschiedene Beilagen aufgetischt wurden.[102] Freilich blieb Wild auch für Patrizierhaushalte immer eine Seltenheit, so daß dergleichen in einer Lübecker Hochzeitsordnung des Jahres 1454 noch völlig verboten war[103] und auch in städtischen Tierknochenfunden nur mit einem Anteil von 0,7 bis 3% vorkommt.[104] Immerhin ließen sich die Lübecker Ratsherren bei ihrem Schoßmahl des Jahres 1460 auch mehrere Hasen und ein Reh servieren.[105] Beim Hochzeitsessen des Lübecker Kaufmanns Hinrich Dunkelgud kamen 1479 zwar Ochsen- und Hammelfleisch sowie Wurstfleisch und Würstchen, aber kein Wild auf den Tisch.[106] Dafür, daß Hasen- und Rehbraten serviert wurden, sorgte hingegen bei allen seinen Hochzeitsfeiern der Hildesheimer Bürgermeister Henning Brandis.[107] Doch auch dort, wo Wild auf die Tafel kam, deuten sich feine Differenzierungen an. Denn es war offenbar ein Unterschied, ob das Wildbret in kommerzieller Jagd von Berufsjägern erlegt worden war oder aber aus der Jagd als adligem Sport stammte.[108] Manchen Boten mußte daher der uns schon bekannte Lüneburger Ratsherr Hinrik Lange aussenden, um bei Jagdherren, wie etwa dem Abt des Klosters St. Michael oder dem Propst von Ebstorf, ein Reh oder einen Eber für das Sülfmeistergelag zu or-

---

98 *Dirlmeier/Fouquet* (wie Anm. 35), S. 515. Siehe zur Grütze etwa *Techen*, Hospital (wie Anm. 94), S. 175; *Kleiminger* (wie Anm. 94), S. 41, errechnet, daß 1474 in Wismar statistisch 0,6 Pfund Grütze pro Person pro Tag ausgegeben wurden.

99 *W. Rösener*, Bauern im Mittelalter, München 1985, S. 111 f.; *M. Heyne*, Das deutsche Nahrungswesen von der ältesten geschichtlichen Zeit bis zum 16. Jahrhundert (Fünf Bücher deutscher Hausaltertümer 2), Leipzig 1901, S. 325.

100 *Dirlmeier/Fouquet* (wie Anm. 35), S. 521.

101 *Dirlmeier/Fouquet* (wie Anm. 35), S. 516.

102 SRP (wie Anm. 5), Band 5, S. 462. Vgl. *M. Bogucka*, Das alte Danzig. Alltagsleben vom 15. bis 17. Jahrhundert, Leipzig 1980, S. 150.

103 LUB 9 (wie Anm. 52), S. 210–220, Nr. 208, hier S. 215.

104 *G. P. Fehring*, Der Beitrag der Archäologie zum Leben in der Stadt des späten Mittelalters, in: *H. Appelt (Hrsg.)*, Das Leben in der Stadt des Spätmittelalters. Internationaler Kongreß Krems a. d. Donau 20. bis 23. Sept. 1976 (Veröffentlichungen des Instituts für mittelalterliche Realienkunde Österreichs 2/Veröffentlichungen der Österreichischen Akademie der Wissenschaften, Philosophisch-Historische Klasse, Sitzungsberichte 325), Wien 1977, S. 9-36, hier bes. S. 16.

105 Zudem kamen auch Mandeln, Hecht, Honig, Eier und Käse auf den Tisch: *Hartwig* (wie Anm. 3), S. 232.

106 *Mantels* (wie Anm. 77), S. 15 f.

107 Henning Brandis' Diarium. Hildesheimische Geschichten aus den Jahren 1471 bis 1528, hrsg. von *L. Haenselmann*, Hildesheim 1896, S. 177 (1504), 191 f. (1508).

108 Zur adligen Jagd als Standessymbol siehe *W. Rösener (Hrsg.)*, Jagd und höfische Kultur im Mittelalter (Veröffentlichungen des Max-Planck-Instituts für Geschichte 135), Göttingen 1997.

ganisieren.[109] Auch der Hamburger Rat erhielt vom Grafen von Schaumburg und dem Herzog von Sachsen-Lauenburg zuweilen ein Reh oder einen Hirsch geschenkt, den man dann gemeinsam verspeiste.[110] Die Preise für Wild waren unerhört. Der Hochmeister des Deutschen Ordens zahlte beispielsweise 1399 für ein Reh 10 Skot und für 40 Rebhühner 19 Skot.[111] Dafür hätte nach der preußischen Lohntaxe von 1388 ein Schiffszimmermeister sieben bzw. fast 14 Tage arbeiten müssen.[112]

Besonders deutlich wird es auch am Brot, wie sehr das Essen soziale Distanz markieren konnte. Allgemein gilt, daß Brot je feiner und weißer es war, in Preis und Prestige anstieg.[113] Schweres dunkles Roggenbrot, oftmals noch mit Zusätzen gestreckt, fand sich in einem Haushalt der Oberschicht nicht. Hier bevorzugte man feine helle Produkte aus Weizenmehl, denen im Falle der Semmeln, Brezeln und besonders der Wecken zudem reichlich Milch, Butter, Eier und Rosinen zugesetzt wurden.[114] Solche Delikatessen waren allein schon deshalb, weil beim Ausbacken vom Ausgangsgewicht des Korns sehr viel verloren ging, ein Herrenbrot. Hospitalbewohner, etwa in Wismar, erhielten Semmeln und Butter nur an wenigen Tagen im Jahre, wenn sie aufgrund einer testamentarischen Stiftung ausgegeben wurden.[115] Die Lübecker Zirkelgesellschaft kaufte 1500 für ein Festmahl zum eigenen Verzehr Semmel, „sconroggen“, aber billiges „almyssen brot“ für die aus diesem Anlaß übliche Armenspeise.[116] Eine weitere Steigerung der sozialen Demonstration beim Verzehr solchen prestigeträchtigen Gebäcks wird einem vor Augen geführt, wenn man sich zwei nur als Nachzeichnungen überlieferte Lübecker Waffeleisen aus dem Jahre 1453 im Gebrauch vorstellt, mit deren Hilfe die Wappen von 16 Ratsherren nebst ihrem Namen in den Teig eingepreßt werden konnten.[117] Kuchenbäcker waren überhaupt eine Berufsgruppe, deren Lohn in Hochzeitsordnungen reguliert wurde.[118]

Schon genannt wurden Gewürze, die als weitere wichtige ‚Statusmacher‘ gelten dürfen.

---

109 ChddtSt (wie Anm. 2), Bd. 36, S. 155.

110 *E. Finder*, Hamburgisches Bürgertum in der Vergangenheit, Hamburg 1930, S. 120.

111 Das Marienburger Tresslerbuch der Jahre 1399–1409, hrsg. von *E. Joachim*, Königsberg/Pr. 1896, S. 25.

112 *Toeppen*, Akten (wie Anm. 48), Bd. 1, S. 54, Nr. 33.

113 *Dirlmeier/Fouquet* (wie Anm. 35), S. 520f.

114 Dazu zuletzt *E. H. Segschneider*, Heißwecken als Fastnachtsgebäck im Hanseraum, in: *Wiegelmann/Mohrmann* (wie Anm. 90), S. 429–461. Vgl. noch *Heyne* (wie Anm. 99), S. 276; *Bogucka* (wie Anm. 102), S. 150f.; *Kleiminger* (wie Anm. 94), S. 40, weißt nach, daß Weizenbrot für die Hospitalbewohner nur an besonderen Festtagen ausgegeben und nicht im Hospital selbst, sondern beim Bäcker gebacken wurde. Im Backhaus des Hospitals stellte man nur Roggenbrot her.

115 *Techen*, Heiligengeist (wie Anm. 94), S. 170f.

116 Wie oben Anm. 92. Weizensemmeln zu drei Pfennigen das Stück waren etwa auch 1504 in Lübeck Bestandteil des Ratsessens im Weinkeller: *E. Spies-Hankammer (Hrsg.)*, Lübecker Weinhandel. Kultur- und wirtschaftsgeschichtliche Studien (Veröffentlichungen des Senats der Hansestadt Lübeck, Amt für Kultur, Reihe B 6), Lübeck 1985, S. 136, §§ X.1–9.

117 *C. Wehrmann*, Das Lübeckische Patriziat, in: Zeitschrift des Vereins für Lübeckische Geschichte und Altertumskunde 5 (1888), S. 293–392, hier S. 326; *Dünnebeil* (wie Anm. 42), S. 131–136.

118 LUB 9 (wie Anm. 52), S. 210–220, Nr. 208, hier S. 216. Eine Kuchenbäckerin wird in den Statuten der Kaufleutekompanie genannt: *A. Graßmann*, Die Statuten der Kaufleutekompanie von 1500, in: Zeitschrift für Lübeckische Geschichte und Altertumskunde 61 (1981), S. 19–35, hier S. 31.

Als kleine Appetithappen reichten 1411 die Elbinger dem Hochmeister des Deutschen Ordens und seinem Gefolge einige Leckereien, die aus Pfeffer, Safran, Nelken, Paradiskörnern, Ingwer, Zucker, Rosinen und auch Muskat bestanden.[119] Das ist nur eines aus einer Vielzahl von Beispielen, die zeigen, daß fremde Gewürze den Charakter des Exzeptionellen besaßen, so daß aus ihnen hergestellte Konfektspezialitäten, in Lübeck etwa die aus Zucker und Gewürzen zusammengesetzte Krude, prädestiniert waren, um anläßlich einer außergewöhnlichen Situation, einer Ehrung oder eines Festes gereicht zu werden.[120] Die prestigestiftende Funktion dieser Importprodukte führte sogar dazu, daß man sie für etwas benutzte, was man heute als Weinpanscherei verachten würde. Denn für den Klarett, der im Spätmittelalter in städtischen Mauern zum Festessen einfach dazugehörte, versetzte man Wein nach Ausweis einer Rostocker Handschrift mit Zimt, Ingwer, Paradiskörnern, Nelken, Nardenwurzel und Safran,[121] wobei für das Ende des 14. Jahrhunderts belegt ist, daß sich durch die wertvolle Beimischung der Preis des als Grundlage eingesetzten weißen Rheinweins von 6 auf 12 Schillinge pro Stübchen verdoppelte.[122] Denn für alle Gewürze wurden gepfefferte Preise verlangt. So zahlte das Wismarer Heiliggeisthospital 1428 für ein Lot Pfeffer 15 Pfennige, für ein Lot Safran sowie für ein Lot Nelken jeweils 7 Pfennige. Das war ein teurer Luxus, wenn man weiß, daß norddeutsche Lohntaxen um 1420 davon ausgingen, Bauhandwerker für 6 Pfennige am Tag komplett versorgen zu können,[123] und noch 1530 in Wismar damit kalkuliert wurde, Bedienstete mittags oder abends für jeweils 9 Pfennige verpflegen zu lassen.[124] Der in den Rechnungen des Wismarer Heiliggeisthospitals verzeichnete „claret" rann deshalb auch nicht durch die Kehlen der Insassen, sondern wurde nur den Hospitalvor-

---

119 *Toeppen*, Festmahle (wie Anm. 66), S. 154.

120 Z. B. *U. Hannemann*, Von Apotheken und Arzeneien. Die Ratsapotheke lieferte dem Rat Gewürze und Konfekt, in: Lübeckische Blätter 145 (1998), S. 293–296, 319 f., hier S. 295 f., 319 f. Ein Beispiel aus Braunschweig in ChddtSt (wie Anm. 2), Bd. 16, S. 533 f. (1506). Vgl. *H. Boockmann*, Süßigkeiten im finsteren Mittelalter. Das Konfekt des Deutschordenshochmeister, in: *R. Schieffer (Hrsg.)*, Mittelalterliche Texte. Überlieferung, Befunde, Deutungen, Hannover 1996, S. 173–188.

121 *W. Crecelius*, Rezepte für Bereitung von Kräuterbier, in: Jahrbuch des Vereins für niederdeutsche Sprachforschung 4 (1878), S. 89 f. Zu den Lieferungen von Klarett und Hippokars durch die Lübekker Ratsapotheke siehe *Hannemann* (wie Anm. 120), S. 294 f. Vgl. noch *E. Hickel*, Das Warenlager einer mittelalterlichen Apotheke [Ratsapotheke Lüneburg 1475], Braunschweig 1960.

122 *E. Dagendorff/L. Krause (Hrsg.)*, Das Rostocker Weinbuch von 1382 bis 1391, Rostock 1908, S. XI.

123 *Sievert* (wie Anm. 60), S. 121 f., 181 f., §§ 32–34, mit weiteren Hinweisen. Nach einer Göttinger Lohntaxe von 1445 erhöhten sich die Arbeitslöhne für die Helfer der Dachdecker beim Verzicht auf eine direkte Verpflegungsleistung ebenfalls um 6 Pfennig täglich: *Von der Ropp* (wie Anm. 60), S. 478, §§ 19–20.

124 *G. Fink*, Ein vielseitiger Geschäftsmann in Lübeck und Mecklenburg (nach seinen Aufzeichnungen aus den Jahren 1528–1537), in: Zeitschrift des Vereins für Lübeckische Geschichte und Altertumskunde 31 (1949), S. 189–206, hier S. 200 f. Im Jahre 1402 konnte man sich in Lüneburg für 70 Mark in Kost und Logis einkaufen, wobei Anspruch auf Wein und fremdes Bier allerdings nicht bestand: *Zechlin* (wie Anm. 94), S. 51. Man s. auch die Klage des Magisters Hermann Elers gegen seine Lübecker Wirtin Katharine Bruns aus dem Jahre 1542, der Beschwerde führte, weil er seiner Auffassung nach für 50 Mark lübsch jährlich zu schlecht beköstigt wurde: *W. Mantels*, Beköstigung aus dem Jahre 1542, in: Zeitschrift des Vereins für Lübeckische Geschichte und Altertumskunde 4 (1876), S. 562–567.

stehern bei der Rechenschaftslegung kredenzt.[125] Um die Überheblichkeit des uns bereits bekannten Braunschweigers Ludeke Hollant zu charakterisieren, läßt dann auch ein Spottlied seine Töchter „klaret ut der flaschen" trinken.[126]

Während der Kleidungsluxus der zentrale Gegenstand der städtischen Luxusordnungen war, kommen rechtliche Normierungen im Bereich der alltäglichen Ernährung fast überhaupt nicht vor. Wichtig war allerdings die religiöse Norm des Fastengebots. Bei etwa 150 Fastentagen, von denen man für das Spätmittelalter ausgehen kann,[127] mußte sie erheblichen Einfluß auf die Zusammensetzung der Nahrung haben.[128] Zwar galt das Fastengebot für alle Christen gleichermaßen, doch gab es auch eine Hierarchie der Fastenspeisen, was am Fisch besonders deutlich wird. Denn durch Salzen, Trocknen oder Räuchern konservierter Seefisch, zumeist Hering, der schon an der Küste beileibe kein billiges Nahrungsmittel war,[129] fehlt auffälligerweise in den Beschreibungen städtischer Festessen.[130] Zu den in diesem Milieu hochgeschätzten und teuren Fischen zählten frische Edelfische wie Hecht, Lachs und Stör.[131] Welch ein Unterschied zwischen den zwei oder drei Heringen, die im Hospital aus-

---

125 *Techen*, Heiligengeist (wie Anm. 94), S. 181.

126 *Liliencron* (wie Anm. 7), S. 217, Vers 30f.

127 Grundlegend dazu *U. Dirlmeier*, Untersuchungen zu Einkommensverhältnissen und Lebenshaltungskosten in oberdeutschen Städten des Spätmittelalters, Mitte 14. bis Anfang 16. Jahrhundert (Abhandlungen der Heidelberger Akademie der Wissenschaften. Philosophisch-historische Klasse, 1978/1), Heidelberg 1978, S. 360, passim.

128 Vgl. *Dirlmeier/Fouquet* (wie Anm. 35), S. 511–515.

129 Nach *H. Hitzbleck*, Die Bedeutung des Fischs für die Ernährungswirtschaft Mitteleuropas in vorindustrieller Zeit unter besonderer Berücksichtigung Niedersachsens, Diss. Göttingen 1971, S. 102f., lag in Holstein und Hamburg der Durchschnittspreis von Hering nur wenig unter dem von Fleisch. Freilich ist zu bedenken, daß bei Heringen erhebliche Qualitätsunterschiede bestanden; vgl. ebd., S. 18f., sowie die Lübecker Heringsverordnung von 1360/1370 im LUB 4 (wie Anm. 52), S. 131, Nr. 137. Zum hansischen Fischfang und -handel s. jetzt allgemein *C. Jahnke*, Das Silber des Meeres. Fang und Vertrieb von Ostseehering zwischen Norwegen und Italien. 12. bis 16. Jahrhundert (Quellen und Darstellungen zur hansischen Geschichte N.F. 49), Köln u.a. 2000; *A. Lampen*, Stadt und Fisch. Konsum, Produktion und Handel im Hanseraum der Frühzeit, in: Vierteljahrschrift für Sozial- und Wirtschaftsgeschichte 87 (2000), S. 281–307; *dies.*, Fischerei und Fischhandel im Mittelalter. Wirtschafts- und sozialgeschichtliche Untersuchungen nach urkundlichen und archäologischen Quellen des 6. bis 14. Jahrhunderts im Gebiet des Deutschen Reiches (Historische Studien 461), Husum 2000.

130 *U. Dirlmeier/F. Schmidt*, Die Hanse und die Nahrung im südlichen Mitteleuropa, in: *Wiegelmann/Mohrmann* (wie Anm. 90), S. 267–302, hier S. 274f. In Lüneburg gehörte Frischfisch wiederholt zum Bestandteil der Festessen, die beim Erwerb der Meisterwürde den Zunftgenossen zu geben waren: *E. Bodemann*, Die ältesten Zunfturkunden der Stadt Lüneburg (Quellen und Darstellungen zur Niedersächsischen Geschichte 1), Hannover 1883, S. XLI, mit den Verweisen auf die Edition. In Wismar hielt der Hospitalvorstand ein traditionelles Hechtessen ab, während für die Insassen nur Dorsch und Heringe angekauft wurden: *Kleiminger* (wie Anm. 94), S. 30, 36.

131 Vgl. *Dirlmeier/Fouquet* (wie Anm. 35), S. 513. Bei einem Lübecker Festmahl im Jahre 1502 wurden Stör, Hecht, eingelegte Krebse und eine Stockfischpastete serviert: *A. Hagedorn*, Ein Gastmahl des Rathes von Lübeck im Jahre 1502, in: Zeitschrift des Vereins für Lübeckische Geschichte und Altertumskunde 4/2 (1884), S. 112–118. Dem Hamburger Verwalter des Elbschlosses Riepenburg war die Lieferung von 10 Stören an den Rat auferlegt: *F. Bruns*, Die Bezüge der Lübecker Ratsher-

geteilt wurden, und der Fischverpflegung im Haushalt des Kölners Patriziers Hermann von Goch, der zwischen 1391 und 1393 insgesamt 28 verschiedene Fischsorten einkaufen ließ,[132] die sich nach den Angaben seines Haushaltsbuches in eine Hierarchie bringen lassen: Die 236 Heringe hatten etwa denselben Wert wie fast 208 Schollen. Doch selbst zusammen erreichten Heringe und Schollen nicht den Wert der 37 Hechte, für die man knapp 1130 Heringe hätte bekommen können. Teurer noch waren Stör und Karpfen, für die man je 46 bzw. 41 Heringe bekam. Teuerster Fischeinkauf aber waren mit weitem Abstand die sechs Stück gesalzener Kabeljau, die soviel kosteten wie 13 Störe bzw. knapp 600 Heringe.[133] Ganz andere Fastentage erlebte hingegen der spätere Stralsunder Bürgermeister Bartholomäus Sastrow im Jahre 1542 in Speyer, wo er als armer Schreiber am Reichskammergericht von seinem Dienstherrn auch an Fischtagen nur Rüben, Kraut, Linsen, Gemüse, Haferbrei und gedörrte Äpfel erhielt.[134]

Recht deutlich sichtbar wurde bereits der Prestigegewinn, der sich durch fremde Nahrung einstellte, die teuer war, weil sie über weite Strecken importiert werden mußte. Auch importierte Getränke machten deshalb in Abrechnungen von städtischen Festessen gemeinhin einen der größten Rechnungsposten aus. Gut dreißig Mark lübsch kostete den Lübecker Kaufmann Hinrich Dunkelgud, keineswegs ein Angehöriger des Patriziats, im Jahre 1479 sein Hochzeitsessen. Von diesem Betrag entfielen jeweils mehr als sechs Mark auf Wein und Hamburger Bier.[135] Eine Kölner Gesandtschaft gab 1399 in Lübeck als Spesen zehn Schilling für drei Stübchen Wein aus; das war der Gegenwert eines ganzen Schafes.[136] Beim Lübecker Schoßmahl, das alljährlich einige Tage nach Allerheiligen stattfand, wenn die Steuerregister fertiggestellt waren, verzehrten die Schoßherren und der gesamte Rat üblicherweise Wein aus dem Ratskeller sowie Klarett und Gewürze, die von der Ratsapotheke geliefert wurden. Das kostete die städtische Kasse zwischen 1451 und 1522 durchschnittlich 25 Mark lübsch jährlich, wovon 10 bis 11 Mark allein für den Wein aus dem Ratskeller fällig wurden.[137] Gerade dieser Weinkonsum ist bemerkenswert, denn unsere Beispielstädte liegen in einer Region des Bieres, wo aus klimatischen Gründen der Weinbau schwierig und in großen Mengen wenig erfolgversprechend ist.[138] Deshalb gilt im Ostseeraum, daß immer

---

ren, in: Zeitschrift des Vereins für Lübeckische Geschichte und Altertumskunde 68 (1988), S. 83–112, hier S. 85.

132 *F. Irsigler*, Ein großbürgerlicher Kölner Haushalt am Ende des 14. Jahrhunderts, in: *E. Ennen/G. Wiegelmann (Hrsg.)*, Studien zu Volkskultur, Sprache und Landesgeschichte. Festschrift Matthias Zender, Bd. 2, Bonn 1972, S. 635–668, hier S. 647–650.

133 Die Berechnung hier nach der tabellarischen Aufstellung bei *Hitzbleck* (wie Anm. 129), S. 120f.

134 Bartholomaei Sastrowen (wie Anm. 49), Bd. 1, S. 229.

135 *Mantels* (wie Anm. 77), S. 15f.

136 *Anonymus*, Unkosten einer Kölner Hansefahrt von 1399, in: Mitteilungen aus dem Stadtarchiv von Köln 10 (1886), S. 77–90, hier S. 83f.: zwei Tonnen Bier kosteten die Gesandtschaft eine Mark; 5 Hühner nur 11 Drillinge.

137 *Hartwig* (wie Anm. 3), S. 128f.

138 Natürlich sind Ausnahmen möglich. Siehe allgemein zu Weinproduktion und -handel im Hanseraum *E. Spies-Hankammer* (wie Anm. 116); *H. Hartmeyer*, Der Weinhandel im Gebiet der Hanse im Mittelalter (Volkswirtschaftliche und wirtschaftsgeschichtliche Abhandlungen NF 3), Jena 1905; *E. Baasch*, Weinakzise und Weinhandel in Hamburg, in: Zeitschrift des Vereins für Hamburgische

dann, wenn trotzdem Wein getrunken wurde, dies eine Frage des Prestiges war. Die Lübekker Hochzeitsordnungen definierten Hochzeiten der Oberschicht gerade dadurch, daß bei ihnen der Weinkonsum gestattet war.[139] Schon 1374 und 1377 war Rheinwein in zwei Testamenten von vornehmen Lübeckern einem Kreis von Freunden gestiftet worden, aus dem vielleicht die Zirkelgesellschaft hervorgegangen ist.[140] In zwei Lübecker Gesellschaften, der Greveraden- und der Kaufleutekompanie, wurde um 1500 genauso wie in der Lüneburger Theodorigilde und schon 1411 auf dem Braunschweiger Konstablergelag importierter Wein konsumiert.[141] Hier und anderswo war der aus Welschland stammende Wein, den schon 1407 die Stadt Elbing dem Hochmeister kredenzte,[142] genauso prestigeträchtig wie kostspielig.[143] Das Rostocker Weinbuch verzeichnet daher für die Jahre von 1382 bis 1391 penibel die verschiedenen Weinsorten, die vornehmen Durchreisenden vom Rat der Stadt verehrt wurden.[144] Ein Beispiel für demonstrative Verschwendung ist es daher, wenn 1541 in Stralsund auf der Huldigungsfeier, die der Rat für den Pommernherzog Philipp gab, dessen Hofleute den Wein, den sie nicht mehr trinken konnten, weggossen, obwohl am Hof normalerweise selbst dünnes Bier nur selten ausgeschenkt wurde.[145] In Lübeck trank der Rat 1502 sowohl Rheinwein als auch Rotwein aus der Gascogne.[146] In Elbing hielt man 1450 zehn

---

Geschichte 13 (1908), S. 74–137. Vgl. noch *A. Gerlich (Hrsg.)*, Weinbau, Weinhandel und Weinkultur. Sechstes Alzeyer Kolloquium (Geschichtliche Landeskunde 40), Stuttgart 1993. Zum Getränkekonsum s. *G. Fouquet*, Aspekte des privaten Bierkonsums im Süden und Westen Deutschlands während des ausgehenden Mittelalters und der beginnenden Neuzeit, in: Bijdragen tot de Geschiedenis 81 (1998), S. 171–190; *ders.*, Nahrungskonsum (wie Anm. 91).

139 Vgl. *Simon* (wie Anm. 60), S. 50.

140 *Wehrmann* (wie Anm. 43), S. 106. Vgl. *Dünnebeil* (wie Anm. 42), S. 54f.

141 *Graßmann*, Kaufleutekompanie (wie Anm. 118), S. 26–28; 31; *dies.*, Die Greveradenkompanie. Zu den führenden Kaufleutegesellschaften in Lübeck um die Wende zum 16. Jahrhundert, in: *S. Jenks/M. North (Hrsg.)*, Der Hansische Sonderweg? Beiträge zur Sozial- und Wirtschaftsgeschichte der Hanse (Quellen und Darstellungen zur Hansischen Geschichte NF 39), Köln u.a. 1993, S. 109–134, hier S. 127, § 18, passim; *T. Meyer*, Die Satzungen der societas domicellorum (Theodori-Gilde) zu Lüneburg vom Tage St. Antonii 1461, in: Jahresberichte des Museumsvereins für das Fürstentum Lüneburg 7–9 (1884–1886), S. 81–99, hier S. 92; *H. v. Glümer*, Das Konstablergelag in der Altstadt Braunschweig und die Gelagsbrüderschaft, in: Niedersächsisches Jahrbuch für Landesgeschichte 10 (1933), S. 71–84, hier S. 73f.

142 *Pelech* (wie Anm. 67), Bd. 1, S. 91. Der Beleg bereits bei *Toeppen*, Festmahl (wie Anm. 66), S. 149.

143 Vgl. *R. Sprandel*, Von Malvasia bis Koetzschenbroda. Die Weinsorten auf den spätmittelalterlichen Märkten (Vierteljahrschrift für Sozial- und Wirtschaftsgeschichte Beiheft 149), Stuttgart 1998.

144 *E. Dragendorff/L. Krause (Hrsg.)*, Das Rostocker Weinbuch von 1382 bis 1391, Rostock 1908. Zu den Sorten und zur Funktion des Weines als Ehrengeschenk siehe noch *W. Brehmer*, Aus den Aufzeichnungen des Rathskellermeisters vom Jahre 1504, in: Mittheilungen des Vereins für Lübeckische Geschichte und Alterthumskunde 11/2 (1886), S. 161–168, hier bes. S. 162; *E. Spies-Hankammer*, Der Lübecker Ratsweinkeller und seine Aufgaben im innerstädtischen Weinhandel von den Anfängen bis ins 17. Jahrhundert mit einer Edition der Ratsweinkellerordnung von „1504“, in: *Dies.* (wie Anm. 116), S. 135, §§ VII.1–20; 141, §§ XVII.1–14.

145 *H. Ewe*, Das alte Stralsund. Kulturgeschichte einer Ostseestadt, Weimar 1994, S. 156f.

146 *Hagedorn* (wie Anm. 131), S. 115, hiernach auch *Dünnebeil* (wie Anm. 42), S. 86. Siehe allgemein auch *U. Pietsch*, Die Speisen der Lübecker Küche, in: Die Lübecker Küche. Katalog der Ausstellung im Museum für Kunst- und Kulturgeschichte der Hansestadt Lübeck, Lübeck 1985, S. 107–146.

„stoff rheinwein“ für angemessen, um sie dem päpstlichen Legaten zu präsentieren.[147] Selbst der Kieler Rat schenkte 1476 an adlige Gäste Rheinwein aus.[148]

Doch trotz dieser Beispiele scheint in norddeutschen Städten der Weingenuß auch in der Oberschicht eher auf die öffentliche Demonstration der sozialen Stellung im Festessen beschränkt gewesen zu sein.[149] Während nämlich beispielsweise bei Ratsmahlzeiten in Thorn und Elbing im 15. Jahrhundert Weingenuß nachgewiesen ist, blieb es beim Schöppenmahl noch 1503 beim reinen Biergenuß, und das galt in Elbing für den Bereich handwerklicher Feste sowieso.[150] Auch die Lübecker Zünfte verlangten nach ihren Zunftrollen zum Einstand von einem neuen Meister in aller Regel nur Bier, und das meinte wohl Lübecker Produkte.[151] Denn auch Bier war nicht gleich Bier.[152] Während die Hofherren des Hamburger St. Georgshospitals auch Einbecker Bier tranken, erhielten die Siechen aufgrund von Zustiftungen jeden Tag zweimal „kovent“, also Dünnbier.[153] Ganz ähnlich war es in Lübeck, wo beim Festessen von 1502 der Lübecker Rat „vor dat volk“ das Produkt einheimischer Brauer ausschenken ließ, während die Ratsherren selbst zusammen mit ihren Gästen das teure Importbier aus Einbeck genossen.[154] Das war ein Luxusgut, das an der Trave noch 1454 nicht auf Hochzeiten ausgeschenkt werden sollte[155] und anderswo wegen seiner Güte als Ehrengeschenk für vornehme Gäste benutzt wurde.[156] Aufständische in Braunschweig forderten 1446 dann auch, den Preis für Einbecker Bier zu senken, um auch den armen Leuten den Genuß zu ermöglichen. Anderenfalls wollten sie die Fässer im Bierkeller entzweischlagen.[157]

---

147 Zudem erhielt der Legat an Getränkegeschenken noch 4 „stoff cimetwein“: *Toeppen*, Himmelreich Chronik (wie Anm. 66), S. 46.

148 Die Chronik des Asmus Bremer, Bürgermeisters von Kiel, hrsg. von *M. Stern* (Mitteilungen der Gesellschaft für Kieler Stadtgeschichte 18/19), Kiel 1916, S. 449.

149 So *Dirlmeier/Fouquet* (wie Anm. 35), S. 522. Wein wurde jedoch 1479 auf der Hochzeit des Lübekker Kaufmanns Hinrich Dunkelgud ausgeschenkt: *Mantels* (wie Anm. 77), S. 15 f.

150 *Quassowski* (wie Anm. 45), S. 136–139. In Lüneburg gehörte der Weingenuß von zwei Stübchen nach den Ordnungen der Bader zum Festessen aus Anlaß des Erwerbs der Meisterwürde: *Bodemann* (wie Anm. 130), S. 21.

151 *C. F. Wehrmann*, Die älteren Lübecker Zunftrollen, Lübeck ^{2}1872, S. 127 f.

152 Interessant wäre eine Auswertung der in Lüneburg seit 1398 erhaltenen Bierziseregister, die eine Übersicht über den Konsum einheimischer und fremder Biersorten erlauben; vgl. *W. Reinecke*, Geschichte der Stadt Lüneburg, Bd. 1, Lüneburg 1933, S. 383 f.

153 *Berger* (wie Anm. 94), S. 41, 50. Da das Hospital einen eigenen Brauer beschäftige, stammte dieses Bier vermutlich aus der Eigenproduktion: ebd., S. 62.

154 *Hagedorn* (wie Anm. 131), S. 115, hiernach auch *Dünnebeil* (wie Anm. 42), S. 86. Zum Einbecker Bier s. *E. Plümer*, Einbecks mittelalterlicher Bierhandel, in: Hansische Geschichtsblätter 99 (1981), S. 10–32; *ders.*, Brauwesen und Bierhandel im spätmittelalterlichen Einbeck, in: *C. Meckseper* (Hrsg.), Stadt im Wandel. Kunst und Kultur des Bürgertums in Norddeutschland 1150–1650, Bd. 3, Stuttgart/Bad Cannstatt 1985, S. 303–313.

155 LUB 9 (wie Anm. 52), S. 210–220, Nr. 208, hier S. 215. Hinrich Dunkelgud schenkte 1479 auf seiner Hochzeit in Lübeck Hamburger Bier aus: *Mantels* (wie Anm. 77), S. 15 f.

156 *Heyne* (wie Anm. 99), S. 350, Anm. 67, nach *R. Doebner (Hrsg.)*, Urkundenbuch der Stadt Hildesheim 5: Stadtrechnungen 1379–1415; 6: Stadtrechnungen 1416–1450. ND (der Ausgabe Hildesheim 1893/1896), Aalen 1980.

157 Das Schichtbuch, in: ChddtSt 16 (wie Anm. 2), S. 337.

Doch der Nahrungsluxus ließ sich noch steigern. Den Gipfel markierten sogenannte Schaugerichte, bei denen die Form der Nahrung ihrer Substanz übergeordnet wurde. Während für einen aus der Not geborenen Geschmack die Quantität der Nahrungsmittel das Fest vom Alltag unterschied, verleugnete ein Schaugericht die Substanz der Nahrung und die Funktion der Nahrungsaufnahme. Auf solche Art, also nach höfischen Vorbildern Westeuropas zu speisen, galt den Zeitgenossen als letzte Steigerung von Prunk und Großartigkeit.[158] Schon früh, nämlich im letzten Drittel des 14. Jahrhunderts, verfügte der Bremer Erzbischof über einen auf diese westeuropäische Manier geschulten Koch, dessen Fähigkeiten die geladenen Ratsherren seiner Kirchenprovinz beeindruckt haben sollen.[159] Auch ein Festmahl des Lübecker Rates schloß 1502 mit einem zunächst gebratenen und dann ausgestopften Schwan mit kaiserlichem Wappen auf der Brust, sowie mit einem Pfau, dem es ebenso ergangen war.[160] Bis 1540 war dergleichen in Danzig so üblich geworden, daß Schauessen in einer Hochzeitsordnung beschränkt wurden.[161]

Konsum als Zeichen sozialer Zuordnung

Was aber bedeuten diese Präferenzen für Hecht und Einbecker Bier, für Schnabelschuhe und perlenbesetzte Hauben? Lassen sich, wenn man die hier vorgestellten Beispiele aus spätmittelalterlichen Städten des Hanseraums mustert, bereits Prinzipien und Mechanismen formulieren, die bedeutsam sein könnten für eine ‚Archäologie der Zeichen sozialer Differenzierung', die Georges Duby schon vor Jahrzehnten gefordert hat?[162] In der Tat scheint es abschließend möglich zu sein, einige wichtige Beobachtungen zu systematisieren. Zwei Perspektiven sind dabei zu unterscheiden: der Blick auf den einzelnen Haushalt bzw. das einzelne Individuum und die Betrachtung von Haushalten desselben sozialen Niveaus.[163]

Wichtig ist stets die Unterscheidung zwischen Innen und Außen, zwischen häuslich-privatem und öffentlichem Konsum. Gerade der Abstand zwischen Alltagsnahrung und Festmahl zeigt an, wie groß das Gefälle zwischen dem alltäglichen Sein und dem öffentlichen Schein sein konnte. Das mußte Folgen haben, so daß auch für das Mittelalter eine Asymmetrie der Aufwandsstile zu vermuten ist, also der Versuch durch strikte Konsumbeschränkung im häuslichen Bereich nach Außen hin Respektabilität zu wahren. Für welche Gruppen dabei die Wahrung des Scheins eine besondere Bedeutung besaß, müßte an einzelnen Haushalten beobachtet werden. Die Ergebnisse wären dann in eine transregionale Perspektive zu

---

158 Vgl. *Fouquet*, Festmahl (wie Anm. 91), S. 97 f.

159 Chronik von Rinesberch und Schene, in: ChddtSt 37 (wie Anm. 2), S. 170 f.

160 *Hagedorn* (wie Anm. 131), danach auch bei *Dünnebeil* (wie Anm. 42), S. 86.

161 *Günther* (wie Anm. 54), S. 199.

162 *G. Duby*, Histoire et sociologie de l'Occident médiéval. Résultats et recherches, [zuerst 1970, dann] in: *Ders.*, Hommes et structures du Moyen Age, Paris 1988, S. 353–360, hier S. 356.

163 Zum vormodernen Haushalt als wirtschaftliche Einheit s. *T. Pierenkemper (Hrsg.)*, Haushalt und Verbrauch in historischer Perspektive. Zum Wandel des privaten Verbrauchs in Deutschland im 19. und 20. Jahrhundert, St. Katharinen 1987; *D. Petzina (Hrsg.)*, Zur Geschichte der Ökonomik der Privathaushalte (Schriften des Vereins für Socialpolitik NF 207), Berlin 1991; *I. Richarz*, Oikos, Haus und Haushalt. Ursprung und Geschichte der Haushaltsökonomik, Göttingen 1991.

setzen. Wahrscheinlich wird sich nämlich zeigen, daß reiche Haushalte sich trotz geographischer Entfernung in ihrem Konsumverhalten ähnelten, weil sie die hohen Transportkosten für Importprodukte bezahlen konnten, während ärmere Haushalte sich stärker unterschieden, weil sie auf lokale Nahrung und Getränke angewiesen waren. Auch ist zu überprüfen, ob sich bei Personen mit hoher Statusinkonsistenz, also beispielsweise bei vermögenden Bürgern, die nicht zum städtischen Rat gehörten, ein kompensatorisches, übersteigertes Konsumverhalten zeigt.[164] Dafür wären aufsteigende Personen mit noch ungefestigtem Status zu beobachten. Für solche Aufsteiger zeigt sich nämlich an gut dokumentierten Einzelfällen schon jetzt, daß sie oftmals zwanghaft versuchten, den Konsumstandards zu genügen, welche für ihre neu erklommene Position als angemessen erachtet wurden. Weiterhin ist die Hypothese zu überprüfen, ob andererseits Personen mit hohem und stabilem Status auf sichtbaren Konsum weniger Wert legen mußten, ja geradezu die Konventionen ungestraft durchbrechen konnten.[165]

Sodann darf man davon sprechen, denn auch die Zeitgenossen taten es,[166] daß der Blick von Aufsteigern auf die von der sozialen Spitze geprägten Konsumgewohnheiten gerichtet war. Die städtische Elite aber richtete ihr Verhalten nicht nach Idealen aus, die ihnen das bürgerliche 19. Jahrhundert zuschrieb, sondern orientierte sich an der Welt der ritterlich-höfischen Kultur. Das galt selbstverständlich auch im norddeutschen Raum und zwar in einem viel stärkeren Maße als lange Zeit vermutet worden ist.[167] Mit höfischen Konsumenten wollten sich auch in Lübeck und Danzig die städtischen Oberschichten messen, und sie konnten es wohl auch, weil sie eher als die Niederadligen des Umlandes über die hierfür notwendigen Geldmittel verfügten. Gerade deshalb kam es in aller Regel dann, wenn das städtische Patriziat mit der Welt der höfischen Kultur in Kontakt kam, zu besonderen Anstrengungen, Vermögen und Rang sichtbar werden zu lassen. Als 1478 Herzog Albrecht von Sachsen in Lübeck empfangen wurde, trugen die Frauen der Patrizier am ersten Tag seines Besuchs wertvolle rote, am Folgetag ebenso teure weiße Kleider, von denen sich der Herzog offenbar beeindruckt zeigte, was bemerkenswerterweise im städtischen Eidebuch festgehalten wurde.[168]

Damit ist bereits angedeutet, welchen Charakter diejenigen Güter besaßen, die in der spätmittelalterlichen Stadtgesellschaft die ‚Statusmacher' der Elite waren. Prestige erwuchs primär – und damit im Vergleich zu verfeinerten Distinktionen moderner Gesellschaften recht vulgär – aus der Zurschaustellung von teuren Produkten.[169] Anders als für moderne

---

[164] Vgl. *Wiswede* (wie Anm. 56), S. 150.

[165] Vgl. *Wiswede* (wie Anm. 56), S. 151.

[166] *J. Schwarten*, Verordnungen gegen Luxus und Kleiderpracht in Hamburg, in: Zeitschrift für Kulturgeschichte 6 (1899), S. 67–102; 170–190, hier S. 70 (in einer Hamburger Ordnung von 1583).

[167] Vgl. *Dünnebeil* (wie Anm. 42); *W. Paravicini*, Rittertum im Norden des Reichs, in: *Ders. (Hrsg.)*, Nord und Süd in der deutschen Geschichte des Mittelalters. Akten des Kolloquiums veranstaltet zu Ehren von Karl Jordan (1907–1984) vom 15. bis 16. Mai 1987 in Kiel (Kieler Historische Studien 34), Sigmaringen 1990, S. 147–192; *R. Demski*, Adel und Lübeck: Studien zum Verhältnis zwischen adliger und bürgerlicher Kultur im 13. und 14. Jahrhundert (Kieler Werkstücke D/6), Frankfurt a. M. 1996.

[168] *Brehmer* (wie Anm. 43), S. 16; *Wehrmann* (wie Anm. 43), S. 123 f.

[169] Für die Kleidung so auch *Groebner* (wie Anm. 38), S. 343–346.

Gesellschaften beobachtet, waren demgegenüber der Neuerungswert und die Bezugsquelle der Produkte sowie der kultivierte Umgang mit den Gegenständen von recht nachgeordneter Bedeutung.[170] Doch Zeichen der sozialen Elite besaßen nicht nur einen hohen Preis, sondern waren oftmals auch durch ihre Berührung mit der ritterlich-höfischen Welt geadelt. Dafür sind die Beliebtheit und die Bedeutung des Artusstoffes, der in Form der exklusiven Artushöfe im Ostseeraum zum Mittel der Distinktion städtischer Eliten wurde, ein bestechendes Beispiel.[171] Aus demselben Grunde wurde aber auch das erste im Jahre 1570 in Lübeck gedruckte Kochbuch damit angepriesen, daß die Gerichte „yn Miser lande und up Herren und Försten Hüsern gebrücklick" seien.[172] Eine letzte Steigerung der Prestigequalität von Gütern konnte zudem darin liegen, daß Substanz und Funktion zugunsten des Stils und der Form verleugnet wurden. Auch das ist ein Prinzip, das zunächst im höfischen Umfeld erscheint und uns im städtischen Milieu im Falle der luxuriösen Kleidung und der Schaugerichte begegnet ist.

In einer Gruppe desselben sozialen Rangs konnte der Wert der Statussymbole sowohl intern in Frage gestellt werden, als auch durch das Aufholen nachgeordneter Gruppen in Gefahr geraten. Solange also innerhalb von Gruppen gleichen sozialen Rangs eine Differenzierung des Konsumverhaltens nur innerhalb enger Grenzen zugelassen war, besaß diese Norm eine entlastende Funktion. Denn wenn alle Haushalte die eingeführten Konsumstandards befolgten, brauchte sich einerseits niemand zu genieren, weil er etwas nicht besaß, was andere hatten. Andererseits mußte sich aber auch niemand ängstigen, für hochmütig gehalten zu werden, weil er einen Aufwand trieb, den andere sich nicht leisten konnten. Spätestens seit Hartmut Boockmanns Arbeit über die spätmittelalterlichen Stadttyrannen wissen wir recht gut, daß es in der Tat so war, daß städtische Oligarchien diese Egalität mit zuweilen brutaler Konsequenz zu sichern suchten.[173] Auch die Luxusordnungen passen in diesen Zusammenhang, denn die größere Zahl der mittelalterlichen Beispiele zielte eher auf die Konformität des Konsumverhaltens und weniger auf eine soziale Binnendifferenzierung.[174] Daher wäre an Einzelfällen genauer zu prüfen, welche Ereignisse solchen Verordnungen vorausgingen. Zu vermuten sind ein herausfordernder Gebrauch und Verbrauch von Gütern,

---

170 Vgl. *Wiswede* (wie Anm. 56), S. 159f.

171 *S. Selzer*, Artushöfe im Ostseeraum. Ritterlich-höfische Kultur in den Städten des Preußenlandes im 14. Jahrhundert (Kieler Werkstücke D/8), Frankfurt a. M. u. a. 1996.

172 *Pietsch*, Speisen (wie Anm. 146), S. 122, 145, Anm. 38. Zur mittelalterlichen Kochbuchüberlieferung im Hanseraum s. *H. Wiswe*, Ein mittelniederdeutsches Kochbuch des 15. Jahrhunderts, in: Braunschweigisches Jahrbuch für Landesgeschichte 37 (1956), S. 19–55; *ders.*, Nachlese zum ältesten mittelniederdeutschen Kochbuch, in: Ebd. 39 (1958), S. 103–121; *ders.*, Die mittelniederdeutsche Kochrezeptüberlieferung, in: Jahrbuch des Vereins für niederdeutsche Sprachforschung 90 (1967), S. 46–62. Vgl. noch *H. Gollub*, Aus der Küche der deutschen Ordensritter, in: Prussia 31 (1935), S. 118–124. Ein oberdeutsches Beispiel bei *G. Fouquet (Hrsg.)*, Goldene Speisen in den Maien. Das Kochbuch des Augsburger Zunftbürgermeisters Ulrich Schwarz († 1478) (Sachüberlieferung und Geschichte 30), St. Katharinen 2000. Vgl. allgemein *A. Reck*, Deutschsprachige Kochbücher des Mittelalters, in: Mitteilungen des Instituts für Österreichische Geschichtsforschung 109 (2001), S. 82–104.

173 *H. Boockmann*, Spätmittelalterliche deutsche Stadt-Tyrannen, in: Blätter für deutsche Landesgeschichte 119 (1983), S. 73–91.

174 Siehe dazu vor allem *Schwerhoff* (wie Anm. 51).

also eine demonstrative Überschreitung des Konsumniveaus durch einzelne Haushalte.[175] So stolperte danach, was seine Gegner ihm später vorwarfen, einer dieser Stadttyrannen, Bertram Wulflam aus Stralsund, auch darüber, daß während der Hochzeit seines Sohnes der Weg der Braut zur städtischen Nikolaikirche mit englischen Laken gepflastert war.[176]

Eliten stellte sich aber immer auch das Problem, auf das materielle Aufholen nachgeordneter Gruppen und der damit einhergehenden Entwertung distinktiver Merkmale reagieren zu müssen. Es gab nämlich offenbar im Spätmittelalter durchaus Situationen, in denen es zu dem kam, was Soziologen die Demokratisierung des Konsums nennen,[177] ein Phänomen, das immer dann eintrat, wenn entweder durch Preisverfall ein Gut für breitere Schichten zugänglich wurde oder aber das Einkommen unterer Schichten anstieg. Das bekannteste Beispiel für ein absinkendes Luxusgut ist sicherlich der Zucker, der bereits am Ende des 15. Jahrhunderts an Exklusivität einzubüßen begann.[178] Eine von Bourdieu in solchen Situationen beobachtete Strategie ist es, die entwerteten Statussymbole durch neue Güter zu ersetzen oder sie durch eine distinktive Verwendung zu schützen, um so in einem stetigen Wettlauf den Abstand zu den Nacheiferern zu erhalten. Dafür ist typisch, daß Gruppen zum Zwecke der Distinktion eigene Zeichen schufen, die sie selbst kontrollieren konnten, so daß diese Statussymbole nicht für Geld zu erwerben waren. Von solchen Versuchen zeugen die Abzeichen exklusiver Patriziergesellschaften, etwa Kette und Mantel, mit denen die Lübekker Zirkelbrüder sich hervorzuheben suchten,[179] oder auch das Verfahren der Lüneburger Theodorigilde, die ihre Mitglieder verpflichtete, daß für Männer silberne und für Frauen goldene Kleinodien der Gesellschaft „vnvordekket vor der borst gespannen" zu tragen seien.[180] Die Beschränkung des Zutritts zu den Versammlungshäusern solcher exklusiven Gesellschaften, was immer auch den Ausschluß vom Gruppenkonsum bedeutete, war zudem eine höchst effektive Methode der Grenzziehung. Dann tranken zwar im Danziger Artushof die Reinholdsbrüder seit 1470 in prächtiger Kleidung das gleiche teure Importbier wie die Georgsgesellschaft, blieben den Georgsbrüdern aber trotzdem nachgeordnet, weil diese sich räumlich von ihnen separierten.[181]

Dort, wo es galt, Konkurrenten um Statussymbole abzuwehren, verlangten bevorrechtigte Gruppen allerdings immer wieder auch, daß die Obrigkeit die Statussymbole und somit die sozialen Grenzen rechtlich zu befestigen habe. An die Stelle eines zuvor nur auf den Ver-

---

175 Vgl. etwas *G. Scherhorn*, Art. „Konsum", in: *R. König (Hrsg.)*, Handbuch der empirischen Sozialforschung, Bd. 11: Freizeit, Konsum, bearb. von *E. K. Scheuch*, Stuttgart ^{2}1977, S. 834–862, hier S. 849f.

176 Johann Berckmann (wie Anm. 41), S. 8. In den HR I.4 (wie Anm. 68), S. 39–42, Nr. 40, hier S. 41, § 11, der Hinweis auf den Bruch der Hochzeitsordnung. Vgl. zu ihm *G. Schulz*, Der Stralsunder Bürgermeister Bertram Wulflam, in: Hansische Geschichtsblätter 48 (1923), 99–140; *R.-G. Werlich*, Wulf Wulflam. Ein hansischer Diplomat aus Stralsund, in: *Ders./D. Kattinger/H. Wernicke (Hrsg.)*, Akteure und Gegner der Hanse. Zur Prosopographie der Hansezeit (Hansische Studien 9/Abhandlungen zur Handels- und Sozialgeschichte 30), Weimar 1998, S. 67–92.

177 Der Begriff bei *Wiswede* (wie Anm. 56), S. 158.

178 Vgl. *Dirlmeier/Fouquet* (wie Anm. 35), S. 523; *Fouquet*, Festmahl (wie Anm. 91), S. 96. Vgl. *S. W. Mintz*, Die süße Macht. Kulturgeschichte des Zuckers, Frankfurt a. M. 1985.

179 *Dünnebeil* (wie Anm. 42), S. 30–35

180 *Meyer*, Satzungen (wie Anm. 141), S. 84, 95.

181 *Selzer* (wie Anm. 171), bes. S. 123–125.

mögensbesitz gestützten Wettbewerbs um Statutssymbole sollte also ein Protektionismus treten, durch den der Besitz distinktiver Symbole und damit indirekt auch die soziale Position geschützt wurde. Hier sei erneut an die städtischen Luxusordnungen erinnert, die nicht nur als Maßnahme einer umsichtigen, am Gemeinwohl interessierten Obrigkeit betrachtet werden dürfen, sondern daraufhin geprüft werden müßten, ob sie zuweilen nicht auch durch den Wunsch von Eliten motiviert sein könnten, die stets vage und nie völlig eindeutige Welt des Symbolischen rechtlich einzuhegen.[182] Sobald solche rechtlichen Schranken zwischen sozialen Konsumniveaus fixiert und kontrolliert wurden, waren wirklich eindeutige Symbole sozialer Zuordnung vorhanden, weil die Grauzone wegfiel, in der zuvor zwischen Sein und Schein operiert werden konnte. Der Fall der preußischen Marderfellmütze ist ein gutes Beispiel dafür, daß einem rechtlich fixierten Konsumgut eine wesentlich höhere Zeichenqualität zuwuchs.[183]

Doch letztlich ist aus dem hier zusammengetragenen Material nicht zu erkennen, daß für Kleidung und Nahrung in den behandelten Städten ein voll ausgebildetes System bestanden hätte, in dem eine soziale Zuweisung rechtlich fixiert und sanktioniert war. Die ,Lesbarkeit der Welt' war zwar der Wunsch vieler mittelalterlicher Theologen, Moralisten und Obrigkeiten,[184] bestand in der Realität aber kaum. Skeptisch zu beurteilen ist somit eine ältere Forschungsmeinung, die sich gerade durch die Kleidung die einzelnen sozialen Schichten der städtischen Gesellschaft des Spätmittelalters klar gegeneinander befestigt vorstellte. Zwar machten Kleider Leute, was sich nach dem Bericht von Albert Krantz in Wismar ein Trickbetrüger dadurch zunutze machte, daß er „die kleider alle tage wandelte, baldt war er ein Bawr, baldt ein kauffmann, baldt wieder ein Priester [...]".[185] Doch ist eine noch weiter abgestufte ,Ausstattung nach Rang und Stand'[186] ein Prinzip, das nicht vorausgesetzt werden darf, sondern für das Spätmittelalter erst nachgewiesen werden müßte.[187] Denn daß in

---

182 Dafür bietet die sogenannte ,closure theory' ein Deutungsangebot; vgl. *S. Rigby*, Approaches to Preindustrial Social Structure, in: *J. Denton (Hrsg.)*, Orders and Hierarchies in Late Medieval and Renaissance Europe, London 1999, S. 6-25, mit weiterer Literatur.

183 Vgl. *Wiswede* (wie Anm. 56), S. 158f.

184 *W. Schwer*, Stand und Ständeordnung im Weltbild des Mittelalters, Paderborn 1934; *A. Zimmermann (Hrsg.)*, Soziale Ordnungen im Selbstverständnis des Mittelalters, 2 Bde. (Miscellanea Mediaevalia 12), Berlin/New York 1979–1980.

185 *Albert Krantz* (wie Anm. 43), Buch 13, Kap. 24, S. 465.

186 Dies der Titel des Aufsatzes von *O. Laufer*, Ausstattung nach Rang und Stand, in: Wirtschaft und Kultur. Festschrift zum 70. Geburtstag von Alfons Dopsch, Wien 1938, ND Frankfurt 1966, S. 512–534.

187 Bereits *Eisenbart* (wie Anm. 51), S. 51, 55, wies darauf hin, daß sich die Luxusordnungen des Mittelalters und der Frühen Neuzeit dadurch unterscheiden, daß erst in den letzteren die Verordnungen auf eine ständische Binnendifferenzierung zielten. Siehe dazu auch *Schwerhoff* (wie Anm. 51), bes. S. 121f. Auch in Lübeck ist zu beobachten, daß die Ordnungen des 15. und 16. Jahrhunderts sich durch die Abkehr von Vermögensgrenzen und das Aufkommen einer ständischen Ordnung unterscheiden; vgl. *Simon* (wie Anm. 60), S. 50f.; *H. Lagemann*, Polizeiwesen und Wohlfahrtspflege in Lübeck von den Anfängen bis zum Ende des 16. Jahrhunderts, Schönberg 1916, S. 110; *C. Meyer-Stoll*, Die lübeckische Kaufmannschaft des 17. Jahrhunderts unter wirtschafts- und sozialgeschichtlichen Aspekten (Europäische Hochschulschriften 3/399), Frankfurt a.M. u.a. 1989, S. 159f. Auch Trachtenbücher sind in der untersuchten Region erst ein Phänomen des späten 16. Jahrhunderts; vgl. *Anton Möller*, Danziger Frauentrachtenbuch, hrsg. von *A. Bertling*, Danzig 1886.

irgendeiner Hansestadt eine mehrfach gestufte soziale Rangordnung tatsächlich an der Breite des Brokatbesatzes zu erkennen gewesen wäre, scheint mir nicht wirklich zutreffend zu sein. Denn eigentlich waren die Statussymbole in den beiden hier betrachteten Feldern des Konsums weniger stark monopolisiert als etwa die politische Macht oder die heiratsfähigen Töchter der Oberschicht. Zudem wird man sagen dürfen, daß solche Zeichenhierarchien im Milieu des Hofes wesentlich stärker ausgebildet werden.[188] So hält man sich bei der Frage nach der Kraft solcher normativen Quellen im Alltag wohl besser an den etwas frustrierten Lübecker Ratsherrn Hinrik Brömse, der im Wettebuch an den Rand der zwischen 1467 und 1478 erlassenen Luxusordnung schrieb: „wart wenig geholden".[189]

Doch genauso wenig, wie es für Nahrung und Kleidung rechtlich fixierte Konsumschranken als Sozialgrenzen und damit eindeutige Statusanzeiger gab, läßt sich die mittelalterliche Stadtgesellschaft mit modernen Gesellschaften gleichsetzen, in denen es nur eine informelle Prestigeordnung, also einen rein durch Vermögen regulierten und damit formal freien Zugang zu den Statussymbolen gibt. Eberhard Isenmann hat das völlig richtig gesehen, als er formulierte, daß man sich im Mittelalter für Geld nicht alles kaufen konnte;[190] freilich, so läßt sich hier ergänzen, Kleidung und Nahrung noch am ehesten. Die mittelalterliche Stadtgesellschaft liegt also offenbar gleichweit entfernt von den idealtypischen Modellen des kontrollierten und des freien Zugangs zu distinktiven Statussymbolen.

Im Jahre 1431 erschien auf dem Danziger Artushof ein gewisser John Knight. Er war ein Mann, der mit allen Zeichen der Elite ausgestattet war. Seinem Rang entsprach es, daß er sich Preußen besehen und Ritterschaft erlangen wollte, und sein Status ließ sich sicherlich auch an äußeren Zeichen ablesen, denn die Danziger ehrten ihn mit Festen und Turnieren. Eines Tages jedoch war er verschwunden und mit ihm die Waren, die er in Danzig auf Kredit gekauft hatte. Nur langsam kam eine Wahrheit ans Licht, die erschauern ließ. Denn Knight war nicht der, für den man ihn hielt, sondern nur ein Usurpator von sozialen Zeichen und In-

---

188 *F. Piponnier*, Costume et vie sociale. La cour d'Anjou XIVe-XVe siècle, Paris 1970; *W. Paravicini*, Soziale Schichtung und soziale Mobilität am Hof der Herzöge von Burgund, in: Francia 5 (1977), S. 127–181; *ders.*, Die ritterlich-höfische Kultur des Mittelalters (Enzyklopädie deutscher Geschichte 32), München 1994, S. 8-10; *ders.*, Zeremoniell und Raum, in: *Ders. (Hrsg.)*, Zeremoniell und Raum. 4. Symposium der Residenzen-Kommission der Akademie der Wissenschaften in Göttingen (Residenzenforschung 6), Sigmaringen 1997, S. 11–36; *M. Dinges*, Der „feine Unterschied". Die soziale Funktion der Kleidung in der höfischen Gesellschaft, in: Zeitschrift für historische Forschung 19 (1992), S. 49–75; *A. Page*, Vêtir le Prince. Tissus et couleurs à la cour de Savoie 1427–1447 (Cahiers Lausannois d'histoire médiévale 8), Lausanne 1993.

189 *Wehrmann* (wie Anm. 151), S. 508f.; *Lagemann* (wie Anm. 187), S. 109. Für Lübeck ist zudem nachgewiesen, daß 1479 die Überschreitung einer Hochzeitsordnung zur Strafzahlung an die Wette führte, was der Sünder, Hinrich Dunkelgud, aber ohne Reue als eine Selbstverständlichkeit notierte: *Mantels* (Anm. 77), S. 8, 16. Somit könnte man vermuten, daß der Rat beim Erlaß einer Luxusordnung nicht an der Einhaltung, sondern an den Einnahmen interessiert gewesen sein könnte. Vgl. allgemein auch *W. Buchholz*, Anfänge der Sozialdisziplinierung im Mittelalter. Die Reichsstadt Nürnberg als Beispiel, in: Zeitschrift für historische Forschung 18 (1991), S. 129–148.

190 *E. Isenmann*, Die deutsche Stadt im Spätmittelalter 1250–1500. Stadtgestalt, Recht, Stadtregiment, Kirche, Gesellschaft, Wirtschaft, Stuttgart 1988, S. 252. Eine andere Akzentsetzung bei *R. Sprandel*, Über sozialen Wandel im Mittelalter, in: Saeculum 26 (1975), S. 205–213, hier S. 210.

signien.[191] Das Beispiel ist hier an das Ende der Ausführungen gestellt, weil es zwei zentrale Aspekte verbindet. In Danzig vertraute man einerseits auf die Korrespondenz von sozialer Identität und äußeren Zeichen, so daß nicht nur dieser Bluff des englischen Hochstaplers, sondern (man denke an die gar nicht so seltenen Beispiele für falsche Herrscher im Mittelalter)[192] eine Strategie der Anmaßung vermutlich größere Erfolgsaussichten besaß als in anderen Gesellschaften. Doch verweist diese Episode eben auch auf die Existenz eines Spiels mit Schein und Sein und damit der Über- und Unterschreitung der durch Konsum nur locker fixierten sozialen Schichtgrenzen.

[Manuskriptabschluß: Frühjahr 2001]

191 Hanserecesse (HR), Abteilung II: Hanserecesse von 1431–1476, bearb. *G. v. d. Ropp*, 7 Bde., Leipzig 1876–1892, hier Bd. 2, S. 75 f., Nr. 76, § 39. Vgl. *Selzer* (wie Anm. 171), S. 41.

192 *R. C. Schwinges*, Verfassung und kollektives Verhalten. Zur Mentalität des Erfolges falscher Herrscher im Reich des 13. und 14. Jahrhunderts, in: *F. Graus (Hrsg.)*, Mentalitäten im Mittelalter. Methodische und inhaltliche Probleme (Vorträge und Forschungen 35), Sigmaringen 1987, S. 177–202.

II. Gesellschaftliche Strukturen im städtischen Raum

Soziale Strukturen im städtischen Raum: Entwicklung und Stand der sozial-topographischen Stadtgeschichtsforschung

Dietrich Denecke, Göttingen

Einleitung: Die historisch-geographischen Fragestellungen der sozialräumlichen Rekonstruktion und sozialtopographischen Raumanalyse der Stadt

Historisch-sozialtopographische Rekonstruktionen und Raumanalysen sind gerichtet auf eine topographisch möglichst genaue, parzellentreue Zuordnung und Lokalisierung direkter und indirekter sozialer Merkmale oder personenbezogener Daten, wie auch auf die sozialräumliche Analyse ihrer Verbreitung, Anordnungsmuster und Standorte, in historischen Querschnitten und im Wandel ihrer historischen Entwicklung (Längsschnitte). Ausgangspunkt ist die topographische Zuordnung (Verortung) funktionaler und besonders quantitativer und qualitativer sozialstatistischer Daten und Indizes der Bewohner zum Wohnstandort, wobei dieser zumeist auch als Arbeitsort anzunehmen ist. Das Ergebnis ist allgemein eine möglichst großmaßstäbige, lückenlose, d.h. flächendeckende kartographische Darstellung wirtschaftlicher und sozialer Merkmale von Familienvorständen oder Hausbesitzern für die Gesamtheit einer Stadt. Auf dieser Grundlage kann dann eine sozialräumliche Interpretation von sozialen Standort- und Verbreitungsmustern im Stadtplan aufbauen, die ‚Kunde vom gesellschaftlichen Ort', von der Gesellschaftsstruktur im Stadtplan oder auch der sozialräumlichen Organisation der städtischen Gesellschaft geben kann, für einen belegbaren, meist quellenbedingten Zeitpunkt wie auch – durch den Vergleich mehrerer Zeitschnitte – im Wandel der historischen Entwicklung. Eine historische Sozialtopographie fixiert und interpretiert somit soziale Indizes der Bevölkerung am Wohnstandort in der Stadt und gewährt damit einen Einblick in sozialräumliche Qualitäten, Gefüge und auch Beziehungen der Bewohner, wie auch sozialer Gruppen, in die soziale Organisation der Stadt und ihrer Gesellschaft. Über die individuelle Betrachtung einer Stadt hinaus lassen sich im Rahmen einer vergleichenden Städtegeschichte allgemeinere Strukturen sozialer Standortbewertung und Standortqualitäten sowie ihre Persistenz und ihr Wandel erarbeiten, die sich in einer städtischen Gesellschaft herausgebildet haben. Erhellt werden letztlich auch auf die Parzelle, die Haus- oder auch die Wohnungseinheit bezogene Zusammenhänge zwischen der baulichen Struktur (Grundriß, Aufriß, Gebäudequalität), der Gebäudenutzung (Funktion), der Wohnqualität wie auch der wirtschaftlichen und sozialen Stellung des Nutzers (sozialer Status). Es ist den Ursachen und Prozeßreglern der Entstehung und Entwicklung von Standortmustern ebenso nachzugehen wie der Frage nach spezifischen, reglementierten wirtschaftlichen oder sozialen Bedingungen von Standortbestimmungen und Verbreitungen.

Grundlegend für den sozialtopographischen Betrachtungsansatz sind die Annahme und Beobachtung, daß soziale Verhältnisse, Ordnungen, Strukturen und Aktivitäten raumwirksam und raumgestaltend sind, besonders im primären Prozeß der Standortbestimmung, der

Strukturierung von Grundriß und Aufriß im Plan und Bild der Stadt. Aus dem Nacheinander des Gestaltungsprozesses ergibt sich ein zeitlich wie räumlich komplexes Bild einer räumlichen Auswirkung in der Form von sozialen Strukturen und Elementen, deren tradierte Standortbedingungen und Anordnungsmuster sozialräumlich zu analysieren und zu interpretieren sind.

Wenn die sozialtopographische Rekonstruktion und Analyse auch in den umfassenden sozialgeschichtlichen Zusammenhang der Stadtgeschichte gehört, und sich der soziale Aufriß der Gesellschaft im Grundriß der Stadt niedergeschlagen hat, so muß die soziale Raumanalyse doch wesentlich auf die raumstrukturellen Aussagen konzentriert werden, auf die räumliche Auswirkung von Sozialstrukturen und sozialen Schichtungen, auf die soziale Mobilität und auf sozialräumliche Gliederungen innerhalb der Stadt, denen im weiterführenden Detail sozialtopographische Verbreitungen einzelner sozialer Indizes der Bebauung und der Wohnstandorte der Bevölkerung zu Grunde liegen. Am Anfang sozialgeschichtlicher Arbeit steht die übergeordnete Frage nach der allgemeinen Sozialstruktur der Stadtgesellschaft, nach den sozialen Gruppen, ihrer Herausbildung und ihrer Stellung zueinander. Eine weiterführende Grundlage der sozialräumlichen Problemstellung ist dann die Frage der sozialen Schichtung, der vertikalen Sozialstruktur oder hierarchischen Gliederung der städtischen Gesellschaft, die auf der sozialen Stellung und Einschätzung, dem Ansehen wie auch dem sozialen Auf- oder Abstieg jedes einzelnen Stadtbewohners beruht. Die umfangreiche Forschung zur sozialen Schichtung vor allem der mittelalterlichen Stadt hat in ihrem komplexen und weitgehend nicht raumbezogenen Ansatz eine nur hintergründige Bedeutung für die sozialtopographische Fragestellung.

Enger mit der Sozialtopographie verbunden ist die vornehmlich geographische Forschung der sozialräumlichen Gliederung, der Abgrenzung und sozialräumlichen Analyse innerstädtischer Teilräume (Viertel, Quartiere, Nachbarschaften, Kirchspiele u. a.) mit entwicklungsgeschichtlichen, funktionalen und sozialen Eigenständigkeiten im Zusammenhang mit der topographisch-organisatorischen (verfassungstopographischen) Stadtgenese und Stadtstruktur. Wenn hier auch manche Zusammenhänge mit generalisierten, parzellentreuen, sozialtopographischen Raumstrukturen, besonders bei deutlichen Konzentrationen, gegeben sind, so verfolgt diese Ebene einer sozialräumlichen Gliederung mit der Abgrenzung und Analyse einzelner Quartiere doch eine andere, eigenständige Raumkategorie, die des Stadtteiles, und nicht die soziale Aussage einzelner Wohnstandorte und Verbreitungen zugehöriger sozialer Indizes.

Manche sozialgeschichtliche Arbeit zur Sozialstruktur auf der Grundlage sozialstatistischer Quellen berührt eine räumliche Differenzierung und Anordnung sozialer Gruppen oder auch Einzelpersonen, womit dann auch sozialtopographische Fragegestellungen angeschnitten werden. Das Bild bleibt jedoch selektiv, es kommt nicht zu einer Gesamterfassung und kartographischen Gesamtdarstellung, was häufig allein quellenbedingt ist. In diesen Arbeiten stecken jedoch oft wertvolle Aussagen zu sozialtopographischen Verhältnissen und Interpretationen, die für vergleichende sozialtopographische Studien heranzuziehen sind.

Der sozialtopographische Betrachtungsansatz im engeren Sinne verlangt ein großmaßstäbig, topographisch parzellentreu fixierbares, vollständiges (flächendeckendes) Datenmaterial wie auch einen möglichst zeitnahen, parzellentreuen Stadtplan. Diese Voraussetzungen sind oft nicht einmal für das 18. und 19. Jahrhundert zu erfüllen, so daß entweder jüngere Pläne heranzuziehen sind oder Daten ohne genaue Parzellenzuweisung, lediglich nach Straßen geordnet, dargestellt werden können. Es entstehen statistische Kartenübersichten, die eine Gesamtübersicht vermitteln, die räumliche Verbreitungen zeigen, aber auch – auf einzelne Merkmale bezogen – räumliche Anordnungsmuster veranschaulichen, die als dispers oder konzentriert, linear oder gehäuft, als zentral oder peripher beschrieben werden können. Eine raumstrukturelle Analyse des Gesamtbildes oder auch eines Einzelstandortes führt dann zu einer sozialräumlichen Interpretation vor allem der Standortmuster. Bei einem Vergleich von Standtortmustern einzelner Merkmale für verschiedene Städte lassen sich dann möglicherweise Gemeinsamkeiten erkennen, die sich, bei genügend Einzelbeispielen, auch als typisch herausstellen könnten.

Eine sozialtopographische Rekonstruktion und Interpretation ist im Rahmen der sozialgeschichtlichen Stadtforschung nur ein Teilaspekt, der quellenbedingt weitgehend nur auf wenige Zeitschnitte beschränkt und vornehmlich nur topographisch beschreibend und statistisch sein kann. Der sozialtopographische Betrachtungsansatz führt jedoch zu Zusammenhängen mit der topographischen Genese und entwicklungsgeschichtlichen Gliederung der Stadt, zu einer wertenden Differenzierung der Bausubstanz, zu funktionalen Strukturen der Stadtentwicklung, zu einer differenzierten Standort- und Bodenbewertung sowie zu Einblicken in die soziale Raumorganisation. Die Bevölkerungs- und Sozialgeschichte einer Stadt wird durch die sozialtopographische Forschung eng verbunden mit der Stadtentwicklung selbst im Rahmen einer historischen Geographie und historisch-genetischen Analyse der Stadt.

Nur mit Vorsicht und weiteren sozialgeschichtlichen Hintergründen kann man sich auch der Dynamik sozialräumlicher Beziehungsgefüge, Prozessen einer sozialräumlichen Mobilität sowie Fragen des Milieus und des sozialen Umfeldes der städtischen Bevölkerung nähern. Viele Fragestellungen sind von der gegenwartsbezogenen Sozialforschung, besonders der Sozialökologie entwickelt und lassen sich bestenfalls für die Neuzeit verfolgen, kaum jedoch für frühere Epochen der Stadtgeschichte.

Wenn auch für einzelne Beispiele bereits für das späte Mittelalter Verbreitungskarten ausgewählter sozialtopographischer Merkmale erarbeitet werden können, so erlauben die Quellen vornehmlich erst für die frühe Neuzeit flächendeckende und aussagekräftige sozialtopographische Darstellungen. Eine weiter verbesserte Quellenlage ist dann seit der zweiten Hälfte des 19. Jahrhunderts gegeben, besonders durch geschlossene Statistiken und auch durch die Adreßbücher, die im Überblick gut erschlossen sind. Die gegebenen Zeitschnitte zeichnen ein zeitlich fixiertes Bild. Vergleiche mehrerer Zeitschnitte, vor allem in die jüngere Geschichte hinein, erlauben Beobachtungen zu Veränderungen in der Sozialtopographie und führen zu Fragen der Ursachen und der Steuerungsfaktoren des Wandels. Ein geschlossener Entwicklungsprozeß Haus für Haus läßt sich vornehmlich nur für die Neuzeit auf der Grundlage erarbeiteter Häuserbücher verfolgen. Anschaulich belegt werden damit Persistenzen oder auch die Dynamik eines Wandels sowie allgemeinere Umbrüche in der Bau- und Besitzstruktur einer Stadt. Vor allem Beobachtungen von weitgehend konstanten Verbreitungs- und Anordnungsmustern können zu den Versuchen beitragen, jüngere – und damit faßbare – sozialtopographische Verhältnisse weiter zurückzuprojizieren, wovon vielfach ausgegangen wird.

I. Der Entwicklungsgang der sozialtopographischen Forschung im interdisziplinären Kontext

Nach einigen vereinzelten frühen Vorläufern, die in ihrem Ansatz wie auch der Darstellung bereits bemerkenswert ausgereift waren, jedoch in ihrer Zeit keinerlei Folgewirkung hatten,[1] wie auch nach wenigen sozialhistorischen Arbeiten der 50er Jahre, in denen sozialtopographische Fragen angesprochen wurden,[2] ist die Fragestellung der Sozialtopographie erst seit dem Ende der 60er Jahre des 20. Jahrhunderts als Aufgabe historisch-geographischer Stadtforschung aufgegriffen worden. In den 1970er und mit einem Höhepunkt in den 1980er Jahren wurde eine größere Zahl von Fallstudien für einzelne Städte erarbeitet, unter denen sich auch einige grundlegende Studien befinden, die zur Entwicklung der allgemeinen Problemstellungen sowie der Arbeits- und Darstellungsmethoden wesentlich beigetragen haben. In der Folgezeit ist die Beschäftigung mit der Sozialtopographie deutlich zurückgegangen, obgleich sich nunmehr die Möglichkeit eröffnet, mit Hilfe der fortgeschrittenen EDV und GIS-Technologie die Erfassung der Datenmengen sowie ihre Aufbereitung, Auswertung und Darstellung besser und vielseitiger handhabbar und darstellbar zu machen.

Für eine ‚bevölkerungs- und sozialgeographische Differenzierung' der Stadt, für das ‚Verhältnis zwischen Stadtplan und Sozialstruktur', für eine ‚historisch-soziale Stadttopographie' oder ‚sozialstatistische Querschnittsanalyse' taucht der Begriff der Sozialtopographie erst in den 1960er Jahren auf. Er setzt sich dann gegen andere Umschreibungen in den 1970er und 1980er Jahren allmählich durch. Zur gleichen Zeit finden sich in der englischsprachigen Literatur die Bezeichnungen ‚residential patterns', ‚sociotopography' oder ‚social topography'.

Das Arbeitsfeld der Sozialtopographie ist weitgehend von Stadthistorikern und Historischen Geographen bestellt worden, und dies in einem sehr engen Bezug zueinander. Steht in den Arbeiten von historischer Seite eher die Aufbereitung und Auswertung der individuellen Quelle im Vordergrund der Untersuchungen, so liegen die Schwerpunkte der Beiträge von geographischer Seite eher auf den Methoden, den Lösungen einer Veranschaulichung wie auch einer allgemeineren vergleichenden Betrachtung. Auch die Stadtarchäologie hat sich Fragen der Sozialtopographie angenommen, obgleich ihre archäologischen Ergebnisse punktuell bleiben müssen, wenngleich sie andererseits durch die sozialen Aussagen des Fundmaterials für die frühe Stadtgeschichte topographisch genau fixierte und detaillierte Einblicke in soziale Gegebenheiten zu vermitteln vermag.

International ist die historische Sozialtopographie nur von wenigen Forschern aufgegriffen worden, so in England, in Irland, in Schweden oder Dänemark. Die in Deutschland

---

1 *W. H. Riehl*, Augsburger Studien, 2: Der Stadtplan als Grundriß der Gesellschaft, in: *Ders.*, Culturstudien aus drei Jahrhunderten, Stuttgart 1859, S. 270–284; *C. Booth*, Life and Labour of the People of London, London 1889; *K. F. Leonhardt (Bearb.)*, Karte der Berufsverteilung in Hannover nach dem Stande von 1435. Maßstab 1:2500. Karten zur Entwicklungsgeschichte der Stadt Hannover, Hannover 1933.

2 *W. Schellenberg*, Bevölkerung der Stadt Zürich um 1780. Zusammensetzung und regionale Verteilung, Diss. Zürich, Affoltern 1951; *H. Landgraf*, Bevölkerung und Wirtschaft Kiels im 15. Jahrhundert (Quellen und Forschungen zur Geschichte Schleswig-Holsteins 39), Neumünster 1959.

durchaus schon zu einem Forschungszweig entwickelte Sozialtopographie hat sich auf internationaler Ebene in diesem Maße nicht ausgebreitet.

Wurzeln der Fragestellung liegen in der historischen Forschung, in der seit den 1930er Jahren verfolgten ‚Verfassungstopographie',[3] sie stehen aber besonders im Zusammenhang mit der jüngeren sozialgeschichtlichen Forschung, den Fragestellungen der sozialen Schichtung der Gesellschaft und den sozialen Familienstrukturen. Die geographischen Forschungen hingegen gingen im Rahmen der allgemeinen Entwicklung der Sozialgeographie in den 1970er Jahren aus von der sozialräumlichen Gliederung und Struktur des Stadtraumes, von einer Verfeinerung der Ausgliederung von städtischen Teilräumen hin zur räumlichen Verteilung und Anordnung verschiedener sozialer Merkmale in der Parzellenstruktur der Stadt. Standortmuster, ihre Entwicklung und Interpretation sowie die sozialräumliche Differenzierung als ein Grundphänomen in der historischen wie auch der modernen Stadt sind Ziele der geographischen Forschung auf dem Gebiet der Sozialtopographie.

Trotz der äußerst beschränkten Quellenlage sind Untersuchungen zur spätmittelalterlichen Sozialtopographie vornehmlich in den 1980er Jahren recht gut vertreten, was mit der allgemeinen Bedeutung des Mittelalters in der stadtgeschichtlichen Forschung der Zeit zusammenhängt. In jüngerer Zeit treten das 18. und frühe 19. Jahrhundert, die bessere Quellenlage nutzend, in den Vordergrund. Besonders vom geographischen Standpunkt aus ist es bemerkenswert, daß die sozialtopographische Fragestellung für die Zeit der Industrialisierung oder gar das 20. Jahrhundert kaum thematisiert worden ist. Die Expansion der Städte, die Dynamik der Mobilität wie auch die Menge der Daten mag ein Hinderungsgrund für einen so detaillierten Untersuchungsansatz sein. Arbeitsfelder sind auf direkt themenorientierte Einzelstudien bezogen, sie stehen im Zusammenhang mit stadtgeschichtlichen Monographien,[4] sie sind für wenige Städte im Zuge historischer Städteatlanten[5] bearbeitet worden, und es finden sich auch Ansätze in einigen Denkmaltopographien der städtischen Denkmalpflege.[6] In Stadtgeschichten wie auch bei den Städteatlanten ist der große Arbeitsaufwand, aber auch die Notwendigkeit der kartographischen Darstellung ein Hindernis für die Beachtung der Thematik, trotzdem sollte sie wenigstens allgemein beschreibend mehr

---

3 *K. Frölich*, Das verfassungstopographische Bild der mittelalterlichen Stadt im Lichte der neueren Forschung, in: *A. von Brandt/W. Koppe (Hrsg.)*, Städtewesen und Bürgertum als geschichtliche Kräfte, Lübeck 1953, S. 61–94.

4 *H. Klein*, Beiträge zur geographischen Entwicklung des Lingener Raumes im 19. und 20. Jahrhundert, Kap. IV: Gesellschaft und städtischer Raum – Sozialtopographie der Stadt Lingen im 19. Jahrhundert, in: *W. Ehbrecht (Hrsg.)*, Lingen 975–1975, Lingen 1975, S. 160–198, bes. S. 180–194; *D. Denecke*, Sozialtopographie der mittelalterlichen Stadt Göttingen, in: *Ders./H. M. Kühn (Hrsg.)*, Göttingen: Geschichte einer Universitätsstadt, Bd. 1, Göttingen 1987, S. 199–210.

5 *H. Stoob (Hrsg.)*, Deutscher Städteatlas, Lieferung 2: Friedrichstadt: Religions- und Sozialstruktur 1845, Lingen: Sozialtopographie 1796, Dortmund 1979; *H. Stoob (Hrsg.)*, Westfälischer Städteatlas, Lieferung 2: Drensteinfurt: Sozialtopographie der Stadt, 1800–1830, Peckelsheim: Sozialtopographie der Stadt, um 1830, Dortmund 1981; *N. Ahlberg/T. Hall (Bearb.)*, Uppsala. Scandinavian Atlas of Historic Towns, 4: Sweden 1, Odense 1983; *O. Degn (Bearb.)*, Ribe 1500–1950. Scandinavian Atlas of Historic Towns 3: Denmark, Odense 1983, S. 20–32; *J. Bradley*, Kilkenny. Irish Historic Towns Atlas 10, Dublin 2000.

6 *D. Dietrich*, Landkreis Landsberg am Lech (Denkmaltopographie Bundesrepublik Deutschland – Denkmäler in Bayern I/14), München 1994.

Eingang in diese Werke finden. Die meisten Studien sind auf eine einzelne Stadt bezogen, und diese Fallstudien sind auch der Ausgang jeder übergeordneten Forschung. Thematisch vergleichende Arbeiten sind weit seltener und teilweise auch erst in Ansätzen möglich. Ein treffendes Beispiel für die Gewerbetopographie ist die Untersuchung der meist konzentrierten Verbreitung der Gerber in Gerbervierteln.[7]

Die verfügbaren und ausgewerteten sozialen Merkmale sind sehr verschieden, die Lösungen einer übersichtlichen und räumlich veranschaulichenden Darstellung sind vielfältig, was Vergleiche der Ergebnisse erschwert. Die Darstellung erfolgt in Tabellen, Diagrammen und auch in Karten unterschiedlichster Maßstäbe, an Aussage und an Details geht in einer für die Veröffentlichung notwendigen Zusammenfassung in Gruppen, einer Generalisierung wie auch Schwarz-Weiß-Lösung oft sehr viel verloren.

Einige Forschungsübersichten haben die Entwicklung der sozialtopographischen Forschung begleitet. 1979 hat Rublack in einer ersten Zwischenbilanz noch festgestellt, daß „Verfahren sozialtopographischer Beschreibung seit einiger Zeit praktiziert werden, methodische und methodologische Überlegungen jedoch fehlen".[8] Auch eine Übersicht über die Forschungsergebnisse vermißte er. Gleichwohl sind doch einzelne, zum Teil recht frühe Ansätze und Beiträge zu nennen. So wurde versucht, mit einem eigenen Beitrag allgemeine und weiterführende Wege zu weisen.[9] In einem internationalen Zusammenhang erfolgte dann 1988 ein Forschungsüberblick,[10] der mit einer inzwischen schon beachtlichen deutschen Forschung die Diskussion auch im internationalen Bereich anregen sollte. Eine allgemein gehaltene kritische Bilanz gibt Walberg (1988),[11] die allerdings weitgehend auf die Arbeiten in Westfalen bezogen ist. Für die 90er Jahre sind vor allem die fundierten Studien von Kroll für die Städte Stralsund und Stade zu nennen,[12] die sich auch mit den bisherigen Arbeiten

---

7 *J. Cramer*, Gerberhaus und Gerberviertel in der mittelalterlichen Stadt (Studien zur Bauforschung 12), Bonn 1981.

8 *H.-C. Rublack*, Probleme der Sozialtopographie der Stadt im Mittelalter und in der frühen Neuzeit, in: *W. Ehbrecht (Hrsg.)*, Voraussetzungen und Methoden geschichtlicher Städteforschung (Städteforschung A/7), Köln 1979, S. 177–193.

9 *D. Denecke*, Sozialtopographische und sozialräumliche Gliederung der spätmittelalterlichen Stadt. Problemstellungen, Methoden und Betrachtungsweisen der historischen Wirtschafts- und Sozialgeographie, in: *J. Fleckenstein/K. Stackmann (Hrsg.)*, Über Bürger, Stadt und städtische Literatur im Spätmittelalter (Abhandlungen der Akademie der Wissenschaften in Göttingen, Phil.-hist. Klasse, 3. Folge 121), Göttingen 1980, S. 161–202.

10 *D. Denecke*, Social Status and Place of Residence in Preindustrial German Towns: Recent Studies in Social Topography, in: *Ders./G. Shaw (Hrsg.)*, Urban Historical Geography. Recent Progress in Britain and Germany, Cambridge 1988, S. 125–140. Dieser Forschungsbericht enthält umfangreiche Literaturhinweise, die hier nicht nochmals in derselben Ausführlichkeit aufgenommen worden sind.

11 *H. Walberg*, Zur Sozialtopographie westfälischer Städte in der frühen Neuzeit, in: *K. Krüger (Hrsg.)*, Europäische Städte im Zeitalter des Barock (Städteforschung A/28), Köln 1988, S. 209–221. Vgl. weiterhin auch: *J. Cramer*, Zur Frage der Gewerbegassen in der Stadt Augsburg am Ausgang des Mittelalters, in: Die Alte Stadt 11 (1984), S. 81–111, hier bes. S. 81–90; *M. Siekmann*, Die Stadt Münster um 1770. Eine räumlich-statistische Darstellung der Bevölkerung, Sozialgruppen und Gebäude (Siedlung und Landschaft in Westfalen 18), Münster 1989, hier bes. S. 11–20.

12 *S. Kroll*, Stade um 1700. Sozialtopographie einer deutschen Provinzhauptstadt unter schwedischer Herrschaft (Veröffentlichungen aus dem Stadtarchiv Stade 16), Stade 1992; *ders.*, Stadtgesellschaft

auseinandersetzen, die jedoch durch den Einsatz der multimedialen GIS-Technologie in der Aufbereitung, Auswertung und Darstellung des Datenmaterials über die bisherige Arbeitsweise hinausführen. Eine neuere Zusammenführung der Problemstellungen und Arbeitsansätze, der übergeordneten, themenspezifischen sowie vergleichenden Untersuchungen über die individuellen Ergebnisse der Einzelbeispiele hinaus liegt ebenso wenig vor, wie eine Zusammenschau weiterführender Forschungsmöglichkeiten und Erfolg versprechender Quellenbestände für ausgewählte deutsche Städte. Der vorliegende Band wie auch dieser Beitrag mögen dazu anregen.

II. Der Forschungsansatz: Grundlagen und Elemente, Methoden, Quellen, Auswertung und Darstellung

1. Direkte und indirekte soziale Merkmale und statistische Indizes der Stadtbewohner und ihre topographische Zuordnung

Die grundlegend statistische Basis einer Sozialtopographie, die flächendeckend und auf individuelle Einheiten bezogen ist und standardisierte Erfassungen und Informationen vermittelt, bedingt unmittelbar quellengebundene, eng begrenzte wie auch vereinheitlichte Aussagen. Die erstellten ‚amtlichen' Registrierungen waren verbunden mit einem verwaltungsmäßigen Zweck, der soziale Aussagen nur beschränkt und meist nur indirekt zum Ausdruck bringt. So ist es sinnvoll und treffend, die wirtschafts- und sozialhistorischen Daten auch nur mit Vorsicht als soziale Merkmale und Indizes zu bezeichnen. Weiterhin ist es sinnvoll, die Quellennähe in der primären Auswertung und Darstellung möglichst zu bewahren, was allerdings bedeutet, daß nicht nur für die einzelne Stadt, sondern gerade auch für vergleichende sozialgeschichtliche Fragestellungen und Aussagen allgemein eine Vielzahl verschiedener Indizes nebeneinandergestellt werden, von denen zunächst auch jedes für sich in engerem thematischen Sinne zu interpretieren ist. Die sozialtopographisch auswertbaren Daten beziehen sich vornehmlich auf die Bereiche Stand, Status oder gesellschaftliche Stellung (Klasse), auf Beruf und Gewerbe, Betriebsstandort und Betriebsstruktur, Grundbesitz und Vermögen, Haus- und Wohnqualität sowie auf die Familienstruktur. Alle Bereiche werden übergreifend in der Sozialtopographie zusammengefaßt, wenn auch oft Berufs- und Gewerbetopographien oder Vermögenstopographien gesondert als solche benannt werden.

Zum gesellschaftlichen Stand und Status gehören die Gruppen bzw. Vertreter des Adels mit ihren Adelshöfen in der Stadt,[13] die Geistlichkeit mit ihren zugehörigen Institutionen sowie die Gruppe der Patrizier. Der bürgerliche Status der Einwohner wird vertreten durch die Vollbürger, die Gemeindebürger, die Pfahlbürger, die Bürgeranwärter und die Neubür-

---

und Krieg. Sozialstruktur, Wirtschaft und Bevölkerung Stralsunds und Stades 1700 bis 1715 (Göttinger Beiträge zur Wirtschafts- und Sozialgeschichte 18), Göttingen 1997.

13 *E. Müller*, Die Adelshöfe der Stadt Münster i.W., Münster 1930; *A. Mindermann*, Adel in der Stadt des Spätmittelalters. Göttingen und Stade 1300–1600 (Veröffentlichungen des Instituts für historische Landesforschung der Universität Göttingen 35), Bielefeld 1996; *ders.*, Adelshöfe als planmäßige Elemente von mittelalterlichen Gründungsstädten Nordwestdeutschlands. Vortrag zur Tagung „Die mittelalterliche Gründungsstadt" in Göttingen, März 2001 (Veröffentlichung in Vorbereitung).

ger, die sich in den Quellen (Bürgerlisten u. a.) oft differenzieren lassen und die auch sozialtopographisch durchaus eigenständige Verbreitungsmuster zeigen. Verfassungs- und verwaltungstopographisch lassen sich Ratsmitglieder, Gildemeister oder auch Gildemitglieder in ihrer Verbreitung ausweisen.

Einen zentralen, wenn nicht gar eigenständigen Bereich innerhalb der Sozialtopographie macht die Berufszugehörigkeit (Berufs- oder Gewerbetopographie) aus. Auch bei einer günstigen Quellenlage, bei der für den Bestand an Haushalten weitgehend vollständig die Gewerbe der Haushaltsvorstände angegeben sind, bleibt doch oft unsicher oder ganz offen, wieweit das genannte Gewerbe wirklich als wirtschaftliche Grundlage noch ausgeübt wird, inwieweit die Angabe den Haupt- oder Nebenberuf betrifft oder wieweit die Familie, besonders die Frau, mit in das Gewerbe eingeschlossen ist. Für eine Bewertung des sozialen Status wäre weiterhin nicht nur die allgemeine soziale Stellung des einzelnen Berufes wesentlich, sondern vor allem die soziale Differenzierung oder Einstufung innerhalb der eigenen Berufsgruppe, je nach der Leistungsfähigkeit und Qualität der Arbeit oder dem Prestige innerhalb der Berufsgenossen. Mit Recht wird oft auf die Problematik einer sozialhistorischen Auswertung der Berufsangaben hingewiesen, was jeweils allgemein, aber auch auf die einzelne Quelle bezogen zu hinterfragen ist.[14] An Gewerbetopographien liegen für das Mittelalter wie auch für die Neuzeit schon viele Einzelbeispiele vor, allerdings in sehr unterschiedlichem Maßstab und unterschiedlicher Generalisierung (Zusammenfassung in Berufsgruppen), womit an sozialtopographischer Aussage oft viel verlorengeht.

Ein sichtbarer und wertender Indikator für Wohlstand und eine gesellschaftliche Stellung sind Besitz und Vermögen, die in der steuerlichen Einschätzung, im Geldvermögen oder der beweglichen Habe sowie vor allem im Grund- und Hausbesitz greifbar werden. Steuerlisten und Schoßregister sind quantitativ statistisch,[15] aber auch – wenn im Steuerumgang oder auch durch Parzellenschlüssel lokalisierbar – topographisch ausgewertet worden. Unklar bleibt nach den Quellen meist die genauere Bezugsbasis der Steuerbeträge und die Realität, generalisierend ist die allgemeine Bildung von Steuergruppen. Deutlich heben sich jedoch stets die Nonvalenten wie auch die Vertreter höchster Steuerzahlungen voneinander ab, gerade auch im topographischen Bild.

Das Eigentum an Grund und Boden wie an Hausbesitz (seit dem 13./14. Jahrhundert als Einheit behandelt: Verliegenschaftung) und die daraus entwickelte Grundeigentumstopographie vermittelt politisch-rechtliche, bauliche und wirtschaftliche, aber auch soziale Aussagen. Die Quellen hierzu sind insgesamt sehr umfangreich (Grundbuch, Hausbuch, Oberstadtbuch u. a.). Diese Erfassungen, die auch die wesentliche Grundlage für die erarbeiteten Sekundärquellen der Häuserbücher[16] darstellen, sind in ihrer Anlage sehr unterschiedlich,

---

14 *K. W. Grümer,* Soziale Ungleichheit und Beruf. Zur Problematik der Erfassung des Merkmals ‚Beruf' bei der Sozialstrukturanalyse gegenwärtiger und historischer Gesellschaften, in: Historical Social Research 32 (1984), S. 4–36.

15 *J. Roth,* Die Steuerlisten von 1363/64 und 1374/75 als Quellen zur Sozialstruktur der Stadt Trier im Spätmittelalter, in: Kurtrierisches Jahrbuch 16 (1976), S. 24–37; *K. Krüger (Hrsg.),* Sozialstruktur der Stadt Oldenburg 1630 und 1678. Analysen in historischer Finanzsoziologie anhand staatlicher Steuerregister, Oldenburg 1986.

16 *R. Biederstedt,* Häuserbuch der Altstadt Greifswald. Ein Arbeitsbericht, in: Greifswald-Stralsunder Jahrbuch 11 (1977), S. 125–131.

was einen kritischen Vergleich erschwert. Im Grundbesitz manifestiert sich nicht nur ein Vermögen, sondern mit ihm sind auch Rechte und Pflichten verbunden (Bürgerrecht, Steuerpflicht u. a.), in denen ein sozialer Status zum Ausdruck kommt. Ein besonderes, allgemein mit dem Haus verbundenes Recht ist das Braurecht (‚Brauhaus'), was oft baulich in Erscheinung tritt, funktional von Bedeutung, aber auch wertsteigernd war. Topographisch bilden die ‚Brauhäuser' meist recht geschlossene Einheiten im älteren Baubestand des Altstadtkerns. Ihre lange und auch geschlossene Persistenz bildet bis in das 18. Jahrhundert hinein ein besonders stabiles Element in den meisten Städten, so daß hier auch ein guter Ansatz für vergleichende Betrachtungen gegeben ist, die bisher noch kaum angestellt worden sind.[17]

Der Besitz eines Hauses allein reicht als sozialer Index nicht aus, das Haus ist zu typisieren und zu bewerten nach seinem Status, dem baulichen Wert sowie dem Zustand und der Lage, was dann in den Quellen gemeinsam auch in den Taxwert oder den Versicherungswert eingehen kann. Nach dem Status lassen sich vor allem *domus* (Wohnhaus) und Bude (Wohnhaus geringerer Qualität) unterscheiden. Buden sind oft auch sekundär errichtete Gebäude für ‚Nachzügler'.[18] Mit dem Gebäudestatus ist in jedem Fall eine klassifizierende Wertung verbunden, die in das Mittelalter zurückreicht. Unmittelbar wertbestimmend ist die Gebäudequalität, die in der Größe des Hauses, der Zahl der Stockwerke, im Baumaterial sowie in der Bedachung zum Ausdruck kommt – Angaben, die unter anderem in den Brandversicherungsakten auftreten und die in Taxwerte wie auch in Versicherungswerte eingehen, deren Kriterien allerdings aus den jeweiligen Quellen meist nicht faßbar werden. Topographische Auswertungen baulicher Angaben sind nicht nur für eine Beurteilung der baulichen Entwicklung von Bedeutung, sondern durch die Bewertung der Bausubstanz und das Indiz des Gebäudewertes auch für den sozialen Status der Hausbesitzer.

Wesentlich für die Bewertung von Grundbesitz ist auch der Besitzstatus (Alleinbesitz, Mitbesitzer, Miterbe u. a.), das Auftreten von Treuhandbesitz, vor allem aber ein Mehrfachbesitz (Besitzkonzentration), der auf Erbschaften, aber auch auf gezielte Investitionen zurückgehen kann. Dieses Phänomen tritt in vielen Städten keineswegs selten auf. Hier stellt sich dann in besonderer Weise die Frage der Lokalisation des Wohnsitzes des Immobilienbesitzers, da nur dieser sozialtopographisch bedeutsam ist. Auch die Besitzhäufung ist eine Fragestellung, die auf der Grundlage individueller Sozialtopographien im Städtevergleich wie auch zeitspezifisch herauszuarbeiten wäre. Hinzu kommen letztlich auch ein weiterer Grundbesitz in Vorstädten, in der Gemarkung wie auch außerhalb sowie Berechtigungen und Anteile, aus denen auch Erträge erwirtschaftet werden.

Eng mit dem Hausbesitz und seiner sozialen Bewertung hängt auch die Nutzungsintensität des Hauses, der verfügbare Wohnraum (Wohndichte) und letztlich die gesamte Wohnqualität zusammen. Indizes hierfür werden flächenhaft erst für die Neuzeit greifbar, für die frühere Zeit lassen sich allgemein nur Beispiele fassen. In den weiteren Zusammenhang mit der Wohnqualität gehört auch die sozialräumliche Aussage der ‚medizinischen Topogra-

---

[17] *J. Grewe*, Das Braugewerbe der Stadt Münster bis zum Ende der fürstbischöflichen Herrschaft im Jahre 1802, in: Abhandlungen aus dem staatswissenschaftlichen Seminar zu Münster i.W. 5, Münster 1907, S. 1–95; *W. Bing*, Hamburgs Bierbrauerei vom 14. bis zum 18. Jahrhundert, in: Zeitschrift des Vereins für Hamburgische Geschichte 14 (1909), S. 209–329; *E. Plümer*, Zur Sozialtopographie der Stadt Einbeck im späten Mittelalter, in: Hansische Geschichtsblätter 105 (1987), S. 17–31.

[18] *J. Ellermeyer*, Artikel „Buden", in: Lexikon des Mittelalters, Bd. 2, München 1983, S. 902f.

phie', d.h. die topographische Situation der hygienischen Verhältnisse in der Stadt. Sind hier bereits im 19. Jahrhundert im Zuge der notwendigen hygienischen Reformen und Maßnahmen besonders in den größeren Städten zahlreiche sogenannte ,medizinische Topographien' erarbeitet worden, so sind diese Aspekte in die bisherige sozialtopographische Forschung noch kaum einbezogen worden.[19] In jüngerer Zeit vermag die sich entwickelnde Umweltgeschichte der Stadt besonders zu Fragen der Ver- und Entsorgung einen Beitrag auch zur Sozialtopographie zu leisten, soweit eine genauere topographische Differenzierung des Standortes der hygienischen Verhältnisse gegeben ist, worauf die Fragestellungen gezielter zu richten sind.

2. Befunde und Quellen, Quellenaussagen und Quellenkritik

An die Befunde und Quellen einer Sozialtopographie sind die Grundanforderungen einer möglichst weitgehenden, d.h. parzellentreuen topographischen Zuordnung der Daten sowie einer möglichst flächendeckenden Datendichte zu stellen. Quellen, die allein Aussagen zur Gesellschaftsstruktur machen, zu ihrer Schichtung, Gliederung und statistischen Differenzierung, können sozialtopographisch nur als allgemeiner Hintergrund herangezogen werden, auch wenn sie hier und da räumliche Zuordnungen vermitteln. Über diese Grundvoraussetzungen hinaus sind die einschlägigen Quellen im einzelnen sehr unterschiedlich in der Art der Erfassung, dem ursprünglichen Zweck, der Vollständigkeit und Verläßlichkeit und vor allem auch der thematischen Aussage und Vielfalt. Sozialtopographische Darstellungen und Analysen sind in extremer Weise quellenabhängig und quellenintensiv, angefangen mit dem vorgegebenen Zeitschnitt bis hin zu vielseitigen Quellenkombinationen. Wenn in den Einzelstudien die jeweilige zentrale Quellenbasis als solche meist auch genauer erläutert wird, so fehlt doch grundlegend eine systematisierende, vergleichende und kritisch analysierende Darstellung sozialtopographisch relevanter Quellen, die vor allem auch methodisch und inhaltlich für diesen Forschungsbereich von wesentlicher Bedeutung wäre.[20] Der gegenwärtige Forschungsstand fordert dazu heraus.

Für das Mittelalter sind stadtarchäologische Befunde und Funde gerade durch ihre kleinräumige Lokalisierung von Bedeutung, auch wenn sich die Befunde nur auf kleine räumliche Ausschnitte beziehen können. Die sozialtopographischen Befunde beziehen sich besonders auf die Genese der Parzellenzuschnitte (primäre/sekundäre Grenzen, Teilungen), auf die Entwicklung der Parzellenbebauung sowie auf die Entwicklung und Art der Gebäudestruktur, die funktionalen und sozialen Aussagen der Befunde und Funde, auf die Gebäudefunktion und -nutzung, auf den Standard der Ausstattung sowie auf Art und Standard des Inventars. Im sozialtopographischen Zusammenhang sind die archäologischen Forschungsergebnisse als exemplarische Aussage anzusehen, die Detailzusammenhänge beleuchten,

---

[19] *E. Woehlkens*, Pest und Ruhr im 16. und 17. Jahrhundert: Grundlagen einer statistisch-topographischen Beschreibung der großen Seuchen, insbesondere in der Stadt Uelzen, Hannover 1954.

[20] Vgl. als Beispiel einer quellenkritischen Analyse: *S. Kroll*, Wohnen und arbeiten in vorpommerschen Städten zu Beginn des 18. Jahrhunderts. Quellenkritische Anmerkungen zur schwedischen Stadtaufnahme am Beispiel von Stralsund und Wolgast, in: *W. Buchholz/G. Mangelsdorf (Hrsg.)*, Land am Meer – Pommern im Spiegel seiner Geschichte (Veröffentlichungen der Historischen Kommission für Pommern 5/Forschungen zur pommerschen Geschichte 29), Köln 1995, S. 499–519.

welche aus den schriftlichen Quellen kaum zu entnehmen sind. Viele einzelne Befunde ließen sich hier zusammentragen, eine Forschungsübersicht ist nur in Ansätzen gegeben.

Für die jüngere Zeit kann die ‚Bürgerhausforschung‘ zur Sozial- und vor allem auch zur Gewerbetopographie mit individuellen und besonders typologischen Untersuchungen zum sozialen Status von Gebäude und Gebäudeteilen und zur Anpassung, Konstruktion und baulichen Ausstattung für bestimmte Funktionen und Gewerbe (handwerksspezifische Haustypen) beitragen. Klassische Beispiele hierfür sind das Gerber-[21] oder das Winzerhaus, wobei hier auch bereits flächendeckende Standortmuster, zum Teil auch rückschreibend, erarbeitet werden können. Weiterführend ist in diesem Zusammenhang auch der Forschungsansatz der sogenannten ‚Archäologie des Hauses‘, d.h. einer detaillierten, spezifischen Untersuchung von Nutzungsspuren in alten Häusern.

Grundlegend für die Darstellung sozialtopographischer Daten sind möglichst zeitnahe, großmaßstäbige, parzellentreue Pläne, die meist erst als Katasterpläne des 19. Jahrhunderts gegeben sind. Dies stellt vor die Aufgabe, von jüngeren Plänen ausgehend ältere topographische Verhältnisse zu rekonstruieren oder auch weniger exakte Pläne des 17. und 18. Jahrhunderts zu entzerren und zu ergänzen. Die GIS-Technologie vermag hier neben traditionellen Rekonstruktionen eingesetzt zu werden. Einen wesentlichen, vor allem auch methodischen Beitrag hat hier die Arbeit der Städteatlanten geleistet, bei denen die quellenkritische kartographische Erarbeitung und topographische Analyse des Katasterplanes im Zentrum der Veröffentlichungen steht.[22] Auch auf diesem Gebiet wäre ein methodisch ausgerichteter Überblick über die bisherige, augenblicklich recht rege Arbeit der kritischen Rekonstruktion von Parzellenplänen notwendig und weiterführend.

Ein zentraler methodischer Schritt zwischen dem Datenmaterial und der kartographischen Darstellung ist der mit einem Plan korrespondierende topographische Schlüssel, der mit der Quelle wie auch dem Plan nur selten gegeben ist. Steuerumgänge, Brandversicherungsnummern, Häusernamen und Hausmarken oder wechselnde Systeme einer Hausnumerierung sind so aufzuarbeiten, daß Konkordanzen entstehen und parzellentreue Zuordnungen möglich sind. Auflistungen oder Steuerumgänge in einer laufenden Abfolge lassen oft nur eine Aufreihung im jeweiligen Straßenzug zu, d.h. eine schematische Aufteilung von Straßenabschnitten zwischen zwei markanten Eckpunkten; andere Daten können überhaupt nur in der Summe einzelnen Straßenzügen, Kirchspielen, Quartieren, Nachbarschaften oder Zählbezirken zugeordnet werden, was dann nur noch zu einer sozialräumlichen Gliederung, nicht aber zu einer Sozialtopographie führen kann. Die historische Entwicklung der Identifikation und Markierung des Hauses in der Stadt ist eine eigene Thematik, deren allgemeine und vergleichende Herausarbeitung für die Sozialtopographie grundlegend ist. Eine Vielzahl von Lösungen kartographischer Darstellungen unterschiedlicher Maßstäbe und Genauigkeit ließe sich zeigen.

Äußerst vielfältig in ihrem Aufbau wie auch ihren inhaltlichen Aussagen sind letztlich die archivalischen Quellen. Hier werden Steuerverzeichnisse, Schoßregister, Grundbücher, Liegenschaftsregister, Gildeverzeichnisse und vieles mehr herangezogen und ausgewertet, bis

---

21 *Cramer* (wie Anm. 7).

22 *W. Ehbrecht*, Fallstudie und Vergleich. Zur Möglichkeit sozialgeschichtlicher Arbeit mit Städteatlanten, in: Die Alte Stadt 10 (1983), S. 138–164.

hin zu den Adreßbüchern und amtlichen Statistiken des 19. und 20. Jahrhunderts. Eine äußerst hilfreiche Sekundärquelle sind die für manche Städte bereits erarbeiteten Häuserbücher, auf denen sich meist sozialtopographische Auswertungen und Darstellungen aufbauen lassen.[23]

Nach sehr wenigen auswertbaren Quellen des 13. und 14. Jahrhunderts nehmen diese für das 15. und 16. Jahrhundert bereits merklich zu, um dann für das 17. und 18. Jahrhundert bereits für eine größere Zahl von Städten einzusetzen. Die frühe Neuzeit ist damit in jüngerer Zeit ein gewisser Forschungsschwerpunkt geworden. Eine deutliche Verbreiterung der Quellenbasis ist dann besonders für die zweite Hälfte des 19. Jahrhunderts gegeben, unter anderem durch die einsetzenden Adreßbücher mit Angaben zu Hausbesitz, Untermieter, Wohnung, Gewerbe, Beruf u. a.

Eine wesentliche Aufgabe ist bei der Heranziehung und Auswertung die Quellenkritik, der nicht immer deutlich genug nachgegangen wird.[24] Die komplexe Problemstellung der archivalischen Quellen zur Sozialtopographie kann hier nur angedeutet werden mit dem Hinweis darauf, auf der Grundlage der bisherigen Arbeit und der zunehmenden Erschließung der städtischen Archivbestände eine systematische und kritische Analyse dieser Quellengattung zu versuchen, mit weiterführenden Hinweisen auf die Möglichkeiten und Grenzen sozialtopographischer Auswertungen unter Einschluß der EDV und der GIS-Technologie.[25] Fallbeispiele behalten auch hier ihre laufende Bedeutung, die Forschung ist jedoch nunmehr auch auf übergreifende Fragestellungen zu richten, die einen allgemeinen Beitrag zur Stadtgeschichte leisten können.

III. Beharrung und Wandel der Sozialtopographie im entwicklungsgeschichtlichen Vergleich (zeitlicher Längsschnitt)

Der Quellenbezug der Sozialtopographie ist meist ein Zeitschnitt oder bestenfalls eine Abfolge von Zeitschnitten in mehr oder weniger großen Abständen. Allein die Sekundärquelle von Häuserbüchern, die meist im 17. oder 18. Jahrhundert ansetzen, erlaubt eine auf die einzelnen Grundstücke bezogene Verfolgung von Längsschnitten. So ist die Beobachtung von Konstanz oder Wandel vornehmlich auf den Vergleich von Zeitschnitten angewiesen,[26] die in der Quellenbasis und Quellenaussage oft voneinander abweichen.

Grundlegend für Konstanz oder Wandel der Sozialtopographie sind zunächst die topographischen Entwicklungen der Stadt (innerstädtisches Wachstum, Brände, Neuordnungen, Parzellenteilungen u. a.), um deren Erhellung traditionell und zunehmend verfeinert die stadtgenetische und die stadtarchäologische Forschung bemüht ist und deren Ergebnisse hier heranzuziehen sind. Wesentlich ist aber auch der Wandel im wirtschaftlichen und sozialen

---

23 *Biederstedt* (wie Anm. 16).

24 *Kroll* (wie Anm. 20).

25 *S. Kroll/G. Pápay*, Die Anwendung der multimedialen GIS-Technologie auf die Geschichtswissenschaft am Beispiel der Sozialtopographie Stralsunds 1706/07, in: *I. Asmus/H. T. Porada/D. Schleinert (Hrsg.)*, Geographische und historische Beiträge zur Landeskunde Pommerns. Eginhard Wegner zum 80. Geburtstag, Schwerin 1998, S. 189–194.

26 Vgl. als Beispiel: *Degn* (wie Anm. 5).

Gefüge (Zunahme oder Regression, innerstädtische Verlagerungen, Wandel der sozialen Hierarchie u. a.), was sich auch auf Veränderungen in der Sozialtopographie auswirkt. Hierzu gehören auch der Wechsel der Generationen und Verwandtschaftsbeziehungen (Erbgänge, Eheschließungen) sowie auch Vorgänge einer innerstädtischen Mobilität.[27]

Häufig ist eine erstaunliche sozialräumliche Konstanz beobachtet worden, die sogar Veränderungen im topographischen Gefüge der Stadt übersteht. Dies hängt wesentlich mit gegebenen Standortqualitäten, aber auch mit Beharrungen im sozialen Gefüge zusammen. Dabei sind konstante Elemente in besonderer Weise herauszuarbeiten.

Im Wandel sind kurzfristig verändernde Eingriffe und langfristiger ablaufende Wandlungsprozesse der Raumstrukturen voneinander abzuheben. Allgemein zu beobachtende Veränderungen ergeben sich beispielsweise mit der Einrichtung oder dem Abbruch eines Gewerbes wie auch mit den Schwankungen der Bedeutung oder Konjunktur eines Handwerkes, womit auch stets die allgemeine wirtschaftliche und soziale Entwicklung auf statistischer Basis erläuternd mit heranzuziehen ist. Räumlich ausgeprägte Sozialstrukturen haben eine Tendenz der Tradierung, die jedoch auch Störungen unterworfen ist, durch die das Bild deutlich verändert werden kann.

IV. Räumlich vergleichende Betrachtung und Analyse sozialtopographischer Anordnungsmuster

Die weitgehend notwendige Abhängigkeit allgemeiner Problemstellungen im Zusammenhang mit Vergleichen von der Vorgabe grundlegender Einzelstudien bedeutet nicht nur eine Einschränkung durch den Forschungsstand, sondern auch ein in der Auswertung und Darstellung sehr heterogenes Ausgangsmaterial. Die Vergleiche beziehen sich thematisch vor allem auf die Strukturen möglichst zeitgleicher Anordnungsmuster einzelner sozialer Merkmale, wofür die Berufstopographien ein hervortretendes Beispiel sind. Aus den Vergleichen mögen sich spezifische oder typische Anordnungsmuster erkennen lassen, wie dies für einige Gewerbe deutlich der Fall ist (Gerberhäuser, verkehrsorientierte Gewerbe u. a.). Dies wiederum fordert zu Erklärungen von Abweichungen heraus, die das Typische letztlich auch in Frage stellen könnten. Vergleiche dieser Art sind bisher nur in wenigen Arbeiten angestellt worden.

Die Vergleiche sollten möglichst auch auf ähnliche Städtetypen bezogen sein, auf Städtetypen einer jeweiligen Größenordnung, auf eine spezifische Genese der Stadt (Mehrkernentwicklung, Planstadt u. a.) sowie auf Städte ähnlicher Funktionen und Wirtschaftsstrukturen (Residenzstadt, Handelsstadt, Handwerkerstadt). So weisen Residenzstädte nicht nur eine recht eigene Sozial- und Berufsstruktur auf, sondern der ordnende und reglementierende Eingriff wird hier weit stärker durchgesetzt als in anderen Städten, was sich in der Topographie der Stadt wie auch in der Sozialtopographie zu erkennen gibt. Insgesamt ist die vergleichende Forschung noch sehr wenig fortgeschritten.

---

[27] *D. Denecke*, Aspekte sozialgeographischer Interpretationen innerstädtischer Mobilität im 19. und 20. Jahrhundert: Allgemeiner Forschungsstand und Forschungsbeispiele, in: *H. Heineberg (Hrsg.)*, Innerstädtische Differenzierung und Prozesse im 19. und 20. Jahrhundert, Köln 1987, S. 133–157.

V. Die Sozialtopographie in der Denkmalpflege und Stadtsanierung, in Museen und in der bildungstouristischen Vermittlung

Denkmalpflege und Stadtsanierung sowie die museale Präsentation von Stadtgeschichte sind objektbezogen ausgerichtet auf die physische Struktur der Gebäude und des Stadtbildes, Strukturforschung und zu gestaltendes Objekt stehen im Vordergrund der Bemühungen. Plan, Modell und Ausstattung präsentieren die Geschichte der Gestalt von Stadt und Haus im Museum. Kaum beachtet und in Überlegungen einbezogen wird die raumwirksame Sozialstruktur, der räumliche und sichtbare Ausdruck der sozialen und wirtschaftlichen Hintergründe. Dabei stecken allein in der Art, Gestalt und Ausstattung eines Gebäudes auch wesentliche soziale Aussagen, die zu verdeutlichen sind.[28]

Für die Nutzungsgeschichte, die Einschätzung der Qualität und besonders die denkmalpflegerische Bewertung eines Gebäudes ist die Sozialgeschichte eines Hauses und seiner Bewohner durchaus von Bedeutung. Aber darüber hinaus sind auch die sozialräumlichen Zusammenhänge im Stadtbild im Rahmen einer denkmalpflegerischen Grundlagenforschung zu verdeutlichen, wozu vor allem die Denkmaltopographien und die Ortskernatlanten der Landesdenkmalämter gehören, in die sozialtopographische Ausarbeitungen und Darstellungen Eingang finden müssen. Aber auch in der konkreten Stadtsanierung selbst, wo es um Erhalt und Restaurierung von Gebäuden geht, sind sozialtopographische Traditionen und Charakteristika in die Erhaltungs- und Gestaltungskonzepte mit einzubeziehen, die durch sozialtopographische Forschungen erarbeitet werden.[29]

Stadtgeschichtlich und bildungstouristisch sind die historischen Entwicklungen der Sozialtopographie einer Stadt bis in die Gegenwart hinein auch museal in Plänen und Modellen zu veranschaulichen, wozu es erst wenige Ansätze gibt.[30] Gerade die räumliche Konkretisierung und Veranschaulichung sozialer Strukturen macht komplexe soziale Geschichte leichter erfahrbar und trägt wesentlich bei zu einem werdenden Bewußtsein für eine soziale Bedeutung des Ortes und räumlicher Beziehungsgefüge.

---

28 *F. Kaspar*, Bauen und Wohnen in einer alten Hansestadt. Zur Nutzung von Wohnbauten zwischen dem 16. und 19. Jahrhundert, dargestellt am Beispiel der Stadt Lemgo (Denkmalpflege und Forschung in Westfalen 9), Bonn 1985; *ders.*, Bau- und Raumstrukturen städtischer Bauten als sozialgeschichtliche Quellen. Dargestellt an bürgerlichen Bauten des 14. bis 18. Jahrhunderts aus Nordwestdeutschland, in: *P.-J. Schuler (Hrsg.)*, Die Familie als sozialer und historischer Verband. Untersuchungen zum Spätmittelalter und zur frühen Neuzeit, Sigmaringen 1987, S. 165–186; *ders.*, Gebaute Realität und ihr wissenschaftliches Abbild. Stand und Aufgaben historischer Hausforschung in Nordwestdeutschland, in: Westfälische Forschungen 39 (1989), S. 543–573; *F. Braun*, Hausbau in Mölln im 17. und 18. Jahrhundert. Zusammenhänge zwischen Baubestand, Wirtschaftsstruktur und Sozialtopographie einer norddeutschen Kleinstadt (Studien zur Wirtschafts- und Sozialgeschichte Schleswig-Holsteins 23), Neumünster 1994.

29 *D. Denecke*, Soziales Stadtgefüge und Denkmalpflege, in: Berichte zur Denkmalpflege in Niedersachsen 1988/4, S. 151–154.

30 *V. Jakob/G. Köhn*, Wege zu einem mittelalterlichen Stadtmodell. Sozialtopographische Ermittlungen am Beispiel Soest, in: *H. Jäger u. a. (Hrsg.)*, Civitatum Communitas (Städteforschung A 21/1), Köln 1984, S. 296–308.

VI. Schlußbemerkung

Der historisch-geographische Betrachtungsansatz der Sozialtopographie geht aus von einer raumspezifischen Differenzierung des innerstädtischen Raumgefüges als Lebensraum der städtischen Bevölkerung. Ausgangspunkt sind die sozialen und funktionalen Merkmale der kleinsten räumlichen Einheiten, der Wohnstandort, das Haus, der Grundbesitzer und die Familie. Von hier aus ergeben sich in der gruppierenden Zusammenschau räumliche Anordnungs- und Verbreitungsmuster, deren Erscheinung, Ursachen und Veränderungen im zeitlichen Ablauf zu analysieren sind. Ausgang und Ziel der Fragestellung sind nicht abgegrenzte Raumeinheiten der formalen Genese, der Organisation oder Verwaltung, es sind soziale Raumgefüge und Raumbeziehungen im privaten wie im öffentlichen Raum. Von hier aus bekommen der Wohnort und Wohnstandort, das Wohnumfeld und der Aktionsraum, die Nachbarschaft, die Straße und das Quartier die Qualität von Lebensräumen, zu deren Bedeutung und geschichtlicher Erhellung die sozialtopographische Rekonstruktion und Analyse beitragen soll. Wer wohnt und arbeitet wo, warum und in welchem räumlichen Zusammenhang, welches Beziehungsgefüge besteht zwischen dem Wohnstandort und sozialen Ordnungen und Verflechtungen in der Lebensgemeinschaft der städtischen Gesellschaft; dies sind Fragestellungen einer sozialgeschichtlichen Forschung, die zu einem dynamischen sozialräumlichen Betrachtungsansatz führen und die über die Rekonstruktion und Konstruktion und die Analyse sozialer Gruppenstrukturen sowie die Interpretation des ganzheitlichen Stadtkörpers und seiner Teilbereiche hinausgehen.

Die sozialtopographische Forschung ist mit anderen sozialräumlichen Fragestellungen zu verknüpfen, so mit der sozialgeschichtlichen Untersuchung der Straße, der Umweltgeschichte der Stadt oder der historischen Stadtteilforschung. Wenn die Einzeluntersuchung auch deutlich auf den jeweiligen Zeitschnitt bezogen und auch in diesem zeitlichen Kontext zu interpretieren ist, so ist die allgemeine Diskussion doch ebenso auf die historische Gesamtentwicklung zu beziehen, aus der sich wiederum die besonderen Problemstellungen deutlicher ergeben. Wesentlich sind auch vergleichende Betrachtungen spezifischer Problemstellungen, die allerdings weitgehend von grundlegenden Untersuchungen einzelner Städte ausgehen müssen.

Wenn auch die Quellenlage und die Forschungsmöglichkeiten ein zu erreichendes Bild deutlich einschränken, so verspricht doch der weiterführende Ansatz der Fragestellung reiche neue Erkenntnisse, wie dies aus den bisherigen Einzelstudien und der regen allgemeinen Diskussion der Thematik deutlich hervorgeht. Die Sozialgeschichte erhellt mit der sozialtopographischen Forschung eine räumlich-dynamische Komponente.

Die Entstehung des sozialräumlichen Gefüges der mittelalterlichen Großstadt Lübeck*

Grund und Boden, Baubestand und gesellschaftliche Struktur

Rolf Hammel-Kiesow, Lübeck

1. Einführung

Die Entstehung des sozialräumlichen Gefüges einer mittelalterlichen Großstadt war ein vielschichtiger Prozeß, der niemals abgeschlossen war, sondern nur Zeiten unterschiedlicher Geschwindigkeit der ablaufenden Veränderungen kannte.[1] Im hohen und beginnenden Spätmittelalter bestimmten die Expansion nach außen (Vergrößerung der Grundfläche der Stadt durch Stadterweiterungen oder die Anlage von Neustädten) und die Verdichtung im Inneren

---

* Frau Margrit Christensen und Herrn Jens Christian Holst danke ich für viele anregende Gespräche und Diskussionen über das hier behandelte Thema sehr herzlich. Mit ihrem profunden bauhistorischen Wissen beraten sie und Herr Michael Scheftel mich nun schon seit 20 Jahren. Ohne ihre fachliche Unterstützung wären die hier vorgelegten Ergebnisse nicht möglich geworden. In der Interpretation mancher Befunde sind wir der Natur der Sache gemäß nicht immer gleicher Meinung. Für Fehler im vorliegenden Text hafte ich daher allein. Frau Margrit Christensen und Herrn Manfred Gläser und seinen MitarbeiterInnen des Bereichs Archäologie der Hansestadt Lübeck danke ich außerdem für die Herstellung der Abbildungsvorlagen.

1 Spezielle Literatur zur Entstehung des sozialräumlichen Gefüges einer mittelalterlichen Stadt (unterhalb der großen Unterteilungen in Kaufleute-, Handwerker- und andere Viertel), die auch die bauliche Entwicklung mit einbezieht, kenne ich nicht. Die Anzahl der Arbeiten, die sich allein von den schriftlichen, den archäologischen oder baugeschichtlichen Quellen her Aspekten des Themas nähert, ist dagegen nicht mehr zu überblicken. Ich verweise daher nur auf den knappen, die wesentlichen Punkte ansprechenden Abschnitt „Sozialtopographie" in: *E. Isenmann*, Die deutsche Stadt im Spätmittelalter. 1250–1500. Stadtgestalt, Recht, Stadtregiment, Kirche, Gesellschaft, Wirtschaft, Stuttgart 1988, S. 63–65, sowie auf den Abschnitt „Die Rekonstruktion städtischer Grundstücksgefüge und des baulichen Bestands – ein Überblick", in: *R. Hammel-Kiesow*, Quellen und Methoden zur Rekonstruktion des Grundstücksgefüges und der Baustruktur im mittelalterlichen und frühneuzeitlichen Lübeck, in: *Ders. (Hrsg.)*, Wege zur Erforschung städtischer Häuser und Höfe. Beiträge zur fächerübergreifenden Zusammenarbeit am Beispiel Lübecks im Spätmittelalter und in der frühen Neuzeit (Häuser und Höfe in Lübeck 1), Neumünster 1993, S. 39–152, hier S. 42–49. *C. Meckseper,* Stadtplan und Sozialstruktur in der deutschen Stadt des Mittelalters, in: Stadtbauwelt 33 (1972), S. 52–57, behandelt die Frage, inwieweit Stadtgrundrißformen gesellschaftlich prädestiniert waren, geht aber auf die weitere Frage, wie die einmal gewählten Stadtgrundrisse dann inhaltlich gefüllt wurden, nicht mehr ein. Einen ähnlichen Ansatz wie die vorliegende Arbeit, nämlich grundsätzliche Bebauungsmuster der vorindustriellen Stadt herauszuarbeiten, verfolgte als erster *H. H. Engqvist,* Über die Gestaltung und Disposition des Bürgerhauses in Dänemark um 1500, in: Häuser und Höfe der handeltreibenden Bevölkerung im Ostseegebiet und im Norden vor 1500. Beiträge zur Geschichte und Soziologie des Wohnens (Acta Visbyensia V), Visby 1976, S. 173–190.

(Teilungen und dadurch Verkleinerung der Grundstücke, Verdichtung der Bebauung) den Prozeß.[2]

Insofern war die sozialräumliche Gliederung, die eine Stadt zur Zeit ihrer größten Ausdehnung im späten Mittelalter aufwies, bereits das Ergebnis eines Prozesses, der sich jedoch mangels Quellen nicht in allen seinen Elementen rekonstruieren läßt. Neben den wenigen schriftlichen Nachrichten, die dazu vorliegen, sind Archäologie und Baugeschichte bisweilen in der Lage, einzelne Elemente solcher Prozesse aufzudecken. Auch in Lübeck lassen sich die Kriterien, nach denen der innerstädtische Raum strukturiert wurde, und die Prozesse, die die erste Ordnung und die folgenden veränderten, vor allem anhand der seit dem späten 13. Jahrhundert überlieferten sozialräumlichen Gliederung im retrospektiven Verfahren erschließen. Bereits auf der kleinen Grundfläche der frühen Stadt (Abb. 1) wohnte eine Bürger- und Einwohnerschaft, deren soziale Bandbreite von Fernkaufleuten ministerialischer Abstammung bis zu Tagelöhnern reichte. Bei jeder Stadterweiterung veränderten sich die beiden wesentlichsten Momente innerstädtischer räumlicher Gliederung, die Erreichbarkeit und – vermutlich – die Bodenpreise.[3] Ehemals periphere Bereiche lagen im Vergleich zum Erweiterungsgebiet nun näher am wirtschaftlichen und administrativen Zentrum und – da der Bodenpreis wohl auch damals von der Lage des entsprechenden Grundstücks abhängig war – könnte jedesmal ein Verdrängungsprozeß eingesetzt haben, in dessen Verlauf die wirtschaftlich schwächeren Mitglieder der Stadtgesellschaft aus den durch die Erweiterung höher zum Zentrum gelegenen Gebieten verdrängt wurden.

Begleitet wurden diese Veränderungen im sozialräumlichen Gefüge durch Veränderungen in der planerischen Anlage von Straßen und Baublöcken. In die Anlage zeitlich jüngerer Straßen und Baublöcke wurden Erfahrungen eingearbeitet, die zur Zeit der Anlage der älteren noch nicht gemacht waren. Das so angelegte Grundstücks- und Bebauungsgefüge wurde in der Folgezeit jedoch wieder überformt. Dies geschah entweder durch großflächige Überplanungen, die aufgrund von Wert- bzw. Hierarchieverschiebungen im innerstädtischen Raum zustande kamen (von ihnen kennen wir in Lübeck nur eine,[4] ohne sagen zu können, wie viele es tatsächlich gab), oder durch die vielen kleineren Veränderungen, die vor allem in den hinteren Grundstücksbereichen durch Käufe und Verkäufe von Grundstücksteilen erfolgten und in der Summierung das ursprünglich angelegte Gefüge sehr stark abwandelten.[5]

Grundsätzliche Veränderungen im Grundstücksgefüge und in der straßenwärtigen Bebauung fanden seit dem letzten Drittel des 13. Jahrhunderts aus drei Gründen ein Ende: Erstens wegen der Durchsetzung des Steinbaus für die Masse der Bürgerhäuser, zweitens durch das

---

2 Wegen der großen Bevölkerungsverluste, die durch die Pestepidemien seit der zweiten Hälfte des 14. Jahrhunderts verursacht wurden, verringerte sich in vielen Städten die Einwohnerzahl; das führte meist jedoch nur zu Veränderungen im Binnengefüge der Städte, indem z. B. Grundstücke zusammengelegt wurden, so daß in bestimmten Stadtgebieten wieder ein großzügigeres Gefüge entstand. Die umwehrte Stadtfläche selbst blieb meist in der einmal erreichten Ausdehnung bestehen.

3 S. dazu unten Abschnitt 3.1 u. 3.2.

4 S. dazu unten bei Anm. 17.

5 S. unten Abb. 21. Die Möglichkeiten der Rekonstruktion solcher Veränderungen im Zeitraum zwischen dem 13./14. Jahrhundert und 1989/90 habe ich am Beispiel des Baublocks 10 der Lübecker Innenstadt (s. zu diesem unten Abschnitt 5 des Beitrags) dargestellt: *Hammel-Kiesow*, Quellen (wie Anm. 1), S. 60–139.

lübische Baurecht, das eine gemeinsame Brandmauer für benachbarte Häuser vorschrieb[6], und drittens dadurch, daß die Stadt nach 1276 keine Brandkatastrophe und bis 1942 kein Bombardement erleiden mußte.

Im folgenden soll versucht werden, die bislang für die Entstehung des sozialräumlichen Gefüges der Stadt Lübeck im Mittelalter relevanten Forschungsergebnisse aus den Bereichen der Geschichte, Baugeschichte und Archäologie zusammenzufassen. Nach der Einführung werden im zweiten Teil anhand der räumlichen Expansion der bürgerlichen *civitas* die siedlungsgeschichtlichen Grundlagen des Stadtgefüges dargestellt, um einen Überblick über die Gliederung des Stadtraumes zu geben. Der dritte Teil ist dem Grund und Boden gewidmet: den Rechten daran, der Aufteilung und seiner Bebauung. Dabei wird sich zeigen, daß die Bauten der verschiedenen Stände der städtischen Gesellschaft[7] bis weit in die zweite Hälfte des 13. Jahrhunderts signifikant voneinander verschieden waren. Bereits die Holzbauten des 12. Jahrhunderts ließen ständische Unterschiede erkennen, dann zeigte der Unterschied zwischen Holz- und Steinbau erhebliche Vermögensunterschiede an. Nach dem Dimensionssprung in Bezug auf die Größe der Häuser beim Übergang von der Holzbau- zur Steinbauphase, als der umbaute Raum schätzungsweise um 50–60% größer wurde, wurden im späten 13. Jahrhundert die enormen Unterschiede der baulichen Repräsentation durch die Aufgabe individueller Bauten zugunsten der Hausform des normierten giebelständigen Dielenhauses in ein weniger aufdringliches soziales Zeichensystem überführt, wenn auch die Größenunterschiede zwischen den einzelnen giebelständigen Dielenhäusern sehr groß sein konnten. Die wirtschaftlichen und politisch-verfassungsrechtlichen Ursachen dieses Prozesses werden im vierten Teil dargestellt. Auf ihrer Grundlage wird auch der bauliche ‚Rahmenplan' entstanden sein, den wir – das wird im fünften Teil aufgezeigt – aus bestimmten, ebenfalls weitgehend normierten Grundstücks- und Bebauungsformen und ihrer m.E. vorgeschriebenen Lage in einem in der zweiten Hälfte des 13. Jahrhunderts angelegten Baublock glauben erkennen zu können. In der Übereinstimmung zwischen der räumlichen Gliederung des Baublocks und der nach Grundstücks- und Bebauungsformen sozial differenzierten Bewohnerschaft dürfte sich die Vorstellung des späten 13. Jahrhunderts von der Zusammengehörigkeit der unterschiedlichen sozialen Stände der städtischen Gesellschaft und damit der Einheit der Gemeinde spiegeln. Die gleichen und andere Grundstücks- und Bebauungsformen finden sich regelhaft über die ganze Stadt verteilt, so daß wir auf ein sozialräumliches Gliederungsmodell gestoßen sein dürften, das in je nach Lage des Blocks modifizierter Form für zahlreiche Baublöcke der bürgerlichen Stadt Gültigkeit gehabt haben dürfte.

---

[6] Herkunft und Wirkung der Bestimmungen zur gemeinsamen Brandmauer im lübischen Recht behandelt *J. C. Holst,* Lübisches Baurecht im Mittelalter. Vortrag auf der Hausforschertagung in Barth im Oktober 1998, in Vorbereitung zum Druck für das Jahrbuch für Hausforschung 2002. Ich danke Jens Christian Holst für die Überlassung des Manuskripts und für die Diskussionen über das hier behandelte Thema. Ausführungen, die auf seinen Hinweisen beruhen, habe ich jeweils nachgewiesen.

[7] Ich verwende den Begriff Stand als Kategorie sozialer Ordnung, die den sozialen Ort kennzeichnet, „den ein einzelner gemeinsam mit anderen aufgrund bestimmter rechtl. und/oder sozialer Merkmale innerhalb" der städtischen Gesellschaft einnimmt; s. dazu *R. Mitsch*, Artikel Stand, Stände, -lehre, I. Definition; Mittel- und Westeuropa, in: Lexikon des Mittelalters, Bd. 8, München 1997, Sp. 44–49.

2. Die siedlungsgeschichtlichen Grundlagen des Stadtgefüges: Die räumliche Expansion bis zum Ende des 13. Jahrhunderts[8]

Die ersten deutschen Siedler hatten sich vor 1143 auf der Lübecker Halbinsel in unmittelbarer Nähe zumindest einer slawischen Siedlung niedergelassen, die in situ im Norden der Halbinsel neuerdings nachgewiesen ist.[9] Der Stadtherr, Graf Adolf II. von Holstein, errichtete um 1143 an der Stelle einer älteren slawischen Anlage eine Burg. Der Fernhandel war der siedlungsbildende Faktor, so daß die von Bardowick kommende Fernhandelsstraße, die an Stelle der seit 1160 überlieferten Mühlenbrücke die Wakenitz mit einer Furt querte, und der Hafen für die Seeschiffe entscheidende Kriterien für die Anlage der Stadt waren. Für das Jahr 1147 ist eine Dreiteiligkeit des Siedlungskomplexes mit *urbs* (Burg), *civitas* und *forum* bezeugt, wobei die *civitas* die (Wohn-)Stadt der deutschen Siedler und das *forum* das mit Marktrecht ausgestattete Areal gewesen sein dürfte, auf dem Handel getrieben wurde. Gesichert ist nur der Standort der Burg im Norden der Halbinsel. Die genaue Lage der *civitas* ist unbekannt, jedoch deuten archäologische Befunde auf den Bereich um St. Petri; das *forum* wird beiderseits der Mühlenstraße und auf dem Domhügel gelegen haben. Wo der Hafen dieses Siedlungsgefüges lag ist ebenfalls nicht bekannt. Über die ständische Zusammensetzung der Bewohner können plausible Vermutungen nur auf der Grundlage der wenigen aus dem 12. Jahrhundert überlieferten Informationen zum ständischen und sozialen Gefüge angestellt werden: *mercatores* und *ceteri habitatores* (Kaufleute und andere Einwohner) sind belegt.[10]

Nach dem erzwungenen Übergang der Halbinsel an Herzog Heinrich den Löwen – die *civitas* war vorher abgebrannt – wurde die Stadt 1159 wieder aufgebaut – *„mercatores [...] ceperunt reedificare ecclesias et menia civitatis"*[11] –, wobei bis heute die Frage, welche die zweite in dem Plural ‚enthaltene' Kirche war, nicht beantwortet ist. Archäologisch gesichert ist die Erweiterung der Stadt in dem Gebiet westlich von St. Marien (das heutige sog. Kaufleuteviertel) im Verlauf des dritten Viertels des 12. Jahrhunderts, so daß diese Stadterweiterung wohl bei der Wiedererrichtung der alten Siedlung erfolgte. Auslöser dürfte die Verlegung des Bischofssitzes des Bistums Oldenburg nach Lübeck gewesen sein, die Heinrich der Löwe 1160 verfügte. Bischof und Domkapitel erhielten den Südwesten der Halbinsel,

---

8 Nachweise zum folgenden finden sich in: *R. Hammel-Kiesow*, Die räumliche Entwicklung und Berufstopographie Lübecks bis zum Ende des 14. Jahrhunderts, in: *A. Graßmann (Hrsg.)*, Lübeckische Geschichte, Lübeck ^{3}1997, S. 50–76; *G. P. Fehring/R. Hammel[-Kiesow]*, Die Topographie der Stadt Lübeck bis zum 14. Jahrhundert, in: Stadt im Wandel. Kunst und Kultur des Bürgertums in Norddeutschland 1150–1650, hrsg. von *C. Meckseper*, Bd. 3, Stuttgart/Bad Cannstatt 1985, S. 167–190; *R. Hammel-Kiesow*, Neue Aspekte zur Geschichte Lübecks: von der Jahrtausendwende bis zum Ende der Hansezeit. Die Lübecker Stadtgeschichtsforschung der letzten zehn Jahre (1988–1997). Teil 1: bis zum Ende des 13. Jahrhunderts (im folgenden: Forschungsbericht Teil 1), in: Zeitschrift des Vereins für Lübeckische Geschichte und Altertumskunde 78 (1998), S. 47–114, hier S. 93–111.

9 *U. Radis*, Neue archäologische Erkenntnisse zur slawischen und frühen deutschen Besiedlung Lübecks, in: Lübeckische Blätter 163/5 (1998), S. 69–72, hier S. 70 mit Abb. der Lage und der vermuteten Ausdehnung der Siedlung.

10 *Helmold von Bosau*, Slawenchronik, neu übertragen und erläutert von *H. Stoob*, Darmstadt 1973, c. 86, S. 302.

11 Ebd., S. 304.

wo m. E. das schauenburgische *forum* gelegen hatte, so daß neben neu in die Stadt ziehenden Siedlern möglicherweise auch den oder einigen der bislang im *forum* Wohnenden ein neues Gebiet zur Niederlassung zugewiesen werden mußte. In der gleichen Zeit, „um 1157“ wurde eine hölzerne Uferbefestigung an der Trave in Höhe der Mengstraße angelegt, so daß der Hafen spätestens seit der Wiedererrichtung der Siedlung dort gelegen haben dürfte (Abb. 1; zur Lage der Mengstraße s. Abb. 4 u. 5).

Die geschilderten Vorgänge veränderten die Siedlungstopographie. Zwar war die Siedlung nach wie vor mehrteilig, aber nur Burg und *civitas* waren auch Teil des schauenburgischen mehrteiligen Gefüges gewesen. Das *forum* bzw. dessen Funktionen wurde auf den südlich von St. Marien angelegten Markt und in den Fernhandelsmarkt am Hafen verlegt,[12] der Hafen von seiner noch unbekannten Lage in der Schauenburger Zeit an die Trave zwischen Braun- und Mengstraße. Neu hinzugekommen waren der Bereich von Bischof und Domkapitel sowie – nicht quellenmäßig belegt, aber zu erschließen – ein Bezirk, in dem Dienstleute des Herzogs wohnten, mit deren Hilfe die neu erworbene Stadt zu einem Zentrum der Landesherrschaft[13] des Herzogs ausgebaut wurde. Diese werden sich, sozialgeschichtlichen und bauhistorischen Quellen zufolge, bei St. Aegidien im Südosten der Halbinsel (Abb. 2) und möglicherweise bei der Burg im Norden niedergelassen haben. Mit der Gründung der Johanniskapelle auf dem Sande beim Dom und des Johannisklosters im Osten der Halbinsel in den 1170er Jahren war der aus den Quellen ermittelbare Ausbau unter Heinrich dem Löwen abgeschlossen (Abb. 2). Die bürgerliche *civitas* war von vier Siedlungsteilen umgeben, in denen der Stadtherr großen Einfluß hatte: von der herzoglichen Burg im Norden, dem ebenfalls vom Herzog abhängigen Bischof und Domkapitel im Süden, von der im retrospektiven Verfahren erschlossenen „Ministerialen-Siedlung“ im Südosten und dem adligen Benediktinerkloster St. Johannis im Osten (Abb. 2).

Die einzelnen Siedlungsteile scheinen mit unterschiedlichen Rechten ausgestattet gewesen zu sein. Erst der Übergang der Stadt an Kaiser Friedrich I. brachte das Gebiet von Bischof und Domkapitel und wohl auch die „Ministerialen-Siedlung“ 1181/88 unter das Stadtrecht der bürgerlichen *civitas*.[14] Möglicherweise war diese Erfahrung entscheidend für den Ablauf der folgenden Erweiterungen der Stadt, die anscheinend ohne die Anlage von rechtlich selbständigen Neustädten oder von der älteren Siedlung abhängigen Vorstädten durchgeführt wurden. Jedenfalls gibt es in der schriftlichen Überlieferung keinerlei Hinweise. Nur der Bereich südlich der Burg könnte, da er in dem Privileg Friedrichs I. von 1181/88

---

[12] Zum Fernhandelsmarkt am Ufer der Trave s. *D. Ellmers*, Die Verlagerung des Fernhandels vom öffentlichen Ufermarkt in die privaten Häuser der Kaufleute, in: Topographie und Hausbau der Frühzeit in Städten des hansischen Wirtschaftsraumes (Lübecker Schriften zur Archäologie und Kulturgeschichte 20), Bonn 1990, S. 101–118.

[13] *J. Ehlers*, Heinrich der Löwe. Europäisches Fürstentum im Hochmittelalter (Persönlichkeit und Geschichte 154/15), Göttingen 1997, S. 89.

[14] Zur mündlichen Privilegienbestätigung durch Friedrich I. im Jahr 1181 und zum sog. Barbarossaprivileg von 1188 zuletzt *H. G. Walther*, Kaiser Friedrich Barbarossas Urkunde für Lübeck vom 19. September 1188, in: Zeitschrift des Vereins für Lübeckische Geschichte und Altertumskunde 69 (1989), S. 11–48, hier S. 44f., der (zum erstenmal in der Forschungsgeschichte) die Einbeziehung des Bereichs bis zur (Mühlen-)Brücke als einen erst 1226 zugefügten Passus bewertet; s. dagegen *Hammel-Kiesow*, Forschungsbericht Teil 1 (wie Anm. 8), S. 75f., Anm. 94.

nicht erwähnt wurde, ein rechtlicher Sonderbezirk geblieben sein.[15] Seine räumliche Sonderung von der bürgerlichen *civitas* (s. Abb. 1–3) wurde im Jahr 1217 aufgehoben, als Burg und Stadt gemeinsam ummauert wurden, die rechtliche (so sie bestand) spätestens im Jahr 1226, als Lübeck eine die ganze Siedlungsfläche umfassende bürgerliche Gemeinde hatte.

Alle fünf Pfarrkirchen wurden bis 1227 in schriftlichen Quellen erwähnt, sind aber durchweg älter (Abb. 4). Größe und Form der fünf Kirchspiele (Abb. 4) weisen auf den Gang der Aufsiedlungsgeschichte, indem die Kleinteiligkeit der im südlichen Teil der Halbinsel liegenden Kirchspiele und ihre ,gewachsenen' Grenzziehungen den oben geschilderten Gang der Aufsiedlungsgeschichte mit schauenburgischer *civitas* (St. Petri Kirchspiel), dem *forum*, später dem Bereich von Bischof und Domkapitel (Dom/Nikolai-Kirchspiel) und der Siedlung der Ministerialen (St. Ägidien) belegen. Demgegenüber erscheint die klare Trennung der beiden nördlichen Kirchspiele St. Marien und St. Jakobi eindeutig den raschen und in seiner Richtung im vorab geplanten Expansionsvorgang im 13. Jahrhundert wiederzugeben.

Wir können drei Arten festhalten, in der die bürgerliche *civitas* erweitert wurde:

1. durch die Eingliederung bislang nicht unter Stadtrecht stehender Sonderbereiche (1181/88). Hier sind das Gebiet von Bischof und Domkapitel sowie der „Ministerialen-Bereich" bei St. Ägidien zu nennen (s. Abb. 3);
2. durch die Erweiterung des Stadtgebiets nach Osten, wo Anfang der 1180er Jahre die Wakenitz erreicht war. Die kurz nach 1182 vom Abt des Johannisklosters zu Weichbildrecht an Siedler verliehenen *areae* (Grundstücke) zeigen die Richtung der Erweiterung (Abb. 2 u. 3), deren Hauptachse durch die Reihung prominenter Gebäude im 13. Jahrhundert deutlich wird: Alfstraße 38 (möglicherweise das Gildehaus des *kopmans by der travene,* der Einung aller über Lübeck handelnder Kaufleute),[16] das erste Rathaus am Markt oberhalb der Braunstraße, die Kirche St. Marien und im Osten das Johanniskloster (zur Lage der Gebäude s. Abb. 5);
3. durch die Bereitstellung neuen Baulandes nach großflächiger Aufschüttung der feuchten Niederungsgebiete der Trave im Südwesten und Nordwesten der Halbinsel (s. Abb. 3 und, zum Vergleich, Abb. 4, 5). Sie begann ebenfalls in den 1180er Jahren und war um die Mitte des 13. Jahrhunderts abgeschlossen.[17]

---

[15] *H. Stoob,* Kartenblatt Lübeck, Deutscher Städteatlas, Lief. III, Altenbeken 1984, Sp. 2, rechnet mit der Entstehung des Kirchspiels von St. Jakobi (s. Abb. 4) in der Zeit der Ortsherrschaft Graf Adolfs III. von Holstein in den 90er Jahren des 12. Jahrhunderts: „Es wuchs von der Burg der Erweiterung L.s entgegen, wohl ein letzter Versuch, dem autonomen Bürgertum ortsherrliche Eigenziele entgegenzusetzen" (ebd.). Jens Christian Holst sieht in den vom Koberg aus radial angelegten drei nördlichen Gruben (Becker-, Fischer-, Engelsgrube) ebenfalls ein Indiz für eine seines Erachtens unter Waldemar II. angelegte Neustadt (mdl. Mitteilung).

[16] Erbaut im zweiten Jahrzehnt des 13. Jahrhunderts; *J. C. Holst,* Zur mittelalterlichen Baugeschichte der Häuser Alfstr. 36/38 in Lübeck – ein Zwischenbericht, in: Lübecker Schriften zur Archäologie und Kulturgeschichte 11 (1985), S. 131–143, hier S. 132–137.

[17] Allein im Südwesten des Stadthügels wurde die Siedlungsfläche um 13 ha vergrößert (s. Abb. 3, 5), wobei rund eine halbe Million m^3 Erdreich bewegt und ca. 20000 m^3 Holz für die Rostkonstruktionen benötigt wurden; *M. Gläser,* Die Ausgrabungen in der Großen Petersgrube zu Lübeck. Befunde und Funde. Mit zwei Beiträgen von Wolfgang Erdmann, in: Beiträge der Archäologie zum Lübecker Hafen (Lübecker Schriften zur Archäologie und Kulturgeschichte 18), Bonn 1992, S. 41–185, hier

Im Nordosten der Halbinsel wurde der Erweiterungs- und Aufsiedlungsprozeß im Jahr 1289 abgeschlossen, als der letzte Baublock von der Stadt ausgegeben wurde (s. Abb. 5 Nr. 1). 1291 gab die dritte Aufstauung der Wakenitz dem Stadthügel die äußere Begrenzung, die er bis zu deren Wiederabsenkung im Jahr 1900 behalten sollte. Mit ihrer 1291 festgelegten Größe umfaßte die Stadt eine Grundfläche von 113 ha.

Schon vorher, vermutlich nach der Mitte des 13. Jahrhunderts, wurde jedoch noch die ursprüngliche West-Ost-Orientierung der *civitas* durch eine Süd-Nord-Orientierung ersetzt. Voraussetzungen dazu waren zum einen die Gewinnung von Bauland in den versumpften Trave- und Wakenitzniederungen, zum anderen die bereits seit längerem erfolgte Einbeziehung der bereits angesprochenen Sonderrechtsbereiche in das Recht der bürgerlichen *civitas*. Erst nachdem dies erfolgt oder zumindest abzusehen war, hatte der bebaute bzw. zur Bebauung anstehende Stadtkörper eine Form, die durch den parallelen von der Mühlenstraße ausgehenden Doppelstraßenzug Sandstraße – Breitestraße – Kleine Burgstraße einerseits und Königstraße – Große Burgstraße andererseits von Süden nach Norden erschlossen werden konnte. Befunde der Grabung Fleischhauerstraße – Königsstraße – Dr. Julius-Leber-Straße scheinen darauf zu deuten, daß das dort an der Wende vom 12. zum 13. Jahrhundert angelegte Grundstücksgefüge in späterer Zeit neu ausgerichtet wurde. Die ursprünglich von der Fleischhauerstraße aus tief in den Baublock reichenden Grundstücke wurden vermutlich verkürzt und stattdessen von der Königstraße aus große, tief nach Osten in den Baublock reichende Grundstücke mit repräsentativer Bebauung angelegt (Abb. 6). Dieser archäologisch nachgewiesene Vorgang entspricht der schriftlichen Überlieferung, derzufolge die Königstraße erst zu Beginn des 14. Jahrhunderts ihren Namen erhielt; vorher wurden ihre einzelnen Teilstücke z. B. als ‚zwischen der Fleischhauerstraße und Johannisstraße gelegen' bezeichnet.[18]

Das Straßen-Baublock-Raster ist über den ganze Stadthügel hinweg relativ einheitlich angelegt (s. Abb. 5). Die Ähnlichkeit in der Gliederung ist sicher auf eine gleiche Stadtvorstellung zurückzuführen, die allen Planungsabschnitten des 12. und 13. Jahrhunderts wohl seit der Wiedererrichtung der Stadt unter Heinrich dem Löwen zugrunde lag. Ob in Lübeck bereits 1159 eine Einmessung des gesamten, erst $1^1/_2$ Jahrhunderte später bebauten und vorher noch unter immensen Anstrengungen zu erschließenden Raumes der Halbinsel erfolgte, wie sie von Speyer im 11. Jahrhundert (!) ausgehend für sechs süddeutsche Städte für das

---

S. 60–64, 85 f. und die anschaulichen Rekonstruktionsskizzen in Abb. 23, S. 131, und Abb. 76 und 77, S. 184 f.

18 *I. Schalies*, Lübeck: erste Ergebnisse der Großgrabung „Königstraße" in Lübeck, in: Archäologie des Mittelalters und Bauforschung im Hanseraum. Eine Festschrift für Günter P. Fehring, hrsg. von *M. Gläser* (Schriften des Kulturhistorischen Museums in Rostock 1), Rostock 1993, S. 353–356; *dies.*, Rettungsgrabungen im Handwerkerviertel, in: Archäologische Denkmalpflege in Lübeck. Bericht 1993–1994, zusammengestellt von *A. Falk*, in: Zeitschrift des Vereins für Lübeckische Geschichte und Altertumskunde 74 (1994), S. 279–306, hier S. 292–296. Ein weiteres Indiz ist eine Reihe von vier steinernen Buden, die gegen Ende des 13. Jahrhunderts (?; Datierung nicht sicher) an der Ecke Fleischhauerstraße/Königstraße auf dem (heutigen) Grundstück Königstr. 48 errichtet wurde, ein giebelständiges Dielenhaus dagegen auf dem zur Fleischhauerstraße weisenden Grundstücksteil. Die Anordnung belegt, daß die Fleischhauerstraße damals noch höher in der Hierarchie der Straßen stand als die Königstraße (s. dazu unten Abschnitt 5); *Hammel-Kiesow*, Quellen (wie Anm. 1), S. 79–81.

12. und 13. Jahrhunderts neuerdings plausibel gemacht wird,[19] muß vorerst offen bleiben. Vor einer vorschnellen Ablehnung sollte man bedenken, daß die großen Kirchenbauten der Zeit ein Werk von Generationen waren und es den Zeitgenossen vermutlich bewußt war, daß sie in einem Zeitalter steten Bevölkerungswachstums lebten. Zusammen mit dem der Scholastik eigenen Glauben an eine wohlgeordnete Welt, deren Ordnungsprinzipien vom Menschen nachvollzogen werden könnten, könnte das durchaus die geistige Grundlage von Planungen gewesen sein, deren Verwirklichung weit über die eigene Lebenszeit der Planenden hinausreichte.

Der Prozeß der Stadterweiterung war um 1300 jedenfalls abgeschlossen. Lübeck war die einzige mittelalterliche Großstadt des Reiches, die im Verlauf ihrer weiteren Geschichte bis in das späte 19. Jahrhundert hinein keine Vorstädte ausbildete. Ein anscheinend gegen Mitte des 14. Jahrhunderts gefaßter Plan, die Stadt (nördlich des Burgtors?) zu erweitern,[20] kam wegen der großen Bevölkerungsverluste und der wirtschaftlichen Probleme als Folge der Pestepidemien der zweiten Hälfte des 14. Jahrhunderts nicht zur Ausführung.[21] Lübeck nahm somit den Zuwachs an Einwohnern in einer Art Binnenkolonisierung in dem bis Ende des 13. Jahrhunderts erschlossenen Stadtraum auf. Damals bewohnten vermutlich 15000 Menschen die Stadt, am Ende des 14. Jahrhunderts ca. 20000 und während des 30jährigen Krieges 30000 bis 35000.

3. Die Rechte an Grund und Boden, seine Aufteilung und seine Bebauung als Indikatoren gesellschaftsgeschichtlicher Zustände und Prozesse

Aus dem Ablauf der räumlichen Expansion lassen sich nur wenige definitive Aussagen zum sozialräumlichen Gefüge der Stadt gewinnen. Einzig der Bereich von Bischof und Domkapitel ist als – allerdings eben rechtlicher und nicht sozialer – Sonderrechtsbereich neben der bürgerlichen *civitas* zu erkennen. Die Charakterisierung des Bereichs bei St. Ägidien als Dienstleute- oder später „Adelsviertel" (und „hochhypothetisch" des Bereichs südlich der Burg als weiterer Dienstmannen- oder Burgherrenbezirk) kann nur im retrospektiven Verfahren aufgrund des Grundstückszuschnitts, der seit dem Ende des 13. Jahrhunderts überlieferten Bebauung und aufgrund des sozialen Standes der Eigentümer vorgenommen werden. Das ist ein legitimes Verfahren, sofern man sich bewußt bleibt, daß das Ergebnis auf Indizien beruht. Das Beispiel macht jedoch deutlich, daß zur Rekonstruktion des sozialräumlichen dreidimensionalen städtischen Gefüges eine dichte Überlieferung notwendig ist, die Grundstücks- und Bebauungsgefüge, den sozialen Stand und Beruf der Bewohner sowie die Rechte an Grund und Boden und/oder Haus (Eigen, Leihe, Miete) umfassen sollte.

---

19 *K. Humpert/M. Schenk,* Entdeckung der mittelalterlichen Stadtplanung. Das Ende vom Mythos der „Gewachsenen Stadt", Stuttgart 2001; zu Lübeck s. S. 20 u. 46.

20 Überliefert nur bei *J. R. Becker,* Umständliche Geschichte der Kaiserlichen und des Heiligen Römischen Reichs freyen Stadt Lübeck, Bd. 1–3, Lübeck 1782–1805, hier Bd. 1, S. 269.

21 Die demographischen und wirtschaftlichen Folgen der Pestepidemien werden auch der Grund für den plötzlichen Abbruch der Baukonjunktur nach Ende der 1340er Jahre gewesen sein; s. zu letzterer *J. C. Holst* in: *S. Wrobel/J. C. Holst/D. Eckstein,* Holz im Hausbau – Dendrochronologisch-bauhistorische Reihenuntersuchungen zum Hausbau des 13.–17. Jahrhunderts in Lübeck, in: Wege zur Erforschung städtischer Häuser und Höfe (wie Anm. 1), S. 183–249, hier S. 196–207, bes. 203f.

3.1. Die Rechte an Grund und Boden

Beginnen wir mit dem zuletzt genannten Punkt. Über die Haberechte wurde der Grad der Teilnahme an den öffentlichen Belangen der Gemeinde bemessen. Das war das in den Städten fortdauernde Erbe der Verhältnisse im frühen und hohen Mittelalter, als Grund und Boden Voraussetzung aller politischen Rechte der Mitglieder eines Verbandes war. Die rechtliche Stellung war von Grundeigentum und Grundbesitz bestimmt.[22] Da die mittelalterliche Stadtgesellschaft nach wie vor der sie umgebenden feudalen Gesamtgesellschaft angehörte, blieb der öffentlich-rechtliche Charakter von Grundeigentum gewahrt. Es war in seiner unbelasteten Form Vorbedingung zur Zeugnis- und Ratsfähigkeit. In vielen Städten war Grundbesitz Voraussetzung zur Erlangung des Bürgerrechts.

Im Gegensatz zu vielen Städten des Altreichs – und hierin hat sich der Sachverhalt, daß Lübeck auf Neusiedelland angelegt wurde, deutlich erhalten – waren zur Erlangung des Bürgerrechts bereits im 13. Jahrhundert kein Grund- oder Hauseigentum,[23] auch kein bestimmtes Mindestvermögen gefordert. Es genügte – als wirtschaftliche Forderung zur Aufnahme in die Bürgergemeinde – die Zahlung des Bürgergeldes, das bei Vermögenslosigkeit auch gestundet werden konnte.

Die erste Art Haberecht an Grund und Boden war das *ius hereditarium,* das so besessene Objekt hieß *hereditas* oder *erve.*[24] Diese Vererblichkeit wirkte sich in zwei Richtungen aus: Zum einen konnte der Stadtherr es den Eignern (rechtens) nicht entziehen, zum anderen war das Gut auf der bürgerlichen Rechtsebene dem Erbrecht unterworfen. Mit diesem Recht kam der Lübecker Bürger einem Eigentümer im späteren Sinne gleich, zumal als seit Mitte des 13. Jahrhunderts die Verfügungsfreiheit unter Lebenden hinzukam. Im Hinblick auf die Substanz bezeichnete *hereditas*, *erve*, eine *area*, ein Grundstück, mit den darauf stehenden Gebäuden.

Die zweite Art Haberecht war die Leihe. Dabei wurden Grund und Boden vom Eigner gegen einen jährlich zu zahlenden Zins, den sog. Weichbildzins verliehen. Die darauf errichteten Gebäude hatten einen rechtlichen Eigenwert. An ihnen konnte nämlich Eigentum (*proprietas*) unabhängig vom Grundeigentum bestehen. Sie konnten verpfändet, veräußert oder mit einer Rente belastet werden. Der Grund und Boden war dagegen nur Besitz (*possessio*) des Leihenehmers.

Schließlich ist noch die Miete zu berücksichtigen, bei der die Mieter keinerlei Rechtstitel an Grund und Boden oder den Gebäuden hatten, die sie bewohnten.

---

[22] Zur Verwendung der Termini Besitz und Eigentum zur Charakterisierung des mittelalterlichen Bodenrechts in Lübeck s. *R. Hammel[-Kiesow]*, Hauseigentum im spätmittelalterlichen Lübeck. Methoden zur sozial- und wirtschaftsgeschichtlichen Auswertung der Lübecker Oberstadtbuchregesten, in: Lübecker Schriften zur Archäologie und Kulturgeschichte 10 (1987), S. 85–300, hier S. 117–120. Zu den Rechten an Grund und Boden in Lübeck s. *W. Ebel,* Erbe, Erbgut und wohlgewonnen Gut im lübischen Recht, in: Zeitschrift der Savigny-Stiftung für Rechtsgeschichte, Germanistische Abteilung 97 (1980), S. 1–42; *G. Köbler,* Das Recht an Haus und Hof im mittelalterlichen Lübeck, in: *K. Friedland (Hrsg.),* Der Ostseeraum – historische Elemente einer wirtschaftlichen Gemeinschaft (Schriftenreihe der Industrie- und Handelskammer zu Lübeck 12), Lübeck o. J. [1980], S. 31–52.

[23] Zu dieser Differenzierung s. die folgenden Ausführungen.

[24] Zum folgenden vor allem *Ebel,* Erbe (wie Anm. 22).

Hinsichtlich des Grund- und Hauseigentums teilten sich die Einwohner mit Bürgerrecht in Lübeck folglich in drei Gruppen:

1. in diejenigen, die *torfacht egen, hereditas, erve* (Grundeigentum) innerhalb der Stadt hatten,
2. in diejenigen, die ein Grundstück zur Leihe hatten, also Grundbesitzer und Hauseigentümer waren und schließlich
3. in diejenigen, die zur Miete wohnten.[25]

Von wem aber hatten die ersten Siedler ihren Grund und Boden bekommen? Bei dieser Frage kommen wir über das Jahr 1159 nicht zurück. Einige wenige Quellen deuten darauf hin, daß Herzog Heinrich der Löwe zumindest Teile des Grund und Bodens der Stadt ausgab,[26] z.B. an das Domkapitel[27] und das Johanniskloster,[28] die im 13. Jahrhundert – und das heißt nach 1181/88 (s.o.) – als „privatrechtliche" Eigner, d.h. als Eigner nach Weichbildrecht, großer Areale der Stadt bzw. von mehreren Baublöcken oder großen Teilen davon nachgewiesen sind. In der bürgerlichen *civitas* müssen einige Personen bzw. Familien ebenfalls große Teile des städtischen Grund und Bodens erworben haben (s.u.). Sie werden den Gruppen der Fernkaufleute, Ministerialen und des damals entstehenden Niederadels angehört haben. Dieses Recht hatte keinen herrschaftlichen, sondern privatrechtlichen Charakter, es war *proprietas*, kein *dominium*, weswegen seit 1181/88 die Leute, die Grund und Boden von Bischof und Domkapitel zur Leihe hatten, Bürger der Stadt waren und in keiner personenrechtlichen Abhängigkeit standen.

3.2. Die Größe der Grundstücke

Dieser klaren Gliederung der Rechtstitel von Grund und Boden und Besserung stehen nun Grundstücke verschiedenster Größe gegenüber, die von der stadtgeschichtlichen Forschung ermittelt wurden. Wir müssen den allgemeinen Begriff ‚Grundstück' wählen, weil über den Rechtscharakter der in ihrer Größe erkannten Areale zunächst noch nichts gesagt werden kann.

---

25 Von rechtsgeschichtlicher Seite behandelt von *Ebel*, Erbe (wie Anm. 22); der Zusammenhang mit dem sozialräumlichen Gefüge bei *R. Hammel-Kiesow*, Hereditas, area und domus: Bodenrecht, Grundstücksgefüge und Sozialstruktur in Lübeck vom 12. bis zum 16. Jahrhundert, in: Hausbau in Lübeck (Jahrbuch für Hausforschung 35), Sobernheim 1986, S. 175–199.

26 *B. Am Ende,* Studien zur Verfassungsgeschichte Lübecks im 12. und 13. Jahrhundert (Veröffentlichungen zur Geschichte der Hansestadt Lübeck B/2), Lübeck 1975, S. 108–116.

27 Um die Mitte des 13. Jahrhunderts hatte das Domkapitel die Eigentumsrechte in einem Areal, das im Südwesten der Stadt umschlossen war von den Straßen Mühlenstraße – Klingenberg – Marlesgrube – An der Obertrave – Kleiner Bauhof (s. Abb. 5); das dürfte das Gebiet des ehemaligen Sonderrechtsbereiches gewesen sein, war aber nicht deckungsgleich mit dem Sprengel der Nikolai-Pfarre (s. Abb. 4); *Fehring/Hammel[-Kiesow],* Topographie (wie Anm. 8), S. 172 mit Anm. 44; die Grenzen des Gebiets sind Mitte des 13. Jahrhunderts überliefert: Urkundenbuch der Stadt Lübeck II/1, Nr. 343, S. 295ff.

28 Urkundenbuch der Stadt Lübeck I, Nr. 6; Bischof Heinrich hatte den Grund und Boden als *curtes*, das sind große Hofflächen, aus eigenen Mitteln für das Kloster gekauft; Arnoldi Chronica slavorum, bearb. von *I. M. Lappenberg* (MGH, Scriptores rerum germanicarum in usum scholarum 14), Hannover 1868, Ndr. Hannover 1978, lib. II, c. 5, S. 41; das Kloster teilte diese *curtes* auf und gab die einzelnen Teile an Siedler als *areae* zur Leihe; s. auch Anm. 30.

Große Grundstücke sind bekannt aufgrund der Auswertung der Oberstadtbücher, der Grundbücher der Stadt Lübeck seit 1284,[29] und durch die Ergebnisse archäologischer Grabungen. Beide Quellengruppen, die schriftlichen Quellen und archäologische Befunde (sowie als dritte Quellengruppe die noch stehenden Baubefunde, die für diese Fragestellung aber meist nicht sehr aussagekräftig sind) belegen eindeutig, daß die Besiedlungsgeschichte Lübecks vor allem durch die sukzessive Teilung großer Grundstücke gekennzeichnet war. In dem Grabungsareal westlich der Marienkirche konnten für das dritte Viertel des 12. Jahrhunderts, also für die Anfangsphase der Stadtherrschaft Heinrichs des Löwen, Grundstücksgrößen von 1800 m^2 bzw. 2000 m^2 rekonstruiert, aus den Oberstadtbucheintragungen für das Ende des 13. Jahrhunderts Grundstücke mit 8000 m^2, 7700 m^2, 3900 m^2 und 2200 m^2 erschlossen werden (Abb. 5). Die Teilung der Grundstücke ging im zentralen Gebiet zwischen Markt und Hafen schnell voran: Rund 25 bis 30 Jahre nach der ersten Bebauung wies das Gelände weitgehend die Parzellierung auf, die bis ins 20. Jahrhundert hinein Bestand haben sollte (Abb. 5). Andere Beispiele zeigen, daß es vor allem in Randlagen der Stadt wesentlich länger dauern konnte; in der Hundestraße z.B. bis ins 17. Jahrhundert hinein,[30] ganz zu schweigen von den Nebenstraßen, in denen der Prozeß sich bis ins 19. Jahrhundert hinein fortsetzte.[31] Allerdings kann die Aufteilung eines Baublocks in Grundstücke und damit der Verlauf der anschließenden Teilungen je nach Lage des Blocks im sozial- und berufstopographischen Gefüge der Stadt und je nach Zeitpunkt der Anlage unterschiedlich verlaufen sein. So scheinen die Befunde der Grabung Fleischhauerstraße – Königstraße – Dr. Julius-Leber-Straße in letzterer darauf zu deuten, daß dort an der Wende vom 12. zum 13. Jahrhundert bereits die Erfahrungen aus den Teilungen im Bereich westlich von St. Marien (Grabung Alfstraße – Schüsselbuden – Fischstraße) umgesetzt und die Grundstücke (Nutzungseinheiten) kleiner als dort und schmalrechteckig angelegt wurden.[32]

Die Anzahl der laut Grundbuch selbständigen, zumeist bereits bebauten Grundstücke nahm durch Teilungen größerer Eigentumseinheiten auch nach dem Ende des 13. Jahrhunderts, in dem die meisten Teilungen erfolgten, von Jahrhundert zu Jahrhundert weiter zu (von 1164 Grundstücken an der Wende vom 13. zum 14. Jahrhundert auf 2392 im Jahr 1700).[33] Ob es in anderen Bereichen der Stadt in der Mitte des 12. Jahrhunderts – im Gegen-

---

29 S. dazu *Hammel[-Kiesow],* Hauseigentum (wie Anm. 22), S. 98–116; die topographischen Regesten, auf deren Grundlage die Auswertung erfolgte, umfassen den Zeitraum 1284–1600; Vorarbeiten, die eingeschränkte Fragestellungen zulassen, reichen bis 1700.

30 *D. Mührenberg,* Archäologische und baugeschichtliche Untersuchungen im Handwerkerviertel zu Lübeck. Befunde Hundestraße 9–17, in: Baugeschichte und Handwerk auf dem Lübecker Stadthügel (Lübecker Schriften zur Archäologie und Kulturgeschichte 16), Bonn 1989, S. 233–270.

31 S. dazu vorerst *M. Christensen,* Kleinhäuser unter einem Dach. Das sichtbare und verborgene mittelalterliche und frühneuzeitliche Reihenhaus in Lübeck, in: Zehn Jahre Weltkulturerbe (Denkmalpflege in Lübeck 2), hrsg. von *H. Siewert,* Lübeck 1998, S. 125–137; demnächst ausführlicher *dies.,* Kleinhäuser in Lübeck – Die Stadt der Handwerker und Gewerbetreibenden. Stadttopographie, Berufs- und Baustruktur – Zusammenhänge von Grundstücksentwicklung, Baustruktur und Nutzung (Häuser und Höfe in Lübeck 5), Neumünster (in Vorbereitung).

32 *Schalies,* Lübeck (wie Anm. 18), S. 353–356; *dies.,* Rettungsgrabungen (wie Anm. 18), S. 292–296.

33 *R. Hammel-Kiesow,* Häusermarkt und wirtschaftliche Wechsellagen in Lübeck von 1284 bis 1700, in: Hansische Geschichtsblätter 106 (1988), S. 41–107, hier S. 55.

satz zu dem archäologisch ergrabenen Stadterweiterungsgebiet von 1159 ff.[34] – kleinere Grundstücke entsprechend der Grundstücke der in die Zeit nach 1175 eingeordneten Siedlungsperioden IV–V (s. unten Abb. 8, 10) des Erweiterungsgebiets gab, muß mangels Befunden offen bleiben.

Das Problem bei der (Re-)Konstruktion der vergangenen Verhältnisse ist nun, daß archäologische und schriftliche Quellen Bereiche der ehemaligen Wirklichkeit erfassen, die nicht deckungsgleich sind. Während die schriftlichen Quellen die rechtlichen Habeverhältnisse an Grund und Boden überliefern, *hereditates* und zu Weichbildzins verliehene Grundstücke, jedoch über die tatsächliche Unterteilung dieser *hereditates* kaum etwas enthalten (erst seit dem 15. Jahrhundert wird die Überlieferung reichhaltiger), erfassen die Archäologen bei ihren Ausgrabungen die tatsächliche Aufteilung, die Nutzungseinheiten,[35] können aber zu übergeordneten Eigentumsrechten nichts aussagen. Archäologische Grabungen verhelfen somit zu Aussagen über Nutzungseinheiten und deren Teilungen, verraten aber nichts über die haberechtlichen Verhältnisse. Hinzu kommt, daß ausgerechnet in der Zeit seit dem frühen 14. Jahrhundert, in der mit den Eintragungen der Oberstadtbücher die (freiwilligen) Rechtsgeschäfte über Liegenschaften in der ganzen Stadt fast lückenlos überliefert sind, die terminologische Schärfe der Bezeichnungen nachläßt und um die Mitte des 14. Jahrhunderts bereits fast alle Objekte als *domus* bezeichnet werden, seien sie rechtlich eine *hereditas* oder eine zur Leihe gehende *domus*.[36] Auf die wirtschaftlichen und verfassungsrechtlichen Ursachen dieser Entwicklung werde ich unten in Abschnitt 4 zu sprechen kommen.

3.3. Zum Zusammenhang zwischen der ständischen Struktur der städtischen Gesellschaft und der Aufteilung des Grund und Bodens

Was läßt sich nun auf dieser Grundlage über den Ablauf der inneren Aufsiedlung im 12. und 13. Jahrhundert ermitteln? Die Eigentümer großer Grundeigentumskomplexe vergaben Teile ihres Grund und Bodens gegen Leihe oder gegen Miete an zuziehende Siedler. Außerdem verkauften sie auch Teile als *hereditates*, so daß sich sowohl die Anzahl der *hereditates* als auch der gegen Leihe ausgegebenen Grundstücke und der vermieteten Häuser im Laufe der Jahrzehnte stark vermehrte. Welche Größe das jeweilige Grundstück hatte, hing beim Kauf wohl in erster Linie von den finanziellen Mitteln des Käufers ab, wobei die ähnlichen Ansprüche an ein Grundstück zu einer relativen Einheitlichkeit in Größe und Zuschnitt geführt haben mögen. Bei der Leihe wird ohnehin eine relativ einheitliche Parzellengröße vergeben worden sein. Daneben behielten die Eigentümer der Großgrundstücke große Areale für sich selbst. Dort werden neben dem Wohnhaus des Eigentümers weitere Häuser und Buden er-

---

34 S. oben nach Anm. 10.

35 Nutzungseinheiten waren ein Haus oder eine sogenannte Bude (d. i. ein kleines Haus), mit oder ohne dazugehörigem Hofbereich, die wahrscheinlich meist einer Kernfamilie zur Nutzung überlassen war – und zwar gegen Leihe bzw. in Lübeck seit Ende des 13. Jahrhunderts durchweg gegen Mietzahlung. Unterhalb der Sozialgruppe der wohlhabenden Handwerker waren Nutzungseinheiten im 13. Jahrhundert nur selten im Eigentum ihrer Bewohner. Sie waren in unterschiedlich großen Eigentumskomplexen zusammengefaßt, deren Eigentümer sie vermieteten.

36 Von insgesamt 465 Eintragungen in den Oberstadtbuchregesten zwischen 1284 und 1600, die eine *hereditas* betreffen, fallen nur 54 Einträge (sie betrafen 17 von insgesamt rund 2000 Grundstücken) in die Zeit nach 1350.

richtet worden sein, die gegen ein Entgelt an diejenigen vergeben wurden, die sich kein Grundstück leihen konnten, sondern zur Miete wohnen mußten.

In bezug auf die Eigentümer der frühen *hereditates* gab es entsprechend der ständischen Zusammensetzung der bürgerlichen Einung vermutlich Eigner kleinerer Grundstücke und solche von großen Eigentumskomplexen. Eine grundstücksbezogene namentliche Überlieferung gibt es für das 12. Jahrhundert nicht, so daß über die Anzahl von ,Klein-' und ,Großeignern' nichts gesagt werden kann. Man steht auch hier vor dem Problem der modifizierten Rückschreibung späterer Verhältnisse, die jedoch durch die Berücksichtigung der Ergebnisse der historischen Städteforschung zur gesellschaftlichen Zusammensetzung anderer Städte im 12. und 13. Jahrhundert und durch die – wenn auch schmale – Überlieferung zur frühen Geschichte Lübecks gestützt werden kann. Gegenüber der älteren Vorstellung, derzufolge sozial und vermögensmäßig gleichgestellte Siedler zu gleichem Recht gegen stadtherrlichen Zins auf normierten Grundstücken gesessen hätten, betont die neuere Stadtgeschichtsforschung die Beteiligung von herrschaftlichen Amtsträgern (Amtleute, Ministerialen) und Angehörigen landsässiger altfreier Geschlechter an der Herausbildung des städtischen Bürgertums, aber auch die Bedeutung grundherrschaftlicher Elemente für die Stadtentstehung.[37] Eng damit verknüpft ist die Erkenntnis, daß die Gruppe der Fernkaufleute sich aus Mitgliedern unterschiedlicher sozialer Herkunft zusammensetzte; sie war noch nicht ständisch, sondern tatsächlich durch den Beruf des Fernkaufmannes geeint. Es waren hauptsächlich die Gruppen der Altfreien, Ministerialen und der eigentlichen Fernkaufleute.[38]

Die Chancen, die sich in Lübeck für den lukrativen Osthandel boten, werden wirtschaftlich potente Familien genutzt haben, um an dem erwarteten Aufschwung teilzuhaben. Die in der Mitte des 12. Jahrhunderts adäquate Form der Beteiligung an einer aufblühenden Stadt war die eines (Groß-)Grundeigentümers, wie sie für Gent und – unter anderen gesellschaftlichen Voraussetzungen – auch für Novgorod in dieser Zeit belegt ist[39] und sich angesichts

---

[37] Das ist selbst für Lübeck als Gründung auf erobertem Neusiedelland nicht ohne weiteres von der Hand zu weisen; der Abt des Johannisklosters vergab nach 1182 „areas quasdam in prefata civitate" zu „civili vel forensi jure, quod wigbeledhe dicitur" (Urkundenbuch der Stadt Lübeck I, Nr. 6; s. auch oben Anm. 24), zu dem Recht also, das aus der Sphäre der Grundherrschaft stammt; *K. Kroeschell*, Weichbild. Untersuchungen zur Struktur und Entstehung der mittelalterlichen Stadtgemeinde in Westfalen (Forschungen zur deutschen Rechtsgeschichte 3), Köln u.a. 1960; zur Rezeption dieses Ansatzes s. *H. K. Schulze*, Grundherrschaft und Stadtentstehung, in: *K. Flink/W. Janssen (Hrsg.)*, Grundherrschaft und Stadtentstehung am Niederrhein (Klever Archiv 9), Kleve 1989, S. 9–22, hier S. 17f. Weichbildgut entstand nach Kroeschell durch die Aufteilung der Ländereien von Villikationshöfen; inwieweit in Lübeck ein in Westfalen geläufiger Rechtsterminus nur übernommen wurde, kann wohl nicht mehr festgestellt werden, man kann aber festhalten, daß die Rechtsinstitution des Weichbildrechts in Verbindung mit einem „klassischen" Grundherrn (Benediktinerkloster) in Lübeck nachweisbar ist, wenn auch in „städtischer" Form: die Besitzer der *areae* „civitati omnem justiciam faciant" (aber eben auch erst nach 1181 als die Stadt an Friedrich I. gefallen war, der ja offensichtlich die bürgerliche *civitas* gegen die Parteigänger Heinrichs des Löwen stärkte; s. dazu oben bei Anm. 13).

[38] *Hammel-Kiesow,* Forschungsbericht Teil 1 (wie Anm. 8), S. 65–73.

[39] Dazu zuletzt mit vergleichendem Ansatz *R. Hammel-Kiesow,* Property Patterns, Buildings and the Social Structure of Urban Society. Some Reflections on Ghent, Lübeck and Novgorod, in: *F.-E.*

der Erbleute, *viri hereditarii,* in anderen Städten – wie z.B. Dortmund – vermuten läßt.[40] Das sah schon Fritz Rörig ganz richtig, wenn er auch mit der Konstruktion seines Gründungsunternehmerkonsortiums falsch lag.[41] Seit den Forschungen von Wolfgang von Stromer ist eine „Hochfinanz" auch im hohen Mittelalter belegt, deren Mitglieder europaweit ihre Geldpolitik betrieben.[42] Unterhalb dieser Spitzengruppe europäischer Geldleute wird es auch im nordwestlichen und nördlichen Reichsgebiet im 12. und frühen 13. Jahrhundert eine große Anzahl von Familien und Kaufleuten mit großem Reichtum und Einfluß gegeben haben, deren Aktionsradius wohl nicht vergleichbar war mit einem, der von Venedig aus bis Ypern und Tyrus reichte, aber immerhin von Gent oder Köln bis Lübeck und darüber hinaus nach Gotland oder Novgorod sich erstreckt haben wird. Über die Tätigkeit solcher Personen ist leider so gut wie nichts überliefert.[43] Ihre weitreichenden, auf Familienmitglieder gestützten Verbindungen bekommen wir allenfalls seit dem 13. Jahrhundert durch das überlieferte Namensmaterial zu fassen (mit allen methodischen Problemen der Auswertung).

Wir können in Lübeck aber mit finanzkräftigen Siedlern (Bürgern) der geschilderten Art rechnen, die entweder aus eigenem wirtschaftlichen Antrieb oder im Gefolge Heinrichs des Löwen in die Stadt kamen.[44] Außerdem dürften Dienstleute des Herzogs in ständischer Hinsicht die Führungsgruppe der neuen Stadt mitgeprägt haben, da das frühe Lübeck von der Forschung inzwischen als befestigter Stützpunkt der Landesherrschaft angesehen wird.[45]

An Mitgliedern dieser Personengruppen aus den Gebieten westlich der Elbe erscheinen in der Lübecker Namenüberlieferung:[46] Namengleich mit altfreien Geschlechtern, die in Soest

---

Eliassen/G. A. Ersland (Hrsg.), Power, Profit and Urban Land. Landownership in Medieval and Early Modern Northern European Towns (Historical Urban Studies), Aldershot 1996, S. 37–60.

40 *F.-J. Schmale*, Die soziale Führungsschicht des älteren Dortmund. Beobachtungen zur hochmittelalterlichen Stadtgeschichte, in: G. Luntowski/N. Reimann (Hrsg.), Dortmund. 1100 Jahre Stadtgeschichte. Festschrift, Dortmund 1982, S. 53–78; *D. Thier,* Melius Hereditati: Untersuchungen zur Dortmunder Führungsschicht im 13. und 14. Jahrhundert (Bochumer historische Studien/Mittelalterliche Geschichte 8), Bochum 1987; *N. Reimann*, Das Werden der Stadt, in: *G. Luntowski u. a. (Hrsg.),* Geschichte der Stadt Dortmund, Dortmund 1994, S. 15–66.

41 Zuletzt dazu mit Literatur *E. Hoffmann,* Lübeck im Hoch- und Spätmittelalter: Die große Zeit Lübecks, in: *A. Graßmann (Hrsg.),* Lübeckische Geschichte (wie Anm. 8), S. 79–339, hier S. 79f.

42 S. dazu den Überblick von *W. von Stromer*, Hochfinanz, Wirtschaft und Politik im Mittelalter, in: *F. Burgard u.a. (Hrsg.),* Hochfinanz im Westen des Reiches 1150–1500 (Trierer Historische Forschungen Band 31), Trier 1996, S. 1–16.

43 Zusammenfassung der Überlieferung für Lübeck und für die vor- bzw. frühhansische Zeit des 12. und frühen 13. Jahrhunderts *Hammel-Kiesow*, Forschungsbericht Teil 1 (wie Anm. 8), S. 65–73; *ders.,* Die Hanse, München 2000, S. 38–42. Das wirtschaftliche Umfeld und die Voraussetzungen des Handelns der Personengruppe der „Hochfinanz" umreißt *N. Fryde*, Die Wirtschaft Nordwesteuropas um 1200, in: *W. von Stromer (Hrsg.),* Venedig und die Weltwirtschaft um 1200 (Studi 7), Stuttgart 1999, S. 71–82.

44 Aus München, von Heinrich dem Löwen im Jahre 1158 gegründet, stammte Bernardus Teotonicus, der um 1200 der zweitreichste Mann Venedigs war. Die Führungsgruppe Münchens, der er zweifelsohne angehörte, rekrutierte sich z.T. wahrscheinlich aus der ja ebenfalls im Herrschaftsgebiet Heinrichs des Löwen liegenden alten Handelsstadt Regensburg, wo der Vater des Bernardus oberster Zöllner gewesen zu sein scheint; *von Stromer,* Hochfinanz (wie Anm. 42), S. 8.

45 *Ehlers*, Heinrich der Löwe (wie Anm. 13), S. 89.

46 Zusammenstellung bei *R. Demski*, Adel und Lübeck. Studien zum Verhältnis zwischen adliger und

zur städtischen Führungsgruppe gehörten, waren in Lübeck die Morum, Hattorp, cum ferrea manu, Ostinchusen, Pape und Hamer. Giselbert von Warendorp stammte aus einem ministerialischen Geschlecht aus dem Münsterland. In Hildesheim waren Familien mit Namen Rufus, de Domo und Pepersack beheimatet.[47] Ebenfalls aus einem niedersächsischen Ministerialengeschlecht stammten die Boizenburgs, die bei der Stadterhebung der Hamburger Neustadt eine wichtige Rolle spielten.[48] Die Wickede in Dortmund gehörten zu der Reichshufen besitzenden ministerialischen Dortmunder Bürgerschaft, die allein die Ratsherren der frühen Stadt stellten, Mitglieder der Vifhusen, einer westfälischen Adelsfamilie, deren bürgerlicher Zweig in Lübeck im 13. Jahrhundert vier Ratsherren, darunter einen Bürgermeister, hervorbrachte (und nach denen die Straße ‚Fünfhausen' benannt wurde),[49] waren in den 1320er Jahren Vasallen in der Diözese Dorpat. Aus dem Lübecker Zweig der Familie kam Vromhold, der um die Mitte des 14. Jahrhunderts Erzbischof von Riga war. Zu dessen mächtigsten Stiftsvasallen wiederum gehörte sein Bannerträger Bartholomäus Thisenhusen aus einer niedersächsischen, an der Weser beheimateten Familie, die wiederum einen bürgerlichen Zweig in Lübeck hatte. Bereits um 1200 sind in Lübeck Namen überliefert, die auf Bremer Ministerialenfamilien weisen: de Domo, van Bremen, Monik (Monich), Frese (Friso), Schernbeke, de Urbe.[50]

Dieser gesellschaftsgeschichtliche Befund schlug sich in der sozialräumlichen Gliederung Lübecks zum einen im Baugefüge der bürgerlichen *civitas* (dazu unten 3.4) und zum andern in einem oder zwei Sonderrechtsbereichen nieder, die neben der bürgerlichen *civitas* auf der Halbinsel lagen, und von denen oben bereits die Rede war. Um St. Ägidien lag im

---

bürgerlicher Kultur im 13. und 14. Jahrhundert (Kieler Werkstücke D/6), Frankfurt a. M. 1996, im Kap. „Zur ständischen Herkunft des Lübecker Bürgertums", S. 77–83, der weitere, hier nicht genannte Beispiele bringt; „Von den 435 bis 1400 nachweisbaren Lübecker Ratsherren entstammten 23 (5,3%) sicher und mindestens 69 (15,86%) möglicherweise einer altfreien oder ministerialen Familie; s. ebd., S. 83; *W. Paravicini*, Rittertum im Norden des Reichs, in: *Ders. (Hrsg.)*, Nord und Süd in der deutschen Geschichte des Mittelalters. Akten des Kolloquiums veranstaltet zu Ehren von Karl Jordan 1907–1984, Kiel 1987, Sigmaringen 1990, S. 147–191. Die im Text folgende Zusammenstellung basiert auf einem Vortrag, den ich am 06. 05. 1995 in Soest hielt: *R. Hammel-Kiesow*, Die prosopographischen Beziehungen vorzüglich der westfälischen Hellweg-Städte unter besonderer Berücksichtigung Soests zu Lübeck und dem Ostseeraum (Seminar der Landesarbeitsgemeinschaft für deutsche Ostkunde im Unterricht in Nordrhein-Westfalen).

47 *L. Ohlendorf*, Das niedersächsische Patriziat und sein Ursprung (Forschungen zur Geschichte Niedersachsens II/5), Hannover/Leipzig 1910, S. 68 f.

48 *Demski*, Adel (wie Anm. 46), S. 25, Anm. 12.

49 Der erste nachweisbare Stadtbaumeister Lübecks, Fromeco Vromoldi, auch er ein Mitglied der Führungsgruppe, war mit ihnen verwandt; zu ihm und seinen für diese Personengruppe typischen Verwandtschaftsbeziehungen s. *J. C. Holst*, Dar umme is se noch so ordeliken buwet – Früher Backsteinbau in Lübeck, in: *S. Amt (Hrsg.)*, Festschrift für Günther Kokkelink (Schriften des Instituts für Bau- und Kunstgeschichte der Universität Hannover 12), Hannover 1999, S. 41–50, Anm. 55.

50 *B. U. Hucker*, Friedrich Barbarossa als Empfänger von Zahlungen Bremer Bürger, in: Bremisches Jahrbuch 65 (1987) (= Festschrift zum 125jährigen Bestehen der Historischen Gesellschaft Bremen), S. 125–139, hier S. 133; *K. Lemke*, Die Bremer Vorfahren der Lübecker Gründerfamilie „von Bremen", in: Lübeckische Blätter 150 (1990), S. 101–103. Nicht mehr heranziehen konnte ich *H. G. Trüper*, Ritter und Knappen zwischen Weser und Elbe. Die Ministerialität des Erzstifts Bremen (hrsg. vom Landschaftsverband der ehemaligen Herzogtümer Bremen und Verden), Stade 2000.

14. Jahrhundert innerstädtisches Grundeigentum der Familie Thisenhusen aus westfälischem Adelsgeschlecht. Dort hatten die Warendorp, Vorrad, Pleskow, Morum, Cremun u.v.a.m. ihre Wohnsitze, dort lagen bis ins 18. Jahrhundert hinein die Wohnsitze von Ratsherren, wobei die Anwohner der Ritterstraße (so hieß die spätere St. Annen-Straße seit 1451) fast alle Mitglieder der Zirkelgesellschaft waren (Abb. 7).[51] Dieser ständische Sonderstatus läßt sich noch heute am Baubestand ablesen, der den Wohnsitzen der ständischen und politischen Führungsgruppe des 12. und frühen 13. Jahrhunderts mit ihrer agrarisch-feudalen Prägung entspricht. Wir werden in dem Abschnitt über die Bebauung darauf zurückkommen.

3.4 Das bauliche Gefüge im 12. und 13. Jahrhundert[52]

Im Bereich der bürgerlichen *civitas* lassen sich Elemente der ständischen Gliederung der städtischen Gesellschaft seit dem späten 12. Jahrhundert im bislang erfaßten Baubestand der Stadt ablesen. Die Grabungsbefunde im ehemaligen Kaufleuteviertel überliefern drei unterschiediche Grundstücks- und Bebauungsformen:[53]

1. das frühstädtische, noch stark in ländlich-agrarischen Traditionen verwurzelte, große Grundstück (Abb. 8, Periode II);
2. die jüngere, für die künftige Entwicklung des städtischen Gefüges richtungsweisende Grundstücks- und Bebauungsform mit kleinen schmalrechteckigen Parzellen (Abb. 8, Periode IV-V). Diese Form dürfte in der Vergabe von *areae* zu Weichbildrecht von Seiten des Johannisklosters an Siedler kurz nach 1182 auch schriftlich überliefert sein (zur Lage Abb. 2, 3).[54]
3. Die dritte Grundstücks- und Bebauungsform des 12. Jahrhunderts lag am östlichen Ende des Baublocks, dem Markt und der Marienkirche zugewandt. Es war die ‚Urform' der großen Eckgrundstücke, die das ganze Mittelalter hindurch eine herausgehobene Stellung einnahmen. Grundstücksfläche, Haupthaus und Nebengebäude waren wesentlich größer als bei den beiden erstgenannten Formen. Die Bebauung bildete in der Periode III

---

51 *M. Möhle* mit einem Beitrag von *B. Rinn*, Die ehemalige Ritterstraße in Lübeck. Wohnsitze der städtischen Führungsgruppe vom 14.–18. Jahrhundert, in: *V. Lüpkes u. a. (Hrsg.)*, Der Adel in der Stadt des Mittelalters und der frühen Neuzeit. Materialien zur Kunst- und Kulturgeschichte in Nord- und Westdeutschland, Bd. 25, Marburg 1996, S. 225–241.

52 Zur Baugeschichte Lübecks generell s. *M. Scheftel,* Skizzen zu einer Geschichte des privaten Profanbaus in Lübeck, in: Lübeckische Geschichte (wie Anm. 8), S. 757–792; einen Überblick vor allem über den frühen Holzbau in Lübeck gibt *M. Gläser*, Archäologisch erfaßte mittelalterliche Hausbauten in Lübeck, in: Lübecker Kolloquium zur Stadtarchäologie im Hanseraum III: Der Hausbau, Lübeck 2001, S. 277–305.

53 *G. Legant-Karau,* Zur Siedlungsgeschichte des ehemaligen Lübecker Kaufleuteviertels im 12. und frühen 13. Jahrhundert. Nach den ältesten Befunden der Grabung Alfstraße-Fischstraße-Schüsselbuden, 1985–1990, Diss. Hamburg 1998 (in Vorbereitung zum Druck für die Lübecker Schriften zur Archäologie und Kulturgeschichte), Ms. S. 136. Ich danke Frau Legant-Karau herzlich für die Überlassung der Arbeit. S. *dies.,* Vom Großgrundstück zur Kleinparzelle. Ein Beitrag der Archäologie zur Grundstücks- und Bauentwicklung Lübecks um 1200, in: Archäologie des Mittelalters (wie Anm. 18), S. 207–215. Zu weiteren archäologisch nachgewiesenen Holzhäusern in Lübeck s. *Gläser,* Hausbauten (wie Anm. 52), passim.

54 S. oben Anm. 28 und 37.

(vor 1175) eine L-Form, einen sog. Winkelhof mit je einem Haupt- und Nebengebäude (Abb. 9), in der Periode IV (noch vor 1200) eine U-Form, einen sog. Dreiseithof mit einem Haupt- und zwei Nebengebäuden (Abb. 10, Periode IV–V, Abb. 11).[55] Im ländlichen Gebiet wird diese Form als Herrenhof des Adels oder der Kirche angesprochen.[56]

In Lübeck steht das Eckgrundstück am Schüsselbuden exemplarisch für die Grundstücks- und Bebauungsform des großen Eckgrundstückes, das von der Führungsgruppe der bürgerlichen *civitas* bevorzugt als Wohnsitz genutzt wurde. Die weitere Baugeschichte unterstreicht die herausgehobene Stellung. In der ersten Hälfte des 13. Jahrhunderts wurde ein 18 x 10 m messender Backsteinbau errichtet, der – entgegen der Rekonstruktionszeichnung – über einem kreuzgratgewölbten Untergeschoß wohl nur ein saalartig erhöhtes Obergeschoß hatte (Abb. 12, 1).[57] Dieser als „Saalgeschoßbau" bezeichnete Gebäudetyp hatte seine Wurzeln im feudalen Palas- und kirchlichen Immunitätsbau.[58] Im Unterschied zu den bei St. Ägidien und auf einigen Domherrenkurien auf Grund des Standes der Eigentümer vermuteten Saalgeschoßbauten (nur der von der Straße zurückgesetzte Standort, aber nicht der Haustyp ist jeweils überliefert)[59] stand das Haus auf dem Schüsselbuden 6 giebelständig direkt am öffentlichen Raum, mit dem Giebel zu Markt und Marienkirche, mit der Traufseite zur Straße.[60]

Nehmen wir Form und Größe des Hauses als Indikator für den sozialen und ständischen Status des Eigentümers (und Bewohners), so zeigt sich der Standesunterschied am deutlichsten in der ersten Hälfte des 13. Jahrhunderts (Periode V), als die zeitgleichen Kaufleutehäuser in der Alf- und Fischstraße noch aus Holz errichtet waren (Abb. 12, 1).[61] Dieser bau-

---

55 *Legant-Karau,* Siedlungsgeschichte (wie Anm. 53).

56 *Legant-Karau,* Siedlungsgeschichte (wie Anm. 53), Ms. S. 136, mit Nachweisen.

57 Diese Rekonstruktion erfolgte auf der Grundlage der besser erhaltenen Bauten Koberg 2 und Alfstraße 78 in Lübeck; *F. Broscheit,* Steinerne Turmhäuser als bürgerliche Wohnbauten des 13. Jahrhunderts im Lübecker Kaufleuteviertel, in: Archäologisches Korrespondenzblatt 24 (1994), S. 457–468, hier S. 458. *Holst,* Lübisches Baurecht (wie Anm. 6), Anm. 14, schließt aufgrund der geringen Mauerstärke des allein erhaltenen, nur halb eingetieften Untergeschosses ein zweites Obergeschoß aus. Zur Baugeschichte und zur Datierung der Bauphasen von Koberg 2 *J.C. Holst,* Das Haus Koberg 2 in Lübeck – zur Stratigraphie eines Baudenkmals, in: *J. Cramer (Hrsg.),* Bauforschung und Denkmalpflege. Umgang mit historischer Bausubstanz, Stuttgart 1987, S. 96–109 mit einer anschaulichen Rekonstruktion der wesentlichen Etappen der Baugeschichte des Hauses in Abb. 116, S. 105 (mit allerdings überholter, im Text auf S. 106f. verbesserter Datierung).

58 *U. Albrecht,* Der Adelssitz im Mittelalter. Studien zum Verhältnis von Architektur und Lebensform in Nord- und Westeuropa, München, Berlin 1995; zum Saalgeschoßhaus als dem bevorzugten Bautyp der ‚sozialen Oberschicht' s. S. 57.

59 *Möhle,* Ritterstraße (wie Anm. 51).

60 S. dazu unten Abschnitt 4, S. 167f.

61 S. auch *G. Legant-Karau,* Modell des Lübecker Kaufleuteviertels zwischen Alfstraße und Fischstraße im ersten Drittel des 13. Jahrhunderts, in: *J. Luckhardt/F. Niehoff (Hrsg.),* Heinrich der Löwe und seine Zeit. Herrschaft und Repräsentation der Welfen 1125–1235. Katalog der Ausstellung Braunschweig 1995, Bd. 1: Katalog, München 1995, S. 436–440; das Modell bringt den baulichen Zustand mit seiner Mischung aus hölzernen einschiffigen Pfostenbauten, mehrgeschossigen Ständerbauten auf den kleineren Parzellen und den aus Stein errichteten Typen des Turmhauses (s. dazu im folgenden Text) und des Saalgeschoßhauses mit ihren jeweiligen Nebengebäuden deutlich und an-

geschichtliche Befund des späten 12. und frühen 13. Jahrhunderts findet seine Bestätigung in der ständischen Qualität der Eigentümer und Bewohner des Hauses zwischen 1309, als es in den Oberstadtbüchern zum ersten Mal erwähnt wurde, und 1600 (dem Ende der Bearbeitungszeit der Oberstadtbücher): Zwischen 1309 und 1312 gehörte es dem Ratsherrn Johann Clendenst, zwischen 1312 und 1352 der zur städtischen Führungsgruppe gehörenden Familie Oldenborch, zu der auch Johann Stade gehörte, der das Haus zwischen 1387 und 1409 besaß. Hiller Camen gehörte dieser Führungsgruppe ebenso an. Der Kaufmann Johann Hervest (als Eigentümer 1412–1421 eingetragen) war im Jahre 1410 Ratsherr im neuen Rat. Zwischen 1570 und 1586 wohnte Frederik Knevel im Schüsselbuden 6; er war Ratsherr von 1559 bis 1574 und 1564/1565 Admiral der Lübischen Flotte im Krieg gegen Schweden.[62]

Auf den zunächst ebenfalls großen Grundstücken an den Längsseiten des Baublocks wurde der zwischen 1160 und 1200 ansteigende Bedarf an Wohn-, Speicher- und Stallgebäuden durch Teilung in schmalrechteckige Parzellen gedeckt (Abb. 8, 10), die im hinteren Teil mit – nach der Interpretation der Archäologen – dreigeschossigen hölzernen Stockwerksbauten (Keller und zwei Geschosse über der Erde) bebaut wurden (Abb. 13); vor ihnen, giebelständig an der Straße, lagen nach wie vor eingeschossige Häuser (Abb. 11, 2).

Im Verlauf des 13. Jahrhunderts setzte sich in Lübeck die Steinbauweise durch, eher vereinzelt in der ersten Jahrhunderthälfte, mit Macht im letzten Drittel. Die beiden ältesten Backsteinbauten profanen Charakters waren Großbauten eher öffentlicher Funktion, die während der Zeit der Stadtherrschaft des dänischen Königs (1201–1225) im zweiten Jahrzehnt des 13. Jahrhunderts errichtet wurden. Das Haus Alfstraße 38 war vermutlich – wie oben bereits erwähnt – das Gildehaus des *kopmans by der travene.* Dendrochronologisch auf „um 1216" datiert, hat es eine Grundfläche von 22 × 12 m, also fast 300 m², so daß es mit Keller und den beiden oberen Geschossen eine Nutzfläche von fast 1000 m² aufweist. Es ist gleichermaßen das älteste, größte und besterhaltene Beispiel des profanen Backsteinbaus in Lübeck.[63] Das turmartige feste Haus Koberg 2 wird dagegen als Sitz des dänischen Vogtes angesprochen.[64]

Die weitere Ausbreitung der Steinbauweise läßt sich bislang nur grob skizzieren, weil die archäologischen und baugeschichtlichen Befunde (noch?) nicht dicht genug sind. Grundsätzlich muß jedoch daran erinnert werden, daß Backstein ein teurer Baustoff war, den sich zunächst nur ‚steinreiche' Personen leisten konnten.[65] Die ersten Steinhäuser der bürger-

---

schaulich zum Ausdruck. Allerdings sind archäologische Befunde aus unterschiedlichen Perioden hier zu einem synchronen Modell zusammengefaßt worden.

62 Knevel befehligte 1564 das lübische Admiralsschiff „Der Engel", mit dem er am 31. Mai das schwedische Admiralsschiff eroberte, ein Vorgang, der in einem um 1900 angefertigten Gemälde noch heute im Roten Saal des Lübecker Rathauses zu sehen ist; alle Nachweise aus *E. F. Fehling*, Lübekkische Ratslinie von den Anfängen der Stadt bis auf die Gegenwart (Veröffentlichungen zur Geschichte der Freien und Hansestadt Lübeck 7/17), Lübeck 1925, Ndr. 1978.

63 *Holst,* Alfstraße 38 (wie Anm. 16); *ders.,* Früher Backsteinbau (wie Anm. 49), S. 42 f.; *Gläser*, Hausbauten (wie Anm. 52), S. 296.

64 *Holst,* Koberg 2 (wie Anm. 57); *ders.,* Früher Backsteinbau (wie Anm. 49), S. 42 f.

65 Im frühen 13. Jahrhundert war Backstein offenbar noch ein herrschaftlicher Baustoff; „königlicher Stein" nennt Holst ihn in Anlehnung an *E. Badstübner*, Feldstein und Backstein als Baumaterial in

lichen *civitas* werden daher um die 1220er Jahre auf den großen Eckgrundstücken vor allem bei den Märkten (Markt, Koberg) errichtet worden sein. Das allgemein in die erste Hälfte des 13. Jahrhunderts datierte Saalgeschoßhaus auf dem Eckgrundstück Schüsselbuden 6/Alfstraße (Abb. 12, 1) steht sozusagen als pars pro toto für diese Grundstücks- und Bebauungsform. Von deren Hauptbebauung, den großen giebelständigen Steinhäusern, sind nur wenige überliefert und diese nur photographisch. Nach baugeschichtlichen Kriterien sind sie auf um 1230 und 1240/50 zu datieren. Dabei trat um 1230 mit dem gestuften Umriß des Rückgiebels Schüsselbuden 10 „erstmals das später so charakteristische Motiv lübischer Bürgerhausarchitektur auf."[66] Positive archäologische Befunde liegen im Westteil der Stadt allerdings für die Zeit nach „um 1217" vor, als nach einem Brand (oder nach mehreren Bränden?) Steinhäuser auf kleineren Grundstücken errichtet wurden, die aber sicherlich keine Leitfunktion bei der Durchsetzung des Steinbaus hatten.[67]

Um die Mitte des 13. Jahrhunderts werden die Befunde dichter, die nun in größerer Zahl Steinwerke zeigen, z.T. hinter einem hölzernen Vorderhaus, z.T. hinter größeren giebelständigen, aus Stein errichteten Häusern; zumindest die letzteren bieten die ersten Hinweise auf die Entstehung der Seitenflügel.[68] Sie hatten Grundflächen zwischen 45 m^2 (die frühen) und 17,5 m^2 (die späteren) und lagen rückwärtig auf den Grundstücken, so daß es sich um das gleiche Bebauungsmuster handelte, das bereits oben mit den holzgebauten Stockwerksbauten aus der zweiten Hälfte des 12. Jahrhunderts (Abb. 11, 13) erwähnt wurde.[69] Die Bebauungsform mit Steinwerken (Kemenaten) in rückwärtiger Lage war in ihren wesentlichen Zügen von Westfalen bis nach Livland verbreitet.[70]

In der zweiten Hälfte des Jahrhunderts wurden in den zum Hafen führenden Straßen steinerne Häuser mit der Bauflucht vorn an der Straße errichtet (Abb. 12, 2; 14, 1–4), deren geringe Grundfläche (6 × 8,5 m; 7 × 9 m) nach wie vor den deutlichen ‚ständischen' Unter-

---

der Mark Brandenburg während des 12. und 13. Jahrhunderts, in: Architectura 1994, S. 34–45, der darauf hinweist, daß die brandenburgischen Markgrafen sich den Backsteinbau noch nach der Mitte des 13. Jahrhunderts vorzubehalten suchten; *Holst*, Früher Backsteinbau (wie Anm. 49), Anm. 64.

66 *Holst*, Früher Backsteinbau (wie Anm. 49), S. 44. Die mittelalterlichen, zum großen Teil noch mit ihren romanischen oder frühgotischen Giebeln erhaltenen großen Eckhäuser wurden in der zweiten Hälfte des 19. Jahrhunderts in großer Zahl abgerissen (s. unten, Abb. 17 mit dem um 1895 abgerissenen frühgotischen Rückgiebel Königstr. 31); *Scheftel*, Skizzen (wie Anm. 52), S. 776; *M. Brix*, Nürnberg und Lübeck im 19. Jahrhundert. Denkmalpflege, Stadtbildpflege, Stadtumbau, München 1981, S. 258–265.

67 *Legant-Karau*, Siedlungsgeschichte (wie Anm. 53), Kap. 3.5 „Stadtbrand in dänischer Zeit (1201–1225)", Ms. S. 126–130 mit Abb. 84; insgesamt fünf abgebrannte Holzhäuser: Untertrave 98, Mengstr. 31, Kolk 12, zwei lagen unter dem Haus Alfstr. 38.

68 Alfstr. 36, Königstr. 7, Fleischhauerstr. 20; freundlicher Hinweis von Jens Christian Holst.

69 *Broscheit*, Steinerne Turmhäuser (wie Anm. 57), S. 465; *F. Schmaedecke* (vormals Broscheit), Vom Turmhaus zum Giebelhaus – zur baulichen Entwicklung auf dem Grundstück Alfstraße 11 in Lübeck, in: *U. Mainzer u. a. (Hrsg.)*, Architekturgeschichten. Festschrift für Günther Binding zum 60. Geburtstag, Köln 1996, S. 105–116, Anm. 14 auf S. 115; *Holst*, Früher Backsteinbau (wie Anm. 49), S. 42.

70 *A. Caune*, Die Wohnhäuser Rigas vom 12. bis zum 14. Jahrhundert nach den Materialien archäologischer Ausgrabungen, Riga 1984, S. 207–208. Zur Höhe der Gebäude s. den im Text folgenden Absatz.

schied zu dem Saalgeschoßbau und dessen mittlerweile vergrößerten und im Untergeschoß mit einem Kreuzgewölbe versehenen Nebengebäude (7 × 14 m) erkennen läßt (Abb. 12, 2).[71] Ob es sich dabei tatsächlich um (einschließlich Untergeschoß) dreigeschossige Turmhäuser handelte – wie in Abbildung 12, 2 rekonstruiert –, ist nicht sicher, da die Mauerstärken recht gering waren.[72] Möglicherweise handelte es sich – zumindest bei Alfstr. 11 – um eine einschließlich Keller nur zweigeschossige Kemenate, die neben dem Haupthaus an der Straße lag, eine ostfälisch-binnenstädtische Grundstücks- und Bebauungsform, die durchaus nach Lübeck übertragen worden sein könnte.[73]

Ebenfalls in der zweiten Hälfte des 13. Jahrhunderts setzte sich das giebelständige Dielenhaus als normierter Haustyp durch. Man muß sich allerdings dabei bewußt sein, daß das Dielenhaus ein Aufrißtypus ist, der aufgrund der nun einsetzenden dichten Baubefunde bekannt ist, während die bislang vorgestellten Steinhäuser (abgesehen von Alfstr. 38 und Koberg 2) nur im Grundriß überliefert sind. Über ihre Geschoßteilung im Innern ist somit keine gesicherte Aussage möglich, auch wenn man bislang (eben wegen Alfstr. 38 und Koberg 2) vom Typus des Saalgeschoßhauses ausgegangen ist. Möglicherweise waren also auch einige der seit den 1220er Jahren errichteten Steingebäude Dielenhäuser.[74]

Ein Anlaß für die Durchsetzung des Dielenhauses dürfte der Stadtbrand von 1276 gewesen sein, nach 1209/17 und 1251 der dritte im 13. Jahrhundert. Wie von den ersten beiden Bränden ging auch von ihm ein Schub hinsichtlich des Bauens mit Stein aus. Bereits 1251 dürfte eine Verordnung des Rates erlassen worden sein, die den Neubau in Stein vorschrieb und die nach 1276 in die Handschriften des Lübischen Rechts aufgenommen wurde. Die Verordnung schrieb nach Londoner Vorbild von 1189 oder 1212 „die finanzielle Beteiligung der Nachbarn beim Bau gemeinsamer Brandmauern vor". Dieser Lastenausgleich dürfte den Durchbruch der Steinbauweise bewirkt haben.[75]

---

71 Außer in der Alf- und Fischstraße konnte dieser Bautyp in Lübeck noch in der Königstraße Nr. 47 (s. dazu Anm. 80) und Nr. 74 nachgewiesen werden; *Broscheit*, Steinerne Turmhäuser (wie Anm. 57), S. 465. Da Anzeichen für weitere Holz- oder Steinbauten auf diesen Grundstücken fehlen, soll dieser über dem Untergeschoß wohl zweigeschossige Bautyp alle Funktionen (Schlafen, Wohnen, Speichern von Handelswaren) gehabt haben (ebd.). Befremdlich erscheint allerdings die Verringerung von Wohn- und Lagerraum gegenüber den Holzhäusern der vorangegangenen Periode, so daß man sich bei der vorliegenden Interpretation fragen muß, ob die Störungen der archäologischen Fundschichten durch spätere Baumaßnahmen nicht doch so gravierend waren, daß rückwärtig errichtete Gebäude spurlos verschwanden. Dieser Haustyp des vorn an der Straße errichteten Turmhauses soll bislang außer in Lübeck nur noch in Riga nachgewiesen sein; *Broscheit*, ebd., nach *Caune*, Wohnhäuser Rigas (wie Anm. 70), S. 207–208.

72 Geringer als die Mauern der beiden benachbarten Giebelhäuser, wie aus Abb. 14, 2 und 14, 4 deutlich wird; freundlicher Hinweis von Jens Christian Holst.

73 In Lübeck gibt es für diese Grundstücks- und Bebauungsform bislang keine gesicherten Beispiele; wegen der Unterkellerung der später errichteten Dielenhäuser werden sich in der Regel auch keine Befunde mehr finden lassen. Beispiele bei *H.-G. Griep*, Das Bürgerhaus in Goslar (Das deutsche Bürgerhaus 1), Tübingen 1959, Abb. 3, S. 18; *G. Isenberg*, Minden; *B. Thiemann*, Bauformen des Hochmittelalters in Soest, in: Lübecker Kolloquium III: Der Hausbau (wie Anm. 52), S. 455–472, hier Abb. 11, 12, S. 466f.

74 Ich danke Jens Christian Holst für diesen Hinweis.

75 *Holst*, Früher Backsteinbau (wie Anm. 49), S. 45 mit Nachweisen; ausführlich *ders.*, Lübisches Baurecht (wie Anm. 6).

Charakteristische Merkmale des Dielenhauses von außen waren seine Giebelständigkeit zur Straße, der an der Gliederung des Giebels ablesbare Dielenraum und die darüber deutlich abgesetzten Staffelgiebel und Hochblenden mit den Doppelluken der Speicherböden unter dem Dach. Innen konnte die Diele unterschiedlichsten Zwecken (als Kaufhalle, Nutzung als Schmiede, Brauhaus) zugeführt werden, ohne daß bauliche Veränderungen größeren Ausmaßes vorgenommen werden mußten. Der Keller, das erste Obergeschoß und die Schüttböden unter dem Dach dienten der Warenlagerung: Im Keller wurden diejenigen Waren aufbewahrt, die Feuchtigkeit benötigten wie Tuche und Pelze.[76] Das erste Obergeschoß, das bisweilen auch als Wohnraum genutzt wurde, diente wie die Speicherböden unter dem Dach wohl vor allem als Schüttboden für Getreide.[77] Die Lagerböden wurden im Hausinnern durch einen Lastenaufzug erschlossen, dessen Radwinde im Spitzboden installiert wurde.

Viele dieser Häuser wurden mit gemeinsamen Brandmauern und vorgefertigten Balkenauflagern errichtet.[78] Wie Dielenhäuser in den vorhandenen Baubestand eingefügt werden konnten, ist am Beispiel der Alfstraße 11 anschaulich herausgearbeitet worden (Abb. 14, 1–4):[79] Im letzten Viertel des 13. Jahrhunderts wurde das damals bereits von zwei giebelständigen Dielenhäusern gerahmte Turmhaus Alfstraße 11 mit geringem Aufwand in ein Giebelhaus umgebaut: Unter Einbeziehung des älteren Kellers wurde ein Giebelhaus errichtet, indem straßenseitig die Giebelmauer zum östlichen Nachbargrundstück geschlossen und im hinteren Teil zwischen den bestehenden Längsmauern der Nachbargrundstücke der neue Hintergiebel hochgezogen wurde. Abbildung 15 zeigt die siebenachsige Fassade, wie sie sich (abgesehen von den Fenstern) seit dem Ende des 13. Jahrhunderts präsentierte. Auf dem Grundstück Königstraße 47 wurde „nicht lange nach 1300" ein 10×6 m Grundfläche mes-

---

76 Zur Baugeschichte und Nutzung der Keller s. *J. C. Holst,* Beobachtungen zu Handelsnutzung und Geschoßbildung an Lübecker Steinhäusern des Mittelalters, in: Hausbau in Lübeck (wie Anm. 25), S. 93–144, hier S. 95–100. Die Speicherkapazität der Keller war enorm. Eine Rekonstruktion des Warenkellers eines Lübecker Kaufmannshaus aus den 1530er Jahren, die im Burgkloster zu Lübeck zu sehen ist, zeigt, daß auf ca. 80 m^2 Kellerfläche Waren im Wert von umgerechnet 740000 Euro gelagert werden konnten. (Die Dauerausstellung „Pfeffer und Tuch für Mark und Dukaten" ist in einem Gewölbekeller des Burgklosters in Lübeck zu sehen; dem Katalog der Ausstellung können die weiteren Warenmengen und Preise entnommen werden: *R. Hammel-Kiesow* unter Mitarbeit von *D. Dümmler* und *M. North,* Silber, Gold und Hansehandel. Lübecks Geldgeschichte und der große Münzschatz von 1533/37. Illustrierter Führer durch die Ausstellung „Pfeffer & Tuch für Mark & Dukaten", Lübek 2003). Zur Bedeutung der Dielenhäuser in Bezug auf den Handel s. *R. Hammel-Kiesow,* Lübeck and the Baltic Trade in Bulk goods for the North Sea Region 1150–1400, in: *L. Berggren/N. Hybel/A. Landen (Hrsg.),* Cogs, Cargoes and Commerce: Maritime Bulk Trade in Northern Europe 1150–1400 (Papers in Mediaeval Studies 15), Toronto 2002, S. 55–93, hier S. 64–68.

77 Für die Lagerung schwerer Tonnengüter scheint die Tragfähigkeit des ersten Obergeschosses vor dem Einbau von Unterzügen und Hausbäumen, der anscheinend erst im 15. Jh. stattfand, nicht ausreichend gewesen zu sein; freundlicher Hinweis von Jens Christian Holst.

78 *M. Finke,* Das „kombinierte Dielen- und Speicherhaus" um 1300 (UNESCO-Welterbe 7), in: Bürgernachrichten – Nachrichten und Meinungen der Bürgerinitiative Rettet Lübeck BIRL e.V. 76 (1998), S. 6–11.

79 *Schmaedecke,* Turmhaus (wie Anm. 69), S. 112 ff.; dabei spielt es keine Rolle, ob ein Turmhaus oder ein über dem Keller nur eingeschossiges Haus ersetzt wurde.

sendes und 8 m hohes, turmartiges Gebäude zu einem Dielenhaus verlängert,[80] während im Langen Lohberg 47 im Nordosten der Stadt für die aus den noch stehenden Holzgebäuden herausragenden Deckenbalken heute noch sichtbare Löcher im Mauerwerk ausgespart werden mußten, als die Brandmauern der geschlossenen Steinbebauung hochgezogen wurden.[81]

Um die Wende zum 14. Jahrhundert bekam das bauliche Gefüge Lübecks somit die Gestalt, die es in seinen erhaltenen Teilen bis heute prägt: Die Giebelreihen in den Hauptstraßen, im Kaufleuteviertel, aber auch im Ostteil der Stadt bei den Gerbern in der Hundestraße und im Langen Lohberg wurden geschlossen. Insgesamt werden bis zur Jahrhundertwende rund 1000 Häuser aus Backstein entstanden sein, zusammen mit den Neubauvorhaben an allen Lübecker Kirchen[82] ein eindrucksvoller Beleg für den Reichtum, der sich aufgrund der Handelskonjunktur in Lübeck damals bildete.[83] Die Häuser, giebelständige Dielenhäuser oder traufenständige Kleinhäuser, standen in langen Reihen nebeneinander. Das ist ein Befund, der sozialgeschichtlich von größter Bedeutung ist, besonders i. S. von sozialer Zeichenhaftigkeit und Selbstdarstellung. Der neue Bautyp des Giebelhauses verringerte die bis dahin auf den ersten Blick erkennbaren großen Unterschiede zwischen Häusern und Höfen der Mitglieder der städtischen Führungsgruppe und den Häusern der „normalen" Kaufleute und der Handwerker. Das Dielenhaus Alfstraße 9, errichtet in der zweiten Hälfte des 13. Jahrhunderts hatte eine Grundfläche von 187 m^2 (11 × 17 m).[84] Es war damit sogar etwas größer als das (rekonstruierte) Saalgeschoßhaus auf Schüsselbuden 6. Man muß sich verdeutlichen, daß bis ins dritte Drittel des 13. Jahrhunderts hinein der städtische Hof, die *hereditas*, eines Mitglieds der städtischen Führungsgruppe meist auf einem der großen Eckgrundstücke lag und durch Grundstücksgröße, Haustyp und freistehende Lage (Dreiseithof, später Saalgeschoßhaus mit großem Nebengebäude) von den Häusern und Grundstücken der anderen Bürger eindeutig zu unterscheiden war. Gegen Ende des 13. Jahrhunderts wurden diese *hereditates* wegen der steigenden Nachfrage nach Grundstücken und Häusern jeweils vom Rand her peu à peu mit giebelständig zur Straße stehenden Dielenhäusern bebaut (Abb. 16), verloren also ihre bauliche Individualität zu Gunsten eines normierten Typenhauses. Sie verloren – soweit noch vorhanden – auch ihren Charakter als freistehende Gebäude, indem auch hier die an die Straße grenzenden Hofflächen abgeteilt und bebaut wurden (Schüsselbuden 8, 10; Abb. 16). Eine Folge davon war, daß nun, von etwa 1270/80 an, nur noch die Straßengiebel monumental gestaltet wurden, während die Rückgiebel (weil sie nicht mehr der Repräsentation dienen konnten wie noch auf Königstr. 31 (Abb. 17)) schlicht blieben.[85]

---

80 *M. Scheftel,* Die Kammer des Herrn Bertram Stalbuc? Befunde zur Innenausstattung Lübecker Bürgerhäuser an Brandmauern aus dem späten 13. Jahrhundert, in: Archäologie des Mittelalters und Bauforschung im Hanseraum (wie Anm. 18), S. 409–416, hier S. 409, 411.

81 *J. C. Holst,* Ein Lübecker Holzhaus des 13. Jahrhunderts: Langer Lohberg 47, in: Hausbau in Lübeck (Jahrbuch für Hausforschung 35), Sobernheim 1986, S. 145–153.

82 *Holst,* Früher Backsteinbau (wie Anm. 49), S. 45.

83 Zur wirtschaftlichen Prosperität Lübecks im 13. Jahrhundert s. den guten Überblick von *A. Ranft*, Lübeck um 1250 – eine Stadt im „take-off", in: *W. Hartmann (Hrsg.),* Europas Städte zwischen Zwang und Freiheit. Die europäische Stadt um die Mitte des 13. Jahrhunderts, Regensburg 1995, S. 169–188.

84 *Schmaedecke*, Turmhaus (wie Anm. 69), S. 112 f.

85 *Holst,* Früher Backsteinbau (wie Anm. 49), S. 45.

Bislang haben wir aus Gründen der Überlieferung nur die Häuser der Mitglieder der Führungsgruppen, der Kaufleute und derjenigen Handwerker behandelt, die reich genug waren, sich ein aus Stein errichtetes (Dielen-)Haus leisten zu können. Es gab in Lübeck jedoch zwei Hausformen, die nach ihrer Lage an der Straße unterschieden waren: das Giebel- und das Traufenhaus. Beide gab es in sehr unterschiedlichen Größen. Aus ihren unterschiedlichen Ausformungen können wir derzeit eine fünfstufige ‚ständische Hierarchie der Hausformen' bilden. Die ständische Qualität des Giebel- und des Traufenhauses ist dabei je nach ihrer Größe eigenartig geschachtelt:

Ganz oben in der Skala steht das auf dem Grundstück meist freistehende traufständige Haus als herrschaftliches Gebäude.[86]

An zweiter Stelle folgte das giebelständig zur Straße errichtete Dielenhaus. Diese hierarchische Ebene war jedoch je nach Größe des Hauses und nach seiner Lage im sozialräumlichen Gefüge der Stadt in Untergruppen unterteilt. Die älteren Formen der giebelständigen Dielenhäuser mit den breiten Staffelgiebeln (wie z.B. Braunstraße 11, Fischstraße 19, Alfstraße 11; s. Abb. 16) dürften einen ständischen Vorrang gegenüber den Giebeln mit schmaleren Treppen gehabt haben (Abb. 18), die Kaufmannshäuser (Abb. 16) einen Vorrang gegenüber den Häusern in Handwerkerstraßen (Abb. 18). Eigentums- und verfassungsrechtlich gesehen war Eigentum an den Häusern dieser hierarchischen Ebene vermutlich an das Bürgerrecht gebunden.[87]

An dritter Stelle folgten die an übergeordneten Straßen errichteten Traufenhäuser mittlerer Größe, die zumeist Wohn- und Arbeitsstätten der Handwerker und häufig Mietshäuser waren (s. Abb. 19 Glockengießerstraße).

An vierter Stelle der Hierarchie standen kleine Traufenhäuser und Traufenhausreihen in den Nebenstraßen und auf den Pertinenzbereichen der großen Eckgrundstücke (s. Abb. 19, Langerlohberg und Wakenitzmauer, 30). Seit Ende des 15. Jahrhunderts wurden manche von ihnen in kleine Giebelhäuser umgebaut, wenn sie in das Eigentum des Bewohners übergingen.[88]

Den fünften und letzten Rang nahmen die ebenfalls traufständigen Buden der Reihenbebauung in den Gängen ein (Gangbuden; Abb. 28).[89]

Wir werden im fünften Abschnitt auf diese Hierarchie der Hausformen zurückkommen.

Durch die Verwendung nur dieser Hausformen entstand ein normiertes Stadtbild „das das unterschiedliche Baualter der einzelnen Gebäude und den individuellen Bauherren in den Hintergrund treten ließ", ein Vorgang, der nicht auf Lübeck beschränkt war, sondern den

---

[86] *Albrecht*, Adelssitz (wie Anm. 58), S. 56ff.

[87] Dieser Komplex müßte anhand des Baubestands und der in den Oberstadtbüchern überlieferten Eigentumsverhältnisse noch untersucht werden; dementsprechende Vorschriften sind im Stadtrecht nicht schriftlich aufgezeichnet worden.

[88] S. künftig besonders zu den Häusern dieser Ebene *Christensen,* Kleinhäuser unter einem Dach (wie Anm. 31); ein Beispiel für Umbau bei Eigentumserwerb s. unten Anm. 127.

[89] Zu dieser Bauform s. *M. Scheftel,* Gänge, Buden und Wohnkeller in Lübeck. Bau- und sozialgeschichtliche Untersuchungen zu den Wohnungen der ärmeren Bürger und Einwohner einer Großstadt des späten Mittelalters und der frühen Neuzeit (Häuser und Höfe in Lübeck 2), Neumünster 1988.

ganzen niederdeutschen Raum erfaßte[90] und dessen Ursachen wir uns im nächsten Abschnitt widmen wollen.

4. Wirtschaftliche, rechtliche und verfassungspolitische Ursachen für die Umgestaltung am Ende des 13. Jahrhunderts

Der Umgestaltungsprozeß hatte verschiedene, vor allem wirtschaftliche, rechtliche und verfassungspolitische Ursachen. Beginnen wir mit den wirtschaftlichen: Hinter dem Aufkommen des Dielenhauses stehen unter nutzungsgeschichtlichen Aspekten die enorme Kapazitätsausweitung des Lübecker Handels im 13. Jahrhundert und die Nutzbarmachung des Immobilienmarktes der Stadt für die Kreditbeschaffung. Die Kapazitätsausweitung des Handels war durch die wegen des Bevölkerungswachstums ständig wachsende Nachfrage nach den Massenprodukten des Ostseeraums und besonders nach Getreide (aus Holstein, der Grafschaft Ratzeburg, aus Mecklenburg, dem Oderraum und Livland) entstanden.

Das auf wirtschaftliche Nutzung ausgerichtete giebelständige Dielenhaus erfüllte die daraus folgenden Anforderungen aufs Beste. Die Hochrechnung der Getreidemengen, die auf den Schüttböden gelagert werden konnten, verschafft eine Vorstellung der Speicherkapazität dieser Häuser. Auf dem untersten Schüttboden eines Dielenhauses, wo der Speicherraum noch nicht durch die Dachschräge eingeschränkt ist, konnten auf durchschnittlich 160 m^2 16 Last, das sind 32 metrische Tonnen Getreide, gelagert werden.[91] Die Häuser der rund 500 Kaufleute, die im 14. Jahrhundert zeitgleich in Lübeck tätig waren (und von denen etliche mehr als ein Haus besaßen), hätten ausgereicht, um 8000 Last oder 16000 t Getreide zu lagern, eine Menge, die ausreichend gewesen wäre für die Versorgung von rund 46000 Menschen über ein Jahr (bei einem durchschnittlichen Verbrauch von 350 kg pro Kopf und Jahr). Diese Berechnung bezieht sich nur auf die 500 Dielenhäuser der Kaufleute und berücksichtigt weder die Speicherkapazität des ersten Obergeschosses über der Diele, noch die der Schüttböden innerhalb der Dachschräge, noch die Kapazität der Dielenhäuser, die nicht im Eigentum von Kaufleuten waren. Außer Betracht bleibt außerdem die Kapazität der speziellen Speicherhäuser, von denen allein die letzteren weitere 16000 t Getreide bewahrt haben dürften. Da Lübeck damals rund 15000–20000 Einwohner hatte, ist die so berechnete Speicherkapazität an Getreide für den Jahresverbrauch von weit mehr als 100000 Menschen eine gewaltige Menge.[92]

Der zweite Grund für die Durchsetzung des weitgehend normierten Typs des Dielenhauses ist auf die Erfordernisse des Immobilienmarkts zurückzuführen. Die Verkaufschancen

---

[90] *F. Kaspar*, Vom Typenhaus zum Haustyp. Phasen bürgerlichen Lebens in Nord-Westdeutschland zwischen Mittelalter und Neuzeit im Spiegel des Hausbaus, in: Westfalen 72 (1994), S. 260–287, hier: S. 262.

[91] Eine Last Getreide (2 t) benötigte 10 m^2 Schüttfläche; *H. H. Hennings*, Die Lübecker Kornhäuser zu Beginn des 14. Jahrhunderts, in: Städtewesen und Bürgertum als geschichtliche Kräfte. Gedächtnisschrift für Fritz Rörig, hrsg. von A. von Brandt, Lübeck 1956, S. 311–339. Die Anzahl der Kaufleute nach *Hammel-Kiesow*, Häusermarkt (wie Anm. 33), S. 56f.

[92] Zu den Berechnungsgrundlagen s. *Hammel-Kiesow*, Lübeck and the Baltic Trade (wie Anm. 76), S. 63f.

waren bei einem großen Interessentenkreis größer als bei einem kleinen, der nur an ganz spezifischen Bautypen interessiert gewesen wäre.[93] Das Dielenhaus scheint allen Anforderungen genügt zu haben; denn die 1284 errichtete Häuserreihe Hundestraße 90, 92, 94, deren Bauten zu den ältesten Dielenhäusern gehörten, waren keine Kaufmannshäuser, sondern wurden für Gerber errichtet.[94] Die Untersuchungen zum Immobilienmarkt in Lübeck im 14. Jahrhundert zeigen, daß der Eigentümerwechsel bei Grund- und Hauseigentum außerordentlich hoch war. Zwischen 1315 und 1399 wurde (rein rechnerisch) das gesamte innerstädtische Grund- und Hauseigentum in 14,7 Jahren allein durch Käufe umgeschlagen.[95] Die durchschnittliche Eigentumsdauer betrug z.B. in der zum Hafen führenden Fischstraße im 14. Jahrhundert gerade einmal 9,8 Jahre, ein deutlicher Hinweis auf eine hohe Nachfrage.[96]

In dieser Umschlagsgeschwindigkeit kommt die wirtschaftliche Nutzung von Grund- und Hauseigentum zum Ausdruck, die wiederum im 13. Jahrhundert der Grund für die Sprengung der aus dem Landrecht überkommenen familienrechtlichen Beschränkungen war, welche die Veräußerungsmöglichkeiten von Grund und Boden in der Stadt einschränkten. Zunächst war die Veräußerungsfähigkeit des Individuums, des Einzelbürgers, an seinem Grund und Boden noch stark eingeschränkt; denn ein individuelles Verfügungsrecht über Grundeigentum gab es nicht.[97] Beim Handeln mit Grund und Boden mußte grundsätzlich die Zustimmung der nächsten Erben eingeholt werden. Diese landrechtliche Beschränkung scheint in Lübeck jedoch von Anfang an nicht für solchen Grund und Boden gegolten haben, der mit eigenen Mitteln erworben, d.h. gekauft worden war (sog. wohlgewonnenes Gut). Gleich zu Beginn der Geschichte der Stadt Lübeck scheint es somit zwei Arten von Liegenschaften gegeben zu haben: Zum einen selbsterworbene, über die der Erwerber frei verfügen konnte – von ihnen ist geradezu programmatisch im ersten Artikel der ältesten Lübecker Rechtsaufzeichnung aus den 30er Jahren des 13. Jahrhunderts die Rede –; zum anderen ererbten Grund und Boden, der den familienrechtlichen Beschränkungen bei Veräußerungen unterlag. Selbsterworbene Immobilien wurden jedoch mit dem ersten Erbgang an die Nachkommen wieder zu Erbgut, das nur mit Konsens der Erben veräußert werden durfte.

Diese rechtliche Grundlage war nicht dazu angetan, eine Fluktuation von Grund und Boden zu fördern. Zunächst bestand anscheinend auch kein Bedarf, da das städtische Leben noch weitgehend den landrechtlichen Regeln folgte. Dort beruhte die große Bedeutung von Grundeigentum darauf, daß als Vermögen nur das galt, was unzerstörbar war, was praktisch nicht geraubt werden konnte; denn selbst wenn jemandem unrechtmäßig Grund und Boden weggenommen worden war, ließ sich der Rechtsanspruch in der Regel noch beweisen. Bis um die Wende zum 13. Jahrhundert kann man daher sagen, daß mobiles Vermögen (rechtlich gesehen) wenig, immobiles Vermögen alles galt. Die Zeugnisfähigkeit des freien Mannes, d.h. seine Position im ‚öffentlich-rechtlichen' Leben hing folglich von seinem Grundeigentum ab. Dies ging soweit, daß noch im 13. und beginnenden 14. Jahrhundert der Dekkungswert des Eides nur bis zu einem Streitwert galt, der nicht höher war als der Wert des

---

93 *Hammel-Kiesow*, Häusermarkt (wie Anm. 33), S. 48.
94 *Finke,* Dielen- und Speicherhaus (wie Anm. 78), S. 9.
95 *Hammel-Kiesow*, Häusermarkt (wie Anm. 33), S. 56.
96 *Hammel[-Kiesow]*, Hauseigentum (wie Anm. 22), S. 154–158.
97 Zum folgenden *Ebel,* Erbe (wie Anm. 22).

unverpfändeten Grundeigentums. Kurz gesagt: Der Mann (als Oberhaupt der Familie) war so viel wert wie das Grundeigentum, das die Familie zu Eigen hatte.

Das mittelalterliche Bürgertum entdeckte das Grundeigentum als Kreditgrundlage. Das war im Prinzip nichts anderes als die Ausdehnung der Zeugnisfähigkeit (s.o.) in den wirtschaftlichen Bereich hinein. Damit war die für die Bewegungsfreiheit hinderliche persönliche Verhaftung vermieden (bis dahin mußte der Schuldner bis zur Rückzahlung der Schulden in persönlicher Haft beim Gläubiger bleiben). Zum anderen war damit nicht bloß der Nutzungswert, sondern der Substanzwert des Grundstücks dem häufig benötigten Kredit dienstbar gemacht worden. Kredit – und dies ist wichtig, im Auge zu behalten – gab es jedoch nur gegen Grundeigentum. Zu innerstädtischer Leihe gegebener Grund und Boden konnte nicht beliehen werden, weil er – modern gesprochen – nur im Besitz, nicht im Eigentum des Leihenehmers stand. Somit war Grundeigentum Vorbedingung für eine wirtschaftliche Produktionsweise, die im Hinblick auf das Handwerk die engen Grenzen der bis dahin üblichen Produktion auf Bestellung sprengte und – über die Möglichkeit zur Kreditaufnahme – eine Produktion für den ständig wachsenden Markt erlaubte.

Bei einem Großteil des innerstädtischen Grund und Bodens lag folglich der Substanzwert brach. Denn Grundstücke, die gegen einen Wortzins (Leihezins) ausgegeben waren, konnten weder vom Zinsgeber noch vom Grundeigentümer belastet werden. Letzterer konnte nur den Zins, den er bezog, belasten. Ein Hindernis für die intensive wirtschaftliche Nutzung war auch die Belastung der Grundstücke mit Renten (ein Zins von einem hypothekenähnlichen Kredit, der als Reallast auf dem Boden lag), die ursprünglich entweder überhaupt nicht oder nur gegen eine erheblich höhere Summe als die aufgenommene gelöst werden konnten. Auch sie minderten auf Dauer den Wert eines Grundstücks.

Um die Mitte des 13. Jahrhunderts begann der Rat, die Verfügungsrechte über Grund und Boden zu lockern. Damals wurde die juristische Fiktion der *mobilitatio* geschaffen, der Fahrendschreibung von Erbgütern. Durch dieses Verfahren nahmen ererbte Immobilien den Charakter von wohlgewonnenem Gut an, über das der Inhaber frei verfügen konnte (also nicht mehr mit seinen sämtlichen Erben vor Gericht erscheinen und deren Einwilligung zu den geplanten Rechtsgeschäften nachweisen mußte). Fahrend geschriebene Güter konnten ohne Erbkonsens verpfändet, verkauft und vergabt werden.

Das Rechtsinstitut der Fahrendschreibung scheint eine Besonderheit des Lübischen Rechts gewesen zu sein. In den Städten des Magdeburgischen Rechtskreises war es unbekannt.[98] Ob dieser Sachverhalt auf unterschiedliche wirtschaftliche Anforderungen in den Seehandelsstädten des Lübischen Rechtskreises im Vergleich zu den auf den Landhandel konzentrierten Städten des Magdeburgischen Rechtskreises zurückzuführen sein mag, ist noch nicht geklärt.

Nach dem Stadtbrand von 1276 verfügte der Rat die prinzipielle Ablösbarkeit der Grundzinsen – auch gegen den Willen des Grundeigentümers. Er setzte einen gesetzlichen Tarif fest, der das Verhältnis von einer Mark Grundzins zu 18 Mark Ablösesumme festschrieb. Hatte der Grundzins bereits vor 1276 bestanden (*antiquus wicbelde*), mußten sich die Betei-

---

98 *W. Ebel*, Rechtsfragen des bürgerlichen Grundbesitzes im ostdeutschen Siedlungsgebiet des Mittelalters, in: *Ders.*, Probleme der deutschen Rechtsgeschichte (Göttinger rechtswissenschaftliche Studien 100), Göttingen 1978, S. 239–256, hier S. 255.

ligten über den Preis einigen oder notfalls den Rat anrufen. Damit ermöglichte der Rat den Vermögenderen unter den Handwerkern den Kauf des Grundstücks, das sie geliehen hatten und auf dem sie wohnten; damit konnten sie Kredit aufnehmen, indem sie es verpfändeten oder eine Weichbildrente aufnahmen. Gleichzeitig verordnete der Rat außerdem, daß solche Weichbildrenten ohne Aufschlag auf die Schuldsumme abgelöst werden konnten; dies bedeutet, daß der Schuldner, wenn er den einmal gewährten Kredit zurückzahlen wollte, nur die gewährte Summe zuzüglich der jährlichen Zinsen, aber keinen zusätzlichen Aufschlag zurückzahlen mußte. Damit war eine intensivere Nutzung von Grundeigentum zum Zwecke der Kapitalbeschaffung gewährleistet als bislang, da der Substanzwert eines vormals gegen Zins ausgegebenen Grundstücks nun auch beliehen werden konnte.

Die Freisetzung (Ökonomisierung) muß die Bewertung von Grund und Boden als Bemessungsgrundlage der ständischen Stellung des Eigentümers betroffen haben. Einen Reflex dieser Entwicklung dürfen wir in den schriftlichen Quellen darin sehen, daß die rechtliche Trennschärfe der Begriffe *hereditas*, *domus* usw. in eben diesen Jahren verloren ging. Wie änderte sich nun aber die gesellschaftliche, in engerem Sinn die verfassungsrechtliche Bedeutung von Grundeigentum?

Die Vorrangstellung der *meliores, potentiores, viri hereditarii, optimi civitatis* (oder wie die Mitglieder städtischer Führungsgruppen seit dem 12. Jahrhundert auch immer genannt wurden) innerhalb der prinzipiell rechtsgleichen Bürgergemeinde war zunächst eine ständisch-soziale. Es war nicht die ökonomische Überlegenheit allein, die den Mitgliedern dieser Gruppe eine Führungsfunktion innerhalb der Gemeinde zukommen ließ, sondern erst der Einsatz ihres Kapitals in einem System von ökonomischen und symbolischen Handlungen, das vielleicht am besten mit ‚ehrenhaftem Handeln' umschrieben werden kann, stellte ihre Fähigkeit, das Gemeinwesen führen zu können, unter Beweis.[99] Die Notwendigkeit, diese soziale Führungsstellung zu institutionalisieren und mit rechtlichen Kriterien zu untermauern,[100] ergab sich erst, als ihre Selbstverständlichkeit von den ökonomisch stärker werden-

---

[99] Ich folge hier der Theorie vom „symbolischen Kapital", die Pierre Bourdieu aus seinen ethnologischen Untersuchungen abgeleitet hat: *P. Bourdieu*, Entwurf einer Theorie der Praxis auf der ethnologischen Grundlage der kabylischen Gesellschaft, Frankfurt/M. 1976, die von *S. Rüther*, Strategien der Erinnerung zur Repräsentation der Lübecker Ratsherren, in: *T. Hill/D. W. Poeck (Hrsg.)*, Gemeinschaft und Geschichtsbilder im Hanseraum (Kieler Werkstücke, E/1), Frankfurt/M. u. a. 2000, S. 101–122, für die spätmittelalterliche Lübecker Gesellschaft fruchtbar gemacht wurde. Von rechtshistorischer Seite s. das Kapitel „Führungsgruppen und Repräsentation der Bürgerschaft. Die Entstehung der Ratsverfassung" von *G. Dilcher*, Die Rechtsgeschichte der Stadt, in: *K. S. Bader/G. Dilcher*, Deutsche Rechtsgeschichte. Land und Stadt – Bürger und Bauer im Alten Europa, Berlin u. a. 1999, S. 390–400.

[100] Da die Zeugnisfähigkeit des freien Mannes vom Wert seines unbelasteten Grundeigentums abhing, wird dieses Kriterium von vornherein maßgeblich die Zugehörigkeit zur Führungsgruppe mitbestimmt haben. Ob es in seiner Selbstverständlichkeit jemals als Kriterium explizit genannt wurde, erscheint eher fraglich. Wir dürfen also nicht erwarten, daß dieses selbstverständliche Kriterium in den schriftlichen Quellen des 13. Jahrhunderts als ‚Zugangsberechtigung' zur Führungsgruppe erwähnt wird. In Lübeck war die Situation insofern noch komplizierter, weil hier die Konzeption einer von einer Führungsgruppe geleiteten, später vom Rat ‚regierten' Bürgerschaft „in Konflikt lag mit der Vorstellung der Gemeinen Kaufmannschaft, die als *universitas communium mercatorum* auch Privilegienempfänger für den Handel über See war" (*W. Ebel*, Lübisches Recht, Bd. 1, Lübeck 1971,

den Handwerkern in Frage gestellt wurde. Handwerker konnten nicht zu den *meliores, optimates* usw. gehören, weil „der unterschiedliche Rang (auch) der (städtischen) Bevölkerungsgruppen durch die traditionelle Teilhabe an Hoheitsrechten bestimmt" war. Im Gegensatz zu Ministerialen und Kaufleuten waren die Handwerker jedoch weder an der Verwaltung der Münze und der stadtherrlichen Rechte, noch an der von Markt und Fernhandel beteiligt.[101] Als dann in Folge des wirtschaftlichen Aufschwungs die Handwerker zu mehr Vermögen kamen und über ihre beruflich-sozialen Gemeinschaften (Ämter, Zünfte) größeres Selbstbewußtsein entwickelten, forderten sie Teilhabe an der bislang von Mitgliedern der Führungsgruppen geführten städtischen Politik. Damit lösten sie die Verfassungskämpfe des 13. Jahrhunderts aus.

Diese Vorgänge wiederum ruhten auf der Veränderung der zunächst aus dem ländlichen Bereich in die Stadt übernommenen gesellschaftlichen Organisationsformen. Vor allem die Institutionen Familie und Haus entwickelten neue Formen und übernahmen andere rechtliche, soziale und wirtschaftliche Funktionen, da in der Stadt der Herrschaftsverband der *familia* aufgehoben war und die Schutzverbände, wie die *familia* auch einer war, und die Sippe oder Magschaft an Bedeutung verloren. Die spezifisch städtische Produktionsweise führte außerdem dazu, daß nicht mehr ein möglichst großer und fester Bestand an Grund und Boden die Grundlage des Nahrungserwerbs war, sondern die Produktionsmittel (Werkstatt, Werkzeug), Kapital und vor allem die Ausbildung.[102]

Eigentum an Grund und Boden verlor somit, gewissermaßen schleichend, seine grundsätzliche Bedeutung als Bemessungsgrundlage des Wertes eines Mannes. Gleichzeitig traten – wie wir sahen – rein ökonomische Kriterien des Grundeigentums, wie seine Belastbarkeit zum Zwecke der Kreditbeschaffung, in den Vordergrund. Handwerker erwarben in immer größerer Zahl Grundeigentum, um am Kapitalmarkt teilnehmen zu können, so daß auch sie jetzt die eine rechtliche Vorbedingung zum Vollbürgerecht, zum passiven Ratswahlrecht erfüllten. Außerdem ergänzte die ‚Gleichstellung' auf dem Gebiet der Haberechte an Grund und Boden die rechtliche Gleichstellung, welche die Schwureinung der ständisch extrem unterschiedlichen Bürger von vornherein konstituiert hatte. Sie erfolgte in Lübeck im gleichen Zeitraum, in dem in zahlreichen Städten des Reichs Verfassungsrevisionen stattfanden (1256–1312).[103] Überall stellte sich in dieser Zeit die Frage, „in welchem Maße die führenden Sozialverbände (Patriziat, Ministeriale, Kaufleute) sich die oder sich der Bürgergemeinde unterordneten".[104] Das daraus entstehende Problem der potentiellen Teilhabe von Hand-

---

S. 269; das folgende Zitat aus *Dilcher*, Die Rechtsgeschichte der Stadt (wie Anm. 99), S. 453. In der Folge sollte sich aber das bürgerschaftliche Prinzip durchsetzen und der ansässige Bürger, der erbrechtlich gebundenes, volles Grundeigentum hatte, wurde der vollgültige Träger des Gemeinwesens. Dieses Grundeigentum, im ersten Lübecker Stadtrecht noch mit der altertümlichen Formel des *vrie torfachtig egen* bezeichnet, garantierte Ratsfähigkeit und volle Glaubwürdigkeit als Zeuge (*Ebel*, Lübisches Recht, S. 269; *Dilcher*, Die Rechtsgeschichte der Stadt (wie Anm. 99), S. 453).

101 *Dilcher*, Die Rechtsgeschichte der Stadt (wie Anm. 99), S. 561.

102 *Dilcher*, Die Rechtsgeschichte der Stadt (wie Anm. 99), S. 499.

103 S. dazu *W. Ehbrecht*, Zusammenfassung und Weiterführung, in: *Ders. (Hrsg.)*, Verwaltung und Politik in Städten Mitteleuropas. Beiträge zur Verfassungsnorm und Verfassungswirklichkeit in altständischer Zeit (Städteforschung A/34), Köln u. a. 1994, S. 271–283, hier S. 273.

104 Ebd., zu diesem Komplex ist nun hinzuzuziehen *E. Pitz*, Bürgereinung und Städteeinung. Studien

werkern an der politischen Führung der Stadt wurde in Lübeck von den Führungsgruppen in einer – im Vergleich zu den zum Teil blutigen Auseinandersetzungen in anderen Städten – recht eleganten Form gelöst: die ratsfähigen Familien ‚fanden' gegen Ende des 13. Jahrhunderts die Ratswahlordnung, die Heinrich der Löwe für Lübeck angeblich erlassen hatte. Das heißt, der Rat fälschte sie. Darin wurde festgelegt, daß keiner, der seine Nahrung mit eigener Hände Arbeit gewinne oder sein Vermögen auf diese Art gewonnen habe, ratsfähig sei. Dieser Ausschluß der Handwerker sollte sechs Jahrhunderte lang in Kraft bleiben, abgesehen von einem kurzen, achtjährigen Zwischenspiel zu Anfang des 15. Jahrhunderts. Das war die lübeckische Form der Verfassungsrevision. Ihr Verlauf dürfte auf die wirtschaftliche Überlegenheit der Fernkaufleute in Lübeck zurückzuführen sein, wo das handwerkliche Gewerbe nie eine solche Bedeutung erreichen konnte wie in den Binnenstädten.

Die geschilderte Entwicklung muß den Interessen einer Gruppe völlig zuwider gelaufen sein: dem Interesse der Familien der Großgrundeigentümer. Diese Leute, die Grundstücke gegen Zins verliehen, wurden nun durch die verordnete Ablösbarkeit des Grundzinses gewissermaßen enteignet. Die neue Wirtschaftspolitik muß von einer zweiten Führungsgruppe betrieben worden sein; in ihnen dürfen wir die Fernkaufleute sehen, die infolge der ‚kommerziellen Revolution' in zunehmendem Maße die Ratsstandschaft errangen. Ihnen gelang es in einigen Städten, die Vertreter der konkurrierenden Führungsgruppen aus dem Rat zu drängen: in Goslar den Niederadel, in Magdeburg die bischöfliche Ministerialität sowie in Hamburg und Lübeck die landbegüterten Familien.[105]

Die geschilderten rechtlichen, sozialen und wirtschaftlichen Veränderungen waren die Grundlage, auf der am Ende des 13. Jahrhunderts die durchgreifende Neugestaltung des Stadtgefüges vollzogen wurde. Die weitgehende Normierung des Bautyps des Lübecker giebelständigen Dielenhauses wurde bereits angesprochen. Spätestens damals wurden aber auch die Elemente städtebaulicher Rahmenplanung durchgesetzt, die den einzelnen Hausformen ihren genauen Ort im baulichen Gefüge zuwiesen und damit die Voraussetzungen für die sozialräumliche Gliederung festlegten.[106]

Die Lübecker Führungsgruppen verstanden es, ihre Position unangefochten für weitere 100 Jahre zu festigen, mögen aber – dem rechtlichen Gleichheitsgrundsatz folgend – die Einheitlichkeit der Bauformen bewußt gefördert haben. Die Häuser der Mitglieder der Führungsgruppen hoben sich zwar noch durch ihre Lage auf den Eckgrundstücken oder durch ihre Größe[107] von den Häusern der anderen Kaufleute und Handwerker ab, sie waren aber wie diese giebelständige Dielenhäuser und standen ‚in Reihe' mit den giebelständigen Dielenhäusern der anderen Bürger. Hinzu kommt, daß Schmuckformen an Lübecker Häusern (profilierte Steine, glasierte Ziegel) im Vergleich zu anderen niederdeutschen Städten (Lüne-

---

zur Verfassungsgeschichte der Hansestädte und der deutschen Hanse (Quellen und Darstellungen zur hansischen Geschichte N.F. 52), Köln u. a. 2001.

[105] Zur Ablösung der älteren Führungsgruppe in den Jahrzehnten um 1300 s. bereits *F. Rörig*, Lübecker Familien und Persönlichkeiten aus der Frühzeit der Stadt, in: *Ders.*, Wirtschaftskräfte im Mittelalter, hrsg. von *P. Kaegbein*, Wien u. a. ^{2}1971, S. 134–146.

[106] S. dazu unten Abschnitt 5.

[107] Die Häuser auf den Eckgrundstücken waren nicht besonder groß (s. o. das Beispiel Schüsselbuden 6), sondern einfach älter als die anderen; außerdem gab es – abgesehen von Koberg 12 – auf Eckgrundstücken keine breiten Staffelgiebel; freundlicher Hinweis von Jens Christian Holst.

burg, Stralsund, Danzig u. a.) und im Gegensatz zu den früheren Jahrzehnten des 13. Jahrhunderts[108] seit dessen Ende sehr zurückhaltend verwendet wurden (wenn es auch selbstverständlich Beispiele von durch Schmuckformen herausgehobener Architektur gab).[109] Der korporative Charakter der städtischen Gemeinde drückte sich auch darin aus, daß alle Häuser der bürgerlichen Stadt sich direkt auf die Straße hin öffneten, während der von Glintmauern eingefaßte Hof sich in der Regel in das Blockinnere hinein erstreckte. Die ältere Form des herrschaftlichen Sitzes mit ummauertem oder umwalltem Hof, in dessen Mitte – ohne direkten Zugang zum öffentlichen Raum – das Haus errichtet war, fand sich in Lübeck nur noch in nichtbürgerlichen Bauten, Domherrenkurien und in einigen Sitzen im Ministerialen- oder Adelsviertel bei St. Ägidien – erhalten in der Anlage des Hofes Schildstr. 12 (Abb. 7). Die bürgerliche Bauweise mit dem direkten Zugang zum öffentlichen Raum hatte ihre Wurzeln in dem Konzept des Stadtfriedens, der keine befestigten Wehranlagen innerhalb der Mauern mehr duldete.[110] Insofern kann das im Lübecker Baurecht enthaltene Baufluchtgebot „als Zwang zur Blockrandbebauung, zur Bildung eines Straßenraumes und damit als städtebauliche Intention des Rates gelesen werden".[111] Städtebauliche Ordnungsprinzipien dieser Art waren vielleicht gemeint, als Reval im Jahr 1255 durch König Christoph I. das lübische Recht bestätigt bekam, u. a. mit folgendem Wortlaut: *Civitatem nostram in Revalia cum iure Lubicensi decrevimus construendam.*[112]

Die Vielzahl von Bauformen, die es in Lübeck in den ersten zwei Dritteln des 13. Jahrhunderts gegeben hatte – Kemenaten, Turmhäuser, Saalgeschoßhäuser, Dielenhäuser mit Saalgeschoß (d. h. leicht erhöhtes Obergeschoß über einem dielenartigen Erdgeschoß)[113] –, kann man mit Fred Kaspar folglich als „Import der von den Städten importierten unterschiedlichen Sozialgruppen" interpretieren,[114] die sich dann im Zuge der Herausbildung der stadtbürgerlichen Gesellschaft zu wenigen und allgemeinverbindlichen Bauformen redu-

---

108 *Holst,* Früher Backsteinbau (wie Anm. 49), S. 44, für die Jahre um 1240 (Schüsselbuden 10) und 1240/50 (Kohlmarkt 9, Löwenapotheke, Mengstr. 16, 18, Koberg 12).

109 *Holst,* Früher Backsteinbau (wie Anm. 49), S. 45 mit Anm. 70 berichtet von einer Gruppe von Bauherren, die um 1280/90 im Kaufleuteviertel ganze Giebelfronten in Wechselschichten glasieren ließ, wie es zum ersten Mal der Deutsche Orden vor 1283 an seinem Haus in der Kleinen Burgstraße vorführte. Ein Hinweis, um welche Häuser es sich handelte, fehlt leider.

110 Im vergleichenden Ansatz habe ich die unterschiedlichen Entwicklungen in Novgorod, Gent und Lübeck skizziert in *Hammel-Kiesow,* Property Patterns (wie Anm. 39), S. 54 f.

111 *Holst,* Lübisches Baurecht (wie Anm. 6), Ms. bei Anm. 64.

112 *U. Simon,* Appellationen von Reval nach Lübeck, in: *R. Schweitzer/W. Bastmann-Bühner (Hrsg.),* Die Stadt im europäischen Nordosten. Kulturbeziehungen von der Ausbreitung des lübischen Rechts bis zur Aufklärung, Helsinki/Lübeck 2001, S. 47–63, hier S. 47, Anm. 3.

113 Eine Übersicht über die bis 1993 aufgedeckten Bauformen in *R. Hammel-Kiesow,* Editorial, in: *Ders. (Hrsg.),* Wege zur Erforschung (wie Anm. 1), S. 29 f.; *Holst,* Früher Backsteinbau (wie Anm. 49).

114 *F. Kaspar,* Das mittelalterliche Haus als öffentlicher und privater Raum, in: Die Vielfalt der Dinge. Neue Wege zur Analyse mittelalterlicher Sachkultur. Gedenkschrift in memoriam Harry Kühnel (Österreichische Akademie der Wissenschaften, phil.-hist. Klasse, Forschungen des Instituts für Realienkunde des Mittelalters und der frühen Neuzeit, Diskussionen und Materialien 3), Wien 1998, S. 207–235, hier S. 223.

zierte.[115] Die relative Einheitlichkeit der profanen Architektur wurde auf der verfassungsrechtlich-gesellschaftlichen Ebene möglicherweise als Abbild der Rechtsgleichheit der Bürger der städtischen Gemeinde gesehen und diente möglicherweise außerdem dazu, den wegen der führenden Stellung der Mitglieder der Führungsgruppe latent schwelenden sozialen Konflikt nicht durch eine bauliche Sonderstellung mit Zurschaustellung von Reichtum und Standesunterschied anzuheizen. Dazu mögen christliche Vorstellungen von der Gemeinde mitgewirkt haben, deren nähere Betrachtung in diesem Beitrag jedoch ausgespart werden muß.[116]

5. Die Stadt im Kleinen – Die sozialräumliche Gliederung eines Baublocks

Gegen Ende des 13. Jahrhunderts hatten sich allem Anschein nach gewisse Regeln ausgebildet, an welchen Stellen in den Baublöcken die in ihrer ständischen Qualität gestuften Hausformen[117] erbaut werden konnten oder sollten. Noch offen ist die Frage, ob die in den Baublöcken beobachtete Regelmäßigkeit allein durch ständische Standort- und wirtschaftliche Entwicklungsfaktoren sowie durch konstruktive Gründe bewirkt wurde oder ob es für die Anlage von Baublöcken städtebauliche Ordnungsprinzipien gab, die dem einzelnen Grundeigentümer vorschrieben, was wo gebaut werden durfte.

Angesichts der inzwischen verstrichenen 700 Jahre, in denen der jeweils vorhandene Baubestand immer wieder überformt wurde, läßt sich die Regelhaftigkeit meist nur noch an einzelnen Elementen nachweisen.

Außerdem ist zu beachten, daß Baublöcke in sozialräumlich unterschiedlichen Stadtgebieten verschiedene Anlagemuster haben konnten, die auf die unterschiedliche soziale und berufliche Zusammensetzung der Bewohner dieser Baublöcke zurückzuführen sind.

Für Block 10 im Nordosten der Stadt, der in der zweiten Hälfte des 13. Jahrhunderts angelegt wurde, konnte das Grundstücks- und Baugefüge weitgehend rekonstruiert werden (Abb. 5, Block 10). Die methodischen Einzelheiten der Rekonstruktion sind ausführlich an anderer Stelle dargestellt, so daß ich mich hier auf die Ergebnisse der Untersuchung beschränken kann (s. dazu Abb. 19).[118]

---

[115] Eine größere Vielfalt der Hausformen setzte in Lübeck erst wieder im 16. Jahrhundert ein (*Hammel-Kiesow*, Editorial (wie Anm. 113), S. 29), was dem von *Kaspar*, Das mittelalterliche Haus (wie Anm. 114), S. 225, festgestellten Tatbestand entspricht.

[116] Erste Überlegungen zum Thema habe ich auf dem Symposium „Raum und Ritual" in der St. Petri-Kirche in Lübeck am 24. März 2000 vorgetragen; *R. Hammel-Kiesow*, Plurale Stadträume im Mittelalter – ein Lübecker Mikrokosmos, in: *Projektgemeinschaft Lübecker Innenstadtkirchen (Hrsg.)*, Raum und Ritual. Die Lübecker Woche der Engel, Lübeck o. J. [2000], S. 35–40.

[117] S. oben bei Anm. 86.

[118] *Hammel-Kiesow*, Quellen (wie Anm. 1), passim; zum Übergang vom Holz- zum Steinbau in diesem Baublock s. *Holst*, Ein Lübecker Holzhaus (wie Anm. 81). Dennoch weise ich, der wissenschaftlichen Redlichkeit halber, darauf hin, daß die Rekonstruktion des Grundstücks- und Bebauungsgefüges eines Baublocks an der Wende vom 13. zum 14. Jahrhundert in weiten Teilen retrospektiv, d. h. unter Rückschreibung erst für spätere Zeiten erfaßter Zustände, erfolgen muß. Abb. 19 zeigt die zeitliche Einordnung der jeweils ältesten Befunde der Bauten des Blocks, so daß deutlich wird, für welche Bereiche des Blocks frühneuzeitliche Befunde (unter Heranziehung von Erkenntnissen aus

Block 10 im Nordosten der Stadt wurde vor 1276 angelegt.[119] Der östliche Teil des Blocks führte noch bis in die frühe Neuzeit hinein die Bezeichnung *nova civitas*, Neustadt. Ein wichtiger Faktor für die Binnengliederung eines Baublocks war die Hierarchie der Straßen und Straßenabschnitte, mit deren Hilfe die einzelnen städtischen Räume erschlossen wurden.[120] In der Hierarchie der Block 10 umgebenden Straßen stand die Glockengießerstraße an erster Stelle; sie diente der Erschließung eines Bereichs des Ostteils des Stadthügels von der Nordsüdachse vom Hügelscheitel aus. Die Straße Langer Lohberg, die zweite in der Hierarchie, war Teil eines durchgehenden Querstraßenzugs als Nord-Süd-Verbindung im Osten der Stadt[121] und diente speziell der Verbindung zwischen der Glockengießerstraße und der nördlich parallel zu dieser verlaufenden Großen Gröpelgrube. Die Gasse Wakenitzmauer diente in erster Linie dem Zugang zur Stadtmauer und der Erschließung der an ihrer Westseite liegenden Grundstücke. Der Weite Lohberg schließlich war nur über den Langen Lohberg oder über die Wakenitzmauer zu erreichen und hatte im räumlichen Erschließungssystem nur die Funktion, daß die Stadtmauer durch sie vom Langen Lohberg aus schneller zu erreichen war. Die Größe der heutigen Grundstücke folgt ebenfalls der Hierarchie Glokkengießerstraße – Langer Lohberg – Wakenitzmauer – Weiter Lohberg.

Im späten 13. Jahrhundert läßt sich für den Baublock ein gegliedertes, zweiteiliges Grundstücksgefüge rekonstruieren (s. Abb. 20, 1). Im oberen Bereich befanden sich Grundstücke, die von Straße zu Straße durchliefen. Im unteren, von der Glockengießerstraße ausgehenden Bereich zeigt er eine Abtreppung, durch welche die Tiefe der Grundstücke von der Mitte zu den Seiten regelmäßig kürzer wird.

Gemessen an dem Originalbefund (Abb. 21, 1) ist das in Abb. 20, 1 dargestellte ein Idealschema, das aber dem Abbild als einer zentralen Kategorie der mittelalterlichen Vor- und Darstellungswelt entsprechen dürfte. Dieses Schema ist keine Besonderheit des Blocks 10; es kann sowohl in zahlreichen Baublöcken der Lübecker Altstadt in Varianten, die in Abb. 20, 2–20, 4 abgebildet sind, erkannt werden, als auch in vielen Städten des mittelalterlichen Europa, am deutlichsten im Paris des 13. Jahrhunderts im Quartier *des Halles*.[122]

---

anderen Baublöcken der Stadt) zurückgeschrieben werden mußten. Die entscheidenden Gliederungsmerkmale, die die hier behandelte Regelmäßigkeit der Anlage bewirkten, waren jedoch an der Wende vom 13. zum 14. Jh. vorhanden.

119 Dieser terminus ante quem läßt sich aus der Belastung eines dort gelegenen Grundstücks mit einer *antiquus wicbelde* belegen. Zur Aufsiedlungsgeschichte des Blocks s. *Hammel-Kiesow*, Quellen (wie Anm. 1), S. 60–89; *Holst*, Ein Lübecker Holzhaus (wie Anm. 81), S. 150f.

120 Die Hierarchie der Straßen und Gassen läßt sich an ihrer Lage im städtischen Straßen- und Erschließungssystem, oft durch ihre Breite, durch die Größe und den Zuschnitt der an ihr liegenden Grundstücke und durch deren Bebauung erkennen. Bei der Bestimmung der hierarchischen Folge der Straßen muß jedoch die jeweils unterschiedliche Zeit berücksichtigt werden, in der die genannten Kriterien ihre heute in die Bewertung einfließende Gestalt erhielten. Zum ganzen s. *Hammel-Kiesow*, Quellen (wie Anm. 1), S. 61f.

121 Dieser Querstraßenzug scheint als Kreisbogensegment mit einem Radius von über 3000 Fuß ausgemessen worden zu sein; *Humpert/Schenk,* Entdeckung der mittelalterlichen Stadtplanung (wie Anm. 19), S. 20.

122 Nachweise in *Hammel-Kiesow*, Quellen (wie Anm. 1), S. 135f. Das Beispiel Paris in *F. Boudon*, Tissu urbain et architecture: L'analyse parcellaire comme base de l'histoire architecturale, in: Annales (AESC) 1975, 4, S. 773–818, hier S. 805ff., bes. 806 Abb. 21, 2 u. 21, 4; s. auch *K. Hauke,* Das

Allerdings sind diese Gliederungsformen nicht einfach zu erkennen, da das ursprüngliche Muster im Laufe der Jahrhunderte durch Käufe bzw. Verkäufe von Grundstücksteilen verändert wurden.

Die Bebauung richtete sich nach der Hierarchie der Straßen. Abb. 22 ist eine isometrische Rekonstruktion, die die straßenseitige Bebauung des Blocks schematisiert, aber in ihren jeweiligen Größenverhältnissen, sowie die Grundstücksgrenzen zeigt. Die Bebauung bestand aus den bereits erwähnten Grundbausteinen des giebelständigen Giebelhauses und des traufständigen Hauses in jeweils unterschiedlicher Größe.

Die gemeinsame Auswertung der schriftlichen Quellen und des rezenten Baubestands machte es für Block 10 möglich, sieben spezifische Bebauungsformen zu erkennen, die als Einheiten (Ensembles) errichtet worden waren. Die späteren Teilungen der Objekte hatten bislang verhindert, die ursprüngliche haberechtliche Einheit zu erkennen. Jede der in Block 10 festgestellten acht Grundstücks- und Bebauungsformen (s. Abb. 23–27) scheint ihren zugewiesenen Platz im Gesamtgefüge gehabt zu haben, so daß daraus die am Beginn dieses Kapitels aufgeworfene Frage folgt, ob für die Planung und Anlage des Blocks Bebauungsvorschriften bestanden oder ob sich dieses Bebauungsgefüge gewissermaßen von selbst entwickelte.

Um 1300 war der Baublock noch geprägt durch große, mehrere Nutzungseinheiten umfassende Eckgrundstücke als Eigentumskomplexe, die durch die eingezeichneten Grundstücksgrenzen gut zu erkennen sind (Abb. 22). Auch jedes der beiden mittig in der Glockengießerstraße gelegenen Grundstücke umfaßte noch zwei Nutzungseinheiten mit je einem relativ großen Giebelhaus (Abb. 22).

In der Mitte der beiden übergeordneten Straßen (Glockengießerstraße und Langer Lohberg; Abb. 22, 23) lagen tiefe, mit großen Giebelhäusern bestandene Grundstücke. Zu den jeweils nachgeordneten Straßen folgte eine Kombination aus kleinerem Giebelhaus mit Traufenhaus, die jeweils als bauliche Einheit errichtet und später auch lange Zeit als Einheit veräußert wurden (Abb. 24). Daran anschließend folgte die eigentliche Eckbebauung mit einem Ensemble von einem (südliche Ecke Glockengießerstraße/Langer Lohberg; Abb. 22, 24) oder zwei Giebelhäusern (Ecke Langer Lohberg/Weiter Lohberg; Abb. 22), an die anschließend sich eine Reihe von Kleinhäusern, sog. Buden, in die jeweils nachgeordnete Straße hinzog. Eine Variante bildete die blockartige Bebauung aus zwei Giebelhäusern, gefolgt von der Kombination kleineres Traufen- mit kleinerem Giebelhaus an der Ecke Glockengießerstraße/Wakenitzmauer (Abb. 22, 25). Die Bebauung dieses Eckkomplexes wurde abgeschlossen durch zwei weitere Exemplare der Kombination kleineres Traufen- mit kleinerem Giebelhaus (Abb. 22, 26). Diese grenzten an die rückwärtigen Buden auf den vom Langen Lohberg durchgehenden Grundstücken (Abb. 22, 23). Die Rekonstruktion dieses Bebauungsgefüges war erst durch baugeschichtliche Untersuchungen möglich, die nachwiesen, daß anstelle der später dort errichteten Traufenhäuser, die in Abb. 22 in Kreise eingefaßt dargestellt sind, ursprünglich die in der isometrischen Rekonstruktion wiedergegebenen Bauformen standen.[123]

Bürgerhaus in Ost- und Westpreußen (Das Deutsche Bürgerhaus 8), Tübingen 1967, S. 56, mit ähnlichen Schemata der Grundstücksgefüge in Danzig.

123 Die veränderten Neubauten sind belegt durch bauhistorische Untersuchungen im Falle Langer Loh-

Dieser baulichen Binnengliederung, die für die folgenden Jahrhunderte durch die blockinnere Gangbebauung ergänzt werden kann (s. Abb. 28), entsprachen sozial abgestufte Gruppen von Bewohnern, die sich vom 14. bis zum 18. Jahrhundert anhand der beruflichen Gliederung, im 18. Jahrhundert dann anhand der Schoßzahlungen, der Steuerzahlungen, erkennen lassen.[124] Noch die Schoßleistungen des Jahres 1762 (Abb. 28) zeigen eine stark differenzierte aber topographisch dennoch klar gegliederte Sozialstruktur. Sie stuften sich in:

1. die Bewohner der beiden großen Giebelhäuser in der Glockengießerstraße (11 m. l.-12 m. 8 s. l.);
2. die Bewohner der Giebelhäuser im Langen Lohberg (7 m. 6 s. l.-10 m. l.);
3. die Bewohner der kleineren Giebelhäuser und der Traufenhäuser in der Glockengießerstraße (3 m. 12 s. l.);
4. die Gruppe der Bewohner der Kleinhäuser und Buden im Langen Lohberg, im Weiten Lohberg und an der Wakenitzmauer (2 m. 4 s. l.-2 m. 12 s. l.);
5. die Bewohner der Gangbuden im Innenbereich des Blocks (1 m. 4. s. l.-1 m. 10 s. l.).

Die weiß gehaltenen Häuser an der Gasse Wakenitzmauer waren im Jahr 1762 nicht bewohnt.

Wir fassen also in diesem Grundstücks- und Bebauungsgefüge eine sozial, beruflich und vermögensmäßig differenzierte Bewohnerschaft, deren Wohnhäuser entsprechend dieser Differenzierung in klare räumliche Einheiten gegliedert waren. Sie reichte im Jahre 1762 vom vermögenden Brauer, der zu den sieben Prozent der reichsten Lübecker gehörte, über gut situierte Handwerker bis zum steuerrechtlich als arm klassifizierten Gangbewohner.

Aus der sozialräumlich wohlgeordneten Anlage ergibt sich für mich die Vorstellung des Baublocks als der Stadt im Kleinen. In ihm hatten prinzipiell die Angehörigen aller sozialer Gruppen Platz; soziale Segregation scheint es – zumindest in Block 10 – nicht gegeben zu haben. Die Zusammensetzung der sozialen Gruppen war je nach Lage des Baublocks im sozialräumlichen Gefüge der Gesamtstadt selbstverständlich unterschiedlich. Sie war von wirtschaftstopographischen und anderen sozialräumlichen Vorgaben abhängig: Kaufleute wohnten in Lübeck eben in den dem Hafen und Markt naheliegenden Baublöcken im West- und zum Teil in Nordwestteil der Stadt, in der Breiten und Königstraße, Schiffer im Nordwesten in Hafennähe, Handwerker vor allem im Südwesten und im Osten usw. Als andere sozialräumliche Vorgaben werte ich die frei im Grundstück stehenden Gebäude im Südosten der Stadt bei St. Ägidien.

Die von der jeweiligen wirtschaftstopographischen Lage des Baublocks abhängige Zusammensetzung der Bewohner hatte (vermutlich) auch Auswirkungen auf die Auswahl der Bebauungsformen. In den Baublöcken des sogenannten Kaufleuteviertels scheinen die Giebelhäuser z.T. bis zur Ecke der nebengeordneten Straßen errichtet worden zu sein, ohne die in Baublock 10 dazwischen geschalteten Einheiten von zusammengehörigem Giebel- und

---

berg 33, durch die Überlieferung schriftlicher Quellen im Falle Wakenitzmauer 130–140 und können begründet vermutet werden im Fall Glockengießerstraße 75–79, das erst nach 1572 in der heute noch stehenden traufständigen Form errichtet wurde; Nachweise bei *Hammel-Kiesow*, Quellen (wie Anm. 1), S. 101 f. (Glockengießerstraße 75–79 und 81); S. 97 f. (Langer Lohberg 27–31; das Giebelhaus wurde 1496/97 „zurückgebaut"); S. 106 mit Anm. 310 auf S. 102 (Wakenitzmauer 140–134).

124 Nachweise s. *Hammel-Kiesow*, Quellen (wie Anm. 1), S. 115–125, bes. Tab. 3: „Berufe der Eigentümer und Bewohner – Miet- und Eigentumsverhältnisse", S. 116–119.

Traufenhaus (Grundstücks und Bebauungsform 4 auf Abb. 24). Auch Block 6 am nördlichen Ende der Altstadt weist an zwei der drei in Frage kommenden Ecken dieses (möglicherweise aber durch spätere Überformung entstandene) Gefüge auf (Abb. 29). Andererseits zeigt Abb. 16, daß eine Reihe von vier Buden sich seit dem Anfang des 14. Jahrhunderts hinter dem Eckhaus Schüsselbuden 6 in die Alfstraße erstreckte, also dem „Eckhaus mit anschließender Budenreihe" entsprach (Abb. 22, 24).[125] Doch das sind im Hinblick auf das Ganze Detailfragen, die anhand weiterer Untersuchungen noch geklärt werden müssen, um die Differenziertheit des sozialräumlichen städtischen Baugefüges auch im Detail erkennen zu können.

Die Grundstücks- und Bebauungsformen, aus denen Block 10 zusammengesetzt war (Abb. 23–27), lassen sich als charakteristische Bausteine des städtischen Gefüges in zahlreichen anderen Baublöcken auch heute noch erkennen. Vor allem die in ihrer Verteilung über die ganze Stadt untersuchten Kleinhäuser zeigen deutlich, daß die Verteilung der Gebäudeformen selten zufällig ist, sondern wiederkehrenden Mustern folgt, deren Ursprünge bei den Grundstücks- und Bebauungsentwicklungen im 12. und 13. Jahrhundert zu suchen sind. Diese Kleinhäuser wurden als Traufenhausreihen errichtet[126]

1. auf den Pertinenzbereichen von Großgrundstücken, sei es von den Straßenecken aus in die Querstraßen hinein (Abb. 22, 24, 30) oder auch von (ursprünglich) Straße zu Straße durchgehenden Grundstücken auf den rückwärtigen Grundstücksteilen an den Nebenstraßen (Abb. 22, 23, 29),
2. auf größeren Grundstücken in den Querstraßen oder an den randständigen Blöcken der Stadt (Abb. 30). Die ältesten Reihenhäuser stammen aus dem späten 13. Jahrhundert (Kleine Burgstraße 11; Abb. 29); die größte Anzahl der heute noch erhaltenen Bauten wurde jedoch im 16. Jahrhundert im älteren Gefüge neu errichtet.

Ein weiteres Element des sozialräumlich gegliederten Baugefüges waren die kleinen Giebelhäuser in den Nebenstraßen, die in der o.g. Hierarchie der ständischen Qualität der Hausformen an vierter Stelle standen. Diese Grundstücks- und Bebauungsform kam in Block 10 als Einzelobjekt nicht vor, findet sich jedoch in zahlreichen anderen Baublöcken. Typisch ist die Lage in der Mitte kleiner Nebenstraßen, eingerahmt von den Traufenhausreihen, die sich von den Eckhaushäusern aus in die Nebenstraßen erstreckten. Diese Reihen konnten unterschiedlich lang sein (Abb. 30). Es ist jedoch fraglich, ob diese Bebauungsform bereits aus dem Ende des 13. Jahrhunderts stammt oder ob sie nicht eher als spätere Umformung ehemaliger Traufenhäuser anzusprechen ist, wie es um 1499 in der Lichten Querstraße nachzuweisen ist (Abb. 30).[127] In relativ kurzen Seitenstraßen gehörte ein mittig stehendes kleines

---

125 Die letzte der Buden wurde um die Mitte des 16. Jahrhunderts in ein Giebelhaus umgebaut und nach 1600 im Grundbuch als eigenständiges Objekt behandelt.

126 *Christensen*, Kleinhäuser (wie Anm. 31).

127 Dort sind auf den Nummern 12–18 1499 oder kurz zuvor im Zusammenhang mit der Teilung des ehemals großen Grundstücks vier kleine Giebelhäuser entstanden, die im Grundbuch als selbstständige Einheiten behandelt werden; *dre boden da nu veere van synt gemaket; M. Scheftel*, Domherren und Stecknitzfahrer. Eine bau- und sozialgeschichtliche Untersuchung am Rande der Lübecker Innenstadt, in: Festschrift für Günther Kokkelink (wie Anm. 49), S. 85–93, hier S. 86 mit Anm. 20. Auf den gleichen Sachverhalt aufgrund anderer Beispiele wies mich Jens Christian Holst in einem Gespräch am 14. 11. 2001 hin.

Giebelhaus oft zu der in Block 10 festgestellten Grundstücks- und Bebauungsform 5, die mit einem das Grundstück abschließenden kleinen Giebelhaus endete (Abb. 25).[128]

Die bislang getroffenen Feststellungen zum baulichen Gefüge der Baublöcke zeigen, daß den Bauherren zumindest im späten 13. Jahrhundert eine bestimmte Zahl an Grundstücks- und Bauformen zur Verfügung stand, mit denen die einzelnen Baublöcke variabel zusammengesetzt werden konnten. Der Variabilität waren über die Hierarchie der Straßen im Zusammenhang mit der ständischen Qualität der einzelnen Bauformen aber anscheinend Grenzen gesetzt. Auf der gegebenen Grundlage können wir die These formulieren, daß in der mittelalterlichen Stadt am Beispiel Lübeck die räumliche Verteilung der unterschiedlichen sozialen Gruppen der Bevölkerung bereits bei der Planung und Anlage der Baublöcke bis zu einem bestimmten Grad berücksichtigt wurde. Wo genau die Grenzen zwischen den Gruppen gezogen wurden, läßt sich derzeit (noch?) nicht feststellen.[129] Die obere Grenze war vermutlich die, daß nur Bürgerrechtsinhaber in einem größeren giebelständigen Haus wohnen durften. Da das Bürgerrecht in Lübeck aber, wie oben gezeigt, großzügig gehandhabt wurde, taugt dieses Kriterium für differenziertere Zuordnungen nicht. Die weitere Auslese innerhalb der Bürgerrechtsinhaber wird daher nach ständischer Qualität und/oder nach Vermögen vorgenommen worden sein, ohne daß der Forschung bislang Kriterien zur Verfügung stünden, die besser wären als ‚vermögender', ‚mittelständischer' oder ‚armer' Handwerker o.ä. Selbst in der frühen Neuzeit differenzierten die Luxusordnungen nur von den „Personen des Rats und der Geschlechter" bis zu den „Schiffern, den vier großen und anderen vornehmen Ämtern"[130] in ausreichender Dichte, faßten den darunter stehenden größten Teil der städtischen Bevölkerung, dessen Differenzierung für die hier behandelte Fragestellung wichtig wäre, aber in nur zwei Gruppen zusammen.[131]

Abschließend läßt sich feststellen, daß für das Binnengefüge der Baublöcke somit das zutrifft, was Karlheinz Blaschke für die Rekonstruktion des Gesamtkörpers der mittelalterlichen Stadt festgestellt hat. Er spricht von „Bauelementen" aus denen die mittelalterlichen Städte „zusammengesetzt" waren. Im Hinblick auf den Stadtgrundriß gab es „eine Reihe von Normteilen, die für eine Stadt unerläßlich waren, während andere von Fall zu Fall ver-

---

128 Diese Bebauungsform ist neben Block 10 z. B. nachgewiesen im Rosengarten 5 auf dem ehemaligen Eckgrundstück Hundestraße 62/Rosengarten 1–5, und in der Siebenten Querstraße 8 auf dem ehemaligen Grundstück Mengstraße 58/56/Siebente Querstraße 16–8.

129 S. dazu auch *F. Kaspar*, Gebaute Realität und ihr wissenschaftliches Abbild. Stand und Aufgaben historischer Hausforschung in Nordwest-Deutschland, in: Westfälische Forschungen 39 (1989), S. 543–572, hier S. 563 ff. mit den Fragen (a), welche Bauformen von welchen sozialen Gruppen genutzt wurden, und (b), wie viel unterschiedliche Bauformen eine soziale Gruppe nutzte.

130 Zu den Wohnhäusern der Schiffer (Kapitäne) in der frühen Neuzeit (16.–18. Jahrhundert, auch wenn diese Jahrhunderte außerhalb des hier behandelten Zeitraumes liegen) s. *M. Christensen*, Wo wohnten die Schifferbrüder in Lübeck? Die Häuser der Schifferbrüder, in: *R. Hammel-Kiesow (Hrsg.)*, Seefahrt, Schiff und Schifferbrüder. 600 Jahre Schiffergesellschaft zu Lübeck 1401–2001, Lübeck 2001, S. 37–44; Lage, Größe und Typ des Hauses richteten sich ganz offensichtlich nach den Vermögensverhältnissen: Wenige Schiffer besaßen größere Giebelhäuser, einige solche von bescheidenerem Ausmaß, das Gros der Kapitäne wohnte jedoch in den kleinen Traufenhäusern der Querstraßen oder in den Pertinenzbereichen großer Eckgrundstücke; ebd. S. 41.

131 *Hammel[-Kiesow]*, Hauseigentum (wie Anm. 22), S. 131–137; *M. Scheftel*, Gänge (wie Anm. 89), S. 62–67.

wendet werden konnten. Wenn eine Stadtentstehung in Gang kam, lag ein gewisser Vorrat an „Bausteinen" wie in einem Baukasten bereit, aus denen die Stadtbaumeister diejenigen auswählten, die für ihren Fall nach Funktion und topographischen Gegebenheiten paßten: Breite Straße, Steinweg, Plan, Kirche, Markt, Neumarkt, Stadtmauer, Rathaus. Daß dennoch keine Stadt der anderen glich, ergab sich aus den örtlichen Besonderheiten".[132] Dem ist – im Hinblick auf die Entstehung des Binnengefüges von Baublöcken mit Hilfe der „Bausteine" der Grundstücks- und Bebauungsformen – nichts mehr hinzuzufügen.

---

132 *K. Blaschke*, Wie liest man einen Stadtplan?, in: *P. Johanek (Hrsg.)*, Stadtgrundriß und Stadtentwicklung. Forschungen zur Entstehung mitteleuropäischer Städte. Ausgewählte Aufsätze von Karlheinz Blaschke (Städteforschung A/44), Köln u. a. 1997, S. 193–204, hier: S. 203 f.; ausführlicher: *Ders.*, Kirchenorganisation und Kirchenpatrozinien als Hilfsmittel der Stadtkernforschung, in: *H. Jäger (Hrsg.)*, Stadtkernforschung (Städteforschung A/27), Köln u. a. 1987, S. 23–57, hier S. 52–56.

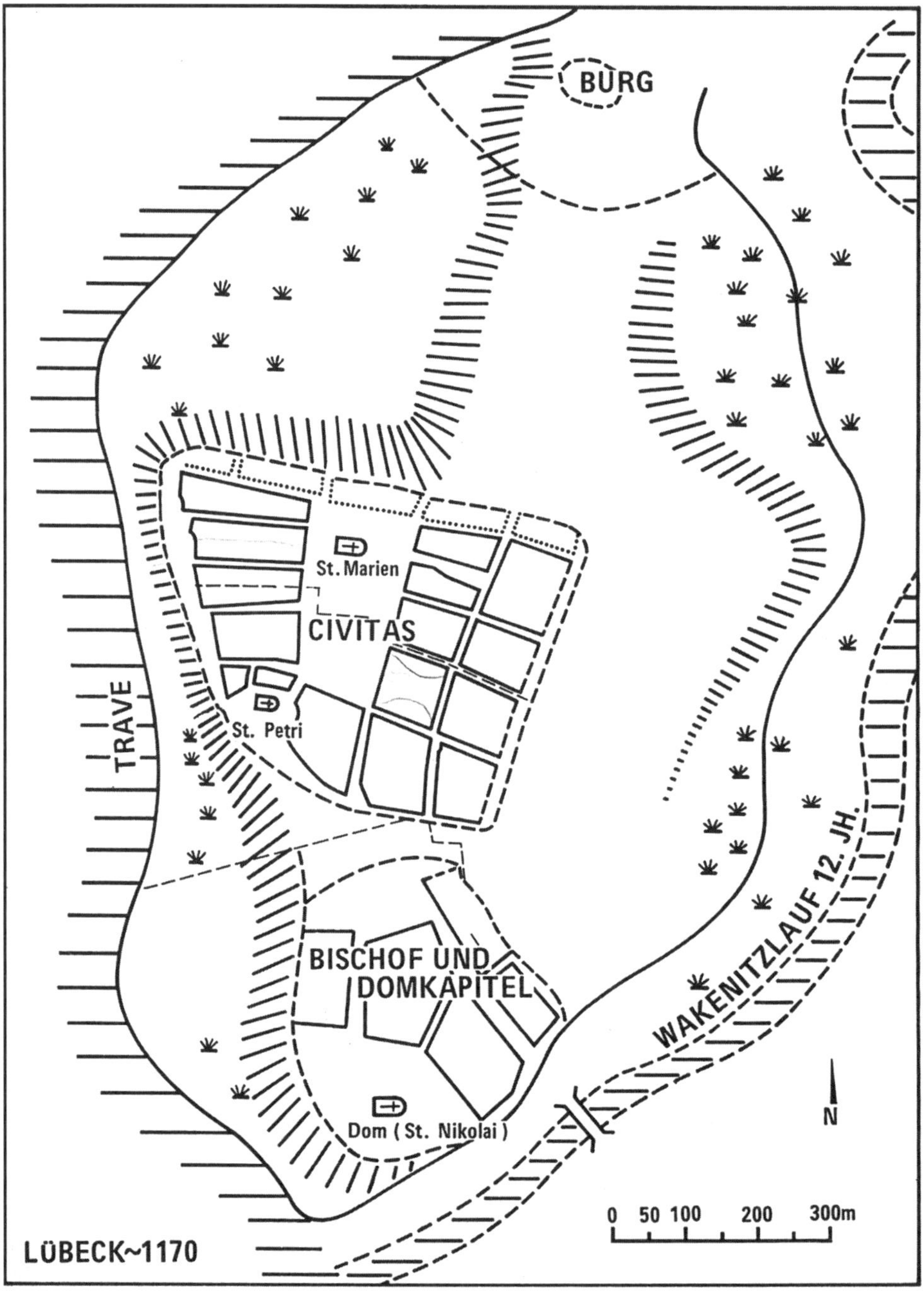

Abb. 1: Hansestadt Lübeck. Ausdehnung der *civitas* um 1170. Rekonstruktion.
------ = Kirchspielgrenzen
------ = vermutliche Begrenzung der civitas und des Gebiets von Bischof und Domkapitel

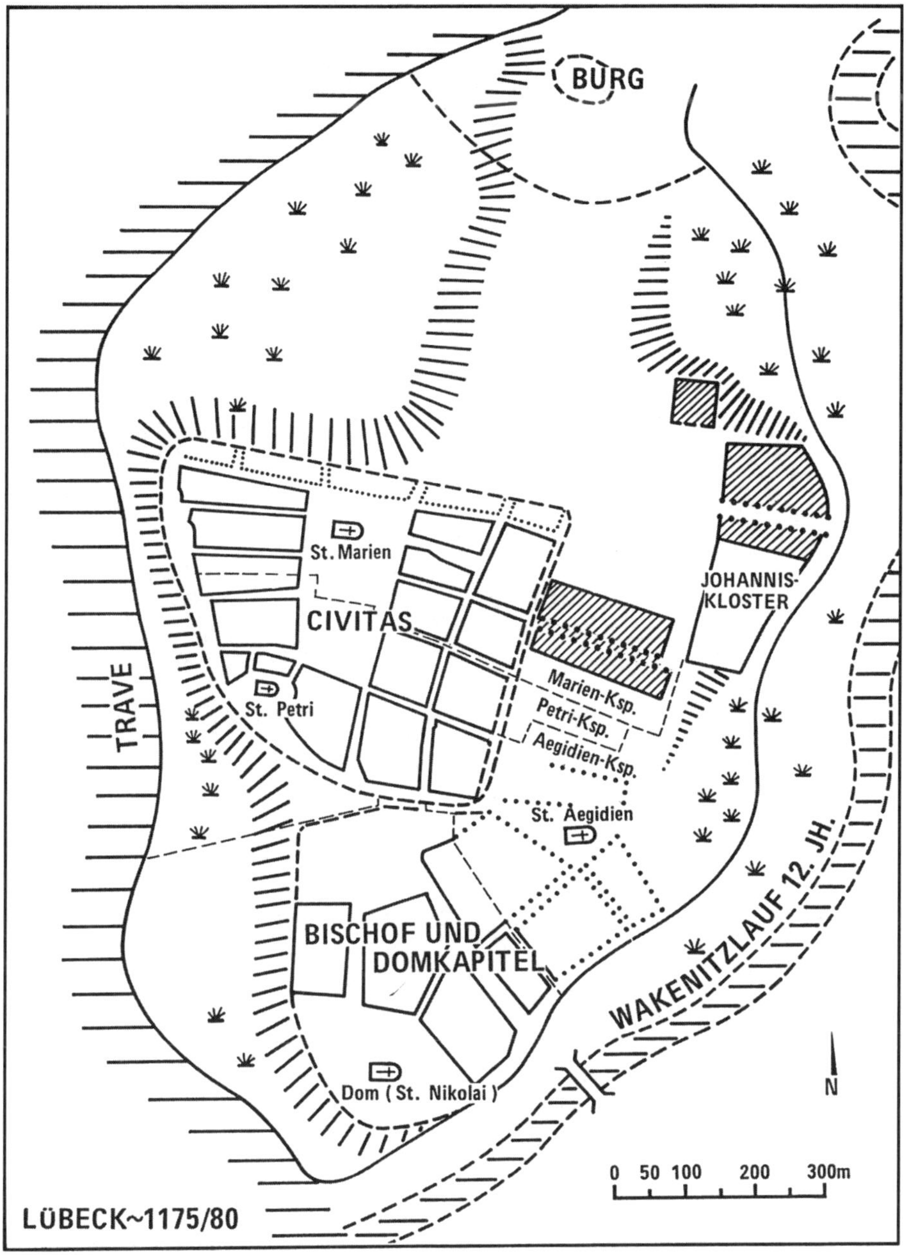

Abb. 2: Hansestadt Lübeck. Ausdehnung der *civitas* um 1175/80. Rekonstruktion.
------ = Kirchspielgrenzen
//////// = Grundeigentum des Johannisklosters (Mitte 13. Jahrhunderts belegt)
------ = vermutliche Begrenzung der *civitas* und des Gebiets von Bischof und Domkapitel
...... = Umrißlinien späterer Baublöcke

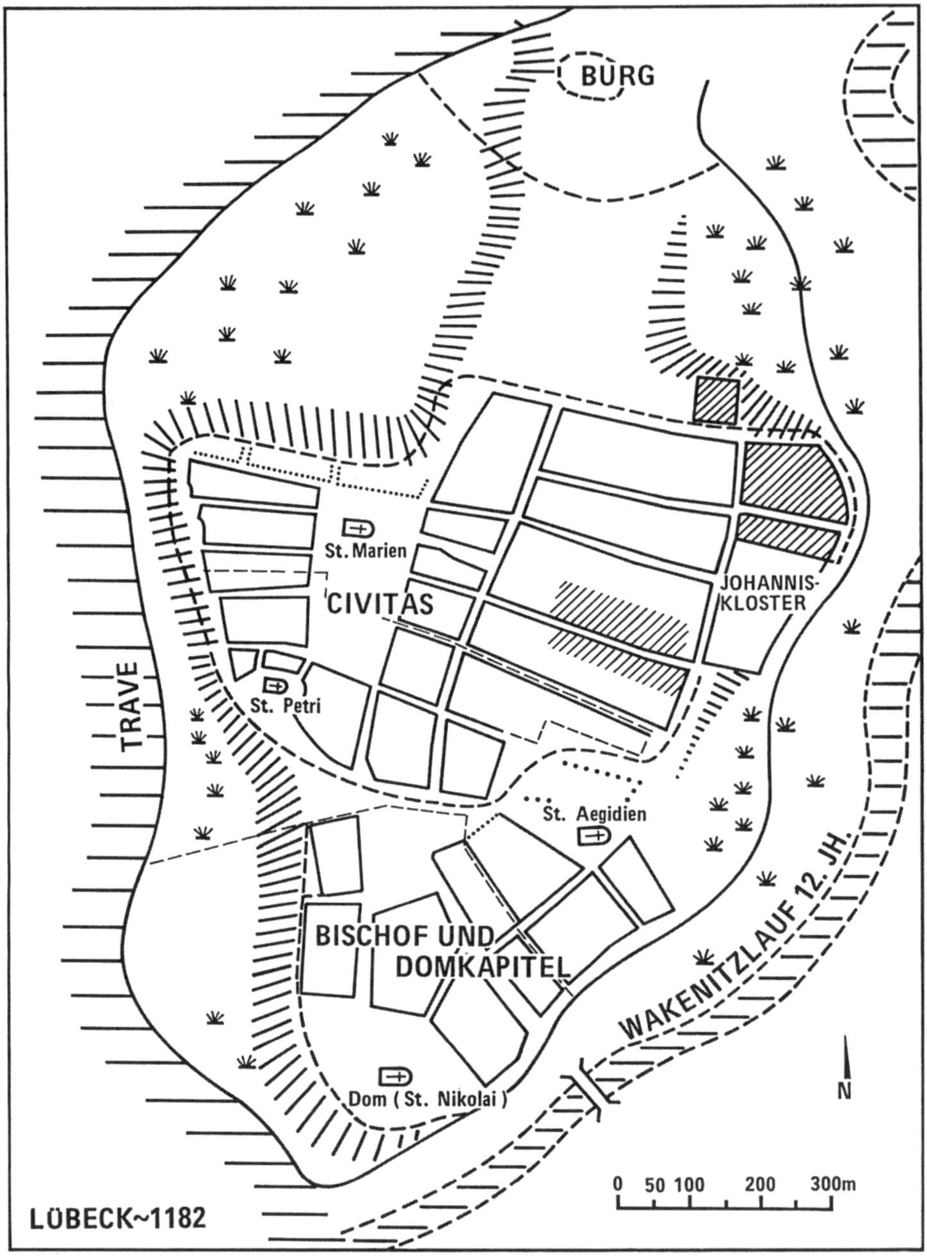

Abb. 3: Hansestadt Lübeck. Ausdehnung der *civitas* um 1182. Rekonstruktion.
------ = Kirchspielgrenzen
//////// = Grundeigentum des Johannisklosters (Mitte des 13. Jahrhunderts belegt)
------ = vermutliche Begrenzung der *civitas* und des Gebiets von Bischof und Domkapitel
...... = Umrißlinien späterer Baublöcke

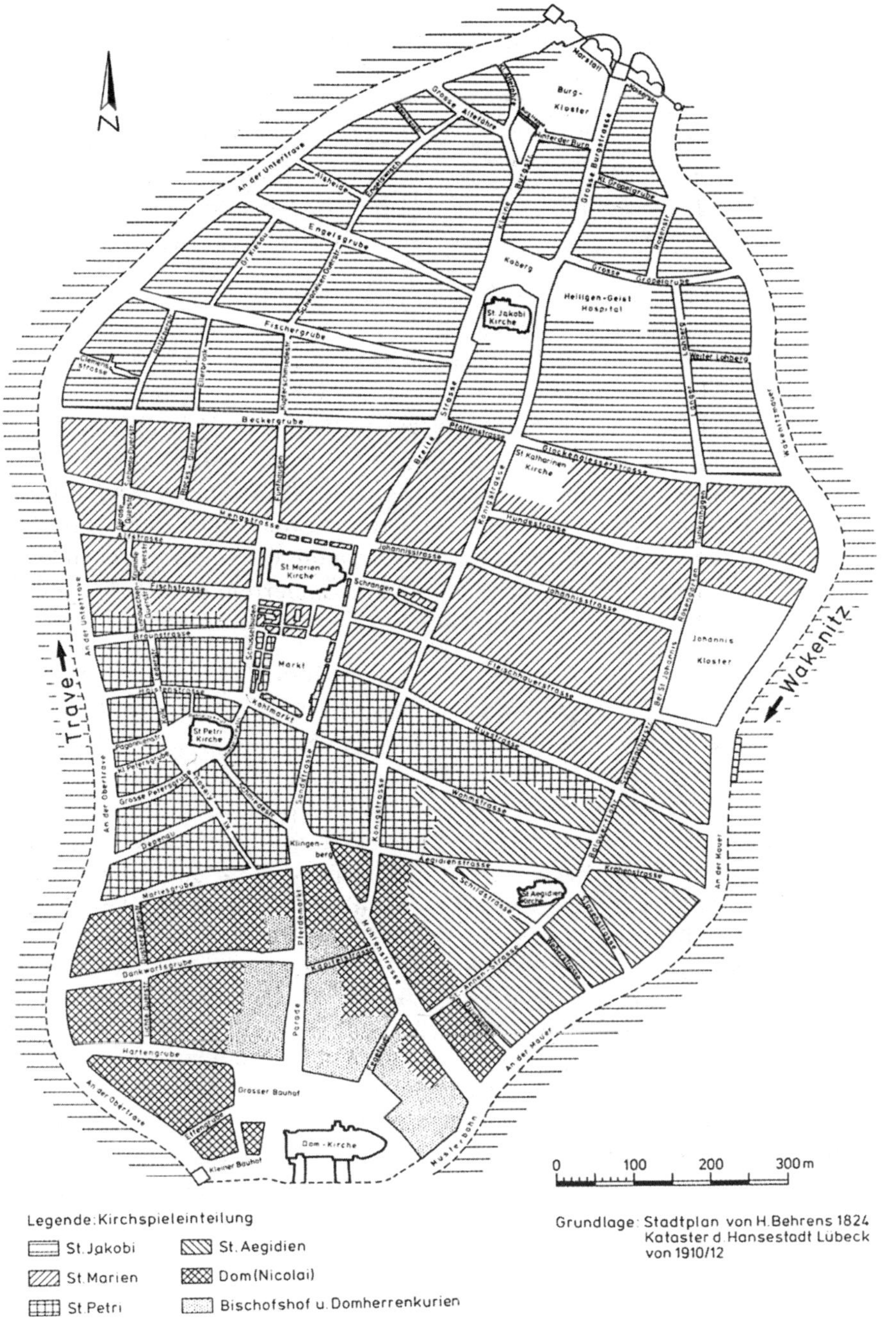

Abb. 4: Hansestadt Lübeck. Kirchspieleinteilung.

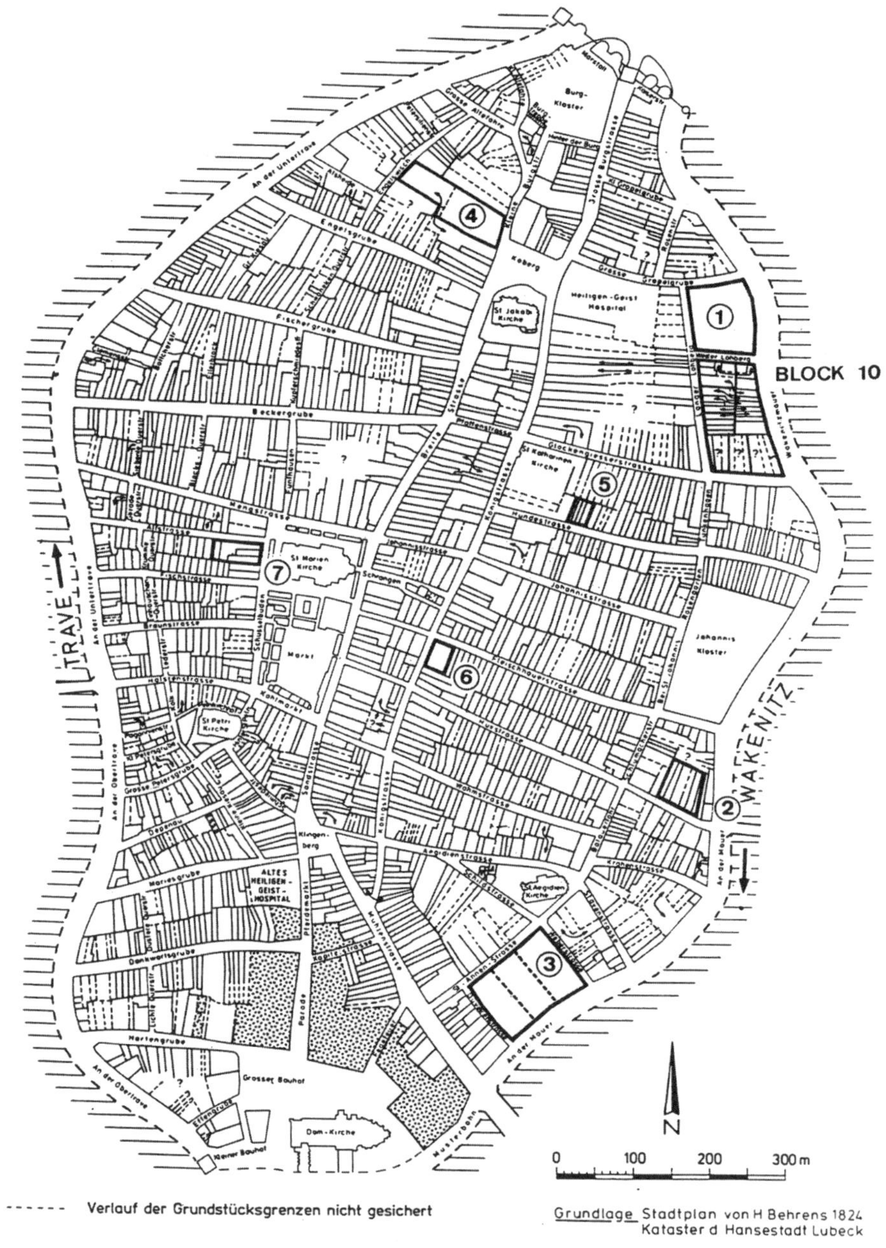

Abb. 5: Hansestadt Lübeck. Rekonstruktion des Grundstücksgefüges nach den Ersterwähnungen der einzelnen Grundstücke in den Oberstadtbüchern (1284-ca. 1330). 1. *curia Bilrebeke*, der letzte in der mittelalterlichen Stadt angelegte Baublock (1289/91). – 2. Grundeigentumskomplex der Familie Stalbuk, Hüxstraße 107–119. – 3. *curie agriculture* (landwirtschaftliche Höfe) St. Annenstraße. – 4. Eigentumskomplex Koberg 1/ Kleine Burgstraße 24/26 bis zur Engelswisch. – 5. Grabung Hundestraße 9–17. – 6. Grabung Fleischhauerstraße 20. – 7. Grabung Schüsselbuden 6/8 mit Alfstraße 1–5, 9–11.

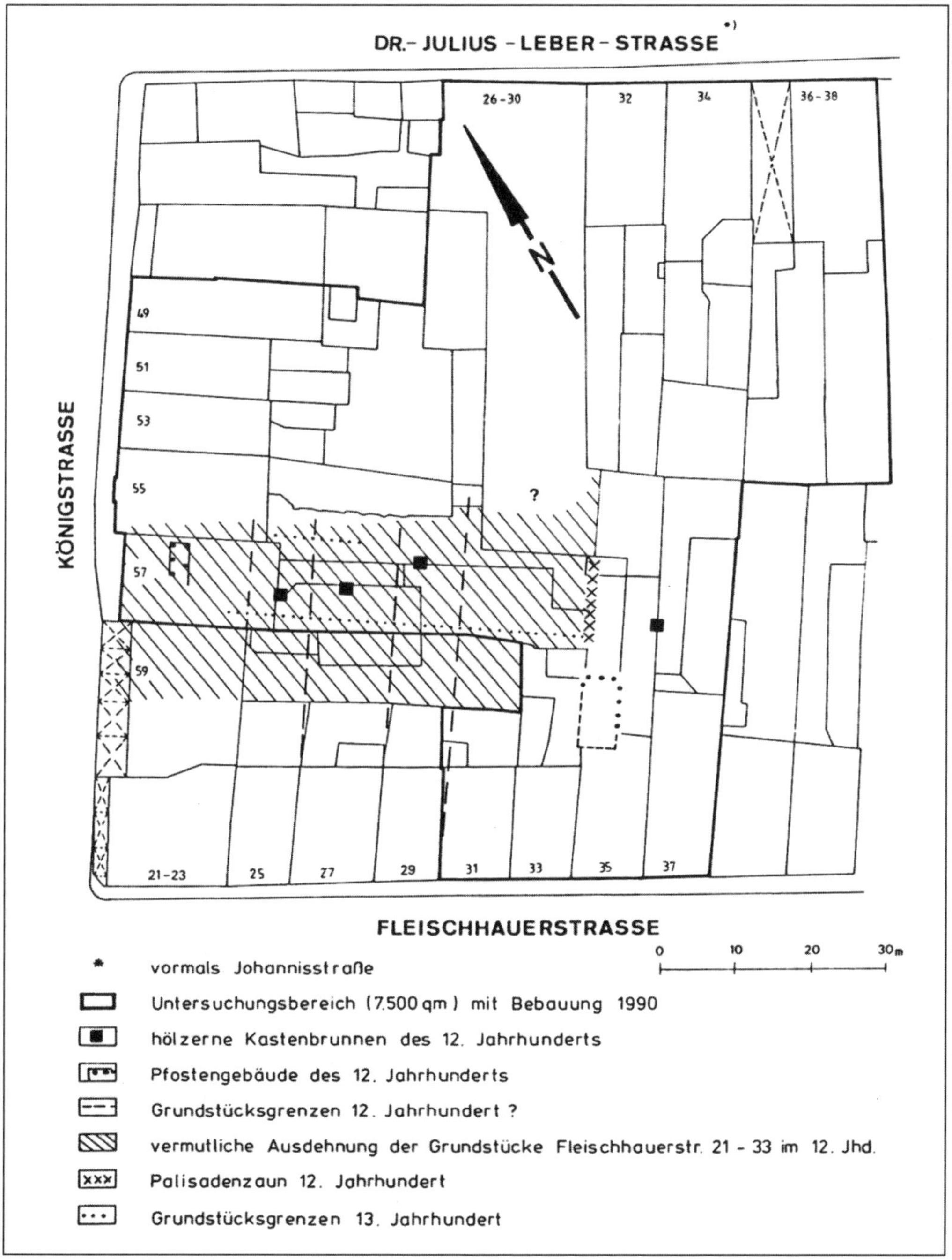

Abb. 6: Hansestadt Lübeck. Vermutliche Ausdehnung der Grundstücke Fleischhauerstraße 21–33 im 12. Jahrhundert (I. Schalies).

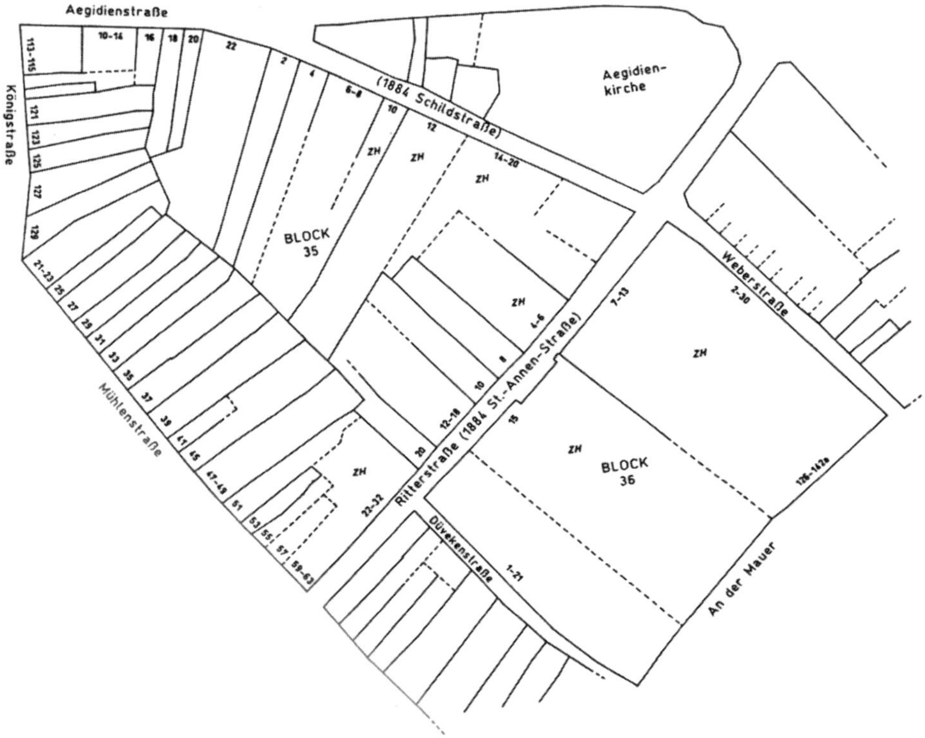

Abb. 7: Hansestadt Lübeck. Rekonstruktion der Grundstücksgrenzen in den Baublöcken 35 und 36 im Ägidienviertel zu Anfang des 14. Jahrhunderts. ZH = zurückliegendes Haus (M. Möhle).

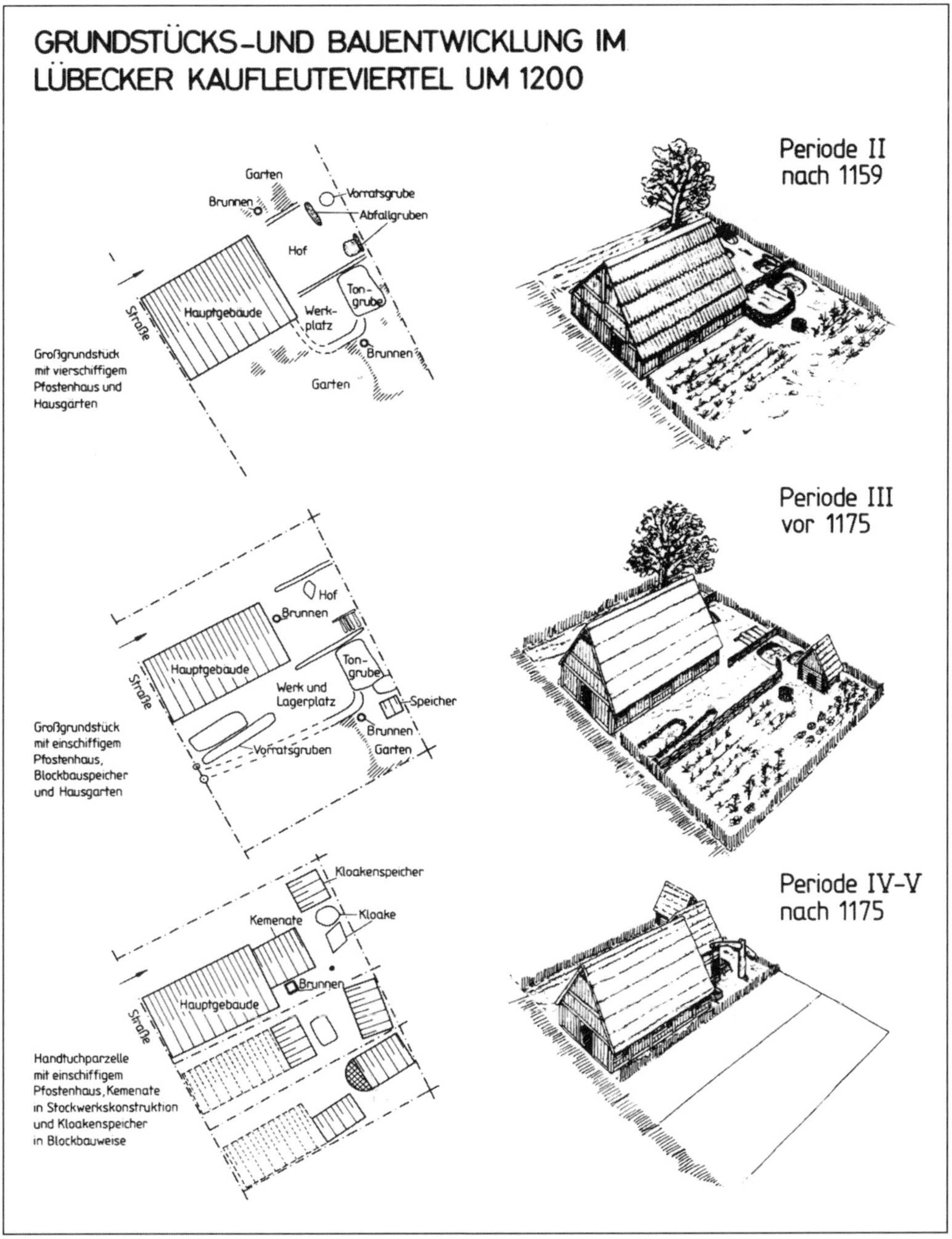

Abb. 8: Hansestadt Lübeck. Grabung Alfstraße-Fischstraße-Schüsselbuden. Rekonstruktion der Grundstücksentwicklung und frühen Holzbebauung des oberen Baublocks zwischen Alf- und Fischstraße, zweite Hälfte 12. bis erstes Drittel 13. Jahrhundert (Entwurf: Gabriele Legant-Karau, Ausführung: Thomas Rogge).

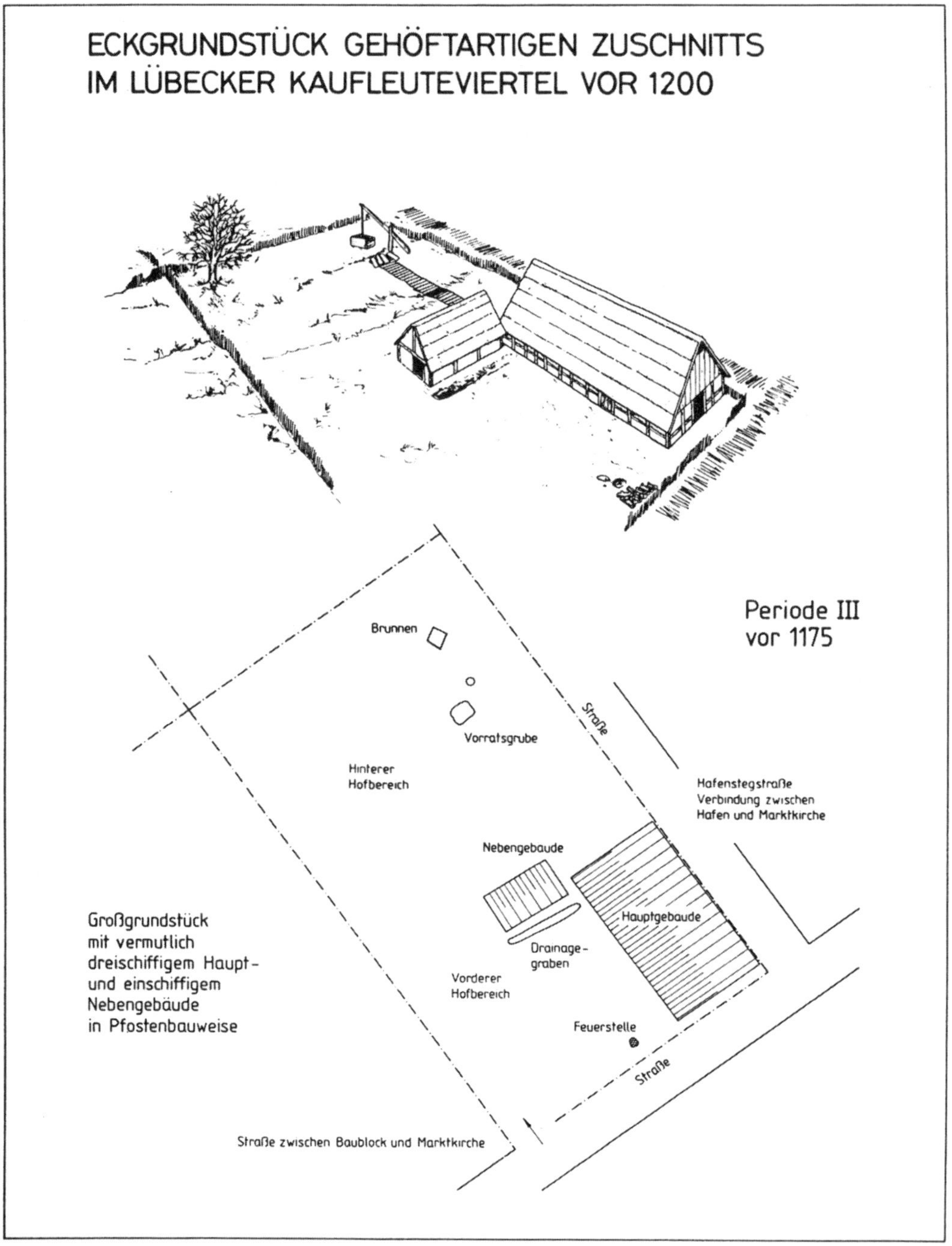

Abb. 9: Hansestadt Lübeck. Grabung Alfstraße-Fischstraße-Schüsselbuden. Bebauung des nördlichen Großgrundstücks in Ecklage: Schüsselbuden 6–10 und Alfstraße 1–5/7, Periode III, drittes Viertel 12. Jahrhundert (Entwurf: Gabriele Legant-Karau, Ausführung: Udo Dogert).

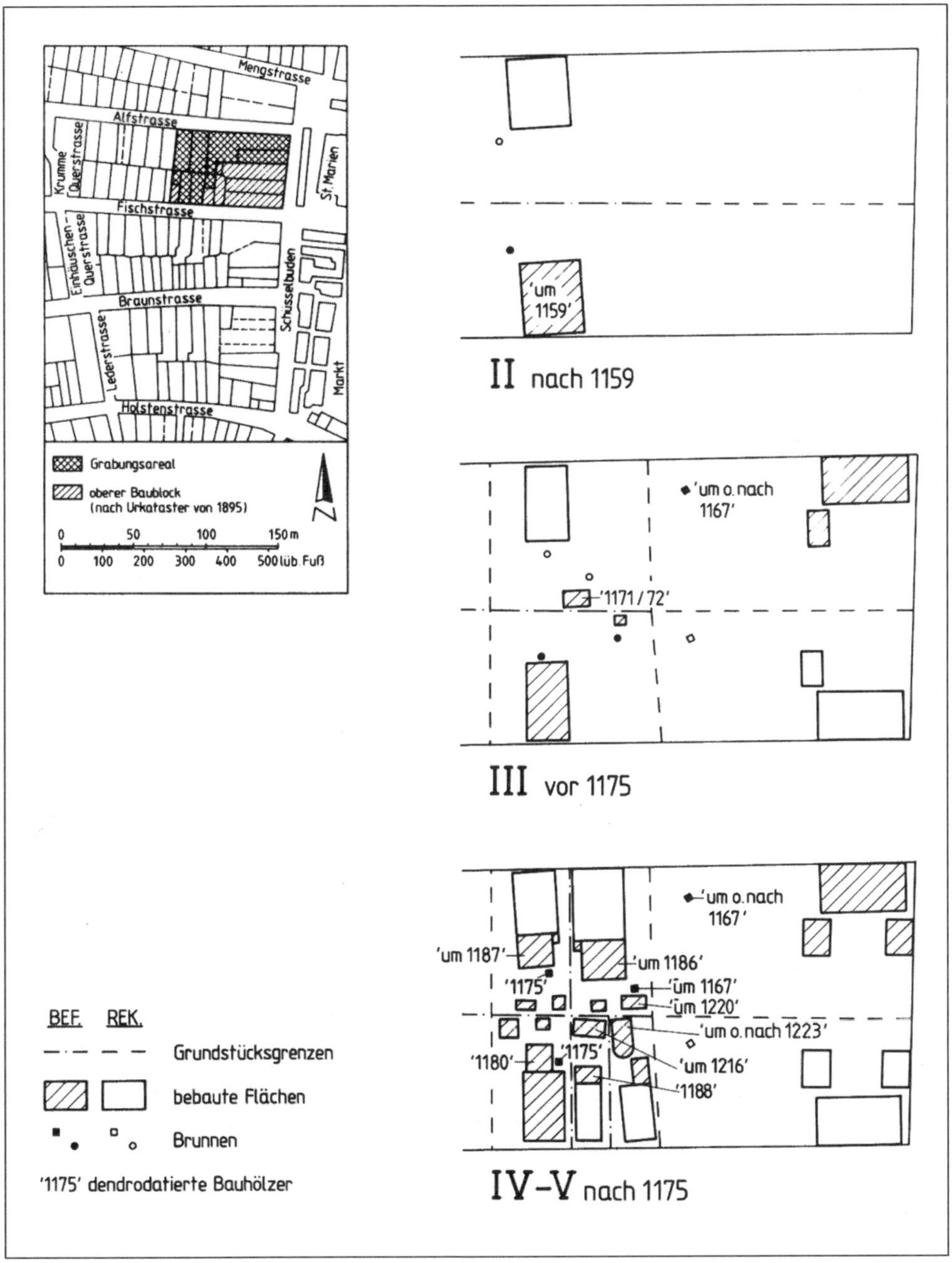

Abb. 10: Hansestadt Lübeck. Grabung Alfstraße-Fischstraße-Schüsselbuden. Rekonstruktion der Grundstücks- und Bauentwicklung eines Großgrundstücks im Lübecker Kaufleuteviertel (Fischstraße 8–14, Periode II-V, zweite Hälfte 12. Jahrhundert). (Entwurf: Gabriele Legant-Karau, Ausführung: Udo Dogert).

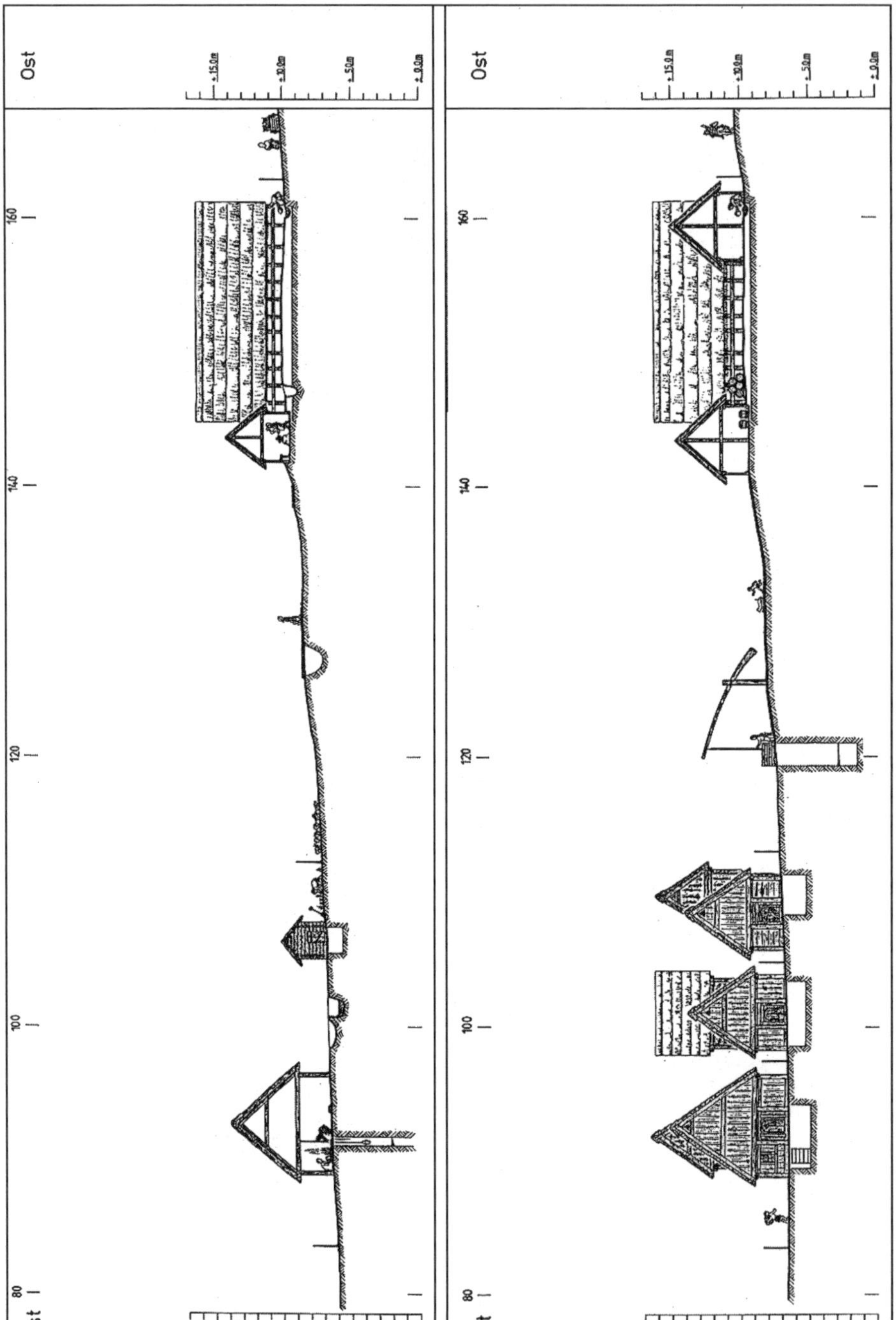

Abb. 11: Hansestadt Lübeck. Alfstraße-Fischstraße-Schüsselbuden. Hangprofile mit der Rekonstruktion der Bebauung vor 1175 (1) und nach 1175 (2) mit Dreiseithof auf dem Eckgrundstück und der Bebauung der schmalrechteckigen Parzellen mit giebelständig zur Straße errichteten Vorderhäusern und rückwärtig liegenden Stockwerksgebäuden (G. Legant-Karau).

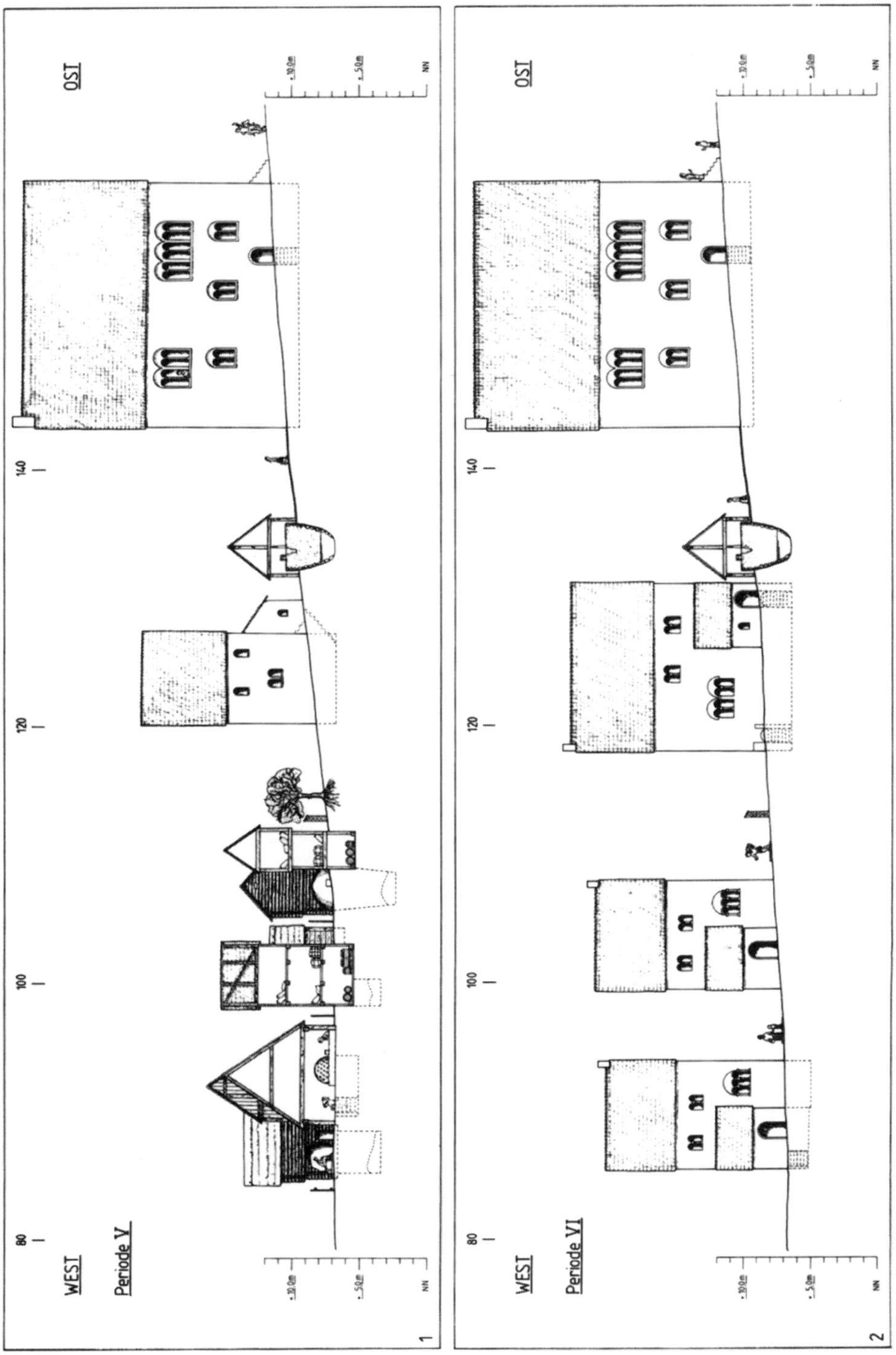

Abb. 12: Hansestadt Lübeck. Grabung Alfstraße-Fischstraße-Schüsselbuden. Hangprofile mit der Rekonstruktion der Bebauung in der ersten Hälfte des 13. Jahrhunderts (1) und der durchweg aus Stein errichteten Bebauung in der zweiten Jahrhunderthälfte (2) (F. Broscheit).

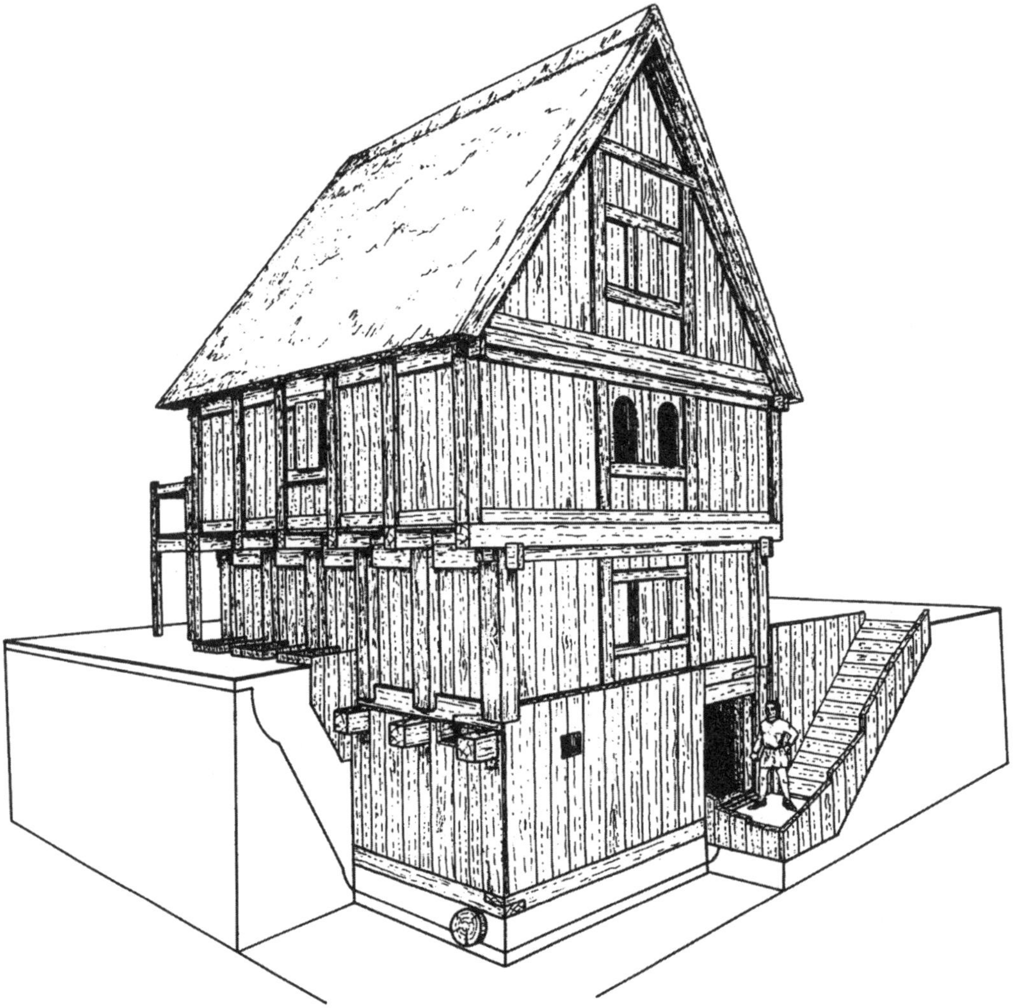

Abb. 13: Hansestadt Lübeck. Alfstraße-Fischstraße-Schüsselbuden. Rekonstruktion eines einschließlich des Kellers dreigeschossigen Stockwerkbaus aus der zweiten Hälfte des 12. Jahrhunderts (G. Legant-Karau).

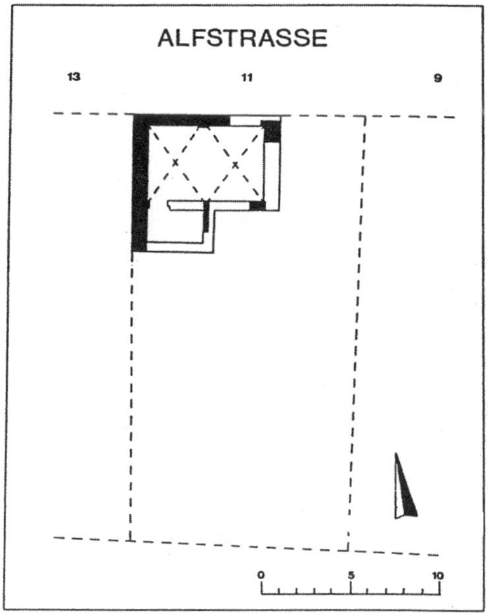

Abb. 14.1: Hansestadt Lübeck. Grundstück Alfstraße 11, Grundriß eines unterkellerten traufständigen Hauses (Turmhauses?), vermutlich 2. Hälfte des 13. Jahrhunderts (F. Schmaedecke).

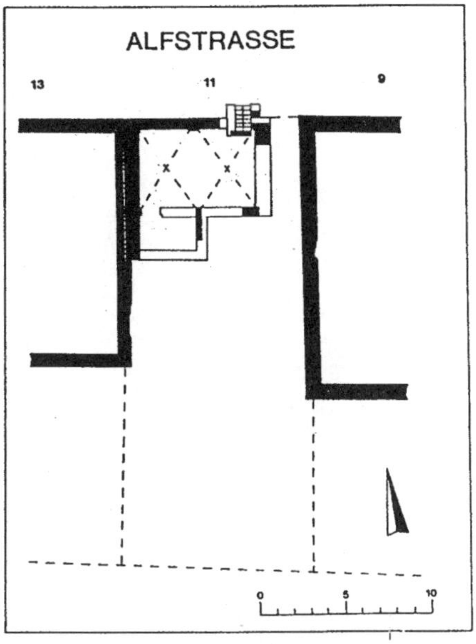

Abb. 14.2: Hansestadt Lübeck. Grundstück Alfstraße 11, traufständiges Haus (Turmhaus?) zwischen Brandmauern der benachbarten Giebelhäuser, letztes Viertel des 13. Jahrhunderts (F. Schmaedecke).

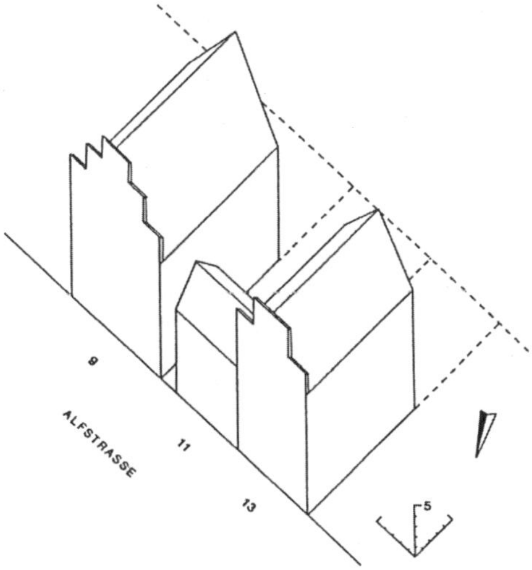

Abb. 14.3: Hansestadt Lübeck. Rekonstruktion der Bebauung Alfstraße 9–13, letztes Viertel des 13. Jahrhunderts (F. Schmaedecke).

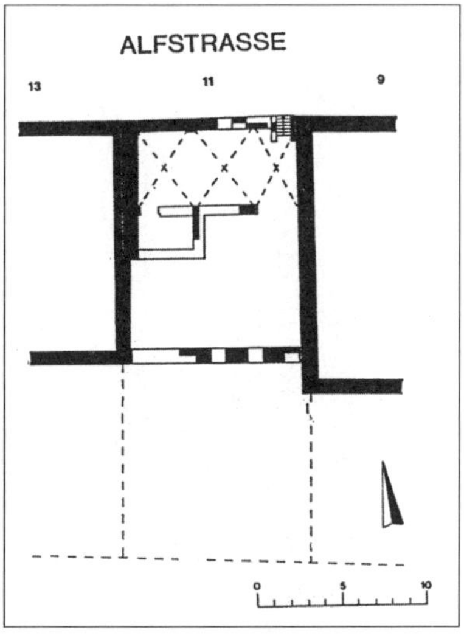

Abb. 14.4: Hansestadt Lübeck. Grundstück Alfstraße 11, Umbau des traufständigen Hauses (Turmhauses?) in ein Giebelhaus, Ende des 13. Jahrhunderts (F. Schmaedeke).

Abb. 15: Hansestadt Lübeck. Alfstraße 11. Giebelständiges Dielenhaus mit breitem Staffelgiebel, errichtet Ende des 13. Jahrhunderts (1942 zerstört).

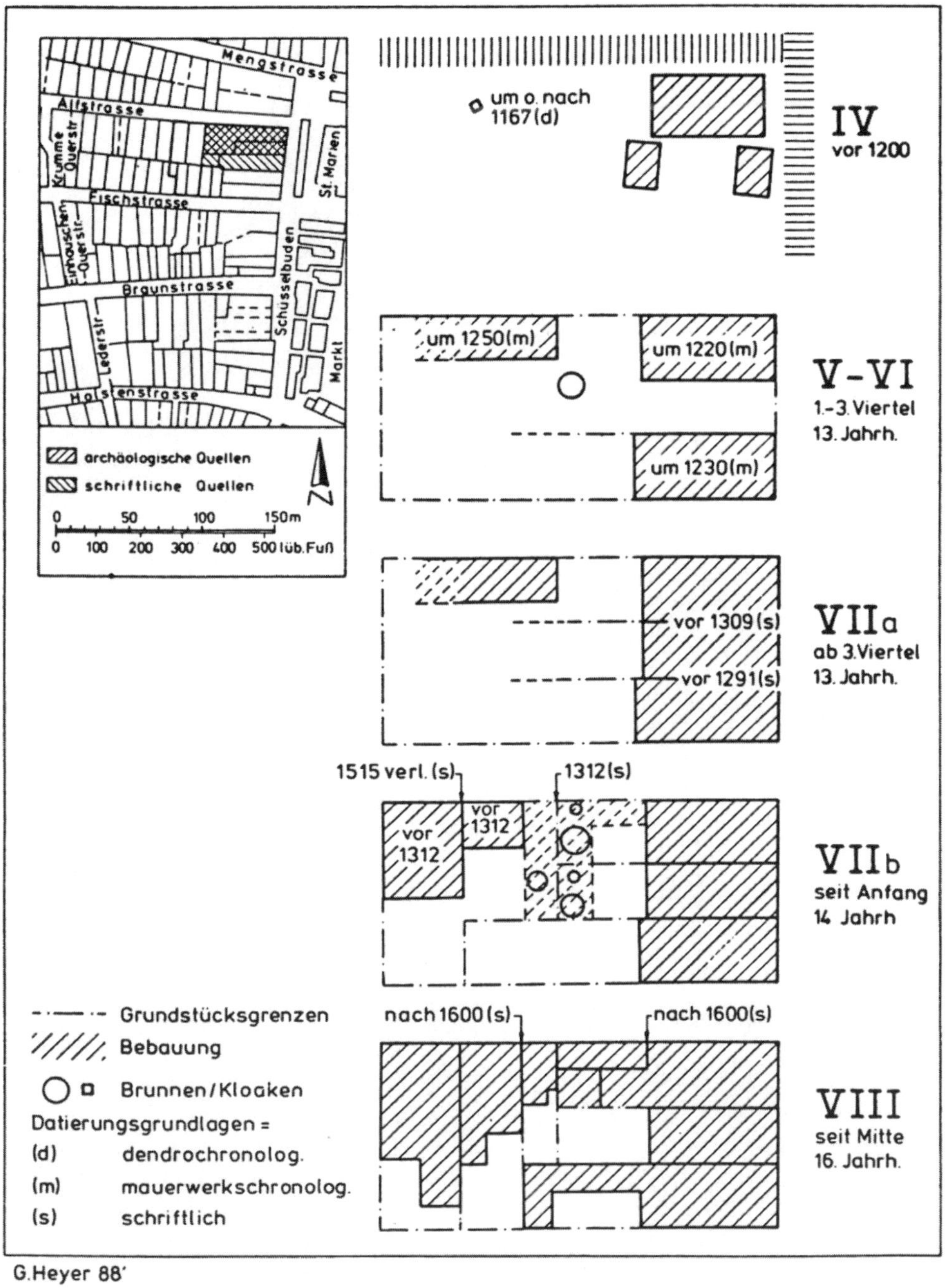

Abb. 16: Hansestadt Lübeck. Schüsselbuden 6–10 und Alfstraße 1–7. Schematische Darstellung der Entwicklung des Grundstücks- und Bebauungsgefüges nach archäologischen, baugeschichtlichen und schriftlichen Quellen (M. Remann).

Abb. 17: Hansestadt Lübeck. Königstr. 31. Frühgotischer Rückgiebel, zweite Hälfte 13. Jahrhundert (um 1895 abgerissen).

Abb. 18: Hansestadt Lübeck. Hundestr. 90. Giebelständiges Dielenhaus mit schmalen Staffeln im Handwerkerviertel; errichtet Ende des 13. Jahrhunderts.

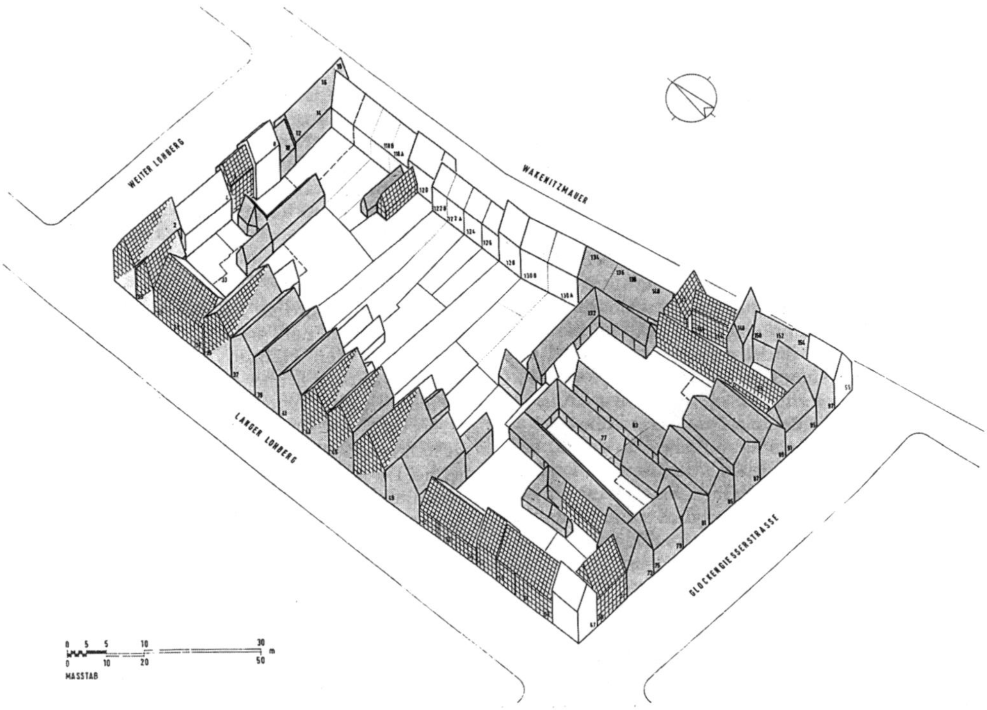

Abb. 19: Hansestadt Lübeck. Block 10. Isometrische Rekonstruktion des Bebauungsgefüges (abgesehen von Seitenflügeln und Ganganlagen ohne hofinnere Bebauung) im frühen 17. Jh. Zeitliche Einordnung der jeweils ältesten Befunde:
Kariert: spätmittelalterlich.
Grau: frühneuzeitlich.
Gemischt angelegt: Bausubstanz hauptsächlich frühneuzeitlich, einzelne spätmittelalterliche Befunde.
Ohne Signatur: ohne bauarchäologische Untersuchung derzeit keine frühneuzeitliche oder ältere Bausubstanz zu erkennen.

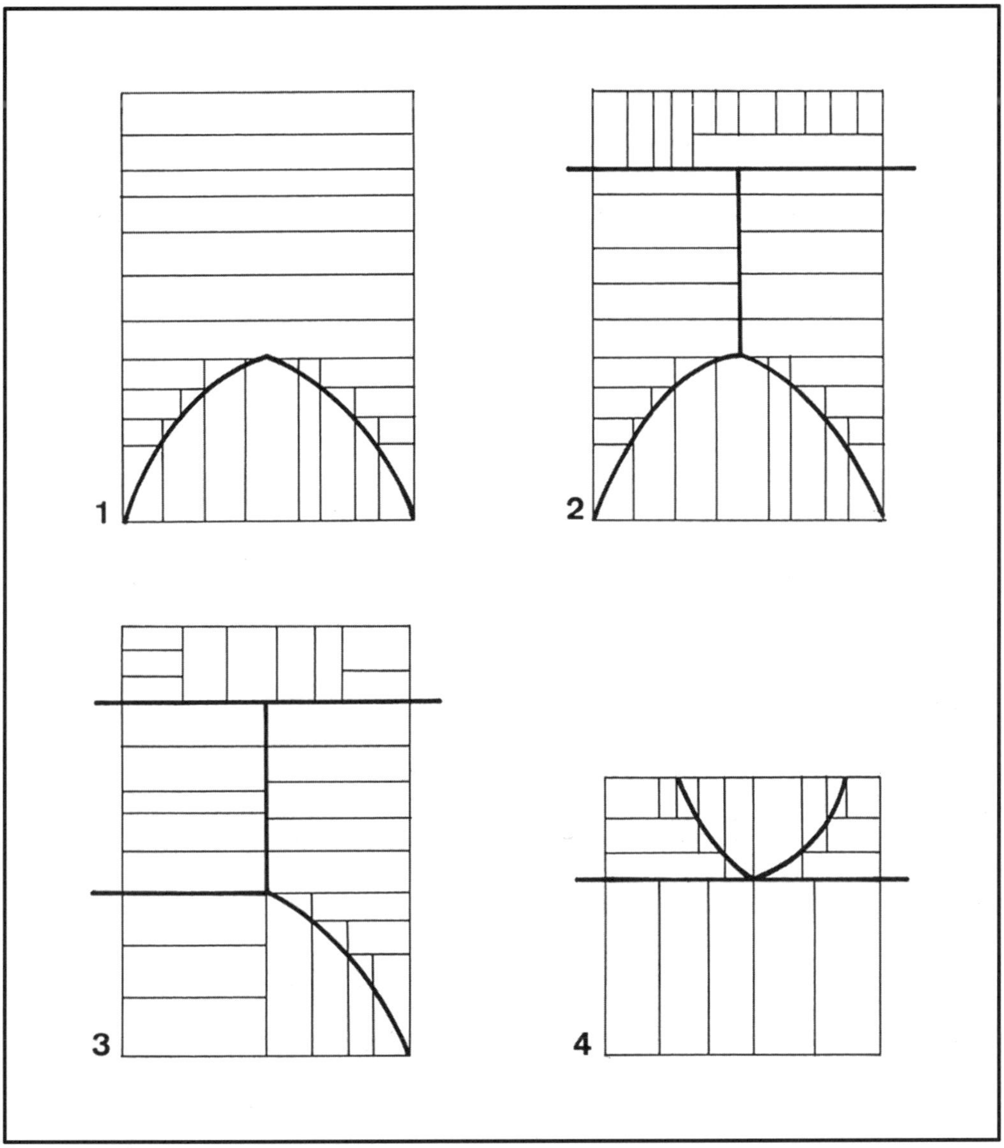

Abb. 20: Hansestadt Lübeck. Schematische Darstellung des in Block 10 rekonstruierten Gliederungsschemas mit Ausführungsvarianten. – 1. Idealschema der zwei Bereiche mit durchlaufenden Grundstükken im zweiten Bereich. – 2.–4. Varianten, die nach dem Übersichtsplan der Stadt Lübeck (1890–1913) noch erkannt werden können.

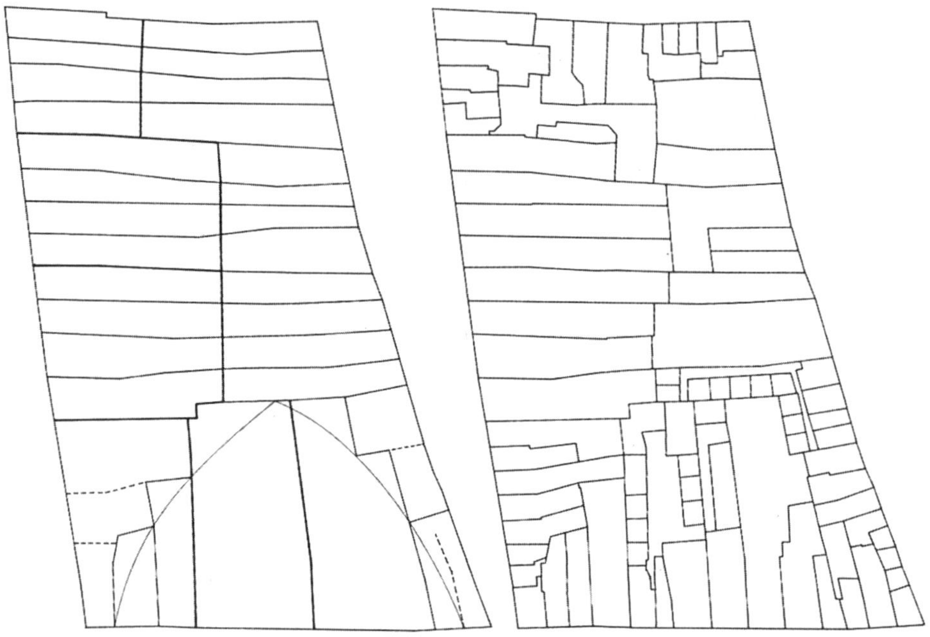

Abb. 21: Hansestadt Lübeck. Block 10: Grundstücksentwicklung Mitte 13. Jh. – 1990. – 1. Rekonstruktion der ursprünglichen Anlage des Grundstücksgefüges nach Nutzungseinheiten. 2. Grundstücksgefüge 1990.

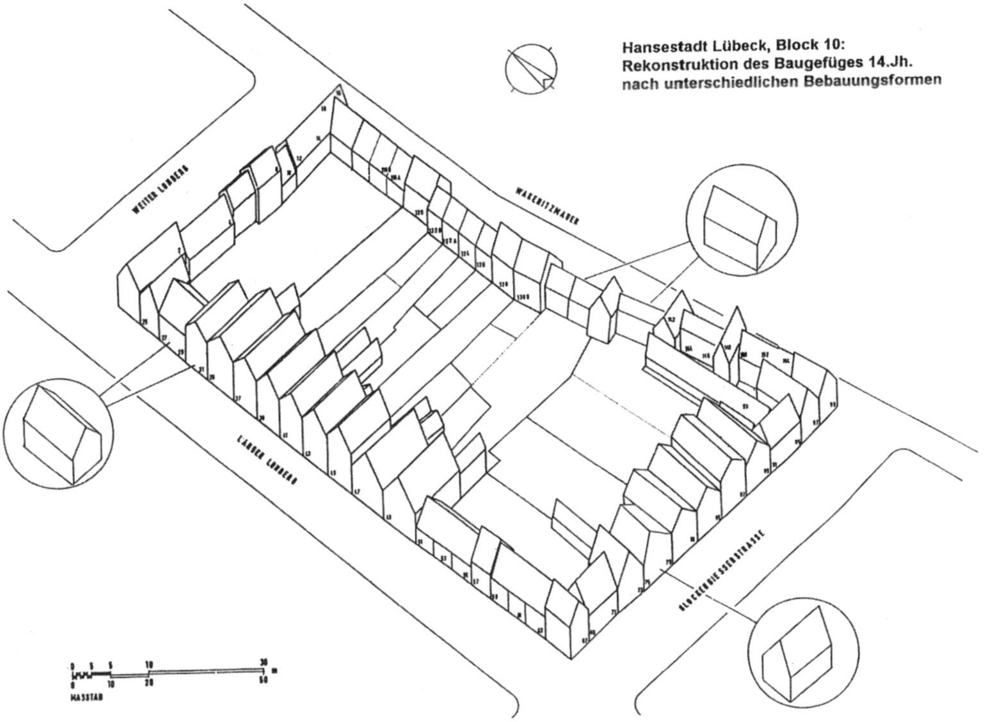

Abb. 22: Hansestadt Lübeck. Block 10: Rekonstruktion des Baugefüges 14. Jh. nach unterschiedlichen Bebauungsformen. In den Kreisen die nach dem 14. Jh. errichteten Traufenhäuser, die die in der Rekonstruktion dargestellten Bauformen ersetzten (s. dazu Anm. 123).

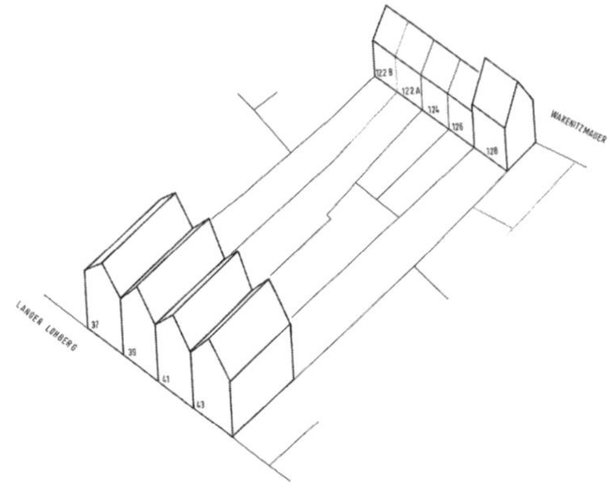

Abb. 23: Hansestadt Lübeck. Grundstücks- und Bebauungsform 1: von Straße zu Straße durch den Baublock durchlaufende Grundstücke mit giebelständigem Haupthaus und traufenständiger rückwärtiger Bebauung (Langer Lohberg 37/Wakenitzmauer 122B, Langer Lohberg 39/Wakenitzmauer 122A, Langer Lohberg 43/Wakenitzmauer 128). – Grundstücks- und Bebauungsform 2, entstanden durch Teilung der Grundstücks- und Bebauungsform 1: giebelständiges Vorderhaus auf sich tief in den Baublock erstreckendem Grundstück (Langer Lohberg 41). – Grundstücks- und Bebauungsform 3, enstanden aus der Teilung der Grundstücks- und Bebauungsform 1: traufenständige Kleinhausbebauung (Bude) an einer neben- oder untergeordneten Straße auf relativ kurzem Grundstück (Wakenitzmauer 124 und Wakenitzmauer 126).

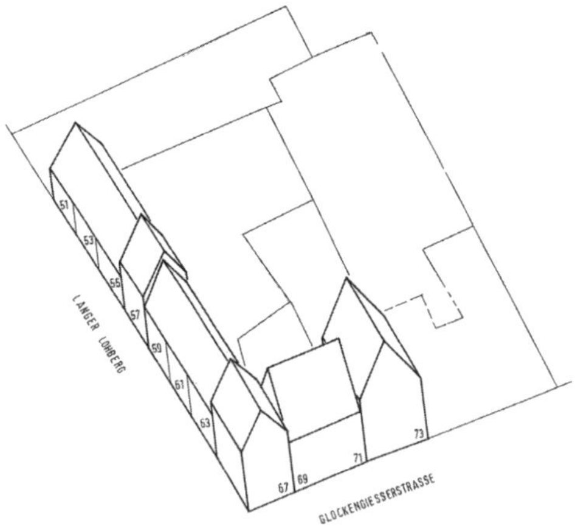

Abb. 24: Hansestadt Lübeck. Grundstücks- und Bebauungsform 4: giebelständiges Eckhaus zur übergeordneten Straße (Glockengießerstraße 67) mit einer Reihe von einzelnen Buden oder Buden unter einem Dach in der nebengeordneten Straße (Langer Lohberg 63–51). Hervorgegangen ist diese Form aus der Teilung eines ehemals größeren Grundstücks, das noch die Glockengießerstraße 69–73 umfaßt haben dürfte (Rekonstruktion nach dem Verlauf der rezenten Grundstücksgrenzen).

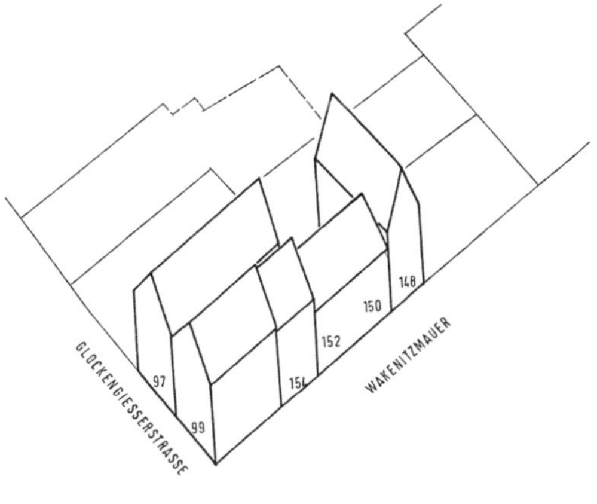

Abb. 25: Hansestadt Lübeck. Grundstücks- und Bebauungsform 5: Eckgrundstück mit zwei Giebelhäusern an der übergeordneten Straße (Glockengießerstraße 97 u. 99) mit Seitenflügel des Eckhauses (Wakenitzmauer 154) und anschließendem niedrigeren traufständigen Doppelhaus (Wakenitzmauer 152–150) sowie einem das Grundstück abschließenden kleinen Giebelhaus (Wakenitzmauer 148) in der nebengeordneten Straße. Diese Anlageform ermöglicht eine dichte Bebauung bei ausreichender Beleuchtung.

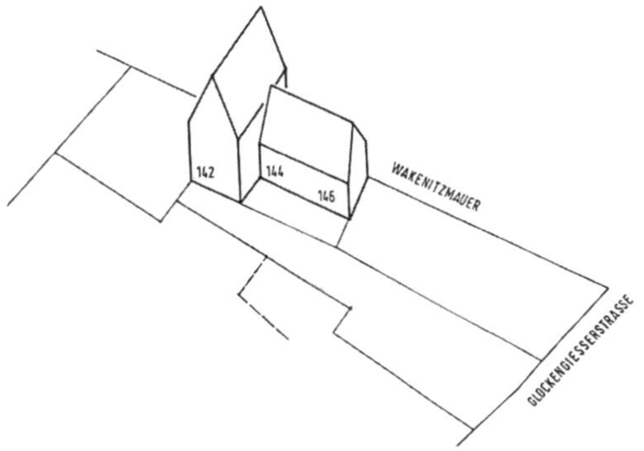

Abb. 26: Hansestadt Lübeck. Grundstücks- und Bebauungsform 6: Die eigentumsrechtliche Einheit von giebelständigem Haus und traufständigem Doppelhaus auf zumeist kleineren Grundstücken, die z.T. breiter als tief sind, ein für Lübeck sonst ungewöhnlicher Grundstückszuschnitt.

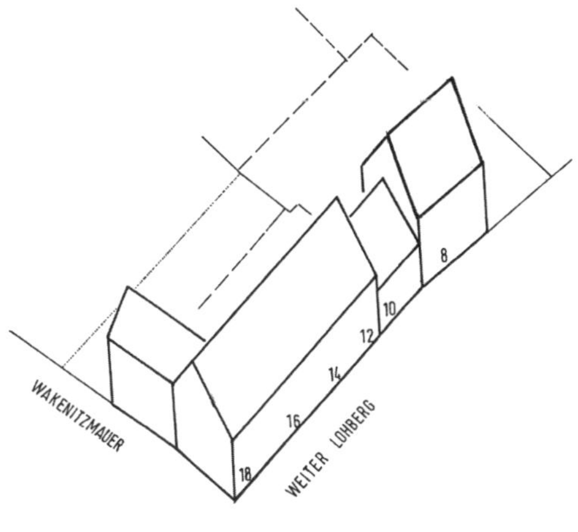

Abb. 27: Hansestadt Lübeck. Grundstücks- und Bebauungsform 7: eigentumsrechtliche Einheit von ausschließlich traufständigen Buden, Kleinhäusern und Buden unter einem Dach in einer (meist neben- oder untergeordneten) Straße. Hervorgegangen wahrscheinlich aus der Teilung eines die Schmalseite eines Baublocks einnehmenden Grundstücks der Grundstücks- und Bebauungsform 1.

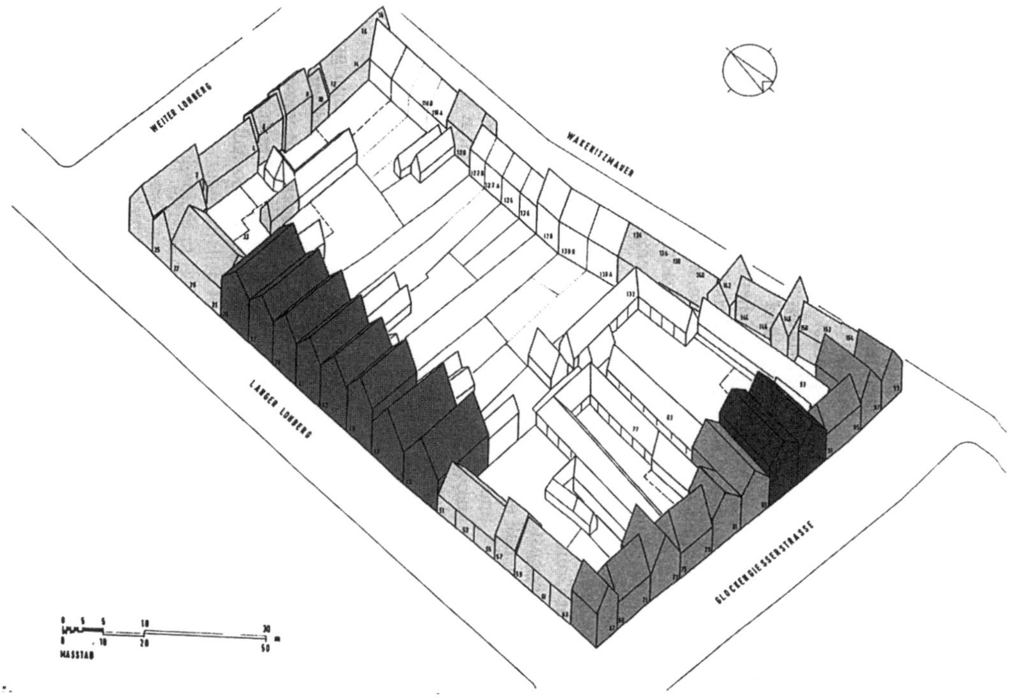

Abb. 28: Hansestadt Lübeck. Block 10: Schoßleistungen der Bewohner im Jahre 1762.
■ 11–12 m. 8 s.l. ■ 7 m. 6 s. – 10 m. l. ■ 3 m. 12 s. l. ■ 2 m. 4 s. – 2 m. 12 s. l. □ 1 m. 4 s. – 1 m. 10 s. l.
□ nicht bewohnt

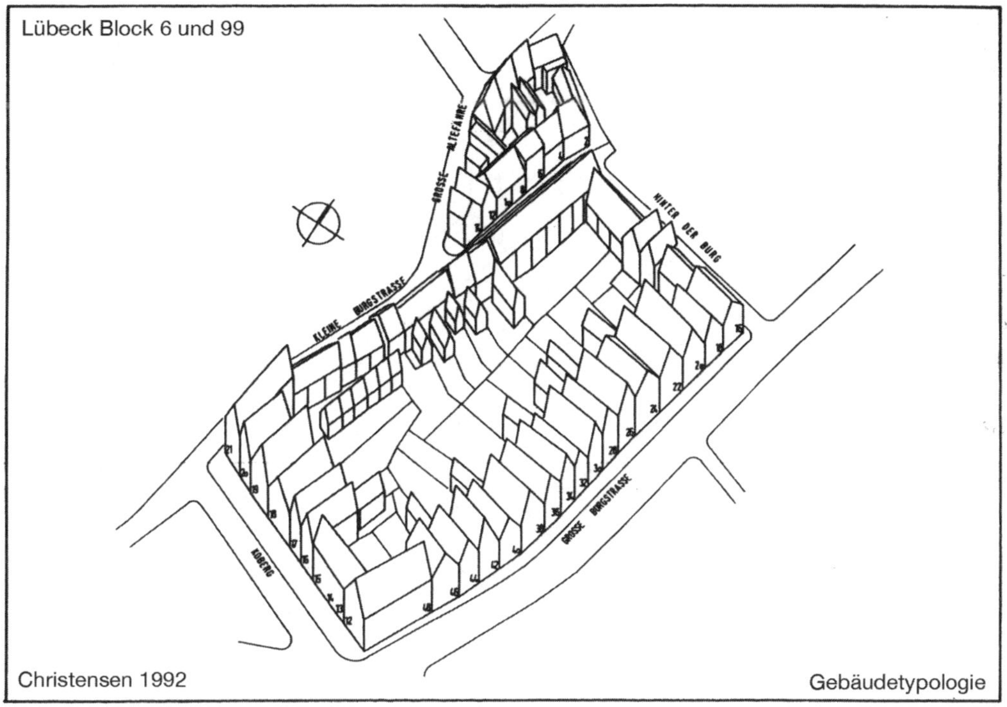

Abb. 29: Isometrie der Blöcke 6 und 99 (Koberg/Große Burgstraße/Hinter der Burg bzw. Kleine Burgstraße. Hinter der Burg/Kleine und Große Altefähre). Gebäudetypologie, Systemskizze. Charakteristisch für den großen Block 6 ist die Bebauung von Haupt- und Nebenstraßen mit Giebelhäusern in der Großen Burgstraße und am Koberg bzw. mit Traufenhäusern und kleinen Giebelhäusern in der kleinen Burgstraße und Hinter der Burg (M. Christensen).

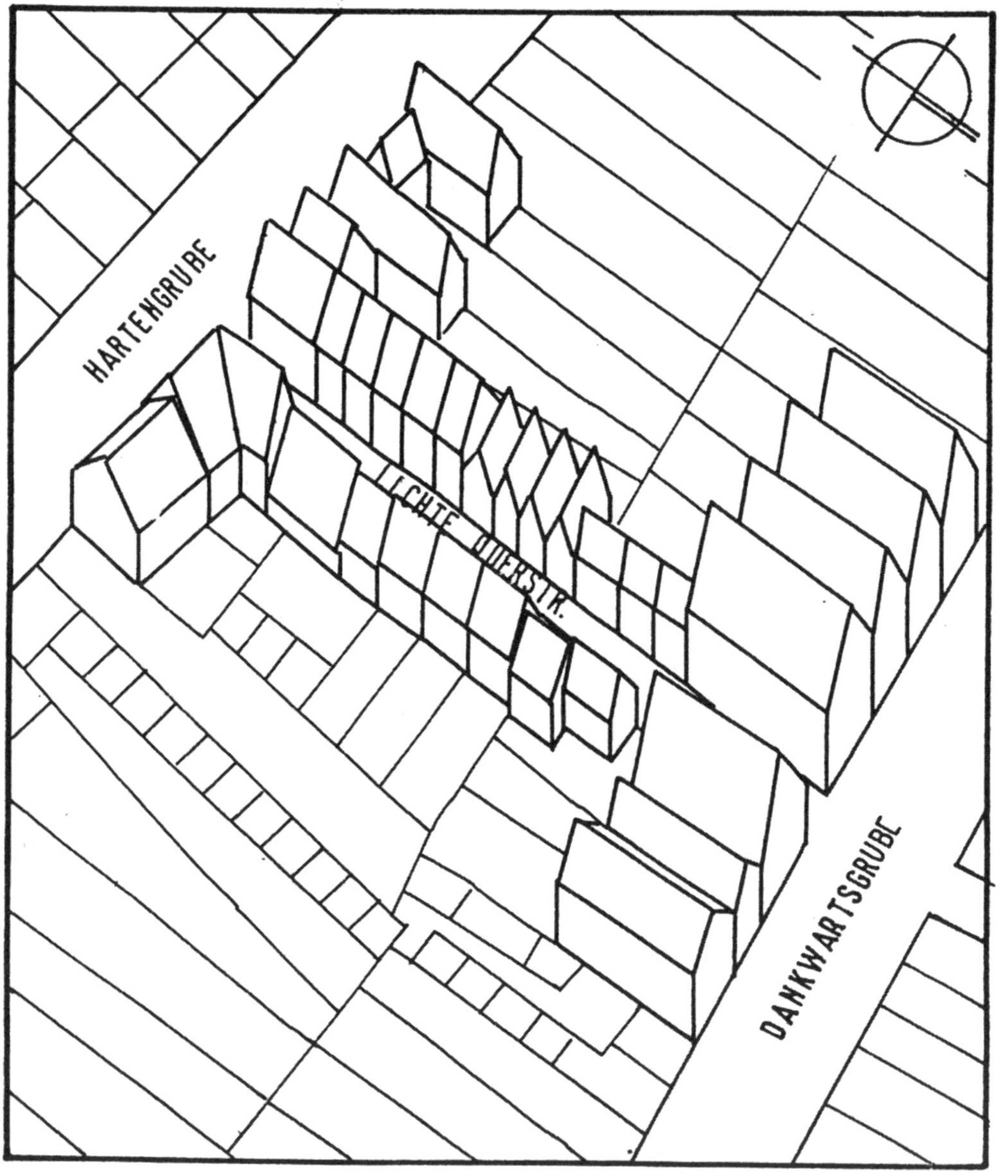

Abb. 30: Hansestadt Lübeck. Die Lage von traufständigen Reihenhäusern im Baublock. Hier auf (ehemals) größeren Grundstücken in der Mitte einer Nebenstraße (unten) und in Verlängerung eines Eckhauses als Pertinenz in eine Nebenstraße hinein (oben) (M. Christensen).

Abbildungsnachweise:

Abb. 1–4: R. Hammel-Kiesow, Räumliche Entwicklung und Berufstopographie Lübecks bis zum Ende des 14. Jahrhunderts, in: A. Graßmann (Hrsg.), Lübeckische Geschichte, Lübeck ^{3}1997, S. 51, 54f., 58.

Abb. 5, 19–27: R. Hammel-Kiesow, Quellen und Methoden zur Rekonstruktion des Grundstücksgefüges und der Baustruktur im mittelalterlichen und frühneuzeitlichen Lübeck, in: *Ders.* (Hrsg.), Wege zur Erforschung städtischer Häuser und Höfe. Beiträge zur fächerübergreifenden Zusammenarbeit am Beispiel Lübecks im Spätmittelalter und in der frühen Neuzeit (Häuser und Höfe in Lübeck 1), Neumünster 1993, S. 39–152.

Abb. 6: I. Schalies, Lübeck: erste Ergebnisse der Großgrabung „Königstraße“ in Lübeck, in: M. Gläser (Hrsg.), Archäologie des Mittelalters und Bauforschung im Hanseraum. Eine Festschrift für Günter P. Fehring (Schriften des Kulturhistorischen Museums in Rostock 1), Rostock 1993, S. 356, Abb. 2.

Abb. 7: M. Möhle, Die ehemalige Ritterstraße in Lübeck. Wohnsitze der städtischen Führungsgruppe vom 14.–18. Jahrhundert, in : V. Lüpkes u. a. (Hrsg.), Der Adel in der Stadt des Mittelalters und der frühen Neuzeit. Materialien zur Kunst- und Kulturgeschichte in Nord- und Westdeutschland, Bd. 25, Marburg 1996, S. 225–241, hier S. 226, Abb. 1.

Abb. 8, 9, 10: G. Legant-Karau, Vom Großgrundstück zur Kleinparzelle. Ein Beitrag der Archäologie zur Grundstücks- und Bauentwicklung Lübecks um 1200, in: M. Gläser (Hrsg.), Archäologie des Mittelalters und Bauforschung im Hanseraum. Eine Festschrift für Günter P. Fehring (Schriften des Kulturhistorischen Museums in Rostock), Rostock, 1993, S. 207–215, hier S. 211, 213, 210 [Ausführung: Thomas Rogge].

Abb. 11, 13: G. Legant-Karau, Zur Siedlungsgeschichte des ehemaligen Lübecker Kaufleuteviertels im 12. und frühen 13. Jahrhundert. Nach den ältesten Befunden der Grabung Alfstraße-Fischstraße-Schüsselbuden, 1985–1990, Diss. Hamburg 1998.

Abb. 12: F. Broscheit, Steinerne Turmhäuser als bürgerliche Wohnbauten des 13. Jahrhunderts im Lübecker Kaufleuteviertel, in: Archäologisches Korrespondenzblatt 24 (1994), S. 457–468, hier S. 461, Abb. 5.

Abb. 14, 1–14, 4: F. Schmaedecke, Vom Turmhaus zum Giebelhaus – zur baulichen Entwicklung auf dem Grundstück Alfstraße 11 in Lübeck, in: U. Mainzer u. a. (Hrsg.), Architekturgeschichten. Festschrift für Günther Binding zum 60. Geburtstag, Köln 1996, S. 105–116, hier S. 110f., Abb. 4–7.

Abb. 15, 17, 18: R. Struck, Das alte bürgerliche Wohnhaus zu Lübeck. Ein Beitrag zur geschichtlichen Entwicklung des lübeckischen Wohnhauses, T. 1, Lübeck 1908, S. 17, Abb. 18, S. 6, Abb. 7, S. 15, Abb. 16.

Abb. 16: M. Remann, Romanische Backsteinbebauung im Zentrum von Lübeck, in: Berichte zur Haus- und Bauforschung 1 (1991), S. 9–16, Abb. 1.

Abb. 28: R. Hammel-Kiesow, Neue Aspekte zur Geschichte Lübecks: von der Jahrtausendwende bis zum Ende der Hansezeit. Die Lübecker Stadtgeschichtsforschung der letzten zehn Jahre (1988–1997). Teil 1: bis zum Ende des 13. Jahrhunderts, in: Zeitschrift des Vereins für Lübeckische Geschichte und Altertumskunde 78 (1998), S. 47–114, hier S. 108, Abb. 5.

Abb. 29, 30: M. Christensen, Kleinhäuser unter einem Dach – das frühneuzeitliche Reihenhaus in Lübeck, in: Zehn Jahre Weltkulturwerke, hrsg. von H. Wiewert. Berichte der Denkmalpflege der Hansestadt Lübeck 2 (1998), S. 125–137, hier S. 128, Abb. 4, S. 132, Abb. 9.

Probleme und Möglichkeiten bei der Erforschung mittelalterlicher Sozialstrukturen in Städten: Das Beispiel Göttingen um 1400

Helge Steenweg, Kassel

Der vorliegende Beitrag soll anhand einiger Fallbeispiele aufzeigen, welche Probleme entstehen können, aber auch welche Möglichkeiten existieren, wenn man sich quellennah mit der Sozialstruktur und Sozialtopographie einer spätmittelalterlichen Stadt beschäftigt. Die angeführten Beispiele entstammen der Beschäftigung mit entsprechendem Quellenmaterial aus Göttingen.[1] Im Vordergrund steht dabei nicht ein Überblick über die sozialen Verhältnisse in Göttingen. Vielmehr soll ein kleiner Einblick in die Probleme bei der Interpretation von frühen, seriell ausgewerteten und miteinander verknüpften Arealzins- und Vermögenssteuerregistern und deren topographische und demographische Auswertungsmöglichkeiten vermittelt werden. Dabei wird an den Fallbeispielen aufgezeigt, wie wichtig gerade bei der Auswertung quantitativer Quellen eine Beschäftigung mit dem Original und der jeweiligen Entstehungsumgebung ist.

1. Quellen und Quellenanalyse

1.1. Die Wortzinsregister als Quelle

Quantitative Quellen zur mittelalterlichen Stadtgeschichte des 14. Jahrhunderts sind auch in Göttingen selten. Neben Vermögenssteuerregistern (Schoßregistern) aus den Jahren 1393/94 und 1412/13 bis 1420/21 befinden sich im Stadtarchiv Göttingen zwei vereinzelt überlieferte Arealzinsregister, die sogenannten Wortzinsregister, aus den Jahren 1334 und 1364.

Die Schoßregister ab dem Jahre 1412 waren die Grundlage für das Häuserbuchmanuskript von H. Kelterborn im Stadtarchiv Göttingen, während die zeitlich früheren drei Register zunächst keine Rückschlüsse auf die Lage von Grundstücken zuließen. Bei der nachfolgenden Analyse der beiden Wortzinsregister erwies es sich sehr schnell als vorteilhaft, Originalquellen und Quellenedition zu vergleichen,[2] da die Edition bei der Angabe der Zinsbeträge nicht zwischen vollen und halben Beträgen unterscheidet – eine Unterscheidung, die sich, von der Quellenkritik einmal abgesehen, für die Konkordanz der Register und die topographische Auswertung als entscheidend erwies.

---

[1] *H. Steenweg*, Göttingen um 1400. Sozialstruktur und Sozialtopographie einer mittelalterlichen Stadt (Veröffentlichungen des Instituts für Historische Landesforschung der Universität Göttingen 33), Bielefeld 1994.

[2] Das Göttinger Wortzinsbuch von 1334 und 1364, bearb. von *G. Meyermann*, in: Familiengeschichtliche Blätter 2 (1906/07), S. 25f., 72f., 130f., 219f., 232f.; ebd. 3 (1908/09), S. 42f., 129–134; auch in: Göttinger Blätter 1919, S. 9–16.

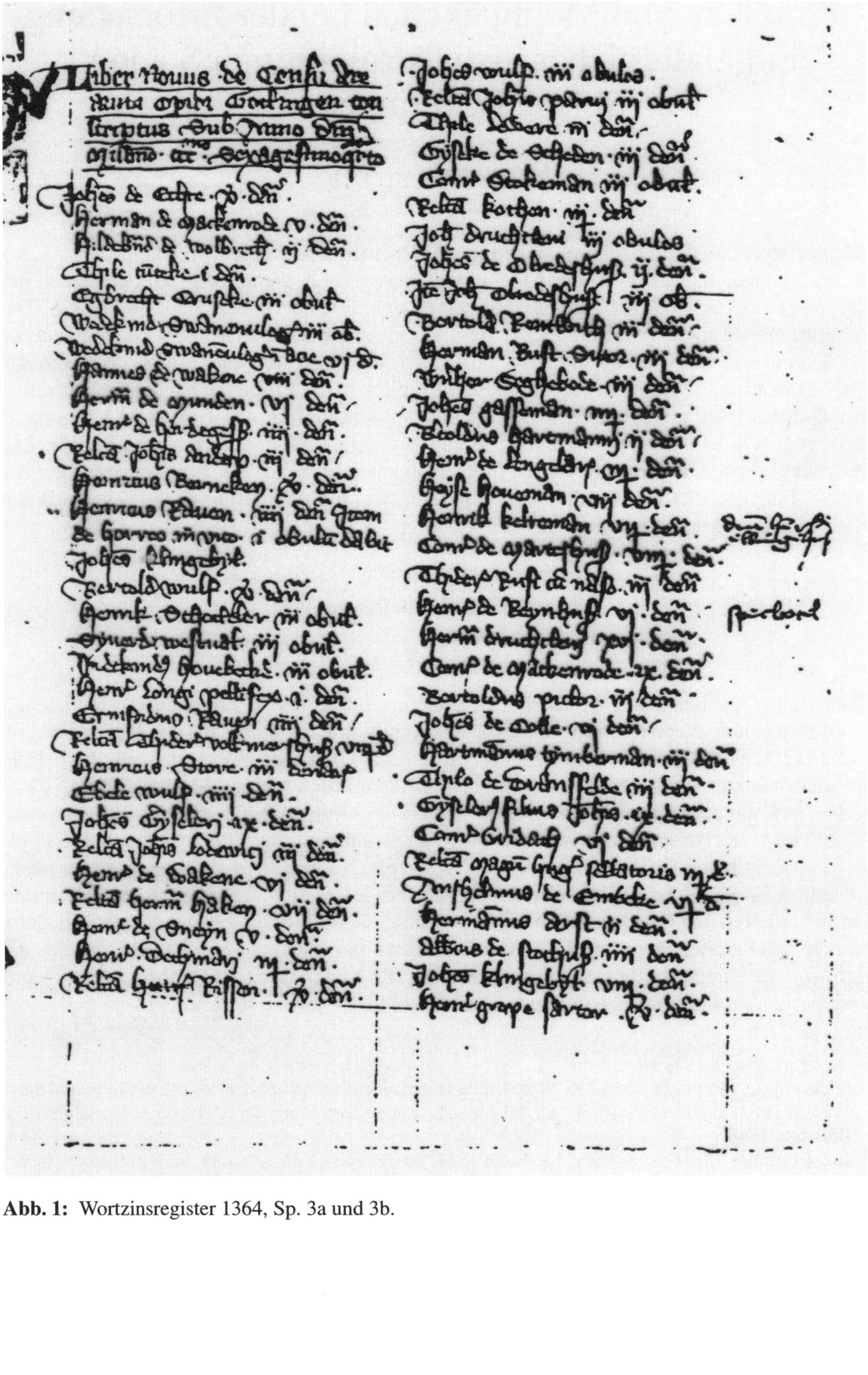

Abb. 1: Wortzinsregister 1364, Sp. 3a und 3b.

1.2. Die topographische Auswertung der Wortzinsregister

Da in den beiden Registern nur wenige exakte topographische Angaben enthalten waren,[3] wie z. B. *domus molendini*,[4] *stupa*,[5] *conventus bagutarum*,[6] *domus pistorum*,[7] führte nur die Beobachtung, daß die Schreiber einige Personen mit gleichen Wortzinszahlungen offensichtlich in beiden Registern verzeichnet hatten, weiter. Daher wurden beide Register derart nebeneinander gelegt, daß gleiche Namen auf einer Ebene erschienen. Insgesamt konnten auf diese Weise 54 Parzellen eindeutig als identisch erkannt werden, z. B.:[8]

1334		1364
(...)		(...)
Olricus de Makenrode 9d	———	Conradus de Machenrode 9d
Conradus Lewere 3d	———	Bertoldus Pictor 3d
Herwicus Ruffus 6d	———	Johannes de Colle 6d
Hardmanus Tymmerman 3d	———	Hartmannus Tymmerman 3d
Hermann Stote 3d	———	Thilo de Dransvelde 3d
Johannes et Hermanus Gyseleri 9d	———	Gyselerus, filius Johannis 9d
(...)		(...)

Deutlich ist an obigem Beispiel erkennbar, daß auch die Zinszahlungen zwischen den namensgleichen Nennungen identische Werte aufwiesen. Es bestand demnach ein direkter Zusammenhang zwischen den einzelnen Wortzinszahlungen. Kriterium für die Zuordnung war bei der Entschlüsselung in der Regel die Arealzinszahlung und nicht die Namensgleichheit, da, wie sich herausstellte, Familien durchaus auf benachbarte Parzellen gewechselt haben konnten.[9]

1334		1364
(...)		(...)
Conradus Luscus de Lippia 4d	———	Albertus de Stochusen 4d
pueri Henrici de Vredeland 7.5d	———	Johannes Klingebyl 7.5d
Thilo Clingebil 4.5d	———	Henricus Grope sartor 4.5d
Hermann Advocatisse 7d	———	Gyseler de Munden 7d
(...)		(...)

Verband man nun entsprechend den Wortzinszahlungen sämtliche Grundstücksnennungen, so ergaben sich zunächst mehrere Probleme. Zum einen hatten sich im Laufe der 30

---

3 *Steenweg* (wie Anm. 1), S. 19.
4 Wortzinsregister (WZR) 1364, Nr. 91 in der Edition von *Steenweg* (wie Anm. 1) im Anhang.
5 WZR 1334, Nr. 288; WZR 1364, Nr. 304 (wie Anm. 4).
6 WZR 1364, Nr. 401 (wie Anm. 4).
7 WZR 1334, Nr. 448; WZR 1364, Nr. 492 (wie Anm. 4).
8 WZR 1334, Nr. 54–59; WZR 1364, Nr. 52–57 (wie Anm. 4).
9 WZR 1334, Nr. 66–69; WZR 1364, Nr. 62–65 (wie Anm. 4).

Jahre Teilungen oder Zusammenlegungen von Parzellen ergeben, die sich jedoch unter Addition des Wortzinses ebenfalls entschlüsseln ließen:[10]

1334	1364
(…)	(…)
domina Cleynehegeres 3ob	conventus bugutar um 3ob
	Henningus de Vermelsen 2d
Johannes de Geysmaria 3d	Conradus Wedel 1d
Henricus Roysteyn 3d	Conradus de Reynhusen 3d
	Henricus de Grevelsen 3d
Ghodfridus de Suthem 6d	Johannes Sulverclot 3d
Gertrudis Wedeghen 3.5d	
Hardmannus Tymmerman 1d	Helmbertus Wedeghonis 4.5d
Bertoldus de Mathageshusen 2d	Johannes de Novali 2d
(…)	(…)

Zum anderen entsprach der Steuerumgang des Wortzinsregisters 1334 nicht immer dem des Wortzinsregisters 1364, d.h. die Abfolge der in den Registern aufgezeichneten Grundstücke wich voneinander ab. Bei der Vertauschung konnte es sich um zwei bis drei Grundstücke,[11]

1334	1364
(…)	(…)
pueri de Ludolpheshusen 8d	relicta Hermani Haken 1s
Henricus de Barke 4d	Vroling de Barke 4d
pueri Bertoldi des Ludolpheshusen 1s	Conradus de Novali 8d,
(…)	(…)

aber auch um komplette Straßenzüge handeln:[12]

1334	1364
(…)	(…)
Thidericus Herwici 7,5d	Bertoldus Rotker 2d
Johannes Rasor de Adelevessen 3d	Hannes de Wende textor 2d
pueri Alberti Vrigdach 6d	Conradus Ghuldine 3d
Heyso de Esebeke 4,5d	Conradus Wedel 2d
Conradus de Wertseborch 2d	Geldrad de Esbeke 4.5d
Thidericus Vrigdach 3d	Johannes Rotker 6d
relicta Lohannis Cromen 2d	Bernhardus de Lengede 3d
Sarwirte 2d	Conradus de Indagine 5d
	Conradus Karleman 2.5d
(…)	(…)

10 WZR 1334, Nr. 371–377; WZR 1364, Nr. 401–407 (wie Anm. 4).
11 WZR 1334, Nr. 361–363; WZR 1364, Nr. 387–389 (wie Anm. 4).
12 WZR 1334, Nr. 128–135; WZR 1364, Nr. 123–131 (wie Anm. 4).

Die auf diese Weise entstandene Konkordanz zwischen beiden Arealzinsregistern eröffnete bereits Auswertungsmöglichkeiten bezüglich der Veränderung von Parzellen im städtischen Arealgefüge, jedoch noch keine exakte topographische Zuordnung. Da eine Anbindung an den offensichtlich ebenfalls topographisch fixierten Steuerumgang des Vermögenssteuerregisters aus dem Jahre 1393/94 nicht gelang, stellte schließlich ein Wortzinsregister aus dem Jahre 1539, mithin also knapp 200 Jahre später als das Wortzinsregister 1334 entstanden, den Schlüssel zur exakten topographischen Auswertung der älteren Register dar.

Entscheidend war wieder die Beobachtung, daß sich die Zinszahlungen zwischen beiden zu vergleichenden Registern rechnerisch kaum veränderten, sondern fast immer zu den gleichen Werten addieren ließen. Zuvor mußte jedoch im Wortzinsregister 1539 die Numerierung der Brandkatasternumerierung aus dem Häuserbuch nachgetragen werden. Erst dann konnte mit dem Abgleich beider Wortzinsregister begonnen werden, z. B.:[13]

Nr.	1539/40	1364
	(…)	(…)
357	de Dransfeldeze 3d	rel. Thiderici Volkmershusen 7,5d
358	de Helmenze 2d	Henricus Store 3d
359	Henrick Oppermans 1d	
360	de Hartmenze 4d	Ebele Wulf 4d
361	Simon Gisseler 9d	Johannes Gyseleri 9d
362	Cord van der Borch hus 3d	rel. Johannis Lodewici 3d
363	rel. Henrick Gisselers 4d	Henricus de Wakene 6d
364	dat Susterhus 6d	re. Hermani Haken 7d
	(…)	(…)

Am obigen Beispiel ist zu erkennen, daß einige Grundstücke in Familienbesitz blieben, z. B. bei der Familie Giseler. Erschwerend wirkte sich dennoch aus, daß der Steuerumgang innerhalb der 200 Jahre offensichtlich starken Veränderungen unterworfen war. Nicht immer konnten die Wortzinszahlungen völlig in Übereinstimmung gebracht werden, doch halten sich diese Ungenauigkeiten in Grenzen. Über die so entstandene Parzellenkonkordanz konnte letztlich auch das vereinzelt überlieferte Schoßregister 1393/94 zugeordnet werden. Stellt man kartographisch die topographische Abfolge der nacheinander aufgeführten Areale dar, so ergeben sich Steuerumgänge, die auf das Steuereinzugsverfahren zurückgehen und sich über die Jahrhunderte nur geringfügig veränderten.[14]

---

[13] WZR 1364, Nr. 21–27 (wie Anm. 4); Werte für 1539/40 aus: Der Steuerumgang in Göttingen 1539 und 1558, bearb. von *H. Kelterborn* (Veröffentlichungen des Stadtarchivs Göttingen 3), Göttingen 1988, S. 16f.

[14] *Steenweg* (wie Anm. 1), S. 30ff.

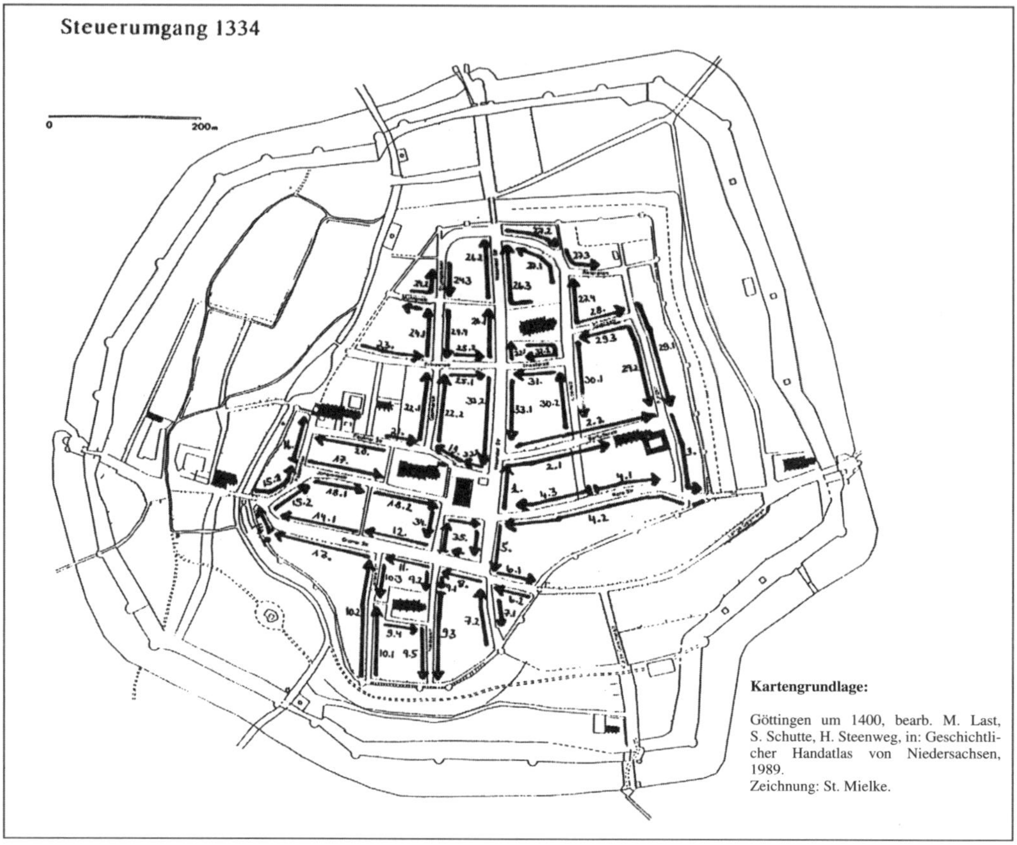

Abb. 2: Steuerumgang 1334.

2. Rückschlüsse auf die Topographie

2.1. Parzellengefüge

Durch die Gegenüberstellung beider Arealzinsregister lassen sich die Teilungen und Zusammenlegungen von Parzellen in der Zeit zwischen 1334 und 1364 näher bestimmen. Insgesamt sind 36 Teilungen und 8 Zusammenlegungen sicher belegbar. Einige Teilungsvorgänge sind vermutlich auf Erbteilungen zurückzuführen, wie das folgende Beispiel zeigen dürfte:[15]

[15] WZR 1334, Nr. 186–188; WZR 1364, Nr. 192–195 (wie Anm . 4).

1334	1364
(...)	(...)
Arnoldus Oppilio 4d	Henricus de Eldershusen 4d
domina de Grona 8d	Henricus Risenkuole 4d
	Johannes Risenkuole 4d
Bertoldus Faber 4d	Henricus Prene 4d
(...)	(...)

Erschließen läßt sich ein weiterer Fall einer Erbteilung. Am 10. August 1334 erbte Conradus Karleman von seiner Mutter einen Teil eines Hauses und Grundstückes beim Nikolaikirchhof.[16] Vermutlich war die Mutter eine geborene Herwig, da die Wortzinsregister 1334 und 1364 folgende Besitzer am Nikolaikirchhof ausweisen:[17]

1334	1364
(...)	(...)
Herwicus Riffus 7d	Conradus Paris et Blendegans 7d
Thidericus Herwici 7.5d	Conradus Karleman 2.5d
	Conradus de Indagine 5d
Johannes Rasor de Adelevessen 3d	Bernhardus de Lengede 3d
(...)	(...)

Oftmals haben auch Witwen nach dem Tode ihres Mannes ihren Besitz nicht mehr halten können und mußten offenbar Teile des Grundstückes oder Hauses verkaufen:[18]

1334	1364
(...)	(...)
	Hermanus Tetrow 2d
Heyso de Duderstad 5d	rel. Heysonis de Duderstad 1d
	Henricus Markgreve 2d
(...)	(...)

2.2. Rückschreibung von Parzellen

Gemäß den Ergebnissen der rückschreibenden Katasterkartenauswertung war über die Lage und Größe des Pfarrbesitzes eine Ur- oder Großparzelle etwa in der Größenordnung von 36m x 36m anzunehmen.[19]

---

16 Stadtarchiv Göttingen (künftig: StadtA Gö), Urk. Nr. 1456.

17 WZR 1334, Nr. 127–129; WZR 1364, Nr. 122, 129–131 (wie Anm. 4); in umgekehrter Reihenfolge.

18 WZR 1334, Nr. 307; WZR 1364, Nr. 325–327 (wie Anm. 4).

19 *Steenweg* (wie Anm. 1), S. 36f.

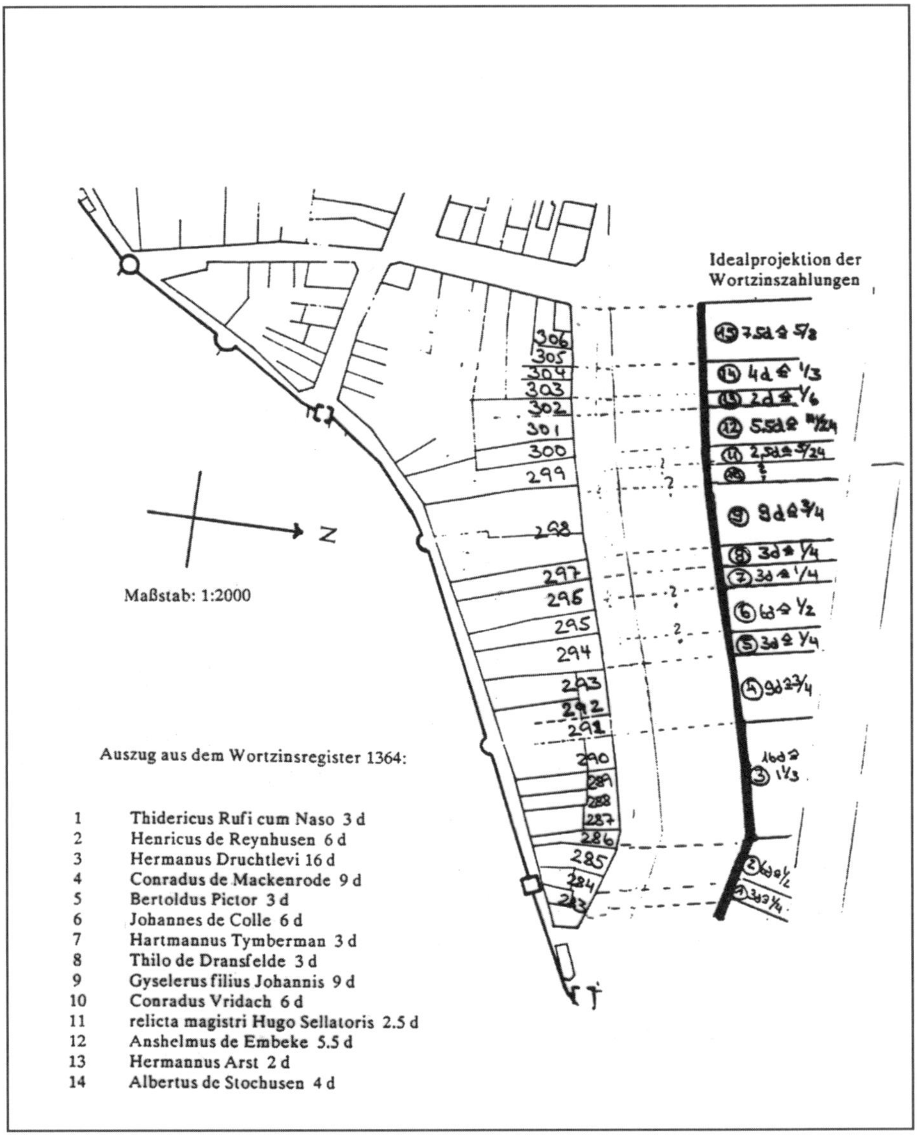

Abb. 3: Rekonstruktion des Grundstücksgefüges südliche Rote Straße.

Für die Arealzinszahlung war offensichtlich[20] die Straßenbreite entscheidend. Um Aussagen über die Rückschreibefähigkeit von Urkatastern auf mittelalterliche Parzellierungen zu erhalten, wurde am Beispiel einer Straßenfront (südliche Rote Straße), die aufgrund der

[20] Aufgrund der Untersuchung von Eckgrundstücken – vgl. *Steenweg* (wie Anm. 1), S. 42 ff.

relativ großen Parzellen im Urkataster eine optimale Parzellenkonstanz vermuten ließ, eine Idealprojektion der Wortzinszahlungen zu bekannten Parzellengrenzen des Urkatasters vorgenommen. Insgesamt stimmen 12 von 16 Parzellengrenzen überein. Auch der Kellerkataster der Stadt Göttingen liefert für die Parzellen 291–293 ein zusammenhängendes Kreuzgratgewölbe, dessen Ausdehnung exakt der Grundstücksgröße des Conradus de Mackenrode im Jahre 1364 entsprach.

Trotz auffallender Übereinstimmungen werden an der Kartierung aber ebenso die großen Unsicherheiten einer solchen Parzellenrückschreibung deutlich. So waren die 1412 aufge-

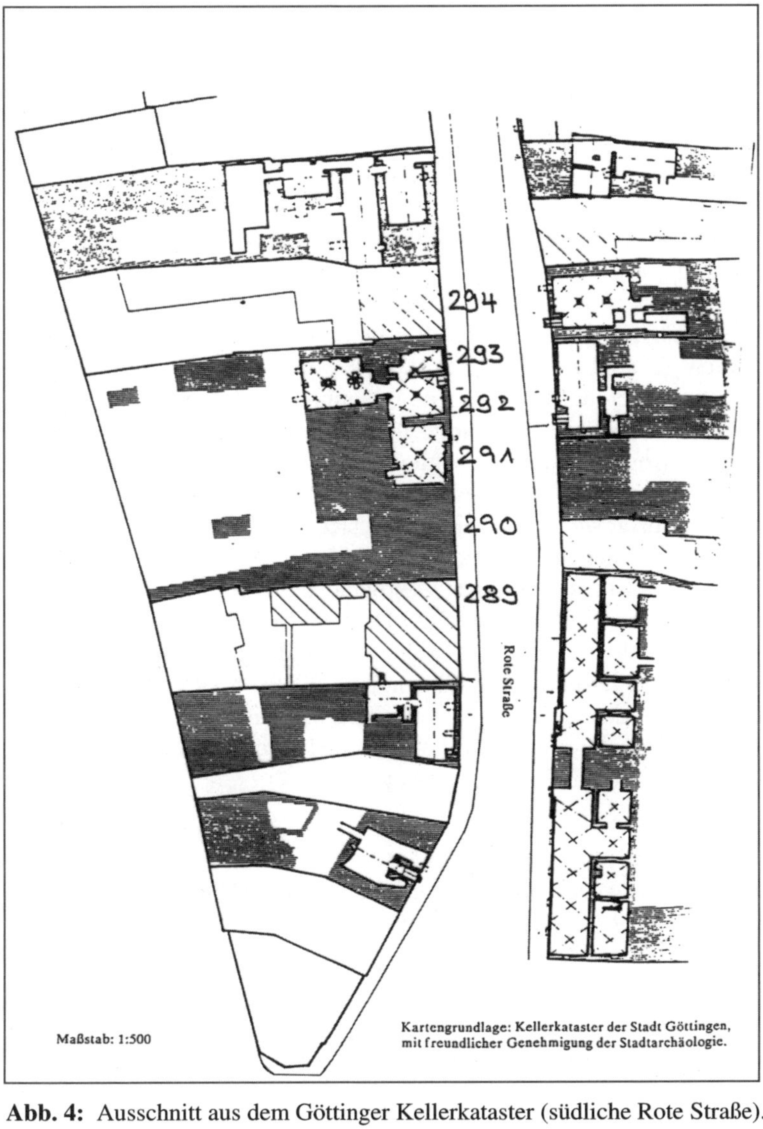

Abb. 4: Ausschnitt aus dem Göttinger Kellerkataster (südliche Rote Straße).

führten Parzellen 298–299 ebenso wie die Parzellen 294–296 im Jahre 1364 in einem gänzlich anderen Verhältnis aufgeteilt. Ebenso ist erkennbar, daß allein auf dieser Straßenseite zwischen 1364 und 1412 sechs Parzellen nochmals geteilt worden sind.

2.3. Lage von Häusern

Die topographische Entschlüsselung der frühen städtischen Register des 14. Jahrhunderts ermöglicht auch weitergehende Aussagen zur Lage von städtischen Gebäuden. So ist beispielsweise die Lage des sogenannten Schuhhofes, des Gildehauses der Schuhmacher, nunmehr präzise bestimmbar. Im Jahre 1344 erlaubte der Rat den Schuhmachern, ihr neues Gildehaus möge „in der want to deme cophus wort hebben two doyre up den scohof (...), dusses sulves ghelik moyghen se hebben in der want to Gelderades hus des braders (...). Ok so scal de want to Hanneses hus wort von Hardegessen gans blyven".[21] Das Schuhmachergildehaus muß demnach in unmittelbarer Umgebung des Rathauses gestanden haben. Für eine Lokalisierung würde sich das nordwestliche Eckgrundstück des sogenannten *circulus* südlich des Rathauses anbieten, auf dem sich nachweislich im 16. Jahrhundert der Schuhhof befunden hat.

Diese Auffassung ist von archäologischer Seite mit der Begründung abgelehnt worden, aus obiger Urkunde sei zu schließen, „daß er [der Schuhhof] von der Ost- wie von der Westseite umbaut war, was eine Ecklage mit Sicherheit ausschließt".[22] Da jedoch in der Quelle eindeutig drei Seiten des Grundstückes ohne näher erkennbare Himmelsrichtung oder spezifizierte Anbauten genannt werden, paßt diese Beschreibung bei sorgfältiger Interpretation des Urkundentextes eher auf die ergrabene Bebauung des Grundstückes an der Ecke Zindelstraße/Markt Süd.[23] Nach den archäologischen Befunden stand das Eckgebäude im Norden, Westen und Süden frei, nur im Osten schloß sich ein weiteres Gebäude an.

Die Lokalisierung des Schuhhofes auf diese Parzelle gewinnt an Wahrscheinlichkeit, wenn die nunmehr ausgewerteten Wortzinsregister hinzugenommen werden. Danach zahlte der in obiger Urkunde genannte Johannes von Herdegessen im Jahre 1334 zwei Pfennige Wortzins für ein Grundstück, das genau westlich des Eckgrundstückes auf der gegenüberliegenden Straßenseite der Zindelstraße lag.[24] Dem in der Urkunde ebenfalls erwähnten Geldrad Brader (bzw. Assator) gehörte 1334 die an das Eckgrundstück südlich anschließende, aber durch einen Gang getrennte Parzelle Nr. 643.[25] Die von archäologischer Seite zu Recht betonte zentrale Lage des Grundstückes und die aus der Parzellenflucht hervorspringende Bebauung ließen sich zudem mit dem hohen Ansehen und den herzoglichen Privilegierungen der Schuhmachergilde in Einklang bringen.[26]

---

21 UBGö I, Nr. 155 (1344 Jul 1).

22 *S. Schütte*, 5 Jahre Stadtarchäologie. Das neue Bild des alten Göttingens, Göttingen 1984, S. 15.

23 Vgl. Abb. 14 bei *Schütte* (wie Anm. 22), S. 14.

24 WZR 1334, Nr. 435 (wie Anm. 4).

25 WZR 1334, Nr. 439 (wie Anm. 4).

26 In Gildelisten steht die Schuhmachergilde stets nach der Kaufgilde – s. z. B.: Prozessionsordnung um 1350, in: Göttinger Statuten. Akten zur Geschichte der Verwaltung und des Gildewesens der Stadt Göttingen bis zum Ausgang des Mittelalters, bearb. von *G. von der Ropp* (Quellen und Darstellungen zur Geschichte Niedersachsens 25), Hannover 1907, § 29. Bereits 1254 erhielt die Gilde von Schultheiß und Rat ein Areal zinsfrei – vgl. UBGö I, Nr. 5.

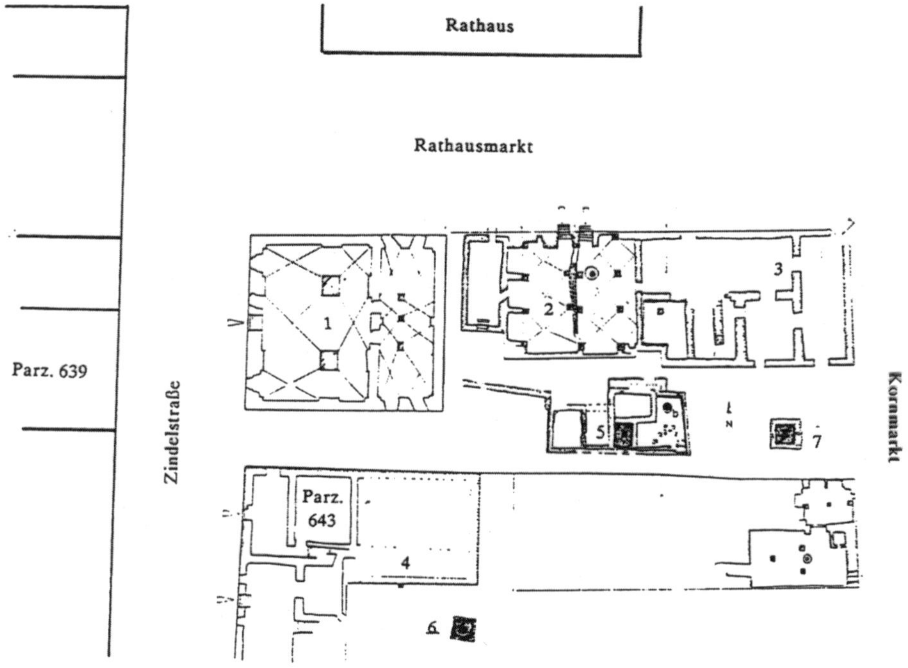

1 Schuhof 14. Jahrhundert (nach WZR 1334 u. 1364), sicher nachweisbar für 16. Jh., ältester Teil des Gebäudes archäolog. ins 13. Jh. datiert.
2 Gebäude (nach archäolog. Darstellung: Schuhof des 13./14. Jh.)
3 Bäckergildehaus
4 Hallengebäude (archäolog.: 14. Jh.?), nach WZR 1334 im Besitz von Geldradus Assator.
5 Gebäude um 1200
   a Kloake 16. Jahrhundert
   b Brunnen um 1400
6 Kloake um 1400
7 Kloake um 1600

Abb. 5: Teil des Marktviertels mit archäologischen Befunden.

Ob das Gildehaus bereits 1254 an dieser Stelle stand, muß weiterhin offenbleiben. Aus den Wortzinsregistern ist jedoch ersichtlich, daß dieses Areal 1334 noch Johannes Derspo gehörte, der es jedoch in jenem Jahr an die Stadt verkaufte.[27] Im Anhang zu dem Wortzinsregister vermerkte der städtische Schreiber u. a.: „(...) duo solidi debent dari de domo area domus quam consules emerunt a Johanne Derspen seniore et non plus". Dreißig Jahre später erschien dieses Areal im Wortzinsregister als „domus consulum in macellis".[28] Der hohe Arealzins von zwei Schillingen dürfte sich, wie auch an den nachfolgenden Zahlungen im Wortzinsregister 1364 erkennbar, nicht auf das Grundstück, das vermutlich noch durch die Privilegierung von 1254 zinsfrei war, sondern ausschließlich auf die Fleischscharren bezogen haben, für die gleichfalls ein Zins erhoben wurde.[29] Erstaunlich bleibt jedoch, daß die Stadt und nicht etwa die Gilde oder der Stadtherr Eigentümer des Schuhmachergildehauses war.

3. Sozialstruktur

3.1. Demographische Grundlagen

Bei bevölkerungsgeschichtlichen Untersuchungen spielen demographische Berechnungen eine nicht unwesentliche Rolle. Dabei werden oftmals aus städtischen Bevölkerungslisten Einwohnerzahlen mittels Multiplikation der Haushaltsvorstände mit einer Verhältniszahl ermittelt. Diese Vorgehensweise ist zur Interpretation sicher hilfreich, jedoch stecken manchmal die Probleme in kleinen Details, die nur bei eingehender Quellenkritik sichtbar werden. An zwei Beispielen sei dies verdeutlicht.

Zum einen ist in Göttingen zu trennen zwischen Haushaltsvorständen und sogenannten Beiwohnern, vor allem denjenigen, die in einem Verwandtschaftsverhältnis zum jeweilig genannten Haushaltsvorstand standen. So umfaßt das Schoßregister 1413 insgesamt 1703 Einträge. Davon beziehen sich 60 Einträge auf leer stehende Häuser und 17 Einträge auf leerstehende Buden, so daß letztlich 1632 Steuerzahler in die Berechnung der Bevölkerungszahl eingehen. Bei Multiplikation nur der ausgewiesenen Haushaltsvorstände und fraglichen Fälle (1095 Steuerzahler) mit einem Faktor von 4,5 und Addition der Beiwohner (*secum*) (537 Personen) ergibt sich eine Gesamtzahl von 5465 Einwohnern im Gegensatz zu 7344 Einwohnern bei durchgängiger Multiplikation der 1632 Steuerzahler dieses Jahres mit demselben Faktor. Der Unterschied beträgt immerhin 1879 Einwohner; das sind bezogen auf eine Gesamtzahl von 5465 Einwohnern, nicht weniger als 34%.

Insgesamt betrug 1413 das Verhältnis Haushaltsvorstände zu Beiwohnern etwa 60:30 bei einem Anteil von 10 Prozent nicht identifizierbarer Fälle. Ein deutlicher Unterschied bestand zwischen den Mittelwerten der Vermögen beider Gruppen. Die 992 Haushaltsvorstän-

---

27 WZR 1334, Nr. 440 (wie Anm. 4).

28 WZR 1364, Nr. 486 (wie Anm. 4).

29 *Ropp* (wie Anm. 26), § 43.3–5. Zwei Schillinge entsprachen 24 Denaren. Da für einen Scharren 6 Denare zu zahlen waren, ergibt sich eine maximale Anzahl von 4 Scharren. Nach einer Auflistung der Scharren Mitte des 15. Jahrhunderts lagen unter dem Schuhhof sogar 9 Scharren – StadtA Gö, Ms. 13.2, S. 5.

de verfügten im Jahre 1413 durchschnittlich über 68,2 m Vermögen, während die Beiwohner nur 20,0 m versteuerten. Bei etwa einem Viertel der Beiwohner ließ sich zudem über den Eintrag im Steuerregister erkennen, daß diese Personen in einem verwandtschaftlichen Verhältnis zum jeweiligen Haushaltsvorstand standen:

Mütter	35 Personen
Schwiegermütter	12 Personen
Väter	4 Personen
Töchter	9 Personen
Söhne	19 Personen
Stiefkinder	14 Personen
Schwestern	12 Personen
Brüder	12 Personen
Schwäger	4 Personen

Deutlich überwogen Verwandtschaftsbeziehungen ersten Grades. Am häufigsten wohnten Mütter bzw. Schwiegermütter im gleichen Haus mit dem Haushaltsvorstand. Väter erschienen hingegen eher selten als Beiwohner. Ein vergleichsweise hoher Anteil offensichtlich unverheirateter Kinder und Stiefkinder lebte im gleichen Haus bzw. Haushalt.[30] Der Anteil verwandtschaftlicher Beziehungen zwischen Haushaltsvorständen und Beiwohnern wird in der Realität weitaus höher anzusetzen sein, kann jedoch wegen des Mangels an genealogischen Untersuchungen nicht näher bestimmt werden. So wohnten beispielsweise die Geistlichen Bertold und Heinrich Pes, auch Void genannt, von 1412 bis 1420 bei dem Bäcker Heinrich Knip in der Johannisstraße (Prizelius Nr. 612). Aus den Kaufgilderegistern konnte entnommen werden, daß Heinrich Pes der Schwager des Heinrich Knip war.[31] Da sich unter den 537 ermittelten Beiwohnern 412 Witwen (77%) und 42 Kinder (8%) befanden, liegt der Schluß nahe, daß diese *secum*-Nennungen keine Haushalte, sondern Einzelpersonen darstellten.[32] Diese Erkenntnis hat für die Berechnung der Gesamtbevölkerungszahl erhebliche Bedeutung.

Zwar mag in der Realität der Unterschied nicht immer ganz so groß sein, weil vielleicht der eine oder andere Beiwohner dennoch einer Familie vorstand, doch bleibt unabhängig davon das aufgezeigte prinzipielle Problem bestehen, mit dem „gerechnet" werden muß. Nicht in die Berechnung einbezogen wurde die Anzahl der Geistlichen, die nur geschätzt werden kann.

Ein weiteres Problem besteht in der Vergleichbarkeit der einzelnen Schoßregister untereinander. Besonders auffällig ist der Unterschied zwischen den zeitlich aufeinander folgenden Schoßregistern 1393/94 (1409 Steuereinträge) und 1412/13 (1709 Steuereinträge). Eine

30 Bei den Stiefkindern ist eine solche Annahme mit Sicherheit richtig, da diese in den Steuerlisten nur deshalb gesondert aufgeführt werden, weil sie das Vermögen eines verstorbenen Elternteils versteuerten.

31 StadtA Gö, Ms. 12.1, 74r.

32 Ein weiteres Indiz für diese Annahme liegt in dem äußerst geringen Durchschnittsvermögen dieser Witwen begründet. Das mittlere Vermögen beispielsweise der als Mütter bezeichneten Beiwohnerinnen lag bei 7,2 m. Daß dieser Wert so niedrig ist, liegt daran, daß viele Mütter über ihren Sohn Steuern zahlten und somit eigentlich zum Haushalt dieses Steuernden gehörten, jedoch im Register ohne Schoßzahlung einzeln als Beiwohnerin aufgeführt wurden.

nahe liegende Erklärung für die Differenz von 300 Steuereinträgen innerhalb von 20 Jahren wäre natürlich ein sprunghafter Anstieg der Bevölkerung, beispielsweise durch Neueinbürgerungen um die Jahrhundertwende. Jedoch zeigt ein Blick auf die jährliche Kartierung der Neubürgerzahlen,[33] daß zwischen diesen Jahren, vor allem um das Jahr 1403, sogar ein starker Rückgang der jährlichen Einbürgerungszahlen zu verzeichnen ist.

Die Erklärung einer größeren Anzahl von Steuereinträgen im Jahre 1412/13 liegt, wie festgestellt werden konnte, in der unterschiedlichen Anlage der Register, ist also quellenkritischer Art. Eine Untergliederung der Steuereinträge nach Vermögensgruppierungen zeigte, daß sich die Anzahl der Vermögenden beider Rechnungsjahre in etwa entsprach, nur die Gruppe der Nicht-Zahler, d.h. derjenigen, die keine Vermögenssteuer entrichteten, umfaßte 1412/13 etwa 400 Einträge mehr (s. die folgende Tabelle). Da es unwahrscheinlich erschien, daß innerhalb von etwa 20 Jahren der Anteil ärmerer Bevölkerungsschichten um 800 Prozent gestiegen sei, wurden die Schoßlisten noch genauer analysiert. Dabei ergab sich, daß im Schoßregister 1412/13 im Gegensatz zu 1393/94 neben leer stehenden Häusern auch eine größere Anzahl von Geistlichen und von der Steuer befreite Personen sowie vermehrt Familienangehörige verzeichnet wurden. Besonders evident war dies beispielsweise bei den städtischen Bediensteten, die in der Regel von der Vermögenssteuer befreit waren. Im Jahr 1393/94 ließ sich keine bei der Stadt im Dienstverhältnis stehende Person im Schoßregister nachweisen, während die Bediensteten 1412/13 in dem Register nahezu vollzählig an ihrem jeweiligen Wohnort aufgelistet und hinter ihrem Namen statt eines Zahlungsvermerkes die Bemerkung „liber est“ erhalten hatten. Die Diskrepanz in der Gesamtzahl erklärt sich also aus der unterschiedlichen Gewichtung der steuerbefreiten Personen. Während der eine Schreiber diese Personengruppe geflissentlich benannte und mit einem Vermerk versah, vereinfachte sich der andere Schreiber wohl seine Arbeit, in dem er die ohnehin nicht zahlenden Haushaltsvorstände „der Einfachheit halber“ gar nicht erst aufführte.

Vermögen	1393/94		1412/13	
über 200m	57	(4,0%)	87	(5,1%)
100–199m	96	(6,8%)	103	(6,0%)
80–99m	46	(3,3%)	50	(2,9%)
60–79m	83	(5,9%)	93	(5,4%)
45–59m	89	(6,3%)	84	(4,9%)
30–44m	162	(11,5%)	143	(8,4%)
15–30m	250	(17,8%)	300	(17,6%)
10–14m	518	(36,7%)	262	(15,3%)
5–9m	40	(2,8%)	84	(4,9%)
1–4m	10	(0,7%)	18	(1,1%)
0m	58	(4,2%)	479	(28,4%)
Summe	1409	(100,0%)	1709	(100,0%)

Als Folgerung ergibt sich daraus, daß die Zahl der Gesamtbevölkerung 1393/94 trotz der scheinbar geringeren Zahl von Steuerzahlern aller Wahrscheinlichkeit nach keineswegs um

[33] *Steenweg* (wie Anm. 1), S. 66.

über 1000 Einwohner niedriger angesetzt werden kann als im Jahre 1412/13. Vielmehr dürfte die Einwohnerzahl in beiden Jahren in etwa die gleiche gewesen sein. Unter Einschluß der Geistlichkeit wird die Gesamtbevölkerung um 1400 in Göttingen bei etwa 6000 Personen gelegen haben. Einen signifikanten Bevölkerungsanstieg um die Wende des 14. zum 15. Jahrhundert hat es demnach in Göttingen nicht gegeben.

3.2. Stratifizierung und zeitgenössische Quellen

Ein weiteres interessantes Problemfeld liegt in der Stratifizierung der mittelalterlichen Bevölkerung und dem daran oftmals anschließenden Vergleich von Bevölkerungsstrukturen verschiedener Städte. Die Gliederung der Vermögen in Steuerklassen kann nach einem neuzeitlichen Dezimalsystem erfolgen, jedoch verspricht das Postulat, zeitgenössische Quellen als Bewertungsmaßstäbe zu nutzen, Ergebnisse, die viel genauer an der damaligen Realität liegen.[34] Als Beleg dazu seien zeitgenössische Kleiderordnungen, Brauordnungen und Verordnungen zum Wehrwesen aus Göttingen angeführt, die in Relation zum Silbergehalt des Göttinger Pfennigs gesetzt wurden.[35] Die Brauordnungen beispielsweise, in denen der Rat die Anzahl der Brautermine pro Jahr in Abhängigkeit vom versteuerten Vermögen festlegte, ließen sehr differenzierte Veränderungen erkennen:

Anz.	1381	1393	1396	1398	1415	1428	1445	1459	1468	1484
6-mal	100m	100m	100m	100m						
5-mal	80m	80m	80m	80m						
4-mal	60m	60m	60m	60m	100m					
3-mal	45m	45m	45m	45m	75m	100m	100m	100m	100m	
2-mal	30m	30m	30m	30m	50m	65m	60m	60m	60m	120m
1-mal	15m	15m	15m	15m	25m	30m	30m	30m	30m	?

Anz. = Anzahl der jährlichen Braugerechtsame; m = Mark

Jahr	1382	1397	1403	1429	1490
D/g	0,285	0,203	0,200	0,152	0,109

D/g = Feingehalt des Göttinger Pfennigs in Gramm[36]

Unter der Tabelle der Brauberechtigungen wurden die wenigen bislang bekannten Feingehalte an Silber des Göttinger Pfennigs in Gramm mit dem jeweiligen Prägejahr angege-

34 Zuerst und ausführlich gefordert von *J. Ellermeyer,* „Schichtung" und „Sozialstruktur" in spätmittelalterlichen Städten. Zur Verwendbarkeit sozialwissenschaftlicher Kategorien in historischer Forschung, in: Geschichte und Gesellschaft 6 (1980), S. 125–149, hier: S. 133f.

35 Belege bei *Steenweg* (wie Anm. 1), S. 162f.

36 Angaben nach *G. Meinhardt,* Münz- und Geldgeschichte, 1961, S. 183.

ben. Bei der Tabelle der Braugerechtsame wird deutlich, daß der Rat die Braugerechtsame innerhalb der hundert Jahre zwischen 1381 und 1484 drastisch heraufsetzte. Genügte im Jahre 1381 noch ein Vermögen von 100 Mark, um sechsmal im Jahr brauen zu dürfen, erlaubte das gleiche Vermögen 1468 nur mehr dreimaliges Brauen, oder anders ausgedrückt: Um zweimal im Jahr brauen zu können, bedurfte es 1381 eines Vermögens von 30 Mark, knapp 100 Jahre später hingegen benötigte man 120 Mark. Diese Veränderung der Vermögensgrenzen bei der Braugerechtsame steht, wie die untere Tabelle ausweist, in einem direkten Zusammenhang mit der Veränderung der Feingehalte der Göttinger Pfennige, von denen bislang nur wenige numismatisch bestimmt worden sind. Der ungefähren Halbierung des Feingehaltes zwischen 1382 und 1429 entspricht die Halbierung der Brauzahl von sechs auf drei Gebräue pro Jahr für ein Vermögen von 100 Mark in den Jahren 1381 und 1428. Auch die ungefähre Drittelung des Feingehaltes zwischen 1382 und 1490 korrespondiert mit einer ungefähren Drittelung der Brauzahl von sechs zu zwei in den Jahren 1381 und 1484.

Daraus folgt, daß die Veränderungen der Vermögensgrenzen in den historischen Quellen in Göttingen sehr genau und fast zeitgleich mit den Veränderungen im Münzwesen einhergehen. Die zeitgenössischen Vermögensgrenzen eignen sich daher im besonderen Maße als Gliederungsgrenzen für die Einteilung der Schoßzahler in Steuerklassen.

4. Interdisziplinäre Nutzung

4.1. Wohnsituation und Mobilität

Im mittelalterlichen Stadthaus lagen die Bereiche Wohnen und Arbeiten unter einem Dach. Wie im folgenden noch gezeigt wird, bietet gerade die interdisziplinäre Zusammenarbeit zwischen Archäologen und Historikern eine ausgezeichnete Möglichkeit, Funde in ein historisches Umfeld zu stellen. Realienkundliche Abhandlungen beleuchten Haus und Interieur, jedoch wissen wir noch wenig über das reale Zusammenleben, insbesondere über Mietverhältnisse. Wie ein Mietvertrag aus jener Zeit aussah, vermittelt ein seltener Quellenfund in einem Kopialbuch. Aus dem Text geht hervor, daß die Witwe Kunne Holtmanns ihr Haus an Hartmut von Heiligenstadt ab Ostern 1418 für 7 Ferdinge, also 1,75 Göttinger Mark, vermieten wollte.[37] Solange Kunne Holtmanns jedoch die ihr von Hartmut von Heiligenstadt geliehenen 14 Mark nicht zurückzahlen konnte, sollte die Miete nur 3 Ferdinge betragen. Anhand der Schoßregister der Jahre 1417/18 bis 1419/20 läßt sich dieses Wohnhaus der Witwe näher bestimmen. Es handelt sich um die Parzelle Nr. 607.2, also das Eckgrundstück Johannisstraße Nord/Papendiek Ost. Das Schoßregister 1417/18 weist als Bewohnerin dieses Areals nur die „Holtmensge" aus.[38] Im darauf folgenden Jahr, 1418/19, wird bei der Witwe „Hartmoit Helgenstad" als „secum", also Beiwohner, erwähnt.[39] Lange weilte Hartmut Heiligenstadt jedoch nicht bei der Witwe Holtmann, denn 1419/20 bewohnte die Witwe, nun allerdings mit dem Vermerk „secum" versehen, gemeinsam mit Cort Berssen dieses

---

37 StadtA Gö, Ms. II.2a, Bl. 34.1r.

38 StadtA Gö, SchR 1417/18, Sp. 27.

39 StadtA Gö, SchR 1418/19, Sp. 27.

Eckhaus.[40] Hartmut Heiligenstadt hingegen war einige Häuser weiter auf das Grundstück Nr. 610 gezogen, auf dem in den Jahren zuvor besagter Cort Berssen gewohnt hatte.

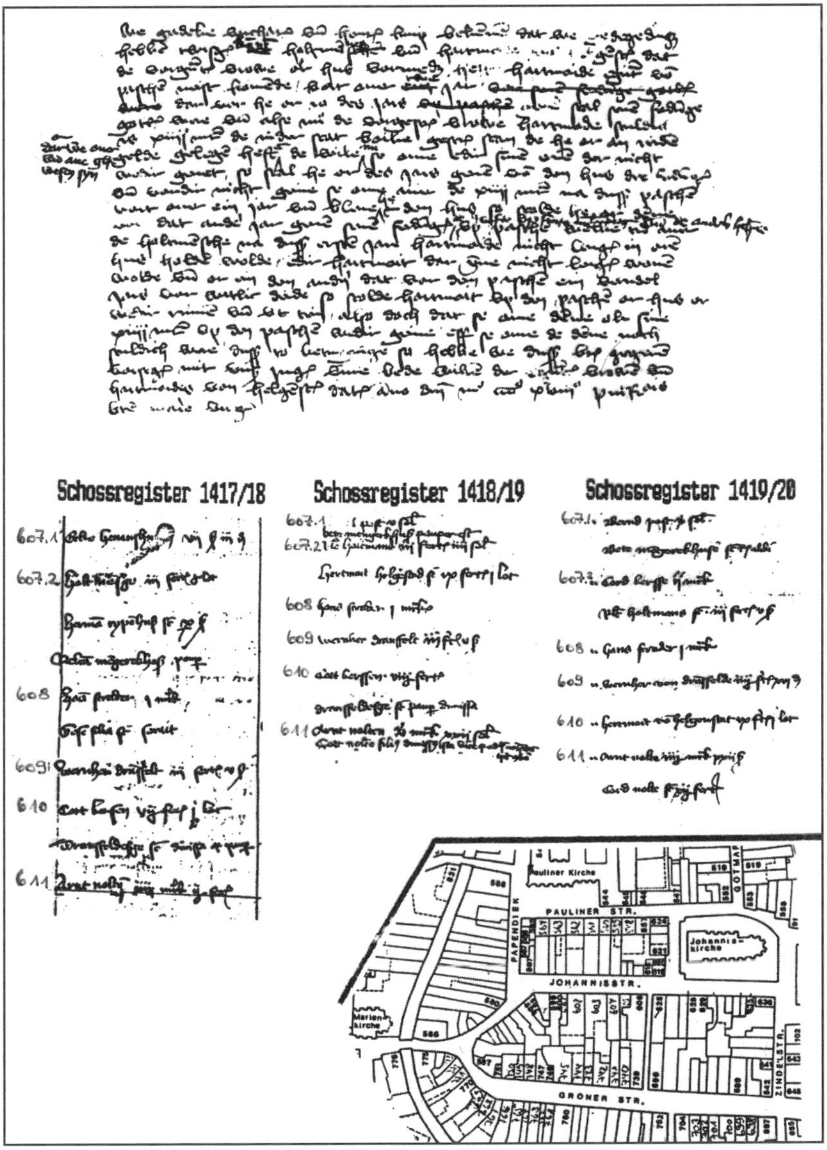

Abb. 6: Mietvertrag (StadtA Gö, AB II.2a, Bl. 34.1), Auszüge aus Schoßregistern mit Lokalisation des im Mietvertrag genannten Hartmut von Heiligenstadt in den Jahren 1417–1420.

---

40 StadtA Gö, SchR 1419/20, Sp. 29.

4.2. Archäologie und Bauforschung

Neben den seriellen Areal- und Vermögenssteuerregistern wurden umfangreiche weitere Datenbestände aus anderen Archivalien des Göttinger Stadtarchives erhoben.[41] Diese Datenbanken ermöglichen es, prosopographische Daten parzellengenau abzurufen. Insbe-

The excavations in the Johannisstreet 27

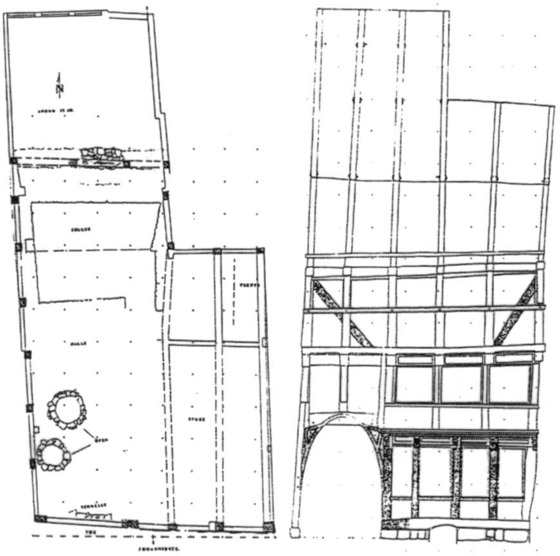

Floor plan and reconstructed front of the building
(Fig. taken from S. Schütte, Bebauungsstruktur und Sozialtopographie im spätmittelalterlichen Göttingen, in: Jahrbuch für Hausforschung, 1988, S. 171-220, here: 195)

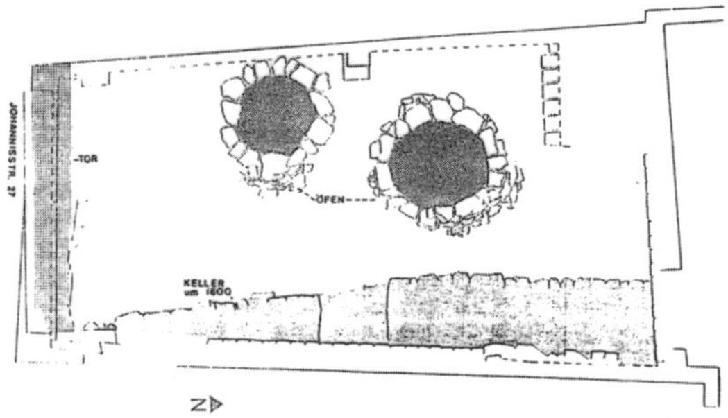

Furnaces (beginning of the 15th century) in detail
(Fig. taken from S. Schütte a.o., 5 Jahre Stadtarchäologie, 1985, S. 41)

Abb. 7: Grundriß und rekonstruierte Front des Hauses Johannisstraße 27, aus: *Schütte* (wie Anm. 42), S. 195.

[41] Kopial- und Gildebücher, Rentenregister, Klageregister, etc. – s. das Quellenverzeichnis bei *Steenweg* (wie Anm. 1), S. 345 ff.

sondere für die Arbeit der Stadtarchäologen eröffnet sich damit eine Möglichkeit, bei Grabungen zusätzliches historisches Informationsmaterial zu der zu ergrabenden Parzelle zu erhalten. Eine archäologische Grabung der Jahre 1984/85 mag hier abschließend als Beispiel für eine derartige für alle Beteiligten ergiebige interdisziplinäre Zusammenarbeit stehen. Die bauhistorische Aufnahme des entkernten Gebäudes Johannisstraße 27 wurde durch eine dendrochronologische Untersuchung ergänzt. Diese ergab, daß das Haus in der jetzt existierenden Form um 1413 erbaut worden sein muß.

Die archäologischen Befunde wiesen für das Erdgeschoß Reste von Öfen mit Schlacken und Gußformen aus, die in den Beginn des 15. Jahrhunderts datiert wurden.[42] Aus den historischen Daten konnten Bewohner dieses Hauses mit ihren Berufen und ihren Vermögenssteuern ermittelt werden, so daß sich in der Zusammenschau folgendes Bild ergibt:

Jahr	Name des Haushaltsvorstandes	Beruf	Steuer (in m)	Baubefund	Bodenfunde
1412	Herman Holtschomeker filius secum, filia Greta secum	Kannengießer (ollifusor)	0,13	Keller I	Keramik
1413	Herman Holtschomeker	Kannengießer (ollifusor)	0,16	Hausbau Öfen	Schlacken, Gußformen
1420	Herman Holtschomeker	Kannengießer (ollifusor)	0,17		
1430	Hans Knyp	Bäcker (pistor)	1,50		
1459	Hans Knyp	Bäcker	4,54		Keramik
1463	rel. Eghardi de Sneyn	?	1,06		
1471	domus quondam rel. Eghardi de Sneyn				
1472	Henning Tacken privigni secum		0,50		
1486	Henricus Tacken	Kürschner (pellifex)	0,08		Stangengläser
1503	Hans Schaper	Wollweber (lanifex)	2,21		Keramik
1512	Dirck Hoickenhoff	Wollweber (lanifex)	1,38		
1536	Tyle Roleves	?	1,75		
1539	Rotger Krevets	Wollweber?	1,17		
1597	Rotger Krevets	Wollweber?	4,29		
1598	Thomas Tappen			Keller II	
1599	rel. Lammert Bornemann			Erker	
1601	rel. Berent von Dransfeld			bemalte Stube EG	
1602	Ehren Stefan Krebs	Pfarrer?			
1607	Jürgen Thomas				
1643	Jobst Quarling	Kannengießer			Gußformen
1699	Johann Friedrich Quarling	Kannengießer		Anbau	
1737	Rel. Joh.F. Quarling				Schlacken
1745	Johann Christ. Apels				Metallreste Gläser
1748	Johann Barthold Isengart	Böttcher			Faßreifen

42 *S. Schütte*, Bebauungsstruktur und Sozialtopographie im spätmittelalterlichen Göttingen, in: Jahrbuch für Hausforschung 1988, S. 171–220.

Als Erbauer des Hauses kommt also vermutlich Hermann Holtschomeker in Betracht, der im Jahre 1412 einem Haushalt vorstand, dem zumindest neben seiner Frau ein Sohn und eine Tochter namens Grete im Alter über 16 Jahren angehörten. Als Kannengießer wird er vermutlich auch die Öfen im Erdgeschoß des Hauses benutzt haben.

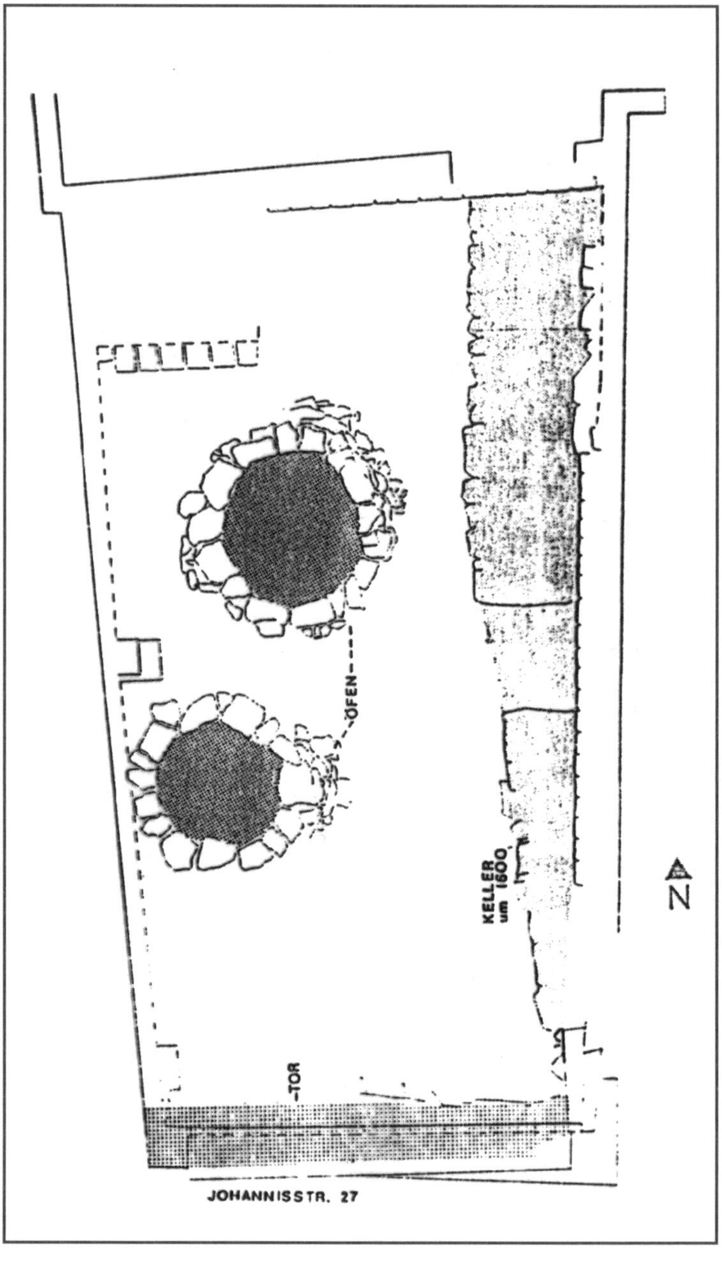

Abb. 8: Ausgrabungsbefunde im Haus Johannisstr. 27 (Öfen des 15. Jahrhunderts), aus: *Schütte* (wie Anm. 22), S. 41.

Abbildungsverzeichnis:

Zur Sozialtopographie Greifswalds um 1400

Der Greifswalder *liber hereditatum* (1351–1452)[1]

Karsten Igel, Münster

Quellen zur Sozialtopographie

Konrad Fritze schrieb 1964 in seinem Aufsatz „Die Bevölkerungsstruktur Rostocks, Stralsunds und Wismars am Anfang des 15. Jahrhunderts", daß eine vergleichbare Untersuchung zur Sozialstruktur Greifswalds nicht möglich sei, da entsprechende Quellen fehlten.[2] Er bezog sich dabei auf Schoßverzeichnisse, um die es in Greifswald für die mittelalterliche Zeit in der Tat schlecht bestellt ist: Ein einzelnes Steuerverzeichnis ist aus dem Jahre 1327 überliefert,[3] eine regelmäßige Überlieferung setzt erst ab 1499 ein.[4]

Auswertungen von Schoßverzeichnissen, wie sie für die drei eingangs genannten Städte bereits 1959 von Johannes Schildhauer vorgestellt wurden,[5] bieten aber nicht notwendig einen „realitätsgetreuen" Blick in die städtische Gesellschaft. Überlieferungsdichte und die Umstände der Schoßerhebung stellen Unsicherheitsfaktoren dar, die eingehend betrachtet werden müssen. Rudolf Biederstedt wies, vor allem am Beispiel Stralsunds, in einem bereits

---

1 Gegenüber dem in Halle im Januar 2000 gehaltenen Vortrag wurde dieser Beitrag noch einmal überarbeitet, um Ergebnisse der inzwischen abgeschlossenen Dissertation vorzustellen, s. ausführlicher zum Thema *K. Igel*, Greifswalder und Greifswald um 1400. Stadt-Raum im Spiegel des Greifswalder liber hereditatum (1351–1452), Diss. Münster 2002 (Druck in der Reihe Städteforschung 2005). Vgl. auch *ders.*, Greifswald um 1400. Zur Stadtgestalt und Sozialtopographie Greifswalds im Spätmittelalter, in: Baltische Studien NF 88 (2002), S. 20–42; *J. Ansorge/K. Igel/H. Schäfer/J. Wiethold*, Ein Holzschacht aus der Baderstraße 1 in Greifswald. Aus der materiellen Alltagskultur der sozialen Oberschicht einer Hansestadt in der 2. Hälfte des 14. Jahrhunderts, in: Bodendenkmalpflege in Mecklenburg-Vorpommern 50 (2002), S. 119–157; *R. Samariter/K. Igel/H. Schäfer*, Ein cuir-bouilli-Becher und die Patrizierfamilie Lowe. Archäologische und historische Forschungen zu einem Quartier am Greifswalder Hafen, in: Bodendenkmalpflege in Mecklenburg-Vorpommern 50 (2002) S. 173–206.

2 *K. Fritze*, Die Bevölkerungsstruktur Rostocks, Stralsunds und Wismars am Anfang des 15. Jahrhunderts. Versuch einer sozialstatistischen Analyse, in: Greifswald-Stralsunder Jahrbuch 4 (1964), S. 69–79, hier S. 77.

3 Vgl. *D. W. Poeck*, Das älteste Greifswalder Stadtbuch (1291–1332), bearb. von *D. W. Poeck* unter Heranziehung der nachgelassenen Vorarbeiten von *H.-D. Schroeder* (Quellen zur pommerschen Geschichte 9), Köln/Weimar/Wien 2000, S. lxxv-lxxxi.

4 Stadtarchiv Greifswald (StAG), Rep 3 Nr. 34.

5 *J. Schildhauer*, Soziale, politische und religiöse Auseinandersetzungen in den Hansestädten Stralsund, Rostock und Wismar im ersten Drittel des 16. Jahrhunderts (Abhandlungen zur Handels- und Sozialgeschichte 2), Weimar 1959; *ders.*, Die Sozialstruktur der Hansestadt Rostock, in: Hansische Studien. Heinrich Sproemberg zum 70. Geburtstag (Forschungen zur Mittelalterlichen Geschichte 8), Berlin 1961, S. 341–353.

1966 verfaßten Artikel nach, daß gerade jene Arbeiten Schildhauers vor diesem Hintergrund ungenau sind und zum Teil verfälschend wirken.[6]

Am Beispiel Lübecks – das Konrad Fritze im gleichen Zug mit Greifswald anführte – ist in zahlreichen Arbeiten vorgeführt worden, daß auch andere Quellen Aussagen zur sozialen Differenzierung der städtischen Gesellschaft und deren räumlichen Verteilung innerhalb der Stadt ermöglichen können.[7] Die Arbeit mit städtischen „Grundbüchern", die Rentengeschäfte und Grundstückstransaktionen enthalten, erlaubt dabei natürlich keine nach konkretem Vermögen differenzierte Auswertung, sondern muß sich auf die Betrachtung sozialer Gruppen konzentrieren, die über eine nicht notwendig bekannte Binnendifferenzierung verfügen.[8]

Eine den Lübecker Verhältnissen durchaus vergleichbare Überlieferung findet sich für Greifswald seit dem ausgehenden 13. Jahrhundert:[9] Das älteste Stadtbuch, der *liber civitatis* von 1291–1332,[10] enthält überwiegend Renteneintragungen, ein weiteres Stadtrentenbuch

---

[6] *R. Biederstedt*, Frühneuzeitliche Steuerregister als sozialstatistische Quelle, in: Baltische Studien NF 79 (1993), S. 7–24. Dieser wichtige Aufsatz hat seine eigene Geschichte: Bereits 1966 abgeschlossen, konnte er erst 1993 erscheinen, da er von dem darin kritisierten Greifswalder Historiker unterdrückt wurde. Es mag wenigstens ein Trost sein, daß er noch zu Lebzeiten des um die Greifswalder Geschichte verdienten Rudolf Biederstedt erscheinen konnte. Seine Kritik bezieht sich vor allem auf die Vermögensberechnung, die für Stralsund – aufgrund verschiedener Steuersätze auf unterschiedliche Vermögensarten – entgegen Schildhauer nicht möglich ist, und ebenso auf die (mangelnde) Vollständigkeit der Überlieferung; vgl. zur gleichen Problematik auch *J. Ellermeyer*, Grundeigentum, Arbeits- und Wohnverhältnisse. Bemerkungen zur Sozialgeschichte spätmittelalterlicher Städte, in: *G. P. Fehring (Hrsg.)*, Beiträge des Lübeck-Symposiums 1978 zu Geschichte und Sachkultur des Mittelalters und der Neuzeit (Lübecker Schriften zur Archäologie und Kulturgeschichte 4), Bonn 1980, S. 71–95.

[7] Vgl. *R. Hammel*, Hauseigentum in Lübeck. Methoden zur sozial- und wirtschaftsgeschichtlichen Auswertung der Lübecker Oberstadtbuchregesten, in: *A. Falk/R. Hammel (Hrsg.)*, Archäologische und schriftliche Quellen zur spätmittelalterlich-neuzeitlichen Geschichte der Hansestadt Lübeck. Materialien und Methoden einer archäologisch-historischen Auswertung (Lübecker Schriften zur Archäologie und Kulturgeschichte 10), Bonn 1987, S. 85–300.

[8] Vgl. *C. Veltmann*, Knochenhauer in Lübeck am Ende des 14. Jahrhunderts. Eine sozial- und wirtschaftsgeschichtliche Untersuchung (Häuser und Höfe in Lübeck 3.1), Neumünster 1993; *W. Paravicini (Hrsg.)*, Hansekaufleute in Brügge, Teil 2: *G. Asmussen*, Die Lübecker Flandernfahrer in der zweiten Hälfte des 14. Jahrhunderts (1358–1408) (Kieler Werkstücke D 9), Frankfurt a. M. 1999; *M. Lutterbeck*, Der Rat der Stadt Lübeck im 13. und 14. Jahrhundert (Veröffentlichungen zur Geschichte der Hansestadt Lübeck B 35), Lübeck 2002; dazu auch *Igel*, Greifswalder und Greifswald (wie Anm. 1), S. 227–241; *ders.*, Greifswald um 1400 (wie Anm. 1), S. 32–42.

[9] Eine Übersicht des Forschungsstandes und zur Geschichte des mittelalterlichen Greifswalds bietet *D. Kattinger*, Die Stadtentwicklung vom Ende des 13. Jahrhunderts bis 1500, in: *H. Wernicke (Hrsg.)*, Greifswald. Geschichte der Stadt, Schwerin 2000, S. 33–59; dort auch ein ausgiebiger Überblick über die Literatur.

[10] Dieses älteste Stadtbuch liegt neuerdings als Edition vor: *Poeck* (wie Anm. 3); in der Einleitung wird die Auswertung der Greifswalder Stadtbücher unter einer sozialtopographischen Fragestellung bereits ausführlich angelegt (ebd., S. xxiv-lxxiii), ein Gedanke, den ich mit meiner Dissertation weitergeführt habe.

reicht von 1349–1442.[11] Grundstückstransaktionen finden sich im Stadterbebuch, *liber hereditatum*, von 1351–1452[12] sowie im zweiten Stadterbebuch von 1460–1676,[13] dem ein weiteres, bis in das 18. Jahrhundert reichendes folgt.[14] Die Greifswalder Überlieferung bietet demnach einen fast geschlossenen Überblick für Rentengeschäfte von 1291–1442 mit einer Lücke zwischen 1332 und 1349 und für Grundstücksgeschäfte im Sinne eines Besitzerwechsels von 1351 bis zum Ende des 18. Jahrhunderts mit nur wenigen Lücken (1452–1460 und 1676–1683).

Das Greifswalder Kämmereibuch[15] enthält städtische Einnahmen und Ausgaben für den Zeitraum von 1361–1411, darunter Mieten von Marktständen und Renten- und Wortzinseinnahmen von verschiedenen, zumeist genau bezeichneten Grundstücken. Zusätzlich bieten die Eintragungen Hinweise auf die Mitglieder verschiedener sozialer Gruppen.[16]

Neben den Stadtbüchern ist die wichtigste historische Quelle die schwedische Matrikel von 1707, das erste (und dabei sehr frühe) Grundstückskataster für Greifswald.[17] In Teilen dürfte die dargestellte Parzellenstruktur noch die Verhältnisse des 14./15. Jahrhunderts reflektieren, was im einzelnen aber anhand archäologischer und bauhistorischer Befunde nachgewiesen werden muß.[18]

---

11 StAG, Rep 3 Nr. 15.

12 StAG, Rep 3 Nr. 16, vgl. dazu *Igel*, Greifswald um 1400 (wie Anm. 1), S. 22–25.

13 StAG, Rep 3 Nr. 17.

14 StAG, Rep 3 Nr. 18.

15 StAG, Rep 33; vgl. dazu *G. Fengler*, Untersuchungen zu den Einnahmen und Ausgaben der Stadt Greifswald im 14. und beginnenden 15. Jahrhundert, besonders nach dem Kämmereibuch von 1361–1411 (Greifswalder Abhandlungen zur Geschichte des Mittelalters 7), Greifswald 1936.

16 So die Mieter der Alten und Neuen Krämerbuden sowie der Tuchschererbuden zwischen 1361 und 1411, die Wollweber für die Jahre zwischen 1361 und 1381 und je eine vollständige Liste der Höker und Schuster für 1375 bzw. 1376, vgl. *Igel*, Greifswalder und Greifswald (wie Anm. 1), 240f. Für die Greifswalder Gewandschneider liegen vier Verzeichnisse aus den Jahren 1382 bis 1386 vor, vgl. ebd., S. 322. Aufgrund dieser zeitlichen Konzentration ist bei der Auswertung zu beachten, daß für die zweite Hälfte des 14. Jahrhunderts mehr Hinweise auf gewerbliche Tätigkeiten oder Mieter städtischer Bauten, wie Marktbuden, vorliegen als für die erste Hälfte des 15. Jahrhunderts.

17 Die schwedische Landesaufnahme von Vorpommern 1692–1709. Karten und Texte, hrsg. von der Historischen Kommission für Pommern und dem Landesarchiv Greifswald in Verbindung mit der Gesellschaft für pommersche Geschichte, Altertumskunde und Kunst e.V. Städte, Band 2: Greifswald, Greifswald 2002.

18 StAG, Grundstückskartei. Der frühere Greifswalder Stadtarchivar Rudolf Biederstedt dokumentierte mit der Greifswalder Grundstückskartei, die er angesichts der Zerstörung weiter Teile der Altstadt in den 70er und 80er Jahren anlegte, als einziger den ursprünglichen Zustand. Die für die Zeit um 1600 einsetzenden Angaben zu den Besitzverhältnissen praktisch aller Grundstücke innerhalb der früheren Stadtmauern erleichtern die Rekonstruktion der spätmittelalterlichen Zustände und könnten – langfristig – einen Anknüpfungspunkt bieten, um die Besitzverhältnisse von der Gegenwart bis in die Zeit um 1350 zurückzuschreiben. Genauer nachvollzogen wurde dies anhand der Markt-Ostseite und des Gerberviertels, vgl. *Igel*, Greifswalder und Greifswald (wie Anm. 1), S. 399–402 sowie S. 420–423. Zur Archäologie vgl. *H. Schäfer*, Ergebnisse der Stadtkernarchäologie in Greifswald, in: *H. Wernicke (Hrsg.)*, Greifswald. Geschichte der Stadt, Schwerin 2000, S. 443–450.

Soziale Differenzierung im Stadt-Raum

Grundbesitz als Vermögensindikator

Aus den Einträgen im Stadterbebuch konnten die Grundeigentumsverhältnisse in Greifswald für das Jahrhundert zwischen 1350 und 1450 fast lückenlos rekonstruiert werden. Die entscheidende Frage ist aber, wie aus der Datenmenge Hinweise auf soziale Unterschiede zwischen den Bewohnern bzw. Eigentümern der verschiedenen Parzellen herauszufiltern und damit Hinweise auf die soziale Ausdifferenzierung des Greifswalder Stadtraumes zu gewinnen sind.[19]

Naheliegend ist es natürlich, den Umfang des Grundeigentums als Unterscheidungskriterium heranzuziehen. Ein Vergleich auf der Basis des Grundeigentums ist allerdings nicht unproblematisch: Weder läßt sich der Wert der einzelnen Häuser/Grundstücke in ausreichendem Maße erfassen,[20] noch ist zu klären, welchen Anteil der innerstädtische Grundbesitz am gesamten Vermögen ausmachte. Die Relation zwischen Grundbesitz und Vermögen war daneben abhängig von drei, schon von Rolf Hammel-Kiesow angeführten, persönlichen Faktoren, die einen unterschiedlich starken Einfluß ausüben konnten.[21] Dieses waren der ausgeübte Beruf, der je nach Tätigkeit die Motivation zum Grunderwerb verstärken oder abschwächen konnte,[22] die familiäre Herkunft (also beispielsweise ererbtes Grundeigentum) und schließlich das Lebensalter. Für letzteres ist im Idealfall ein Kurvenverlauf nach den Lebenszyklen anzunehmen: In den ersten Jahren der Berufstätigkeit steigt das Vermögen an, bleibt, solange alle Kinder noch im Hause wohnen, über eine längere Zeit auf dem Höhepunkt und beginnt mit der Abschichtung der ausscheidenden Kinder abzunehmen. Geht die Erwerbsfähigkeit verloren, kann dies in ein weitgehendes Aufzehren des Vermögens übergehen.[23]

Um dennoch das Immobilienvermögen als Maßstab nutzen zu können, wurden alle untersuchten Personen einer von zehn Grundbesitzklassen (Gbk) zugeordnet. Die Gbk1 umfaßt dabei alle Personen, die nicht mehr als ein Grundstück gleichzeitig ihr eigen nennen konnten, die Gbk10 entsprechend alle, die zehn oder mehr als zehn Grundstücke gleichzeitig besaßen.[24] Wichtig ist die Beachtung der Gleichzeitigkeit des Grundbesitzes, um jene von einander zu scheiden, die ein umfangreiches Immobilienvermögen akkumulierten oder sich mit ständigen Käufen und Verkäufen rege am Immobilienmarkt beteiligten, ohne eine größere Anzahl gleichzeitig zu besitzen.[25]

---

19 Vgl. *Igel*, Greifswalder und Greifswald (wie Anm. 1), S. 86–94 und 226–241.

20 Vgl. ebd., S. 81–83; *Igel*, Greifswald um 1400 (wie Anm. 1), S. 35.

21 Vgl. *Hammel* (wie Anm. 7), S. 125 f.

22 Vgl. *Igel*, Greifswalder und Greifswald (wie Anm. 1), S. 360 f.

23 Vgl. *Hammel* (wie Anm. 7), S. 126; *K.-J. Lorenzen-Schmidt*, Die Sozial- und Wirtschaftsstruktur schleswig-holsteinischer Landesstädte zwischen 1500 und 1550 (Quellen und Forschungen zur Geschichte Schleswig-Holsteins 76), Neumünster 1980, hier S. 42–44.

24 Vgl. *Igel*, Greifswalder und Greifswald (wie Anm. 1), S. 238 f.

25 Für die Gleichzeitigkeit wurde dabei ein Mindestzeitraum von zwei Jahren festgelegt, um die mögliche zeitliche Verzögerung zwischen Transaktion und Eintrag in das Stadtbuch zumindest teilweise auszugleichen, vgl. ebd., S. 41 f. Die zum Teil nicht geringen Verzögerungen stellen zugleich eine der Unwägbarkeiten dieser Bewertung dar.

Es muß aber noch auf eine Grenze verwiesen werden, die sich aus der quellenbedingten Beschränkung auf den innerstädtischen Grundbesitz ergibt. So bleiben die zum Teil umfangreichen Besitzungen gerade der Ratsfamilien in den umliegenden Dörfern unberücksichtigt und deren Anteil am jeweiligen Gesamtvermögen dürfte recht unterschiedlich gewesen sein.[26] Ein Vergleich zwischen zwei Personen kann auf dieser Basis kaum durchgeführt werden, es sei denn der Unterschied ist deutlich (zum Beispiel Gbk1 und Gbk6), ein Ratsherr der Gbk2 kann aber kaum mit einem Schuster oder Höker der Gbk2 verglichen werden. Zu berücksichtigen wären hier zusätzlich die Dauer des Grundbesitzes und die Qualität der Bebauung, die Beteiligung am städtischen Rentenmarkt und der kaum bestimmbare Anteil anderer Vermögenswerte. Daher wurden in der Auswertung ausgewählte Sozialgruppen in Form von Sammelbiographien auf ihre Beteiligung am Grundstücksmarkt hin untersucht: Wann und auf welche Art (Kauf, Mitgift, Erbschaft) wurde Grundeigentum erworben, wie lange blieb es im Besitz, ist eine Motivation aus gewerblichen oder sozialen Gründen zu erkennen und wo lag der Grundbesitz in der Stadt.[27]

Sozialgruppen im Vergleich

Vergleichen lassen sich die ausgewählten Gruppen nach dem Anteil, den die Grundbesitzer unter ihnen einnahmen, dem Anteil der Gbk1 und dem durchschnittlichen Grundeigentum für alle Mitglieder einer Gruppe bzw. Grundbesitzer innerhalb einer Gruppe (Tab. 1).

Die führende Position unter diesen Sozialgruppen nahmen, wie zu erwarten, die Mitglieder des Greifswalder Rates ein, wobei sich die Bürgermeister innerhalb der Ratsherren noch einmal deutlich abhoben. Auch auf dem nächsten Platz folgt mit den Gewandschneidern eine Gruppe, die ebenfalls zum Teil im Rat vertreten war. Ihnen gemein war, daß für alle Vertreter dieser Gruppen Grundbesitz nachgewiesen werden kann, auch wenn dies für den Gewandschneider Nikolaus Denen nur drei Jahre lang der Fall war[28] und der Ratsherr Wichard Vredeland den größten Teil seiner Amtszeit über keinen Grundbesitz verfügte.[29]

Im Anteil der Grundbesitzer drückt sich die Distanz zu den stärker gewerblich geprägten Gruppen sichtbar aus. Während die Wollweber noch einen auffallend hohen Wert von 60% erreichen, liegt dieser für die folgenden Sozialgruppen zwischen einem Zehntel und einem Drittel. Auf den ersten Blick gehen auch der Anteil der Gbk1 und der Durchschnitt für alle Gruppenmitglieder mit diesem Wert einher. Doch es lassen sich auch Ausnahmen feststellen: Unter den Schustern waren die Grundeigentümer deutlich seltener als unter den Hökern

---

26 So kann der Bürgermeister Arnold Letzenitze nur der Gbk2 zugeordnet werden; nach seinem Testament von 1412 besaß er neben seinem städtischen Grundbesitz aber zwei Höfe in Groß-Kiesow, in Bandelin zwei weitere Höfe und einen Kotten, von denen seine Frau eine jährliche Rente von 38 Mark sundisch und 52 Hühnern erhalten sollte. Darüber hinaus besaß er weitere Höfe und Renten in Niendorp, Negentin, Kemmin, Mursow, Kiesow, Bandelin und Stresow sowie eine Rente von 40 Mark sundisch aus Clusmenshagen, die er für Stiftungen in der Jakobikirche verwandt hatte, vgl. *Igel*, Greifswalder und Greifswald (wie Anm. 1), S. 64–67.

27 Vgl. ebd., S. 244–343 sowie S. 358–361.

28 Vgl. ebd., S. 322.

29 Vgl. ebd., S. 233f. Zum Zeitpunkt seiner Wahl in den Greifswalder Rat besaß er, dem lübischen Recht entsprechend, noch Grundbesitz, lebte dann aber über Jahrzehnte in einem städtischen Haus zur Miete.

und Pferdehändlern; und im Vergleich zu den Wollwebern lag ihr Anteil nur halb so hoch. Auf die Gbk1 entfielen aber nur 55,6% der Schuster, während es bei den Hökern 88,9%, bei den Pferdehändlern 83,3% und auch bei den Wollwebern immerhin 66,7% waren. Fast die Hälfte der grundbesitzenden Schuster konnte wenigstens zeitweilig zwei oder mehr Grundstücke ihr eigen nennen. Damit hoben sie sich von den übrigen gewerblich geprägten Gruppen ab.

Dieser Umstand deutet auf eine stärkere soziale Differenzierung innerhalb der Schuster: fast drei Vierteln ohne Grundeigentum stand ein knappes Viertel gegenüber, das über ein vergleichsweise hohes durchschnittliches Immobilienvermögen verfügte. Hier stellt sich die Frage nach wirtschaftlichen Gründen. Neben einem Schwerpunkt um den Markt fällt für die Schuster eine weitere Konzentration von Grundbesitz im Bereich des Gerberviertels zwischen Weiß- und Rotgerberstraße auf (Abb. 6).[30] Mit den Grundstücken im Gerberviertel bot sich den Schustern die Möglichkeit, selbst für den Eigenbedarf zu gerben bzw. gerben zu lassen. Nach einer Einung zwischen Gerbern und Schustern von vor 1397[31] war diesen das Gerben aber nur noch auf einem eigenen und selbst bewohnten Grundstück erlaubt. Der in den Quellen verfolgbare Grunderwerb durch Schuster in diesem Straßenblock lag aber fast ausschließlich vor 1390, mit einem Schwerpunkt in den 1380er Jahren, zudem wurden diese Parzellen wohl überwiegend nicht von ihnen bewohnt, sondern bildeten einen Nebenbesitz. Vor diesem Hintergrund könnte die Einung von vor 1397 vielleicht auch als Reaktion auf einen wachsenden Konkurrenzdruck auf die Gerber verstanden werden.[32] Der hohe Anteil von Mehrfachbesitz kann also auch auf wirtschaftliche Gründe zurückgeführt werden, die diesem Gewerk zu eigen waren. Er muß also nicht notwendig Vermögensunterschiede gegenüber anderen Sozialgruppen widerspiegeln.

Ähnliches kann auch für die Wollweber angeführt werden, die über einen auffällig hohen Anteil von Grundeigentümern in ihren Reihen verfügten. Bei den betreffenden Grundstükken handelt es sich überwiegend um jene, die als Weberwerkstätten in der Kapaunstraße identifiziert werden konnten (Abb. 6).[33] Hier bestand also eine deutliche Tendenz zum Eigentum an der Werkstatt. Anders als bei den Schustern ist dies aber nicht auf die Statuten des Gewerkes zurückzuführen und der Anteil der Grundeigentümer unter den Wollwebern ist im Vergleich zu den Schustern mehr als doppelt so hoch. Zudem bildete die Werkstatt, die

---

30 Zum Gerberviertel vgl. *P. Enzenberger*, Die Ausgrabungen im Greifswalder Handwerkerviertel, in: *U. Müller (Hrsg.)*, Handwerk – Stadt – Hanse. Ergebnisse der Archäologie zum mittelalterlichen Handwerk im südlichen Ostseeraum (Greifswalder Mitteilungen 4), Frankfurt a. M. 2000, S. 99–113.

31 Vgl. *O. Krause/K. Kunze*, Die älteren Zunfturkunden der Stadt Greifswald. Teil 1, in: Pommersches Jahrbuch 1 (1900), S. 97–169, hier S. 130f.; *D. Kattinger*, Das Greifswalder Handwerk und seine Organisationen im Spätmittelalter, in: *U. Müller (Hrsg.)*, Handwerk – Stadt – Hanse. Ergebnisse der Archäologie zum mittelalterlichen Handwerk im südlichen Ostseeraum (Greifswalder Mitteilungen 4), Frankfurt am Main 2000, S. 81–98, hier S. 84f.

32 Vgl. *Igel*, Greifswalder und Greifswald (wie Anm. 1), S. 312–320, 360 und 425–434. Nach einer bislang unbekannten Einung zwischen Rotgerbern und Schustern, die 1434 in das Greifswalder Stadterbebuch eingetragen wurde, war es den Schustern nun erlaubt, für ihren Eigenbedarf Leder zu kaufen oder gerben zu lassen, wo sie wollten, da die Gerber nicht genug liefern könnten, StAG, Rep. 3 Nr. 16, f 195r. Hundert Jahre später wurde die Gerberei der Schuster wieder auf ihre Wohnhäuser beschränkt, vgl. *Krause/Kunze* (wie Anm. 31), S. 133–139.

33 Vgl. *Igel*, Greifswalder und Greifswald (wie Anm. 1), S. 298–303 sowie unten, Anm. 51.

Teil einer Parzelle mit einem Wohnhaus gewesen sein dürfte, in der Regel das zuerst erworbene Grundstück. Der Erwerb weiteren Grundeigentums, der für immerhin ein Drittel der Wollweber nachgewiesen werden kann, deutet daher durchaus auf höheres Vermögen.[34]

Anders zu bewerten ist der geringere Anteil von Grundbesitz und dessen niedrigerer Durchschnitt, wie er für die kleinkaufmännischen Gruppen der Höker und Marktbudenmieter erkennbar ist. Der Bedarf an speziellen Werkstattbauten bestand für diese Gruppen nicht, wichtiger war die Präsenz auf dem Markt oder in dessen Umfeld, was aber auch in gemieteten Höker- bzw. Marktbuden oder mit einem mobilen Stand geschehen konnte.[35]

Angesichts dieser Befunde muß noch einmal betont werden, daß die Unterscheidung nach dem Grundbesitz sich durchaus zur sozialen Differenzierung innerhalb einer Gruppe eignet. Für einen Vergleich verschiedener Gruppen müssen aber andere Aspekte mitberücksichtigt werden, die in deren wirtschaftlicher Tätigkeit begründet sind und einen Einfluß auf den Umfang des Grundbesitzes haben können.[36]

Markt-Ostseite und Gerberviertel

Nicht nur Sozialgruppen, auch die soziale Struktur von Straßenzügen oder Baublöcken kann mit Hilfe der Grundbesitzklassen betrachtet werden. Allerdings ist dabei die Frage zu beachten, ob der jeweilige Eigentümer das Haus auch wirklich bewohnte oder ob es vermietet war. Als Beispiele sollen hier die Ostseite des Marktes und das Gerberviertel zwischen Rot- und Weißgerberstraße in der Greifswalder Neustadt näher dargestellt werden.

Die Verteilung auf die Grundbesitzklassen zeigt ein sich stark unterscheidendes Bild (Abb. 2 und 4). Nur knapp 15% der Eigentümer entfielen am Markt auf die Gbk1, im Gerberviertel dagegen fast die Hälfte. Nicht einmal ein Viertel besaß hier drei oder mehr Grundstücke gleichzeitig. An der Ostseite des Marktes waren es dagegen annähernd 60%.

Der Unterschied in der sozialen Struktur von Gerberviertel und Markt ist deutlich erkennbar, zumal ein großer Teil jener, die an Rot- oder Weißgerberstraße über umfangreicheren Grundbesitz verfügten, wie die Ratsmitglieder Hinrich Schupplenberg und Mathias Gramsow, nicht in diesem Block wohnten.[37] Andere, wie die Schuster Nikolaus Kogeler senior und Nikolaus Kogeler junior, zogen im Verlauf ihres Erwerbslebens und der Vermehrung ihres Immobilienvermögens aus diesem Viertel fort und wählten einen Wohnort näher zum Markt.[38] Dagegen befanden sich die drei Grundstücke des Gerbers Nikolaus Lüneburg sämt-

---

34 So besaß Johann Snelle zeitweilig drei Grundstücke in der Kapaunstraße, von denen zwei sicher als Weberwerkstätten identifiziert werden können. Daß sich dahinter auch eine entsprechend hohe Produktion verbarg, geht aus den Zahlungen der Wollweber zwischen 1365 und 1381 hervor, über fast den gesamten Zeitraum führte Johann Snelle diese Liste mit großem Abstand an, vgl. ebd., S. 294–298.

35 Zu den Markteinrichtungen vgl. *Igel*, Greifswald um 1400 (wie Anm. 1), S. 26–31.

36 Zu erkennen ist dies auch anhand eines Vergleiches von Grundbesitz und Schoßzahlungen der Marktbudenmieter: Eine uneingeschränkte Kongruenz von versteuertem Vermögen und Immobilienbesitz in der Stadt ist für diese Gruppe nicht gegeben, statt dessen ist im Detail eine Abhängigkeit von der gewerblichen Tätigkeit (Riemenschneider und Schuster in den Neuen Krämerbuden) und deren Erfordernissen erkennbar, vgl. *Igel*, Greifswalder und Greifswald (wie Anm. 1), S. 287–294.

37 Vgl. ebd., S. 245 f.

38 Vgl. ebd., S. 313 und 316.

lich innerhalb dieses Baublockes.[39] Entsprechend des großen Anteils der Gbk1 ist die Zuschreibung des Wohnhauses einfacher.[40] Hinzu kommen jene Eigentümer, für die ein entsprechender Quellenbeleg vorliegt oder deren gesamter Grundbesitz innerhalb des Gerberviertels lag. Von den 119 Personen, denen 149 Eigentumsverhältnisse entsprachen, haben danach wenigstens 83 (70%) zumindest zeitweise hier gewohnt. Von den grundbesitzenden Bewohnern des Viertels gehörten fast 70% der Gbk1 an, während nur drei (3,4%) über drei oder mehr Grundstücke gleichzeitig verfügten. Wird der Grundbesitz als Vermögenskriterium gewertet, gehörten die Bewohner des Gerberviertels überwiegend dem unteren Bereich der grundbesitzenden Schicht an. In diesem Zusammenhang erscheint es sinnvoll, diesen Baublock auch auf den Anteil der Mieter zu untersuchen. Die Bewohner hatten zwar einen Anteil von 70% an den Eigentümern, wird aber der Mehrfachbesitz einzelner dieser Eigentümer innerhalb dieses Straßenblockes berücksichtigt, lag der Anteil nur bei 56%. Wird zudem berücksichtigt, daß ein größerer Teil der Grundstücke statt mit einem Haus mit mehreren Buden bebaut war bzw. Grundstücke an der Rotgerberstraße zum Teil über Buden an der Weißgerberstraße verfügten, also mehrere Haushalte umfaßten, dürften Mieter im Durchschnitt wenigstens die Hälfte der Bewohner dieses Viertels ausgemacht haben.[41]

Im Blick auf die Eigentumsdauer (Abb. 3) lassen sich zwar auch im Gerberviertel längere Zeiträume beobachten, die sich zum Teil über mehrere Jahrzehnte erstreckten und wohl auch mit der besonderen Funktion als Gerberwerkstätten zusammenhingen.[42] Die höchste Kontinuität entfällt dabei, wenig überraschend, auf die Buden des Gramsowschen Konventes (Abb. 3/RotO06).[43] Insgesamt war die Fluktuation der Grundeigentümer aber höher als an der Ostseite des Marktes. Grundstücke, die über mehr als eine Generation im Besitz einer Familie verblieben, lassen sich nur für Hermann Bredeveld und seinen Sohn Peter (Abb. 3/RotO08) sowie den Schuster Nikolaus Kogeler und dessen Söhne Martin und Nikolaus (Abb. 3/RotO12) nachweisen.[44]

Am Markt fällt der hohe Anteil von Ratsherren und Mitgliedern von ratsfähigen Familien unter den Eigentümern auf (Abb. 1). Unter diesen erscheint mit den beiden Familien von Lübeck, den Familien Bucholt, Hilgemann, Lowe, Rubenow und Schupplenberg der größte Teil der führenden Greifswalder Familien. In den 1370er Jahren fanden sich unter den Eigentümern der sechs Grundstücke die Ratsherren Johann Bucholt, Gottschalk von Lübeck, Siegfried von Lübeck und Hinrich Schupplenberg sowie der Bürgermeister Ever-

39 Vgl. ebd., S. 423 f. mit Anm. 1550.

40 Vgl. ebd., S. 440 f.

41 Vgl. ebd.

42 Außer den drei archäologisch dokumentierten Gerberwerkstätten im nördlichen Drittel des Baublokkes, lassen sich wenigstens vier oder fünf weitere Grundstücke an der Ostseite der Rotgerberstraße, für die mehrere Gerber oder Schuster nacheinander als Eigentümer nachgewiesen werden können, als potentielle Gerberwerkstätten ansprechen. An der Westseite der Weißgerberstraße dürfte dies für zwei oder drei der Grundstücke gelten, die nicht als reine Hinterhäuser zur Rotgerberstraße gehörten, vgl. *Enzenberger* (wie Anm. 30); *Igel*, Greifswalder und Greifswald (wie Anm. 1), 423 f. und S. 435.

43 Zu diesem zwischen 1389 und 1397 von Mathias Gramsow gestifteten Armenhaus vgl. ebd., S. 208 f.; *T. Pyl*, Geschichte der Greifswalder Kirchen und Klöster sowie ihrer Denkmäler. Teile 1–3, Greifswald 1885–1887, S. 1336–1338.

44 Vgl. *Igel*, Greifswalder und Greifswald (wie Anm. 1), S. 427 und 429 f.

hard Rubenow; Markt 10b gehörte Lambert Lowe, dem Bruder des Ratsherrn Johann Lowe. Allein der Besitzer von Markt 12b, Mathias Cleinor, war nicht dem Rat verbunden. Der einzige Handwerker, der hier während der gesamten einhundert Jahre nachgewiesen werden kann, war der Goldschmied Martin Runge.[45]

Nicht ganz so eindeutig ist die Zuweisung als Wohnhaus für diese Parzellen zu treffen, wenn dieses nicht aus den Einträgen hervorgeht. Mit hoher Wahrscheinlichkeit ist es natürlich für jene zu bestimmen, die über keinen weiteren Grundbesitz verfügten und auch für die übrigen mag es verlockend erscheinen, ihnen den hervorgehobenen Standort am Großen Markt als Wohnort zuzuschreiben. Doch bewohnte der Bürgermeister Hinrich Schupplenberg nicht sein Haus an der Ecke von Markt und Fuhrstraße, sondern einen Komplex aus drei Parzellen, der sich zwischen Knopf- und Büchstraße erstreckte und dem Hafen fast näher lag als dem Markt.[46] Für 20 der 47 Grundeigentümer an der Markt-Ostseite kann das jeweilige Haus aber mit Sicherheit als Wohnhaus nachgewiesen werden.[47]

Ratsherren und Handwerker

Die Kartierung der Wohnhäuser der Greifswalder Ratsherren (Abb. 5) zeigt einen Schwerpunkt für die Ost- und Südseite des Marktes sowie für die Knopfstraße. Schon mit Abstand folgen Fisch-, Büch- und Steinbeckerstraße, nur wenige Nachweise finden sich für die Brügg- und Kuhstraße – die Neustadt bleibt fast gänzlich unberührt. Wird der Blick auf die Bürgermeister beschränkt, verstärkt sich dieser Eindruck: zwei Bürgermeister im östlichen Teilstück der Langen Straße, zwei südlich des heutigen Rubenowplatzes in der Neustadt und nur je einer in der Fisch- und in der Brüggstraße – dagegen fünf Nachweise in der Knopfstraße und gleich sieben am Markt. Für sechs der 25 Bürgermeister kann das Wohnhaus aber nicht mit Sicherheit identifiziert werden. Damit wird die Grenze dieser Betrachtung aufgezeigt, die Nachweise sind zudem häufig punktuell und sagen wenig darüber aus, wie lange bestimmte Häuser und Straßenzüge von Mitgliedern des Rates bewohnt wurden.[48]

Auch ein Blick auf die räumliche Verteilung des Grundbesitzes (Abb. 6) ausgewählter Gewerbe verweist auf Schwerpunktbildungen, aber auch auf Bereiche, die weitgehend unberührt blieben. Räumliche Konzentrationen bestimmter Gewerbe finden sich zum Beispiel für die lederverarbeitenden Handwerke, neben Rot- und Weißgerber vor allem auch Schuster, die auf eigenem Grund für den Eigenbedarf Leder gerben durften.[49] Archäologische Untersuchungen brachten hier mehrere Gerberwerkstätten zutage.[50] Daneben verfügten

45 Vgl. ebd., S. 402–406.

46 Vgl. ebd., S. 410.

47 Vgl. ebd., S. 402–406.

48 Für eine genauere Untersuchung wurde zusätzlich der Zeitraum kartiert, über den sich Grundstücke im Besitz von amtierenden Ratsherren befanden, vgl. *Igel*, Greifswald um 1400 (wie Anm. 1), S. 37–42, besonders Abb. 7.

49 Vgl. oben, besonders Anm. 31 und 32.

50 Vgl. *Enzenberger* (wie Anm. 30); *ders.* Ein Handwerkerquartier in der Greifswalder Innenstadt am Übergang vom 13. zum 14. Jahrhundert. Beitrag zur Darstellung der Siedlungs- und Produktionsweise in einem spätmittelalterlichen Handwerkerviertel, Diss. Greifswald 2000. Eine ausführliche Betrachtung des Handwerks im südwestlichen Ostseeraum steht von einer Dissertation zu erwarten, die von Frau Doris Bulach (Berlin/Greifswald) im Rahmen eines interdisziplinären Projektes zur „In-

Schuster aber auch in größerem Umfang über Grundbesitz entlang der Langen Straße und im Schuhhagen. Wollweber lassen sich in einer dichten Reihung auf der Westseite der Kapaunstraße nachweisen, nach den schriftlichen Quellen können diese Grundstücke auch als Weberwerkstätten identifiziert werden.[51] Im nördlichen Abschnitt der Büchstraße finden sich gehäuft Böttcher, etwas weniger zahlreich auch in den hafennahen Teilen von Brügg- und Kuhstraße. Die Knochenhauer erwarben ihren Grundbesitz in erster Linie in der Fleischer- und der Kuterstraße in der unmittelbaren Umgebung des zwischen diesen Straßen gelegenen städtischen Fleischscharrens.[52] Die Bäcker verteilten sich hingegen stärker über die Stadt, typisch sind Ecklagen, die auch für die Backhäuser beobachtet werden können.[53] Ähnliches gilt für Schmieden mit Konzentrationen in der Fuhrstraße zum Mühlentor hin, zwischen Markt und Fleischertor, entlang der Langen Straße und innen vor dem Steinbecker Tor, damit befanden sie sich zum Teil in zentralen Bereichen der Stadt und nicht nur an deren Rand.[54] Die starke Häufung verschiedener Gewerbe in der Hökerstraße kann auf die dort gelegenen Hökerbuden zurückgeführt werden, die nicht nur von dem namensgebenden, sondern auch von anderen Gewerben für den Marktverkehr genutzt wurden.[55]

Weitestgehend frei von gewerblichem Grundbesitz blieben die Stremelower Straße und der Bereich südlich von St. Jakobi und St. Nikolai, hier befanden sich vor allem große Grundstücke, die überwiegend im Besitz führender Familien der Stadt waren.[56] Dünn sind aber auch die Nachweise rund um den Großen Markt und in der Knopfstraße, in der letzteren waren es fast nur Schneider, die zusammen mit den Pelzern, Schmieden und Schustern zu den „Vier Gewerken", den führenden Handwerksämtern Greifswalds zählten.[57]

Die Bauform als Sozialkriterium

Auch die bauliche Ausgestaltung der Stadt kann Hinweise auf die soziale Strukturierung innerhalb des Stadtraumes bieten.[58] Dabei sind natürlich jene Baubeschreibungen in den

---

novation und Professionalisierung des mittelalterlichen Handwerks im südlichen Ostseeraum" am Greifswalder Lehrstuhl für Osteuropäische Geschichte erarbeitet wird. Für die kritische Lektüre dieses Beitrages habe ich ihr zu danken.

51 Dies ergibt sich eindeutig aus den Statuten dieses Amtes von 1445, vgl. *O. Krause/K. Kunze*, Die älteren Zunfturkunden der Stadt Greifswald. Teil 2, in: Pommersches Jahrbuch 2 (1901), S. 109–159, hier S. 151–155; *Igel*, Greifswalder und Greifswald (wie Anm. 1), S. 298 f. Die ehemalige Stremelower Straße trägt ihren heutigen Namen Wollweberstraße aus mittelalterlicher Perspektive also zu Unrecht, *Kattinger* (wie Anm. 31), S. 87, wollte allerdings noch aufgrund des Namens dort die Wollweber lokalisieren.

52 Vgl. *Igel*, Greifswald um 1400 (wie Anm. 1), S. 28 sowie Abb. 3.

53 Vgl. *Igel*, Greifswalder und Greifswald (wie Anm. 1), S. 181 f. und Stadtplan 20.

54 Vgl. ebd., S. 177 f. und Stadtplan 19.

55 Zu den Hökerbuden vgl. *Igel*, Greifswald um 1400 (wie Anm. 1), S. 29.

56 Vgl. ebd., S. 38–42.

57 Vgl. *Kattinger* (wie Anm. 9), S. 39.

58 Vgl. dazu und den zu berücksichtigenden Einschränkungen *K. Igel*, Auf der Spur des Stadt-Raums. Osnabrücker Quellen zur Raumsoziologie der mittelalterlichen Stadt, in: *A. Friederichs/K. Igel/B. Zehm (Hrsg.)*, Vom Großsteingrab zur Domburg. Forschungsorientierte Denkmalpflege im Osnabrücker Land. Festschrift für Wolfgang Schlüter zum 65. Geburtstag (Internationale Archäologie. Studia honoraria 19), Rahden/Westf. 2002, S. 139–160, hier S. 156–158.

Stadtbüchern von Interesse, die von der Norm – in Greifswald die Bezeichnung als *hereditas* – nach oben oder unten abweichen. Die Übersichtskarte der Bauformen um 1400 (Abb. 7) zeigt entsprechend Bauten, die nach dem Quellenbefund zu diesem Zeitpunkt „steinern" waren, also über eine steinerne Straßenfassade verfügten, sich somit nach oben hin abhoben, und Buden, die als einfache, kleinräumige Wohnbauten am unteren Rand angesiedelt waren.[59] Die ebenfalls verzeichneten Traufenhäuser sind dagegen als ambivalent zu betrachten. So konnten sowohl herausgehobene und große Steinbauten wie Fischstraße 17 und 18 in der Nähe des Marktes bezeichnet werden,[60] wie auch Baueinheiten, die mit in der Regel dann mehreren Buden identisch waren.[61] Die Karte bietet dabei keinen vollständigen Überblick, sondern nur die in den Stadtbüchern nachweisbaren Baubeschreibungen.[62] Für die Knopf-, Büch- und Fischstraße muß sogar davon ausgegangen werden, daß schon vor 1400 die steinerne Straßenfassade typisch war, da für diese Straße schon zu diesem Zeitpunkt die Beschreibung „steinern" nicht mehr verwandt wurde, also kein geeignetes Unterscheidungskriterium mehr bildete.[63]

Angesichts einer großen Zahl steinerner Giebel- und Traufenhäuser heben sich der Markt und die drei schon genannten, von diesem zum Hafen hinunter führenden Straßen, vom übrigen Stadtgebiet deutlich ab. An diese reichen nur noch die Steinbecker und die Brüggstraße heran. Dagegen lassen sich entlang der Hafenmauer, besonders in der Hunnen- und Weißgerberstraße, aber auch in den Straßen der Neustadt, Buden in großer Zahl nachweisen. Diese finden sich aber ebenso in unmittelbarer Nähe zum Markt, neben den Hökerbuden in der Hökerstraße auch in der Kuterstraße, der heutigen Domstraße, der Oberen Steinbeckerstraße und den zum Mühlentor führenden Straßen. Die Buden in der Lappstraße bildeten die rückwärtige Bebauung zu Grundstücken am Markt bzw. in der Schmiedestraße.[64] Letztlich spiegelt sich auch in der Bebauungsstruktur ein Bild wider, das schon in der Kartierung der Ratswohnhäuser und des Grundbesitzes verschiedener Handwerker zu erkennen war.

---

59 Zu den Buden vgl. *M. Scheftel*, Gänge, Buden und Wohnkeller in Lübeck (Häuser und Höfe in Lübeck 2), Neumünster 1988. Zum Hausbau in Greifswald neuerdings: *H. Schäfer*, Früher Holz- und Steinbau in der Hansestadt Greifswald, in: *M. Gläser (Hrsg.)*, Lübecker Kolloquium zur Stadtarchäologie im Hanseraum III. Der Hausbau, Lübeck 2001, S. 421–431; *ders.*, Früher Holz- und Steinbau in der Fernhandelsstadt Greifswald, in: Jahrbuch für Hausforschung 49 (2002), S. 183–192; *J.C. Holst*, Hausforschung in Greifswald. Versuch eines Überblicks, in: Jahrbuch für Hausforschung 49 (2002), S. 287–322; allgemeiner: *Ders.*, Lübisches Baurecht im Mittelalter, in: Jahrbuch für Hausforschung 49 (2002), S. 115–182; *B. Rimpel*, Stadtgestalt und Stadtbild Greifswalds vom Mittelalter bis 1780, in: *H. Wernicke (Hrsg.)*, Greifswald. Geschichte der Stadt, Schwerin 2000, S. 451–467.

60 Vgl. *Igel*, Greifswalder und Greifswald (wie Anm. 1), S. 129; *G. Dehio*, Handbuch der deutschen Kunstdenkmäler: Mecklenburg-Vorpommern, bearb. von *H.C. Feldmann*, München/Berlin 2000, S. 186.

61 Vgl. *Igel*, Greifswalder und Greifswald (wie Anm. 1), S. 130.

62 Vgl. ebd., S. 73f. und S. 122f. Dies hängt zudem auch von der Häufigkeit einer Transaktion für ein Grundstück und damit der Häufigkeit einer Nennung ab.

63 Vgl. ebd., S. 125–127; *Igel*, Greifswald um 1400 (wie Anm. 1), S. 32 und Abb. 4.

64 Vgl. *Igel*, Greifswalder und Greifswald (wie Anm. 1), S. 136–138.

Sozialtopographie – abschließende Gedanken

Die Verknüpfung unterschiedlicher Informationen über Bebauung und Bewohner bildet das Grundgerüst, auf das Aussagen über Stadtgestalt und Sozialtopographie des spätmittelalterlichen Greifswalds gestützt werden können. Ebenso wie verschiedene Bauformen (Steinhaus contra Bude) Hinweise auf soziale Differenzierungen innerhalb des Stadtbildes liefern, können auch die Gewerbe der Grundstückseigentümer auf Werkstatt- und Lagerbauten und somit auf die bauliche Ausgestaltung und gewerbliche Schwerpunkte in der Stadt deuten.

Die bauliche Gestalt und ihre unterschiedliche Ausformung in den verschiedenen Bereichen der Stadt läßt sich aus den Einträgen der Stadtbücher gut nachvollziehen. Das dabei gewonnene Bild ist aber nicht statisch, auch die Versteinerung der Altstadt im Verlauf der zweiten Hälfte des 14. Jahrhunderts und damit eine Veränderung im Stadtbild spiegelt sich in den Stadtbüchern. Keine Veränderungen können über das betrachtete Jahrhundert in der Wahl bevorzugter Wohnorte mit hohem Sozialprestige und in der Verteilung der Gewerbe in der Stadt beobachtet werden. Hier liegt auch eine der Grenzen der Rekonstruktion: Für die meisten Sozialgruppen gibt es nur eine zufällige Überlieferung, für wenige ist eine vollständige Übersicht – und auch meist nur für ein Stichjahr – erhalten. Vollständigkeit über den gesamten Zeitraum besteht nur für die sozial führende Gruppe der Ratsherren. Bestimmte Gewerbe sind gar nicht zu fassen, da ihre Mitglieder nur sehr selten oder niemals Grundbesitz erwerben konnten und somit in den Stadtbüchern nicht in Erscheinung traten. Nach den Ergebnissen der Auswertung lag der Anteil der Mieter an der Greifswalder Bevölkerung bei über 50%.[65] Dieser Befund wirkt als einer der am stärksten begrenzenden Faktoren, denn mehr als die Hälfte der Bevölkerung muß durch das Netz einer Betrachtung fallen, die sich weitgehend auf den Grundbesitz stützt.

Die zweite, nur eingeschränkt durchlässige Grenze folgt aus dem Mangel an harten Daten zur sozialen Differenzierung der Bevölkerung. Dieser Mangel ist aber ein Problem, das der Untersuchung mittelalterlicher Städte gemein ist. Denn auch die seltene Existenz von erhaltenen Steuerverzeichnissen in dichter und langer Folge liefert Antworten, die nicht selten nur eine scheinbare Sicherheit bieten.[66] Daß die Mitgliedschaft in bestimmten Sozialgruppen nicht mit einer sozialen Schichtung einherging, sondern eine zum Teil deutliche soziale Differenzierung sich auch durch diese Gruppen zog, läßt sich an verschiedenen Beispielen beobachten. Auch die vorgenommene Bewertung nach dem Grundbesitz in der Stadt kann nur als Hilfsmittel für eine grobe Unterscheidung dienen, weder ist dabei erkennbar, welchen Anteil am jeweiligen Vermögen er ausmachte, noch ist der Wert einzelner Grundstücke vergleichbar oder der Hintergrund eines Grunderwerbes in jedem Falle nachvollziehbar.

Auch wenn mit der Betrachtung der Sozialgruppen kein unmittelbarer Blick auf die soziale Schichtung der städtischen Gesellschaft geworfen werden kann, so ist dieser Zugriff dennoch sinnvoll. Zumindest innerhalb dieser Gruppen läßt sich die Sozialstruktur genauer untersuchen, können die Motivationen, die zum Erwerb von Grundeigentum führten und nicht für jede Gruppe gleich waren, hinterfragt werden. Die Verteilung ihrer Grundstücke

---

65 Vgl. ebd., S. 376–386.

66 In der Folge meiner Untersuchung bereitet zur Zeit Frau Julia Hamelmann (Münster) eine Dissertation an der Universität Münster bei Prof. Dr. Dietrich W. Poeck zur Altstadt Rostock vor, in der sie die erhaltenen Schoßverzeichnisse mit den Stadtbucheinträgen verknüpfen will.

über die Stadt läßt zusammen mit den Befunden zur Bebauungsstruktur auf die Gewerbe- und Sozialtopographie schließen. Letztere kann zwar nicht nach statistischen Vermögenswerten differenziert werden, die aber auch die Schärfe der Unterschiede überbetonen könnten, das Zusammenspiel der Elemente aus verschiedenen Perspektiven dürfte allerdings ein ausgewogeneres und nur scheinbar unschärferes Bild der gesamten Stadt bieten.

Dem beschriebenen Weg folgend, lassen sich verschiedene Bereiche in der Stadt abgrenzen, die in ihrer Bebauungsstruktur, in der Zugehörigkeit ihrer Bewohner zu verschiedenen Sozialgruppen und der Ausbildung gewerblicher Schwerpunkte differierten. Unterschiede können aber auch an räumlichen Beziehungen, dem Bezug zu Markt und Hafen, zu den Kirchen und den Straßen untereinander festgemacht werden. Die Nähe zu Hafen und Markt muß dabei für das Greifswalder Beispiel als positives Kriterium bewertet werden.[67] Aber auch diese Bereiche waren keineswegs konform, sondern in sich differenziert: Im Bereich zwischen Markt und Hafen waren der östliche Bereich des Marktes und die Knopfstraße noch einmal besonders hervorgehoben – sowohl durch die frühzeitige Versteinerung wie durch den hohen Anteil der Ratsmitglieder unter den Grundeigentümern und Bewohnern. Aber auch die Büch- und Fischstraße unterschieden sich in diesen Aspekten deutlich von den übrigen Bereichen und Straßen Greifswalds.

Abschließend seien Problem und Chance der Methode noch einmal zusammengefaßt: Detailliert untersuchen lassen sich jene Personen, die sich über einen großen Teil ihres Erwerbslebens mehr oder minder stark auf dem Grundstücksmarkt betätigten. Für sie können häufig das Wohnhaus lokalisiert und mögliche Umzüge in der Stadt nachvollzogen werden, zumindest grob lassen sie sich in eine soziale Schichtung einordnen. Was für einzelne Einwohner der Stadt, auch für einzelne Gruppen, durchführbar ist, kann in dieser Detailtiefe aber nicht auf die städtische Gesellschaft als Ganzes übertragen werden, deren Mitglieder überwiegend gar nicht oder nur kurzzeitig über Grundeigentum verfügten. Und dennoch zeichnet sich aus dem Zusammenspiel der verschiedenen historischen, archäologischen und bauhistorischen Befunde ein Bild ab, das einen Überblick über die Stadt und ihre Gesellschaft in ihrer Gesamtheit erlaubt. Die Verteilung der Sozialgruppen, der verschiedenen Gewerbe und die unterschiedliche Bebauung in der Stadt erlauben auch Rückschlüsse auf jene Einwohner, die sich nicht oder nur kaum am Grundstücksmarkt beteiligten.

---

67 Dies entspricht zwar dem gängigen Bild, ist aber keineswegs grundsätzlich typisch – für Städte mit einer Verfassung, die auf Vierteln beruht (z. B. Braunschweig, Osnabrück und Soest), muß von einer Polyzentralität auch in der Sozialtopographie ausgegangen werden, vgl. dazu *K. Igel*, Zentren der Stadt. Überlegungen zu Stadtgestalt und Sozialtopographie des spätmittelalterlichen Osnabrücks, in: Osnabrücker Mitteilungen 106 (2001), S. 11–47, hier S. 45 f.; *ders.*, Von der Straße zum Platz. Der Osnabrücker Markt – ein Stadt-Raum im Wandel, in: *W. Schlüter (Hrsg.)*, Mercatum et Monetam. 1000 Jahre Markt-, Münz- und Zollrecht in Osnabrück (Schriften zur Archäologie des Osnabrücker Landes III), Bramsche 2002, S. 171–196, hier S. 192–195; *ders.* (wie Anm. 58), S. 157 f.

Tab. 1: Sozialgruppen im Vergleich

Gruppe	Anzahl	Anteil Grund-eigentümer in %	$\text{Anteil}_{\text{grund}}$ Gbk1 in %	Ø_{alle}	Ø_{grund}
Bürgermeister	22	100,0	9,1	4,91	4,91
Ratsherren	134	100,0	16,4	3,65	3,65
Gewandschneider	25	100,0	36,0	2,52	2,52
Wollweber	9	60,0	66,7	1,00	1,67
Schuster	9	27,3	55,6	0,52	1,89
Pferdehändler	6	33,3	83,3	0,44	1,33
Mieter Alte Krämerbuden	12	28,6	75,0	0,38	1,33
Höker	9	31,0	88,9	0,34	1,11
Mieter Neue Krämerbuden	10	22,7	80,0	0,30	1,30
Mieter Tuchschererbuden	5	10,4	80,0	0,21	2,00

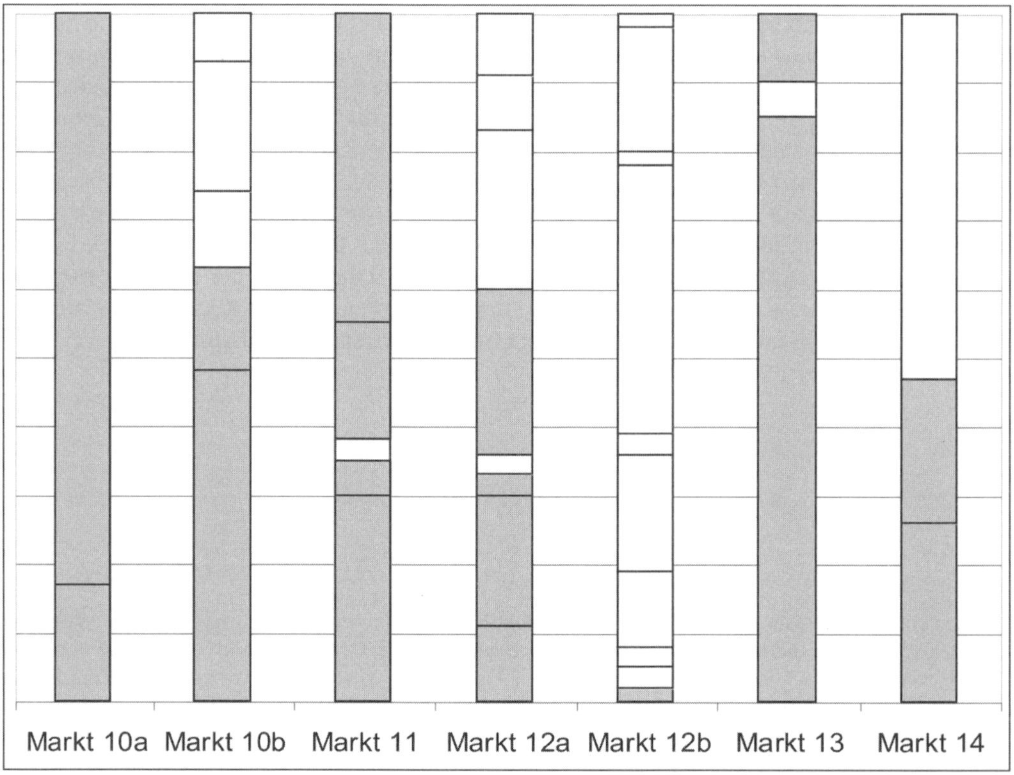

Abb. 1: Eigentumsdauer Markt-Ostseite (grau hinterlegt: Ratsfamilien).

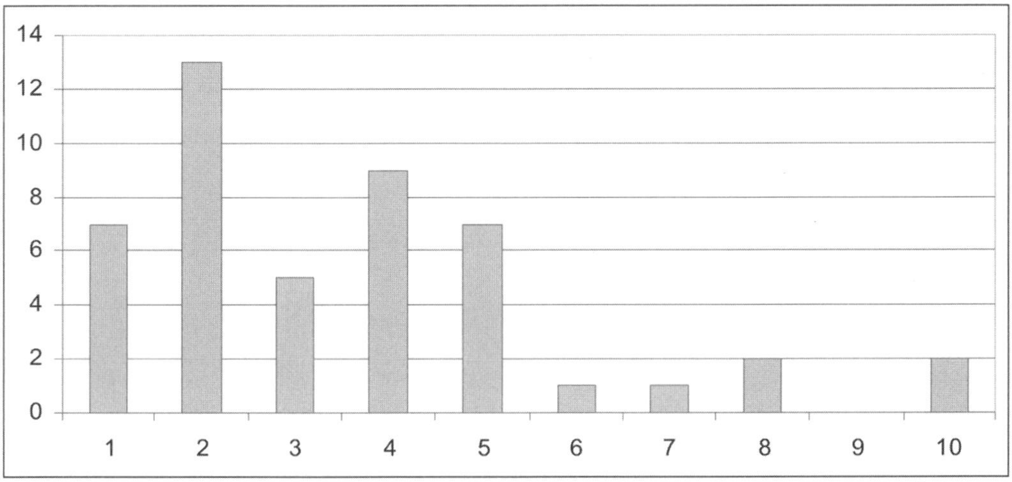

Abb. 2: Eigentümer an der Markt-Ostseite nach Grundbesitzklassen.

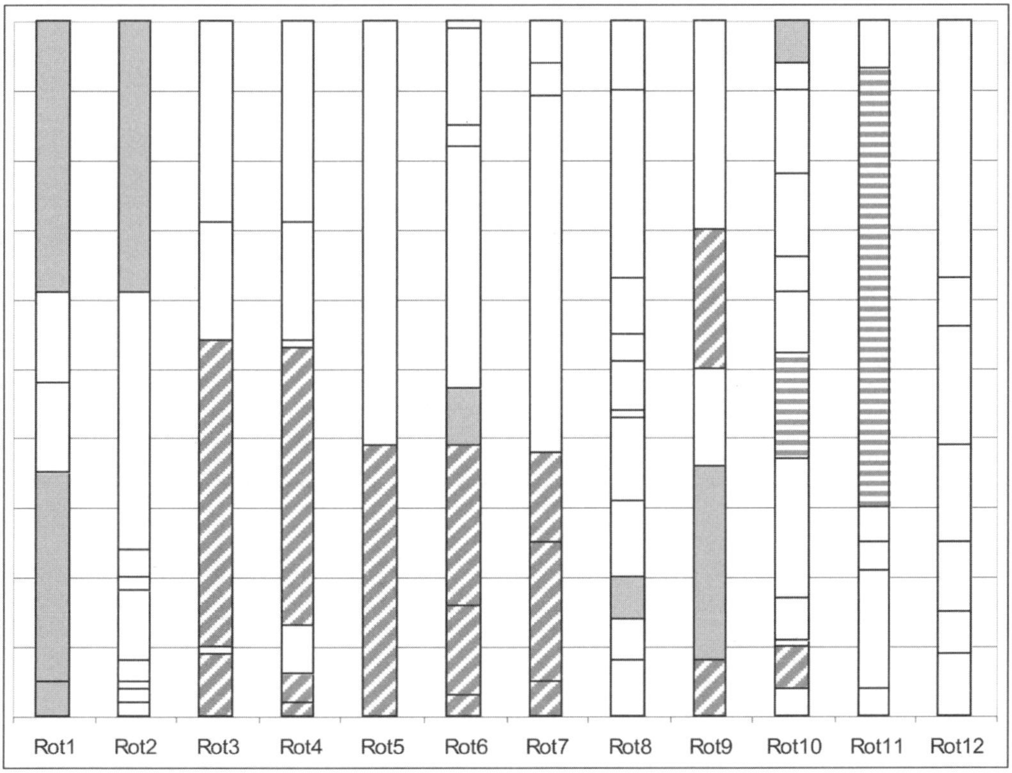

Abb. 3: Eigentumsdauer Rotbergstraße-Ostseite (grau hinterlegt: Ratsfamilien; schraffiert: Gerber; quergestreift: Schuster).

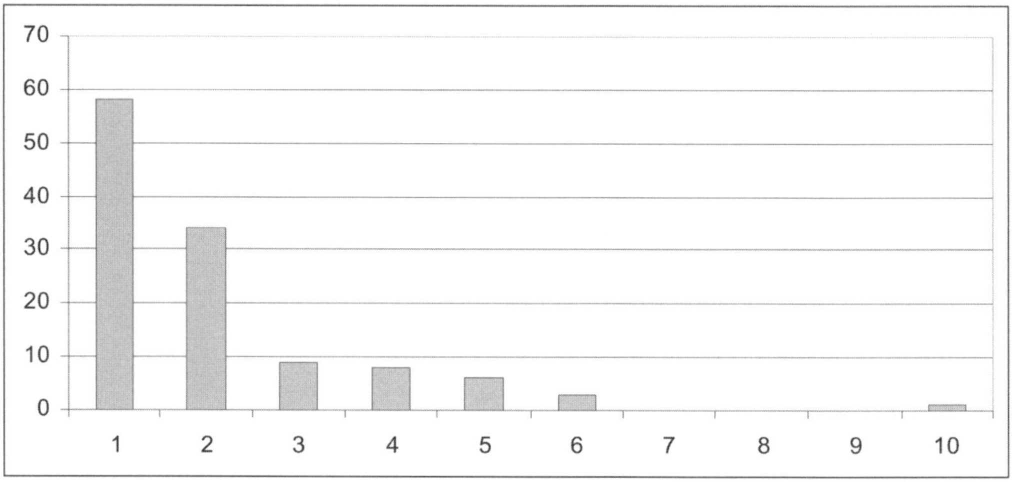

Abb. 4: Eigentümer im Gerberviertel nach Grundbesitzklassen.

Abb. 5: Wohnhäuser von Greifswalder Bürgermeistern und Ratsherren (1351–1450).

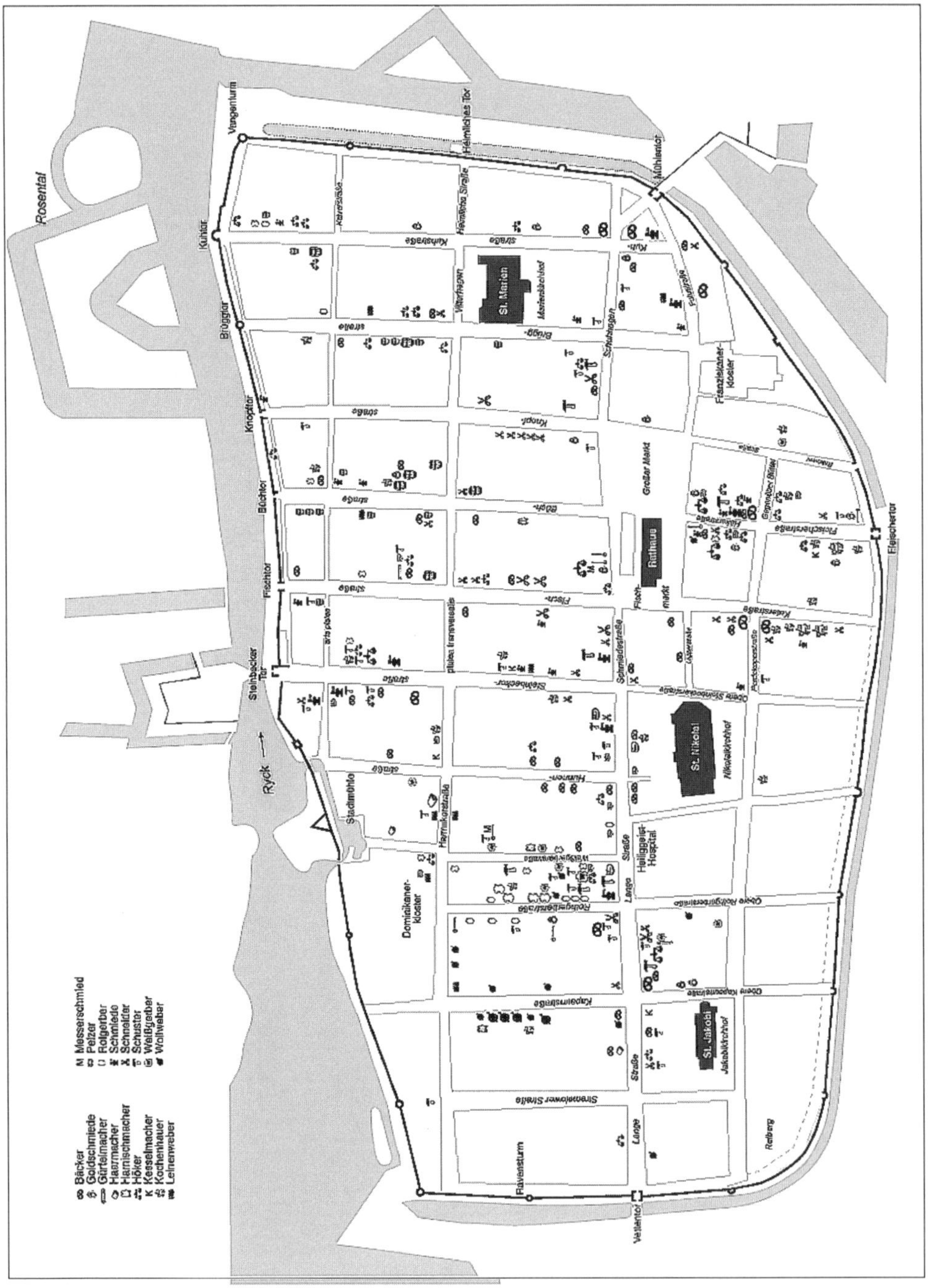

Abb. 6: Grundbesitz ausgewählter Gewerbe in Greifswald (1351–1450).

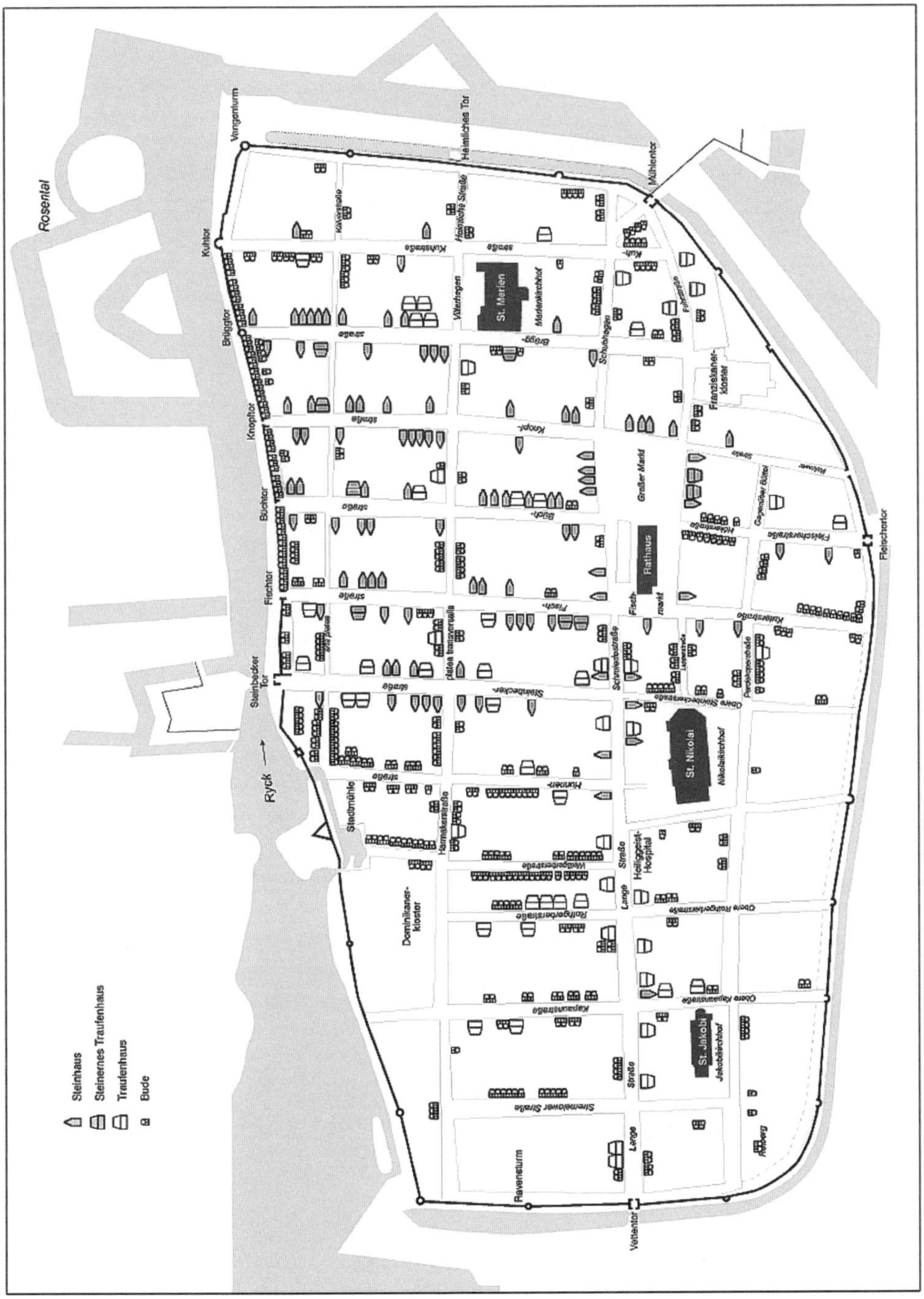

Abb. 7: Bauformen in Greifswald um 1400.

Versuch einer Vermögenstopographie für die Stadt Wittenberg in der ersten Hälfte des 16. Jahrhunderts

Monika Lücke, Halle (Saale)

Vorbemerkungen

Die Nennung Wittenbergs läßt sofort Assoziationen mit Namen wie Luther, Melanchthon, Bugenhagen oder auch mit den ernestinischen Kurfürsten Friedrich den Weisen, Johann und Johann Friedrich sowie ihren Hofmaler Lucas Cranach aufkommen, auch denkt man an den Bau des Residenzschlosses der Ernestiner, die Gründung der Universität 1502, Luthers Thesen und die Reformation.

Die dazu vorliegende Literatur scheint kaum noch zu bewältigen, jedoch fehlen archivalische Forschungsergebnisse als Antwort auf detaillierte Fragen zur Biographie einzelner Persönlichkeiten in Wittenberg. Den Ausgangspunkt für die vorliegenden Untersuchungen bildeten Fragen nach den Lebensumständen des Malers Lucas Cranach in der Stadt. Es war vor der Sanierung der Cranach-Höfe nicht möglich, zweifelsfrei festzustellen, wo in der Stadt der Maler zu welcher Zeit lebte, obwohl er fast 45 Jahre seines Lebens dort verbrachte und die Forschungen zu seinem Leben und Werk vor 150 Jahren einsetzten.[1]

Die Forschungen zur Wittenberger Geschichte haben eine lange Tradition, erste Veröffentlichungen aus der archivalischen Überlieferung waren bereits in den von Förstemann herausgegebenen „Mitteilungen aus dem Gebiet historisch-antiquarischer Forschungen" erschienen.[2] Die Publikation von Zufallsfunden führte jedoch nicht zu einer systematischen Aufbereitung und Auswertung der Überlieferung.

Nachdem 1927 eine erste – übrigens Hallische Dissertation – von Edith Eschenhagen unter dem Titel „Beiträge zur Sozial- und Wirtschaftsgeschichte der Stadt Wittenberg zur

---

1 Erschwerend wirkt sich hier auch ein deutliches Übergewicht zugunsten der Publikationen zur lutherischen Reformation aus. Dokumentiert wird das Mißverhältnis in den Forschungen zur Wittenberger Geschichte deutlich in einer Publikation zur 700-jährigen Geschichte der Stadt, die urkundlich erstmals 1293 erwähnt wurde und deren Anfänge schon im 12. Jahrhundert liegen dürften, vgl. *S. Oehmig (Hrsg.)*, Siebenhundert Jahre Wittenberg. Stadt – Universität – Reformation, Weimar 1995. In diesem Band gelten der Zeit vor 1500 von 575 Seiten etwa 25 (das entspricht 4,3%). Für die Geschichte Wittenbergs unter den Herzögen von Sachsen-Wittenberg oder unter den Wettinern seit 1423 (Markgraf Friedrich IV. von Meißen) sowie die Anfänge der Residenz unter den Ernestinern ist dies sicher zu wenig. Der weitaus überwiegende Anteil lag im 16. Jahrhundert. Erwähnenswert ist in diesem Zusammenhang eine erste Publikation zur Geschichte des Herzogtums Sachsen-Wittenberg: *L. F. Beck*; Herrschaft und Territorium der Herzöge von Sachsen-Wittenberg (1212–1422), Potsdam 2000.

2 *K.-E. Förstemann*, Einige Mitteilungen aus Wittenberger Kämmereirechnungen bzw. einiges zu Lucas Cranachs Leben und über seine Nachkommen sowie Mitteilungen aus den Wittenberger Kämmereirechnungen in der ersten Hälfte des 16. Jahrhunderts, in: Mitteilungen aus dem Gebiet historisch-antiquarischer Forschungen 2 (1836), S. 646–653 u. 3 (1837), S. 103–119.

Reformationszeit" erschien, war der Blick zumindest auf die umfangreich vorhandenen Archivalien gelenkt.

Eine Fortsetzung fanden die begonnenen Forschungen dann erst durch Manfred Straube in seinen Aufsätzen zu sozialen Problemen und zur wirtschaftlichen Stellung Wittenbergs im 16. Jahrhundert in den 1980er und 1990er Jahren.[3]

Manfred Straube erkannte die Bedeutung der Steuerlisten und Amtsbücher als „relativ günstige Quellengruppen für die Untersuchung der Bevölkerungs-, Vermögens- und Sozialstruktur".[4] Leider gehen die Forschungen oftmals nicht über eine auf statistischen Grundlagen basierende Auswertung von einzelnen Beständen der Wittenberger Archivalien hinaus. Außerdem müssen in diesem Zusammenhang auch die Untersuchungen von Stephan Oehmig zum Wittenberger Gemeinen Kasten und zur Wittenberger Bewegung genannt werden.[5]

Die bei Straube benannten Grenzen der Verwertbarkeit der Archivalien hinsichtlich des Umfeldes von Luther, Melanchthon, Cranach und anderen kann nur mit einer umfassenden, alle Möglichkeiten der Verknüpfung ausnutzenden Aufbereitung des Materials über einen längeren Zeitabschnitt überwunden werden.

Der folgende Aufsatz soll nicht nur Möglichkeiten der Auswertung der Wittenberger städtischen Archivalien aufzeigen, sondern auch zu weiteren Untersuchungen, z.B. in den kursächsischen Residenzstädten, Anregungen geben. In den letzten Jahren konnte wiederholt beobachtet werden, daß die Archivalien des Wittenberger Stadtarchivs in der Vergangenheit nur unzureichend bearbeitet und ausgewertet worden waren.

Die Wittenberger Archivalien

Welche Archivalien stehen für eine Datenbank, in der die Grundlagen der Vermögensverhältnisse der Wittenberger Bürger erfaßt werden könnten, zur Verfügung? Zuerst sind die zwölfbändigen Urbarien, eine besondere Form von Stadtbüchern, mit etwa je 800–1000 Blatt zu nennen. Sie bieten eine wahre Fundgrube hinsichtlich der Besitzverhältnisse in der Stadt und den Vorstädten zu ihrer Entstehungszeit um 1720–1750. In diesen Urbarien werden in einem Straßenviertel- und Häuserverzeichnis die Besitzer für die einzelnen Grundstücke von 1500 bis zum Anfang des 18. Jahrhunderts erfaßt, in Übersichten und farbig gestalteten Karten diese Besitzverhältnisse dargestellt. Die Aufzeichnungen zu den Haus-

---

3 *M. Straube*, Zur wirtschaftlichen Stellung Wittenbergs in der ersten Hälfte des 16. Jahrhunderts, in: Jahrbuch für Regionalgeschichte 10 (1983), S. 49–69; *ders.*, Soziale Struktur und Besitzverhältnisse in Wittenberg zur Lutherzeit, in: Jahrbuch für Geschichte des Feudalismus 9 (1985), S. 145–187; *ders.*, Wittenberg in den Anfangsjahren der Universität und der Reformation. Wirtschaftliche Herausforderungen und soziale Probleme am Beginn einer neuen Stadtentwicklung, in: *S. Oehmig (Hrsg.)*, Siebenhundert Jahre Wittenberg. Stadt – Universität – Reformation, Weimar 1995, S. 431–448.

4 *Straube*, Soziale Struktur (wie Anm. 3), S. 145.

5 *S. Oehmig*, Der Wittenberger Gemeine Kasten in den ersten zweieinhalb Jahrzehnten seines Bestehens (1522/23–1547), 2 Teile, in: Jahrbuch für Geschichte des Feudalismus 12 (1988), S. 229–269 u. 13 (1989), S. 133–179; *ders.*, Die Wittenberger Bewegung 1521/22 und ihre Folgen im Lichte alter und neuer Fragestellungen. Ein Beitrag zum Thema (Territorial-)Stadt und Reformation, in: *Ders. (Hrsg.)*, Siebenhundert Jahre Wittenberg. Stadt – Universität – Reformation, Weimar 1995, S. 97–130.

besitzern wurden so angelegt, daß in den einzelnen Spalten die Besitzer der Häuser über mehrere Jahre (1500–1505, 1506–1512, 1513–1518, 1519–1524 etc.) eingetragen werden konnten.[6] So sind Besitzerwechsel von Grundstücken innerhalb dieser Zeiträume nicht zu erfassen. Außerdem gab es schon im Abfassungszeitraum der Urbarien Probleme mit der Auswertung der zeitgenössischen Steuerregister.[7]

Ergänzend nahm man in die Urbarien wichtige Verträge und Vereinbarungen zwischen dem Rat der Stadt und dem Kurfürsten auf, verschiedentlich auch Privilegien (u.a. einen Briefwechsel zum Weinschankprivileg Cranachs, Teile von Steuerlisten, Verpachtungen städtischer Ländereien). Die Qualität der von den Schreibern kopierten Originale ist unterschiedlich, mitunter fügten sie auch einzelne originale Dokumente in die Kopialbücher ein, wie zum Beispiel die kurfürstliche Bestätigung des Rates von 1525, in der u.a. Lucas Cranach der Ältere als Ratsmitglied genannt wurde. Die Kopialbücher bildeten auch die Grundlage für die vielgenutzte Publikation zu den Denkmalen der Stadt Wittenberg.[8]

Die archivalische Überlieferung aus dem 16. Jahrhundert ist reichhaltiger als es zunächst den Anschein hat. Auffällig eine Anzahl von Stadtbüchern mit offiziellen Eintragungen, die im Zusammenhang mit der städtischen Verwaltungstätigkeit entstanden. Eine bis heute stark vernachlässigte Quelle zur Wittenberger Geschichte sind die Kämmereirechnungsbücher, welche die städtische Haushaltspolitik dokumentieren. Diese Rechnungsbücher sind für den Zeitraum von 1410–1600 relativ vollständig vorhanden, in Zehn-Jahresbänden für das 15. Jahrhundert, ab 1507 als Einzelband mit einer jeweiligen Stärke von 200–500 Seiten. Außerdem setzten 1556 die Schoßbücher mit jeweils fünf Jahren in einem Band ein, die neben den Kämmereirechnungsbüchern geführt wurden. Für die Vermögensverhältnisse interessieren besonders die Schoßzahlungen, die Steuerbefreiungen für Neubauten und die kommunalen Abgaben, denen eine Klassifikation zu Grunde lag. Auch der Verkauf von Baumaterial aus den städtischen Ziegeleien kann für die Vermögenserfassung wichtig sein.

Nicht unberücksichtigt sollten die städtischen Vertrags-, Gerichts- und Handelsbücher bleiben. Für die Zeit der ersten Hälfte des 16. Jahrhunderts interessieren vier Bände, in denen vom Bürgermeister oder auch vom Stadtschreiber Verhandlungen zu Vormundschaften, Handelsverträge, Immobilienverkäufe sowie Käufe, Schuldsachen und Gerichtsprotokolle eingetragen wurden. Weiter ist zu erwähnen, daß die Stadtbücher seit 1332 überliefert sind, das älteste Stadtbuch erstreckt sich über die Jahre 1332–1335, ein zweiter Band umfaßt Eintragungen von 1435–1502. Die Gerichtsbücher setzten 1377 ein, allein drei Bände betreffen das 15. Jahrhundert.

---

6 Vgl. als Beispiel: Stadtarchiv Wittenberg (im folgenden StaWB), Der ChurStadt Wittenberg Urbarii II. Teil, 7/Bb 4, Bl. 173.

7 Als Beispiel sei Lucas Cranach als Hausbesitzer vom Grundstück Schloßstr. 1 (StaWB, Der ChurStadt Wittenberg Urbarii II. Teil, 7/Bb 4, Bl. 173) angeführt: 1500–1505 ohne Eintragung, 1506–1512 Caspar Teuschel, 1513–1518 Lucas Cranach, 1519–1524 Valentin Mellerstadt, 1525–1530 und 1541–1547 Lucas Cranach. Von diesen Angaben erwies sich nach der Auswertung der Steuerregister nur die zuletzt genannte als zutreffend (vgl. Tabelle 1). Die fast ausschließliche Benutzung der Urbarien und der darin enthaltenen Kopien führte zu vielen fehlerhaften Darstellungen in den entsprechenden Monographien.

8 Die Denkmale der Lutherstadt Wittenberg, bearb. von *F. Bellmann*, *M.-L. Harksen* und *R. Werner* (Die Denkmale im Bezirk Halle), Weimar 1979.

Die größte Beachtung fanden in der bisherigen Forschung die Türkensteuerregister, in Wittenberg ist jedoch nur das von 1528 als Anlage oder Teil 2 des jährlichen Kämmereirechnungsbuches vorhanden. Für die Jahre 1531/32 und 1542 finden sich die entsprechenden Aufzeichnungen in den Beständen des Ernestinischen Gesamtarchivs im Thüringischen Hauptstaatsarchiv Weimar.[9] Das erste Verzeichnis, ein „Rechenregister der Stewer zcum Romzcugke"[10] enthielt alle steuerzahlenden Wittenberger Bürger im Jahr 1508. Außerdem für die Vorstädte relevant sind Amtsbücher wie das Amtserbbuch von 1508.[11]

Probleme bereiten die unterschiedlichen Verzeichnungsgrundsätze der zu versteuernden Vermögenswerte. Während 1528 alle Einzelpositionen, wie Häuser, Gärten, Äcker vor der Stadt (städtische Besitzungen wie in der Rothemarck), angegeben wurden, findet sich 1531/32 nur eine Gesamtsumme in Schock Groschen (ß). Im Jahr 1542 sind neben den unbeweglichen Gütern auch Zahlungen für Vieh und das Gesinde einschließlich Apotheker, Malergesellen und Weinschenken zu leisten; sie wurden als Einzelpositionen ausgewiesen.[12] Diese Angaben sind jedoch mit Vorsicht zu behandeln, denn es ist bekannt, daß Lucas Cranach seiner mit Christian Brück verheirateten Tochter Ursula eine Mitgift von 5000 fl. gegeben hat. Diese Summe spielte in den Steuerschätzungen keine Rolle. Aber der Ansatz der Steuererhebung erfolgte erst einmal für alle Bürger auf gleicher Basis. Und so bot sich hier die Möglichkeit, die Vermögensentwicklung einzelner Bürger und Familien über einige Jahre zu verfolgen.

Zur Vermögensentwicklung

Wie bereits zu Beginn angedeutet, sind neue Ergebnisse hinsichtlich der städtischen Topographie nur aus einer Verknüpfung der Daten aus allen hier genannten Beständen zu gewinnen. Obwohl der Arbeitsaufwand für die Frage nach den Wohnorten Cranachs kaum gerechtfertigt erschien, war es notwendig, die Angaben aus den jährlichen Steuerregistern in einer Datenbank vergleichbar darzustellen und dabei alle steuerzahlenden Bürger zu erfassen. Zeitliche Begrenzungen wurden erst einmal mit den Jahren 1510 und 1528 gesetzt. Den Anfang bildete Cranachs erste Steuerzahlung,[13] nach 1528 gab es keine Veränderungen in den Besitzverhältnissen mehr. Partiell waren aber auch Angaben bis auf das Jahr 1490

---

[9] Thüringisches Hauptstaatsarchiv Weimar, Ernestinisches Gesamtarchiv, Türkensteuerregister 1531/32, Nr. 355/1–6, Bl. 22r–32v; Türkensteuerregister 1542, Reg. Pp 355/8, Bl. 1–98.

[10] Thüringisches Hauptstaatsarchiv Weimar, Ernestinisches Gesamtarchiv, Reg. Pp 355/ 1–6, Bl. 15–21v.

[11] Thüringisches Hauptstaatsarchiv Weimar, Ernestinisches Gesamtarchiv, Reg. Pp 345/ 7.

[12] Von den unbeweglichen Erbgütern wurden 1542 von je 100 fl. ein halber Gulden und von jedem Gulden ein alter Pfennig als Steuer berechnet. Für Dienstboten beiderlei Geschlechts sowie Handwerkergesellen und Tagelöhner waren je ein Groschen zu zahlen (Türkensteuerregister 1542, vgl. Anm. 9, Bl. 1r).

[13] Cranach hatte 1510 erstmals eine Sondersteuer zum Bau der Befestigungsanlagen um Wittenberg in Höhe von 7½ gr. gezahlt. Deshalb wurde angenommen, daß er zu dieser Zeit auch ein Haus in der Stadt bewohnt haben müßte. Er taucht aber in den Schoßregistern nicht als Veranlagter auf. Bemerkenswert, daß er das Haus Caspar Teuschels am Markt übernahm und dieser das Haus, für das Cranach 1510 die Sondersteuer bezahlt hatte (s. Abb. 1 und Tabelle 1).

zurückzuverfolgen. Die bis jetzt vorliegende Datenbank enthält etwa 11 000 Einträge, vermehrt um die Daten von 1541 (letzte Zahlungen vor dem Schmalkaldischen Krieg) sowie mit einer Ergänzung von 1542 (vgl. das bereits besprochene Türkensteuerregister).

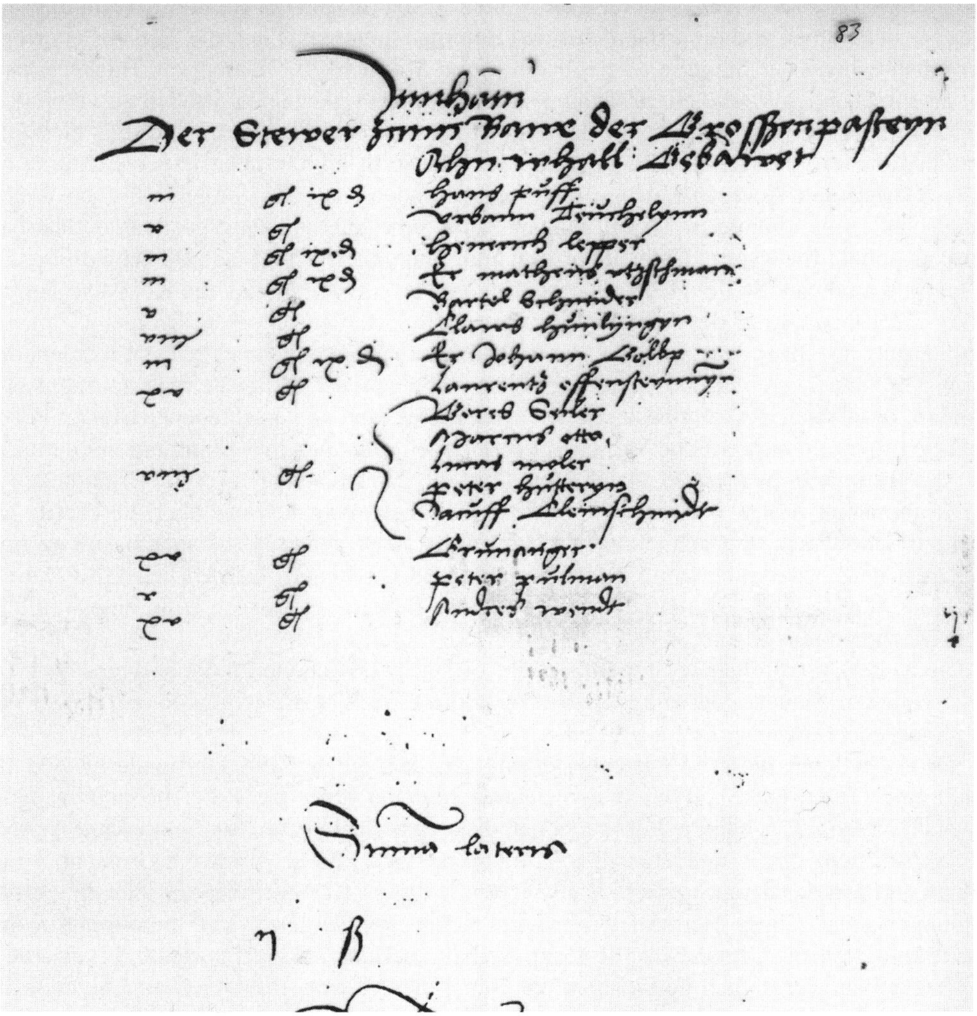

Abb. 1: Seite aus dem Register über die Steuer zum Bau der großen Bastei 1510.[14]

---

14 Die Steuern erhob man jährlich in Groschen zu Walpurgis (30. 04.) und Michaelis (29. 09.). In Tabelle 1 und 2 wurden beide Beträge zu einer Jahressumme zusammengefaßt nur einmal ausgewiesen, um dann in den Folgejahren nur noch mit „x“ gekennzeichnet zu werden. Erstmalig zahlte Lucas Cranach 1510 eine Steuer in Höhe von 7½ gr. zum Bau der großen Bastei. Zu diesem Zeitpunkt war er noch kein Eigentümer von Immobilien in Wittenberg, vgl. auch *M. Lücke*, Die Wittenberger Archivalien zum Leben und Wirken Lucas Cranach d.Ä., in: Lucas Cranach d.Ä. und die Cranachhöfe in Wittenberg, hrsg. von der Cranach-Stiftung, Halle (Saale) 1998, S. 28.

Die Verknüpfung zwischen Steuer- und Türkensteuerregistern wurde für das Jahr 1528 möglich (s. Tabelle 1). Für die weitere Arbeit war besonders wichtig, die einzelnen Grundstücke in den Stadtvierteln und Straßen mit den entsprechenden Steuerzahlern (d.h. Namen und Familien) zu verbinden. Während die Schoßregister als Teil der Kämmereirechnungsbücher nur die Namen und die entsprechenden Summen nannten, waren die Türkensteuerregister entsprechend der Stadtviertel gegliedert, eine Möglichkeit, Namen von Hausbesitzern mit entsprechenden Stadtvierteln, dann eventuell mit dort genannten Straßen zu verbinden, d. h. Hausbesitzer und Wohnort für das Jahr 1528 zusammenzuführen. Und dies nicht aus der Position der Urbarien des 18. Jahrhunderts (Häuserlisten, Grundbesitzverzeichnisse für Höfe, Gärten und Ackerflächen vor der Stadt), sondern aus den zeitgenössischen Archivalien des 16. Jahrhunderts. Damit entstand auch eine quellenmäßig gesicherte Basis als Ausgangspunkt für weitere Untersuchungen zum mittelalterlichen Stadtbild Wittenbergs.

Es muß an dieser Stelle nochmals darauf hingewiesen werden, daß die Kopisten, die um 1720–1750 im Auftrag des Wittenberger Rates die Urbarien anlegten, Probleme mit der Auswertung des ihnen vorliegenden Materials hatten, auch sollte daran gedacht werden, daß diese Kopialbücher etwa 200 Jahre nach dem vorgegebenen Untersuchungszeitraum entstanden. Für Cranachs Grundbesitz in der Rothemarck sind an verschiedenen Stellen in den Urbarien fünf unterschiedliche Varianten verzeichnet, u. a. auch in Verbindung mit dem Besitz des Rittergutes Wachsdorf. Auch hätte Cranach danach schon 1505 für Grundbesitz in der Rothemarck zahlen müssen. Überprüfbar sind diese Angaben nur über die bereits genannten Schoßlisten, wonach Cranach 1513 bereits 10 gr. zahlte, 1514 nochmals 8 gr. hinzukamen und letztendlich seit 1551 für 7 Hufen 28 gr. Steuern halbjährlich fällig waren. Übrigens war dies bei Zugrundelegung von 12 ha für eine sächsische Hufe eine stattliche Ackerfläche von insgesamt 84 ha.

Die weiter unten folgende Steuerübersicht Cranachs (s. Tabelle 2), die übrigens auch für jeden anderen Steuerzahler möglich ist, zeigt die einzelnen Besitzpositionen, die in den Kämmereirechnungen aufgeführt wurden.

Von Vorteil bei dieser Zusammenstellung ist, daß die um die Jahrhundertwende für bestimmte Grundstücke verzeichneten Schoßzahlungen über den Untersuchungszeitraum konstant blieben. Das heißt jedoch auch, daß diese Schoßzahlungen für die konkrete Vermögensentwicklung der Wittenberger Bürger kaum relevant waren. Wurde ein Grundstück neu bebaut und war das darauf gebaute Haus wesentlich mehr wert, veränderten sich die Schoßzahlungen nicht. Einige Beispiele: Der Tuchmacher und Bürgermeister Jheronimus Krapp hat 1528 auf einem Grundstück für 45 gr. Schoß ein Haus im Wert von 600 fl. versteuert, 1542 stand auf demselben Grundstück ein Haus im Wert von 1500 fl.; Cranach zahlte für sein großes Grundstück 1 ß gr. = 60 gr., das Haus darauf wurde in jeder Steuerschätzung mit 2000 fl. angegeben. Dr. Gregor Brück schätzte sein Haus 1528 auf 1200 fl. auf einem mit 33 gr. 6 d. versteuerten Grundstück, 1542 versteuerte er ein Haus im Wert von 2100 fl. Auch wenn hier eine Wertsteigerung einkalkuliert werden muß, sind anhand der Baumaterialrechnungen und Befreiungen von Steuerzahlungen für Neu- und Ausbauten umfangreiche Bauarbeiten auf dem genannten Grundstück festzustellen.

Weitere Probleme sind bei der Erarbeitung einer Gesamtübersicht zu berücksichtigen:

1. Veränderungen der Schoßzahlungen bei veränderten Grundstücken – Lucas Cranach baute ein neues Haus auf zwei 5-Groschen-Grundstücken und zahlte dann für das Haus in der neuen Gasse, auch die „Windtmühlen“ genannt, 20 gr. Verfolgt man die Bebauung

Tabelle 1: Wittenberger Steuerzahler 1510–1542

1510	1512	1513	1514	1515	1517
Caspar Teuschel – 27 gr –	Lucas Cranach	Lucas Cranach	Lucas Cranach	Lucas Cranach	Lucas Cranach
Blasius Welmßdorf – 50 gr –	Lucas Cranach	Lucas Cranach	Lucas Cranach	Lucas Cranach	Lucas Cranach
H. Vehermeisterin – 36 gr – Bude, – 4 gr –	Vehermeisterin	Vehermeisterin	Vehermeisterin	Johann Ritter	Johann Ritter
Thomas Kritzinn – 20 gr –	Thomas Kritzinn	Thomas Kritzinn	Thomas Kritzinn	Thomas Kritzinn	Thomas Kritzinn
Otto Zculßdorff – 35 gr –	Otto Zculßdorff	Otto Zculßdorff	Otto Zculßdorff	Otto Zculßdorff	Otto Zculßdorff
Dr. Mellerstadt – 1 ß –	Dr. Mellerstadt	Dr. Mellerstadt	Dr. Mellerstadt	Dr. Mellerstadt	Dr. Mellerstadt
Dictus Schultze – 50 gr –	x	x	x	x	x
Goris Heyße – 10 gr –	x	x	x	x	x
Peter Dewes – 20 gr –	x	x	x	x	x
Hans Schebell – 10 gr –	x	x	x	x	x
Burcardt Krinitz – 8 gr –	x	x	x	x	x
Cristoffell Baltzer – 25 gr –	Christian Döring	x	x	x	x
Donat Modde – 15 gr –	x	x	x	x	x
Adam Sengerynn – 4 gr –	x	x	x	Hermann Bongart	x
Bartel Schneiderin – 10 gr –	Bartel Meissner	x	x	x	x
Heinr. Goldtschmid – 8 gr 6 d –	Goldschmiedin	x	x	x	x
Hans Brambalgk – 50 gr –	x	x	x	Ludwig Hernigken	x
Doctor Coch – 50 gr –	Anthonius Niemigk	x	x	x	x
Done Nawendorff – 15 gr –	x	x	x	x	x
Jacuf Cleinschmidt – 7 gr –	x	x	x	Jacuff Lehmann	x
Georg Heyde – 8 gr –	Veit Messerschmid	x	x	x	Thom. Osterreicher
Steffan Richerinn – 35 gr –	x	x	x	x	x
Cristoff Symon – 35 gr –	x	x	x	x	x
Philippus Seyler – 17 gr 6 d –	Simon Dorffer	x	x	x	x
Ulrich Lewchtenmacher – 6 gr –	Lewchtenmacherin	x	x	x	x
Hans Symon – 24 gr –	x	x	x	x	Thone Panckow
Georg Baderin – 20 gr –	x	x	x	Bastian Henzerin	Georg Baderin
Bastian Schmidt – 30 gr –	Bastian Heusser	x	x	x	Merten Schmotz
Hans Welachin – 27 gr –	x	x	x	x	x
Herr Bendictus Zcernigal – 7 gr –	x	x	x	x	x

1518	1519	1520	1521	1522
Valent. Mellerstadt	Valent. Mellerstadt	Valent. Mellerstadt	Valent. Mellerstadt	Lucas Cranach
Lucas Cranach	Hans Modde	Hans Modde	Hans Modde	Hans Modde
Johann Ritter	Johann Ritter	Johann Ritter	Johann Ritter	Johann Ritter
Thomas Kritzinn	Thomas Kritzinn	Thomas Kritzinn	Thomas Kritzinn	Johann Alßnitz
Otto Zculßdorff	Otto Zculßdorff	Otto Zculßdorff	Otto Zculßdorff	Otto Zculßdorff
Lucas Cranach	Lucas Cranach	Lucas Cranach	Lucas Cranach	Lucas Cranach
x	x	Schultzin	x	Paul Schultze
x	x	Gores Leyße	x	x
x	x	x	x	x
x	Andres Engelhart	x	x	x
x	x	x	x	x
x	x	x	x	x
x	x	x	x	x
Bongartin	Hermann Sengerin	x	x	x
x	x	x	x	x
x	x	x	x	Dictus Schultzin
Gregor Hennig	x	Gregor Heyms	Dr. Gregor Heyms	x
x	x	x	x	x
x	x	x	x	x
x	x	x	x	x
x	x	x	x	x
x	x	x	x	Ludwig Sehußen
x	x	x	x	x
x	x	x	x	x
x	x	x	x	Franz Maler
x	x	x	x	x
x	x	x	x	Bastian Schmidigin
Merten Stengel	x	x	x	x
x	Kaplan Haus	x	x	x
x	x	x	x	x

1528	1528/1541 Schoß	1528 Türkensteuer	1531 Türkensteuer	1541 Schoß	1542 Türkensteuer
Lucas Cranach	27 gr	800 fl	–	Lucas Cranach	800 fl
Ambrosius Reuther	50 gr	500 fl	630 fl	Ambrosius Reuther	1600 fl
Christoff Schramm	36 gr Bude	600 fl	700 fl	Christoff Schramm	1500 fl
Johann Alßnitz	4 gr				
	20 gr	500 fl	585,5 fl	Hermann Mulphorte	800 fl
Otto Zculßdorff	35 gr	600 fl	700 fl	Otto Zculßdorf	1000 fl
Lucas Cranach	1 ß	2000 fl	3016 fl	Lucas Cranach	2000 fl
Paul Schultze	50 gr	600 fl	730 fl	Paul Schultze	900 fl
Gores Leysin	10 gr	100 fl	300 fl/G. Leysin	Mag. Bernhardus Bude	
				Gores Leysin	400 fl Behausung
Peter Dewes	20 gr	300 fl	100 fl/Walter D.	Jorg Leysen	
Andres Engelhardt	10 gr	300 fl	300 fl	Andres Engelhardt	500 fl
Heyntz Hayn	8 gr	150 fl	250 fl	Heintz Hohne/in	400 fl
Christian Döring	25 gr	1000 fl	1185 fl	Christian Doringen	1500 fl
Donat Modde	15 gr	150 fl	?	Andres Morison	300 fl
Herr Georg Donat	4 gr	120 fl	120 fl	Georg Donat	150 fl Bude
Bartel Meissner	10 gr	100 fl	200 fl	Bartel Meissner	200 fl
Dictus Schultzin	8 gr 6 d	119 fl	138,8 fl	Paul Schultz	180 fl
Andres Matheus	50 gr	420 fl	400 fl	Andres Matheus	800 fl
Anthoni Niemigk	50 gr	700 fl	970 fl/Jan N.	Hans Niemigk	1000 fl
Done Nawendorf	15 gr	250 fl	300 fl/Hans N.	Hans Nauendorf	400 fl
Jacuff Lehmann	7 gr	120 fl	120 fl	Jacuff Lehmann	400 fl Bude
Thom. Osterreicher	8 gr	90 fl	90 fl	Andres Harttung	350 fl Bude
Georg Niemigk	35 gr	400 fl	505 fl	Thomas Seehausen	800 fl
Gregor Burger	35 gr	300 fl	200 fl	Gregor Burger	800 fl
Simon Dorffer	17 gr 6 d	200 fl	200 fl	Simon Dorffer	700 fl
Franz Malher	6 gr	100 fl	100 fl	Franz Malher	100 fl Bude
Thone Pannickau	24 gr	300 fl	390 fl	Andres Gorey	600 fl
Hans Friderich	20 gr	200 fl	200 fl	Hans Friderich/ Erben	50 fl
Merten Stengel	30 gr	300 fl	277 fl	Merten Stengel	Hofstedte
Kaplan Haus	27 gr	100 fl	700 fl	Gregor Schlüssel- felder	1400 fl
Johann Weymann – 5 gr –	5 gr/3 gr	–	150 fl	Cuntz Koppe	150 fl Bude
Lic. Sebastianus – 7 gr –	7 gr	90 fl	300 fl/Dr. Sebaldus	Dr. Sebaldus Erben	500 fl
Johann Olßmitz von Zcernigal	7 gr	–	–	–	–

Tabelle 2: Übersicht über die Steuerzahlungen Lucas Cranach d. Ä. für Immobilien in Wittenberg zwischen 1512–1552 anhand der Kämmereibücher der Stadt Wittenberg.

Jahre	Häuser						Gärten	Hufen	Rothemark	Breiten	
1511											
1512	54	100									
1513	x	x					8	10			
1514	x	x					x	x			
1515	x	x					x 5	x	8		
1516	…………										
1517	x	x					6	x	x		
1518			120				x	x	x		
1519			x	15			x	x	x		
1520			x				x	x	x		
1521			x	16	40		x	x	x		
1522	54		x	x	x		x	x	x		
1523	x		x	x	x		x	x	x		
1524	x		x	x	x		x	x	x		
1525	…………										
1526	x		x	x	x		x	x	x		
1527	…………										
1528	x		x	x	x	2/7	x 6 1/9	x	x	12	
1529	x		x	15	x	5/2	x x 3/8	x	x	x	
1530	x		x	16	x	x 15	x x x	x	x	24	
1531	…………										
1532	x		x	x	x	x	x	x	x	x	
1533	…………										
1534	x		x	x	x	x	x	x	x	x	
1535	x		x	x	x	x	x	x	x	x	
1536	x		x	15	x	x	x	x	x	x	
1537	x		x	16	x	x	x	x	x	x	
1538	x		x	15	x	x	x 6	x	x	x	
1539	x		x	x	x	x	x x	x	x	x	
1540	x		x	x	x	x	x x	x	x	x	
1541	x		x		x	x	x x	x	x	x	
1542	…………										
1543	…………										
1544	…………										
1545	…………										
1546	…………										
1547			x		5		x x 3/4	x	x	x	10
1548	…………										
1549			x		x				x	x	x
1550			x		x				x	x	x
1551			x		x				x 20	x	
1552		4	x		x				x x	x	x

Die Steuern wurden in Groschen (gr.) und Heller (h) angegeben. Sie wurden jährlich zu Walpurgis (30. 04.) und Michaelis (29. 09.) erhoben. Die Übersicht weist die jährlichen Beträge aus. Blieben sie in den Folgejahren gleich, wurden sie nur noch mit „x" gekennzeichnet. Im Fall einer Zahlung von Groschen und Hellern erfolgte eine Trennung der Beträge durch einen Schrägstrich. Bei den mit gepunkteten Linien versehenen Jahreszahlen sind keine Kämmereirechnungsbücher erhalten.

weiter zurück, ist zu sehen, daß, nachdem das Grundstück bis 1516 mit 27 gr. Schoß belegt war, diese Summe 1517 entfiel und danach mit zwei Buden bebaut wurde. Brannte vielleicht das Haus ab oder wurde es auf andere Art und Weise beschädigt und damit unbewohnbar?

2. Veränderungen in der Grundstücksstruktur (s.u.), z.B. die Hinzufügung der Mittelstraße und die wahrscheinliche Teilung der großen Grundstücke in der Schloßfreiheit, aber auch am Markt.
3. Steuerbefreiungen – Martin Pollich von Mellerstadt zahlte, solange er das Grundstück in der Schloßstraße 1 bewohnte, keine Steuern. Dies scheint aber eine der wenigen vollständigen Befreiungen zu sein. Cranachs angebliche Befreiungen haben viel Verwirrung ausgelöst, er selbst war jedoch nie vollständig befreit und erhielt nur Steuerermäßigungen. Dabei sollte man immer berücksichtigen, daß nur derjenige in den Genuß von Ermäßigungen kam, der auch regelmäßig Steuern zahlte. Die Überschriften in den entsprechenden Seiten der Kämmereirechnungsbücher trugen sicher ein übriges zur fehlerhaften Interpretation bei. „Befreithe von wegen irer stadtlichen Gebeudenn"[15] hieß lediglich, daß ein Nachlaß auf die zu zahlende Gesamtsumme gewährt wurde. Noch einmal das Beispiel Cranach: Drei Notizen aus den Jahren 1513, 1515 und 1517 sollten beachtet werden. 1513 hieß es unter der Überschrift „Befreite": „17 gr. Lucas Maler, hat zuvorn funnf gehabt, das erst auf ein neuhes"[16]; zwei Jahre später „17 gr. Lucas Cranach das dritte, ßo Caspar Teuschel Richter, zuvorn funff jar Freyheit gehabt";[17] und 1517 „17 gr. Lucas Cranach das funfft und letzte, ßo Caspar Teuschel auch funfft gehabt".[18] Nur alle drei Notizen zusammen führen zu einer Lösung des Problems, denn die Ermäßigungen wurden nicht nur einmal verzeichnet, sondern jährlich. Der Stadtschreiber war gut informiert, ihm genügten die kurzen Notizen. Er wußte, daß der Vorgänger Cranachs, der Stadtrichter Caspar Teuschel, bereits fünf Jahre in den Genuß von Steuerermäßigungen gekommen war. Auch Lucas Cranach, der die begonnenen Bauarbeiten fortsetzte, nutzte noch einmal fünf Jahre lang den Steuernachlaß, den der Wittenberger Rat im Interesse eines modernen Stadtbildes für die Errichtung von Steinbauten im Stadtgebiet gewährte.

Der Stadtgrundriß

Da die Befestigungsmauer um die Stadt bereits im 15. Jahrhundert verstärkt wurde, veränderte sich die Grundfläche über lange Zeit nicht. Von 1490–1507/08 wurde der neue Schloßbau errichtet. Stadtentwicklung war also nur innerhalb dieses Gebietes möglich. Coswig-, Elb- und Elstertor waren die Stadttore, bezeichnet nach den Stadtvierteln, in denen sie lagen. Coswig- oder Schloßviertel, Marktviertel, Judenstraßenviertel und Elsterviertel bildeten die Stadtteile Wittenbergs. Das Türkensteuerregister von 1528 ermöglichte die Verbindung von

---

15 StaWB, Kämmereirechnungsbuch 1517, Bl. 18r.
16 StaWB, Kämmereirechnungsbuch 1517, Bl. 39r.
17 StaWB, Kämmereirechnungsbuch 1517, Bl. 18r.
18 StaWB, Kämmereirechnungsbuch 1517, Bl. 18r.

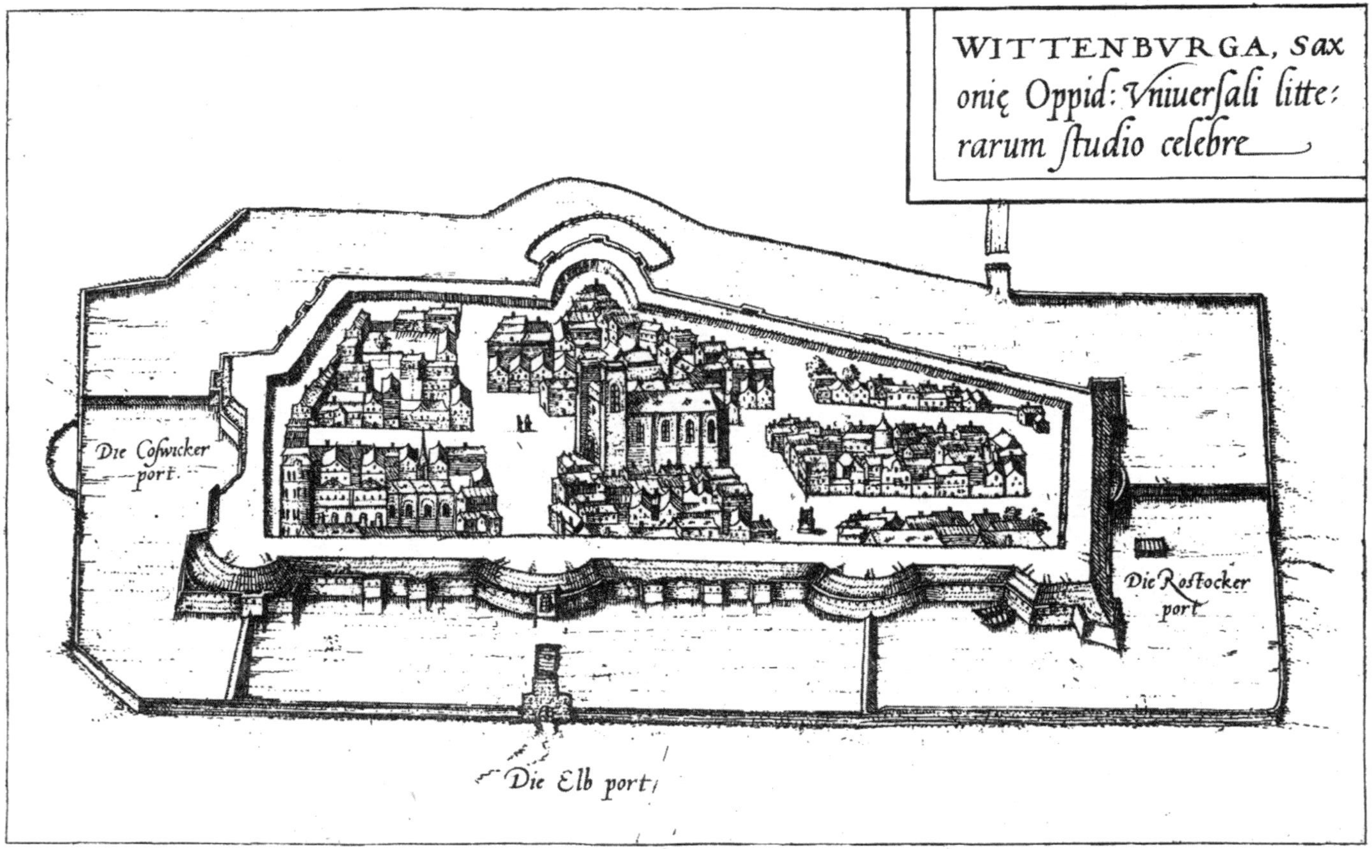

Abb. 3: Wittenberg um 1572. Braun-Hogenberg I. Zweiter Zustand, Kopie nach Abb. 143 (Holzschnitt des Monogrammisten MS).[19]

---

[19] *F. Bachmann*, Die alte deutsche Stadt, Bd. III, Teil 1, Stuttgart 1949, Abb. 143 (Tafel 69). Deutlich erkennbar sind die Stadtviertel, wenn auch sehr schematisch dargestellt.

Straßen und Vierteln. Nun konnte auch der Weg des Steuereinnehmers durch die Stadt verfolgt werden. Er lief nicht auf einzelnen Straßenseiten auf und ab, sondern von Tür zu Tür, das heißt, er wechselte ständig die Straßenseite.

Das im Westen der Stadt gelegene Coswig- oder auch Schloßviertel umfaßte die Schloßgasse (mit den großen Grundstücken der Schloßfreiheit), die Coswiger Gasse sowie Marschallstraße und Pfaffengasse (bis Marschallstraße).

Der Weg des Steuereinnehmers 1528 führte auf dem Pfad durch die Stadt, der entsprechend des Stadtplans wie folgt aussieht: Sein Weg begann gegenüber dem Rathaus beim Grundstück des Stadtrichters Caspar Teuschel[20] und nicht wie bisher angenommen mit dem Grundstück Cranachs an der Ecke Schloßstraße/Elbgasse. Es folgten dessen Nachbarn (Ambrosius Reuther, Johann Ritter einschließlich einer Bude, Johann Alßnitz und Otto Zculßdorf), und erst dann kam er in das Coswigviertel, beginnend mit der Schloßstraße 1 (Cranachs Wohnhaus seit 1517/18 mit Apotheke) bis zur Marschallstraße. Erneut streifte er das Marktviertel hinter dem Rathaus mit Großer und Kleiner Bruderstraße. Weiter ging der Weg ins Judenstraßenviertel mit Bürgermeistergasse, Töpfergasse und Neuer Gasse. Die zweite Straßenseite der Neuen Gasse gehört dann bereits zum sich anschließenden Elsterviertel oder auch Elsterende im Osten der Stadt.[21] Dazu gehörten auch die Kupfergasse, Hinter der Mauer und die Collegienstraße. Den Abschluß bildeten wieder Häuser des Marktviertels.

Die hier abgebildeten Karten mit der Darstellung der einzelnen Stadtviertel machen noch auf ein Grundproblem aufmerksam, die Einteilung und Lage der Stadtviertel betreffend. Es ist keineswegs so, daß diese Stadtteile so scharf abgegrenzt waren, wie in dem Braun-Hogenbergschen Holzschnitt sichtbar (s. Abb. 3). Die hier vollständig abgebildete farbige Originalkarte aus dem Stadtarchiv Wittenberg zeigt deutlich die Zugehörigkeit einzelner Grundstücke zu den Vierteln (s. Abb. 2, beigelegte Farbkarte). Die zum Coswiger Viertel gehörigen Grundstücke sind gelb, die des Marktviertels blau, des Jüdenviertels grün und die des Elsterviertels rot gekennzeichnet. Das heißt, daß die Trennungslinien zwischen den Stadtvierteln nicht entlang der Karrees, sondern auch mitten hindurch laufen. In der Umzeichnung (s. Abb. 4) sind diese Grenzen verschwunden.[22]

Mit der Auswertung der Türkensteuerregister von 1528, 1531/32 und 1542 werden auch die Möglichkeiten für eine Vermögenstopographie deutlich. Will man als nächsten Schritt die Karte Wittenbergs zugrunde legen und die Ergebnisse verzeichnen, ist schnell klar, daß eigentlich noch einiges zur genauen Kartierung fehlt, obwohl bereits die stellenweise Beschreibung der Lage von Objekten im Türkensteuerregister zur Konkretisierung führt,

---

20 Die Feststellung, daß Teuschels Haus gegenüber dem Rathaus lag und damit die Nr. 1 im Steuerregister war, ist eine sehr wichtige Tatsache für die Benutzung der Steuerregister. Bisher wurde angenommen, daß das Objekt in der Schloßstr. 1 (Cranachhaus mit Apotheke) als erstes in der Steuerliste stand. Die gravierenden Irrtümer entstanden, weil Cranach das Grundstück Teuschels zweimal kaufte (1513–1517 und ab 1522).

21 Cranachs kleines Haus in der Neuen Gasse gehörte noch zum Judenstraßenviertel, während das sicher auf der anderen Seite liegende Haus, die Windmühle genannt, bereits zum Elsterviertel zählte.

22 Ein Beispiel für die fehlerhafte Interpretation des Wittenberger Stadtgrundrisses: Ad fontes! Zu den Quellen! Katalog zur Dauerausstellung im Melanchthonhaus, Wittenberg 1997, S. 137.

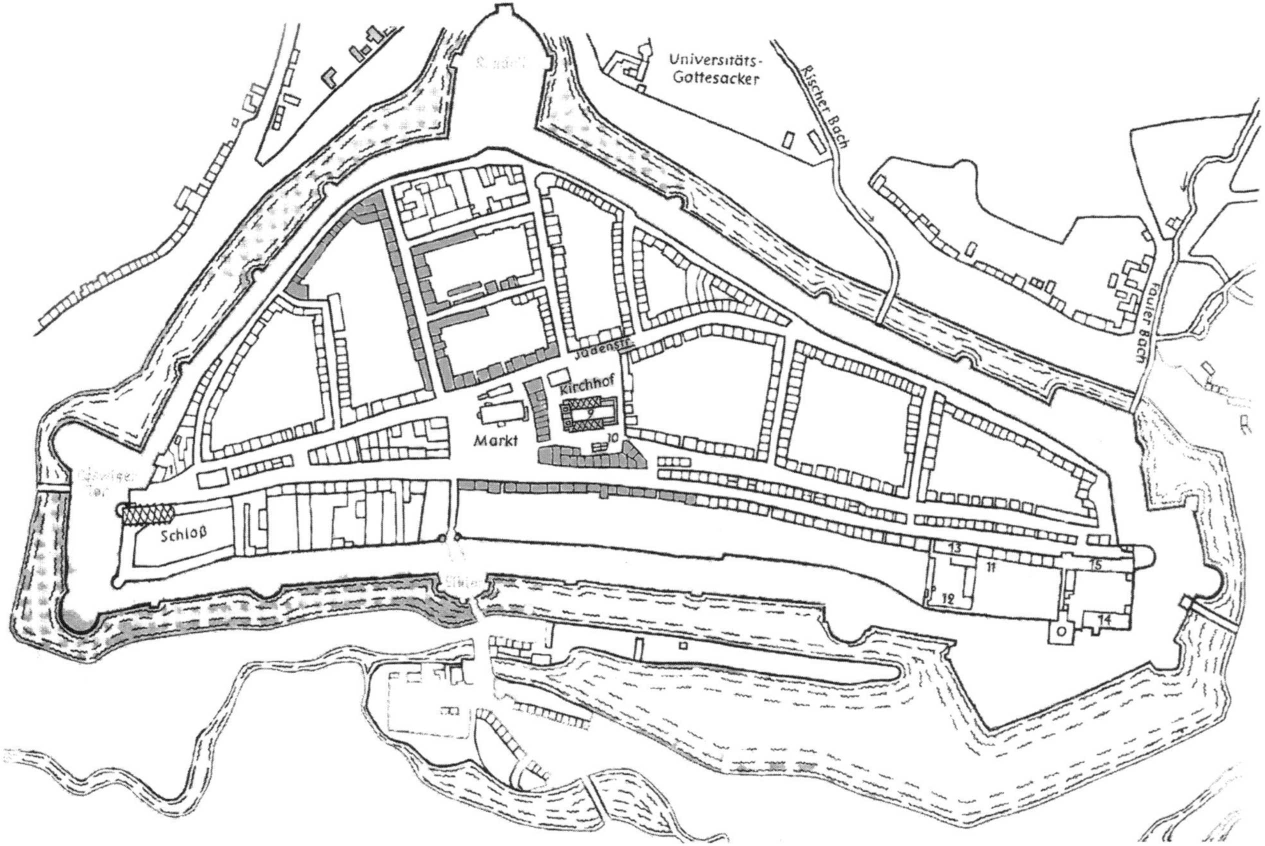

Abb. 4: Umzeichnung des Stadtgrundrisses nach H.-J. Mrusek mit Veränderungen (hier grau hervorgehoben ist das Marktviertel als Beispiel für die Grenzziehung zwischen den Vierteln).[23]

---

[23] Vgl. Denkmale der Stadt Wittenberg (wie Anm. 8), Abb. 4; *H.-J. Mrusek*, Das Stadtbild Wittenbergs zur Zeit der Reformarion und der Universität, in: 450 Jahre Reformation, Berlin 1967, S. 322–340 u. Abb. 92.

z. B. „Magister Bernhardts Bude wird am Markt veranschlagt“, Caspar Niemigk mit Haus- und Hof in der Clausstraße, Gregor Matheus versteuerte neben seinem Haus von 1000 fl. im Coswigviertel auch eine Bude für 300 fl. am Markt, die Witwe von Andres Niemigk hat ebenfalls ein Haus (1000 fl.) im Coswigviertel und eine Bude (60 fl.) Hinter der Mauer (Elsterviertel), Valten Forster versteuert neben seinem Haus im Marktviertel auch einen Hof in der Sandstraße (200 fl.).[24]

Die Berücksichtigung von Verträgen über den Kauf- und Verkauf von Grundstücken macht noch genauere Daten möglich. Die Verträge nennen die Namen von Klienten, die betroffenen Grundstücke sowie deren konkrete Lagebeschreibung und die Nachbarn, natürlich werden auch die finanziellen Aspekte beachtet. Einige Beispiele: Im Jahr 1531 hat Cuntz Weyse in Vertretung von Thone Krause für dessen Schwiegersohn ein Haus zwischen Donat Modde und Lucas Maler in der Neuen Gasse gelegen, gekauft.[25] Nach den Aufzeichnungen in den Steuerlisten kann die Position des Hauses genau bestimmt werden. Cranach besaß in dieser Gasse zwei bebaute Grundstücke. Zwischen Donat Modde und Lucas Cranach lag noch 1530 das Grundstück von Antonius Krauss. 1531 wurde das Grundstück halbiert und von Kilian Koler und Thone Krause (je 2 gr. und 6 d.) übernommen. Das Cranachsche Objekt wurde im Vertrag zwar Haus genannt, in den Steuerregistern aber als Bude (8 gr.) bezeichnet. Caspar Teuschel verkaufte 1532 sein Haus zwischen Georg Schultze und Hans Geyerberg im Marktviertel, gelegen an Hans Winters Grundstück.[26]

So wie es hier am Beispiel Cranachs gezeigt werden kann, ist für jeden Steuerzahler folgende Übersicht möglich (Tabelle 3).

Tabelle 3

Zeit	Halbjährl. Steuer/Wert	Objekte und Beschreibung	Stadtviertel/ Türkensteuer-register
1512–1517	27 u. 50 gr./ 800 u. 600 fl.	2 Häuser am Markt	Marktviertel
1518–1550	1 ß gr./2000 fl.	Haus an der Ecke am Markt, Schloßstraße 1	Coswigviertel
1519	15 gr./140 fl.	Haus in der Bürgermeistergasse vorn am Brunnen, Verkauf an Magister Reichenbach	Judenstraßen-viertel
1522–1541/ 1546	27 gr./800 fl.	Haus am Markt, hierin Lotter wohnet, später Apotheke und Wohnhaus der Tochter, Markt 4	Marktviertel
1521–1540	8 gr./150 fl.	kleines Haus in der Neuen Gasse	Judenstraßen-viertel
1521–1541	20 gr./600 fl.	Haus in der Neuen Gasse, auch Windtmühlen genannt, Neubau	Elsterviertel
1528	2 gr. 7 d/40 fl.	Bude hinter der Mauer, gehörte Matthes Segermacher	Elsterviertel

24 Türkensteuerregister 1542, wie Anm. 9, Bl. 4v, 7r, 12v, 13r, 22r.

25 StaWB, Gerichtsbuch 1528–1555, 109 (Bc 97), Bl. 38.

26 StaWB, Gerichtsbuch 1528–1555, 109 (Bc 97), Bl. 65.

Für weitere Betrachtungen soll das Marktviertel als Beispiel dienen, in dem sich einige bekannte Namen der Wittenberger Geschichte, wie der des Kanzlers Brück, Beyers (berühmter Hof), Cranachs, Reichenbachs und vieler anderer Ratsmitglieder finden.

Schon Manfred Straube hatte in einem Aufsatz festgestellt, daß sich im Markt- und im Coswigviertel die großen Vermögen konzentrierten. Insgesamt gab es 1528 in Wittenberg steuerpflichtig 222 Häuser und 195 Buden,[27] davon zahlten 93 Personen für 97 Grundstücke im Marktviertel. Während sich im Coswig- und Marktviertel jeweils 53/70 Häuser sowie 28/23 Buden befanden, verschob sich das Verhältnis von Häusern und Buden zugunsten der letztgenannten im Judenstraßen- bzw. Elsterviertel (35/82 bzw. 63/58).[28]

Die Unterscheidung in Häuser und Buden sagt jedoch wenig über den Wert der Objekte aus. Es fanden sich Buden für 20 fl., überwiegend um 100–150 fl., aber auch ein 800-Gulden-Objekt mit der Bemerkung „Haus oder Bude genannt" oder ein „100 fl. Haus".

Die Sanierung des Cranach-Hauses am Markt mit den entsprechenden Befunden der ursprünglichen Bausubstanz aus dem 16. Jahrhundert vermittelt ein realistisches Bild vom Wert entsprechender Objekte.[29]

Schlußbemerkungen

Die Möglichkeiten der Nutzung der archivalischen Überlieferung für weitere Forschungen zur städtischen Geschichte Mitteldeutschlands sind noch lange nicht ausgeschöpft, wie hier am Beispiel Wittenbergs gezeigt werden konnte. Es ging hier aber nicht nur um vermögenstopographische Recherchen. Es sollten auch Anregungen für eine Beschäftigung mit der Residenz Wittenberg sowie ihren umfangreichen Beziehungen zur Stadt und ihrer Entwicklung nicht nur im 16. Jahrhundert gegeben werden. Die von Mrusek bereits in den sechziger Jahren des vergangenen Jahrhunderts geforderten Forschungen zum mittelalterlichen Stadtbild stehen noch immer aus. Das heißt auch, die städtische Entwicklung nicht nur seit der Zeit der Verlegung der kurfürstlichen Residenz nach der Teilung von 1485 zu betrachten, sondern auch die Entwicklung seit dem Hochmittelalter. Dabei bietet sich eine gemeinsame Betrachtung kursächsischer Residenzstädte in Mitteldeutschland, wie etwa Torgau, Weimar, Lochau (Annaburg), Colditz, aber auch Dresden und eventuell Coburg, an.

---

27 1508 zahlten 354 Haushalte die Romzugsteuer.

28 Vgl. *Straube*, Soziale Struktur (wie Anm. 3), S. 160f.

29 Vgl. Abbildungen zum Cranach- und Melanchthon-Haus bei: *S. Heine*, Die Renaissancedächer vom Vorderhaus des Cranachhofes Markt 4, in: Lucas Cranach d. Ä. und die Cranachhöfe in Wittenberg, Halle/Saale 1998, Abb. 115, S. 147; Ad fontes! Zu den Quellen! (wie Anm. 23), S. 33 u. 35; auch: Denkmale der Stadt Wittenberg (wie Anm. 8), S. 117ff.

Aspekte zum archäologischen Nachweis verschiedener sozialer Gruppen des Mittelalters und der Frühen Neuzeit

Stadtarchäologie in Lüneburg

Marc Kühlborn, Lüneburg

Einleitung

Welchen Beitrag kann die Archäologie zum Themenkreis der mittelalterlichen Stadtforschung liefern? Die Archäologie beschäftigt sich mit der materiellen Kultur vergangener Epochen. Allerdings fand die Epoche des Mittelalters und der frühen Neuzeit lange relativ wenig Beachtung innerhalb des Faches. Während sich die Situation für das Mittelalter schon seit einiger Zeit verbessert hat, ist die frühe Neuzeit weiterhin ein „Stiefkind" der Forschung. Erst seit etwa 25 Jahren rückt auch dieser Zeitraum in die nähere Betrachtung. Insbesondere nach der Wiedervereinigung nahm durch die zahlreichen Baumaßnahmen in den Städten der ehemaligen DDR die Forschung in diesem Bereich stark zu.

Lüneburg bietet sich als Forschungsobjekt an, da hier bereits seit etwa 50 Jahren die archäologischen Quellen erforscht werden.[1] Zudem steht die Stadt durch ihre besondere Struktur in einer einzigartigen Position. Diese besondere Stellung soll im folgenden kurz umrissen werden.[2]

Die Stadt Lüneburg kann inzwischen auf eine über 1000jährige Geschichte zurückblikken. Bereits 956 wurde die Saline erstmals in einer Urkunde König Ottos erwähnt. In dieser schenkte er dem Michaeliskloster auf dem Kalkberg den Zoll, der aus den Salinen verkauft wurde. Nach diesem Zeitpunkt vergingen aber noch mehrere Jahrhunderte, bis Lüneburg sich zu einer Stadt entwickelte. 1230 wird erstmals ein Rat genannt, 1247 verlieh Herzog Otto das Kind schließlich der Stadt die Stadtrechte.

Bis 1371 unterstand die Stadt dem Landesherrn, während des Lüneburger Erbfolgekrieges kam es zur Vertreibung des Herzogs nach Celle und zur Zerstörung der landesherrlichen

---

1 *E. Ring*, Stadtarchäologie in Lüneburg. Resümee der ersten vier Jahre, in: *M. Gläser (Hrsg.)*, Lübekker Kolloquium zur Stadtarchäologie im Hanseraum, Band I: Stand, Aufgaben und Perspektiven, Lübeck 1997, S. 161–169; *ders*, Denkmalpflege in Lüneburg, in: Archäologie und Bauforschung in Lüneburg 4 (1999), S. 7–11.

2 Zu diesem Themenkomplex vgl. die Beiträge von *K. Alpers*, Patriziat in Lüneburg, in: *S. Bursche*, Das Lüneburger Ratssilber (Bestandskatalog XVI des Kunstgewerbemuseums), Berlin 1990, S. 58–63; *C. Lamschus*, Das Salz, die Sülfmeister und die Stadt, ebd., S. 73–82; *E. Michael*, Die Blütezeit Lüneburgs und ihre Grundlagen, ebd., S. 49–58; *U. Reinhardt*, Korporationen als Verfassungsinstitut in Lüneburg im 15. und 16. Jahrhundert, ebd., S. 64–72; *W. Reinecke*, Geschichte der Stadt Lüneburg, Lüneburg 1933 (Neudruck 1977).

Burg auf dem Kalkberg. Lüneburg gewann einen Status, der dem der Reichsfreiheit sehr nahe kam. Ermöglicht wurde diese Phase der Freiheit durch die Erträge der Saline, mit denen den Landesherren immer wieder Privilegien abgekauft wurden. Erst 1639 erlangte der Landesherr die faktische Oberhoheit über Lüneburg zurück. Seit diesem Zeitpunkt kam es auch zu einem Wandel in der Bevölkerung. Die ehemals mächtigen und einflußreichen Patriziergeschlechter wanderten ab und verlegten ihre Einkommen auf große Gutsbetriebe in Pommern, Mecklenburg und Ostpreußen.

Wirtschaftsleben

Von 956 an bis 1980 produzierte die Lüneburger Saline kontinuierlich Salz. Gerade im Mittelalter war die Saline der beherrschende Betrieb der Stadt, man kann ihn durchaus als industriellen Komplex bezeichnen, was auch im Ausspruch des Lüneburger Bürgermeisters Hinrik Lange von 1461 „De Sulte dat is Lüneborch“[3] zum Ausdruck kommt. Die Lüneburger Saline war die größte ihrer Art in Deutschland, zu ihrer Blütezeit im 14. Jahrhundert produzierte sie etwa 25 000 t Salz pro Jahr, Halle als zweitgrößte Saline kam nur auf etwa 5000 bis 15 000 t Ertrag pro Jahr.[4]

Der größte Teil der Lüneburger Produktion wurde über Lübeck in den Ostseeraum abgesetzt. Lüneburger Salz diente dort hauptsächlich zur Konservierung der gefangenen Heringe.

Bereits im 15. Jahrhundert kam es zu einem schleichenden Niedergang der Saline, der sich im 17. Jahrhundert rapide beschleunigte. Verschiedene Faktoren führten zum Niedergang, so war in der Ostsee der Hering vermutlich überfischt, die großen Heringsschwärme wanderten jedenfalls in die Nordsee ab. Demzufolge brach im Ostseegebiet der Absatzmarkt zusammen. Hinzu kam, daß aus Frankreich und Spanien das billigere Baiensalz als Konkurrenzprodukt auftrat. Dieses Meersalz erreichte über den Seeweg die alten Absatzorte des Lüneburger Salzes. Die Ereignisse des 30jährigen Krieges führten gleichfalls zu einem Absatzrückgang. Auch nach dem westfälischen Frieden konnte sich die Lüneburger Saline nicht erholen, da sich nun ein Wandel in der Wirtschaft hin zum Merkantilismus vollzog.[5]

Da die Saline das Wirtschaftsleben der Stadt dominierte, ist hier ein näherer Blick auf sie angebracht.

Die Betreiber der Saline gliederten sich in die „Sülfbegüterten“ und die „Sülfmeister“. Während erstere die Eigentümer waren und zumeist nicht in Lüneburg wohnten, waren die Sülfmeister die Pächter der Saline. Der Titel Sülfmeister war an den Besitz von mindestens vier Siedepfannen gekoppelt. Die Saline bestand jedoch aus nur 54 Siedehäusern mit je vier Pfannen, demzufolge gab es maximal 54 Sülfmeister. Zu diesem Personenkreis kamen noch der Sodmeister und der Barmeister hinzu. Der Sodmeister war als höchster Salinenbeamter für

---

[3] *W. Reinecke*, Lüneburg, in: Die Chroniken der niedersächsischen Städte (Die Chroniken der deutschen Städte vom 14. bis 16. Jahrhundert 36), hrsg. von der Historischen Kommission bei der Bayerischen Akademie der Wissenschaften, Stuttgart 1931, S. 138.

[4] *C. Lamschus*, Salinen im Hanseraum, in: *J. Bracker (Hrsg.)*, Die Hanse. Lebenswirklichkeit und Mythos, Hamburg 1989, S. 461–465.

[5] *C. Lamschus*, Meer Salz, Mehr Macht. Konkurrenz für Lüneburg: Wer ließ den Stern dieser reichen Salz-Stadt des Mittelalters sinken? (De Sulte 9), Lüneburg 1998.

die Verwaltung und Finanzen der Saline verantwortlich, der Barmeister kontrollierte die Herstellung der bleiernen Siedepfannen. Über lange Zeit hinweg waren nur diese Personen ratsfähig, erst 1619 wurden auf Druck des Herzogs auch andere Bürger in den Rat aufgenommen.

Dies ist insofern von Bedeutung, als sich Lüneburg hier von anderen Städten unterscheidet. Hier waren nur ca. 30 Familien an der Macht beteiligt, die streng darauf achteten, daß ihre Macht und ihr Einfluß nicht geschmälert wurden. Der Bürgermeister Claus Stoketo sprach 1484 davon, daß es in „Lüneburg 30 namhafte Bürger gebe, deren jeder eines Grafen Gut besitze“.[6]

Christian Lamschus spricht in diesem Zusammenhang davon, daß im 16. Jahrhundert ein „ordo senatoris“, also ein in sich geschlossener Kreis von Personen entstanden ist, der sich die Macht und das Einkommen aus der Saline teilte.[7]

Für eine sozialtopographische Analyse von Bodenfunden ist diese Tatsache besonders wichtig, zumal einzelne Gebäude über Generationen im Besitz von Patrizierfamilien waren. Als Beispiel dient hier das Gebäude Große Bäckerstraße 26, das von 1426 bis 1629 im Besitz von drei Patrizierfamilien war, wovon die letzten 112 Jahre allein auf die Familie von Dassel entfallen. Dieses ungewöhnlich ortsfeste Verhalten findet sich in kaum einer anderen norddeutschen Stadt.[8]

Zu ihrer Blütezeit waren etwa 500 Beschäftigte von der Saline abhängig, dazu gehörten neben den Sülzern auch die Böttcher, Schiffer, Träger usw. Bei einer angenommenen Zahl von vier abhängigen Familienmitgliedern ergibt sich, daß etwa 2000 Menschen direkt von den Einkünften der Saline lebten. Auf die damalige Einwohnerzahl von ca. 14000 umgerechnet bedeutet dies, daß etwa 15% der Stadtbevölkerung von der Saline abhängig waren. Auch am Ende des 18. Jahrhunderts beschäftigte die Saline noch über 400 Personen, obwohl der Ertrag nur noch bei etwa 5000 t jährlich lag.[9]

Von geringerer wirtschaftlicher Bedeutung war das Speditionswesen, welches den wirtschaftlichen Niedergang der Saline nicht kompensieren konnte. Dennoch pochte die Stadt bis 1847 auf ihr Stapelrecht, und erst der Bau der Eisenbahn brachte einen Wandel. Zuvor verlief z.B. die Handelsroute von Hamburg nach Magdeburg über Lüneburg. Ebenso lief eine wichtige Nord-Südverbindung über die Salzstadt. Für diesen Gewerbezweig liegen leider keine Zahlen über Beschäftigte und Abhängige vor.

Zusammenfassend läßt sich festhalten, daß Lüneburg im 14. und 15. Jahrhundert eine enorme wirtschaftliche und politische Macht besaß. Dieser Wohlstand gründete sich auf den Erträgen der Saline. Zusammen mit dem wirtschaftlichen Niedergang der Saline verlor die Stadt auch immer mehr an politischer Macht, die ihren Tiefpunkt 1639 in dem Verlust der politischen Freiheit fand. In der Blütezeit der Stadt war die Macht auf wenige Familien konzentriert. Verbunden mit dem Wandel der wirtschaftlichen und politischen Machtverhältnisse erfolgte die Abwanderung der Patrizierfamilien und führte so zu einer starken Veränderung in der Bevölkerungsstruktur.

---

6 *Lamschus* (wie Anm. 2), S. 75.

7 Ebd.

8 *M. Kühlborn*, Ein Glas- und Keramikensemble der frühen Neuzeit aus Lüneburg, in: Archäologie und Bauforschung 1 (1995), S. 83–85; *K. Terlau-Friemann*, Lüneburger Patrizierarchitektur des 14. bis 16. Jahrhunderts. Ein Beitrag zur Bautradition einer städtischen Oberschicht, Lüneburg 1994.

9 *Lamschus* (wie Anm. 2), S. 74.

Die Quellenlage

Im folgenden sollen nun die verschiedenen Quellen kurz vorgestellt werden. Zuerst wird die Forschung der Stadtarchäologie beleuchtet, um die Situation und Quellenlage in Lüneburg darzulegen. Im Anschluß erfahren einige für die Archäologie der Neuzeit wichtige historische Überlieferungen eine kurze Betrachtung.

In Lüneburg existiert seit 1991 eine funktionierende Stadtarchäologie. Trotz einer dünnen Personaldecke gelang es im vergangenen Jahrzehnt, zahlreiche kleinere und mittelgroße Projekte durchzuführen.[10] Dazu zählen mehrere Flächengrabungen, die im Rahmen von Neubaumaßnahmen notwendig wurden. So konnte u.a. eine Töpferei des 16. bis 18. Jahrhunderts intensiv untersucht werden.[11] Das Gros der Untersuchungen liegt allerdings in baubegleitenden Maßnahmen. Hier konnten etwa 15 Kloaken nach modernen Gesichtspunkten ausgegraben werden.[12]

Als Großprojekt läuft seit zwei Jahren die Erforschung der mittelalterlichen St. Lambertikirche, die im letzten Jahrhundert wegen Baufälligkeit abgerissen wurde.[13]

Zuvor wurde die Stadt durch das Museum für das Fürstentum Lüneburg und die Bezirksarchäologie betreut. In diesem Rahmen konnten im mittelalterlichen Stadtzentrum etwa 50 kleinere Untersuchungen und wenige größere Projekte durchgeführt werden. Bei den erstgenannten handelt es sich um baubegleitende Notuntersuchungen, bei denen hauptsächlich der Inhalt von Kloaken geborgen werden konnte. Zwei Ausgrabungen im Bereich eines Büroneubaus und eines Kaufhauses markieren den Anteil der größeren Grabungen der 1960er und 1970er Jahre.

Quellentypen

In Lüneburg tritt der Quellentypus der Kloaken stark in den Vordergrund. Bislang sind über 60 dieser mittelalterlichen und frühneuzeitlichen Entsorgungseinrichtungen erforscht worden. Bedingt durch die baubegleitenden Ausgrabungen stammen diese Kloaken aus dem gesamten historischen Stadtgebiet.

---

[10] *Ring* (wie Anm. 1).

[11] *F. Andraschko/H. Lamschus/C. Lamschus/E. Ring*, Ton, Steine, Scherben. Ausgegraben und erforscht in der Lüneburger Altstadt (De Sulte 6), Lüneburg 1996.

[12] *J. Stark*, Ausgrabungen der Lüneburger Stadtarchäologie auf der Parzelle Am Berge 39, in: Aufrisse. Jahresheft des Arbeitskreises Lüneburger Altstadt e.V. 14 (1998), S. 61–68; *ders.*, Keller Brunnen und Kloaken – Ausgrabungen im Lüneburger Wasserviertel, ebd., S. 69–73; *ders.*, Bauern tanzen … als weren si rasen(d) …, in: Denkmalpflege in Lüneburg 1 (1999), S. 18–20.

[13] *K. Dreger/J. Stark*, St. Lamberti – Ausgrabung einer untergegangenen Kirche, in: Denkmalpflege in Lüneburg 1 (1999), S. 8–12; *E. Ring*, St. Lamberti – Ausgrabung einer untergegangen Kirche in Lüneburg, in: Archäologie in Niedersachsen 2 (1999), S. 109–111; *M. Kühlborn/K. Dreger*, Ausgrabungen auf dem Lüneburger St. Lambertiplatz, in: Berichte zur Denkmalpflege in Niedersachsen 19 (1999), S. 203–204. Die Grabungen wurden Ende 2000 abgeschlossen, die Auswertung erfolgt derzeit im Rahmen zweier Magisterarbeiten.

Die in Lüneburg erforschten Kloaken sind zu einem großen Prozentsatz zeitlich der frühen Neuzeit zuzuordnen, zumeist gehören sie in das 16.–17. Jahrhundert, nur wenige sind noch im 18. Jahrhundert genutzt worden. Das Aufkommen eines moderneren Hygieneverständnisses drängte die Bedeutung der Kloaken in diesem Jahrhundert zunehmend zurück.

Auffällig ist, daß mittelalterliche Kloaken fast völlig fehlen. Dies läßt sich entweder mit einem völlig anderen Entsorgungssystem oder mit regelmäßigen, gründlichen Leerungen erklären.

In Lüneburg sind die Kloaken zumeist als runde Backsteinröhren konstruiert. Die größten hatten einen Durchmesser von ca. 3 m, die kleinsten von ca. 1 m, die Tiefen reichten von nur knapp 1 m bis über 6 m. Sie lagen sehr häufig am Ende der in Lüneburg typischen Flügelbauten oder im rückwärtigen Garten- und Hofgelände (Abb. 1). Bei einigen konnte noch eine Kuppel, z.T. mit mehreren Einfüllöchern, festgestellt werden.

Die Kloaken stellen einen besonderen Typus des Siedlungsfundes dar. Sie dienten in Mittelalter und früher Neuzeit als universelle Entsorgungseinrichtungen, d. h., daß nicht nur Fäkalien, sondern auch ein Großteil des Hausmülls in ihnen verschwanden. Das feuchte und sauerstoffarme Milieu in den Kloaken bewahrte viele organische Stoffe vor der Zerstörung. Textilien, Leder, Holz und Speisereste bieten daher einen detaillierten Blick in vergangene Lebensgewohnheiten.

In die Kloaken gelangte aber nur ein Teil des Hausmülls. Sehr viele Gegenstände spielten eine Rolle im mittelalterlichen Recyclingsystem. Holz konnte als Brennstoff, Textilien als Lumpen, Metall als Altmetall wiederverwendet werden. Einzig für Glas und Keramik fand sich keine Möglichkeit einer weiteren Nutzung. Insofern verwundert es nicht, wenn in den Kloaken diese beiden Fundgattungen dominieren. Die Konzentration auf einen relativ kleinen Raum ermöglicht es oft, Gefäße vollständig oder zumindest großteilig zusammenzusetzen.

Allerdings sind mit der Auswertung der Kloaken auch einige Schwierigkeiten verbunden.

Zuerst stellt sich die Frage nach dem Kreis der Benutzer, wurde die Kloake nur von den Bewohnern eines Hauses oder auch von den Nachbarn genutzt? Die Grenzlage einiger Kloaken läßt diese Deutung zu. Zudem kommt hier ein weiteres Problem zum tragen. Zwar wohnten die Patrizier im Vordergebäude, der rückwärtige Hof war jedoch oft mit Buden bebaut, die von der ärmeren Bevölkerung bewohnt wurde. Es ist jedenfalls anzunehmen, daß in einigen Fällen alle Bewohner einer Parzelle eine Kloake zusammen nutzten.

Eine weitere wichtige Frage ist die der Belegungsdauer. Einige Kloaken scheinen sehr intensiv genutzt worden zu sein, das Fundmaterial kann auf einen relativ kleinen Zeitraum von wenigen Jahren eingegrenzt werden. Bei anderen Kloaken reicht der Datierungszeitraum dagegen über mehrere Jahrhunderte.

Eine Einschränkung erfahren die Interpretationsmöglichkeiten außerdem durch den Benutzer selbst. Er selektierte die Gegenstände im Sinne von Eggers[14] bewußt negativ, d. h. der damalige Benutzer entschied sich bewußt dafür, die Gegenstände in der Kloake zu entsorgen, die Gründe für diese Entscheidungen sind uns nicht überliefert.

---

[14] *H. J. Eggers*, Einführung in die Vorgeschichte, München [3]1986, S. 266–268.

In diese Thematik fällt auch das Problem der möglichen Leerungen. Einige Kloaken wurden regelmäßig geleert, andere dagegen nicht. Unvollständige Leerungen geben z.T. plausible Erklärungen für den langen Datierungszeitraum.

Zudem muß die unterschiedliche Haltbarkeit der Gegenstände berücksichtigt werden; während Keramik sehr widerstandsfähig ist, kann Glas eher zersetzt werden. Organische Stoffe zerfallen entsprechend leichter. Die Erhaltungsbedingungen sind von sehr verschiedenen Faktoren, wie Durchlüftung, Wasserstand, Säuregehalt etc., abhängig. Auch hier gilt, daß die Faktoren, die zur Erhaltung und Zerstörung von Gegenständen führten, nicht unmittelbar nachvollziehbar sind.

Ein weiteres entscheidendes Kriterium ist die Ausgrabung selbst. Dies gilt in Lüneburg vor allem für die frühen Grabungen, bei denen das Fundmaterial offenbar nur selektiv aufgehoben wurde. Glas und einfache Gebrauchskeramik sind bei diesen Grabungen genauso unterrepräsentiert wie Speisereste (Knochen). Erst die Grabungen der letzten Jahre sind in dieser Hinsicht repräsentativer. Mittlerweile liegen für mehrere Grabungen botanische und zoologische Untersuchungen vor. Zumindest bei dieser letzten Selektion durch den Ausgräber können die Gründe für die Vorgehensweise nachvollzogen werden.

Zusammenfassend kann man sagen, daß die Kloaken keinen Querschnitt aus dem Haushalt bieten, für eine solche Aussage sind die unbekannten Störfaktoren zu groß, sondern nur einen Ausschnitt zeigen. Dennoch bietet auch dieser Ausschnitt genügend Anhaltspunkte für eine sozialhistorische Analyse.

Wie sieht nun das Fundmaterial aus den Kloaken aus?

Glas und Keramik stehen hier eindeutig im Vordergrund. Anhand dieser Funde können die Handelsbeziehungen erforscht werden. So finden wir Steinzeug aus dem Rheinland (Westerwald, Siegburg, Raeren, Köln; Abb. 2–4), Sachsen (Waldenburg) und Niedersachsen (Duingen); Fayence aus Thüringen (Arnstadt), den Niederlanden (Abb. 5) und Portugal (Abb. 6); Luxusgläser aus Böhmen, Italien und den Niederlanden; einfache Gläser, sogenannte Waldgläser, aus den verschiedenen Glasproduktionszentren Südniedersachsens und Hessens (Abb. 7).

Die botanischen und zoologischen Untersuchungen gestatten ebenfalls Rückschlüsse auf die Handelsbeziehungen: Pfeffer, Reis, Feigen, Meleguetapfeffer und Rosinen zeigen den in Lüneburg vorhandenen Reichtum. Auf dem Speisezettel der Lüneburger Patrizier standen u. a. auch Austern und Miesmuscheln, die sich in Wasserfässer verpackt, leicht transportieren ließen.

Die Analyse von Textilresten ergab das Vorhandensein von Samt, Seide und Damastgewebe.[15]

---

[15] *J. Wiethold*, Reis, Pfeffer und Paradieskorn: Pflanzenreste des 16. und 17. Jahrhunderts aus der Kloake der Patrizierfamilie von Dassel aus Lüneburg, in: Archäologie und Bauforschung 1 (1995), S. 129–166; *J. Wiethold*, „Wyltu maken en gud moes van brambeeren ...“. Archäobotanische Untersuchungen in Lüneburg: Kleine Pflanzenreste als Forschungsobjekt, in: *Andraschko u. a.* (wie Anm. 11), S. 113–125; *C. Schulze-Rehm*, Ergebnisse der archäozoologischen Bearbeitung der Tierknochenfunde aus der Kloake 4 von Fundstelle 17:2, „Auf dem Wüstenort“, in Lüneburg, in: Archäologie und Bauforschung in Lüneburg 1 (1995), S. 167–174; *K. Tidow*, Spätmittelalterliche und frühneuzeitliche Textilfunde aus Lüneburg, in: Archäologie und Bauforschung in Lüneburg 1 (1995), S. 175–187.

Kriterien für die soziale Analyse von Funden

Der einzelne Fund an sich kann nur sehr selten in einen sozialen Kontext gebracht werden. Dies trifft nur auf objektiv bestimmbare Funde, wie Münzen oder Schmuck, zu. Die meisten archäologischen Funde lassen sich nur durch Zusammenspiel von mehreren Faktoren begutachten.

Diese sind im einzelnen:

1. Art des Fundes. Hier stellt sich die Frage, ob das Material selbst schon wertbestimmend ist.
2. Verfügbarkeit am Fundort. Wie häufig und auf welchen Wegen gelangte das Objekt zum Konsumenten, wie schwer (oder leicht) konnte ein Ersatz beschafft werden? In der archäologischen Praxis heißt dies, daß eine Fundkartierung von großer Bedeutung ist. Die Herkunft und Transportwege sollten ebenfalls bekannt sein.
3. Fundvergesellschaftung. Mit welchen Funden ist der Gegenstand vergesellschaftet. Anzahl und Art der Funde spielen hier eine große Rolle. Ebenso können die naturwissenschaftlichen Analysen der botanischen und zoologischen Funde in diesen Punkt einfließen.
4. Funktionalität. Steht bei dem Fund eher die praktische Funktionalität (z.B. Kochtopf) oder die ideelle Funktionalität (z.B. Pilgerzeichen) im Vordergrund?
5. Fundort. Der Fundort selbst spielt auch eine Rolle. Stammt der Gegenstand z.B. aus einem Grab oder wurde er in einer Kloake gefunden? Die Lage, Beschaffenheit und Art des Fundortes sind gleichfalls von großer Bedeutung. Eine große Kloake auf einem repräsentativen Grundstück hat eine andere Bedeutung als eine kleine Abfallgrube auf einem öffentlichen Platz. Auf Gräber bezogen gilt, daß Beigaben aus Gruftbestattungen aus der Nähe des Altars eine andere Bedeutung haben als Beigaben aus Gräbern, die am Rand des Kirchhofs oder von außerhalb der Stadtmauern gelegenen Gräbern stammen.
6. Relative Zeitstellung in bezug auf die Distributionstheorien. Ist ein Gegenstand zu Beginn des Produktionszeitraums oder erst am Ende erworben worden? Je nachdem, zu welchem Zeitpunkt ein Gegenstand erworben wurde, gehörte sein Besitzer auch einer jeweils anderen sozialen Gruppe an bzw. wollte damit seinen gesellschaftlichen Status zum Ausdruck bringen (Abb. 8). In diesem Zusammenhang steht auch der Begriff des gesunkenen Kulturgutes.[16] Ein Luxusgut ist dann zum allgemeinen Gebrauchsgut abgesunken, wenn seine Benutzung eine alltägliche Handlung ist und nicht mehr als besonderes Ereignis empfunden wird. Als modernes Beispiel sei hier das Mobiltelefon genannt. Zunächst nur in kleiner Stückzahl einer kleinen Minderheit verfügbar, galt es als wichtiges Statussymbol. Erst mit der Öffnung des Marktes wurde es breiteren Schichten verfügbar und ist heute fast alltägliches Gebrauchsgut geworden. Auch zu diesem Punkt lassen sich allein mit Hilfe der archäologischen Quellen nur wenige Aussagen machen. Hier kommt das Problem der Laufzeit zum Tragen. Wir wissen nicht, wie lange ein Gegenstand genutzt wurde, bevor er in den Boden gelangte. Allenfalls kann man Tendenzen ablesen, ein Objekt mit einem geringen Wert erfährt eine geringere Achtung als ein kostspieliger Gegenstand. Allgemein läßt sich beobachten, daß geringwertigere Gegenstände eine kürzere Laufzeit haben, als hochwertige.

---

16 *H. Giel*, Diffusion, in: *B. Tietz/R. Köhler/J. Zentes*, Handwörterbuch des Marketing, Stuttgart 1995, S. 469–477; *H. Naumann*, Grundzüge der deutschen Volkskunde, Leipzig 1922, S. 2.

7. Zeitgenössischer Wert. Im Idealfall kann für einen Fund der zeitgenössische Wert bestimmt werden. Hier kann die Archäologie keine Erkenntnisse liefern. Einzig die gleich zu besprechenden historischen Quellen der Testamente und Haushaltsinventare geben hier einen Einblick.

Historische Quellen und die mit ihnen verbundenen Probleme

Zwei Gattungen der historischen Quellen verdienen in Bezug auf archäologische Funde eine genauere Betrachtung. Dies sind die Testamente und Haushaltsinventare. Während die Testamente eher selten Haushaltsgegenstände und ihren Wert nennen, sind in den Haushaltsinventaren im Idealfall alle Gegenstände eines Haushalts verzeichnet (Abb. 9). Zumeist sind in diesen Inventaren auch Wertangaben vorhanden.[17]

Doch gerade bei den Inventaren stellt sich die Frage nach dem Wahrheitsgehalt der Aussagen. Die weitaus meisten Inventare sind sogenannte Abteilungsinventare. In diesen wurde im Fall einer zweiten Ehe eines Witwers oder Witwe der Erbanteil der Kinder festgehalten. Dabei konnte es durchaus im Interesse der Eltern liegen, diesen Erbanteil möglichst klein zu halten. Zudem zeigen die Wertangaben in den Inventaren den aktuellen Wert, also nicht den Neuwert, es fließen Alter und Zustand in die Wertangabe ein. Auch hier kann es zu Verzerrungen kommen.

Ein großes Problem stellt die Identifikation der im Inventar genannten Objekte im archäologischen Fundgut dar. Wenn im Inventar z. B. „Siburger Krüge mit engen Helsen"[18] genannt werden, so lassen sich diese Krüge leicht als Siegburger Steinzeug identifizieren, es wird jedoch nicht klar, welcher Typ der Siegburger Krüge gemeint ist.

Noch schwieriger wird es im Fall der sogenannten „spanischen Ware", die in nahezu allen Inventaren des 18. Jahrhunderts auftaucht. Möglicherweise handelt es sich um eine regionale Bezeichnung für Fayence, da dieser Begriff nur in einem Inventar gebraucht wird, sonst fehlt er völlig. Herzuleiten ist die spanische Ware von portugiesischer Fayence, die im 17. Jahrhundert den norddeutschen Raum erreichte (Abb. 6). Beispiele liegen hierfür aus Hamburg, Bremen und auch aus Lüneburg vor.[19]

---

17 Zu den Testamenten und Inventaren zuletzt: *S. Mosler-Christoph*, Die materielle Kultur in den Lüneburger Testamenten 1323 bis 1500 (Elektronische Dissertationen der Georg-August-Universität Göttingen), http://webdoc.sub.gwdg.de/diss/1998/mosler/inhalt.htm; *M. Kühlborn*, Ein Papageu im blechern Bauer. Haushaltsinventare des 17. und 18. Jahrhunderts und ihre Aussagekraft zu Hausrat und Hausstruktur, in: Archäologie und Bauforschung in Lüneburg 4 (1999), S. 73–108; allgemein *F. Kaspar*, Bauen und Wohnen in einer alten Hansestadt. Zur Nutzung von Wohnbauten zwischen dem 16. und 19. Jahrhundert dargestellt am Beispiel der Stadt Lemgo (Denkmalpflege und Forschung in Westfalen 9), Bonn 1985; *R.-E. Mohrmann*, Alltagswelt im Land Braunschweig. Städtische und ländliche Wohnkultur vom 16. bis zum frühen 20. Jahrhundert (Beiträge zur Volkskultur in Nordwestdeutschland 56), Münster 1990.

18 *Kühlborn* (wie Anm. 8), S. 83.

19 *U. Bauche*, Lissabon – Hamburg. Fayenceimport für den Norden, Hamburg 1996; *E. Grohne*, Fremder Import unter dem altbremischen Haushalt, in: Bremisches Jahrbuch 33 (1931), S. 446–483.

Das „Problem der kleinen Zahl" ist ein weiteres Hindernis für eine moderne Auswertung, nur wenige der 96 Inventare gehören in das 16. und 17. Jahrhundert, die Masse entstammt dem 18. Jahrhundert. Insofern tritt uns hier nur ein sehr kleiner Ausschnitt aus der Lüneburger Bevölkerung entgegen. Insgesamt liegen 13 Inventare aus dem 16. und 17. Jahrhundert vor, von denen sich 8 Patriziern zuordnen lassen.

Um sich jedoch ein breites Bild der sozialräumlichen Zusammensetzung Lüneburgs in der frühen Neuzeit zu machen, sind andere Quellen wichtig. So ermöglichen es einige Schoßrollen, Berufskartierungen durchzuführen und die Parzellenkontinuität der Lüneburger zu belegen. Als Beispiel sei hier das Grundstück Große Bäckerstr. 26 genannt, welches sich über 100 Jahre im Besitz einer Familie und über 200 Jahre im Besitz von Patriziern befand. Für einige Berufsgruppen sind diese Quellen bereits ausgewertet worden.[20] Demnach kann hier eine Kartierung einzelner Handwerke in Lüneburg im 16. Jahrhundert gegeben werden (Abb. 10).[21]

Zusammenfassung und Fazit

Die archäologischen Quellen Lüneburgs geben nicht nur Hinweise auf Handel und Funktion, sondern lassen zu einem bestimmten Grad auch Aussagen über die soziale Stellung der ehemaligen Nutzer zu. Um zu diesen Aussagen zu kommen, ist es nötig, den zeitgenössischen Stellenwert der Fundgegenstände zu kennen. Dieser zeitgenössische Wert kann mit archäologischen Methoden nur grob bestimmt werden. Faktoren wie Verfügbarkeit, Materialwert, Nutzwert etc. helfen dabei, die ungefähre Stellung zu bestimmen.

Als Korrektiv können einige historische Quellen genutzt werden. Den Testamenten und hauptsächlich den Haushaltsinventaren lassen sich zeitgenössische Einschätzungen zu den verschiedenen Funden entnehmen.

Durch die Zusammenführung dieser verschiedenen Quellengattungen können Bewertungskriterien für die Werteinschätzung von archäologischen Funden gemacht werden.

Auf der Grundlage dieser Bewertungsmöglichkeit kann man die archäologischen Funde in ihren sozialen Kontext bringen und so Aussagen zu Sozialstruktur und Sozialtopographie treffen.

Darüber hinaus kann das archäologische Fundgut Informationen zum Konsum und Konsumverhalten der Lüneburger Bevölkerung liefern. Die zahlreichen Importwaren beweisen einen regen Austausch mit zahlreichen Handelspartnern.

---

20 *H. Borstelmann*, Lüneburgs Backhäuser, in: Festblätter des Museumsvereins für das Fürstentum Lüneburg 7 (1936), S. 3–99; *ders.*, Das Schmiedeamt zu Lüneburg, Lüneburg 1937; *ders.*, Die Aemter der Bader, der Barbiere und Perückenmacher zu Lüneburg, in: Billunger Land. Beilage der Lüneburgischen Anzeigen (1938), S. 3–36; *ders.*, Lüneburgs Gaststätten (handschr. Manuskript), Lüneburg o. J; *ders.*, Lüneburgs Brauhäuser (maschinenschr. Manuskript), Lüneburg o. J.; *ders.*, Das Lüneburger Krameramt (maschinenschr. Manuskript), Lüneburg o. J.; *H. Rümelin,* Das Hafenviertel. Zur topographischen und sozialräumlichen Entwicklung eines Lüneburger Stadtteils (De Sulte 8), Lüneburg 1997; *Terlau-Friemann* (wie Anm. 8).

21 Die hier vorliegende Karte basiert auf einer Kartierung, die *E. Ring* 1996 (unpubl.) vorgenommen hat, sie ist um die archäologischen Funde ergänzt worden. Für das Hafenviertel hat bereits *Rümelin* (wie Anm. 20) eine ähnliche Kartierung erstellt.

Festzuhalten bleibt, daß die archäologischen Quellen für sich allein nur im begrenzten Umfang Antworten auf die Fragen zur Sozialtopographie geben. In Verbindung mit den schriftlichen Quellen liefert die Archäologie aber Erkenntnisse, die sonst nicht gewonnen werden könnten.

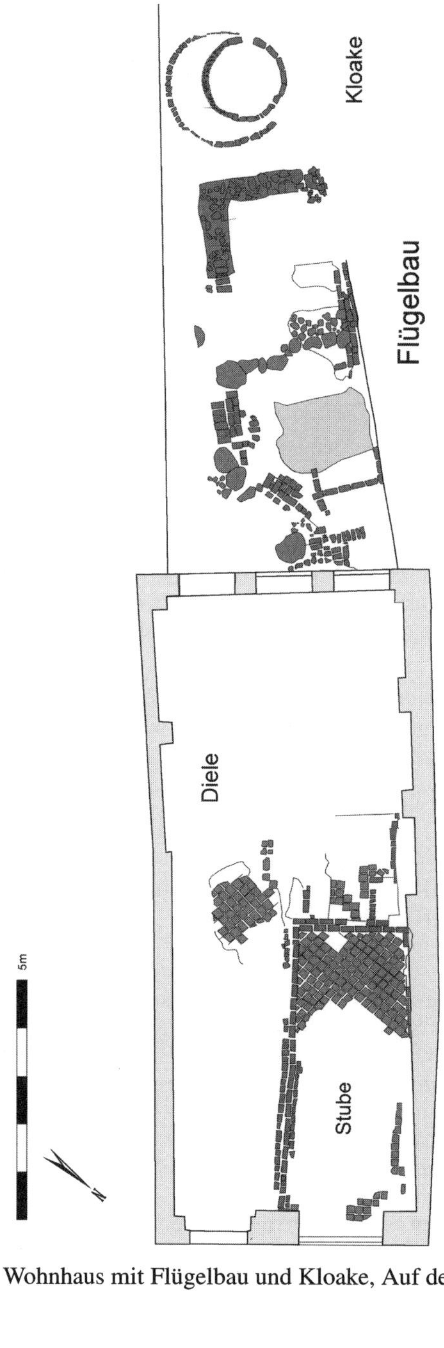

Abb. 1: Lüneburg, Wohnhaus mit Flügelbau und Kloake, Auf der Altstadt 29.

Abb. 2: Westerwälder Mittelgratkrug des 17. Jahrhunderts.

Abb. 3: Siegburger Enghalskrug und Trichterhalskrüge des 16. Jahrhunderts.

Abb. 4: ... Buren als weren si rasen... Fragment eines Bauerntanzkruges des 16. Jahrhunderts.

Abb. 5: Kain erschlägt Abel, Niederländische Fayence des 17. Jahrhunderts.

Abb. 6: Portugiesische Fayence des 17. Jahrhunderts.

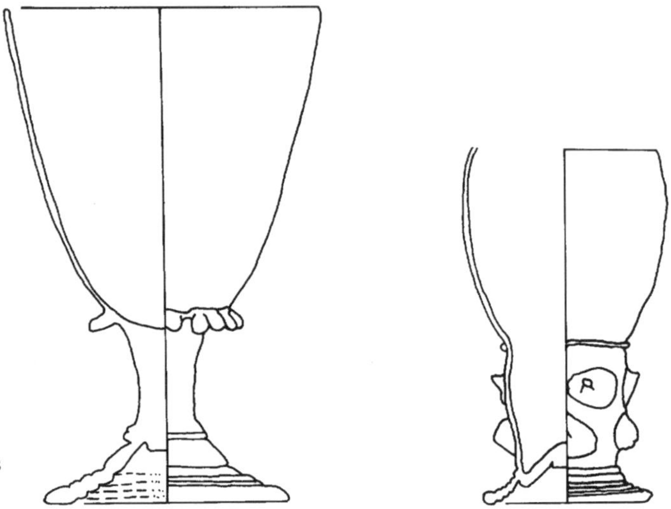

Abb. 7: Kelchglas und Römer des 17. Jahrhunderts aus Waldglas.

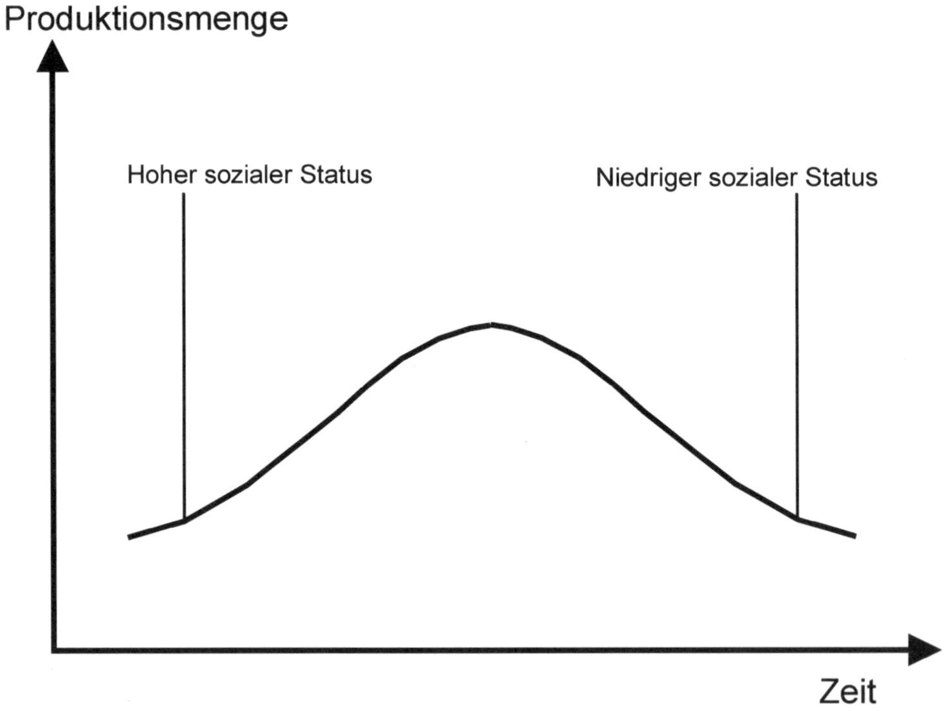

Abb. 8: Soziale Einordnung eines Objektes in Bezug auf Produktionsmenge und Zeitstellung.

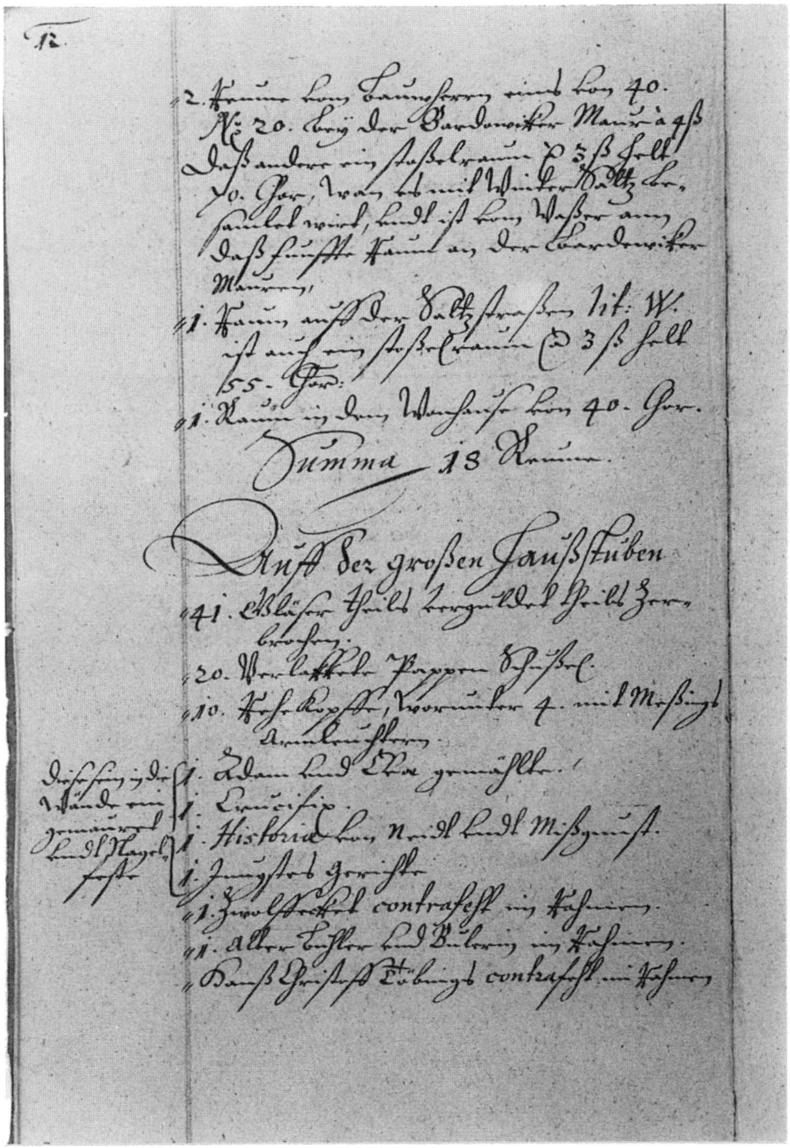

Abb. 9: Ausschnitt aus dem Inventar der Anna Clara von Dassel 1656.

Abb. 10: Berufe in Lüneburg im 16. Jahrhundert.

Abbildungsnachweise
Abb. 1: Lüneburg, Wohnhaus mit Flügelbau und Kloake, Auf der Altstadt 29 (Stadt Lüneburg, Stadtarchäologie).
Abb. 2: Westerwälder Mittelgratkrug des 17. Jahrhunderts (*A. Büttner*, Steinzeug Westerwälder Art des ausgehenden 16. Jahrhunderts bis 1800 in Lüneburg (Archäologie und Bauforschung in Lüneburg 3), Lüneburg 1997, Katnr. 6, S. 94) M. 1:2.
Abb. 3: Siegburger Enghalskrug und Trichterhalskrüge des 16. Jahrhunderts (Stadt Lüneburg, Stadtarchäologie) o. M.
Abb. 4: ... Buren als weren si rasen... Fragment eines Bauerntanzkruges des 16. Jahrhunderts (*J. Stark*, Bauern tanzen ...als weren si rasen(d) ..., in: Denkmalpflege in Lüneburg 1 (1999), S. 18–20) o. M.
Abb. 5: Kain erschlägt Abel, Niederländische Fayence des 17. Jahrhunderts (*M. Kühlborn*, Ein Glas- und Keramikensemble der frühen Neuzeit aus Lüneburg, in: Archäologie und Bauforschung 1 (1995), S. 46) M. 1:2.
Abb. 6: Portugiesische Fayence des 17. Jahrhunderts (Stadt Lüneburg, Stadtarchäologie) o. M.
Abb. 7: Kelchglas und Römer des 17. Jahrhunderts aus Waldglas (Verfasser) M. 1:3.
Abb. 8: Soziale Einordnung eines Objektes in Bezug auf Produktionsmenge und Zeitstellung (Verfasser).
Abb. 9: Ausschnitt aus dem Inventar der Anna Clara von Dassel 1656 (Stadt Lüneburg, Stadtarchiv).
Abb. 10: Berufe in Lüneburg im 16. Jahrhundert (Verfasser; Grundlage siehe Anm. 20 u. 21 sowie *A. Brebbermann*, Lüneburger Nachrichten, gesammelt von Wilhelm Friedrich Volger, in: Lüneburger Blätter 24 (1978), Faltplan 1) o. M.

III. Schluß

Schlußwort

Bleibt zum Schluß nur noch Dank zu sagen all jenen, die geholfen haben, den ersten Workshop der Professur für die Geschichte des Mittelalters in Halle zu einem Erfolg zu führen.

Was den wissenschaftlichen Ertrag betrifft, der sich im vorgelegten Band präsentiert, mag der kritische Leser am Ende seiner Lektüre das eigene Urteil fällen und wägen, welchen Nutzen das aufgeschriebene Wort letztlich für ihn hat. Uns kam es bei der Planung in erster Linie darauf an, im Hallischen Institut mitten unter den Studierenden das wissenschaftliche, auch Kontroversen nicht scheuende Gespräch mit kompetenten Kolleginnen und Kollegen zu suchen über ein Thema, das bis heute in unserem Interessenfokus liegt und im Blick auf einige der in Halle betriebenen Forschungsvorhaben von großer Bedeutung ist. Genannt seien hier stellvertretend das damals in Planung befindliche und heute von mehreren Mitarbeitern betriebene Projekt einer neuen wissenschaftlichen Stadtgeschichte Halles anläßlich der bevorstehenden 1200-Jahrfeier sowie das Forschungsprojekt „Stadt und Residenz im mitteldeutschen Raum", dessen Fragestellungen im Blick auf die spannungsvollen Beziehungen zwischen zwei sehr unterschiedlich generierten sozialen Sphären durch den Workshop große Bereicherung erfahren hat. Dieser Mehrwert jedoch läßt sich vom gedruckten Wort einer wissenschaftlichen Publikation, die nun vorliegt, ebenso wenig ablesen wie der lebhaft und gegenseitig produktiv weitertreibende Dialog zwischen Historikern, Geographen und Archäologen, in deren Schnittpunkt das gewählte Thema liegt. Dieses Gespräch wirkt bis heute nach. Daß dieses gelang, ist ausnahmslos den engagierten Teilnehmern zu danken, Vortragenden und Diskutanten, die mit ihren facettenreichen, ganz unterschiedliche Zugänge offenlegenden Beiträgen und mit offenen Fragen an die Kollegen einen wirklich fachübergreifenden Austausch ermöglichten und Neugier für das Metier der jeweiligen Nachbarwissenschaft weckten. Wir haben es über jeden wissenschaftlichen Aspekt hinaus als große Bereicherung empfunden und mit Freude bemerkt, daß sich auch Kunst- und Bauhistoriker, Rechtsgelehrte und Philologen in den Dialog einbrachten. Für die Mühe, ihre Beiträge schließlich zum wissenschaftlichen Aufsatz umzuarbeiten, sei unseren Referenten am Ende noch einmal besonders gedankt. Sie mögen uns nachsehen, daß der Band aus verschiedenen Gründen erst heute erscheint. Was an Neuem fehlt, weil es erst nach Abgabe der Manuskripte entdeckt und publiziert wurde und somit nicht mehr eingearbeitet werden konnte, haben wir als Herausgeber zu verantworten.

Dank gebührt aber auch all jenen, die zur organisatorischen Verwirklichung beigetragen haben. Allen voran Sylvia Opel aus unserem Sekretariat, die von der Korrespondenz und Buchführung der Finanzen bis zur Quartierbeschaffung für die angereisten Gäste und der Logistik des erfrischenden Büffets in den Sitzungspausen für einen reibungslosen Ablauf gesorgt hat. Dank gilt aber auch den damaligen – heute teilweise als Doktoranden schon selbstständig forschenden – Hilfskräften Gerrit Deutschländer, Michael Hecht, Marcus Rau, Joachim Seibt, Stephan Schulz und Dirk Suckow, die geräumt, Geräte beschafft, bedient und überhaupt als helfende Hände gewirkt haben. Das fertige Buch, den Herausgebern lange am Herzen gelegen, hat schließlich unter Mitwirkung der korrekturlesenden Hilfskräfte Jan Brademann, Gerrit Deutschländer, Andreas Mohrig, Marcus Rau, Joachim Seibt und am Ende durch die Hebammenkunst von Manfred Karras, Lektor des Akademieverlags, das Licht der Welt erblickt.

Andreas Ranft

Anhang

Auswahlbibliographie zur Sozialstruktur und Sozialtopographie vorindustrieller Städte

Matthias Meinhardt, Halle (Saale)

1. Zur Auswahl der Titel

Die meisten Beiträge zur Erforschung der Sozialstruktur und Sozialtopographie vorindustrieller Städte sind als Aufsätze erschienen und somit weit gestreut in verschiedenen, zum Teil recht entlegenen Sammelbänden und Zeitschriften veröffentlicht worden. Eine Spezialbibliographie dieser Beiträge lag bislang nicht vor, so daß der Einstieg in diesen Forschungskomplex angesichts einer mittlerweile vergleichsweise umfänglichen Literatur nicht immer ganz einfach fällt, obwohl es freilich das eine oder andere hilfreiche Instrument gibt.[1] Diese Situation ließ es angebracht erscheinen, eine Sammlung wichtiger Titel zur Erforschung städtischer Sozialstruktur und Sozialtopographie der vorindustriellen Jahrhunderte zusammenzustellen, die hier etwas Erleichterung verschafft.

Recht großzügig verfahren wurde mit der Auslegung der Begriffe Sozialstruktur und Sozialtopographie. Eine allzu enge Definition dieser Termini hätte ansonsten leicht zu einer unerwünschten Ausblendung des einen oder anderen Ansatzes führen können. Fallstudien wurden ebenso aufgenommen wie methodische, forschungsgeschichtliche oder in erster Linie konzeptionell angelegte Beiträge.

Vollständig soll und kann diese Bibliographie nicht sein. Der begrenzte Rahmen, den der vorliegende Band einem solchen Unternehmen setzt, zwang zur Beschränkung gleich in mehrerer Hinsicht. Zunächst sollte in erster Linie die Forschung zum deutschsprachigen Raum dokumentiert werden. Darüber hinausreichende Beiträge sind nur dann aufgenommen worden, wenn sie in inhaltlicher oder methodisch-konzeptioneller Hinsicht besonders anregend oder einflußreich erschienen. Ausgespart blieben in der Regel auch Beiträge, die in den

[1] Zu nennen ist hier gewiß an vorderster Stelle die sehr umfassende, aber längst nicht vollständige stadtgeschichtliche Bibliographie, die am Institut für vergleichende Städtegeschichte in Münster erarbeitet wurde: Bibliographie zur deutschen historischen Städteforschung (Städteforschung. Veröffentlichungen des Instituts für vergleichende Städtegeschichte in Münster, Reihe B: Handbücher, Bd. 1, Teil 1, 2 und Indexband), Teil 1 hrsg. von *H. Stoob*, Köln/Wien 1986, Teil 2 und Indexband hrsg. von *W. Ehbrecht, B. Schröder* und *H. Stoob*, Köln/Weimar/Wien 1996. Zudem liefert dasselbe Institut auch in Abständen von mehreren Jahren ausführliche Literaturberichte zur Stadtgeschichte in den Blättern für deutsche Landesgeschichte, so zuletzt: *W. Ehbrecht u. a.*, Neue Veröffentlichungen zur vergleichenden historischen Städteforschung, in: Blätter für deutsche Landesgeschichte 132 (1996), S. 271–665. Sehr hilfreich sind darüber hinaus die Angaben in *E. Isenmann*, Die deutsche Stadt im Spätmittelalter 1250–1500. Stadtgestalt, Recht, Stadtregiment, Kirche, Gesellschaft, Wirtschaft, Stuttgart 1988, S. 67–69, 72 f., 284–290; die seit der zweiten Hälfte der 1980er Jahre erschienene Literatur sowie die meisten Titel aus der Frühneuzeitforschung fehlen hier bedingt durch die Themenstellung und den Veröffentlichungszeitpunkt des Buches natürlich.

seit den 1980er Jahren verstärkt erschienenen Stadtgeschichten veröffentlicht wurden,[2] zumal gerade diese Arbeiten nicht selten lediglich das kompilierten, was zuvor bereits an anderer Stelle zu lesen war. Um ein Ausufern der Bibliographie zu vermeiden, mußte zudem die Aufnahme von Beiträgen zur Erforschung einzelner Gruppen und besonderer Sozialformen (Eliten, Randgruppen, Familie u. a.) auf besonders bedeutende oder weiterführende Titel begrenzt werden, gleiches gilt für die vielen Studien der älteren Bevölkerungs- und Vermögensstatistik, die meist der Zeit um die vorletzte Jahrhundertwende entstammen. Ganz verzichtet wurde auf die Berücksichtigung lexikalischer Arbeiten.

Dennoch mag die Auswahl von fast 350 Titeln genügen, um zumindest den wesentlichen Teil der relevanten Publikationen nunmehr rascher auffinden zu können. Ein Einstieg in die Materie sollte künftig leichter fallen. Wenn dies gelungen ist, hat die vorliegende Auswahl ihre Funktion als vorläufige Arbeitshilfe bereits erfüllt. Die Erstellung einer vollständigeren, nach Möglichkeit kommentierten, auch über den deutschsprachigen Raum hinausgehenden Bibliographie zur Thematik, die insbesondere die hier nur in Ansätzen eingearbeiteten oder ganz ausgesparten Bereiche und Publikationsformen systematisch berücksichtigt, bleibt ein Desiderat, dessen Beseitigung sich hoffentlich bald jemand zur Aufgabe machen kann. Erfahrungsgemäß sind derartige Projekte am ehesten von Arbeitsgruppen zu bewältigen.

Die Publikationen werden nach den Verfassernamen alphabetisch geordnet aufgeführt. Am Ende der Bibliographie befinden sich ein Ortsregister sowie ein Index der Regionen und Territorien, durch die das Arbeiten mit der Bibliographie erleichtert werden soll.

2. Alphabetisches Autoren- und Titelverzeichnis

1. Ammann, H., Die Bevölkerung der Stadt und Landschaft Basel am Ausgang des Mittelalters, in: Basler Zeitschrift für Geschichte und Altertumskunde 49 (1950), S. 25–52.
2. Andræ, C. G., Ett socialhistoriens dilemma. Några försök att definiera sociala grupper och klasser i svensk historia, in: Historisk Tidskrift 98 (1978), S. 1–9.
3. Aubin, G., Die Berufe der Stadt Bautzen in Handel und Gewerbe vom 15. bis 18. Jahrhundert, in: Vierteljahrschrift für Sozial- und Wirtschaftsgeschichte 15 (o. Jh.), S. 235–251.
4. Ay, K.-L., Unehrlichkeit, Vagantentum und Bettelwesen in der vorindustriellen Gesellschaft, in: Jahrbuch des Instituts für Deutsche Geschichte Tel Aviv 8 (1979), S. 13–37.
5. Bátori, I., Das Patriziat der deutschen Stadt. Zu Forschungsergebnissen über das Patriziat besonders der süddeutschen Städte, in: Zeitschrift für Stadtgeschichte, Stadtsoziologie und Denkmalpflege 2 (1975), S. 1–30.
6. Bátori, I., Sozioökonomische Untersuchungen in süddeutschen Städten des 15. und 16. Jahrhunderts. Programmabläufe – Erfahrungen – Ergebnisse, in: Irsigler, F. (Hrsg.), Quantitative Methoden in der Wirtschafts- und Sozialgeschichte der Vorneuzeit (Historisch-sozialwissenschaftliche Forschungen 4), Stuttgart 1978, S. 24–42.

[2] Dieses Defizit mag durch folgende Bibliographie gemindert werden: *C. Engeli*, Gesamtdarstellungen zur Stadtgeschichte (von Städten über 50000 Einwohner). Eine Bibliographie, in: Informationen zur modernen Stadtgeschichte 1994/1, S. 32–59.

7. Bátori, I., Soziale Schichtung und soziale Mobilität in der Gesellschaft Alteuropas. Methodische und theoretische Probleme, in: Mieck, I. (Hrsg.), Soziale Schichtung und soziale Mobilität in der Gesellschaft Alteuropas. Protokoll eines internationalen Expertengesprächs im Hause der Historischen Kommission zu Berlin. 1.–2. November 1982, Berlin 1984, S. 8–28.
8. Bátori, I./Weyrauch, E. u. a., Die bürgerliche Elite der Stadt Kitzingen. Studien zur Sozial- und Wirtschaftsgeschichte einer landesherrlichen Stadt im 16. Jahrhundert (Spätmittelalter und Frühe Neuzeit. Tübinger Beiträge zur Geschichtsforschung), Stuttgart 1982.
9. Baum, H.-P., Hochkonjunktur und Wirtschaftskrise im spätmittelalterlichen Hamburg. Hamburger Rentengeschäfte 1371–1410 (Beiträge zur Geschichte Hamburgs 11), Hamburg 1976.
10. Baum, H.-P./Sprandel, R., Zur Wirtschaftsentwicklung im spätmittelalterlichen Hamburg, in: Vierteljahrschrift für Sozial- und Wirtschaftsgeschichte 59 (1972), S. 473–488.
11. Bechthold, K. D., Zunftbürgerschaft und Patriziat. Studien zur Sozialgeschichte der Stadt Konstanz im 14. und 15. Jahrhundert (Konstanzer Geschichts- und Rechtsquellen 26), Sigmaringen 1981.
12. Berthold, B., Charakter und Entwicklung des Patriziats in mittelalterlichen deutschen Städten, in: Jahrbuch für Geschichte des Feudalismus 6 (1982), S. 195–241.
13. Biederstedt, R., Häuserbuch der Altstadt Greifswald. Ein Arbeitsbericht, in: Greifswald-Stralsunder Jahrbuch 11 (1977), S. 125–131.
14. Biederstedt, R., Frühneuzeitliche Steuerregister als sozialstatistische Quelle, in: Baltische Studien NF 79 (1993), S. 7–24.
15. Blendinger, F., Versuch einer Bestimmung der Mittelschicht in der Reichsstadt Augsburg am Ende des 14. bis zum Anfang des 18. Jahrhunderts, in: Maschke, E./Sydow, J. (Hrsg.), Städtische Mittelschichten (Veröffentlichungen der Kommission für geschichtliche Landeskunde in Baden-Württemberg, Reihe B: Forschungen 69), Stuttgart 1972, S. 32–78.
16. Blockmans, W. P. (Hrsg.), Showing Status. Representation of Social Positions in the Late Middle Ages (Medieval Texts and Cultures of Northern Europe 2), Turnhout 1999.
17. Boehm, L., Libertas Scholastica und Negotium Scholare. Entstehung und Sozialprestige des akademischen Standes im Mittelalter, in: Rössler, H./Franz, G. (Hrsg.), Universität und Gelehrtenstand 1400–1800. Büdinger Vorträge 1966 (Deutsche Führungsschichten in der Neuzeit 4), Limburg a. d. Lahn 1970, S. 15–61.
18. Bog, I., Reichsverfassung und reichsstädtische Gesellschaft – Sozialgeschichtliche Forschungen über reichsständische Residenten in Freien Städten, insbesondere in Nürnberg, in: Jahrbuch für fränkische Landesforschung 18 (1958), S. 325–339.
19. Bog, I., Über Arme und Armenfürsorge in Oberdeutschland und in der Eidgenossenschaft im 15. und 16. Jahrhundert, in: Jahrbuch für fränkische Landesforschung 34/35 (1975), S. 983–1002.
20. Bogucka, M., Zur Lebensweise des Danziger Bürgertums im 16. Jahrhundert, in: Fritze, K. u. a. (Hrsg.), Der Ost- und Nordseeraum, Weimar 1986, S. 81–90.
21. Bohmbach, J., Die Sozialstruktur Braunschweigs um 1400 (Braunschweiger Werkstükke 49, Reihe A: Veröffentlichungen aus dem Stadtarchiv und der Stadtbibliothek 10), Braunschweig 1973.

22. Booth, C., Life and labour of the people of London, London 1889.
23. Bosl, K., Potens und Pauper. Begriffsgeschichtliche Studien zur gesellschaftlichen Differenzierung im frühen Mittelalter und zum „Pauperismus“ des Hochmittelalters, in: Ders., Frühformen der Gesellschaft im mittelalterlichen Europa, München/Wien 1964, S. 106–134.
24. Bosl, K., Die Sozialstruktur der mittelalterlichen Residenz- und Fernhandelsstadt Regensburg. Die Entwicklung ihres Bürgertums vom 9. bis zum 14. Jahrhundert (Bayerische Akademie der Wissenschaften, Philologisch-historische Klasse, Abhandlungen, Neue Folge 63), München 1966.
25. Bosl, K., Macht und Arbeit als bestimmende Kräfte in der mittelalterlichen Gesellschaft, in: Geschichtliche Landeskunde. Festschrift für L. Petry, Bd. 5, Wiesbaden 1968, S. 46–64.
26. Bosl, K., Die wirtschaftliche und gesellschaftliche Entwicklung des Augsburger Bürgertums vom 10. bis zum 14. Jahrhundert (Bayerische Akademie der Wissenschaften, Philologisch-historische Klasse, Sitzungsberichte 3), München 1969.
27. Bosl, K., Kasten, Stände, Klassen im mittelalterlichen Deutschland. Zur Problematik soziologischer Begriffe und ihrer Anwendung auf die mittelalterliche Gesellschaft, in: Zeitschrift für bayerische Landesgeschichte 32 (1969), S. 477–494.
28. Bosl, K., Über soziale Mobilität in der mittelalterlichen „Gesellschaft“. Dienst, Freiheit und Freizügigkeit als Motive sozialen Aufstiegs, in: Vierteljahrschrift für Sozial- und Wirtschaftsgeschichte 67 (1980), S. 306–332.
29. Brandenburg, H., Die Sozialstruktur der Mennoniten in Altona um 1800, in: Buchholz, W./Kroll, S. (Hrsg.), Quantität und Struktur. Festschrift für Kersten Krüger zum 60. Geburtstag, Rostock 1999, S. 89–107.
30. Brandenburg, H./Gehrmann, R./Krüger, K. u. a., Berufe in Altona 1803. Berufssystematik für eine präindustrielle Stadtgesellschaft anhand der Volkszählung (Kleine Schriften des Arbeitskreises für Wirtschafts- und Sozialgeschichte Schleswig-Holsteins 1), Kiel 1991.
31. Brandl-Ziegert, R., Die Sozialstruktur der bayerischen Bischofs- und Residenzstädte Passau, Freising, Landshut und Ingolstadt. Die Entwicklung des Bürgertums vom 9. bis zum 13. Jahrhundert, in: Bosl, K. (Hrsg.), Die mittelalterliche Stadt in Bayern (Zeitschrift für bayerische Landesgeschichte, Beiheft 6 (Reihe B)), München 1974, S. 18–127.
32. Brandt, A. von, Die gesellschaftliche Struktur des spätmittelalterlichen Lübeck, in: Untersuchungen zur gesellschaftlichen Struktur der mittelalterlichen Städte in Europa, hrsg. vom Konstanzer Arbeitskreis für mittelalterliche Geschichte (Vorträge und Forschungen 11), Sigmaringen ^{2}1974, S. 215–239; erneut abgedruckt in: Friedland, K./ Sprandel, R. (Hrsg.), Lübeck, Hanse, Nordeuropa. Gedächtnisschrift für Ahasvar von Brandt, Köln/Wien 1979, S. 209–232.
33. Bräuer, H., Die Stadtbevölkerung von Chemnitz 1450 und 1600. Untersuchungen zu ihrer Struktur, Karl-Marx-Stadt 1978.
34. Braun, F., Hausbau in Mölln im 17. und 18. Jahrhundert. Zusammenhänge zwischen Baubestand, Wirtschaftsstruktur und Sozialtopographie einer norddeutschen Kleinstadt (Studien zur Wirtschafts- und Sozialgeschichte Schleswig-Holsteins 23), Neumünster 1994.

35. Bringsohn, W., Stadt im Territorium. Studien zur Wirtschafts-, Sozial- und Verfassungsgeschichte der Stadt Gießen 1630–1730, 2 Bde. (Quellen und Forschungen zur hessischen Geschichte 103), Darmstadt/Marburg 1996.
36. Brückner, C./Möhle, S./Pröve, R. u. a., Vom Fremden zum Bürger: Zuwanderer in Göttingen 1700–1755, in: Wellenreuther, H. (Hrsg.), Göttingen 1690–1755. Studien zur Sozialgeschichte einer Stadt (Göttinger Universitätsschriften, Serie A: Schriften 9), Göttingen 1988, S. 88–174.
37. Brunner, O., Stadt und Bürgertum in der europäischen Geschichte, in: Geschichte in Wissenschaft und Unterricht 4 (1953), S. 525–537.
38. Brunner, O., Souveränitätsproblem und Sozialstruktur in den deutschen Reichsstädten der frühen Neuzeit, in: Vierteljahrschrift für Sozial- und Wirtschaftsgeschichte 50 (1963), S. 329–360, erneut abgedruckt in: Ders., Neue Wege der Verfassungs- und Sozialgeschichte, Göttingen [3]1980, S. 294–321.
39. Brunner, O., Hamburg und Wien. Versuch eines sozialgeschichtlichen Vergleichs, in: Ders., Neue Wege der Verfassungs- und Sozialgeschichte, Göttingen [3]1980, S. 322–334.
40. Bücher, K., Die Bevölkerung von Frankfurt a. M. im 14. und 15. Jahrhundert. Socialstatistische Studien, Tübingen 1886.
41. Bull, K.-O., Die württ. Türkensteuerlisten von 1544/45 und ihre Bedeutung für die Sozial- und Wirtschaftsgeschichte, in: Ehbrecht, W. (Hrsg.), Voraussetzungen und Methoden geschichtlicher Städteforschung (Städteforschung. Veröffentlichungen des Instituts für vergleichende Städtegeschichte in Münster, Reihe A: Darstellungen 7), Köln/Wien 1979, S. 101–110.
42. Capitani, F. de, Untersuchungen zum Tellbuch der Stadt Bern von 1389, in: Berner Zeitschrift für Geschichte und Heimatkunde 39 (1977), S. 73–100.
43. Capitani, F. de, Adel, Bürger und Zünfte im Bern des 15. Jahrhunderts, Bern 1982.
44. Cramer, J., Gerberhaus und Gerberviertel in der mittelalterlichen Stadt (Studien zur Bauforschung 12), Bonn 1981.
45. Cramer, J., Zur Frage der Gewerbegassen in der Stadt am Ausgang des Mittelalters, in: Die alte Stadt 11 (1984), S. 81–111.
46. Czacharowski, A., Forschungen über die sozialen Schichten in den Städten des deutschen Ordenslandes im 13. und 14. Jahrhundert, in: Diestelkamp, B. (Hrsg.), Beiträge zum spätmittelalterlichen Städtewesen (Städteforschung. Veröffentlichungen des Instituts für vergleichende Städtegeschichte in Münster, Reihe A: Darstellungen 12), Köln/Wien 1982, S. 119–129.
47. Dahlbäck, G., Fanns det skomakare på Skomakargatan? Om den näringsgeografiska strukturen i 1460-talets Stockholm, in: Sankt Eriks Årsbok (1983), S. 29–52.
48. Danckert, W., Unehrliche Leute. Die verfemten Berufe, Bern 1963.
49. Das Häuserbuch der Stadt Münster, Bd. 1: Prinzipalmarkt, bearb. von K.-H. Kirchoff, Bd. 2: Salzstraße, bearb. von S. Jarnot (Quellen und Forschungen zur Geschichte der Stadt Münster, Neue Folge 20/1–2), Münster 2001.
50. Demandt, K. E., Das Fritzlarer Patriziat im Mittelalter, in: Zeitschrift des Vereins für hessische Geschichte und Landeskunde 68 (1957), S. 95–124.
51. Denecke, D., Der geographische Stadtbegriff und die räumlich-funktionale Betrachtungsweise bei Siedlungstypen mit zentraler Bedeutung in Anwendung auf historische Siedlungsepochen, in: Jankuhn, H./Schlesinger, W./Steuer, H. (Hrsg.), Vor- und Früh-

formen der europäischen Stadt im Mittelalter. Bericht über ein Symposion in Reinhausen bei Göttingen vom 18. bis 24. April 1972 (Abhandlungen der Akademie der Wissenschaften in Göttingen, Philologisch-historische Klasse, 3. Folge 83), Teil 1, Göttingen [2]1975, S. 33–55.

52. Denecke, D., Sozialtopographie und sozialräumliche Gliederung der spätmittelalterlichen Stadt. Problemstellungen, Methoden und Betrachtungsweisen der historischen Wirtschafts- und Sozialgeographie, in: Fleckenstein, J./Stackmann, K. (Hrsg.), Über Bürger, Stadt und städtische Literatur im Spätmittelalter. Bericht über Kolloquien der Kommission zur Erforschung der Kultur des Spätmittelalters 1975–1977 (Abhandlungen der Akademie der Wissenschaften in Göttingen, Philologisch-historische Klasse, 3. Folge 121), Göttingen 1980, S. 161–202.
53. Denecke, D., Die historische Dimension der Sozialtopographie am Beispiel südniedersächsischer Städte, in: Berichte zur deutschen Landeskunde 54 (1980), S. 211–252.
54. Denecke, D., Social Status and Place of Residence in Preindustrial German Towns: Recent Studies in Social Topography, in: Ders./Shaw, G. (Hrsg.), Urban Historical Geography. Recent Progress in Britain and Germany, Cambridge u. a. 1988, S. 125–140, 368–374.
55. Denecke, D., Soziales Stadtgefüge und Denkmalpflege, in: Berichte zur Denkmalpflege in Niedersachsen 1988/4, S. 151–154.
56. Denecke, D., Stadtgeographie als geographische Gesamtdarstellung und komplexe geographische Analyse einer Stadt, in: Die alte Stadt 16 (1989), S. 3–23.
57. Denecke, D., Historisch-siedlungsgeographische Forschungsansätze der Betrachtung räumlicher Prozesse, Systeme und Beziehungsgefüge, in: Ders./Fehn, K. (Hrsg.), Geographie und Geschichte (Erdkundliches Wissen 96), Stuttgart 1989, S. 51–71.
58. Denton, J. (Hrsg.), Orders and Hierarchies in Late Medieval and Renaissance Europe, London 1999
59. Dirlmeier, U., Untersuchungen zu Einkommensverhältnissen und Lebenshaltungskosten in oberdeutschen Städten des Spätmittelalters (Abhandlungen der Heidelberger Akademie der Wissenschaften, Philologisch-historische Klasse, Jhg. 1978, Abhandlung 1), Heidelberg 1978.
60. Dirlmeier, U., Merkmale des sozialen Aufstiegs und der Zuordnung zur Führungsschicht in süddeutschen Städten des Spätmittelalters, in: Becht, H.-P. (Hrsg.), Pforzheim im Mittelalter, Sigmaringen 1983, S. 77–106.
61. Dirlmeier, U., Zu den materiellen Lebensbedingungen in deutschen Städten des Spätmittelalters: Äußere Rahmen, Einkommen, Verbrauch, in: Elze, R./Fasoli, G. (Hrsg.), Stadtadel und Bürgertum in den italienischen und deutschen Städten des Spätmittelalters (Schriften des Italienisch-Deutschen Historischen Instituts in Trient 2), Berlin 1991, S. 59–88.
62. Ditt, H., Ältere bevölkerungs- und sozialstatistische Quellen in Westfalen. Methoden der Auswertung, in: Ehbrecht, W. (Hrsg.), Voraussetzungen und Methoden geschichtlicher Städteforschung (Städteforschung. Veröffentlichungen des Instituts für vergleichende Städtegeschichte in Münster, Reihe A: Darstellungen 7), Köln/Wien 1979, S. 111–128.
63. Ditt, H./Kirchhoff, K.-H., Struktur und Raumbeziehungen der Stadt Coesfeld im 16. Jahrhundert. Untersuchungen zur Zentralität einer westfälischen Mittelstadt, in: Westfälische Forschungen 25 (1973), S. 1–58.

64. Dollinger, P., Die deutschen Städte im Mittelalter. Die sozialen Gruppierungen, in: Stoob, H. (Hrsg.), Altständisches Bürgertum, Bd. 2: Erwerbsleben und Sozialgefüge (Wege der Forschung 417), Darmstadt 1978, S. 269–300.
65. Dopsch, H., Zur topographischen, rechtlichen und gesellschaftlichen Struktur bayerischer Bischofsstädte. Regensburg, Salzburg, Passau und Freising im Vergleich, in: Rohr, C. (Hrsg.), Vom Ursprung der Städte in Mitteleuropa. Jubiläumsschrift zur 1200. Wiederkehr der Erstnennung von Linz, Linz 1999, S. 61–102.
66. Ebeling, D., Bürgertum und Pöbel. Wirtschaft und Gesellschaft Kölns im 18. Jahrhundert (Städteforschung. Veröffentlichungen des Instituts für vergleichende Städtegeschichte in Münster, Reihe A: Darstellungen 26), Köln/Wien 1987.
67. Ehbrecht, W., Zu Ordnung und Selbstverständnis städtischer Gesellschaft im späten Mittelalter, in: Blätter für deutsche Landesgeschichte 110 (1974), S. 83–103.
68. Eitel, P., Die politische, soziale und wirtschaftliche Stellung des Zunftbürgertums in den oberdeutschen Reichsstädten am Ausgang des Mittelalters, in: Maschke, E./Sydow, J. (Hrsg.), Städtische Mittelschichten (Veröffentlichungen der Kommission für geschichtliche Landeskunde in Baden-Württemberg, Reihe B: Forschungen 69), Stuttgart 1972, S. 79–93.
69. Ellermeyer, J., Zur Ermittlung städtischer Sozialstrukturen im Spätmittelalter. Ergebnisse, Fragen und Vorschläge am Beispiel Stade, in: Stader Jahrbuch (1974), S. 83–103.
70. Ellermeyer, J., Stade 1300–1399. Liegenschaften und Renten in Stadt und Land. Untersuchungen zur Wirtschafts- und Sozialstruktur einer hansischen Landstadt im Spätmittelalter, Stade 1975.
71. Ellermeyer, J., Sozialgruppen, Selbstverständnis, Vermögen und städtische Verordnungen. Ein Diskussionsbeitrag zur Erforschung spätmittelalterlicher Stadtgesellschaft, in: Blätter für deutsche Landesgeschichte 113 (1977), S. 203–275.
72. Ellermeyer, J., Grundeigentum, Arbeits- und Wohnverhältnisse. Bemerkungen zur Sozialgeschichte spätmittelalterlich-frühneuzeitlicher Städte, in: Lübecker Schriften zur Archäologie und Kulturgeschichte 4 (1980), S. 71–95.
73. Ellermeyer, J., ‚Schichtung' und ‚Sozialstruktur' in spätmittelalterlichen Städten. Zur Verwendbarkeit sozialwissenschaftlicher Kategorien in historischer Forschung, in: Geschichte und Gesellschaft 6 (1980), S. 125–149.
74. Ellermeyer, J., Vorindustrielle Städte als Forschungsaufgabe. Warum lassen sich Kenntnisse über Sozialstruktur und Unterschichten noch verbessern?, in: Die alte Stadt 7 (1980), S. 276–296.
75. Ellermeyer, J., Städtische Führungsgruppen und Gemeinden in der werdenden Neuzeit. Bemerkungen zu einem neuen Band der Reihe „Städteforschung", in: Hansische Geschichtsblätter 102 (1984), S. 127–142.
76. Ellermeyer, J., Wohnen in Hamburg um 1800. Eine Skizze ökonomisch-politischer Bedingungen, in: Siedlungsforschung. Archäologie – Geschichte – Geographie 5 (1987), S. 131–167.
77. Endres, R., Zur Einwohnerzahl und Bevölkerungsstruktur Nürnbergs im 15./16. Jahrhundert, in: Mitteilungen des Vereins für Geschichte der Stadt Nürnberg 57 (1970), S. 242–271.
78. Endres, R., Zur Lage der Nürnberger Handwerkerschaft zur Zeit des Hans Sachs, in: Jahrbuch für fränkische Landesforschung 37 (1977), S. 107–123.

79. Engqvist, H. H., Über die Gestaltung und Disposition des Bürgerhauses in Dänemark um 1500, in: Häuser und Höfe der handeltreibenden Bevölkerung im Ostseegebiet und im Norden vor 1500. Beiträge zur Geschichte und Soziologie des Wohnens (Acta Visbyensia 5), Visby 1976, S. 173–190.
80. Ennen, E., Kölner Wirtschaft im Früh- und Hochmittelalter, in: Kellenbenz, H. (Hrsg.), Zwei Jahrtausende Kölner Wirtschaft, Bd. 1, Köln 1975, S. 87–193.
81. Falk, A./Hammel, R., Möglichkeiten einer interdisziplinären Auswertung der archäologischen und schriftlichen Quellen, in: Lübecker Schriften zur Archäologie und Kulturgeschichte 10 (1987), S. 301–308.
82. Fasoli, G., Oligarchie und Mittelschicht in den Städten der Poebene vom 13. zum 14. Jahrhundert, in: Elze, R./Fasoli, G. (Hrsg.), Stadtadel und Bürgertum in den italienischen und deutschen Städten des Spätmittelalters (Schriften des Italienisch-Deutschen Historischen Instituts in Trient 2), Berlin 1991, S. 11–30.
83. Fehse, M., Hausbesitz, Wohnverhältnisse und Arbeitsstätten in der spätmittelaterlichen Stadt. Das Beispiel Dortmund, Diss. Bielefeld 1999.
84. Fehse, M., Stiftungen und Steuern. Die Dortmunder Führungsschichten, der Rat und die Kirchen in der Krisenzeit um 1400, in: Zupancic, Andrea/Schilp, Thomas (Hrsg.), Der Berswordt-Meister und die Dortmunder Malerei um 1400. Stadtkultur im Spätmittelalter, Bielefeld 2002, S. 157–164.
85. Feige, W., Die Sozialstruktur der spätmittelalterlichen deutschen Stadt im Spiegel der historischen Statistik – mit besonderer Berücksichtigung der niederen Schichten der Bevölkerung und mit einem Exkurs in das Leipzig des 16. Jahrhunderts, 2 Bde., Diss. Leipzig 1965.
86. Filtzinger, B., Ulm, eine Stadt zwischen Reformation und Dreißigjährigem Krieg. Studien zur gesellschaftlichen, politischen und wirtschaftlichen Entwicklung, Diss. München 1993.
87. Fischer, T., Städtische Armut und Armenfürsorge im 15. und 16. Jahrhundert. Sozialgeschichtliche Untersuchungen am Beispiel der Städte Basel, Freiburg i. Br. und Straßburg, Göttingen 1979.
88. Fischer, T., Armut, Bettler, Almosen. Die Anfänge der städtischen Sozialfürsorge im ausgehenden Mittelalter, in: Meckseper, C. (Hrsg.), Stadt im Wandel. Kunst und Kultur des Bürgertums in Norddeutschland 1150–1650, Bd. 4: Aufsätze, Stuttgart/Bad Cannstatt 1985, S. 271–286.
89. Fischer, W., Armut in der Geschichte. Erscheinungsformen und Lösungsversuche der „Sozialen Frage“ in Europa seit dem Mittelalter, Göttingen 1982.
90. Fischer, W./Czada, P., Die soziale Verteilung von mobilem Vermögen in Deutschland seit dem Spätmittelalter, in: Troisième Conférence Internationale d'Histoire Economique Munich 1965, Mouton 1968, S. 253–276.
91. François, E., Unterschichten und Armut in rheinischen Residenzstädten des 18. Jahrhunderts, in: Vierteljahrschrift für Sozial- und Wirtschaftsgeschichte 62 (1975), S. 433–464.
92. François, E., Koblenz im 18. Jahrhundert. Zur Sozial- und Bevölkerungsgeschichte einer deutschen Residenzstadt (Veröffentlichungen des Max-Planck-Instituts für Geschichte 72), Göttingen 1982.
93. Fritze, K., Die Bevölkerungsstruktur Rostocks, Stralsunds und Wismars am Anfang des

15. Jahrhunderts. Versuch einer sozialstatistischen Analyse, in: Greifswald-Stralsunder Jahrbuch 4 (1964), S. 69–80.

94. Fritze, K., Am Wendepunkt der Hanse. Untersuchungen zur Wirtschafts- und Sozialgeschichte wendischer Hansestädte in der ersten Hälfte des 15. Jahrhunderts, Berlin 1967.

95. Fritze, K., Zur Lage der hansestädtischen Plebejer, in: Rostocker Beiträge 1 (1967), S. 31–44.

96. Fritze, K., Eigentumsstruktur und Charakter des mittelalterlichen Städtebürgertums, in: Zeitschrift für Geschichtswissenschaft 22 (1974), S. 331–337.

97. Frölich, K., Zur Verfassungstopographie der deutschen Städte des Mittelalters, in: Zeitschrift der Savigny-Stiftung für Rechtsgeschichte, Germanistische Abteilung 58 (1938), S. 275–310.

98. Frölich, K., Das verfassungstopographische Bild der mittelalterlichen Stadt im Lichte der neueren Forschung, in: Haase, C. (Hrsg.), Die Stadt des Mittelalters, Bd. 1: Entstehung und Ausbreitung (Wege der Forschung 243), Darmstadt 1969, S. 281–337.

99. Fügedi, E., Steuerlisten, Vermögen und soziale Gruppen in mittelalterlichen Städten, in: Bátori, I. (Hrsg.), Städtische Gesellschaft und Reformation (Spätmittelalter und Frühe Neuzeit. Tübinger Beiträge zur Geschichtsforschung 12), Stuttgart 1980, S. 58–96.

100. Gabrielsson, P., Struktur und Funktion der Hamburger Rentengeschäfte in der Zeit von 1471 bis 1490. Ein Beitrag zur Wirtschafts- und Sozialgeschichte der nordwestdeutschen Stadt (Beiträge zur Geschichte Hamburgs 7), Hamburg 1971.

101. Gerber, R., Gott ist Burger zu Bern. Eine spätmittelalterliche Stadtgesellschaft zwischen Herrschaftsbildung und sozialem Ausgleich (Forschungen zur mittelalterlichen Geschichte 39), Weimar 2001.

102. Geremek, B., Geschichte der Armut. Elend und Barmherzigkeit in Europa, München 1991.

103. Gisler, J., Sozialtopographische Untersuchungen zu den Steuerbüchern der Stadt Zürich 1401–1425: Vermögensverteilung, Gewerbetopographie, städtische Binnenwanderung, Liz. Zürich 1992.

104. Gisler, J., Vermögensverteilung, Gewerbetopographie und städtische Binnenwanderung im spätmittelalterlichen Zürich. 1401–1425, in: Zürcher Taschenbuch auf das Jahr 1994, Zürich 1993, S. 29–59.

105. Gläser, M./Hammel, R./Scheftel, M., Das Haupt der Hanse: Lübeck, in: Bracker, J./ Henn, V./Postel, R. (Hrsg.), Die Hanse. Lebenswirklichkeit und Mythos, Lübeck [3]1999, S. 248–268.

106. Graus, F., Randgruppen der städtischen Gesellschaft im Spätmittelalter, in: Zeitschrift für historische Forschung 8 (1981), S. 385–437.

107. Greve, K./Krüger, K., Steuerstaat und Sozialstruktur. Finanzsoziologische Auswertung der hessischen Katastervorbeschreibungen für Waldkappel 1744 und Herleshausen 1748, in: Geschichte und Gesellschaft 8 (1982), S. 295–332.

108. Greving, J., Wohnungs- und Besitzverhältnisse der einzelnen Bevölkerungsklassen im Kölner Kirchspiel St. Kolumba vom 13. bis 16. Jahrhundert, in: Annalen des Historischen Vereins für den Niederrhein 78 (1904), S. 1–79.

109. Grümer, K. W., Soziale Ungleichheit und Beruf. Zur Problematik der Erfassung des Merkmals „Beruf“ bei der Sozialstrukturanalyse gegenwärtiger und historischer Gesellschaften, in: Historical Social Research/Historische Sozialforschung 32 (1984), S. 4–36.
110. Guyer, P., Die soziale Schichtung der Bürgerschaft Zürichs vom Ausgang des Mittelalters bis 1798, in: Schweizerische Zeitschrift für Geschichte 2 (1952), S. 569–598.
111. Haberland, H., Der Lübecker Renten- und Immobilienmarkt in der Zeit von 1285–1315. Ein Beitrag zur Sozial- und Wirtschaftspolitik der Hansestadt (Veröffentlichungen zur Geschichte der Hansestadt Lübeck B/1), Lübeck 1974.
112. Hall, T., Mittelalterliche Stadtgrundrisse. Versuch einer Übersicht der Entwicklung in Deutschland und Frankreich (Antikvariskt arkiv 66), Stockholm 1980.
113. Hallerstein, H. Frh. Haller von, Größe und Quellen des Vermögens von hundert Nürnberger Bürgern um 1500, in: Beiträge zur Wirtschaftsgeschichte Nürnbergs, Bd. 1, Nürnberg 1967, S. 117–176.
114. Hammel, R., Sozial- und wirtschaftsgeschichtliche Untersuchungen zum Grundeigentum in Lübeck im 14. Jahrhundert. Ein Zwischenbericht, in: Lübecker Schriften zur Archäologie und Kulturgeschichte 4 (1980), S. 31–65.
115. Hammel, R., Vermögensverhältnisse und Absatzmöglichkeiten der Bäcker in hansischen Seestädten am Beispiel Lübeck. Ein Beitrag zur hansischen Gewerbegeschichte des späten 14. Jahrhunderts, in: Hansische Geschichtsblätter 99 (1981), S. 33–60.
116. Hammel, R., Hauseigentum im spätmittelalterlichen Lübeck. Methoden zur sozial- und wirtschaftsgeschichtlichen Auswertung der Lübecker Oberstadtbuchregesten, in: Lübecker Schriften zur Archäologie und Kulturgeschichte 10 (1987), S. 85–300.
117. Hammel, R., Häusermarkt und wirtschaftliche Wechsellagen in Lübeck von 1284–1700, in: Hansische Geschichtsblätter 106 (1988), S. 41–107.
118. Hammel-Kiesow, R., Quellen und Methoden zur Rekonstruktion des Grundstücksgefüges und der Baustruktur im mittelalterlichen und frühneuzeitlichen Lübeck, in: Ders. (Hrsg.), Wege zur Erforschung städtischer Häuser und Höfe. Beiträge zur fächerübergreifenden Zusammenarbeit am Beispiel Lübecks im Spätmittelalter und in der frühen Neuzeit (Häuser und Höfe 1), Neumünster 1993, S. 39–152.
119. Hammel-Kiesow, R., Bevölkerungsentwicklung und städtische Topographie, in: Brakker, J./Henn, V./Postel, R. (Hrsg.), Die Hanse. Lebenswirklichkeit und Mythos, Lübeck ^{3}1999, S. 242–248.
120. Hartung, J., Die Augsburger Zuschlagsteuer von 1475. Ein Beitrag zur Geschichte des städtischen Steuerwesens, sowie der socialen und Einkommensverhältnisse am Ausgange des Mittelalters, in: Jahrbuch für Gesetzgebung, Verwaltung und Volkswirtschaft 19 (1895), S. 95–136.
121. Hartung, J., Die augsburgische Vermögenssteuer und die Entwicklung der Besitzverhältnisse im 16. Jahrhundert, in: Jahrbuch für Gesetzgebung, Verwaltung und Volkswirtschaft 19 (1895), S. 867–883.
122. Hartung, J., Die Belastung des augsburgischen Großkapitals durch die Vermögenssteuer des 16. Jahrhunderts, in: Jahrbuch für Gesetzgebung, Verwaltung und Volkswirtschaft 19 (1895), S. 1165–1190.
123. Hartung, W., Die Spielleute. Eine Randgruppe in der Gesellschaft des Mittelalters (Vierteljahrschrift für Sozial- und Wirtschaftsgeschichte, Beiheft 72), Wiesbaden 1982.

124. Hauptmeyer, C.-H., Probleme des Patriziats oberdeutscher Städte vom 14. bis zum 16. Jahrhundert, in: Zeitschrift für bayerische Landesgeschichte 40 (1977), S. 39–58.
125. Haverkamp, A. (Hrsg.), Haus und Familie in der spätmittelalterlichen Stadt (Städteforschung. Veröffentlichungen des Instituts für vergleichende Städtegeschichte in Münster, Reihe A: Darstellungen 18), Köln/Wien 1984.
126. Hennig, G., Verfassung, Wirtschaft und Sozial-Ökonomik der Landeshauptstadt Dresden unter der Regierung des Kurfürsten August von Sachsen (1553–1586), Offenbach 1936.
127. Herborn, W., Bürgerliches Selbstverständnis im spätmittelalterlichen Köln. Bemerkungen zu zwei Hausbüchern aus der ersten Hälfte des 15. Jahrhunderts, in: Festschrift für E. Ennen, Bonn 1972, S. 490–520.
128. Herborn, W., Sozialtopographie des Kölner Kirchspiels St. Kolumba im ausgehenden 13. Jahrhundert, in: Kellenbenz, H. (Hrsg.), Zwei Jahrtausende Kölner Wirtschaft, Bd. 1, Köln 1975, S. 205–215.
129. Herborn, W., Die politische Führungsschicht der Stadt Köln im Spätmittelalter (Rheinisches Archiv 100), Bonn 1977.
130. Hergemöller, B.-U. (Hrsg.), Randgruppen der spätmittelalterlichen Gesellschaft. Ein Hand- und Studienbuch, Warendorf [2]1994.
131. Herrmann, E., Zur Sozialstruktur Kulmbachs um 1800, in: Blätter für deutsche Landesgeschichte 118 (1982), S. 161–175.
132. Hertner, P., Stadtwirtschaft zwischen Reich und Frankreich. Wirtschaft und Gesellschaft Straßburgs 1650–1714 (Neue Wirtschaftsgeschichte 8), Köln u. a. 1973.
133. Hofmeister, B., Die Stadtstruktur. Ihre Ausprägung in den verschiedenen Kulturräumen der Erde (Erträge der Forschung 132), Darmstadt [3]1996.
134. Hunecke, V., Überlegungen zur Geschichte der Armut im vorindustriellen Europa, in: Geschichte und Gesellschaft 9 (1983), S. 480–512.
135. Igel, K., Greifswalder und Greifswald um 1400. Stadt-Raum im Spiegel des Greifswalder liber hereditatum (1351–1452), Diss. Münster 2002.
136. Igel, K., Greifswald um 1400. Zur Stadtgestalt und Sozialtopographie Greifswalds im Spätmittelalter, in: Baltische Studien NF 88 (2002), S. 20–42.
137. Irsigler, F., Divites und pauperes in der Vita Meinwerci, in: Vierteljahrschrift für Sozial- und Wirtschaftsgeschichte 57 (1970), S. 449–499.
138. Irsigler, F., Soziale Wandlungen in der kaufmännischen Führungsschicht Kölns im 14. und 15. Jahrhundert, in: Hansische Geschichtsblätter 92 (1974), S. 59–78.
139. Irsigler, F., Kölner Wirtschaft im Spätmittelalter, in: Kellenbenz, H. (Hrsg.), Zwei Jahrtausende Kölner Wirtschaft, Bd. 1, Köln 1975, S. 217–319.
140. Irsigler, F., Die wirtschaftliche Stellung der Stadt Köln im 14. und 15. Jahrhundert. Strukturanalyse einer spätmittelalterlichen Exportgewerbe- und Fernhandelsstadt (Vierteljahrschrift für Sozial- und Wirtschaftsgeschichte, Beiheft 65), Wiesbaden 1979.
141. Jakob, V./Köhn, G., Wege zum Modell einer mittelalterlichen Stadt – sozialtopographische Ermittlungen am Beispiel Soest, in: Jäger, H./Petri, F./Quirin, H. (Hrsg.), Civitatum Communitas. Studien zum europäischen Städtewesen. Festschrift Heinz Stoob zum 65. Geburtstag (Städteforschung. Veröffentlichungen des Instituts für vergleichende Städtegeschichte in Münster, Reihe A: Darstellungen 21, Teil 1), Köln/Wien 1984, S. 298–308.

142. Jecht, H., Studien zur gesellschaftlichen Struktur der mittelalterlichen Städte, in: Vierteljahrschrift für Sozial- und Wirtschaftsgeschichte 19 (1926), S. 48–85.
143. Jecht, R., Wie lassen sich die Görlitzer Geschoßbücher für die einheimische Geschichtsschreibung nutzbar machen?, in: Neues Lausitzisches Magazin 72 (1896), S. 284–292.
144. Jütte, R., Das Stadtviertel als Problem und Gegenstand der frühneuzeitlichen Stadtgeschichtsforschung, in: Blätter für deutsche Landesgeschichte 127 (1991), S. 235–269.
145. Jütte, R., Arme, Bettler, Beutelschneider. Eine Sozialgeschichte der Armut in der Frühen Neuzeit, Weimar 2000.
146. Kalesse, C., Bürger in Augsburg. Studien über Bürgerrecht, Neubürger und Bürgen anhand des Augsburger Bürgerbuchs I (1288–1497) (Abhandlungen zur Geschichte der Stadt Augsburg 37), Augsburg 2001.
147. Kaplinski, K., Über die Einwohnerzahl und die Sozialstruktur Tallinns (Revals) von 1369–1399, in: Jahrbuch für Geschichte des Feudalismus 3 (1979), S. 111–139.
148. Kaspar, F., Bauen und Wohnen in einer alten Hansestadt. Zur Nutzung von Wohnbauten zwischen dem 16. und 19. Jahrhundert, dargestellt am Beispiel der Stadt Lemgo (Denkmalpflege und Forschung in Westfalen 9), Bonn 1985.
149. Kaspar, F., Bau- und Raumstrukturen städtischer Bauten als sozialgeschichtliche Quellen. Dargestellt an bürgerlichen Bauten des 14. bis 18. Jahrhunderts aus Nordwestdeutschland, in: Schuler, P.-J. (Hrsg.), Die Familie als sozialer und historischer Verband. Untersuchungen zum Spätmittelalter und zur frühen Neuzeit, Sigmaringen 1987, S. 165–186.
150. Kaspar, F., Gebaute Realität und ihr wissenschaftliches Abbild. Stand und Aufgaben historischer Hausforschung in Nordwestdeutschland, in: Westfälische Forschungen 39 (1989), S. 543–573.
151. Kellenbenz, H., Zur Sozialstruktur der rheinischen Bischofsstädte in der frühen Neuzeit, in: Petri, F. (Hrsg.), Bischofs- und Kathedralstädte des Mittelalters und der frühen Neuzeit (Städteforschung. Veröffentlichungen des Instituts für vergleichende Städtegeschichte in Münster, Reihe A: Darstellungen 1), Köln/Wien 1976, S. 118–145.
152. Kellenbenz, H., Wirtschaftsgeschichte Kölns im 16. und beginnenden 17. Jahrhundert, in: Ders. (Hrsg.), Zwei Jahrtausende Kölner Wirtschaft, Bd. 1, Köln 1975, S. 321–427.
153. Kellenbenz, H., Die Gesellschaft in der mitteleuropäischen Stadt im 16. Jahrhundert. Tendenzen der Differenzierung, in: Rausch, W. (Hrsg.), Die Stadt an der Schwelle zur Neuzeit, Linz 1980, S. 1–20.
154. Kießling, R., Das Augsburger Bürgertum im 15. Jahrhundert. Ein Versuch zur Bestimmung spezifischer Verhaltensweisen gegenüber der Kirche und ihrem Wertsystem, in: Bosl, K. (Hrsg.), Die mittelalterliche Stadt in Bayern (Zeitschrift für bayerische Landesgeschichte, Beiheft 6 (Reihe B)), München 1974, S. 163–186.
155. Kill, S., Das Bürgertum in Münster 1770–1870. Bürgerliche Selbstbestimmung im Spannungsfeld von Kirche und Staat (Stadt und Bürgertum 12), München 2001.
156. Kirchgässner, B., Probleme quantitativer Erfassung städtischer Unterschichten im Spätmittelalter, besonders in den Reichsstädten Konstanz und Eßlingen, in: Maschke, E./Sydow, J. (Hrsg.), Gesellschaftliche Unterschichten in den südwestdeutschen Städten (Veröffentlichungen der Kommission für geschichtliche Landeskunde in Baden-Württemberg, Reihe B: Forschungen 41), Stuttgart 1967, S. 75–89.

157. Kirchgässner, B., Möglichkeiten und Grenzen in der Auswertung statistischen Urmaterials für die südwestdeutsche Wirtschaftsgeschichte im Spätmittelalter, in: Ehbrecht, W. (Hrsg.), Voraussetzungen und Methoden geschichtlicher Städteforschung (Städteforschung. Veröffentlichungen des Instituts für vergleichende Städtegeschichte in Münster, Reihe A: Darstellungen 7), Köln/Wien 1979, S. 75–100.
158. Kirchgässner, B./Reuter, F. (Hrsg.), Städtische Randgruppen und Minderheiten (Stadt in der Geschichte 13), Sigmaringen 1986.
159. Kirchgässner, H., Wirtschaft und Bevölkerung der Reichsstadt Eßlingen im Spätmittelalter. Nach den Steuerbüchern 1360–1460 (Eßlinger Studien 9), Eßlingen 1964.
160. Kirchhoff, K.-H., Die Erbmänner und ihre Höfe in Münster. Untersuchungen zur Sozial-Topographie einer Stadt im Mittelalter, in: Westfälische Zeitschrift 116 (1966), S. 3–26.
161. Kirchhoff, K.-H., Die Täufer in Münster 1534/35. Untersuchungen zum Umfang und zur Sozialstruktur der Bewegung (Geschichtliche Arbeiten zur westfälischen Landesforschung 12), Münster 1973.
162. Klein, T., Humanismus und höfisch-städtische Eliten im sächsisch-thüringischen Raum vor der Reformation, in: Malettke, K./Voss, J. (Hrsg.), Humanismus und höfisch-städtische Eliten im 16. Jh./Humanisme et élite des cours et des ville au XVIe siècle (Pariser Historische Studien 27), Bonn 1989, S. 279–307.
163. Knittler, H., Die österreichische Stadt im Spätmittelalter. Verfassung und Sozialstruktur. Unter besonderer Berücksichtigung des Problemkreises „Stadtadel und Bürgertum“, in: Elze, R./Fasoli, G. (Hrsg.), Stadtadel und Bürgertum in den italienischen und deutschen Städten des Spätmittelalters (Schriften des Italienisch-Deutschen Historischen Instituts in Trient 2), Berlin 1991, S. 183–205.
164. Kramm, H., Zur Wirtschafts- und Sozialgeschichte von Augsburg und München im Übergang vom Mittelalter zur Neuzeit, in: Vierteljahrschrift für Sozial- und Wirtschaftsgeschichte 32 (1939), S. 251–255.
165. Kramm, H., Besitzschichten und Bildungsschichten der mitteldeutschen Städte im 16. Jahrhundert, in: Vierteljahrschrift für Sozial- und Wirtschaftsgeschichte 51 (1964), S. 454–491.
166. Kramm, H., Studien über die Oberschichten der mitteldeutschen Städte im 16. Jahrhundert, 2 Teilbde. (Mitteldeutsche Forschungen 87/1 und 87/2), Köln/Wien 1981.
167. Kroll, S., Stade um 1700. Sozialtopographie einer deutschen Provinzhauptstadt unter schwedischer Herrschaft (Veröffentlichungen aus dem Stadtarchiv Stade 16), Stade 1992.
168. Kroll, S., Wohnen und arbeiten in vorpommerschen Städten zu Beginn des 18. Jahrhunderts. Quellenkritische Anmerkungen zur schwedischen Stadtaufnahme am Beispiel von Stralsund und Wolgast, in: Buchholz, W./Mangelsdorf, G. (Hrsg.), Land am Meer – Pommern im Spiegel seiner Geschichte (Veröffentlichungen der Historischen Kommission für Pommern 5/Forschungen zur pommerschen Geschichte 29), Köln 1995, S. 499–519.
169. Kroll, S., Stadtgesellschaft und Krieg. Sozialstruktur, Bevölkerung und Wirtschaft in Stralsund und Stade 1700 bis 1715 (Göttinger Beiträge zur Wirtschafts- und Sozialgeschichte 18), Göttingen 1997.
170. Kroll, S./Krüger, K. (Hrsg.), Die Sozialstruktur der Städte Kiel und Altona um 1800.

Demographie, Erwerbsstruktur und wirtschaftliche Leistungsfähigkeit (Studien zur Wirtschafts- und Sozialgeschichte Schleswig-Holsteins 29), Neumünster 1998.

171. Kroll, S./Pápay, G., Die Anwendung der multimedialen GIS-Technologie auf die Geschichtswissenschaft am Beispiel der Sozialtopographie Stralsunds 1706/07, in: Asmus, I./Porada, H. T./ Schleinert, D. (Hrsg.), Geographische und historische Beiträge zur Landeskunde Pommerns. Eginhard Wegner zum 80. Geburtstag, Schwerin 1998, S. 189–194.
172. Kroll, S./Pápay, G., Wohnen und Wirtschaften in Stralsund um 1700. Ein Historisches Stadtinformationssystem, in: Krüger, K./Pápay, G./Kroll, S. (Hrsg.), Stadtgeschichte und Historische Informationssysteme. Der Ostseeraum im 17. und 18. Jahrhundert. Beiträge des wissenschaftlichen Kolloquiums in Rostock vom 21. und 22. März 2002 in Rostock, Münster 2003, S. 90–135.
173. Kronshage, W., Die Bevölkerung der Stadt Göttingen im Mittelalter (Studien zur Geschichte der Stadt Göttingen 1), Göttingen 1960.
174. Krüger, K. (Hrsg.), Sozialstruktur der Stadt Oldenburg 1630 und 1678. Analysen in historischer Finanzsoziologie anhand staatlicher Steuerregister, Oldenburg 1986.
175. Krüger, K./Buchsteiner, I./Pápay, G., Historische Finanzsoziologie, Quantitative Sozialgeschichte und Computerkartographie in Hamburg, Oldenburg und Rostock – ein Forschungsbericht, in: Historical Social Research/Historische Sozialforschung 23 (1998), S. 344–357.
176. Krüger, K./Pápay, G./Kroll, S. (Hrsg.), Stadtgeschichte und Historische Informationssysteme. Der Ostseeraum im 17. und 18. Jahrhundert. Beiträge des wissenschaftlichen Kolloquiums in Rostock vom 21. und 22. März 2002 in Rostock, Münster 2003.
177. Künne, A., Die Sozialstruktur der Stadt Kiel nach dem Steuerregister von 1789, Magisterarbeit Hamburg 1991.
178. Küttler, W., Zum Problem der Anwendung des marxistisch-leninistischen Klassenbegriffs auf das mittelalterliche Stadtbürgertum, in: Zeitschrift für Geschichtswissenschaft 22 (1974), S. 605–615.
179. Lamprecht, K., Zur Sozialstatistik der deutschen Stadt im Mittelalter, in: Archiv für soziale Gesetzgebung und Statistik 1 (1888), S. 485–532.
180. Landgraf, H., Bevölkerung und Wirtschaft Kiels im 15. Jahrhundert (Quellen und Forschungen zur Geschichte Schleswig-Holsteins 39), Neumünster 1959.
181. Laufer, W., Die Sozialstruktur der Stadt Trier in der frühen Neuzeit (Rheinisches Archiv 86), Bonn 1973.
182. Laufner, R., Die „Elenden-Bruderschaft“ zu Trier im 15. und 16. Jahrhundert. Ein Beitrag zur Sozialgeschichte der untersten Unterschichten im ausgehenden Mittelalter und der frühen Neuzeit, in: Jahrbuch für westdeutsche Landesgeschichte 4 (1978), S. 221–237.
183. Leonhardt, K. F., Karte der Berufsverteilung in Hannover nach dem Stande von 1435. Maßstab 1:2500. Karten zur Entwicklung der Stadt Hannover, Hannover 1933.
184. Lichtenberger, E., Wien – Das sozialökologische Modell einer barocken Residenz um die Mitte des 18. Jahrhunderts, in: Rausch, W. (Hrsg.), Städtische Kultur in der Barockzeit, Linz 1982, S. 235–262.
185. Liebelt, K., Die Sozialstruktur der Residenzstadt Arnsberg im 17. Jahrhundert (Untersuchungen zur Wirtschafts-, Sozial- und Technikgeschichte 14), Dortmund 1996.

186. Lindgren, U., Europas Armut, in: Saeculum 28 (1977), S. 396–418.
187. Looz, C. von, Hausverkauf und Verpfändung in Köln im 12. Jahrhundert, in: Kellenbenz, H. (Hrsg.), Zwei Jahrtausende Kölner Wirtschaft, Bd. 1, Köln 1975, 195–204.
188. Lorenzen-Schmidt, K.-J., Die Sozial- und Wirtschaftsstruktur schleswig-holsteinischer Landesstädte zwischen 1500 und 1550 (Quellen und Forschungen zur Geschichte Schleswig-Holsteins 76), Neumünster 1980.
189. Ludat, H., Die ostdeutschen Kietze, Bernburg 1936. Neudruck: Hildesheim/Zürich/New York 1984.
190. Lutterbeck, M., Der Rat der Stadt Lübeck im 13. und 14. Jahrhundert (Veröffentlichungen zur Geschichte der Hansestadt Lübeck B/35), Lübeck 2002.
191. Mack, T., „... dessen sich keiner bey Vermeidung unser Ungnade zu verweigern ...“. Die Sozialstruktur in der Stadt und Hausvogtei Oldenburg nach der Steuererhebung von 1744 (Veröffentlichungen des Stadtarchivs Oldenburg 2), Oldenburg 1996.
192. Mahr, M., Bildungs- und Sozialstruktur der Reichsstadt Schweinfurt (Mainfränkische Studien 20), Würzburg 1978.
193. Maierhöfer, I., Bambergs verfassungstopographische Entwicklung vom 15. bis zum 18. Jahrhundert, in: Petri, F. (Hrsg.), Bischofs- und Kathedralstädte des Mittelalters und der frühen Neuzeit (Städteforschung. Veröffentlichungen des Instituts für vergleichende Städtegeschichte in Münster, Reihe A: Darstellungen 1), Köln/Wien 1976, S. 146–162.
194. Manke, M., Rostock zwischen Revolution und Biedermeier. Alltag und Sozialstruktur (Rostocker Beiträge zur Regionalgeschichte 1), Rostock 2000.
195. Maschke, E., „Obrigkeit“ im spätmittelalterlichen Speyer und anderen Städten, in: Archiv für Reformationsgeschichte 57 (1966), S. 7–22.
196. Maschke, E., Die Unterschichten der mittelalterlichen Städte Deutschlands, in: Ders./Sydow, J. (Hrsg.), Gesellschaftliche Unterschichten in den südwestdeutschen Städten (Veröffentlichungen der Kommission für geschichtliche Landeskunde in Baden-Württemberg, Reihe B: Forschungen 41), Stuttgart 1967, S. 1–74; erneut abgedruckt in: Haase, C. (Hrsg.), Die Stadt des Mittelalters, Bd. 3: Wirtschaft und Gesellschaft (Wege der Forschung 245), Darmstadt 1973, S. 345–454.
197. Maschke, E., Die Schichtung der mittelalterlichen Stadtbevölkerung Deutschlands als Problem der Forschung, in: Mélanges en l'honneur de Fernand Braudel. Méthodologie de l'histoire et des sciences humaines, Toulouse 1973, S. 367–379.
198. Maschke, E., Verfassung und soziale Kräfte in der deutschen Stadt des späten Mittelalters, vornehmlich in Oberdeutschland, in: Ders., Städte und Menschen. Beiträge zur Geschichte der Stadt, der Wirtschaft und Gesellschaft 1959–1977 (Vierteljahrschrift für Sozial- und Wirtschaftsgeschichte, Beiheft 68), Wiesbaden 1980, S. 170–274.
199. Maschke, E., Mittelschichten in deutschen Städten des Mittelalters, in: Ders., Städte und Menschen. Beiträge zur Geschichte der Stadt, der Wirtschaft und Gesellschaft 1959–1977 (Vierteljahrsschrift für Sozial- und Wirtschaftsgeschichte, Beiheft 68), Wiesbaden 1980, S. 275–305.
200. Maschke, E., Soziale Gruppen in der deutschen Stadt des späten Mittelalters, in: Flekkenstein, J./Stackmann, K. (Hrsg.), Über Bürger, Stadt und städtische Literatur im Spätmittelalter, Göttingen 1980, S. 127–145.
201. Maschke, E., Die Familie in der deutschen Stadt des Mittelalters (Sitzungsberichte der

Heidelberger Akademie der Wissenschaften, philologisch-historische Klasse 1980/4), Heidelberg 1980.

202. Maschke, E./Sydow, J. (Hrsg.), Gesellschaftliche Unterschichten in den südwestdeutschen Städten. Protokoll über die 5. Arbeitstagung des Arbeitskreises für südwestdeutsche Stadtgeschichtsforschung. Schwäbisch Hall 11.–13. November 1966 (Veröffentlichungen der Kommission für geschichtliche Landeskunde in Baden-Württemberg B/41), Stuttgart 1967.
203. Maschke, E./Sydow, J. (Hrsg.), Städtische Mittelschichten. Protokoll der 8. Arbeitstagung des Arbeitskreises für südwestdeutsche Stadtgeschichtsforschung. Biberach 14.–16. November 1969 (Veröffentlichungen der Kommission für geschichtliche Landeskunde in Baden-Württemberg B/69), Stuttgart 1972.
204. Mauersberg, H., Sozioökonomische Strukturen von Bischofs- und Abteistädten des 14.–17. Jahrhunderts (Hamburg, Fulda, München-Freising, Augsburg, Basel), in: Petri, F. (Hrsg.), Bischofs- und Kathedralstädte des Mittelalters und der frühen Neuzeit (Städteforschung. Veröffentlichungen des Instituts für vergleichende Städtegeschichte in Münster, Reihe A: Darstellungen 1), Köln/Wien 1976, S. 95–117.
205. Maurer, H., Laienpfründe und Patriziat: Das Stableramt am Konstanzer Münzer, in: Jäger, H./Petri, F./Quirin, H. (Hrsg.), Civitatum Communitas. Studien zum europäischen Städtewesen. Festschrift für Heinz Stoob zum 65. Geburtstag, Teil 2 (Städteforschung. Veröffentlichungen des Instituts für vergleichende Städtegeschichte in Münster, Reihe A: Darstellungen 21/2), Köln/Wien 1984, S. 622–629.
206. Meckseper, C., Stadtplan und Sozialstruktur in der deutschen Stadt des Mittelalters, in: Stadtbauwelt 33 (1972), S. 52–57.
207. Meibeyer, W., Bevölkerungs- und sozialgeographische Differenzierung der Stadt Braunschweig um die Mitte des 18. Jahrhunderts, in: Braunschweigisches Jahrbuch 47 (1966), S. 125–157.
208. Meier, F., Konstanzer Stadterweiterungen im Mittelalter. Grundstücksbezogene Untersuchungen zur Erschließungsgeschichte und Sozialtopographie einzelner Quartiere (Konstanzer Dissertationen 277), Konstanz 1990.
209. Meinhardt, M., Forschungen zur sozio-ökonomischen und räumlichen Gliederung der Dresdner Bevölkerung im 15. und 16. Jahrhundert. Eine Projektvorstellung, in: Mitteilungen der Residenzenkommission der Akademie der Wissenschaften zu Göttingen 7/1 (1997), S. 40–50.
210. Meinhardt, M., Vermögen und soziale Lage: Das Beispiel der Akademikerhaushalte. Neue Untersuchungen zur Sozialstruktur und Sozialtopographie Dresdens im Übergang vom Mittelalter zu Frühen Neuzeit, in: Dresdner Stadtjubiläum 2006. Vorträge. 2. Kolloquium zur dreibändigen Dresdner Stadtgeschichte 2006 vom 28. Februar 1998, hrsg. vom Stadtarchiv Dresden, Dresden 1999, S. 25–31.
211. Mieck, I. (Hrsg.), Soziale Schichtung und soziale Mobilität in der Gesellschaft Alteuropas. Protokoll eines internationalen Expertengesprächs im Hause der Historischen Kommission zu Berlin. 1.–2. November 1982, Berlin 1984.
212. Miethke, J. (Hrsg.), Sozialer Wandel im Mittelalter. Wahrnehmungsformen, Erklärungsmuster, Regelungsmechanismen, Sigmaringen 1994.
213. Militzer, K., Die soziale Gliederung in den Hansestädten, in: Bracker, J./Henn, V./Postel, R. (Hrsg.), Die Hanse. Lebenswirklichkeit und Mythos, Lübeck [3]1999, S. 411–446.

214. Militzer, K., Ratsverfassungen und soziale Schichtungen, in: Puhle, M. (Hrsg.), Hanse – Städte – Bünde. Die sächsischen Städte zwischen Elbe und Weser um 1500. Ausstellungskatalog, Bd. 1: Aufsätze, Magdeburg 1996, S. 152–162.
215. Mindermann, A., Adel in der Stadt des Spätmittelalters. Göttingen und Stade 1300 bis 1600 (Veröffentlichungen des Instituts für historische Landesforschung der Universität Göttingen 35), Bielefeld 1996.
216. Mistele, K.-H., Die Bevölkerung der Reichsstadt Heilbronn im Spätmittelalter (eine sozialgeschichtliche Untersuchung an Hand der Steuerbücher des 15. und 16. Jahrhunderts) (Veröffentlichungen des Archivs des Stadt Heilbronn 8), Heilbronn 1962.
217. Mitgau, H., Genealogisch-gesellschaftliche Untersuchungen zur Versippung und zum sozialen Generationsschicksal im braunschweigischen Patriziate (15. bis 17. Jahrhundert), in: Niedersächsisches Jahrbuch für Landesgeschichte 34 (1962), S. 33–69.
218. Mitterauer, M., Probleme der Stratifikation in mittelalterlichen Gesellschaftssystemen, in: Geschichte und Gesellschaft, Sonderheft 3: Theorien in der Praxis des Historikers. Forschungsbeiträge und ihre Diskussion, hrsg. von J. Kocka, Göttingen 1977, S. 13–43, Diskussion S. 44–54.
219. Mitterauer, M., Grundtypen alteuropäischer Sozialformen. Haus und Gemeinde in vorindustriellen Gesellschaften (Kultur und Gesellschaft. Neue historische Forschungen 5), Stuttgart/Bad Cannstatt 1979.
220. Mitterauer, M., Familie und Arbeitsorganisation in städtischen Gesellschaften des späten Mittelalters und der frühen Neuzeit, in: Haverkamp, A. (Hrsg.), Haus und Familie in der spätmittelalterlichen Stadt (Städteforschung. Veröffentlichungen des Instituts für vergleichende Städtegeschichte in Münster, Reihe A: Darstellungen 18), Köln/Wien 1984, S. 1–36.
221. Mitterauer, M., Der Mythos von der vorindustriellen Großfamilie, in: Ders./Sieder, R. (Hrsg.), Vom Patriarchat zur Partnerschaft. Zum Strukturwandel der Familie, München ^{4}1991, S. 46–71.
222. Mitterauer, M./Morrissey, J./Schindl, W./Weber, K./Wilfing, R., Soziale Schichtung im Mittelalter, in: Beiträge zur historischen Sozialkunde 6/4 (1976), S. 63–80.
223. Mörke, O., Der „Konflikt“ als Kategorie städtischer Sozialgeschichte der Reformationszeit. Ein Diskussionsbeitrag am Beispiel der Stadt Braunschweig, in: Diestelkamp, B. (Hrsg.), Beiträge zum spätmittelalterlichen Städtewesen (Städteforschung. Veröffentlichungen des Instituts für vergleichende Städtegeschichte in Münster, Reihe A: Darstellungen 12), Köln/Wien 1982, S. 144–161.
224. Mörke, O., Der gewollte Weg in Richtung „Untertan“. Ökonomische und politische Eliten in Braunschweig, Lüneburg und Göttingen vom 15. bis zum 17. Jahrhundert, in: Schilling, H./Diedericks, H. (Hrsg.), Bürgerliche Eliten in den Niederlanden und in Nordwestdeutschland, Köln/Wien 1985, S. 111–133.
225. Mollat, M., Les Pauvres au Moyen Age. Etudes sociales, Paris 1987.
226. Mühlen, H. von zur, Versuch einer soziologischen Erfassung der Bevölkerung Revals im Spätmittelalter, in: Hansische Geschichtsblätter 75 (1957), S. 48–69.
227. Müller, C., Karlsruhe im 18. Jahrhundert. Zur Genese und sozialen Schichtung einer residenzstädtischen Bevölkerung (Forschungen und Quellen zur Stadtgeschichte. Schriftenreihe des Stadtarchivs Karlsruhe 1), Karlsruhe 1992.
228. Müller, E., Die Adelshöfe der Stadt Münster i.W., Münster 1930.

229. Müller, E., Forschungsergebnisse zur Topographie und Verfassungsgeschichte des ältesten Leipzig auf Grund der Interpretation der Schoßbücher des 16. Jahrhunderts, in: Forschungen aus mitteldeutschen Archiven. Zum 60. Geburtstag von Hellmut Kretzschmar, Berlin 1953, S. 235–254.
230. Nemitz, J., Die historische Analyse städtischer Wohn- und Gewerbelagen: die Auswertung sozialtopographischer Quellen (Halbgraue Reihe zur historischen Fachinformatik A/3), St. Katharinen 1989.
231. Nuglisch, A., Die Entwicklung des Reichtums in Konstanz 1338–1550, in: Jahrbuch für Nationalökonomie und Statistik 87 (1906), S. 365–371.
232. Oexle, O. G., Die mittelalterlichen Gilden: Ihre Selbstdeutung und ihr Beitrag zur Formung sozialer Strukturen, in: Zimmermann, A. (Hrsg.), Soziale Ordnungen im Selbstverständnis des Mittelalters, Bd. 1, Berlin/New York 1979, S. 203–226.
233. Oexle, O. G., Gilden als soziale Gruppen in der Karolingerzeit, in: Jankuhn, H. u.a. (Hrsg.), Das Handwerk in vor- und frühgeschichtlicher Zeit, Teil 1 (Abhandlungen der Akademie der Wissenschaften zu Göttingen 3/122), Göttingen 1981, S. 284–354.
234. Oexle, O. G., Die mittelalterliche Zunft als Forschungsproblem, in: Blätter für deutsche Landesgeschichte 118 (1982), S. 1–44.
235. Oexle, O. G., Soziale Gruppen in der Ständegesellschaft. Lebensformen des Mittelalters und ihre historischen Wirkungen, in: Ders./Hülsen-Esch, A. (Hrsg.), Die Repräsentation der Gruppen. Texte, Bilder, Objekte (Veröffentlichungen des Max-Planck-Instituts für Geschichte 141), Göttingen 1998, S. 9–44.
236. Oexle, O. G./Hülsen-Esch, A. (Hrsg.), Die Repräsentation der Gruppen. Texte, Bilder, Objekte (Veröffentlichungen des Max-Planck-Instituts für Geschichte 141), Göttingen 1998.
237. Ostenrieder, P., Wohnen und Wirtschaften in Oettingen 1600–1800. Untersuchungen zur Sozialtopographie und Wirtschaftsstruktur einer bikonfessionellen Residenzstadt (Materialien zur Geschichte des Bayerischen Schwaben 19), Augsburg 1993.
238. Oswald, H. P., Die Anwendung des Klassenbegriffs auf das spätmittelalterliche Stadtbürgertum. Kritische und ergänzende Darstellung zur Auffassung von Wolfgang Küttler, in: Die alte Stadt 12 (1985), S. 1–9.
239. Pápay, G., Neue Perspektiven für die stadtgeschichtliche Forschung beim Einsatz raumbezogener historischer Stadtinformationssysteme am Beispiel des Informationssystems „Sozialtopographie Stralsunds 1706/07“, in: Buchholz, W./Kroll, S. (Hrsg.), Quantität und Struktur. Festschrift für Kersten Krüger zum 60. Geburtstag, Rostock 1999, S. 301–322.
240. Patriziat und andere Führungsschichten in den südwestdeutschen Städten. Protokoll über die 3. Arbeitstagung des Arbeitskreises für südwestdeutsche Stadtgeschichtsforschung. 13.–15. November 1965, maschinenschriftliche Vervielfältigung, Tübingen 1965.
241. Pfaff, H., Die Gewerbetopographie des mittelalterlichen Hamburg, in: Bracker, J./Henn, V./Postel, R. (Hrsg.), Die Hanse. Lebenswirklichkeit und Mythos, Lübeck [3]1999, S. 339–342.
242. Philippi, M., Die Bürger von Kronstadt im 14. und 15. Jahrhundert. Untersuchungen zur Geschichte und Sozialstruktur einer siebenbürgischen Stadt im Mittelalter (Studia Transylvanica 13), Köln/Wien 1986.

243. Pinthus, A., Studien über die bauliche Entwicklung der Judengassen in den deutschen Städten, in: Zeitschrift für die Geschichte der Juden in Deutschland 2 (1930), S. 101–130, 197–217, 284–300.
244. Piper, E., Der Stadtplan als Grundriß der Gesellschaft. Topographie und Sozialstruktur in Augsburg und Florenz um 1500, Frankfurt a.M. 1982.
245. Postel, R., Sozialstruktur und kommunales Bewußtsein in frühneuzeitlichen Städten, in: Urbanski, S./Lamschus, C./Ellermeyer, J. (Hrsg.), Recht und Alltag im Hanseraum. Gerhard Theuerkauf zum 60. Geburtstag (De Sulte 4), Lüneburg 1993, S. 345–358.
246. Pundt, M., Metz und Trier. Vergleichende Studien zu den städtischen Führungsgruppen vom 12. bis zum 14. Jahrhundert, Mainz 1998.
247. Rajkay, B., Verflechtung und Entflechtung: sozialer Wandel in einer bikonfessionellen Stadt. Oettingen 1560–1806 (Materialien zur Geschichte des Bayerischen Schwaben 25), Augsburg 1999.
248. Raschke, H., Bevölkerung und Handwerk einer thüringischen Residenzstadt. Gotha zwischen 1640 und 1740 (Palmbaum-Texte. Kulturgeschichte 9), Bucha 2001.
249. Reiling, M., Bevölkerung und Sozialtopographie Freiburgs i. Br. im 17. und 18. Jahrhundert (Veröffentlichungen aus dem Archiv der Stadt Freiburg im Breisgau 24), Freiburg i. Br. 1989.
250. Reincke, H., Hamburgische Vermögen 1350–1530, in: Ders., Forschungen und Skizzen zur hamburgischen Geschichte, Hamburg 1951, S. 201–220.
251. Reincke, H., Bevölkerungsprobleme der Hansestädte, in: Hansische Geschichtsblätter 70 (1951), S. 1–33.
252. Reinhard, W., Freunde und Kreaturen. ‚Verflechtung' als Konzept zur Erforschung historischer Führungsgruppen. Römische Oligarchien um 1600 (Schriften der Philosophischen Fakultäten der Universität Augsburg 14), München 1979.
253. Reinhard, W., Oligarchische Verflechtung und Konfession in oberdeutschen Städten, in: Maczak, A. (Hrsg.), Klientelsysteme im Europa der Frühen Neuzeit (Schriften des Historischen Kollegs, Kolloquium 9), München 1988, S. 47–62.
254. Reinhard, W. (Hrsg.), Augsburger Eliten des 16. Jahrhunderts. Prosopographie wirtschaftlicher und politischer Führungsgruppen 1500–1620, Berlin 1996.
255. Rheingans, S., Handel und Handwerk in der geistlichen Residenzstadt Mainz im 18. Jahrhundert. Aspekte sozialer Strukturen und sozialen Verhaltens, in: Matheus, M./ Rödel, W. G. (Hrsg.), Bausteine zur Mainzer Stadtgeschichte. Mainzer Kolloquium 2000, Stuttgart 2002, S. 161–170.
256. Richter, K., Untersuchungen zur Hamburger Wirtschafts- und Sozialgeschichte um 1300. Unter besonderer Berücksichtigung der städtischen Rentengeschäfte 1291–1330 (Beiträge zur Geschichte Hamburgs 6), Hamburg 1971.
257. Richter, O., Zur Bevölkerungs- und Vermögensstatistik Dresdens im 15. Jahrhundert, in: Neues Archiv für sächsische Geschichte 2 (1881), S. 273–289.
258. Riehl, W. H., Augsburger Studien. Teil 2: Der Stadtplan als Grundriß der Gesellschaft, in: Ders., Culturstudien aus drei Jahrhunderten, Stuttgart 1862, S. 271–284.
259. Rödel, W. G., Mainz und seine Bevölkerung im 17. und 18. Jahrhundert. Demographische Entwicklung, Lebensverhältnisse und soziale Strukturen in einer geistlichen Residenzstadt (Geschichtliche Landeskunde 28), Stuttgart 1985.
260. Rödel, W. G., Im Schatten des Hofes – die Bevölkerung der frühneuzeitlichen Resi-

denzstadt, in: Andermann, K. (Hrsg.), Residenzen. Aspekte hauptstädtischer Zentralität von der Frühen Neuzeit bis zum Ende der Monarchie (Oberrheinische Studien 10), Sigmaringen 1992, S. 83–111.

261. Rössler, H. (Hrsg.), Deutsches Patriziat 1430–1740, Limburg a. d. Lahn 1968.
262. Rogge, J., Viertel, Bauer-, Nachbarschaften. Bemerkungen zu Gliederung und Funktion des Stadtraumes im 15. Jahrhundert, in: Puhle, M. (Hrsg.), Hanse – Städte – Bünde. Die sächsischen Städte zwischen Elbe und Weser um 1500, Ausstellungskatalog, Bd. 1: Aufsätze, Magdeburg 1996, S. 231–240.
263. Roth, J., Die Steuerlisten von 1363/64 und 1374/75 als Quellen zur Sozialstruktur der Stadt Trier im Spätmittelalter, in: Kurtrierisches Jahrbuch 16 (1976), S. 24–37.
264. Rublack, H.-C., Probleme der Sozialtopographie der Stadt im Mittelalter und in der Frühen Neuzeit, in: Ehbrecht, W. (Hrsg.), Voraussetzungen und Methoden geschichtlicher Städteforschung (Städteforschung. Veröffentlichungen des Instituts für vergleichende Städtegeschichte in Münster, Reihe A: Darstellungen 7), Köln/Wien 1979, S. 177–193.
265. Rüthing, H., Sozialstruktur und Sozialtopographie Höxters am Ausgang des Mittelalters, in: Diestelkamp, B. (Hrsg.), Beiträge zum spätmittelalterlichen Städtewesen (Städteforschung. Veröffentlichungen des Instituts für vergleichende Städtegeschichte in Münster, Reihe A: Darstellungen 12), Köln/Wien 1982, S. 130–143.
266. Rüthing, H., Höxter um 1500. Analyse einer Stadtgesellschaft (Studien und Quellen zur westfälischen Geschichte 22), Paderborn ^{2}1986.
267. Saalfeld, D., Kriterien für eine quantifizierende Darstellung der sozialen Differenzierung einer historischen Gesellschaft – Das Beispiel Göttingen 1760–1860, in: Best, H./ Mann, R. (Hrsg), Quantitative Methoden in der historisch-sozialwissenschaftlichen Forschung (Historisch-sozialwissenschaftliche Forschungen 3), Stuttgart 1977, S. 65–87.
268. Sachse, B., Soziale Differenzierung und regionale Verteilung der Bevölkerung Göttingens im 18. Jahrhundert, Hildesheim 1978.
269. Sachse, W., Göttingen im 18. und 19. Jahrhundert. Zur Bevölkerungs- und Sozialstruktur einer deutschen Universitätsstadt (Studien zur Geschichte der Stadt Göttingen 15), Göttingen 1987.
270. Samsonowicz, H., Die funktionale Gliederung des städtischen Raumes, in: Friedland, K. (Hrsg.), Gilde und Korporation in den nordeuropäischen Städten des späten Mittelalters, Köln/Wien 1984, S. 91–103.
271. Sarnowsky, J., Die politische Entwicklung und die sozialen Strukturen Hamburgs im Spätmittelalter, in: Plagemann, V. (Hrsg.), Die Kunst des Mittelalters in Hamburg. Aufsätze zur Kulturgeschichte, Hamburg 1999, S. 97–108.
272. Sarnowsky, J., Das Thorner Patriziat und der Fernhandel, in: Jörn, N./Kattinger, D./ Wernicke, H. (Hrsg.), „Kopet uns werk by tyden“. Beiträge zur hansischen und preußischen Geschichte. Festschrift für W. Stark zum 75. Geburtstag, Schwerin 1999, S. 223–231.
273. Sasnowski, H., Möglichkeit der Verwendung von sozialstrukturellen Datenbanken in historischen Informationssystemen am Beispiel Rostock, in: Buchsteiner, I. u. a. (Hrsg.), Mecklenburg und seine ostelbischen Nachbarn: Historisch-geographische und soziale Strukturen im regionalen Vergleich, Schwerin 1997, S. 343–349.

274. Schellenberg, W., Bevölkerung der Stadt Zürich um 1780. Zusammensetzung und regionale Verteilung, Affoltern 1951.
275. Schich, W., Würzburg im Mittelalter. Studien zum Verhältnis von Topographie und Bevölkerungsstruktur (Städteforschung. Veröffentlichungen des Instituts für vergleichende Städtegeschichte in Münster, Reihe A: Darstellungen 3), Köln/Wien 1977.
276. Schildhauer, J., Soziale, politische und religiöse Auseinandersetzungen in den Hansestädten Stralsund, Rostock und Wismar im ersten Drittel des 16. Jahrhunderts (Abhandlungen zur Handels- und Sozialgeschichte 2), Weimar 1959.
277. Schildhauer, J., Die Sozialstruktur der Hansestadt Rostock von 1378–1569, in: Heitz, G./Unger, M. (Hrsg.), Hansische Studien. Heinrich Sproemberg zum 70. Geburtstag (Forschungen zur mittelalterlichen Geschichte 8), Berlin 1961, S. 341–353.
278. Schimmelpfennig, B., Bamberg im Mittelalter. Siedelgebiete und Bevölkerung bis 1370 (Historische Studien 391), Lübeck/Hamburg 1964.
279. Schirmacher, E., Stadtvorstellungen. Die Gestalt der mittelalterlichen Städte – Erhaltung und planendes Handeln, Zürich/München 1988.
280. Schnyder, W., Soziale Schichtung und Grundlagen der Vermögensbildung in den spätmittelalterlichen Städten der Eidgenossenschaft, in: Stoob, H. (Hrsg.), Altständisches Bürgertum, Bd. 2: Erwerbsleben und Sozialgefüge (Wege der Forschung 417), Darmstadt 1978, S. 425–444.
281. Schoch, W., Die Bevölkerung der Stadt St. Gallen im Jahre 1411. Eine sozialgeschichtliche und sozialtopographische Untersuchung, St. Gallen 1997.
282. Schöller, P. (Hrsg.), Allgemeine Stadtgeographie (Wege der Forschung 181), Darmstadt 1969.
283. Schubert, E., Gauner, Dirnen und Gelichter in deutschen Städten des Mittelalters, in: Meckseper, C./Schraut, E. (Hrsg.), Mentalität und Alltag im Spätmittelalter, Göttingen 1985, S. 97–128.
284. Schubert, E., Arme Leute, Bettler und Gauner im Franken des 18. Jahrhunderts (Veröffentlichungen der Gesellschaft für fränkische Geschichte 9/26), Neustadt a.d. Aisch [2]1990.
285. Schubert, E., Fahrendes Volk im Mittelalter, Bielefeld 1995.
286. Schuler, P.-J., Die Erhebungslisten des „Gemeinen Pfennigs" von 1496–1499. Eine demographische, wirtschafts- und sozialgeschichtliche Untersuchung, in: Irsigler, F. (Hrsg.), Quantitative Methoden in der Wirtschafts- und Sozialgeschichte der Vorneuzeit (Historisch-sozialwissenschaftliche Forschungen 4), Stuttgart 1978, S. 127–145.
287. Schuler P.-J., Die Bevölkerungsstruktur der Stadt Freiburg im Breisgau im Spätmittelalter. Möglichkeiten und Grenzen einer quantitativen Quellenanalyse, in: Ehbrecht, W. (Hrsg.), Voraussetzungen und Methoden geschichtlicher Städteforschung (Städteforschung. Veröffentlichungen des Instituts für vergleichende Städtegeschichte in Münster, Reihe A: Darstellungen 7), Köln/Wien 1979, S. 139–176.
288. Schuler, P.-J. (Hrsg.), Die Familie als sozialer und historischer Verband. Untersuchungen zum Spätmittelalter und zur frühen Neuzeit, Sigmaringen 1987.
289. Schuler, T., Wohnlage und Sozialstruktur in Bielefeld im Jahr 1718, in: Irsigler, F. (Hrsg.), Quantitative Methoden in der Wirtschafts- und Sozialgeschichte der Vorneuzeit (Historisch-sozialwissenschaftliche Forschungen 4), Stuttgart 1978, S. 50–68.
290. Schultheiss, W., Die Mittelschicht Nürnbergs im Spätmittelalter, in: Maschke, E./Sy-

dow, J. (Hrsg.), Städtische Mittelschichten (Veröffentlichungen der Kommission für geschichtliche Landeskunde in Baden-Württemberg, Reihe B: Forschungen 69), Stuttgart 1972, S. 135–149.

291. Schultz, H., Probleme sozialökonomischer Klassifikation, in: Thaller, M. (Hrsg.), Datenbanken und Datenverwaltungssysteme als Werkzeuge historischer Forschung (Historisch-sozialwissenschaftliche Forschungen 20), St. Katharinen 1986, S. 179–185.

292. Schultz, H., Berlin 1650–1800. Sozialgeschichte einer Residenz, Berlin [2]1992.

293. Schultze, J., Die Stadtviertel. Ein städtegeschichtliches Problem, in: Blätter für deutsche Landesgeschichte 92 (1956), S. 18–39.

294. Schulz, K., Stadtadel und Bürgertum vornehmlich in oberdeutschen Städten des 15. Jahrhunderts, in: Elze, R./Fasoli, G. (Hrsg.), Stadtadel und Bürgertum in den italienischen und deutschen Städten des Spätmittelalters (Schriften des Italienisch-Deutschen Historischen Instituts in Trient 2), Berlin 1991, S. 161–181.

295. Schwineköper, B., Bemerkungen zum Problem der Unterschichten aus Freiburger Sicht, in: Maschke, E./Sydow, J. (Hrsg.), Gesellschaftliche Unterschichten in den südwestdeutschen Städten (Veröffentlichungen der Kommission für geschichtliche Landeskunde in Baden-Württemberg, Reihe B: Forschungen 41), Stuttgart 1967, S. 134–149.

296. Schwinges, R. W. (Hrsg.), Gelehrte im Reich. Zur Sozial- und Wirkungsgeschichte akademischer Eliten des 14. bis 16. Jahrhunderts (Zeitschrift für historische Forschung, Beiheft 18), Berlin 1996, S. 11–22.

297. Schyle, H., Freiburg i. Br. und seine Einwohner im 17. Jahrhundert (Veröffentlichungen aus dem Archiv der Stadt Freiburg im Breisgau 28), Freiburg i. Br./Würzburg 1993.

298. Seigel, R., Die württembergische Stadt am Ausgang des Mittelalters – Probleme der Verfassungs- und Sozialstruktur, in: Rausch, W. (Hrsg.), Die Stadt am Ausgang des Mittelalters (Beiträge zur Geschichte der Städte Mitteleuropas 3), Linz/Donau 1974, S. 177–193, Diskussion S. 193–200.

299. Selzer, S./Ewert, U.-C. (Hrsg.), Menschenbilder – Menschenbildner. Individuum und Gruppe im Blick des Historikers (Hallische Beiträge des Mittelalters und der Frühen Neuzeit 2), Berlin 2002.

300. Sieh-Burens, K., Konfession und Politik im 16. Jahrhundert: Zur sozialen Verflechtung der Augsburger Bürgermeister und Stadtpfleger 1518–1618 (Schriften der Philosophischen Fakultäten der Universität Augsburg 26), München 1986.

301. Siekmann, M., Die Stadt Münster um 1770. Eine räumlich-statistische Darstellung der Bevölkerung, Sozialgruppen und Gebäude (Siedlung und Landschaft in Westfalen 18), Münster 1989.

302. Specker, H. E., Zur Leistung und Problematik von Häuserkarteien, in: Die alte Stadt 12 (1985), S. 10–32.

303. Sprandel, R., Neue Forschungen über Vermögensverhältnisse in hansischen Städten, in: Ehbrecht, W. (Hrsg.), Voraussetzungen und Methoden geschichtlicher Städteforschung (Städteforschung. Veröffentlichungen des Instituts für vergleichende Städtegeschichte in Münster, Reihe A: Darstellungen 7), Köln/Wien 1979, S. 129–138.

304. Steenweg, H., Göttingen um 1400. Sozialstruktur und Sozialtopographie einer mittelalterlichen Stadt (Veröffentlichungen des Instituts für historische Landesforschung der Universität Göttingen 33), Bielefeld 1994.

305. Steinbach, F., Geburtsstand, Berufsstand und Leistungsgemeinschaft. Studien zur Geschichte des Bürgertums, in: Rheinische Vierteljahrsblätter 14 (1949), S. 35–96.
306. Steinbach, F., Zur Sozialgeschichte von Köln im Mittelalter, in: Collectanea F. Steinbach, Bonn 1967, S. 671–690.
307. Stenger, B., „Fürstliche Stadt München" (1530) – „Fürstliche Hauptstadt" (1575). Ein sozialtopographischer Beitrag zur Geschichte Münchens im 16. Jahrhundert, in: Blätter für deutsche Landesgeschichte 123 (1987), S. 127–136.
308. Steuer, P., Die Außenverflechtung der Augsburger Oligarchie von 1500–1620. Studien zur sozialen Verflechtung der politischen Führungsschicht der Reichsstadt Augsburg (Materialien zur Geschichte des Bayerischen Schwaben 10), Augsburg 1988.
309. Stobbe, R., Die Stadt Friedberg im Spätmittelalter. Sozialstruktur, Wirtschaftsleben und politisches Umfeld einer kleinen Reichsstadt (Quellen und Forschungen zur hessischen Geschichte 92), Marburg 1992.
310. Stoob, H. (Hrsg.), Altständisches Bürgertum, 2 Bde. (Wege der Forschung 352 und 417), Darmstadt 1978.
311. Stoob, H. (Hrsg.), Deutscher Städteatlas. Lieferung 2: Friedrichstadt: Religions- und Sozialstruktur 1845, Lingen: Sozialtopographie 1796, Dortmund 1979.
312. Stoob, H. (Hrsg.), Westfälischer Städteatlas. Lieferung 2: Drensteinfurt: Sozialtopographie der Stadt 1800–1830, Peckelsheim: Sozialgeographie der Stadt um 1830, Dortmund 1981.
313. Straube, M., Zur wirtschaftlichen Stellung Wittenbergs in der ersten Hälfte des 16. Jahrhunderts, in: Jahrbuch für Regionalgeschichte 10 (1983), S. 49–69.
314. Straube, M., Soziale Struktur und Besitzverhältnisse in Wittenberg zur Lutherzeit, in: Jahrbuch für Geschichte des Feudalismus 9 (1985), S. 145–189.
315. Straubel, R., Frankfurt (Oder) und Potsdam am Ende des Alten Reiches: Studien zur städtischen Wirtschafts- und Sozialstruktur (Quellen und Studien zur Geschichte und Kultur Brandenburg-Preußens und des Alten Reiches 2), Potsdam 1995.
316. Stromer, W. von, Reichtum und Ratswürde. Die wirtschaftliche Führungsschicht der Reichsstadt Nürnberg 1348–1648, in: Helbig, H. (Hrsg.), Führungskräfte der Wirtschaft in Mittelalter und Neuzeit 1350–1850 (Deutsche Führungsschichten in der Neuzeit 6), Limburg a. d. Lahn 1973, S. 1–50.
317. Tepp, P., Untersuchungen zur Sozial- und Wirtschaftsgeschichte der Hanse- und Salzstadt Kolberg im Spätmittelalter. Strukturwandel und soziale Mobilität, Hamburg 1980.
318. Teuscher, S., Bekannte – Klienten – Verwandte. Soziabilität und Politik in der Stadt Bern um 1500 (Norm und Struktur 9), Köln u. a. 1998, S. 2–10.
319. Thrupp, S. L., The City as the Idea of Social Order, in: Grew, R./Steneck, N. H. (Hrsg.), Society and History. Essays by S. L. Thrupp, Ann Arbor 1977, S. 89–100.
320. Tierney, B., Medieval Poor Law. A Sketch of Canonical Theory and its Applications in England, Berkeley/Los Angeles 1959.
321. Timms, D. W. G., The Urban Mosaic. Towards a Theory of Residential Differentiation (Cambridge Geographical Studies 2), Cambridge 1971.
322. Toch, M., Nürnberger Mittelschichten im 15. Jahrhundert (Nürnberger Werkstücke 26), Nürnberg 1978.
323. Tode, S., Stadt im Bauernkrieg 1525. Strukturanalytische Untersuchungen zur Stadt im

Raum anhand der Beispiele Erfurt, Mühlhausen/Thür., Langensalza und Thamsbrück, Frankfurt a. M. 1994.

324. Untersuchungen der gesellschaftlichen Struktur der mittelalterlichen Städte in Europa. Reichenau-Vorträge 1963–1964, hrsg. vom Konstanzer Arbeitskreis für mittelalterliche Geschichte (Vorträge und Forschungen 11), Konstanz/Stuttgart 1966.
325. Uthmann, K. J., Sozialstruktur und Vermögensbildung im Hildesheim des 15. und 16. Jahrhunderts (Schriften der wirtschaftswissenschaftlichen Gesellschaft zum Studium Niedersachsens 65), Bremen 1957.
326. Veitshans, H., Die Judensiedlungen der schwäbischen Reichsstädte und der württembergischen Landstädte im Mittelalter, 2 Bde., Stuttgart 1970.
327. Veltmann, C., Knochenhauer in Lübeck am Ende des 14. Jahrhunderts. Eine sozial- und wirtschaftsgeschichtliche Untersuchung (Häuser und Höfe 3/1), Neumünster 1993.
328. Verscharen, F.-J., Gesellschaft und Verfassung der Stadt Marburg beim Übergang vom Mittelalter zur Neuzeit. Sozialer und politischer Wandel der Stadt vom 13. bis zum 16. Jahrhundert im Spiegel ihrer politischen Führungsschicht (Untersuchungen und Materialien zur Verfassungs- und Landesgeschichte 9), Marburg 1985.
329. Vogler, G., Probleme der Klassenbildung in der Feudalgesellschaft. Betrachtungen über die Entwicklung des Bürgertums in Mittel- und Westeuropa vom 11. bis zum 18. Jahrhundert, in: Zeitschrift für Geschichtswissenschaft (1973), S. 1182–1208.
330. Volckmann, E., Alte Gewerbe und Gewerbegassen, Würzburg 1921. Neudruck Hildesheim 1976.
331. Volk, O., Die Wohngegenden der Kameralen in Wetzlar. Verzeichnis der Häuser und Wohnungen der Angehörigen des Reichskammergerichts 1689/93–1806 (Quellen und Forschungen zur höchsten Gerichtsbarkeit im Alten Reich 39) Köln/Weimar/Wien 2001.
332. Walberg, H., Zur Sozialtopographie westfälischer Städte in der frühen Neuzeit, in: Krüger, K. (Hrsg.), Europäische Städte im Zeitalter des Barock (Städteforschung. Veröffentlichungen des Instituts für vergleichende Städtegeschichte in Münster, Reihe A: Darstellungen 28), Köln/Wien 1988, S. 209–221.
333. Wehler, H.-U., Vorüberlegungen zur historischen Analyse sozialer Ungleichheit, in: Ders. (Hrsg.), Klassen in der europäischen Sozialgeschichte, Göttingen 1979, S. 9–32.
334. Weiss, H., Lebenshaltung und Vermögensbildung des „mittleren" Bürgertums. Studien zur Sozial- und Wirtschaftsgeschichte der Reichsstadt Nürnberg zwischen 1400–1600 (Zeitschrift für bayerische Landesgeschichte, Reihe B, Beiheft 14), München 1980.
335. Weyrauch, E., Methodische Überlegungen zum Einsatz der EDV im Arbeitsvorhaben „Sozialschichtung in Städten", in: Irsigler, F. (Hrsg.), Quantitative Methoden in der Wirtschafts- und Sozialgeschichte der Vorneuzeit (Historisch-sozialwissenschaftliche Forschungen 4), Stuttgart 1978, S. 9–23.
336. Weyrauch, E., Über soziale Schichtung, in: Bátori, I. (Hrsg.), Städtische Gesellschaft und Reformation (Spätmittelalter und Frühe Neuzeit. Tübinger Beiträge zur Geschichtsforschung 12), Stuttgart 1980, S. 5–57.
337. Wilpert, P. (Hrsg.), Beiträge zum Berufsbewußtsein des mittelalterlichen Menschen (Miscellanea Mediaevalia 3), Berlin 1964.
338. Winter, A., Studien zur sozialen Situation der Frauen in der Stadt Trier nach der Steuerliste von 1364. Die Unterschicht, in: Kurtrierisches Jahrbuch 15 (1975), S. 20–45.

339. Wittek, G., Die wirtschaftliche, soziale und verfassungsmäßige Topographie Halberstadts im Mittelalter. Vorüberlegungen zur Stadtsanierung aus historischer Sicht, in: Die alte Stadt 17 (1990), S. 249–262.
340. Woehlkens, E., Pest und Ruhr im 16. und 17. Jahrhundert: Grundlagen einer statistisch-topographischen Beschreibung der großen Seuchen, insbesondere der Stadt Uelzen, Hannover 1954.
341. Wunder, G., Die Sozialstruktur der Reichsstadt Schwäbisch Hall im späten Mittelalter, in: Untersuchungen der gesellschaftlichen Struktur der mittelalterlichen Städte in Europa. Reichenau-Vorträge 1963–1964, hrsg. vom Konstanzer Arbeitskreis für mittelalterliche Geschichte (Vorträge und Forschungen 11), Konstanz/Stuttgart 1966, S. 25–32.
342. Wunder, G., Die soziale Struktur der Handwerkerschaft in unseren alten Städten, in: Maschke, E./Sydow, J. (Hrsg.), Städtische Mittelschichten (Veröffentlichungen der Kommission für geschichtliche Landeskunde in Baden-Württemberg, Reihe B: Forschungen 69), Stuttgart 1972, S. 120–134.
343. Wunder, G., Unterschichten der Reichsstadt Hall. Methoden und Probleme ihrer Erforschung, in: Maschke, E./Sydow, J. (Hrsg.), Gesellschaftliche Unterschichten in den südwestdeutschen Städten (Veröffentlichungen der Kommission für geschichtliche Landeskunde in Baden-Württemberg, Reihe B: Forschungen 41), Stuttgart 1967, S. 101–118.
344. Wunder G., Die bevorzugten Wohngegenden der Ober- und Unterschichten in Schwäbisch Hall, in: Maschke, E./Sydow, J. (Hrsg.), Gesellschaftliche Unterschichten in den südwestdeutschen Städten (Veröffentlichungen der Kommission für geschichtliche Landeskunde in Baden-Württemberg, Reihe B: Forschungen 41), Stuttgart 1967, S. 129–133.
345. Wunder, G., Die Bürger von Hall. Sozialgeschichte einer Reichsstadt 1216–1802, Sigmaringen 1980.
346. Wunder, H., Probleme der Stratifikation in mittelalterlichen Gesellschaftssystemen: Ein Diskussionsbeitrag zu Thesen von M. Mitterauer, in: Geschichte und Gesellschaft 4 (1978), S. 542–550.
347. Zerback, R., München und sein Stadtbürgertum. Eine Residenzstadt als Bürgergemeinde 1780–1870 (Stadt und Bürgertum 8), München 1997.
348. Zorn, W., Die soziale Stellung der Humanisten in Nürnberg und Augsburg, in: Herding, O./Stupperich, R. (Hrsg.), Die Humanisten in ihrer politischen und sozialen Umwelt, Bonn 1976, S. 35–49.
349. Zuhorn, K.: Vom münsterschen Bürgertum um die Mitte des 15. Jahrhunderts, in: Westfälische Zeitschrift 95 (1939), S. 88–193.

3. Städteregister zur Auswahlbibliographie

Die Zahlen hinter den Städtenamen verweisen auf die laufende Nummer, die in der Bibliographie jedem Titel zugeordnet wurde.

4. Register der Regionen und Territorien[3]

Aufgenommen wurden hier die Titel, die sich unter Einbeziehung mehrerer Städte einem bestimmten geographischen Raum widmen. Publikationen, die bereits im Städteindex einer bestimmten Stadt zugeordnet werden konnten, werden hier nicht noch einmal aufgenommen.

---

3 In großzügiger Auslegung der Begriffe ‚Region‘ und ‚Territorium‘.

Autorenverzeichnis und Kontaktanschriften

Denecke, Dietrich, Prof. Dr. phil., Geograph (Historische Geographie), apl. Professor i. R. Kontaktadresse: Merkelstraße 22, 37085 Göttingen, E-Mail: DietDnck@aol.com.

Ellermeyer, Jürgen, Dr. phil., Historiker, wissenschaftlicher Mitarbeiter. Kontaktadresse: Museum der Arbeit, Poppenhusenstraße 12, 22305 Hamburg, E-Mail: ellermeyer@museum-der-arbeit.de / j.ellermeyer@web.de.

Hammel-Kiesow, Rolf, Dr. phil., Historiker, Leiter der Forschungsstelle für die Geschichte der Hanse und des Ostseeraumes, zugleich stellvertretender Leiter des Archivs der Hansestadt Lübeck. Kontaktadresse: Hansestadt Lübeck – Fachbereich Kultur, 4.414 Archiv, Forschungsstelle für die Geschichte der Hanse und des Ostseeraumes, Am Mühlendamm 1–3, 23552 Lübeck, E-Mail: rolf.hammel-kiesow@luebeck.de.

Heiermann, Christoph, Dr. phil., Historiker, Pressesprecher des Landesamtes für Archäologie Sachsen. Kontaktadresse: Eisenacher Straße 3, 01309 Dresden, E-Mail: Christoph_Heiermann@web.de.

Igel, Karsten, Dr. phil., Historiker. Kontaktadresse: Moltkestraße 18, 49076 Osnabrück, E-Mail: Karsten.igel@web.de.

Kroll, Stefan, PD Dr. phil. habil., Historiker, wissenschaftlicher Mitarbeiter. Kontaktadresse: Historisches Institut der Universität Rostock, August-Bebel-Str. 28, 18051 Rostock, E-Mail: stefan.kroll@philfak.uni-rostock.de.

Kühlborn, Marc, M.A., Archäologe. Kontaktadresse: Kefersteinstraße 21, 21335 Lüneburg, E-Mail: marc-Kuehlborn@t-online.de.

Lücke, Monika, Dr. phil., Historikerin, wissenschaftliche Mitarbeiterin. Kontaktadresse: Institut für Geschichte der Martin-Luther-Universität Halle-Wittenberg, Kröllwitzer Str. 44, 06120 Halle (Saale), E-Mail: monika.luecke@geschichte.uni-halle.de.

Meinhardt, Matthias, Dr. phil., Historiker, wissenschaftlicher Mitarbeiter. Kontaktadresse: Institut für Geschichte der Martin-Luther-Universität Halle-Wittenberg, Kröllwitzer Str. 44, 06120 Halle (Saale), E-Mail: matthias.meinhardt@geschichte.uni-halle.de.

Neugebauer-Wölk, Monika, Prof. Dr. phil., Historikerin, Professorin für die Geschichte der Frühen Neuzeit. Kontaktadresse: Institut für Geschichte der Martin-Luther-Universität Halle-Wittenberg, Kröllwitzer Str. 44, 06120 Halle (Saale), E-Mail: monika.neugebauer-woelk@geschichte.uni-halle.de.

Ranft, Andreas, Prof. Dr. phil., Historiker, Professor für die Geschichte des Mittelalters. Kontaktadresse: Institut für Geschichte der Martin-Luther-Universität Halle-Wittenberg, Kröllwitzer Str. 44, 06120 Halle (Saale), E-Mail: andreas.ranft@geschichte.uni-halle.de.

Selzer, Stephan, Dr. phil., Historiker, wissenschaftlicher Assistent. Kontaktadresse: Institut für Geschichte der Martin-Luther-Universität Halle-Wittenberg, Kröllwitzer Str. 44, 06120 Halle (Saale), E-Mail: stephan.selzer@geschichte.uni-halle.de.

Steenweg, Helge, Dr. phil., Historiker. Kontaktadresse: Universitätsbibliothek Kassel, 34111 Kassel, E-Mail: steenweg@bibliothek.uni-kassel.de.

Register

Ortsregister

Personenregister